歲月書痕

范 军 / 著

华中师范大学出版社

新出图证（鄂）字 10 号
图书在版编目（CIP）数据

岁月书痕/范军著. —武汉：华中师范大学出版社，2017.7
ISBN 978-7-5622-7803-0

Ⅰ.①岁… Ⅱ.①范… Ⅲ.①出版工作—中国—文集 Ⅳ.①G239.2-53

中国版本图书馆 CIP 数据核字（2017）第 133925 号

岁月书痕
ⓒ 范 军 著

责任编辑：石亚培　冯会平	责任校对：缪　玲　　封面设计：胡　灿
编辑室：学术出版中心	电话：027－67867792
出版发行：华中师范大学出版社	社址：湖北省武汉市洪山区珞喻路 152 号
电话：027－67863426/3280（发行部）	027－67861321（邮购）
传真：027－67863291	邮编：430079
网址：http://press.ccnu.edu.cn	电子信箱：press@mail.ccnu.edu.cn
印刷：湖北恒泰印务有限公司	督印：王兴平
开本：710mm×1000mm　1/16	印张：39.5
版次：2017 年 7 月第 1 版	印次：2017 年 7 月第 1 次印刷
字数：650 千字	定价：79.00 元

欢迎上网查询、购书

敬告读者：欢迎举报盗版，请打举报电话 027－67861321

目 录

宏观探究与理论思索

以社会主义核心价值观为基石建构当代出版文化 …………………… 3
关于出版价值观的几点思考 …………………………………………… 10
以文化为本构建和谐出版 ……………………………………………… 18
向先进文化的方向前进 ………………………………………………… 22
出版文化，保守还是激进？ …………………………………………… 24
从近现代优秀出版文化中汲取养分 …………………………………… 28
出版本质上是理想主义者的事业 ……………………………………… 30
理想主义让出版拥有尊严 ……………………………………………… 39
试论出版人的文化自觉 ………………………………………………… 51
试论出版人的文化类型 ………………………………………………… 57
略论出版业经营管理类领军人才的企业家精神 ……………………… 72
总编辑的职责、素养与出版社品牌建设 ……………………………… 80
民国时期中小书局"编辑掌门人"的选题策划 ……………………… 85
呼唤我们自己的出版商 ………………………………………………… 101
识：出版家的必备素质 ………………………………………………… 103
略论发挥出版行业协会的自律作用 …………………………………… 106
试论出版评论 …………………………………………………………… 117
出版学应重视出版规律研究 …………………………………………… 126
编辑出版研究断想 ……………………………………………………… 129
众筹出版：特点、回报与风险分析 …………………………………… 135
守住学术出版"三重门" ……………………………………………… 144

历史寻踪与现实观照

略论晚清时期的大学出版…… 151
略论民国时期的大学出版…… 183
华大出版的前世今生…… 217
三十而立的华大出版…… 227
《华中师范大学学报》（哲社版）史略…… 230
哈佛大学出版社的成功之道及启示…… 238
澳大利亚大学图书馆的开放获取出版新模式…… 249
现代大学的文化功能与大学出版人的文化担当…… 259
大学出版：沿着教育与学术的双轨前行…… 265
中国大学出版社的基本状况与发展趋势…… 274
专业出版：中国大学出版社的重要职责…… 278
略谈大学出版社转制的几个问题…… 287
学习全国高校出版工作会议精神　促进我社各项工作上台阶上水平……
……290
学习全国新闻出版局长会议精神　努力开创我社各项工作新局面…… 294
认真学习全省新闻出版会议精神　努力开创我社改革发展新局面…… 297
继承革命传统　做好出版工作…… 300
出版社改革要观念先行…… 303
追求融合中的超越…… 305
服务教育事业　奉献文化精品…… 307
抓准市场空白点　提高自身竞争力…… 311
编辑要重视图书营销工作…… 313

选题运作与活动映象

关于高校教材教参建设的几点思考…… 321
在"新时期文艺学建设丛书"首发式上的讲话…… 327
谈谈图书选题结构调整…… 329
谈谈"博雅学术文库"的出版构想…… 333
在出版社成立二十周年庆典大会上的讲话…… 335
弘扬恽代英革命精神　努力做好新闻出版工作…… 339

国学：华中师大社的一个出版重心 … 343
传播桂苑书香　助推学子成才 … 346
纪念学术大师的最好办法 … 348
积极推进内部管理体制改革　促进出版社又好又快发展 … 351
民族精神及相关出版物 … 360
弘扬大学精神　引领学术文化 … 362
情系汶川人民　助力公益出版 … 367
服务湖北建设　打造出版品牌 … 368
中文专业教材建设及其他 … 370
谈谈"道家道教文化研究书系"的策划与出版 … 373
通人之学　博大之书 … 376
谈谈"华大学人研究书系"的运作 … 383
继承英语教育传统　搞好英语教材建设 … 385
在教辅图书发展战略研讨会上的讲话 … 387
在华中师范大学出版社有限责任公司揭牌仪式上的讲话 … 389
外国文学课程国际化与教材建设 … 392
发掘音乐底蕴　夯实教材基础 … 395
认清形势　解放思想　积极寻求出版社突围与发展之路 … 397
文化远航中的一段重要里程 … 406
为"文华"立传　传"文华精神" … 409
完善薪酬制度　建构激励机制 … 412
传承百年学府文化　弘扬大师学术精神 … 415
《苏州商会档案丛编》出版纪略 … 419
在《章开沅文集》出版座谈会上的发言 … 426
《章开沅文集》出版人语 … 429
在出版社建社三十周年作者座谈会上的讲话 … 434
在《韦卓民全集》出版座谈会上的发言 … 440
东洋学者著《中国出版文化史》之西行漫记 … 443
《陶军学术与人生》组稿方案 … 449

图书评介与广告宣传

一部有价值的出版科学研究论著 … 453

本社书讯……459
本社新闻报道……471
一代大师韦卓民……488
反思中展望……490
《第三届全国出版科学研究优秀论文获奖论文集》评介……492
精心打磨民间故事的"多棱宝石"……495
《桂苑书情》卷首语……498
推荐"北美素质教育丛书"……505
废名：不会被废的名字……507
一部具有史料价值的重要著作……509
关注高职高专生心理健康……511
文化传统与文化类型研究的新成果……513
《文化学教程》展示文化魅力……515
中国民间文艺学划时代转折的见证……517
中国文献学的标志性著作……519
介绍《包鹭宾学术论著选》……521
"科举学丛书"……523
教育孩子并不难……525
一门引人入胜的专学……527
一本常销不衰的教育哲学著作……529
在图文世界中阅读日本……531
中国故事体裁与文体研究的代表性著作……533
《张舜徽集》：一代国学大师的传世之作……535
一代国学大师钱基博……538
用文化的眼光观察和解释古代语词……541
一部严谨、权威的黑格尔哲学译本……543
一流作者打造精品教材……546
《中国民间文艺学年鉴》的出版价值……549
《出版简报》教辅专辑刊首语……551
文化地理学的开创之作……552
品牌书业理性思辨的探路之作……555
道德文章　演讲艺术……558

读《爱晚庐随笔》⋯⋯⋯⋯⋯⋯⋯⋯⋯⋯⋯⋯⋯⋯⋯⋯⋯⋯⋯⋯ 562
编辑的林子⋯⋯⋯⋯⋯⋯⋯⋯⋯⋯⋯⋯⋯⋯⋯⋯⋯⋯⋯⋯⋯ 564
辛亥革命的政治史研究力作⋯⋯⋯⋯⋯⋯⋯⋯⋯⋯⋯⋯⋯⋯ 568
出版史研究的返璞归真⋯⋯⋯⋯⋯⋯⋯⋯⋯⋯⋯⋯⋯⋯⋯⋯ 570
《现代出版论丛》卷首语⋯⋯⋯⋯⋯⋯⋯⋯⋯⋯⋯⋯⋯⋯⋯ 576
作者就是出版社⋯⋯⋯⋯⋯⋯⋯⋯⋯⋯⋯⋯⋯⋯⋯⋯⋯⋯⋯ 578

出版教研及其他

推动编辑学科建设　促进理论创新⋯⋯⋯⋯⋯⋯⋯⋯⋯⋯ 583
对出版科学研究中心的十年回顾与展望⋯⋯⋯⋯⋯⋯⋯⋯ 587
让知识、智慧和道义永远与你相伴⋯⋯⋯⋯⋯⋯⋯⋯⋯⋯ 590
德业双修　学思并重⋯⋯⋯⋯⋯⋯⋯⋯⋯⋯⋯⋯⋯⋯⋯⋯ 593
体系化的案例教学：编辑出版学教学改革的重要途径⋯⋯ 595
对出版评论教学的若干思考⋯⋯⋯⋯⋯⋯⋯⋯⋯⋯⋯⋯⋯ 602
离任审计述职报告⋯⋯⋯⋯⋯⋯⋯⋯⋯⋯⋯⋯⋯⋯⋯⋯⋯ 611
附：记者访谈类文章存目⋯⋯⋯⋯⋯⋯⋯⋯⋯⋯⋯⋯⋯ 621

后记⋯⋯⋯⋯⋯⋯⋯⋯⋯⋯⋯⋯⋯⋯⋯⋯⋯⋯⋯⋯⋯⋯ 623

宏观探究与理论思索

以社会主义核心价值观为基石建构当代出版文化

社会主义核心价值观与我国当代出版文化建设有着十分密切的内在联系。到底什么是出版文化、社会主义核心价值观与出版文化有怎样的关联、如何以社会主义核心价值观为基础来建立出版价值观，都是值得深入探究的理论和实践问题。弄清二者的关系，既有利于丰富社会主义核心价值观的内涵与外延，也对出版事业的繁荣和出版产业的发展壮大具有重要指导意义。

一、对出版文化的基本认识

不是从日常语汇，而是从学术术语、理论概念的角度来讨论出版文化已有近二十年了。比较早对出版文化进行学理性探索的周涤尘在上个世纪90年代发表了相关的系列文章。她与谢珩在《论出版文化的基本属性和社会功能》（《出版发行研究》1994年第2期）一文中指出："出版文化是社会总体文化的一个分支系统。与其它形态的文化不同，出版文化是人类精神文明成果通过编辑出版工作者的规划、汇集、选择、加工、整理，然后印制成出版物的总体，是社会精神成果经过特定程序的文字图像化形式，是通过书、刊、报纸等出版物固定下来的知识文化体系。""一方面，它是物，是精神成果的物质外壳；另一方面，它是精神，是意识，是物化的精神产品。"这个界定中"出版文化"的内涵显得有些泛化，其特质与价值消解于过度宽泛的"知识文化体系"中。出版文化的本质和核心到底是什么，研究出版文化究竟要解决什么问题，似乎不那么清楚。

杨小岩在《武汉大学学报》（人文科学版）2002年第2期撰文《论文化出版与出版文化的发展》，对出版文化给出了新的定义："所谓出版文化，乃是由一定的社会经济、政治和文化状况所决定的出版理念制约的、为一定的出版机制所保证的整个出版活动的过程和结果的总和。基本上概括了三个层面的内容,即出版理念、出版机制和出版过程与结果。"显而易见,这个界定对出版文化的内涵和外延的把握更加科学和准确了。后来不少学者沿袭这个路径又有所深化。

在出版文化研究中,被广泛引用的是向新阳的论述。其《试论出版文化》(《出版科学》2004年第2期)给"出版文化"界说:"出版文化是在一定的社会政治、经济和文化基础上产生的出版观念,在一定出版观念支配下进行出版实践和由出版实践所创造的出版成果及其影响的总和。"这里我们可以看到在此问题上的继承与创新,作者进一步论述"出版文化的内涵",具体包括七个方面:(1)出版观念,即出版主体在对出版实践的规范和出版成果的利用中,所表现出来的对出版实践及其成果的价值评价;(2)体现出版观念的出版政策、出版法规及相关的道德规范;(3)执行出版法规、政策,进行出版实践的组织机构及相关制度;(4)在一定出版观念支配下进行的出版实践;(5)出版信息处理技术及出版手段;(6)出版成果及其影响;(7)由出版实践而衍生的其他出版文化现象。

由此我们注意到,学界关于出版文化的认识逐渐深化,理解上也逐步形成了一些共识。比如李健就是这样概括出版文化的:它"是指在人类社会的出版活动中所生成并发挥重要作用的价值观念、活动目标、行为规范、传统风气及其载体的总和"[1]。杨军则认为:出版文化"是出版人按照一定社会意识形态确立的出版观念,以及与出版观念相适应的出版制度、出版机构、出版设施、出版物及其影响等的总和"[2]。肖东发、杨琳的看法也有相似之处:"出版文化兼具精神和物质属性,是在一定的社会环境中(包括经济、政治、文化、科技、教育、地域、社会成员等诸多层面)产生的出版理念以及在出版理念指导下所形成的出版群体、出版实践、出版成果及社会影响的总和。"[3]

综合起来看我们发现,在不断的探索中出版文化的内涵日趋明确,外

---

[1] 李健:《试论转型期的出版文化》,载《出版发行研究》2005年第8期。

[2] 杨军:《出版文化研究:理论、现状与范式》,载《出版科学》2009年第4期。

[3] 肖东发、杨琳:《一门年轻学科的坚实足迹——近20年来我国出版文化研究综述》,载《编辑学刊》2009年第6期。

延逐渐清晰。我们大致可以用"一二三"来概括出版文化的几个要点。所谓"一"就是一个核心,即"出版理念"(或称出版观念、出版思想、价值观念等),其中最本质的又是出版价值观。所谓"二"就是二重属性,指出版文化具有精神生产和物质生产的双重属性。而"三"即"三个层次",也就是从文化的三个层次"精神的—制度的—物质的"来观照,把出版文化分成出版理念、出版机制(或出版制度)、出版实践。关于三层次说,彭小燕、杨国宇皆有所论析[①]。

二、社会主义核心价值观与出版文化的关系

构建当代中国的出版文化,与培育和践行社会主义核心价值观有着内在的深刻联系。党的十八大报告明确指出:"社会主义核心价值体系是兴国之魂,决定着中国特色社会主义发展方向。""倡导富强、民主、文明、和谐,倡导自由、平等、公正、法治,倡导爱国、敬业、诚信、友善,积极培育和践行社会主义核心价值观。牢牢掌握意识形态工作领导权和主导权,坚持正确导向,提高引导能力,壮大主流思想舆论。"这一方面为培育和践行社会主义核心价值观提供了基本范畴,另一方面也进一步提炼、概括了社会主义核心价值观的基本原则。

作为一定社会形态、社会性质集中体现的核心价值观,在社会思想观念体系中处于主导地位,决定着社会制度、社会运行的基本原则,制约着社会发展的方向。积极培育和践行社会主义核心价值观,则是我们党从坚持和发展中国特色社会主义、巩固全党全国人民团结奋斗共同思想基础的高度提出的一项战略任务。我们今天所从事的全部出版活动,无论是繁荣出版事业,还是发展出版产业,都属于中国特色社会主义建设事业的一个有机组成部分,无疑是必须遵循社会主义核心价值观的基本精神、基本原则和基本规约的。

更进一步讲,由于出版的双重属性,它与社会主义核心价值观的联系更为密切,也更为直接和深刻。作为商品的出版物,既有一般商品的共性,又具有自己的特性。"出版物是具有精神产品与物质产品双重身份的商品,它的特殊性不仅仅表现在使用价值上,而且表现在价值上,表现在

---

① 参阅彭小燕:《出版文化反思》,载《科技经济市场》2006 年第 9 期;杨国宇:《浅析出版文化的两个维度》,载《出版发行研究》2010 年第 1 期。

对社会的作用以及由此而形成的市场特点上。"① 由出版物属性决定，出版活动也具有两重性，它既是一种经济活动，而且更重要的是一种思想文化活动。

国家将出版行业划分为公益性的出版事业和经营性的出版产业。从公益性出版事业看，文化的绝对重要性无可置疑。即便是作为产业一部分的出版活动，经济效益也并非唯一目标，其间经济与文化二者之关系，业界和学界亦早有共识。

刘杲明确提出："在出版产业中，文化是目的，经济是手段。"他特别申明，"文化是目的，经济是手段，是由出版产业的特殊性决定的，因而仅仅限于出版产业"。说出版产业中文化是目的，"是由客观存在的经济社会条件决定的"。"首先，出版产业对社会的贡献决定了它。出版产业对社会的最大贡献是什么？是文化。传播和积累文化是出版产业的天职，历来如此。这是出版产业的社会价值所在。……出版产业如果不以建设社会主义文化为己任，在全面建设小康社会的历史进程中，还会有自己的位置吗？其次，社会对出版产业的需要决定了它。出版产业以为人民服务为宗旨。人民对出版产业的根本需要是什么？是文化。改革开放和现代化建设需要出版产业为之提供有力的思想保证、精神动力和智力支持，需要出版产业宣传科学真理、传播先进文化、塑造美好心灵、弘扬社会正气、倡导科学精神。出版产业如果不能努力满足上述文化需要，人民还会重视和支持出版产业吗？"② 刘杲这里提出并论证的是一种指导思想、一种出版理念，透彻而深刻。

我们也注意到报刊上有题为《出版产业的本质属性是产业》的文章，昭示的显然是经济目的论的出版价值观。事实上，大至国家的出版政策导向，中至出版集团、出版机构的日常运作，小至出版人个体的直接诉求，受不同出版价值观的影响，一个时代或时期出版的方向、格局、出版物的品质与格调、出版活动中两个效益的偏重，毫无疑问会呈现出不同的面貌，对社会发生很不相同的作用。

弄清楚了我们从事的出版工作的性质、地位和作用，才能更清晰地了解社会主义核心价值观对出版工作的重要意义。以社会主义核心价值观为

---

① 罗紫初、吴赟、王秋林：《出版学基础》，山西人民出版社2005年版，第57页。
② 刘杲：《出版笔记》，河北教育出版社2006年版，第122～123页。

指导，以古今中外的出版活动为参照，以当代中国的出版工作为实践基础，来构筑以出版价值观为核心的社会主义出版文化，是我们现今的出版人需要高度重视的。就社会主义核心价值观与社会主义出版价值观来看，二者是宏观与微观、共性与个性、指导与被指导的关系。在社会主义核心价值观引领下，如何建构出版价值观，进而建设好先进的出版文化，还有一个转化、吸纳与不断创新的问题。

三、建构社会主义出版价值观的路径

在当代出版文化建设中，社会主义核心价值观的引领、统摄作用也是十分重要的。但这种引领与统摄主要是指导思想上的宏观取向，具体到出版实践，还需要有自身特点的出版文化，特别是出版价值观的指引。如何建设当代先进出版文化，特别是形成出版业有共识的出版核心价值观，我们认为至少可从以下几个方面入手。

首先，要坚持马克思主义新闻出版观的价值引领作用。石宗源曾经指出："马克思主义新闻出版观，是辩证唯物主义和历史唯物主义科学世界观在新闻出版领域的具体体现，是我们做好新闻出版工作的思想理论基础。""马克思主义新闻出版观内容十分丰富，我们党三代中央领导集体核心毛泽东、邓小平、江泽民同志作出了一系列重要论述。党的十六大以来，胡锦涛总书记就加强和改进新世纪新闻出版工作提出了明确要求。"他提出了树立马克思主义新闻出版观必须注意的十个方面：坚持新闻出版的党性原则；坚持马克思主义在意识形态领域的指导地位；坚持正确导向；坚持为人民服务、为社会主义服务；坚持把社会效益放在首位；坚持百花齐放、百家争鸣，古为今用、洋为中用；坚持弘扬主旋律，提倡多样化；坚持贴近实际、贴近生活、贴近群众；坚持党的新闻出版工作的领导；坚持政治家办报[①]。约在十年前时任新闻出版总署署长的石宗源是把新闻与出版放在一起来讨论，提出的一些基本精神和原则至今仍然不过时，只是今天有了新的丰富和发展，如"中国梦"的提出等等。

从出版的角度来梳理和总结马克思主义出版思想与理论的，在学术界已有不少可资参考的成果。中共中央宣传部出版局早在1986年就编辑印

---

① 石宗源：《牢固树立马克思主义新闻出版观　始终坚持正确的出版导向》，载《求是》2004年第18期。

行了《马克思恩格斯关于出版问题的言论》(中国展望出版社，1986年)；林穗芳编著了《列宁和编辑出版工作》(中国书籍出版社，1987年)，周文熙则有《马克思恩格斯的书刊出版活动》刊行(中国书籍出版社，1989年)。袁亮先后编著了《毛泽东邓小平与中国出版》(中国书籍出版社，1995年)、《周恩来刘少奇朱德陈云与新闻出版》(中国书籍出版社，2003年)。这些马克思主义经典作家以及我们党和国家领导人关于出版的论述，无疑是今天建构社会主义出版价值观的最重要的也是直接的思想理论资源。马克思主义新闻出版理论中蕴涵着丰富的价值资源，将马克思主义理论家、革命家的出版思想和理论，与当今中国出版实际相结合，进而加以整合、提炼、创新，必将为当代出版文化建设与发展增添活力、注入新鲜血液。

从世界文明成果，特别是西方发达国家的出版文化成果中汲取养分，是建设社会主义出版价值观的又一重要途径。论及社会主义核心价值观与世界文明成果的关系时，有研究者明确提出："任何一种核心价值观都应当具有人类共性和自身个性的双重特征。社会主义核心价值观自然首先要体现并保持其独特的个性，但同时也一定要将这种个性置于整个人类文明的大背景下，自觉追求与人类文明进步方向的一致性。""提炼、概括社会主义核心价值观，必须着眼于整个人类文明的发展，吸收人类文明的共同成果和价值共识，反映人类最美好的目标理想和价值追求。"[①] 这个道理同样是适合出版领域的。考察西方资本主义数百年来积累的出版成果，总结和分析其出版思想的发展脉络，吸取精华"洋为中用"，不仅是可行的，而且是必须的。但这方面的研究至今做得还很不够。我们既要反对把西方的价值观念包括出版价值观作为放之四海而皆准的"普世价值"，又不能把属于人类社会普遍追求的精神价值拱手让给西方。

建设社会主义出版价值观更为快捷而有效的办法，是向我国历代特别是近代以来的优秀出版家、思想家汲取智慧和营养。有研究者指出："中国近代出版观的生成和演进，有积极的文化作用。对于出版的性质和功能的理解，对于出版于救国之意义以及出版与教育之关系的认识，此外，正确的出版态度和质量观，开明的出版人才思想，特别是明确的版权意识，

---

① 王晓晖：《积极培育和践行社会主义核心价值观》，见本书编写组编著：《十八大报告辅导读本》，人民出版社2012年版，第255页。

都是视出版为维新与革命之急务的志士们在出版实践中形成的中国早期出版观的构成内容。这些认识，成为富足的文化财富，可以给后人永恒的启示。"① "五四"以来，我国文化界的一些杰出人物如张元济、王云五、陆费逵、鲁迅、邹韬奋、叶圣陶、巴金等人，皆有自己的出版理念和价值追求。其中的部分出版家主要是通过自己的出版实践、推出的优秀出版物，来昭示其理念与主张；也有不少出版思想家将自己对出版的理解和探寻，诉诸文字，传之后世，沾溉今人。前些年有多种本子的《邹韬奋论新闻出版》一类著作刊行，近年陆续编选、付印的《张元济论出版》（商务印书馆，2011年）、《陆费逵文选》（中华书局，2011年）、《鲁迅出版文选》（岳麓书社，2010年）等，都是当代出版文化建设的重要思想宝库和直接价值源泉。当代出版人构建社会主义出版价值观，已从前辈出版家那里受益良多。前举刘杲对于出版目的论的表述，实则是从我国出版现实出发，又赓续了张元济等老辈大师出版理念的。

社会主义核心价值观是我们国家制度、社会发展模式赖以立足和演进的价值导向。提炼、概括社会主义核心价值观，着眼于为国家建设和社会发展提供先进的、根本的价值导向和理想信念，提供明确的、稳定的价值依据和评判标志。社会主义核心价值观统摄之下的出版文化，特别是出版价值观，也应该经过高度提炼和概括，形成对出版本质问题的共识，从而促进出版产业和出版事业的健康有序发展。要达到这个目标，还需要文化理论界和出版实业界共同努力。

（载《中国出版》2013年第19期）

---

① 王建辉：《中国近代早期出版观探论》，载《中共中央党校学报》1998年第3期。

关于出版价值观的几点思考

近些年来，社会主义核心价值观的建设受到高度重视。党的十八大报告高屋建瓴地提出："社会主义核心价值体系是兴国之魂，决定着中国特色社会主义发展方向。""倡导富强、民主、文明、和谐，倡导自由、平等、公正、法治，倡导爱国、敬业、诚信、友善，积极培育和践行社会主义核心价值观。牢牢掌握意识形态工作领导权和主导权，坚持正确导向，提高引导能力，壮大主流思想舆论。"这一方面为培育和践行社会主义核心价值观提供了基本范畴，另一方面也进一步提炼、概括了社会主义核心价值观的基本原则。

就出版业来看，我们也完全可以说：社会主义出版价值观是兴业之魂，决定着中国当代出版事业和出版产业的发展方向和运作模式。我个人觉得，目前出版价值观的问题还没有引起足够的重视，甚至在一定程度上走入了价值误区，出版业的 GDP 崇拜比起其他行业一点也不逊色就是证明。这里，笔者希望回溯历史，联系现实，从理论与实际的结合上谈谈个人的一些困惑和思考。

出版价值观对出版人、出版业影响巨大

所谓价值观，是指一个人对周围的客观事物（包括人、事、物）的意义、重要性的总体评价。它一方面表现为价值取向、价值追求，凝结为一定的价值目标；另一方面，表现为价值尺度和准则，成为人们判断价值事物有无价值及价值大小的标准。作为出版文化核心的出版价值观，也就是个人或群体对出版的本质属性、社会意义、重要程度等问题的总体评价。出版价值观对于作为个体的出版人的职业选择和行为趋向，作为企业组织的出版机构的主次、轻重的次序排列，作为政府的出版管理部门的政策制定和行业管理，都具有极其重要的影响。在此我们侧重说说出版价值观对

出版家、出版机构的直接作用。

近代以来我国民营出版业的崛起改变了传统的出版格局，扭转了书业前进的方向，为国家的社会转型和文化发展作出了突出贡献。而说到近代民营书业，当首推商务印书馆，次论中华书局。这两大民营出版机构的掌门人和灵魂人物分别是张元济和陆费逵。张元济、陆费逵都是有理想和信念的大出版家，其出版价值观既决定了他们个人的人生抉择，也决定了各自出版企业的长远发展道路和价值追求目标，进而影响到整个晚清以来特别是民国书业系统的气象与局面。

我们从张元济留下的文字，可以"体察到他的出版思想和理念"。"他一开始就抱着'吾辈当以扶助教育为己任'的初衷，加入商务印书馆，把他的抱负和社会责任感作为商务的出版宗旨。"① 张元济出版思想和理念的核心就是其出版价值观；"昌明教育平生愿，故向书林努力来"是他的夫子自道，也正体现了他的出版理想与价值追求。俞晓群在《张元济：根植于民间的出版大师》一文中，把张元济概括为六个方面：一位跨时代的人；一位"喜新厌旧"的人；一位"敢为天下者先"的人；一位自称版本学"天下第一"的人；一位高尚的人；一位充满矛盾的人②。我觉得，从出版家的角度看，有一点是不能忽视的，那就是张元济是一位有出版思想的人。作为晚清进士、曾经位列六品的朝廷命官，甘愿厕身于当时一个小小的印刷作坊商务印书馆；后来甚至有机会出任国府部长，亦毫不动心。其内心的定力就是他的职业价值观。他的人生抉择和所有的出版行为，都是受其出版思想观念特别是出版价值观影响的。老商务的出版物也深深地烙上了张元济及其同道们的思想价值印痕。"本公司素以辅助教育促进文化为职志，历年出版图书不下万种。"③ 在《九年来之报告》中，张元济进一步指出："本公司创业历50年，对于文化教育之贡献，不遗余力，而我国战后教育关系尤巨，辅助推进之责，更不容辞。惟有秉已往之职志，

---

① 张元济著，张人凤、宋丽荣选编：《张元济论出版》，商务印书馆2011年版，前言。

② 俞晓群：《前辈：从张元济到陈原》，上海书店出版社2011年版。

③ 张元济著，张人凤、宋丽荣选编：《张元济论出版》，商务印书馆2011年版，第120页。

再接再厉，力图复兴。"① 至于中华书局及其掌门人陆费逵，其出版价值观可圈可点之处甚多，后面我们还将提及。

我们再把眼光投向国外。帝俄时代极具传奇色彩的出版家绥青（1851—1934）在和众多杰出作家交往中，认识到出版不只是做生意，也关乎文化，书店的任务是为平民服务，把平民造就成读者。在这种出版价值观指导下，他将世界公认的经典童话引进俄国，还出版重头的《军事百科全书》、《托尔斯泰全集》等等。1914年，他出版的图书占当年全俄所有出版物的四分之一以上。他晚年写作的那本《为书籍的一生》至今影响着全世界的出版界同仁。我们清楚地看到，对于一个出版家来说，出版价值观决定他的贡献、境界、地位和社会影响。

出版仍然是一个较小的行业，但意义很大

对出版的价值评判现在有一个误区——产业规模越大、码洋越多、利润越多，上市公司越多，还有集团越多，似乎它的社会价值就越大。受"政绩出版观"驱使，高层管理者往往直接插手具体的出版活动，用政策和经济的杠杆诱导出版企业，急于把出版业做大，实际上没做大也要尽可能说大，因为中国的"统计"是门"艺术"，数字是个"魔方"。按流行的观点，不是国民经济支柱产业你就没有价值和地位，至少是价值打折扣，地位不重要。显然，谁也不甘心管个小行业。

据统计，出版业规模已经不小，而且还超出全国经济平均增幅。据报道，我国2012年新闻出版业营业总收入已达1.65亿元。这里面印刷复制的贡献率最大。新近的一篇谈印刷复制业的文章中说："2002年中国印刷业总产值仅为1708亿元，2011年上升至8677亿元。近三年公布的《新闻出版产业分析报告》显示，印刷复制业一直是新闻出版行业的支柱，占据全行业总产出的半壁江山。"② 下面我们来看新闻出版总署近三年的产业分析报告有关印刷复制的几段表述：

  2009 印刷复制：总产出占全行业总产出的62.7%，增加值占

---

 ① 张元济著，张人凤、宋丽荣选编：《张元济论出版》，商务印书馆2011年版，第133页。

 ② 左志红：《印刷复制业：转型十年 再现活力》，载《中国新闻出版报》2012年8月21日。

全行业增加值的 60.2%，营业收入占全行业营业收入的 62.5%，利润（结余）总额占全行业利润（结余）总额的 52.0%；均居全行业首位。

2010 印刷复制业总产出占新闻出版总产出的 64.4%、增加值的 60.5%、营业收入的 64.0%，远远超过新闻出版其他产业类别，在全行业中居于主要地位。

2011 印刷复制：营业收入占全行业 63.9%，位居第一；增加值占 57.8%，位居第一；总产出占 63.9%，位居第一；利润总额占 54.5%，位居第一。

关于 2011 年"印刷复制总体情况"，国家新闻出版总署最新发布的《2011 年全国新闻出版业基本情况》（下）是这样的一些数据："2011 年全国印刷复制（包括出版物印刷、包装装潢印刷、其他印刷品印刷、专项印刷、打字复印、复制和印刷物质供销）实现营业收入 9305.35 亿元，与上年相比增长 17.52%；增加值 2324.91 亿元，与上年相比增长 9.63%；利润总额 614.60 亿元，与上年相比增长 6.26%。"[1] 另据新闻出版总署在 2012 年 11 月 27 日召开的国家印刷复制示范企业和绿色印刷培训班上发布的印刷业首个白皮书《中国印刷业发展情况（2012 年）》显示，截至 2011 年年底，全国共有各类印刷企业 102484 万家，同比下降 1.8%；从业人员 356.67 万，同比减少 2.7%；印刷总产值 8677.13 亿元，同比增长 12.59%；资产总额 9256.66 亿元，同比增长 9.96%；利润总额 739.87 亿元，同比增长 8.31%；对外加工贸易额 680.09 亿元，同比增长 2.9%。[2]

看了这些略有出入的数据，我们可以毫不夸张地说，印刷复制业不仅是新闻出版产业的主力军，而且是无可争辩的第一主力军，是新闻出版九个板块中绝对的行业龙头老大。2011 年新闻出版全行业的营业收入达到了 14568.6 亿元，其中印刷复制就有 9305.35 亿元。如果把印刷复制排除，新闻出版业就又回到了老出版家陆费逵上世纪二三十年代说的我们还

---

[1] 《2011 年全国新闻出版业基本情况》（下），载《中国新闻出版报》2012 年 8 月 7 日。

[2] 左志红：《2011 年我国印刷业实现总产值 8677 亿元》，载《中国新闻出版报》2012 年 11 月 30 日。

是一个"较小的行业"的原点。

新闻出版属于文化产业范畴。而文化产业是一个产业族群的概念。国际上不同国家对文化产业的行业特点、范围界定和概念理解都不一致。多数发达国家更侧重于内容产业或者文化创意的特点。北京大学陈少峰教授等认为："结合其他国家对内容和创意、知识产权价值的理解，以产业链增值形态来划分其产业机构，比较深入地把握了文化产业的特点。"[①] 看一个行业可否进入文化产业族群，关键是要看它有多少文化内涵和创意要素。印刷复制业从表面上看，其生产的产品尤其是书报刊印刷，承载的是知识文化，呈现的是文化创意；但究其实质，它仅仅是来料加工而已，其生产企业是典型的劳动密集型。2011年，全国新闻出版业就业人数为467.4万人，其中印刷复制业直接就业人数为351.9万人，约占总人数的75.3%，其劳动密集、低附加值的特点十分明显。

文化产业新业态应该以文化为元素，以创意为驱动，以科技为支撑，以市场为导向。有无文化内涵或创意要素的多少应该是文化产业分类的标准。自身文化内涵极少、创意要素极低的印刷复制业理当被剔除在文化产业范围之外。也许有人会说，现在不是讲数字印刷、即时印刷、绿色印刷等新型印刷吗？这实际上也仅仅是所有传统产业都必须经历的改造与转化；而注重环保，讲求技术更新，强调产业升级，同样是所有产业包括传统劳动密集型企业都要做的。

撇开印刷复制，出版业的块头就很小很小了。这几年增长最快的是数字出版，2011年是1300多个亿的收入，已经全面超过了传统出版。但这1300多个亿中，网络广告占了500多个亿，网络游戏有400多个亿，手机出版是300多个亿。新业态从经济贡献上看十分可喜，且方兴未艾。但若从出版文化的角度来看，它们主要是商业文化和娱乐文化，即便其中有些可供阅读的内容，大抵也只能归入典型的"浅阅读"范畴。真正思想的创新，科技的进步，文化的积累，精英文化的创造与传播，能代表我们民族理论思维深度和科学创新高度的内容在新业态中还没有很好地呈现出来。人们津津乐道的是其经济方面的突飞猛进，对它在文化影响方面的捉襟见肘甚至是负面价值，似乎还认识不足。数字出版等新业态如何展现

---

① 陈少峰、张立波：《文化产业商业模式》，北京大学出版社2011年版，第32页。

"正能量"，如何承载精英文化并引导社会公众，还需要深入研究，不断探索和实践。

把表面上看起来已经很大的出版业进行"缩水"，它又回到了本位——一个较小的行业。但它不重要吗？价值不大吗？这个问题早在八十多年前就有人给出了答案。那就是陆费逵的一段名言：

> 我们希望国家社会进步，不能不希望教育进步；我们希望教育进步，不能不希望书业进步。我书业虽然是较小的行业，但是与国家社会的关系，却比任何行业大些。①

这段话正是中华书局事业的出发点、立足点，成为一以贯之的出版思想。陆费逵告诉我们，出版行业（包括其产业部分和事业部分）对国家、对社会的价值和意义主要不在经济方面。陆费逵本人服务社会近四十年，经营出版业达三十八年；他不是大实业家，但为我国教育、文化等作出的重要贡献已经载入史册，至今仍在发挥积极影响。

出版需要建构自己的核心价值体系

价值是一个含义很复杂的理论范畴，在不同的语境中有着不同的含义。从哲学角度来看，价值的一般本质在于，它是现实的人的需要与事物属性之间的一种关系。关于什么是价值，怎样评判价值，如何创造价值，往往是见仁见智，在出版领域也是如此。出版价值观是一种职业价值观，是价值观的一般原则在出版职业活动中的具体体现。出版核心价值观可以说是出版企业之魂，出版行业之魂。今天的社会主义出版价值观建设既需要立足现实，也很需要从古今中外的出版史中汲取养分。

在中国古代，出版（刻书）有官刻、私刻、坊刻三大系统的传统分类。肖东发又加上了佛教寺院刻书、书院刻书两个类别②。不同的个体和群体、不同的阶级和阶层，出版的价值归趋是有明显区别的。一般而言，坊刻逐财重利，文化的价值不是其追求的目标；官府刻书属于统治者"文治"的范畴，意在维护统治，加强教化；私家刻书，出版主体多为书籍作者自己或者后人，光耀门楣，以求立言之不朽是其动因；寺院刻书，出于

---

① 陆费逵：《〈书业商会二十周年纪念册〉序》，《陆费逵文选》，中华书局2011年版。
② 肖东发：《中国图书出版印刷史论》"内容提要"，北京大学出版社2001年版。

宗教目的，注重积功累德等。显而易见，不同系统的刻书反映出迥然有别的价值取向、价值追求和价值目标。这中间，官府刻书所代表的是封建时代主流的、主导性的价值观念。

晚清以来的出版近代化转型包含着出版价值观的演变。"所谓出版近代化，它不完全是一个历史分期层面上的概念，更多的还是寓指近代出版所产生的不同于传统出版的新质。技术的新手段，经营的新方式，出版物的新内容，出版观的新调整，出版职业的新确立，出版体制的新变迁，出版布局的新转移，出版文化的新递演等，都是出版近代化内涵中的重要元素。"① 晚清七十年，出版业初步奠定了从传统出版向新式出版转换的基础。在新旧出版此消彼长的过程中，传教士、官府、改良派、革命派、民族资产阶级都积极参与其中，从各个不同方面推动了出版业的发展，并将这一影响顺理成章地延伸到民国时期。从出版价值观的视角看，上述从事出版的各路人马各有所求：传教士办报刊、出书籍，以宣扬基督、布道福音，影响中国人的思想为目的；洋务派热衷译介西书，是"以夷制夷"思潮的反映，翻译出版成为学习西方坚船利炮、科学技术，进而达到富国强兵目的的重要手段；以1897年成立的商务印书馆为代表的民营出版业的崛起，从出版价值观的角度也完成了新的历史使命。张元济的"思想认识发展，历经英才教育到普及教育，再到'以（出版）扶助教育为己任'。他办出版的思想基础可谓深厚矣！其深厚的基础在于从救国救民出发，体察到文化与国家前途的关系"②。张元济这种文化为本、扶助教育、传承文明的出版价值观，成为了出版业的主导价值观念，成就了民国出版的光荣与梦想。我们看看除了商务印书馆以外的重要出版机构如中华书局、世界书局、大东书局、亚东图书馆、泰东图书局、北新书局、开明书店、文化生活出版社、良友图书印刷公司、生活书店等等，除了张元济以外的著名出版人如王云五、陆费逵、舒新城、章锡琛、叶圣陶、邹韬奋、徐伯昕、张静庐、鲁迅、吴朗西、巴金等等，虽然出版的经历有异，具体的目标不同，但在追求文化、服务教育、提升国民素质等方面是殊途同归的，出版的基本价值观应该是共同的。

在当今社会，价值观念系统变得越来越复杂。在社会经济深刻变革、

---

① 吴永贵主编：《中国出版史》（下册），湖南大学出版社2008年版，第25页。
② 汪家熔：《近代出版人的文化追求》，广西教育出版社2003年版，第108页。

思想观念深刻变化的条件下，往往会呈现出价值观的多元化、多样性、多层次格局。然而，任何一个社会在一定历史发展阶段，都会形成与其根本制度和要求相适应的、主导全社会思想和行为的价值体系，即社会核心价值体系。社会核心价值体系是社会基本制度在价值层面的本质规定，体现着社会意识的性质和方向，不仅作用于经济、政治、文化和社会生活的各个方面，而且对每个社会成员价值观的形成都具有深刻的影响。在出版领域的核心价值观方面，我们已经有了一些基本认识，例如坚持出版的"二为"和"双百"方针，坚持出版的社会效益第一原则，坚持出版的文化本位，确立文化是出版的灵魂的观点，坚持出版质量至上原则等等。刘杲先生曾经概括性地提出：出版，从来就属于文化范畴，不属于经济范畴；文化是出版的根，是出版的命。没有文化的出版，等于没有灵魂的躯壳；出版产业的根基就在于文化。但是客观地说，因为出版所具有的二重属性，人们往往对其意识形态和文化方面的属性认识不足，加之目前过分强调出版的市场化、产业化、集团化，强调包括出版产业在内的文化产业成为国民经济支柱产业，便自觉不自觉地把出版的价值取向倒向了经济效益，出版行业的 GDP 崇拜甚嚣尘上。国家权威的新闻出版报刊就发表过《出版产业的根本属性是产业》的文章，在出版实践中违背出版规律之事也屡见不鲜，可见对于出版本质、出版价值的共识并没有完全达成。

因此，如何从理论与实际的结合上切实确立社会主义的出版核心价值观，确实还需要做大量的工作。出版的本质是什么？国家、社会和人民大众为什么需要出版？出版对国家、民族乃至整个人类的最大贡献是什么？这些问题都需要认真思考，需要我们党和政府、需要出版机构及其从业人员形成基本一致的看法。否则，出版事业和出版产业的发展都会难以健康、持续、长远发展。这里，我们没有标准答案，只是提出问题供大家讨论。历史上出版业发展很快、成长迅速的时期，也往往是在社会上形成了比较好的核心出版价值观的时期；今天为了避免走弯路，甚至是误入歧途，理当把出版价值观的问题提到一个很高的高度加以研究。

（载《出版科学》2013 年第 3 期）

岁月书痕

以文化为本构建和谐出版

从出版社的角度来看，我们出版人要做什么？我认为从大的方面看当然是产业与文化，如果说具体一点，或有所强调，有所突出，则是"三做"，即做产业，做文化，做科技。特别是要做到产业与文化的和谐发展。

关于出版产业问题这几年来人们谈得比较多。产业化、集团化、市场化、商业化等等，是大家关注较多、讨论最多的话题。我们所担心的是，作为文化产业的出版，如果产业与文化的关系处理不当，出现偏向，可能发展到后来只有"产业"而没有多少"文化"可言了。我们注意到，几乎所有的出版集团都有雄心勃勃的产业发展计划，重点是在产业规模、在码洋和利润方面，真正的文化发展内涵是很少的。出版作为文化产业，有其产业特点、市场属性；出版社要加快改革，面向市场，重塑市场主体，这是没有疑问的。在以文化为本的前提下，在出版企业中怎样改革都是可以的。但是，如果丢掉了文化，出版社就是舍本逐末了。

说到出版社、出版集团的发展，我们认为还有一个问题是要注意的，即出版的经济规律和市场法则。几乎所有的出版单位都决心"做大做强"，甚至误认为大的就是强的，大的就是好的。出版社对码洋的热衷几乎超过了任何其他行业的企业对产值的关注。就像前几年国内的大学合并热，众多大学都是以人数多、面积大、学科全相标榜，殊不知国际一流大学中相当部分其实是规模很小的。再说，从出版物的市场容量来看，虽说还有一定的开拓空间，出版社还有发展的潜力，但并非"人有多大胆，地有多高产"。每个出版单位都想做成上十亿、几十个亿的企业，客观上是不现实的，也是没有必要的。我们过去在经济工作中违背产业规律，教训深刻；今天，出版界切不可好大喜功，重蹈覆辙。

出版的产业发展，人们比较重视学习和借鉴外国的先进经验。窃以为，数典未敢忘中华，我国出版业自己的优秀的传统、有益的历史经验也是值得好好总结和学习的。熟悉商务印书馆史的人都知道，差不多七八十年前的商务，在世界上都是一流的。我们今天从产业角度进行的改革，可以说当年的商务都已经经历过了。比如引进外资和设备，引进外国人才和管理经验，实行企业的董事会、监事会、经理层制度，出版企业的集团化，出版经营的多元化，等等，商务在最初的二三十年间一一尝试，成就可喜。研究中国近现代的出版发展史、出版改革史，其实是很有意义的。经验可以吸取，教训也可反思。

关于"做文化"，这也是出版业的一个老话题了。此处之所以老调重弹，是因为在出版改革的浪潮冲击下，出版界中许多人并不真正关心文化了。我们有必要听听国内外专家的谆谆告诫：汪家熔先生在《近代出版人的文化追求》（广西教育出版社2003年版）中说："以前的出版史著作和论文，将古代出版分为官刻、家刻、坊刻三类，后来也有人另添寺庙刻，成四类。我觉得，从其出版活动的目的来看，古代的四种刻书，实际只有两类：追求利润的出版和追求文化的出版。"英国出版家斯坦利·安文这样告诫出版界同仁："如果赚钱是你的第一目标，你就别干出版这一行。出版业所付的报酬远非金钱可比。"他还说："当代一位最杰出的作家说过：'伟大的出版商就是一位文化部长，这个地位是没有政治家资质的人所无法企及的。'"（《出版概论》，书海出版社1988年版）出版的本质意义在文化的整合、积累与传播，因此，我们所追求的应该是为文化而出版，而非为利润而出版。惜乎为利润而出版的人现在有明显上升之势。出版可以有利润，甚至是大利润，但它始终不是目的，也不应该是出版人的理想追求。当然，为了出版更好地、更持久地实现其文化目的，就必须寻求文化与经营的协调统一、事业性与商业性的协调统一。

我们现在念念不忘上个世纪头几十年的商务印书馆，显然不仅仅是因为它在产业上的成功。人们怀念它的历史，主要还是因为其在思想文化建设方面的伟大贡献。无论是古籍的整理与刊刻，西学的翻译与引进，还是具有革命意义的教材的编辑与出版，具有拓荒性质的杂志的创办与发行，都对近代中国的思想文化建设和社会生活变革具有重大的历史作用。人们称商务印书馆与北京大学为中国现代文化思想史上的双子星座，这才真正道出了它的价值所在。谈到现代出版史，人们常常要提到的还有开明书店。这个典型的文化人办的出版机构，就其产业规模和经营效益来看，在当时显然也只能算是中小出版社。直到今天，人们还在研究它，学习它，重印它的许多书刊，主要也在于它的文化品格和文化贡献。人们往往把开明誉为建国前的"六大出版社"之一，这里说的"大"，实则是着眼于文化积累与创新的。如果按码洋排队，哪有开明的份呢！这不禁让我们想到这几年出版界中出现的种种问题，原因固然很多，但我认为一个根本的因素是一些出版社的主事者骨子里只是商人，而不是文化人。我们今天不敢奢望能像上个世纪的头几十年，有一流的专家、文化名流纷纷进出版社当编辑，做管理；但今天做出版的人底线应该至少是个文化人，或有文化理想追求的人。

关于"做科技"，科技也是广义文化的一个部分，我们这里专门拈出来，是想特别强调专业出版。国家新闻出版总署邬书林副署长在2005年中国出版业高层论坛上的演讲，谈到对出版业面临的新情况、新问题、新机遇和新挑战要有四个方面的"足够估计"，其中在第四个要有"足够估计"中论及西方发达国家在出版最新科技信息的内容上占有优势时说过一段发人深省的话，原文如下："目前，欧美期刊占据世界核心期刊的96%以上，反映科技进展的专业出版几乎被他们垄断。在这方面，我们还没有形成应有的出版理念，更没有形成出版发行的良性运行机制。在我国没有承诺开放出版的情况下，仅版权贸易就已造成了巨大的出版逆差，如果现阶段就放开出版，结果可想而知。从长远看，如果我们在反映人类思想创造、科学发现、技术进展的专业出版中不占有一席之地，将有丧失话语权的危险，必将构成对我国文化安全的威胁。做好这方面的工作，是出版界的重要职责。"这里，邬书林副署长提出了一个发人深省的严峻问题，值得我们出版人关注。

我们注意到，中国出版在某种程度上是吃教育饭。在教育出版、大众出版、专业出版中，码洋、利润主要是来自教材教辅。国内位居前列的出版大社、名社，几乎都是教育出版的大户。做教育出版的大户本身并不错，商务和中华当年也是靠教材起家，但如何在做了大户以后在专业出版方面有所作为则是值得思考的。或许国外优秀出版社的经验会有所启发。从国外优秀大学出版社的成功经验来看，重视专业出版并取得突出成就是其长盛不衰的重要法宝。谈及西方的大学出版社，人们免不了要说剑桥和牛津。作为世界上规模最大的大学出版社，英国的牛津大学社每年出版的书籍、刊物超过4000种，出版物的范围涉及广泛，包括各个学术领域的著作、教科书、英语教学专书、工商管理著述、圣经、音乐、儿童书籍、词典、工具书、期刊等等。而近20年来发展迅猛的剑桥大学出版社每年出版2500种新书、150种期刊，在版图书有20000多种，主要出版学术教育书、期刊、圣经等，业务范围已经涵盖英语世界的所有教育学科，医药、法律、工程与计算机科学等专业图书的发行也在不断地扩大。1980年，剑桥大学管理条例规定："大学应该有大学的出版社，它应该使出版和印刷在各个学科为知识的获取、推广、保存和传播作出积极贡献，为教育、宗教、学术研究的进步作出贡献，为文学和优秀作品的推广作出贡献。"特别值得重视的是，在英国大学出版社的出版物中，期刊占有十分重要的地位。被誉为英国学术出版乃至整个世界大学出版双子星座的牛津大学出版社和剑桥大学出版社出版的期刊数量都在150种左右，涵盖了人文科学、社会科学、自然科学的各个学科。这些刊物中大多是学术期刊，定位于专业的读者群，质量上乘，风格庄重，印制精美。期刊是反映学术研究成果的轻骑兵，是传递国际尖端技术的重要信息载体。英国的大学出版社重视学术期刊的出版，实质上也是大学的性质、优势和职能使然。曾经在上个世纪70年代担任剑桥大学出版社首席执行官的杰弗里·盖斯这样说过："我们的兴趣不在于使利润最大化。我们没有经营者，没有股权人，没有分红……我们最高的目标是出版学术著作和教育书籍，因为它们为人类的知识传承作出了极有价值的贡献。"大学出版社的职责和使命于此可见一斑，它给我们的启示也许并不限于大学出版社。

今天我们讲和谐发展，全面协调，内涵当然是很丰富的。上面讲这一通，无非是从一个微观的视角，强调在出版改革中出版社自身要两手都要抓，两手都要硬，不可顾此失彼、舍本逐末。对于出版来说，还是刘杲先生说得好：经济始终只是手段，文化才是根本，是最终的目的。

（载《科技与出版》2006年第4期）

向先进文化的方向前进

"三个代表"重要思想，深刻回答了在新的历史条件下加强和改进党的建设需要解决的重大问题，进一步指明了党在新世纪的历史任务和奋斗目标，是对我们党的性质和宗旨的新的全面概括，是立党之本、执政之基、力量之源。这一重要思想，也是出版业在新世纪改革创新、繁荣发展的根本方针，对于做好当前的编辑出版工作特别是在我国即将加入WTO的大背景下，具有十分重要的战略意义。作为出版工作者，要认真学习、深刻领会"七一"讲话精神，按照"三个代表"的要求创造性地开展工作。

出版业是我国社会主义文化事业的重要组成部分。出版工作者首先要坚持先进文化的前进方向。出版业的先进性体现着我国先进文化的本质属性，这是出版业能否存在和发展的根本依据，是出版业能否体现先进生产力、能否体现最广大人民群众根本利益的前提条件。我们的出版工作要履行"三个代表"的要求，推进社会主义的文化事业，关键的是要创新发展，要在继承中发展，在发展中创新。

出版工作要代表先进文化的前进方向，就必须坚持马克思主义在思想文化领域的指导地位，始终把社会效益放在第一位，唱响主旋律，打好主动仗，多出无愧于时代、有益于人民的好书。这里要注意的是，如何处理好马克思主义的指导地位与文化多样性的关系，坚持"双百"方针。

代表先进文化的前进方向，有一个立足点的问题。我们今天的出版工作，要牢牢把握中国先进文化的发展趋势和要求，就必须始终立足于建设有中国特色的社会主义实践。文化建设要服务于经济建设这个中心。出版工作要时刻关注改革开放的现实，关注国计民生和现实生活中的重大课题，通过出版为社会主义的现代化建设提供更有力的精神动力、理论支持和智力支持。

代表先进文化的前进方向，还有一个如何看待和对待传统文化和外来文化的问题。江泽民总书记在"七一"讲话中论及代表先进文化方向时指出，要"着眼于世界科学文化发展的前沿，不断发展健康向上、丰富多彩的，具有中国风格、中国特色的社会主义文化，满足人民群众日益增长的精神文化需求，引导广大人民群众从思想上精神上正确武装和不断提高起来"。这就要求我们，进行文化的创新发展必须吸收借鉴人类一切优秀的文化成果，必须对本民族的传统文化进行扬弃。吸收借鉴的过程，既是我们广取所长，保持并实现中华民族文化先进性的过程，更是中华民族走向世界，向世界展示自己先进性的过程。出版工作在弘扬优秀的传统文化，吸纳世界的先进文化方面大有可为。要着眼于世界先进文化发展的趋势和方向，着眼于经济全球化条件下民族文化发展的新特点、新问题，从文化的规律及其内在逻辑出发，对中国传统文化进行科学的扬弃。

出版工作贯彻"三个代表"的思想，还要特别注意"三个代表"的思想是一个有机的整体，不能把三个方面割裂开来。先进生产力和先进文化就是指物质文明和精神文明。文化属于精神的意识形态范畴，其发展方向和先进性都决定于生产力的发展。文化的创新发展，必须自觉地适应生产力发展的要求。在文化创新发展中，一定要立足于促进生产力的发展要求，有利于促进社会的全面发展和进步。建设先进文化和发展生产力，共同目的是满足人民群众日益增长的物质文化生活需求，维护广大人民的根本利益。因此，"三个代表"是相辅相成、相互统一的。对于出版工作来说，要完整地体现"三个代表"的要求，努力发展壮大文化生产力，优化选题，多出精品，为人民群众提供更多更好的出版物，努力实现社会效益和经济效益的最佳结合。在当前，尤其要抓住机遇，加快改革步伐，实施精品战略，落实"十五"出版规划，促进出版业的健康、快速和持续发展。

（载《出版参考》2001年第20期）

| 岁月书痕

出版文化，保守还是激进？

在中国，说到"保守"，人们往往把它与"落后"联系在一起。在极左时期，保守甚至与"反动"为伍，一旦戴上"保守"的帽子，往往要付出政治方面的代价。其实，保守的东西未必一定都是坏的，激进的东西也不一定就是好的。保守往往与稳健相连，而激进与冒进就像孪生兄弟。历史早已证明了这一点。

现今的中国出版界，正处在轰轰烈烈的改革与发展时期；自上而下推动的出版体制改革，市场这只"无形的手"驱动的出版赢利欲望，业界自身文化使命感的日趋淡薄，从上与下、政治与经济、外部与内部等不同方位和层面裹挟着出版机构与出版人涌向急功近利的路子。高举着"改革开放"、"开拓进取"、"与时俱进"、"又好又快"一面又一面大旗的少数出版人，猴急的举措中反映出的是浮躁的心态。从图书期刊出版的角度看，似有必要冷静、理性地思考出版的特性、功能、价值，重新审视出版文化的保守性问题。

与急躁冒进不同的是保守稳健。我认为，中国出版界在热闹中需要冷静，在大力倡导出版创新时不忘出版文化的保守与坚持。具体到出版机构，应该有更多的自我反思：出版社是做什么的，出版的根本目的是什么，出版文化的本质特征何在，出版人该给后人留下什么。著名历史学家章开沅先生在为王建辉《文化的商务：王云五专题研究》（商务印书馆2000年版）所作序言中说："像商务中华这样的历史悠久的出版社，对文化的贡献决不下于任何一所著名大学。"我觉得出版社与大学在文化品格上有相近相通之处。章开沅先生2007年从牛津大学访问归来后，在《同舟共进》杂志发表了《泰晤士河源头的思考——从"牛津现象"谈起》一文。他说："牛津的特点是政治上偏于保守，文化上善于守旧。""牛津就是这样悠然自得地经历了几百年的沧桑巨变，旧貌并未完全换新颜，却又不紧不慢地跟上时代的步伐。无论是人文还是科技,许多学科仍然处在世界前沿,人才与成果之盛有目共睹,遑论诺贝尔奖获得者的连绵。"在章先生看来,现代与传统并非截然两分,创新与守旧本应相生共存,否则创新便必然会流于浅薄的时髦,甚至流于单纯的形式创新乃至话语创新。出版的创新与守旧也当作如是观。

无独有偶,美国的耶鲁大学也是以保守的文化品格著称。王英杰先生在《比较教育研究》(2003年第3期)撰文《论大学的保守性——美国耶鲁大学的文化品格》,介绍了耶鲁保守文化品格的形成,剖析了该校保守的管理、保守的教育理念,以及由此而引申的"大学保守文化品格的合理性"。作者在文末坦陈心曲,发人深思:"当我们沉下白日躁动之心,秉烛夜读耶鲁大学的发展史时,我们就会被耶鲁清新的文化品格,深厚的文化积淀所打动:它几百年来不为躁动的社会变迁所动,始终如一地坚持自己的社会职责,如同人类社会漫漫路上的一盏明灯,星光闪烁,为世人所瞩目。它在静谧中发展,在稳定中前进,以其保守的文化品格营造出一所循序渐进的世界一流大学,创新型人才和重大科研新发现如清泉从中汩汩流出,永不干涸,永不浑浊。"事实上,大学与社会经济组织的区别,就突出体现在"保守"这一独立的品质上,大学的魅力来自保守基础上的丰厚积淀和创新。大学与生俱来地具有保守性,也可以说保守性是大学的遗传特征。英国著名高等教育学家阿什比曾经深刻地说过,任何大学都是遗传和环境的产物。大学的重要使命就是储存、传递和创造人类文明。大学的这一使命赋予了大学保守的文化品格。大学要创造新的人类文明就要为了真理而追求真理,追求真理本身就是目的。从某种意义上说,有了大学的保守性,才会使得大学在稳定中发展。认识大学的保守文化,小心呵护它,才会按规律办事,才会对大学的变革发展持以正确合理的期待。

出版机构与大学固然不能等同,但在储存、传递和创造人类文明方面应该是殊途同归的。让人困惑的是,国际出版潮流与国内出版趋向似乎与这种文化使命渐行渐远。美国的《读者文摘》不追求过眼烟云一样的热点,始终守住人性——创始人华莱士认为,只有人性的东西才能征服人心,即使在一个物欲横流的社会里,人还是有所敬畏,那就是看似简单朴素的真善美。是真善美在拯救、平衡人的内心。《读者文摘》在平淡中蕴藏着力量的真善美,在人文关怀中温暖读者的内心,抚慰人们的心灵。可惜的是这样一本在平凡中创造过传奇的国际大刊,也要淡出人们的视线了。

前些时看过一篇题为《出版业的本质属性是产业》的文章，总觉有些疑惑。我倒是比较赞赏大学出版界一位同仁的命题——出版的贡献在产业之外。刘杲先生更明确地指出："出版产业对社会的最大贡献是什么？是文化。"出版产业的特殊性质决定了"文化是目的，经济是手段"。我们今天还念念不忘老商务，恐怕不仅仅是因为它所创造的经济辉煌和产业奇迹，也不仅仅是因为它曾经跻身于世界出版前三强。成立于1897年的商务印书馆在新中国成立前的五十多年，一直保持着全国第一大出版机构的身份。它曾经在出版的许多方面具有开创性的贡献，如现代企业制度的建立与完善、科学管理方法的探索与试验、先进印刷技术的引进与改革、引领新潮流的期刊与图书选题的运作等等。但从一家出版机构的文化品性来说，老商务无疑是偏于稳健和保守的。它的学者式的严谨风格比之当年生活书店战士式的泼辣风格，看上去显得有些落伍。但它通过数量庞大、种类齐备的出版物，在促进我国新式教育的发展、推动现代知识的传播、弘扬西方文明精华、传承中国传统优秀文化等方面仍然作出了巨大的贡献。事实上，"保守的价值，无所不在，它催生真的创新。货真价实的创新，自在而稳健的保守，非常罕见、非常难"①。

对大学教育人们一直在反思，烽火岁月中的西南联大近些年成为一个热议的话题。"钱学森之问"说难回答确实很难，说简单答案也实在简单。周国平曾这样写道："人们常常叹息，中国为何产生不了大哲学家、大诗人、大作曲家、大科学家等等。据我看，原因很可能在于我们的文化传统的实用品格，对纯粹的精神性事业的不重视、不支持。一切伟大的精神创造的前提是把精神价值本身看得至高无上，在我们的氛围中，这样的创造者不易产生，即便产生了也是孤单的，很容易夭折。"（周国平：《人文精神的哲学思考》，载《文汇报》2002年12月1日）其实，无论是在教育界、还是出版界，这种实用品格、实用主义现在是绝对占上风的。对真理的追求，对理想的保护，对文化的创造与传承，似乎不再那么重要。如果说在极左时代对出版的冲击主要来自政治，现在则主要来自市场化、商业化。在出版界，老商务也成为出版人崇奉的一个似乎不可企及的梦想。当代出版家王建辉曾在张元济纪念馆留言："张元济不可追。"其实，假如我

---

① 陈丹青：《我从不相信"创新"这个词》，载《新周刊》2008年4月1日。

们允许甚至鼓励在淡定中坚守、在稳健中创新，出版业或许有更好的未来。

前些时候，柳斌杰署长在中国新闻出版研究院成立大会上的讲话中强调："要大力培育追求真理、实事求是的科学精神。科研工作是探索规律、发现真理的工作，第一需要的是科学精神。中国新闻出版研究院首先要大力倡导科学精神。历史反复证明，没有敢于坚持真理、实事求是的科学精神，就没有真正的科研，也就没有推陈出新的创造能力，没有继往开来的时代进步。我曾给研究所的同志多次讲过，科研要坚持科学性、独立性原则，不要看着眼色、顺着上级说话，要说真实的话，有根据的话，别人不爱听而有真知灼见的话。这就要求我们要大力弘扬追求真理的精神，倡导批判的精神，尊重科学结论，崇尚理性质疑，不迷信，不盲从，独立思考，敢于负责。"笔者前面所言算是不看眼色的一点真话。众所周知，过去对大学的干扰主要来自政治，现今的干扰则主要是经济，是急功近利。出版文化所面临的问题也差不多。

出版文化大厦的建设有点类似城市建设，对中国现在的城市建设大概好评不多。有美国学者曾经投书新华社，认为"一个有着最伟大城市设计遗产的国家，正在有系统地否定自己的过去"。"为什么拥有五千多年文明的北京，却要像十几岁的孩子般莽撞行事，还穿上一身俗气的洋裤褂呢？"广东小城市江门想建生态城，好心的评论说，好处是不会重蹈"以创新的名义破坏环境，以发展的借口牺牲生态"的覆辙；刻薄的评论说，科学城、金融城、生态城恐怕都是跟风式的流行口号，全都是以发展的名义去兜风。（参阅黄俊杰：《创新要不要平常心？》，载《新周刊》2008年4月1日）在出版改革的商业化、产业化、集团化浪潮下，出版界不是也有有识之士呼吁：改革的马儿呀，你能否慢些走？

（载《教育与出版》2013年第1期）

岁月书痕

从近现代优秀出版文化中汲取养分

习近平总书记在全国宣传思想工作会议上的重要讲话，高屋建瓴地提出了"四个讲清楚"，即讲清楚每个国家和民族的历史传统、文化积淀、基本国情不同；讲清楚中华文化积淀着中华民族最深沉的精神追求；讲清楚中华优秀传统文化是中华民族的突出优势；讲清楚中国特色社会主义植根于中华文化沃土、反映中国人民意愿、适应中国和时代发展的进步要求。这"四个讲清楚"，对我们的思想文化建设有着重要的战略指导意义。具体到出版行业，联系中国出版史特别是近现代出版史的实际，我们也能得到很多启示。

近代中国，外敌入侵，民族危机加深，"救亡图存"成为时代的主题，优秀出版人的爱国精神在文化和教育上得以充分体现。张元济1902年加入商务印书馆时，就与夏瑞芳约定"以扶助教育为己任"，大力普及国民教育，使商务印书馆得以从一家印刷作坊成长为中国近代文化史上的闪亮星座。邹韬奋创办面向大众、提高大众思想觉悟的《生活》周刊及出版机构，体现的也是一种深厚炽热的爱国情怀。出版企业家在危难时局中激发出来的爱国精神也十分具有感染力。1932年"一·二八"事变中，商务印书馆总厂、所属东方图书馆等遭到日机毁灭性轰炸，商务印书馆此时庄严地提出"为国难而牺牲，为文化而奋斗"的复兴口号，以"日出一书"开创了商务印书馆的新辉煌。平生不怎么著书的张元济则编著了《中华民族的人格》一书，砥砺国民气节，弘扬民族精神。此书在抗战时期一版再版，影响很大，以至日本侵略者将其列为禁书。在国难当头的历史条件下，众多优秀出版人展现出具有时代风貌的爱国精神，以出版为平台帮扶文化和教育事业，促进国家和社会的改革与进步，体现了他们崇高的精神追求。

"天行健，君子以自强不息。"中华传统文化中这种刚健有为、奋发进取的精神在近现代出版家那里表现得尤为突出。中华书局的创办人陆费逵就是一个深得传统文化精华、进取心强烈的出版企业家。他的那段"我们希望国家进步"的名言至今广为流传。陆费逵出版的专著《实业家之修养》，将进取精神列为企业家一项重要的必备修养，认为进取精神源于企业家内心的"不满足"。中华书局从一家小小书局，一步步走来，后来成长为当时国内的出版重镇，服务出版近40年的陆费逵强烈的进取精神始终伴随其中。

义利关系是中国传统文化关注的一个重要方面。今天讲出版活动要兼顾两个效益、始终把社会效益放在第一位，是完全可以从优秀的传统出版文化中汲取营养的。事实上，在出版业中也存在着企业家和商人的明显分隔，关键在于其对待"文化"的态度。对此，老一辈著名出版家张静庐在其自传中有过精彩论述。他说："钱，是一切商业行为的总目标。然而，出版商人似乎还有比钱更重要的意义在这上面。以出版为手段而达到赚钱的目的；和以出版为手段，而图实现其信念与目标而获得相当报酬者，其演出的方式相同，而其出发的动机完全两样。"正因为张静庐不是仅仅以赚钱为目的，所以他敢自信地宣布："我是'出版商'而不是'书商'。"从这些看似咬文嚼字的话语背后，表现的是张静庐的文化自觉与责任担当。

中国历代杰出的出版人为后世留下了深厚的文化积淀，比如关于和谐与合作、创业与勤俭、守成与冒险、诚信与契约等都有许多精彩的论述。习近平总书记要求讲清楚中华文化积淀着的深沉精神追求，我们就有必要、有责任系统梳理、总结中国有史以来特别是近现代出版的光荣传统，提炼其思想精华，并积极运用于当下的社会主义出版文化建设中。

（载《中国新闻出版报》2013年10月14日）

岁月书痕

出版本质上是理想主义者的事业

北京大学钱理群教授去年写过一篇文章，题为《教育本质上是理想主义者的事业》①。这篇文章是为缅怀一个去世的优秀中学教师马小平而作。先后在东莞中学、深圳中学任教的马老师是一个令人尊敬的理想主义者，也是一个具有行动力和创造力的实践者。读罢此文，掩卷深思，联想到自己从事的出版工作，接触的各种类型的出版人，以及历史上的中外出版家，脑海中不觉跳出一行字：出版本质上是理想主义者的事业。

一、出版的本质属性决定了它的理想主义色彩

所谓本质，是指事物本身所固有的，决定事物性质、面貌和发展的根本属性。对于什么是出版，什么是出版的根本属性，学术界有见仁见智的看法。张志强在梳理了国内外有关出版的多种定义后给出自己的界定："出版是将文字、图像或其他内容进行加工、整理，通过印刷等方式复制后向社会广泛传播的一种社会活动。"现代意义上的出版，包括编辑、印刷或复制、发行三个重要的环节。出版的过程，是传播人类知识的过程，也是保存人类文化遗产的过程②。这个定义内涵与外延的论述，突出了出版概念的知识与文化意义。

我们知道，出版物是一种商品，具有商品属性；同时它又是特殊的商品，具有文化精神属性。与之相应，出版活动既是一种经济活动，有产业的属性；但它又是一种文化活动，有文化的属性。仔细翻检中外出版历史，客观分析当代出版业的实际情况，我们发现出版对读者（受众）、对

---

① 钱理群：《教育本质上是理想主义者的事业》，载《人民日报海外版》，2012年3月23日。

② 张志强主编：《现代出版学》，苏州大学出版社2003年版，第10页。

社会、对国家和民族，乃至整个人类的贡献和价值，主要还是在精神文化方面，而不是在经济方面。不管我们愿不愿承认，挤掉出版统计中那些没有多少文化创意的水分，出版业自始至终都只是一个较小的行业。仅仅从产业属性和经济贡献来看，我们毫不夸张地说，出版是可有可无的行业或产业。对于报刊上有人明确提出"出版业的本质属性是产业"，笔者是不敢苟同的。三联书店总编辑李昕的看法显然更加符合出版业的实际，他曾说："对于出版机构来说，发挥它的基本职能，使之产生文化影响力，远远比创造经济价值更有意义。能'做大做强'固然很好，但前提还是'做好做优'。失去了这个前提，出版社做得再大，盈利再多也没有意义，不值得。对于管理层来说，一定要看到出版业兼具商业性和事业性的双重属性。出版业当然可以归入文化产业，但是出版业的事业属性其实更加关乎它的本质。所以在评价出版产业发展和贡献时，绝对不能仅仅用经济指标作为尺子。"① 作者对当今出版业的弊端如内容上的粗制滥造，一刀切地单纯追求经济目标，一窝蜂地想"做大做强"，像喝了兴奋剂一样地拼命要"上市"等浮躁狂躁心态、急功近利的做法提出了客观的批评，笔者深以为然。他说的"出版业的事业属性其实更加关乎它的本质"才是真正懂得出版价值的行家之论。

　　的确，倘若我们主要不是从产业的视角而是用文化的眼光来看，出版业又是十分重要的崇高事业，从事出版工作的人应该感到无比光荣与自豪。在出版的各个环节中，编辑活动是一个中心，编辑工作者在出版人群体中也是极具代表性的岗位。刘杲的一段话深刻而形象地表达了对出版活动的本质与价值的认识。在《中国编辑》的创刊号上，刘杲发表了《我们是中国编辑》的"代发刊词"。作者用诗化的语言、饱满的激情抒发了一个出版工作者的职业理想——"中国编辑，我们的名字，我们的岗位，我们的荣誉，我们的责任"。"身为中国编辑，我们深知责任重大。振兴中华离不开出版，繁荣出版离不开编辑。""我们要求自己做精神食粮的生产者、先进文化的传播者、民族素质的培育者、社会文明的建设者。""我们是中国人民的儿女，始终坚持为人民服务的宗旨。建设中国特色社会主义是中国人民的最高利益，也是我们的最高利益。在我们心中，社会主义国

---

① 李昕：《出版业的事业属性其实更关乎它的本质》，载"百道网"，2013年4月25日。

家神圣不可侵犯。""我们奉献给祖国和人民的，是出版物所传播的思想理论、科学技术、文化知识，是人类智慧和知识的灿烂花朵，是对社会主义现代化建设提供的精神动力和智力支持。"① 毋庸置疑，这里作者对出版编辑工作者的角色定位（生产者、传播者、培育者、建设者）和价值判断（精神动力和智力支持），是建立在对出版活动本质属性与发展规律深刻认识基础上的。刘杲在为俞晓群《人书情未了》写的序言中，还说过这样几句话，也十分精警："文化是出版的魂，是出版的命。"他认为，没有文化，出版就没有什么意义！

出版业需要文化与经济的平衡，但文化始终是出版活动的出发点和落脚点。当出版的经济价值充分实现，有助于至少是无害于出版的文化价值的实现，这种出版经济是值得鼓励和支持的。当出版的商业利益、经济驱动力冲淡甚至损害优秀文化的积累、创新与传播，污染社会的环境和人们的心灵时，这种出版经济是必须得到制止甚至铲除的。所以，刘杲讲"出版：文化是目的，经济是手段"一语中的。出版的本质决定了它与实用主义、功利主义是格格不入的；真正理解出版本质和懂得出版价值的人，必定是充满人文情怀与理想精神的人。

出版与教育特别是大学教育有某种内在的一致性，尤其是在文化功能方面。钱理群在纪念北大110周年的一个非官方组织的演讲中谈到，"大学之为大学"是因为它有两个功能——保守性功能和革命性功能。"简单说两句话，一个是坚守，坚守民族精神，坚守思想文化；另一个是批判、创造，创造新的思想，新的文化，新的学术。"北京大学"五四"时期就曾经很好地发挥了这两种功能，"起到了精神堡垒的作用，起到了新思想源泉的作用、发源地的作用"。抗战时期的西南联大也在某种程度上发挥了这两种作用②。我们把晚清民国时期的商务印书馆与北京大学，并列为中国近现代文化史上的双子星座，其依据也正在于老商务与老北大一样，在民族优秀文化积累、民族文化精神坚守，新思想、新文化、新学术的开创方面，发挥了极其重要的作用。当年的商务印书馆践行了出版的文化本质，创造了至今我们不敢望其项背的世界一流。而上世纪30年代初日本

---

① 刘杲：《我们是中国编辑》，载《中国编辑》2003年第1期。
② 钱理群：《纪念北大110周年：钱理群寻找北大精神讲演》，载"搜狐网"读书频道，2008年4月30日。

帝国主义处心积虑、丧心病狂地炸毁商务印书馆及其所属的东方图书馆，也从反面证明了出版的真正价值在哪里。

二、现代杰出的出版人多为理想主义者

翻开中国近现代出版史，有一长串杰出出版家的名字。其中，绝大多数都可以归入理想主义者的行列，如张元济、陆费逵、舒新城、高梦旦、邹韬奋、叶圣陶、夏丏尊、吴朗西、赵家璧等等。他们的不朽事迹，他们的传世名言，不少都早已为人们耳熟能详。这些杰出的出版人怀揣着美好梦想和远大抱负，在基于信仰的执着追求中，谱写了可歌可泣的篇章。

如果说，张元济、陆费逵、邹韬奋等人在事业性与商业性、文化与经济之中达成了某种平衡与协调的话，出版史上还有另外一种更加纯粹的理想主义者。他们主要甚至完全不追求经济价值和现实功利，留下了值得后人景仰的佳绩。这里我们来看看鲁迅、巴金两个十分典型的理想主义出版人。

鲁迅显然算不上出版实业家，但确实称得上是优秀的编辑家。从1907年在日本筹办文艺杂志《新生》算起，到1912年初就任绍兴《越铎日报》名誉总编辑，"五四"时期参加《新青年》的编辑工作，直到1936年去世前不久还在亲自编辑瞿秋白的译文集《海上述林》、为曹靖华译著《苏联作家七人集》写序，鲁迅在编辑出版的园地里辛勤耕耘了整整三十年，耗费了大量的心血与才智，给后人留下了宝贵的思想遗产和文化财富。

据统计，鲁迅一生先后创办了七家出版社，编辑和参与编辑的各种图书七十多种，丛书十多套，校阅和帮助出版的还有十多种，总计约两千多万字；编辑和参与编辑的文艺刊物十多种，和青年作者通信好几百封，默默耕耘，无私奉献，热情扶持了许多文学新人。从策划组稿到编选文稿，从审读到校对，从撰写书评到自拟宣传广告，还有版式、插图、封面设计，乃至纸张选用、印制把关等各个环节、各个方面，鲁迅都亲力亲为，堪称行家里手。

若算经济账，鲁迅做出版、当编辑不仅没有赚钱，反而是亏本的。鲁迅的日记中有自己财务收支的明细记载，其中涉及出书编刊办出版机构的，基本是只出不进。许广平曾经说："鲁迅为了工作是不计报酬、不计劳累的。《奔流》一个月出一期，虽然是约了两个朋友合编的，但是，实

际上担子都落在鲁迅一个人身上。尽管他本身的工作很忙，他仍旧负责到底，勤勤恳恳地编稿。"① 对于"根子是在卖钱"的文坛"丑事"和出版乱相，鲁迅深恶痛绝，予以了严厉批判。事实上，作为编辑家的鲁迅，和作为思想家、文学家的鲁迅是三位一体的。鲁迅的思想本质与价值核心在于对中国人精神的深刻反思，他从事创作、编辑与出版活动的目标都是开启民智、改造国民性，进而改造整个社会。如他对翻译作品特别重视，亲自翻译进步的文学作品出版，组织翻译丛书，创办译文杂志，其直接目的用他自己的话说，就是"从别国里窃得火来"，"照暗夜"。

巴金是著名的文学家，但有文学史专家认为他在文学出版事业上的贡献实际上超过了他在文学创作上的成就。这是很高的评价。除了晚年创办并主编大型文学期刊《收获》，巴金最重要的编辑生涯是他在上世纪三四十年代担任文化生活出版社总编辑十四年。关于巴金以及文化生活出版社对中国现代文学发展的历史作用和突出贡献，已有不少学者进行系统论述，相关专题的博士、硕士学位论文已不少见。巴金自己说过："我在文化生活出版社工作了十四年，写稿、看稿、编辑、校对，甚至补书，不是为了报酬，是因为人活着需要多做工作，需要发散、消耗自己的精力。我一生始终保持着这样一个信念：生命的意义在于付出、在于给予，而不是在于接受、也不是在于争取。"② 要知道，巴金担任长达十四年的总编辑一直是不取分文报酬的义务劳动。孙晶在《巴金与现代出版》中把文学编辑分为职业型与理想型两种，而巴金属于典型的理想型编辑。"他将他个人的信仰和理想贯穿在自己的工作精神之上"。③ 巴金和他的朋友们创办并苦苦支撑文化生活出版社，完全是为着一个理想，凭着一腔热血而义务奉献。

作为作家，巴金的文学创作始终坚持安那其主义（也称"无政府主义"）立场，民主主义和人道主义是其轴心。他总是关注着被压抑的人们，并在自己的艺术世界中构建他理想的社会图景。自从十五岁时读过克鲁泡

---

① 许广平：《鲁迅先生怎样对待写作和编辑工作》，载《新闻业务》1961年第2期。

② 巴金：《上海文艺出版社三十年》，见《真话集》，人民文学出版社1983年版。

③ 孙晶：《巴金与现代出版》，复旦大学出版社2012年版，第3～4页。

特金的《告少年》之后，巴金就开始对人类幸福世界的幻想，孜孜以求地探寻着人类合理的社会秩序，安那其主义就成为了他一生坚持的基本主张。政治之途艰难而险恶，并非巴金这样的一介书生所能涉足的。自从有了文化生活出版社的岗位，巴金"将原有政治理想转换成一种工作精神，进而去建构新的知识分子的民间价值系统"。"作为一个文学编辑，从文学的意义上，他坚持出版优秀的具有艺术价值的作品，来抗衡当时污浊的文化空气；从出版的意义上他从事平凡的文化积累工作，坚持用好书来抗衡险恶的现实环境。"①

俄国思想家车尔尼雪夫斯基曾经说："一个没有受到献身的热情所鼓舞的人，永远不会做出什么伟大的事情来。"巴金等出版家正是秉持着信仰的力量，以献身的热情无怨无悔地在文学编辑园地默默耕耘。当代出版家丁景唐有句格言："信念是不灭的光源，照亮永生之路——我读书、写书和编书。"② 无论是中国还是外国，在出版这条"永生之路"上，都不乏这样的殉道者，从事着"书比人长寿"的不朽事业。"为书籍的一生"的帝俄时代出版家绥青，培养了众多杰出文学家包括诺贝尔文学奖得主的美国编辑大师萨克斯·康明斯，创造了法国出版文化传奇的加斯东·伽利玛，开辟了日本岩波文化的岩波茂雄，无不是文化至上主义者，也无不是脚踏实地的理想主义者。

三、当今出版业亟需高举理想主义旗帜

笔者在前些时看到一篇文章——《每年出书37万种，意味着什么》③。读罢此文，仔细琢磨，总觉得自己还是不得要领。因为本人就是这"37万种"图书的制造者之一，同时还认识为数不少的书籍制造者，对此文的"意味"始终没有感觉出来，可能是"只缘身在此山中"吧。作者说：

> 2012年全国出版图书高达37万种，创造历史新高，而今年参展图书数量也达到35万种。据文献学家统计，从古代到辛亥革命，我

---

① 孙晶：《巴金与现代出版》，复旦大学出版社2012年版，第7页。
② 《永远不疲倦的青春歌者——记丁景唐》，见上海市出版工作者协会、上海市编辑学会编：《上海出版人》，学林出版社2003年版，第64页。
③ 张贺：《每年出书37万种，意味着什么》，载《人民日报》2013年4月22日。

国一共出版了20万种图书。而现在，一年的出版量就超过了以往2000年出版量的总和，曾经奢望的"浩如烟海、卷帙浩繁"到如今才算名副其实。

作者纵览中外出版历史，认为"发达的出版业乃国运之所系"。"从这个角度讲，37万种图书可谓中华民族实现伟大复兴道路上的一个重要台阶，跃上去，就能看见民族复兴的曙光。"作者进而分析说："从1840年以后，中国人用了几乎200年的时间，终于重登世界出书种类最多的座席。年出图书37万种，这不只是一个看似辉煌的数字，更象征着中华民族从谷底向高峰奋力攀登的不屈精神。"作为出版人，看到这样的认识本应高兴和自豪，但我却高兴不起来，也不能盲目自豪。图书的品种、码洋有点类似经济领域的GDP。1840年我国图书和英国图书品种之比是多少我不知道，但当年大清王朝的GDP是远远超过大英帝国的；1894年甲午海战中国惨败那一年，日本国的GDP落后于我国很远很远倒是不争的事实。就是在中国自己的历史上，文化造极、经济繁荣的北宋王朝屈辱地被文化经济都很落后的北方金国屠戮，最后偏安江南，是为南宋。因此，面对37万种书我们不敢轻言自豪。其实，有良知的出版人、有文化的读书人都不讳言，当下书籍中的垃圾多少倍地超过精品。更何况，有权威的统计表明，现在国人每年平均阅读书籍的本数不及以色列的二十分之一，大体仅是日本人的九分之一。国人之爱金钱远胜过书籍，国人之爱赌博远胜过读书。我个人觉得，真正的文化大繁荣，建设名副其实的文化强国还任重道远。

在这种背景下，出版界更要高举起理想主义的旗帜。当下的中国出版界，的确比较缺乏有文化担当和理想情怀的出版家。其表现一是过分的功利，一是过度的"自律"。

功利主义盛行又具体体现在政治和经济两个方面。作为出版人无疑要有鲜明的政治意识、责任意识、大局意识，守土有责，必须坚定不移地贯彻党的出版方针路线。这完全是必要的。但从出版的本质属性来看，从出版功能的多样性和丰富性来看，出版人又不能过分地随波逐浪，趋炎附势，特别是不能用出版的政治功能取代其文化功能。极左时期特别是"文革"阶段出版业的历史教训是值得深刻反思和汲取的。过分的功利化，也往往容易曲解党的方针政策，陷入庸俗社会学的泥潭。出版功利化的更突出表现，是在企业化、集团化、股份化、国际化的浪潮冲击下,在急切地想"造大船"、去"远航"的冲动中,一切唯"文化GDP"是崇,"内容为王"的出版业并无多少真正有文化创意的东西增加。这些年在思想创新、学术创新、文化积累等方面虽有进步,但实在不像媒介宣传的那样乐观。倒是各个出版集团、传媒集团的"文化地产"如火如荼,大赚特赚。而人们普遍看好的数字出版产业,到目前为止主要还是网络游戏、网络广告和手机出版占绝对的主导地位,其中的内容创意、文化精髓之不足也是显而易见的。而网络上的文化垃圾之繁多、诲淫诲盗之猖獗更远胜于传统的纸质出版物,似乎还没有引起足够的重视。出版物也好、出版机构也好、出版现象也好,背后站着的都是出版人。出版人的品质决定出版的品质,出版人的理想决定出版的高度。出版人自身树立远大理想是很重要的;而制定好的政策,形成好的制度包括考核评价制度,给有理想的出版人以机会、以空间,也是同等重要的问题。

  出版人的过度"自律"现象前两年出版家钟叔河提过,好像没有多少人注意。其实,这是出版界的一个普遍现象,也是一个很严重的问题。钟叔河曾说:我们办报刊,搞出版的人,能够把"规定动作"做充分了,这样也会更好一些。我现在最伤脑筋的是,政府部门还没有那么严格,下面办事的那些人总是想死命管得更多。比如,有些内容政府是允许出版的,但是编辑自己把它删掉,就是为了保住芝麻绿豆大的官,甚至宁愿不出版,不愿意承担任何风险。这样无疑等于是作茧自缚。这些人先去体会领导意图,把自律的工作做得太过头了,原因就在于自私和苟且。这些出版人没有任何理想主义,没有任何文化的追求,更不用讲什么文化的自觉[①]。笔者身在出版圈多年,亲眼所见此类出版人不在少数。其实,这种所谓"自律"是有违党的"双百"方针的。我们党提倡实事求是,倡导解放思想,突破禁区,以实践为检验真理的标准,这些都还是为出版人提供了探索的空间。当年,《光明日报》在"文革"余温犹存的时候刊发《实践是检验真理的唯一标准》,需要政治勇气;陈翰伯、陈原、范用等创办《读书》,首发《读书无禁区》的鸿文,振聋发聩,自然也是理想主义的突出表现;钟叔河策划编辑《走向世界丛书》引领潮流,反思历史,其实也冒了很大风险。李黎回忆范用,说他"从来没有显示过庸俗的、势利的政

---

① 钟叔河:《搞出版应该有理想》,载《新京报》2010年9月25日。

治考虑"。"像他最为人乐道的出版巴金《随想录》和《傅雷家书》，今天的人大概难以想象当年出版这两本书所可能遭到的阻挠和非议；那绝对是需要一种专业的、甚至道德上的勇气才会去做的事，所以北京出版界流传一句话：'没有范用不敢出的书。'"[1] 萧滋在《范用——三联品牌的守护神》一文中，也表达了差不多的意思："他主持三联书店时，不受市场干扰，还要排除来自上下左右的政治干扰，只字不改地出版了巴金《随想录》和《傅雷家书》等好书，而且坚持《读书》月刊的出版方针，提倡'读书无禁区'，成为广大知识界人手一册的刊物，影响了一代知识分子的成长。要知道，虽然'四人帮'垮台了，当时的'极左思潮'还是十分猖獗，非有大智大勇的人是顶不住这股逆流的。"[2] 可惜的是，这样一位代表着一种文化，代表着一种"公共的知识精神"，"邹韬奋以后对三联书店影响最为深远的一位领导人"也已驾鹤西去了。看看当下出版界，除了迷恋"孔方兄"外，在政治、文化出版方面，一些人不是"做一天和尚撞一天钟"，而是"只做和尚不撞钟"。顺便一提的是，我们政府极少数管理人员，确实也需要提高一点素质，以免在选题把关之类的工作中经常闹些啼笑皆非的笑话。

广西师范大学出版社是近些年声名鹊起的出版机构，原因在于出了很多好书，很多有文化品味、学术含量的好书。该社的同仁把他们的大套丛书取名"理想国"，立足于打造一个"理想国"的文化品牌，确实意味深长。事实上，整个出版业，本质上就应该是一个理想国；而出版本质上只是理想主义者的事业。中外出版发展的历史已经证明了这一点，未来还将进一步印证。太多的怀揣商业梦想和仕途抱负，而没有文化襟怀与人文理想的人跻身出版界，实乃是中国出版之不幸，文化之不幸，更是国家与民族之不幸。出版界实在太需要既脚踏大地、又仰望星空的人！

（载《现代出版》2013 年第 4 期）

---

[1] 李黎：《半生书缘——记范用》，见吴禾编：《书痴范用》，人民出版社、生活·读书·新知三联书店 2011 年版，第 103 页。

[2] 萧滋：《范用——三联品牌的守护神》，见吴禾编：《书痴范用》，人民出版社、生活·读书·新知三联书店 2011 年版，第 109～110 页。

理想主义让出版拥有尊严

笔者前些时在《现代出版》（2013年第4期）发表了题为《出版本质上是理想主义者的事业》一文，在社会有识之士和广大出版同仁之中引起了较为广泛的关注。该文有些问题没有来得及展开。这里，我想就出版和理想主义等方面的关系问题再进一步做些探究。

一

1. 理想及其本质

《现代汉语词典》对"理想"的解释是："（1）对未来事物的想象或希望（多指有根据的、合理的，跟空想、幻想不同）：当一名医生是我的理想。（2）符合希望的；使人满意的：这件事办得很理想；这项技术革新还不够理想，要进一步钻研。"《辞海》上的释义也差不多，第二个义项表述完全一样，第一个义项的表述为："同奋斗目标相联系的有实现可能性的想象。"我们讲出版理想，出版人的理想主义，主要是就"理想"的第一个义项而言的。

"理想"不只是一个常用词汇，它还具有心理学、美学、伦理学和哲学的多重含义。在心理学中，有研究者认为："理想这是个人在目前所遵循的同时决定自我教育方案的形象。"在哲学和美学中，则有人指出："理想——这是人的行为，人的活动的目的的典范。"李德顺将对"理想"的各种理解进行分析概括，从联系和统一中看到："'理想'这一价值意识形式包含有下列基本内容：第一，它是以一定信念和信仰为基础的价值目标体系；第二，这种目标体系以关于未来的实际形象为标志；第三，它为人的思想和活动及其结果提供着自觉的典范或'样板'。这些，也就是理想作为观念形态的价值意识所具有的特征。"① 作者在这里把"理想"上升到价值哲学的高度予以讨论，给我们新的启发。

2. 出版人的理想与信念

理想产生于信念，但不同于信念。所谓信念，通常可以理解为"自己认为可以确信的看法"。比如人们常说的"坚定信念"、"必胜的信念"等。信念中所包含的知识、经验、逻辑等理智成分，即为主体所确信和把握的关于客观世界的知识，是理想得以形成和确立的基础、前提之一。它们决定着理想是否科学、正确、可信，是否可能实现。

优秀的出版家选择出版为业，往往是建立在信念基础上的。陆费逵在《我为什么献身书业》中，讲了自己投身书业的具体动机、经过，讲到他"有许多机会可以做别种商业和入政界"，但"始终不为所动"，其中一个重要原因，就是"研究书业的前途，觉着希望很大"②。而他那段人们耳熟能详的话更体现出一种清醒而坚定的人生信念，将对书业的认识从感性上升到了理性的高度："我们希望国家社会进步，不能不希望教育进步；我们希望教育进步，不能不希望书业进步。我书业虽然是较小的行业，但是与国家社会的关系，却比任何行业大些。"③ 鲁迅一生热衷于办刊物，编图书，开书屋，为编辑出版事业殚精竭虑，呕心沥血。他关于编辑出版的论述已有人编成《鲁迅出版文选》刊行④，其出版活动是有思想轨迹可循的。早年留学日本期间，鲁迅在医学专科学校学习一年以后，便主动退学了。他在《藤野先生》一文中提及此事，称自己观看一部有关日俄战争的纪录片，中间有中国同胞围观日军杀害做俄国间谍的中国人的镜头，同胞麻木不仁的表情深深刺激了鲁迅，他终于认识到"救国救民需先救思想"，于是弃医从文，希望用文学改造"国民劣根性"。作为编辑出版家的鲁迅，与作为思想家、文学家的鲁迅是三位一体的。他之弃医从文，从事文学创作和文学出版活动，目的都在于医治国民精神上的疾病，最终达到

---

① 参阅李德顺：《价值论——一种主体性的研究》，中国人民大学出版社1987年版，第240~241页。

② 陆费逵：《我为什么献身书业》，见《陆费逵文选》，中华书局2011年版，第303~304页。

③ 陆费逵：《〈书业商会二十周年纪念册〉序》，见《陆费逵文选》，中华书局2011年版，第335~336页。

④ 杨里昂、彭国梁主编：《鲁迅出版文选》，岳麓书社2010年版。

振兴国家和民族的目的。

可见，愈是对自然界、社会的本质和规律有正确的了解，才愈是能够形成和确立远大的理想。张元济、陆费逵、鲁迅、邹韬奋、胡愈之、叶圣陶这些著名的编辑家出版家，虽然对出版活动的具体理解不同，价值目标选择有异，但他们都不仅仅是把出版作为一种职业、一种爱好，而更多的是作为一种有意义的伟大事业来对待的。当然，对于信念中所提到的具体价值选择来说，理想并不是它们的简单相加，而是它们在最高层次上的综合、整合与升华，是使他们从属于一种信仰的目的和意志。

3. 出版人的理想与信仰

理想的内容指向取决于信仰，但是理想也不同于信仰。一个人信仰什么，决定了他按照什么方向和原则形成自己的理想。而理想又并不是仅仅停留在信仰的水平上，它还意味着把信仰的对象同现实的条件及其未来发展联系起来，同自己的生活道路及其未来成果联系起来，使之成为一种具体的、具有现实感的形象体系。也就是说，在理想中包含了信仰和为信仰所联系的具体社会图景的统一。作为杰出编辑家出版家的巴金，用自己的实践阐释了理想与信仰的内在联系和统一。俞晓群《前辈：从张元济到陈原》一书中有一篇专门写巴金的，题目就是《巴金：一个文化理想主义的出版典范》[①]。而孙晶在《巴金与现代出版》一书中对此也有很深入细致的分析[②]。巴金早年是一个安那其主义（即无政府主义）者，积极参与相关的各种运动。在他看来，凡是一个"主义者"，思想、言论、行动三者必须一致。对于主义，只是谈谈、想想而不见诸行动，或者行动与思想、言论相反，绝不能认作一个"主义者"。巴金本人也曾有过苦恼与彷徨，但自从上世纪30年代中期他出任文化生活出版社总编辑以后，才将理想与实践有机地结合起来，找到了一个知识分子自我转型的新岗位。文化生活出版社是一个安那其主义社会理想的实验机构，巴金、吴朗西、伍禅、丽尼等人是以义务工作的方式来体现安那其主义的互助与奉献精神。用孙晶的话说："在这里，政治激情转换为伦理激情，传统的庙堂政治价值转换为民间的文化工作价值取向。"巴金和他的同仁们信仰与理想达到了一种融合。一般来说，理想是信仰对象的未来形象，

---

① 俞晓群：《前辈：从张元济到陈原》，上海书店出版社2012年版，第69页。
② 详参孙晶：《巴金与现代出版》复旦大学出版社2012年版，"绪论"。

是具体现实化了的信仰。而理想比信仰更具有丰富而具体、确定而完整的实际内容，它也比信仰更具有目标的明确性和情感、意志的感召力。巴金们也正是因为找到了出版这个确定的理想岗位，才使自己的人生变得踏实而丰盈。

其实，在中国现代出版史上这种为理想而献身于出版事业者还大有人在。那些集革命家、政治家和出版家于一身的人，如陈独秀、毛泽东、张闻天、瞿秋白、博古、李达、胡乔木、胡绳等自不必说；即便是张元济、夏丏尊、邹韬奋、胡愈之、黄洛峰、陈翰伯等主要以出版为安身立命手段的人，也无不是心中自有信仰，并见之于理想，付之于实践。他们把崇高的革命信仰、远大的革命理想与脚踏实地的出版实际活动结合起来，在谱写了自己人生华章的同时，也创造了历史的辉煌。

二

1. 出版人的职业尊严

"'理想'是价值意识的最高范畴。它不仅是从'信念'到'信仰'、经过抽象上升到具体的综合性价值观念，而且是包括了'欲望—情感—意志'过程的综合性价值意识形式。"① 出版人的理想确立与实现，也经历这样的过程。在出版理想中，人的价值意识从心理水平到观念水平，形成一个完整、自觉的观念和形象系统，并且同知识和理智紧密地结合起来，成为指导与推动其实践活动的精神力量源泉。如果没有这样的精神力量之源，恐怕入主商务印书馆后的张元济很难抵挡住高官（如部长等职位）或大学问家（其学养与勤奋足以成就大名）的诱惑，精明强干的陆费逵恐怕也很难把毕生的精力和心血都献给书业而无怨无悔。

出版因理想而有崇高感，出版人因理想而有尊严感。这里有必要好好探讨一下出版人的职业尊严问题。当今社会，功利主义、拜金主义、犬儒主义泛滥，经济利益至上，不少人缺乏对出版、对文化的起码敬畏，出版人中也普遍存在着职业荣誉感、职业尊严感的匮乏。许多出版乱象的形成皆与此有关。上海世纪出版集团总裁陈昕也感叹："人们更多地看到的是，出版人在为利润、赚钱而疲于奔命，出版人的地位下降了，尊严在有的场

---

① 李德顺：《价值论——一种主体性的研究》，中国人民大学出版社1987年版，第243页。

合也丧失了。"① 可见，正确认识出版的本质，确立当代出版人的使命，找回出版人的职业尊严可谓刻不容缓。

什么是"尊严"呢？它有两重含义：一是指庄重而有威严，使人敬畏；二是对个人或社会集团的道德价值的认识和自我肯定。人们的实践活动总是离不开一定的部门和行业，而不同部门与行业的宗旨目标、活动过程以及满足社会需求的方式等都不尽相同；因此，就在"尊严一般"的基础上形成了带有不同行业个性内容与独有特征的"职业尊严"。"现代分工体系赋予了不同职业不同的神圣使命。如，记者的使命是追寻真相和正义，医生的使命是救死扶伤，法官的使命是忠于事实和法律，教师的使命是教书育人等。"② 出版作为一种以文化积累、传承与创新为使命的现代行业，出版人作为一个社会群体，也在创造社会价值的实践中产生了富有自身特质的职业自尊意识和自豪感。出版人对自己特定职业社会价值的自我确认，以及由此产生的自尊情感和心理，构成了特有的出版职业尊严。出版人到底是干什么的？其价值和贡献主要体现在哪里？简单地说，就是生产精神食粮，传播先进文化，培育民族精神，建设社会文明。这样的光荣职责和神圣使命必然赋予出版人以崇高和尊严。出版人的这种职业尊严，促使其最大限度地肩负起职业共同体的神圣使命。

出版人的职业道德其实也就是一种职业荣誉感。事实上，在一切时代与一切社会中，对荣誉的看重与追求，都成为社会生活与社会发展的不可或缺的重要动力。张元济始终把"普及教育，启迪民智"作为出版的理想，叶圣陶一直认为出版活动与教育事业紧密联系的理念，巴金"人生的意义在于付出"的思想追求，还有王云五在"一·二八"事变后提出"为国难而牺牲，为文化而奋斗"的激励商务同人的口号，皆展现出了近现代优秀出版家的职业尊严及道德价值。

2. 出版人的自尊

一个人要别人尊重你，首先得自尊自重；一个人要别人敬重你的职业，首先也得自己看得起自己的职业并爱岗敬业。职业尊严首先应该是职

---

① 陈昕：《坚守出版"启蒙大众、追求进步"的使命》，载《中国图书评论》2013年第10期。

② 谭运启：《浅论职业尊严》，载《文教资料》2012年9月号上旬刊。

业自尊，是从事这个职业的个体与群体对所从事职业的社会价值的认可和荣誉的珍惜。西哲曾经说："荣誉是德性的奖品。"这种荣誉往往表现为"荣誉主体对自己的业绩、贡献、品行与德性的社会价值的自我意识"①。美国的J.P.德索尔曾经说："出版者有着极其重要的作用。这种作用不仅体现在图书市场上，而且体现在包括出版业在内的文化和文明之中。正是出版者对自身责任的自觉的有意识的追求，使得图书出版具有上述的双重性质。出版者以自己对职业的自豪、审慎和道德来影响他的读者。他们在制订出版计划时抱有这样一种信念：我的工作是在为文化洪流注入具有生命活力的股股清泉。"②

  出版人的职业自尊有个体自尊与群体自尊。叶圣陶是现代文学史上著名的作家，又曾担任过新中国的出版总署副署长、教育部副部长，但他说，若问我的职业，第一我是编辑，第二我是教员。他一生与编辑出版结缘，为出版事业作出了杰出贡献，其作为编辑、出版人的职业自豪感在这个自问自答中表露无遗。他的儿子叶至善子承父业，一辈子从事出版工作。他八十岁时出了一本集子，书名干脆就叫《我是编辑》，其中有篇短文题为《我喜欢编辑工作》，中间有这样几句话："我喜欢编辑工作，这倒是真的。自己想想，大概有两个原因：一是可以满足我的创造欲，跟当工程师当艺术家没有什么两样；二是可以满足我的求知欲，随时能够学到杂七杂八的诸多知识。"③ 没有豪言壮语，说得朴实真切。叶至善毕生以编辑自豪，在《我是编辑》的衬页上所填《蝶恋花》词即为明证，诗云："乐在其中无处躲。订史删诗，元是圣人做。神见添毫添足叵，点睛龙起点腮破。信手丹黄宁复可？难得心安，怎解眉间锁。句酌字斟还未妥，案头积稿又成垛。"这首词正是叶至善编辑生涯的真实写照。有这种职业自尊与荣誉感的出版人，何愁不爱岗，不敬业，不奉献！中华书局著名的学者型编辑周振甫从事出版工作六十年，为出版事业、文史研究和普及文化知识作出了重大贡献，但他一生淡泊名利，始终以当一名普通编辑为荣。"他在回答中央电视台主持人的提问时说：'中华书局给我编审（职称），

---

  ① 林剑：《论人的荣誉感的道德价值》，载《江汉论坛》2005年第12期。
  ② [美] J.P.德索尔：《出版学概说》，姜乐英、杨杰译，中国书籍出版社1988年版，"导言"第1～2页。
  ③ 叶至善：《我是编辑》，中国少年儿童出版社1998年版，第365页。

就可以了。'编审应该是什么样的，他也给我们做出了回答，不过他没有说，而以一生的行动做出了楷模。"①

群体自尊在刘杲《我们是中国编辑》那篇名文中有生动的体现。戴文葆在《编辑工作的重大意义》一文中也曾经说："编辑是人类文明的记录者、整理者和保存者，也是人类文明的发现者、创造者。人类文明得以延绵不绝，世代相传，编辑之功不可泯没。""编辑并非可有可无的人，编辑工作并不是简单地重复劳动！"② 我们知道，编辑工作是出版的中心环节，编辑群体在出版群体中具有相当的代表性。群体的自尊既来自整个行业，也可来自具体的出版机构。上个世纪二三十年代，众多一流的知识分子包括许多"海归"投身书业，从事出版活动，昭示了这个新兴行业的巨大魅力，展现出从业群体的集体自尊。那个时代，商务印书馆编译所汇聚的人才与国内任何一所著名大学比都毫不逊色；中华书局、世界书局、大东书局、开明书店、文通书局等出版机构也是人才济济，群星璀璨。这种出版人的群体自尊在今天的出版社虽有所失落，但仍在一些地方有所继承与弘扬，如北京大学出版社多年来以"学术的尊严，精神的魅力"凝聚同人，导引社会；被杨绛誉为"不官不商有书香"的三联书店则以"人文精神，思想智慧"相号召，力求成为知识分子的精神家园。而今日的商务印书馆继承老商务"多出高尚的书，略牺牲商业主义"的传统，在网站上专门列"出版态度"一栏，赫然写着："我们是文化建设者，而不仅仅是商人……我们提倡做有良知的出版人。"他们的这种职业自尊又是与其文化自觉密切相连的。

三

1. 出版人的他尊

他尊与自尊相对。简单说，自尊就是自我尊重，而他尊是来自社会其他主体的尊重。人的社会性本质决定人格尊严的实现仅有自尊是不够的。"尊严的获得与实现在很大程度上要来自他人和社会的尊重。他尊不是别人的谄媚奉承，溜须拍马，跪拜逢迎，而是他人、社会、国家基于个体的

---

① 张世林主编：《想念周振甫》，新世界出版社2011年版，第90页。
② 杨进：《"我是一个编辑"——戴文葆的编辑生活》，见黄书元、张小平主编：《人民出版社往事真情》，人民出版社2011年版。

人格和权利而给予的承认与尊重。""他尊是人的社会性在道德和法律上的承认和体现,也是人作为社会成员必不可少的社会权利。一个人要使自己有尊严,必须要获得他人和社会的尊重与认可。只有获得了他尊,一个人的尊严才是完整的。"①

在我看来,他尊不仅仅是对某一个人的认可与尊重,它还应包含对某一个群体、一个行业乃至一种职业的认可与尊重。就出版来说也是这样。出版人的他尊首先还是对出版业的尊崇。高尔基讲,书籍是人类进步的阶梯。搭建这个阶梯的人无疑是受到社会尊重的,他们既包括书籍的作者(写书的人),也包括书籍的生产者(编书出书的人)。孙中山早在其《实业计划》中就论述过出版行业(他称之为"印刷工业")与文化发展的关系,其实也就间接给予了出版行业以高度的认可和尊重。他论所谓"印刷工业"时说:

> 此项工业为以知识供给人民,是为近世社会一种需要,人类非此无由进步。一切人类大事皆以印刷纪述之,一切人类知识以印刷蓄积之,故此为文明一大因子。世界诸民族文明之进步,每以其每年出版物之多少衡量之。中国民族虽为发明印刷术者,而印刷工业之发达,反甚迟缓。吾所定国际发展计划,亦须兼及印刷工业。若中国依予实业计划发达,则四万万人所需印刷物必甚多。须于一切大城乡中设立大印刷所,印刷一切自报纸以至百科全书。各国所出新书,以中文翻译,廉价售出,以应中国公众之所需。一切书市,由一公设机关管理,结果乃廉。②

孙中山认为印刷工业(出版业)对人类文明有着重要的影响。过去的编辑、出版、印刷、发行往往是共存于同一文化机构的,如民国时期的商务印书馆、中华书局、文通书局。孙中山把出版行业提升到记载"人类大事",蓄积"人类知识",促进"民族文明之进步"的高度,给予了充分认可。这样的定位无疑让从事出版事业的人有被重视、被尊崇的感觉。西方学者也往往是从出版推动人类文明发展的角度展开讨论的。英国的G. 昂温,P. S. 昂温说:"出版是一项涉及印刷品的选择、编辑和销售的活动。它从小规模的原始阶段发展成为一个大规模的综合行业,负责推销从最高

---

① 刘娟:《论自尊与他尊》,载《保定学院学报》2010年第1期。
② 孙中山:《孙中山选集》,人民出版社1956年版,第359~360页。

级到最普通的各科文化资料。它对文明的影响是无法估量的。"①

出版人的他尊，有时候又表现为对一个群体、一个团队、一个机构的高度认可和充分信任。人们对所谓"开明人"、"开明风"的推崇堪为典型。由章锡琛领衔成立于1926年的开明书店，吸纳了夏丏尊、叶圣陶、王伯祥、宋云彬、顾均正等一大批杰出的编辑，成为了文化人办出版的代表。"正是开明人的文化人本色，使他们素来注重出版对社会的文化贡献，强调出版物质量，不苟且，不滑头。从开明的出版物目录中，几乎找不出一本不够'格'的书来，相反，一批又一批的好书在读者中产生广泛的影响。"② 开明人以其理想、知识和高度的敬业精神，不仅赢得了广大读者的厚爱，也获得了众多优秀作者的尊敬与支持。1985年中国青年出版社出版了《我与开明》一书，收录了六十多篇由开明的老作者、老读者和老编辑撰写的深情回忆开明书店的文章，开明人之"他尊"与"自尊"在中间有生动丰富的呈现。

作为个体的出版人的他尊也是十分重要的。一些杰出的出版人得到他人、社会的高度认可和尊重，往往对出版群体具有激励作用和示范效应。张元济以其崇高的理想追求、深厚的学术素养、脚踏实地的工作态度及其创造的辉煌出版业绩获得了他应有的尊荣。1948年3月27日中央研究院评议会第二届第五次年会选举中研院第一届院士。这次选出的院士仅81人，分数理、生物、人文三组，其中人文组28人。张元济全票当选，与余嘉锡、柳诒徵、胡适、杨树达、傅斯年等列名人文组中③。这样的殊荣毫无疑问是对作为出版家、文献学家的张元济最好的褒奖。而1982年中州书画社刊行的国学大师张舜徽所著《中国文献学》中，近代部分列专章论述的文献学家仅张元济、罗振玉两位；张舜徽认为近百年的学术界中，在文献整理方面"创立了不朽业绩的学者，自以张元济、罗振玉两人为最著"，其评价之崇可见一斑。

---

① ［英］G.昂温，P.S.昂温：《外国出版史》，陈生铮译，中国书籍出版社1988年版，"序言"。

② 王余光、吴永贵：《中国出版通史》（民国卷），中国书籍出版社2008年版，第109页。

③ 张人凤、柳和城编著：《张元济年谱长编》（下），上海交通大学出版社2011年版，第1292页。

在中国编辑出版史上,也还有一些一流的编辑家、出版人获得了社会的极大尊重。如前面提及的周振甫,就是一位一辈子无私奉献、高自期许的编辑大家,他在编辑《谈艺录》、《管锥编》的过程中与钱锺书结下的情谊早已传为学林、书坛佳话。1983年中国出版工作者协会和中华书局为他召开从事编辑工作50周年的座谈会,钱锺书、王子野、王春、叶至善(代表叶圣陶先生)等众多学术界、出版界知名人士到会祝贺。《人民日报》、《光明日报》、中央电视台、中央人民广播电台作了广泛报道。

可见,出版人的"他尊"既有面向整个行业的,也有针对某一机构、某一群体的,而更多的还是直接指向具体的编辑出版个体。这中间,个体是群体的基础,是机构与行业构成的因子。只有众多出版从业者个体充分展现出个人的道德操守、职业能力、工作精神、实际贡献,才能赢得他人和社会对出版人乃至整个行业的充分尊重。

2. 出版寄托理想

贺绍俊在《理想主义让文学拥有尊严》一文中,强调"文学寄托理想才有精神力量"。他认为:"文学从本质上说没有实际的用途,不直接指向物质功利,但它是人文学科和艺术的基础,是所有与人的精神有关的专业,比如哲学、宗教等,是这些专业的灵魂。""如果说思想性是文学的基本构成的话,那么,理想主义就应该是文学思想性得以孕育的母体。"[①]作者说,文学的理想主义往往表现为对人生价值和意义的追问,表现为对平庸生活与平庸人生的永无止境的超越,表现为求真、求恒的执着与坚定。鲁迅曾经说过:"文艺是国民精神所发的火光,同时也是引导国民精神的前途的灯火。"的确,在物质变得特别丰富的年代,人们往往会忽略精神和信仰的追求而陷入空虚和迷茫,因而更需要文学以理想主义的灯火去照亮精神空间。

在需要理想主义这一点上,出版(包括文学出版)与文学完全相同。出版虽然具有文化与经济的双重属性,但其本质属性是文化性。作为文化产业的主要贡献也是在"文化"而不是在"产业"。曾担任过上海文艺出版社社长兼总编辑的著名的出版家丁景唐也说过:"信念是不灭的光源,照亮永生之路——我读书、写书和编书。"他秉持着自己的

---

① 贺绍俊:《理想主义让文学拥有尊严》,载《人民日报》2013年9月27日。

文学与出版信念，组织力量影印了大量"左联"时期的文学期刊，有效地保存和传播了这些具有重要价值的史料。80年代以后，又继承赵家璧开创的文学"大系"编纂传统，推动了《中国新文学大系（1927—1937）》的编辑出版工程。是信念，使他有所为有所不为；是理想，使他的工作更加富有价值，受人尊敬。而陈昕在讲到自己37年坚守出版岗位的缘由时也强调："我想主要是因为，在我看来，出版是一个伟大的职业。"① 他始终秉持出版"启蒙大众，追求进步"的核心价值主张，让出版拥有尊严。

出版人从来就不会因为会赚钱而赢得尊严，更不会因赚钱多而名垂史册。西方学者也认为，出版史是优秀的出版社出版优秀图书的历史。现任哈佛大学出版社文学部执行主编的林赛·沃特斯对西方出版业研究后得出结论：在西方，出版业自古登堡以来的财政记录显示，书一向是很少赢利的买卖。任何东西都比书赚钱，过去如此，将来仍然会如此。他说："我追求的是收支平衡，同时保持思想和书籍的尊严。"② 享誉世界的英国剑桥大学出版社所秉持的理念也是"以商业形式配合她至高无上的目标"。经济上的收支平衡，整体运作上的经济与文化平衡，最终都必须维护书业的严肃与尊贵。我们很难设想诲淫诲盗、无法无天、惟利是图的出版人，能得到他人和社会的尊敬。出版人的尊严与精神上的高贵相连，如果没有出版什么好书，只是赚了很多钱，这样的出版人也只能是"富而不贵"，就像某些煤老板、地产商。古人讲，"自敬，则人敬之；自慢，则人慢之"。诚哉斯言！

马克思认为："尊严就是最能使人高尚起来……并高出于众人之上的东西。"③ 出版人的职业尊严与出版理想密切相连。它是存在于出版人内心中的一种道德力量，并以自己的特定内容和作用方式，在出版活动中发挥着特殊的作用，具有不可忽视的积极意义。在当今极端功利化、世俗化的环境中，出版人守护理想，守护文化，也就是守护自己的尊严。无论传

---

① 陈昕：《坚守出版"启蒙大众、追求进步"的使命》，载《中国图书评论》2013年第10期。

② 参阅贺圣遂、姜华主编：《出版的品质》复旦大学出版社2012年版，"弁言"。

③ 《马克思恩格斯全集》（第四十卷），人民出版社1982年版，第6页。

统出版还是数字出版,"内容为王"的规律恐怕不会改变。而数字化带给出版业的不仅仅是出版内容、出版方式、出版手段以及出版物消费观念的变化,它也对传统的出版价值观念形成了冲击,如何与时俱进,积极寻找对策,也是摆在我们面前紧迫而艰巨的任务。

(载《现代出版》2013年第6期)

试论出版人的文化自觉
——以张元济等编辑出版家为例

出版，无论是从事业的角度还是从产业的范畴来说，都是属于文化的一个重要部分。党的十七届六中全会提出，要培养高度的文化自觉和文化自信，努力建设社会主义文化强国，这标志着我们党对文化建设的认识达到了一个新的高度。这里的"文化自觉"，也应该充分体现在我们今天的编辑出版活动之中。而近现代先进的、优秀的出版家如张元济等人的出版理念和实践活动，为我们深入认识文化自觉、努力培养文化自觉提供了宝贵的可资借鉴的历史资源。

从语义上讲，文化自觉就是对文化的自我觉醒与觉悟。费孝通则从学理上给出了解释：文化自觉是指生活在一定文化中的人，对自己的文化有"自知之明"，即明白它的来历、形成过程、特色和发展趋势，从而增强自身文化转型的能力，并获得在新的时代条件下进行文化选择的能力和地位。此外，还应该具有世界眼光，能够理解别的民族的文化，增强与不同文化之间的接触、对话、相处的能力。联系到出版活动，这种文化自觉首先应该搞清楚是谁的自觉，又如何自觉。这些都是很值得深入思考、积极探讨并付诸实践的。

一、出版家应该是思想文化的先觉者

冯骥才说："文化自觉首先是知识分子的自觉，即知识分子应当任何时候都站守文化的前沿，保持先觉，主动承担。"[①] 他还曾说，当社会迷惘的时候，知识分子应当先清醒；当社会过于功利的时候，知识分子应给

[①] 冯骥才等：《学者四人谈：什么是"文化自觉" 怎样做到"文化自觉"》，载《北京日报》2011年11月14日。

生活一些梦想。知识分子天经地义地对社会文明和精神予以关切、敏感，并负有责任。没有责任感就会浑然不知，有责任感必然深有觉察，这便说到了知识分子的本质之一——先觉性。先觉才会自觉，或者说自觉本身就是一种先觉。

中国现代出版史上就不乏这样的先觉者，张元济（1867—1959）便是那个时代具有"文化自觉"的出版人的优秀代表。戊戌变法时期，张元济积极投身维新运动；而百日维新的夭折，使他深切认识到，"任何政治改革强加于冷漠、毫无生气和愚昧无知的大众，必然毫无结果"[①]。这不禁让我们想起鲁迅先生当年的弃医从文。张元济把救治的良方，寄托在自下而上逐步改良教育、培养人才、传播新知、转变风气。惟其如此，才有可能给变法提供稳固的基础，最终取得社会的进步。"这样的躬身反省，培植了他后来选择与教育紧密相关的出版作为他终生事业的思想根基。"[②] 1902年，张元济正式加盟商务印书馆，与夏瑞芳相约："以扶助教育为己任。"他办学、办报，最后投身出版，自谓"昌明教育平生愿，故向书林努力来"。有了这样的文化自觉，才有了商务印书馆高水平的各类教科书，才有了对珍稀古籍的抢救与整理，才有了西学的选择和引进，也才有了各种开风气的现代期刊。中华书局的创始人、杰出的出版家陆费逵能够在激烈的竞争中开创出一片新天地，为祖国的文化出版事业作出重大的贡献，也是与他献身书业的职业理想紧密相连的。他曾说："我们希望国家社会进步，不能不希望教育进步；我们希望教育进步，不能不希望书业进步；我们书业虽然是较小的行业，但是与国家社会的关系，却比任何行业大些。"这正是陆费逵服务社会40年，其中服务出版业达38年之久的根本缘由，也是中华书局在商业时代始终坚持多出书、出好书的根本缘由。其实，无论张元济还是陆费逵，作为那个时代的精英都是有机会进入或再入政坛，做大官的；也有机会进入实业界的其他领域，发大财的。但他们咬定青山绝不放松，献身书业无怨无悔。

今天的人们时常说起现代史上"文化人"办出版的佳话。开明书店是章锡琛、夏丏尊、叶圣陶一班文化人办的，文化生活出版社是巴金、吴朗

[①] 转引自汪凌：《张元济：书卷中岁月悠长》，大象出版社2002年版，第33页。

[②] 吴永贵：《民国出版史》，福建人民出版社2011年版，第193页。

西一拨文化人办的。他们的业绩和出版理念至今泽被后人。什么是"文化人"？我理解就是有文化自觉的人。这种人，不一定有很高的文凭、很大的名头，但一定有文化的理想和追求。我们当今需要的正是文化人办出版，而不仅仅是企业家办出版，更不是商人办出版，官僚办出版。

二、出版家应该是文化领域的专门家

文化自觉首先是包括出版家在内的文化人充分认识到文化的重要性，积极做社会发展的启蒙者。这里一个很重要的问题是知行合一。从出版领域来说，出版家在文化方面如何有所担当，切实行动，无疑是更为迫切和重要的。我们需要的不是空想家、空谈家，而是埋头苦干的实践家、实干家。但如何去干，如何才能干得有成效？笔者以为关键是要做文化领域的行家里手，内行人做内行事，专业人做专业事。编辑出版工作需要广博的知识，过去讲要"杂家"。王云五就是博而杂且在出版中获得巨大成功的代表。但我们觉得，出版家更多的是文有所擅、学有所专、研有所长的某一方面的专门家。当他们的文化自觉变为出版领域的实际行动时，往往是在自己擅长的园地有所开拓和贡献。中国现代出版史上一些杰出的编辑家出版家都是这样。

我们知道，张元济先生为古籍的整理出版献出了他毕生的心血和精力，也是他一生事业中最重要的贡献[①]。张元济是我国现代著名的文献学家，于版本、目录、校勘之学有精深研究。国学大师张舜徽的《中国文献学》，列专章论述的现代文献学家只有两个，张元济就是其中之一（另一个为罗振玉）。文献学家的深厚素养，加上出版家的文化自觉，最终成就了张元济在古籍整理与刊刻上的不世之功。对于整理出版古籍的目的，张元济在《印行四部丛刊启》中表述得很清楚："自咸同以来，神州几经多故，旧籍日就沦亡，盖求书之难，国学之微，未有甚于此者。"又在《百衲本二十四史序》里说："长沙叶焕彬（德辉）吏部语余，有清一代，提倡朴学，未能汇集善本，重刻《十三经》、《二十四史》，实为一大憾事！余感其言，慨然有辑印旧本正史之意。"可见，张元济刊行古籍的目的，一是为抢救民族文化遗产，使其免于沦亡；二是为了解决学者求书之难，

---

① 详参王绍曾：《近代出版家张元济》（增订本），商务印书馆1995年版，第57～137页。

满足阅读和研究需要；三是为了汇集善本，弥补清代朴学家未能做到的缺陷。此外，他还在《校史随笔自序》中提出了古籍整理更重要的任务，那就是通过校勘、考订文字的讹、衍、阙、脱，来恢复古书的本来面目，使"不可信"变为可信。张元济一生整理刊行了多套大型古籍，无疑是其民族文化自觉意识和文献学家素养完美耦合的结晶。

出版的领域十分广阔，不同的编辑家出版家有不同的专业优势。巴金之于文学出版，钱君匋之于音乐出版，夏丏尊、叶圣陶之于教育出版，陈伯吹、叶至善之于少儿出版，也都体现了文化自觉和专业特长的良性互动。我们今天讲出版人的文化自觉，特别需要强调出版人不仅应该做编辑出版领域的行家里手，更强调其在某一个学术文化领域有深厚的素养和独到的研究。

三、出版家应该是社会文化的引领者

社会是复杂的。处于市场经济条件下的出版物市场需求有健康向上的，也有低俗落后的；读者的阅读爱好有正面积极的，也有负面消极的。出版家必须经常给社会提供一些东西，这些东西并不一定都是社会所想要的，而往往是社会所需要的，这才叫"引领"。

我们所熟悉的教科书编辑出版，一方面是重要的有利可图的大市场，另一方面它又与社会的文化建构、教育改革和国民培养关系密切。张元济在老商务首先就注意到科举废除后适应新式学堂需要，把编辑中小学教科书看成是当务之急。他和蔡元培等一道，引进现代教育理念，建设现代学科体系，在具体编辑实践中学习借鉴日本的教科书编写经验。从1904年开始，陆续推出完全不同于《三字经》、《百家姓》、《千字文》的各类教学用书。1912年中华民国成立以后，商务适应形势的变化，推出新的教科书。1919年，我国发生以文学革命为标志的五四新文化运动，以白话代替文言，已经成为广大群众的要求。商务在1920年编辑出版了白话文的《新体国语教科书》，此后还推出了运用新式注音符号、实行分段的新教材。这些都是教科书的重大改革。黎锦熙在《三十五年来之国语运动》一文中，肯定"出版界是真能得风气之先的"。这个开风气之先的"出版界"，指的就是商务印书馆，还有中华书局。

由于出版的范围很广，编辑家出版家便可以在"引领"的具体领域各展长才。邹韬奋办《生活》周刊和生活书店，侧重于从政治文化上激荡时代潮流；茅盾接手主编《小说月报》，是以流行一时的鸳鸯蝴蝶派作品为革命对象，擎起了新文学理论与创作的大旗；作为编辑家的鲁迅在翻译出版俄苏文学、弱小民族文学作品方面不遗余力，开创先河。如此等等，不一而足。

我们今天的出版人如何引领社会文化呢？笔者认为必须要在传播社会主义先进文化、弘扬社会主义核心价值体系方面有所作为。要始终把握住社会主义先进文化的前进方向，高举中国特色社会主义伟大旗帜，把弘扬社会主义核心价值体系贯穿到编辑出版工作的各个方面、各个环节。特别是要积极出版马克思主义中国化最新理论成果和具有时代精神与特点的精品力作，推出更多能够纳入中华民族永久记忆和世界永久记忆的伟大作品。

四、出版家应该是异域文化的"盗火人"

文化自觉涉及正确处理好民族优秀文化与外来文化的关系。从出版业来说，出版人要以积极的态度对待外来文化，广泛参与世界文化的对话和交流，大胆吸收一切有利于我国文化建设的有益经验和优秀成果，在中华民族伟大复兴的道路上实现中华文化的繁荣兴盛。广泛汲纳、融会一切外来优秀文化成果，是推动中华文化繁荣兴盛的必然要求。

费孝通在谈到文化自觉时提出，对民族文化的自信与自觉，不带任何"文化回归"的意思，不是要"复旧"，同时也不主张"全盘西化"或"全盘他化"。"自知之明"是为了加强对文化转型的自主能力，取得决定适应新环境、新时代文化选择的自主地位。文化自觉是一个艰巨的过程，只有在认识自己的文化、理解所接触到的多种异域文化的基础上，才有条件在这个正在形成中的多元文化的世界里确立自己的位置，然后经过自主的适应，和其他文化一起，"各美其美，美人之美，美美与共，天下大同"。中国现代出版家中，不乏有世界眼光的"盗火人"——把文明之火引进古老的中国，促进社会的转型与进步。

还是以张元济为例。早在清王朝总理衙门任职时，张元济就认识到了解西方、西学的重要，自学英语，阅读西书。戊戌变法失败后遭到贬黜，他南下上海供职于南洋公学译书院，主持翻译出版工作。入主商务印书馆编译所以后，张元济把引进西学、沟通中西文化作为重要的职责之一。王绍曾说："商务在沟通中西文化方面所作的贡献是尽人皆知的。这和张先生一贯重视汉译科技和社会科学名著是分不开的。"① 而商务一些重要译著的出版，大都出于张元济的精心挑选。商务出版的译著不仅数量多，而且内容好，品质高，影响大。邹振环所著《影响中国近代社会的一百种译作》（中国对外翻译出版公司，1996年）中，有42本是由商务初版或最先译成单行本的。著名的"严译八种名著"、"林译小说"、"汉译世界学术名著"等等，无不昭示着以张元济为代表的商务人的世界眼光和文化自觉。

可见，作为现代出版人，我们必须是睁眼看世界的人。文化的封闭必然导致文化的落后。而我们现今光是"看"是远远不够的，还必须努力去"做"，师法张元济等老一辈出版家，把中西文化的沟通体现在具体的编辑出版实践中，在文化的"引进来"和"走出去"上都狠下工夫。

作为知识分子，我们新时代的出版人有理由、有责任担当思想文化的先觉者，时刻保持清醒的头脑；担当文化领域的专门家，不断学习，充实自我，真正按照文化规律去发展文化、建设文化；担当社会文化的引领者，在先进文化创造与传播方面贡献力量；同时担当异域文化的"盗火人"，开阔眼界，海纳百川，吸收一切人类文明的优秀成果为我所用。我们也知道，文化自觉除了包括出版工作者在内的文化人的自觉，还包括甚至更重要的是党和政府领导层的文化自觉。现在，从上层看这个问题已经得到了高度重视。但关键的问题是要避免"好经被念歪"，不让文化自觉变成所谓"政绩工程"，变成对文化GDP的狂热追求，变成大嗡大哄的文化"表演"。作为文化人，作为出版工作者，我们也有责任有义务为党和政府建言献策，反对功利主义、形式主义，切切实实地推动我国社会主义文化的健康、持续发展。

（载《中国出版》2012年第5期，《新华文摘》2012年第11期全文转载，获第五届中华优秀出版物奖出版科研论文奖）

---

① 王绍曾：《近代出版家张元济》（增订本），商务印书馆1995年版，第26页。

试论出版人的文化类型

关于出版人的类型，学术界少有明确的划分。汪家熔论及中国古代出版，认为无论是官刻、家刻、宗教刻，还是坊刻，大体可以把出版者归纳为两类：追求文化的出版者和追求利润的书商。在此，姑且称之为"文化出版人"和"经济出版人"①。博玫比较明确地提出了"职业型出版人"和"理念型出版人"的概念。她所谓的"职业型出版人"是以市场需求和经济利益为出版最终的动力，将出版看成赖以生存的唯一职业的人；"理念型出版人"则指的是更多地秉承知识分子道德精髓者，他们以知识分子的独立精神和自由意志为价值理念。此外还有一种就是以追求商业利润为最大目的的"出版商人"②。这里，作者实际上是把出版人分成了三个类型：职业型、理念型、商人型。

出版历史与现实证明，出版人是可以分为不同类型的，他们有其不同的理想和追求，进而体现出不同的出版风格和文化面貌。这既有出版者个人主观的因素，也有体制机制等方面的因素，同时还受制于社会环境、时代变迁。虽然不同类型的出版人在具体的出版实践中行为有异，从而形成其群体的特殊追求，但优秀的出版人，不论哪一类型，文化都应是他们不可忽视的，惟利是图的商人严格意义上不是出版人。这里笔者尝试把出版人分为文化人型、商人型、政治家型和企业家型四个类别，并结合实际案例，分别论述各类出版人的个性特点与不同理念和表现，以期呈现出出版人生动而丰富的面貌。

---

① 汪家熔：《近代出版人的文化追求》，广西教育出版社 2003 年版，第 33 页。
② 博玫：《中国近现代出版理念与知识分子现代性转型的内在关系》，载《浙江工商大学学报》2010 年第 5 期。

一、文化为本：文化人型的出版人

"文化人"并不是一个专业术语。所谓文化人，掌握一定的文化知识只是其必要条件，有文化并富有文化的理想和追求才是其充要条件。"文化人"在某种程度上与"知识分子"、"读书人"可以通用。我们知道，知识水平高低也不是衡量一个人是不是知识分子的最重要标准，倘若没有人文精神和科学精神，即便学位再高、职称再高、头衔再多的人也不能列入知识分子行列。正如陈思和所说："知识分子有自己的使命与责任，他们与商人的根本区别不在于是否从事营利的出版事业，而在于能不能依循学术文化的传统对社会对人生尽一种道义的责任。"① 可以说文化人办出版，也就是知识分子办出版、读书人办出版。而"读书人"也不只是能读书、读过书的人，早在1940年5月1日重庆出版的《读书通讯》半月刊创刊号上，杨玉清就在其《论读书》一文中，对"中国读书人"作出了这样严肃的界定："以读书为混文凭的人，不是读书人；以读书为混官做的人，不是读书人；以读书为时髦、为装饰品的人，更不是读书人。读书人应该把一切书本上的教训，发为自己的行动。'辅世长民莫如德，经天纬地谓之文。'能辅世长民，能经天纬地，那才真正是中国之所谓读书人。"这里的"读书人"与"知识分子"，与"文化人"，内在精神是完全相同、相通的。

在我国，文化人办出版渊源有自，并随着时代的发展不断进步与更新。人们一般把宋以降的刻书业分为官刻、家刻（亦称私刻）和坊刻三种。除了坊刻，前两者都与文化人密切相关。官刻往往是用来体现以皇权为代表的国家意志，目的是维护封建王朝统治和秩序，但士大夫知识分子也借此机会利用国家的财力物力来整理古籍，梳理学统，传承文脉。家刻则更多地体现了知识分子"立德"、"立言"的自在意志，以及对封建道统、学术传统的自觉维护、继承与弘扬。即便是被有的研究者列入坊刻的出版人也不都是惟利是图的，例如明代著名刻书家毛晋，就表现出知识分子追求文化理想与面向市场的商品经济相结合的特点。传统的出版人往往集刻书和藏书于一体，更显示出文化的价值与追求。毛晋创设的汲古

---

① 陈思和：《试论现代出版与知识分子的人文精神》，载《复旦学报》（社会科学版）1993年第3期。

阁，就是融搜集古籍珍本和出版传播为一体。近代的张元济在商务印书馆开办专门搜集古籍珍本的涵芬楼，出版《涵芬楼秘笈》、《百衲本二十四史》、《四部丛刊》等大型古籍，正是对前人优良传统的赓续。

我国近现代第一代出版家大多是优秀的文化人，他们由传统的仕途转到出版领域，对出版业社会地位的提升至关重要。1905年正式废除了延续1300年的科举制度，传统知识分子"学而优则仕"的道路从此被堵死，他们不得不另寻它途以实现自己的价值，一些人被迫进行艰难的转型。早期的王韬、李善兰等人进入报馆书局，从事翻译及编辑出版活动，往往是郁郁不得志的。但后来，随着教育事业的发展，新式印刷技术的引进，现代稿酬制度的建立，中国传统的出版业也向近代化转型。"现代出版事业已经成为知识分子以思想文化为阵地，实现自身价值的重要途径。知识分子在调整了安身立命的学术传统的同时，也调整了生存的方式和实现自我的方式，仕途已经成了可望而不可即的梦幻，比较实在的倒是祖先们筚路蓝缕开创而来的教育事业与出版事业。"[1] 随着康有为、梁启超、蔡元培、张元济、陈独秀、高梦旦、杜亚泉、蒋维乔等一大批文人学者主动参与到新式出版活动中，知识分子投身出版业逐渐变得普遍和自觉。用陈思和的话说，他们是凭借出版职业化，在这个可以安身立命的"民间岗位"施展抱负，逐步形成了一个出版业的近代知识群落。中国现代出版可以说是文化精英们的事业，一开始就设定了改造社会、开启民智、服务教育的文化目标。我国近现代第一代和第二代出版人像张元济、陆费逵、茅盾、郑振铎、叶圣陶等投身出版业不是单纯基于谋生的职业选择，而是带着传播新文化、变革旧社会的重要使命。以出版机构而论，作为民国出版业后起之秀的开明书店、北新书局、文化生活出版社，都是最典型的文化人办出版。特别是"二十年代中期开明书店崛起，由叶圣陶、夏丏尊等人主持编务，重新提出了知识分子的人格理想，开明以青年学生为对象，由名家编辑中英文教科书和辅助性读物杂志，'开明'风格影响了整整一代青少年"[2]。

这种文化人型的出版家在新中国成立后也不乏其人。比如范用，这位

---

[1] 陈思和：《试论现代出版与知识分子的人文精神》，载《复旦学报》（社会科学版）1993年第3期。

[2] 陈思和：《试论现代出版与知识分子的人文精神》，载《复旦学报》（社会科学版）1993年第3期。

年仅15岁就走进了抗日文化队伍,参加我党领导的读书生活出版社,后来毕生从事出版事业的一代大家,虽然学历不高,头衔不吓人,但确实是名副其实的文化人。他主持创办的《读书》杂志,是改革开放后国内最早也最有影响的思想文化评论刊物。作为20世纪80年代思想解放的一个前沿阵地,这本刊物长时期引领思想文化的潮流。甚至一时间"洛阳纸贵",杂志行销甚广,坊间流行有"不读《读书》,不是读书人"的说法。范用策划推出了《傅雷家书》、巴金的《随想录》、杨绛的《干校六记》、叶灵凤的《读书随笔》、朱光潜的《诗论》等优秀图书,文化价值高,文学品味好,市场反应不俗,影响十分深远。三联书店被誉为知识分子的精神家园,正是由于有范用、沈昌文、董秀玉、樊希安、李昕这样代代相传的文化人执掌大印。

  文化型出版人这一"谱系",在当今出版界得以延续,一些品牌出版机构、部分大学出版社,"文化人办出版"仍是其显著特色。他们中许多人本身就是高层次的文化人,也是像范用、陈原、巢峰等出版家一样爱书如命的人,其人生不愧为"为书籍的人生"。陈原甚至认为,出版工作者自我修养第一条,就是"应当使自己成为'书迷'"。"他爱书胜过一切。他为书而生,他为书而受难,甚至为书而死。这种人是十足的书迷。没有这种痴情,成不了气候。打开中国近代出版文化史,举凡张元济、夏粹方、高梦旦、胡愈之、邹韬奋、叶圣陶、徐伯昕、黄洛峰、华应申,以及章锡琛、陆费伯鸿、汪原放、张静庐无不是书迷。为书奋斗终身!"[①] 这些文化人型的出版家对文化有虔诚的信仰和崇高的使命感,他们及其所坚守的文化信仰,是整个行业存在的合法性基础,也成为超越物欲主义盛行的世俗世界、高擎人文主义大旗的精神高地。

  在欧美地区和日韩等国,出版的商业化、市场化、产业化程度更高,但文化人办出版依旧代不乏人,各国皆有。美国学者J.P.德索尔认为出版者首要的素质就是"既崇尚精神和艺术世界的价值,也注重经济学范畴的价值"[②]。曾任普林斯顿大学出版社社长多年的小赫伯特·S.贝利也有过类似的说法:"出版业跟其他行业是不同的",其不同"首先在于他的文

---

  ① 陈原:《总编辑断想》,辽宁教育出版社2001年版,第4~9页。

  ② [美] J.P.德索尔:《出版学概说》,姜乐英、杨杰译,中国书籍出版社1988年版,第19页。

化事业的性质","大部分出版商非常重视各类图书的文化作用"①。他们都把出版人精神文化的追求置于最重要位置。德国的西格弗里德·翁泽尔德、美国的萨克斯·康明斯、日本的岩波茂雄等等,也都比较好地将文化理想与商业运作结合起来,名垂出版史册。这些人,学历有高有低,经历各不相同,但都"对文化和出版充满热爱、憧憬之情,从某种程度上讲,他们是拥有理想和浪漫情怀的文化人,是真正的文化至上主义者,文化和理想在其心中永远是第一位的"②。法国出版家热罗姆·兰本也是这样一位文化至上主义者。他主持的子夜出版社,规模很小,一年只出版二十多种图书,但所出书籍都很有影响。法国新小说派的形成,与子夜出版社紧密相连。热罗姆·兰本一直是把出版当作一项文化事业来办,人们称赞他是真正的出版家。

二、在商言商：商人型的出版人

通俗地讲,做买卖的行业叫做商业,市场上用来交换的物品叫做商品,做买卖的人则称商人。《现代汉语词典》这样界定"商人"："贩卖商品从中获取利润的人。"其实,"商人"本是一个中性的词汇,但人们往往一说商人就想到"无商不奸",想到斤斤计较、欺瞒哄骗,似乎出版商也都是奸商,其实这些认识是有失偏颇的。"360百科"词条"商人"界定似更富有现代气息："商人是指以一定的自身或社会有形资源或无形资源为工具获取利润并负有一定社会责任的人,或者是指以自己名义实施商业行为并以此为常业的人,古代士农工商四民之一。"

学界及业界至今还存在着"出版家与出版商"之争,争论的焦点在于如何在出版活动中处理文化与经济的关系。笔者认为,优秀的出版家应该是有文化同时极具文化情结的商人,从事商业而又极具商业精神的文人。商人型出版人并非惟利是图,不讲出版的社会效益。他们在出版实践中,以自身卓越的商业才能,在合理范围内最大限度地实现出版物的价值,充分实现出版企业的经济效益,避免陷入只讲社会效益无视经济效益的空谈中。对于出版的文化、商业二重性,中外学者都有清醒的认识。法国的戴

---

① [美]小赫伯特·S.贝利：《图书出版的艺术和科学》,王益译,中国书籍出版社1995年版,第76页。

② 贺圣遂、姜华主编：《出版的品质》,复旦大学出版社2012年版,"弁言"第4页。

仁早就指出："出版社的两副根本面目，理想的一面和商业的一面，一家出版社的名声在很大程度上取决于二者的调和程度。"① 美国历史学家罗伯特·达恩顿曾经揭示出版业与欧洲启蒙运动的关系，指出《百科全书》的出版是一桩文化的"生意"，而且是"18世纪最大的生意之一"②。我国台湾出版家苏拾平对此有进一步发挥："出版是文化活动，也是商业活动；出版人是文化人，也是生意人；出版有时候是私企业，有时候是公事业；出版既是理想，也是现实。""有人说出版是内容提供者（content provider），有人说出版是流行事业，有人说出版该有社会责任，有人说出版是没有围墙的学校。哪些说法是领悟或自我期许，哪些说辞只是口号？各种相对论本就充满混同色彩，对行业中人来说，关键并不在彼此的冲突，而在如何调和收拢适用。"③ 可见，在出版活动中，文化与经济有如一枚硬币的两面，不可截然分开；出版人中商人型与文化型也绝非水火不容，有如云泥之隔。

商人型出版家也是出版家的一个群体，我们应该给予他们应有的尊敬，至少是包容。他们在不同的时空条件下，有不同的呈现状态。此外，商人型出版家与其他三类出版家有着较为显著的区别，那就是他们一般不是高层次的文化人；当然，相比较而言，商人型出版人比起文化人型、政治家型和企业家型的出版家更加注重商业利益，讲求在商言商，也更容易出现某些偏差。

无论是在中国，还是在西方，商人型的出版者古已有之。欧洲"早在12世纪，出版商以商业性复制人和书籍销售人的身份出现"④。中国宋元以降的坊刻，其书坊主基本属于商人之列。如明代以刊刻通俗小说获利并闻名的书坊主熊大木、余邵鱼、余象斗、凌濛初等十分熟悉市场，了解受众，经营灵活，推动了通俗文学及大众出版的发展。英国18世纪的约

---

① ［法］戴仁：《上海商务印书馆 1897—1947》，李桐实译，商务印书馆 2000 年版，第 4 页。
② ［美］罗伯特·达恩顿：《启蒙运动的生意：〈百科全书〉出版史（1775—1800）》，叶桐、顾杭译，生活·读书·新知三联书店 2005 年版，第 508 页。
③ 苏拾平：《文化创意产业的思考技术——我的 120 道出版经营练习题》，上海人民出版社 2008 年版，第 14～15 页。
④ ［美］J.P. 德索尔：《出版学概说》，姜乐英、杨杰译，中国书籍出版社 1988 年版，第 1 页。

翰·默里（1737—1793）是西方商人型出版家的典型。他原本是一名海军士兵，在1768年成为图书销售商。后来，他通过购买他人书股、联合合伙人注入新的资金，继承遗产，不断壮大，开始从事更高风险、更高利润的出版活动。到18世纪90年代，这位精明的出版商成为了文学出版的领军人物。默里的儿子继承父业，继续采取新式的出版经营模式，他的作者包括司各特和拜伦等名家，同时推出大量专门针对流动图书馆的通俗小说，可以说19世纪初的文学革命中没有人比小默里赚得更多的人。默里父子所做的一切的确代表了一个新的出版业的出现。20世纪30年代，英国艾伦·莱恩领导的"纸皮书革命"，开启了西方出版史的重要变革。他第一个看到了平装书的无限潜力——大众的阅读市场。艾伦·莱恩将原来不受社会重视、没有什么影响的平装书出版做成了一个品牌，在出版形式上大胆开拓，以最专业的态度对平装书进行包装、设计和宣传推广，使得"企鹅丛书"这一品牌一炮打响，产生了巨大的社会影响，也获得了丰厚的经济回报。像这样优秀的出版商，美国出版史上也不乏其人，如19世纪美国的哈珀兄弟就是，他们创办了哈珀公司（哈珀·柯林斯出版集团的前身），以"文库"的形式出版众多深受市场欢迎的书籍，在营销方面走在了竞争者的前面[1]。

特定的历史文化语境下，商人型出版人的状态是有差异的。我国现代出版业发端年代是19世纪末20世纪初，此时的中国，民族危机深重，国内矛盾到了临界点，在这样的历史文化语境下，我国的出版家主体主要呈现的不是商人面貌，而是文化人面貌，或者是文化人占据了出版舞台的中心。而在同时期的美国，"出版业显然不需要承担某种文化重建的使命，故而出版人中间也几乎没有那种登车揽辔的文化领袖角色"[2]，出版家的商人面貌也更为生动，更为主流。

商人型出版家往往不是高层次文化人，而是极具商业天分的平民。例如俄国近代首屈一指的出版家绥青就是一个杰出代表[3]。绥青文化水平不高，14岁便开始了学徒生涯。他有做生意的天分，能够切合实际地随机应变，能敏感地注意到新鲜有益的事物。一些重大决策和看上去十分复杂困难的事情，

---

[1] 肖东发、于文主编：《中外出版史》，中国人民大学出版社2010年版，第238~239页。
[2] 贺圣遂、姜华主编：《出版的品质》，复旦大学出版社2012年版，第42页。
[3] 贺圣遂、姜华主编：《出版的品质》，复旦大学出版社2012年版，第10页。

在他那儿似乎都变得轻松和简单。在长达50年的出版生涯中，他甚至没有经受什么大的曲折，即使是沙皇的书报检查官也很少对他过分刁难。他的人生梦想和追求很单纯，无非是"要让人民有买得起、看得懂的、思想健康和内容有益的书。要使书变成农民的朋友，变成他们接近的东西"；"把昂贵的书售价减低，把廉价的书质量提高"……这些简单的梦想和追求，即便在今天，也令人肃然起敬。对于出版商与其他"纯粹商人"的不同，美国学者理查德·B.谢尔有过清楚的论述："在做出版和销售书籍的决定的时候，出版者自然地更关注经济效益和自己的私利，但是经常还有其他的动机在起作用。当这些动机属于个人的、思想体系的或者知性的范畴时，会使出版者表现出不同的人格面貌，这种不同的面貌与他们在和作者进行交易时显示出的纯粹商人形象形成鲜明的对比。"① 出版商和作者都在追求金钱上的报酬和知识上的利益，两者的平衡作用是18世纪出版业的动力源泉。

当然，就一般情况而论，商人型出版家从人格上讲更具矛盾性，其行为也更具复杂性、投机性。如民国时期第三大书局——世界书局的创办人沈知方就是这样一个冒险和投机兼备的出版家。在创办世界书局之前，他就曾创办过多家书店，后来供职于商务印书馆，从商务跳出来参与中华书局的创设。自己独立成立世界书局后，瞄准市场，其出版物以面向小市民为特色，大量出版深受市民阶层欢迎的通俗书刊。20世纪二三十年代著名的通俗小说家严独鹤、不肖生、江红蕉、程小青、许指严、张恨水等，都是世界书局的作者。书局所出的《红杂志》、《红玫瑰》、《侦探世界》杂志，都面向市场，定位准确，积极满足市民阶层文化需求，销行一时。通俗书刊的准确市场定位，加上沈知方经营有术，他发了不小的财。沈知方确实是一个很典型的商人型出版家或出版商，是资本主义经营方式下必然产生的一个典型。他是旧式书店学徒出身，文化程度不高，仅读过几年书，却要在本来很需要文化积淀的新式出版业中来开拓自己的事业，这样就更需要具有商业的发家精神。他确实很富有冒险精神、创业精神，有事业心和进取心，但他却将资本主义经营方式下投机商的毛病也一并继承了；他十分精明，善于经营，又很狡诈，缺乏诚信，多少沾了其老家绍兴师爷的边。如他在中华书局时为逃避官司而"诈死"，发讣告谎称自己病

---

① [美]理查德·B.谢尔：《启蒙与出版：苏格兰作家和18世纪英国、爱尔兰、美国的出版商》，启蒙编译所译，复旦大学出版社2012年版，第7页。

逝；又如，他主政世界书局的时候，为牟利竟然伙同人伪造《石达开日记》等，赚钱不择手段。他懂得资本的重要，善于筹资，却不善于资本运作，也不太注重信誉。如他向南洋华侨筹资后不能兑现承诺没有资金偿付，逼得像陈嘉庚这样的人都把资本抽回。沈知方确实是一个充满矛盾的文化商人，冒险与投机兼备，缺点与优点并存，抗战时期世界书局的印刷厂被日军占用，日本人企图威胁利诱他与之合作，但遭到坚决拒绝，死后遗嘱继续抗日，表现出一个中国出版人威武不屈的民族气节。

三、担当使命：政治家型的出版人

所谓政治家，一般是指有政治见识和政治才能并从事政治活动的人，多指政党和国家的领袖人物。我们这里讲的"政治家型的出版家"实际上主要包括两类人：一是职业政治家（或职业革命家）兼施出版工作者，一是具有政治家素养的职业出版人。

职业政治家（或者职业官僚）兼施出版工作在中国和外国都有着悠久的传统。我国古代的官府刻书，其主持者当属于此类。如清代康熙年间，内府殿本曾设立分局——扬州诗局，皇帝命令江宁织造曹寅（1658—1712）设立这个编纂出版机构，刊印包括《全唐诗》在内的各种书籍，它体现的是最高统治者——皇帝及朝廷的意志。到了晚清洋务运动时期，朝廷重臣曾国藩、李鸿章等人在开设以刊印传统经史子集为主的官书局基础上，又新建译书机构，涉足翻译出版活动。这种洋务派官僚主导的出版活动伴随着洋务运动的需要而产生，为洋务运动的开展提供了重要的知识和技术支持。美国18世纪仅次于华盛顿名望的开国元勋、《独立宣言》的起草人之一本杰明·富兰克林（1706—1790）其实也是一位杰出的政治家型的出版人。西方这类出版家其实还有不少。

我国这种职业官僚或职业政治家办出版在新民主主义革命时期有了新的发展。中国共产党内涌现了一批高度重视、积极主导或参与出版工作的职业革命家。如瞿秋白，从1919年五四运动时期开始，先后创办、参与和主编了《新社会》、《人道》、《向导》、《新青年》、《前锋》、《热血日报》、《布尔塞维克》、《红色中华》等一系列党报党刊，为马克思主义在中国的传播，为党的新闻出版事业作出了巨大的贡献。这种革命家、政治家兼施出版，往往出版活动的政治指向十分明确，办报、办刊、出书都宗旨鲜明。这一点，在中共创始人之一的李达身上也有充分体现。1921年9月，李达奉命创立党的第一家出版机构——人民出版社，并任出版社主编。在短短的一年时间里，人民出版社就刊行了《马克思全书》3种，《列宁全书》5种，"康民尼斯特①丛书"4种，其他著作数种。其中，大部分是马克思主义著作，而且里面有李达编辑重印的陈望道译《共产党宣言》一书，对于传播马克思主义，推动党的思想理论建设发挥了重要作用。

  我们讲的政治家型的出版家另外一种便是具有良好的政治家素质的职业出版人。常常提及的"政治家办报办刊"、"政治家办出版"，其实质都是强调出版人要修炼政治家的素养。在新闻出版领域，"政治家办报"一直是一个重要概念，它高度概括了我们党对新闻出版工作者的政治要求，是政治与新闻出版特殊关联的一种体现。"所谓'政治家办报'之'政治家'，主要是指报人应具有政治家的一些重要素质，如政治头脑、政治眼光、政治智慧等"②，"'政治家办报'之'政治家'更主要不是指某一类具象的政治人的办报，而是指以一种政治家的责任意识、远见卓识与人文关怀来从事新闻传播活动"③。西方文化界出版界其实也是很强调出版人的政治家素质的，有人就曾指出："伟大的出版商就是一位文化部长，这个地位是没有政治家资质的人所无法企及的。"④ 在我国当下，政治家型的出版人应当具备政治意识、大局意识、责任意识，通过出版这个阵地积极参与主流价值观建构，维护国家和民族的根本利益，服务广大人民群众的需求，推动社会的发展和文明的进步。

  出版史上政治家型的出版人，大多具有较强的政治活动能力，关注国家和民族的命运，关注人民大众的呼声。邹韬奋应该是一个政治家型出版家的优秀代表。他在办刊办报办书店时，对当时社会上的不合理现象，对社会的黑暗面勇敢地予以揭露和抨击，对民众的疾苦深切同情，对抗日救亡运动大声呼吁，为民主政治奋力抗争。面对当局的报刊审查制度、禁止邮寄令、查封令及政府代表的个别约谈，甚至铁窗幽禁，韬奋的表现是"软硬不吃"，始

---

  ① "康民尼斯特"是"共产主义"的音译。
  ② 李乔：《近代新闻史上的"政治家型报人"》，载《前线》2001年第8期。
  ③ 朱清河、张荣华：《"政治家办报"的历史起点与逻辑归点》，载《新闻与传播研究》2009年第4期。
  ④ [英]斯坦利·安文：《出版概论》，王纪卿译，书海出版社1988年版，第246页。

终保持着有良知知识分子"富贵不能淫,威武不能屈"的骨气和"大公无私的独立精神"。韬奋的不屈精神和大众立场,体现了他"推母爱以爱我民族与人群"的大爱之心与诚意和"诚心诚意为人民大众服务"的事业宗旨。

  作为政治家型的出版人,往往还应具有敏锐的政治洞察力,能应和着时代的节拍不断前进。胡愈之就是这样的一个典型。他毕生为新文化运动、为民主建国事业而奋斗,经历了许许多多的历史事件,赢得了大大小小的头衔与桂冠,但究其职业生活的起点和本色,他是一位出版人,尽管后来他由编辑室走向更广阔的政治与文化舞台,但作为一名杰出的政治家型出版家,他是实至名归的。张明养称胡愈之为"中国新文化出版事业的开拓者",指出:他"在编辑工作中总是紧跟着时代脉搏的跳动而不断前进。在前进和倒退、是和非、善和恶、美和丑的关键问题上,他观察敏锐,立场坚定,态度鲜明,毫不动摇地站在时代的前列"。"他是我国思想文化界的老战士和革命家,把自己的一切无私地献给革命事业。"① 陈原在《张元济与胡愈之》一文中这样比较二人:"张元济为中国近代出版事业打下基础;胡愈之则在这个基础上继往开来,为当代中国出版事业绘制蓝图。从投身出版事业一直到辞世,张元济始终为商务印书馆奋斗;胡愈之却襄助文化界许多有识之士,创生活书店,办开明书店,设文化供应社以及许许多多进步启蒙杂志。"胡愈之团结和组织众多知识分子先进人物,"开拓了当代的文化出版事业"②。从这个比较中,也可进一步看到作为政治家型出版家胡愈之的鲜明特点与独特贡献。

  政治家型的出版家还有一种是行走于政治与出版之间者,在人生某一阶段以出版为职业,而在另一阶段则以政治为生,其政治家本色于出版大有助益。陈叔通(1876—1966)就是这种类型的出版家③。陈叔通早年热心政治,在民国初期担任过《北京日报》经理、国会议员。1914 年,袁世凯解散议会后,陈叔通感觉政治曙光难显,便于 1915 年应张元济之请加入商务印书馆。深得张元济信任的陈叔通提出设立总管理处,通过编

---

 ① 胡愈之著,戴文葆编:《胡愈之出版文集》,中国书籍出版社 1998 年版,"代序一"。
 ② 陈原:《书和人和我》,生活·读书·新知三联书店 1994 年版,第 186 页。
 ③ 王建辉:《老出版人肖像》,江苏教育出版社 2003 年版,第 56~61 页。

译、印刷、发行的三所会议协商制度，协调事权，使商务初步建立起现代管理的雏形。1920年商务的两位最高领导张元济与高凤池矛盾难以调和、陷入僵局之时，也是陈叔通从中调停，最后设法化解了难题。陈叔通早年留学日本，思想能与时俱进，且社会交游极广。民初从政经历并在旧国会中崭露头角，使其离开商务以后从事爱国民主运动得心应手。20世纪40年代后期商务面临重建与何去何从两个问题。在这历史的紧要关头，张元济这位董事长正是在董事陈叔通的协调下，向人民交出了合乎历史潮流的答卷。人们说商务印书馆100多年间，至少出过五六个总理级人物，陈叔通应是其中一位。他参加了1949年第一届全国政协，是著名的民主爱国人士，后来担任过全国政协副主席、全国人大副委员长。

这里要顺便提及，有研究者提出所谓"行政型出版家"。在我国，"有很多出版集团的领导者走的是从一个机关到另一个机关的'行政型出版家'的路子，他们更像一个官员，而不是真正意义上的现代出版家"①。这种"行政型出版家"还保留有或县处级、或厅局级、或副部级的行政级别，但严格来说他们只是"出版官"而不是出版家，也不可与"政治家型出版家"同日而语。

四、创新开拓：企业家型的出版人

所谓"企业"，就是依法设立的以营利为目的、从事商品的经营和服务活动的独立核算经济组织。而"企业家"的原意是指"冒险事业的经营者或组织者"。企业家一般可分为两类：一类是企业所有者企业家，作为所有者仍旧从事企业的经营管理工作；另一类是受雇于所有者的职业企业家，即所谓职业经理人一类。我们讲出版企业家，一般是宽泛地指称出版企业的负责人。出版既是事业，又是产业。作为产业的出版，无疑是需要企业家的。美国学者J.P.德索尔干脆把出版列入"文化工业"之中，他说："图书出版既是一项文化活动，又是一种经济活动。书籍是思想的载体、教育的工具、文学的容器……但是，书籍的生产和销售又是一种需要投入各种物质、需要富有经验的管理者、企业家参与的经济工作。"② 因

---

① 张海峰：《浅论现代出版家的诞生》，载《编辑学刊》2005年第4期。
② [美] J.P.德索尔：《出版学概说》，姜乐英、杨杰译，中国书籍出版社1988年版，"导言"第13页。

此，出版业需要企业家，离不开企业家。我国的出版业完成了转企改制工作，绝大多数出版机构实现了身份的转化。有研究者结合我国实际指出："在后转企时代，出版企业家实际是新兴出版职业经理人当中开疆拓土的领军人物。""我们定义企业家，即以发现和利用机会、开创并经营新的出版事业的人，他们在转制大背景下展现出了独特形象。"[1] 无论中外，出版界中这类富有企业家素质与精神的出版家都大有人在，可以称之为出版业的企业家，或企业家型的出版家。

企业家是一种稀缺资源，在他们身上集中体现着一些可贵的精神：冒险精神、创新精神、合作精神、敬业精神、不满足精神和英雄主义精神等；而创新才是企业家精神的核心和关键。企业家在经营企业的过程中，给企业打上了企业家的精神烙印，企业从而具有了鲜明的"个性"，成为企业家的企业。近现代出版人中确实不乏企业家型的出版家，如夏瑞芳、王云五、陆费逵、史量才、章锡琛、陆高谊、华之鸿等。这个书业企业家的群体，自觉地引进西方先进的产权制度、组织制度、管理制度、企业文化、技术和设备等，具有中国古代传统官刻、私刻者都不曾有的企业家精神。这种企业家精神感召后人，启迪未来。我们注意到，当代经营的比较好的出版企业，其主持者也多是企业家精神充分的出版人。

美国经济学家熊彼特认为，企业家最重要的职能就是创新。在他看来，创新就是把一种从来没有过的关于生产要素和条件的新组合引入生产体系，也就是建立一种新的生产函数。它包括技术创新、市场创新和管理创新几个方面。竞争是市场经济的一个基本特征，企业竞争往往围绕产品和"人"展开，而"人"首先是企业家，在出版业是出版企业家。出版作为内容产业，更要注重创新，既要有产品内容的创新，也要有管理体制的创新。新闻集团的默多克就很善于求变创新使企业不断增添活力，如他重视高科技与传统媒介的结合，积极创建新媒体。1998年传统杂志《电视指南》每况愈下时，他将杂志与联合电视卫星集团合并，构筑统一的集印刷、电子、网上共生共存的立体平台，广告大增，获利甚多，取得了巨大成功。王云五也是这样一位富有创新精神的出版企业家。他率先将西方科学管理理念引入中国出版界。1930年，他接任商务总经理时，花了整整

---

[1] 所广一：《培育出版企业家　建设出版强国——论后转企时代出版企业家的作用》，载《中国出版》2010年4月上。

半年时间，到一些先进国家进行考察学习。《科学管理计划》是其学习的直接收获，他极力阐述科学管理方法的优良，建议在商务采用和推广科学管理制度和办法。王云五的方案得到了张元济领导的公司董事会的支持，商务便开始全面推行科学管理制度，虽然几经波折还是得以逐步施行，其正面效果得到显现。成长于中西文化融合、碰撞的大环境下的王云五，博览群书，视野开阔，绝不墨守成规，勇于创新开拓，锐意进取。他被人称为"四百万"，也就是创新性地发明了四角号码检字法，策划出版了百科全书，推出了有重要影响的"万有文库"。

  与创新紧密相连的是进取精神。优秀的出版企业家也是一个具有强烈的进取精神的群体。出版前辈陆费逵就是一位进取心强烈的出版人。陆费逵不仅身体力行，还注意对企业家精神及修养进行总结研究，写作刊行了专著《实业家之修养》。有学者甚至认为他的实业家修养论是中外经济史上最早的企业家理论[①]。在该书中，陆费逵将进取精神列为企业家必备修养之一，认为进取精神源于企业家内心的"不满足"。中华书局民国元年才创办，但它能从一家后起的小书局，最后成长为当时国内的出版界的"亚军"，向"冠军"商务印书馆发起了全面挑战，这无疑与陆费逵强烈的进取精神密不可分。书局不仅在书刊方面全面和商务竞争，还在印刷业务上努力开拓，力争上游，到20世纪30年代它终于取代了商务印书馆印刷所全国第一的位置。事实一再证明，进取精神是企业家一切开拓、创新、改革行为的原动力，也是企业家艰苦奋斗、知难而进、愈挫愈勇、攻城略地的成功关键。王云五在商务遭受"一·二八"日军毁灭性打击后，不屈不挠，配合董事会带领全体商务人，克难奋进，迅速渡过了危机并再创辉煌。前面提及的默多克，也是一个充满进取精神，敢于冒险的现代企业家。他不断地扩张、兼并，开创包括新闻、出版在内的新的领域。其务实的经营观念，良好的政商关系，加上充满赌徒个性的"企业冒险家"的旺盛精力，使其传媒帝国创造了一个又一个辉煌。西蒙·里根认为默多克是个十分复杂的人物，但他最贴切的标签只有一张——"赌徒"[②]。这些都令人深思，至今仍值得我们出版人好好总结和探讨。

[①] 钟祥财：《中国近代民族企业家经济思想史》，上海社会科学院出版社1992年版，第107页。

[②] 杨贵山编著：《海外书业经营案例》，中国水利水电出版社2005年版，第67页。

中国过去的出版业特别是图书出版业，最典型的模式是"核心图书产品—卓越出版人—品牌出版社"的三位一体。但是，随着改企转制任务完成、特别是部分出版传媒企业成功上市以后，企业集团的经营呈现多元化、全媒体趋势，业务范围得以扩展，业务边界得以延伸。出版社原先以"内容"为主要形式的单一图书经营，转化为资产经营，资本运作，"内容"产品只是整体资产中的一小部分。企业的投融资行为、收购兼并以及跨地区经营、跨媒体甚至跨行业经营活动日益频繁[①]。因此，那种传统的"纯粹"出版家可能会越来越少。就像我们上面提到的默多克，还有大家熟知的凤凰卫视的刘长乐，我们可以说他们是传媒大亨、传媒企业家，但不好说他们是出版家，或出版企业家。现今国内出版传媒集团的领军人物如谭跃、李朋义、柳建尧、王亚非、陈昕等，与老辈出版家张元济、陆费逵、王云五等已经有了很大区别。而新媒体行业的一些风云人物如新浪的曹国伟、腾讯的马化腾、网易的丁磊、搜狐的张朝阳、百度的李彦宏，显然是更具企业家精神的传媒企业家，而不是传统的出版企业家，尽管他们的业务板块中也包含有出版，特别是数字出版的内容。

以上我们将出版家大致分为四种类型进行了阐述，但这种划分只是相对的。就像老出版家赵家璧很早就说过的："要当个出版家，先要当个出版商。"[②] 既然连"商""家"都难解难分，那么像张元济这样的大出版家说他是企业家型，还是文化人型，似乎都可以说得过去；像邹韬奋那样的出版家既可归入政治家型，其经营与管理之可圈可点又不逊色于一般企业家。就我国目前出版传媒业现状来看，我们更迫切需要培养和造就职业化、复合型的出版企业家、传媒企业家。只是鉴于文化企业的特质和社会责任，他们理当更加注重在社会文化追求与投资者财富需要之间寻找到交集，在文化与经济的平衡中达到两个效益的有机结合。

（载《河南大学学报：社会科学版》2015年第3期，《高等学校文科学术文摘》2015年第5期论点摘编，《新华文摘》2015年第18期论点摘编，《新华文摘》网刊2016年第2期全文转载）

[①] 王联合：《出版人经营，还是企业家经营？——改制过渡期的企业管理冲突与协调》，载《中国出版》2012年8月下。

[②] 赵家璧：《出版家与出版商》，载《出版工作》1988年第2期。

| 岁月书痕 |

略论出版业经营管理类领军人才的企业家精神

一、出版业经营管理领军人才应该是企业家

　　2008年，国家新闻出版总署评选出全国新闻出版行业第一批领军人才。2010年评选出了第二批。眼下，第三批领军人才正在推荐评审过程中。这一行业领军人才包括业务、学术、技术、经营管理、科研和学科五个类别。其中的经营管理人才，评选出的一般都是在出版企业担任主要领导职务的负责人，对于企业的发展起着至关重要的作用。最新发布的《关于开展全国新闻出版行业第三批领军人才选拔活动的通知》中，在"推荐条件"中有这么一条：

　　　　有较强的综合管理能力和领导水平，善于管理创新，在推进本单位改革发展中取得突出成绩。带领的单位（部门）主业突出、实力雄厚、核心竞争力强，创造了良好的社会效益和经济效益。在打造品牌、资本运作、兼并重组、开拓国际国内市场方面成绩显著。积极发现人才、培养人才、使用人才和激励人才，单位内部管理高效规范。注重企业文化建设，积极创建学习型组织，构建和谐单位，取得显著成绩。

　　显然，这里的立足点是已经取得的或"突出"或"显著"的"成绩"。一个出版单位的优秀经营管理人才为何能取得骄人的成绩，关键是看他有没有企业家的素质并得到充分发挥。笔者认为，出版行业经营管理方面的领军人才应该而且必须是出版企业家。企业家是企业的第一资源，企业之间的竞争往往就是企业家的竞争。出版业的经营管理人才，应该是企业家而不是商人。"企业家和商人之间最大的区别在于，商人不爱企业，企业家爱企业。企业家创办自己的企业就像养育自己的孩子一样，而绝对不是像养猪一样，猪可以卖掉，自己的孩子绝对是不会卖掉的。……企业家和商人之间还有另外一个区别，那就是，企业家一定要把企业做大，他把做

企业当成自己的事业甚至自己的生命，因而他做企业的目的不是纯粹为赚钱，而商人的目的却很单一，往往纯粹是为了赚钱。所以只要你和商人或者企业家在一起一交谈，你就很容易判断他是商人还是企业家。从总体上来讲，企业家有比较厚道的一面，而商人相对来说就缺乏厚道的一面。因为企业家知道企业的兴衰并不取决于钱，不可能一切都是钱说了算，他清楚地知道企业中好多人并不是为钱而支持他的，所以企业家对人情冷暖有很深的感悟。"① 我们读《海尔中国造》，感受到的主要不是海尔公司的管理手段、经营谋略和销售业绩如何如何，而是它浓厚的先进企业文化，是以张瑞敏为代表的企业家精神。

事实上，在出版业中也存在着企业家和商人的明显分隔，而且二者的区分标志更为明显，那就是看他对待"文化"的态度。对此，老辈著名出版家张静庐先生有过精彩论述。在他的目标和信念里，"文化"占有十分突出的位置。张静庐自我期许甚高，在自传中坦言，自己虽无缚鸡的腕力却有举鼎的雄心，甚至公开表白说，在当时上海的同业中，值得他钦仰、让他感到可爱的出版家，寥寥无几。在他这种貌似桀骜的语句背后，其实有一杆大秤横在心里，秤砣下面，分别站着两排出版人——有一排，张静庐敬称为出版商，可爱，却少；另一排，则只能呼为书商，市侩，却多。虽然，从表面上看，两排人都同样地做着关于书的生意，都同样地关心着出版后的利润，"钱，是一切商业行为的总目标。然而，出版商人似乎还有比钱更重要的意义在这上面。以出版为手段而达到赚钱的目的；和以出版为手段，而图实现其信念与目标而获得相当报酬者，其演出的方式相同，而其出发的动机完全两样。我们——一切出版商人——都应该从这上面去体会，去领悟"。正因为张静庐不是仅仅以赚钱为目的，而是图实现其信念与目标而获得相当报酬，所以他敢自信满满地宣布："我是个'出版商'，二十年来生活在这圈子里，姑不论对于文化工作做到如何成绩，对于社会影响达到怎样程度，但是，我是个'出版商'而不是'书商'，希望认识我和不认识我的朋友们对于我有这最低限度的了解！——这是'差之毫厘谬以千里'的分界线。"② 从这些看似咬文嚼字的话语背后，表

---

① 陈少峰、张立波：《文化产业商业模式》，北京大学出版社 2011 年版，第 60 页。

② 张静庐：《在出版界二十年——张静庐自传》，上海书店 1984 年影印本，"写在后面"第 3～4 页。

现的是张静庐的文化自觉与责任担当。这位当年有上海四马路出版界"霸才"之称的出版人，是真正令人敬慕的出版家，而不是一个精明市侩的商人。只是他所谓"出版商"，实为今日之出版家或出版企业家；而他笔下的"书商"才带有当下出版商、发行商或书商的意味。

当然，作为出版家仅仅热爱文化还是不够的。出版企业家必须善于协调文化与经济、事业与商业、社会效益与经济效益的关系。把精明老到的生意人和无可救药的理想主义者水乳交融为一体，就是出版企业家；把做大做强企业与做好做精文化有机结合，才是优秀出版企业家的应尽职责。鲁迅挚爱文化，且办刊物，开书屋，屡屡试水出版，但他并不擅长经营管理，最终只是一个优秀的编辑家；张元济同样钟情教育与文化，但他同时放眼世界，善于学习，脚踏实地地用现代企业制度管理商务印书馆，成为了近代中国出版第一人，是名副其实的大出版企业家。我们今天培养的出版业经营管理领军人才，就应该是张元济、邹韬奋、陆费逵、王云五一类的出版企业家。出版企业家自然要会盘企业，会赚钱，但赚钱永远不是目的，而只是手段，只是事业的保障，其精神世界里有一种世俗书商难以企及的境界——能够不断探索、不断学习、不断创新，并对自己认定的价值观如宗教般坚定追求，无怨无悔。

二、出版企业家应该具备企业家精神

国有国魂，军有军魂，师有师魂，一个企业也要有自己的企业之魂，那就是企业家精神。

什么是企业家精神？这个词是由英文 Entrepreneurship 一词翻译而来的。在英文术语使用上，"企业家（Entrepreneur）"和"企业家精神(Entrepreneurship)"常常互换。19 世纪的西方，人们将企业家具有的某些共同特征归纳为企业家精神，是他们所具有的独特的个人素质、价值取向以及思维模式的抽象表达，是对企业家理性和非理性逻辑结构的一种超越、升华。西方学者对企业家精神的界定往往见仁见智：或认为企业家精神是企业家特殊技能（包括精神和技巧）的集合；或认为企业家精神就是"社会创新精神"；或认为企业家精神的实质与特征是"创造性破坏"等。我国学者中，张维迎把企业家精神归纳为四种精神：创新、冒险、不满足和英雄主义；汪丁丁归结为三种精神，即创新、敬业、合作；丁栋虹教授则是这样界定企业家精神的：

所谓企业家精神（Entrepreneurship）是指企业家在所处社会、经济体制下，在从事工商业经营管理过程中，在激烈的市场竞争中和优胜劣汰的无情压力下形成的心理状态、价值观念、思维方式和精神素质。企业家精神通过企业家的行为表现出来，体现在企业家的商品生产和经营活动中，而且是优秀企业家共同的基本特征。①

归纳上面的论述，我们认为企业家精神的核心应该是一种价值体系，具体的管理方法、经营技巧并不是最重要的。我们不得不面对的现实，是当下中国真正的企业家是稀缺资源。最大的问题是缺乏企业家成长的土壤，缺乏企业家精神养成的环境。"当今中国社会，急功近利、金钱至上、人心浮躁。这种环境导致了我国企业人创新思想退化，冒险意识淡薄，担当精神缺失。而且，无论是制度层面，还是政策层面，中国企业家生存和发展的环境都不宽松。"② 若从企业家自身的角度来看，万科董事会主席王石认为中国企业家最缺乏的是"契约精神"，可谓一针见血。出版业乱象的出现在一定程度上与契约精神的缺失关系密切。

改革开放以来，最开始成功的生意人（不是企业家）是依靠当时的价格双轨制，倒卖差价的一批人；接着是抓住地区价差从事贸易活动的一批人；再接着便是赶上时代潮流进行来料加工的一批人。随着时代的发展，生意人的文化层次不断地提高，所从事的领域也大大拓展，涉及地产、能源、家电、互联网甚至文化产业的诸多方面。不少生意人（如煤老板、房地产商）赚了钱，甚至成了大亨巨富，赚钱的手段千差万别，包括利用各种社会关系，利用权力寻租，利用信息不对称，利用法律漏洞和政策的不完善性等等。而在出版传媒界，同样的急功近利，同样的人心浮躁，同样的 GDP 崇拜，致使出版人应有的创新意识、责任意识、契约精神、冒险精神、执着精神、合作精神普遍缺乏；自然我们不乏精明的书商、会赚钱的发行商、会钻政策空子的文化地产商，但实在找不出几个严格意义的出版企业家。业内人士曾无可奈何地说"张元济不可追"，既有外在环境的不能追，也有主观愿望的不想追，还有内外交困的不能追。

出版人职业化程度偏低、出版界官本位盛行是企业家精神缺乏的成因之一。比如说出版社社长，真正职业化的较少见。在大学，出版社社长和

---

① 丁栋虹编著：《企业家精神》，清华大学出版社2010年版，第2页。
② 陈九霖：《中国为何缺少真正的企业家》，载《经济参考报》2011年8月2日。

其他中层干部一样实行轮岗交流的不在少数，机关党政干部或者专家教授转任社长的比较常见，有的学校明确规定出版社社长必须是教授。而原来从属于国家部委的出版社，级别一般都是正局级，社长也往往成为安排干部、解决干部级别待遇的一个去处。现今的出版集团、发行集团，大多是厅局级，个别管理者甚至是副部级。出版发行企业有行政级别，自然就成了宣传文化口党政部门派遣干部、解决某些人职务提升的一个重要出口。就像现在的大学，有副厅级、正厅级、副部级的区别，大学校长官僚化的色彩越来越明显，大学多的是"教育官"，缺的是"教育家"。出版社职业社长的缺乏，和大学职业校长的缺乏一样，导致职业精神的缺失。

我国近现代杰出的出版企业家，无一例外都是职业出版人。今天少数经营管理得比较好的出版企业，社长（总经理）也往往是职业化程度比较高的、任职时间比较长的。韩旺辰先生在新浪博客中有《出版界改革呼唤社长的职业化》，给人以启发。他指出，所谓职业社长是以经营管理出版社为终身职业，以契约的方式接受出版社产权人的聘任，取得出版社法人财产的使用权，以经营者的合法身份经营管理出版社，实现出版社经济效益和社会效益目标，以自己的人力资源为资本获得个人收益，并取得职业业绩的人。出版社职业社长有三重含义：一是对社会来讲，社长的职业化仅仅是社会分工的具体表现；二是对职业化的社长个人来讲，要把创办出版社、发展出版社作为自己毕生的事业来追求，以自己的人力资源为资本，获得个人收益；三是职业社长是受出版社产权人的聘用，拥有出版社的法人财产使用权的经营者，要为产权人创造利润。具体来说，出版社的职业社长是拥有出版社法人财产使用权的经营者，而不是出版社资产的所有者；他是受聘于出版社资产所有者，而不是受政府机构聘任的"官员"。我个人觉得，没有出版企业高层管理者的职业化，企业家、企业家精神都是无从谈起的。

至于当今的民营出版发行企业，国家似乎寄予了很高期望。《新闻出版总署关于支持民间资本参与出版经营活动的实施细则》从十个方面，给民营书业全方位、全环节介入出版提供了政策保障。总署的目的是充分调动民间资本参与文化建设，促进出版行业科学发展。但我个人对民营书业没有过高的期望。中国的民营书业总体上停留在张静庐说的"书商"层面。这里有的是商人，缺的是企业家；多的是商业意识，少的是企业家精神。只要把我们今日腰缠万贯的书商，和近现代张元济、陆费逵、王云

五、章锡琛、李小峰、吴朗西等出版家比较一下，就可以明显感受到二者在价值观念、精神追求方面的巨大差距。企业家精神是内在的，外显的东西则是各自的出版物。出版物见证出版的品质、见证出版人的品质。

三、出版企业家可以从近现代同行前辈那里吸取精神养分

中国近现代涌现出了一批优秀的出版企业家。他们秉持着企业家精神，创造了辉煌的业绩。数典未敢忘中华，出版业的同行先贤留下了宝贵的财富值得开掘和借用。从企业家精神角度看，主要有以下几个方面。

首先是契约精神。

契约精神是西方文明社会的主流精神，在民主法治的形成过程中有着极为重要的作用。契约精神包括契约自由精神、契约平等精神、契约信守精神和契约救济精神。其中信守精神是契约精神的核心。这种建立在法制基础上的信守精神，和中国传统的以宗法血缘为基础的诚信伦理是有很大区别的。中国现代优秀的出版企业家，往往是较好地吸取了西方契约精神之精髓的。举一个小例子。老作家萧乾谈及老商务对作者的信守精神就颇有感触。他曾经在《我与商务》一文中说，他的一生没有一本书能像在商务印书馆出版的《书评研究》那样，跟随他如此持久。"1935年以后，我的生活流动性很大。但不论我走到上海、香港、英国，战后1949年又由香港回到北京，商务总按季度向我报告该季度销了多少册，作者应得版税若干，并如期汇到。1935年在商务出的书，版税通知单一直追踪我到解放后。""只有严格的企业制度才能做到这一点。"① 其实，我国到现在已不缺少法律，政府不缺少规章，企业不缺少制度，但为什么仍然乱象丛生呢？关键是缺乏法律观念和契约精神。有法不依，有章不循，恶性竞争，在出版界也非常普遍。老商务注重制度建设，更注重制度的落实，背后起支撑作用的是契约信守精神。

其次是献身精神。

讲企业家精神往往提到的一条是敬业精神。我觉得用"敬业"一词，似乎很难概括绥青、张元济们那种"为书籍的一生"的职业出版家的职业精神。他们不仅仅是以出版为职业，为谋生手段，而且是将其作为安身立

---

① 萧乾：《我与商务》，见《商务印书馆一百年》，商务印书馆1998年版，第76页。

命、立功立德的志业，是一种人生为书、书为人生的崇高境界。张元济就是这样一个把整个生命都献给了出版事业的出版企业家。真正的出版企业家是不愿，也不能退出出版企业的人。

1902年张元济从南洋公学投身商务印书馆这个小印刷作坊时，便立定了扶助教育、救国济民的崇高理想，一干就是半个多世纪，直至生命的最后一息。戊戌变法失败后，张元济受到"革职永不叙用"的处分；但随着清王朝的覆灭，他在仕途上又有了东山再起的机会。"1913年，他的老同年、统一党的熊希龄（1870—1937），试图在袁世凯总统的领导下组织内阁，邀请张元济出任教育部长的职务。一些老朋友包括张謇和梁启超都进入内阁，但张元济坚决拒绝，宁可留在商务印书馆，这显示了他在把出版业作为自己的事业，以实现传播知识使中国富强一事上很有信心。"①而以张元济扎实的国学功力、勤奋的钻研精神、高韬的学术眼光，他是完全有可能成为著作等身的一代学问大师的；但张元济一生没有写什么论文，没有写作一本学术专著，他把自己全部的心血、智慧倾注在了出版事业中。人们称他为著名文献学家、国学大家，主要是对其文献整理刊刻上的贡献而言的。试想，我们今天还有如此功力的出版人愿意牺牲自己的学术研究，而奉献于出版吗？我们有哪个出版机构的老总能拒绝国府部长职位的吸引而不为所动？

其三是冒险精神。

没有甘冒风险和承担风险的魄力，就不可能成为企业家。在美国3M公司有一句很特别的口号："为了发现王子，你必须和无数个青蛙接吻。""接吻青蛙"常常意味着冒险和失败，但是你如果想不犯错误，那么就什么也干不成。法国出版之父罗贝尔·拉封（1916—2010）说过一句值得咀嚼的话："出版业是赌博业。"的确，出版企业家也应该具备雄心与胆略，敢想敢闯，百折不回。

商务印书馆在上世纪初期创造的辉煌，与它的首任总经理夏瑞芳的企业家冒险精神有着紧密的关系。在商务早期发展过程中，夏瑞芳利用社会变革提供的机会，大胆试，勇敢闯，在几件至关重要的大事上作出了正确的决策，为商务迅速成长为国内首屈一指的出版企业奠定了基础。首先，

---

① 叶宋曼瑛：《从翰林到出版家——张元济的生平与事业》，商务印书馆（香港）有限责任公司1992年版，第92页。

他把原任南洋公学译书院院长的张元济高薪聘请来执掌编译所，为商务后来的腾飞准备了人才资源和思想条件。第二，顺应时代潮流，及时出版了《华英初阶》、《华英进阶》、《最新教科书》等教学用书，获得了可观的经济效益。第三，1900年收购了日本人在上海所设的修文印书局，1903年与日本金港堂合资经营，吸收并运用了外国先进的排版技术和资金，提高了生产力，扩大了经营规模。夏瑞芳的心胸与气度，才干与胆识，无疑是商务起飞的关键因素之一。后来从商务出去自立门户的陆费逵也是具备这种企业家精神和素质的。他在辛亥革命成功前，就冒险准备成立自己的书局。当时这位二十几岁的小伙子已是商务"重臣"，担任出版部长和《教育杂志》主编，可谓深得信任和重用。但雄心万丈的陆费逵决意出去闯一番事业，据说商务为了挽留他曾许月薪四百大洋的高薪，他仍不为所动，毅然前行去开创属于自己的天地。冒风险并不都会一帆风顺，夏瑞芳在"橡皮股票风波"中使得商务遭受了巨大损失，陆费逵的快速扩张也加剧了中华的"民六危机"；但这些有着执着精神和坚强意志的出版企业家，敢于担当，绝不推诿和退缩，最终都渡过了难关，开启了新的航程。同时代的出版企业家王云五推出大型的"万有文库"，章锡琛出版被多家大出版社都不敢出的《辞通》，也都体现出一定的冒险精神。

  关于企业家精神在出版业的体现，比较重要的还有创新、敬业、合作、执着等等，在此就不一一展开了。时代热切呼唤当代中国涌现出能接续前贤的优秀出版企业家，也呼唤出版企业家精神的昂扬焕发。新世纪的出版企业经营管理领军人才，应该是有企业家精神和素质的行业精英、书界灵魂。社会也该尽可能为出版企业家的成长、为企业家精神的培育创造好的环境、好的条件。

（载《出版发行研究》2012年第11期，《人大复印报刊资料：出版业》2013年第3期全文转载，获"首届韬奋出版人才高端论坛"征文二等奖）

总编辑的职责、素养与出版社品牌建设

出版业的竞争已经开始步入品牌竞争阶段。出版品牌是出版社核心竞争力的重要因素。可以说，未来的出版社，有品牌则兴，无品牌则衰；有品牌则存，无品牌则亡。笔者在《试论出版品牌》和《浅论书刊品牌延伸的良性效应》（载《出版经济》2002年第1期、第4期）中，对于什么是出版品牌、出版品牌的四个层次、如何进行品牌延伸等问题谈了自己的认识，这里，我们仅就出版社总编辑与出版品牌建设的关系谈点补充意见。

一、出版社要有打造整体品牌形象的意识

此处讲品牌，是着眼于出版品牌的最高层级——出版社的整体品牌来展开讨论的。对于企业来讲，品牌的内涵不仅仅是符合工厂或者国家甚至是国际规定的标准，更意味着不断向顾客提供超出期望的满足。顾客增加值已经成为世界一流公司的竞赛目标。在过去几十年中，品牌领域中最重要的变化是，用于区别不同品牌的产品或服务的要件已由有形因素转化为无形因素。家电业中的海尔集团"先谋势、后谋利"，由经营品牌而扩张产业，走出了一条由软而硬的发展道路。它们打造企业整体品牌形象的成功经验给出版业以有益的启示。

目前，国内的一些出版企业已非常注意出版社的整体品牌形象建设。老牌的出版社如商务印书馆、中华书局、三联书店是这样，一些新的或者比较新的出版社也很重视品牌战略。中国青年出版社有整套的形象设计，如专门的徽标、专门表现出版理念的口号。华东师范大学出版社有一个响亮的口号——给你一个智慧的人生。还有中国人民大学出版社、外语教学与研究出版社、金盾出版社等，都在采取种种措施塑造品牌。这些都是整体品牌战略的重要举措。但就整个出版业来说，我们的出版社在整体品牌建设的认识和具体办法方面，还需要学习国外的同行，也需要学习国内的

其他企业。有无品牌意识，已是衡量一个出版企业是否成熟、一个出版社领导人是否称职的指标。有句老话：凡事预则立，不预则废。在品牌竞争已初显峥嵘之时，我们若还没有一点品牌意识，没有自己的整体品牌战略，那是很难在市场上立足的。春兰（空调品牌）的陶建幸讲，有品牌就有一切。可见，品牌对于企业是多么重要。当然，陶建幸也说"水能载舟，亦能覆舟"，可以"成也品牌，败也品牌"。这是另一问题，暂不讨论。

二、总编辑的职责与出版品牌建设关系密切

打造出版社的整体品牌应该是每一个员工的事。但在品牌建设中，担当不同角色的人所起的作用是不一样的。就像一场战斗，指挥员与普通士兵的作用不一样；一个乐队，指挥与演奏员的作用不一样。

一个品牌名声鹊起的过程，通常都与企业家的业绩和名望比肩而行。海尔与张瑞敏，春兰与陶建幸，长虹与倪润峰……无不如此。每一个名牌企业后面都耸立着一个大写的"人"。企业是品牌营运的主体，企业家是品牌营运这个舞台上的大腕明星。品牌竞争实际上是人才竞争，更是核心人才或者灵魂人才的竞争。联想的柳传志说，办企业就是"办人"。可以进一步讲，每一个成功的品牌后面，都站着一个成功的首脑人物：企业家或者政治家。每一个成功的首脑人物后面，都站着一群品牌运营的专业化人才。现代战争是多兵种的合成协作作战，而现代商战——品牌运营，也是多种专业人才的整合协同作战。这里，指挥员是非常关键的，他们需要运筹帷幄，决胜千里。

对于出版社来讲，最重要的是两个人——社长和总编辑。在不少出版社，这两个角色往往是赋予一个人的。我们这里只讲总编辑，一是受题旨所限，二是总编辑是负责选题工作的，在如何用图书来打造品牌方面有特别重要的作用。曾任美国普林斯顿大学出版社社长的小赫伯特·S.贝利在其所著的《图书出版的艺术和科学》中说："出版社并不因为它的经营管理而出名，而是因为所出版的图书出名。"一部出版史实质上是优秀的出版社出版优秀图书的历史。所谓优秀出版社、品牌出版社，说一千，道一万，最后都归结为六个字——"出好书，卖好书"。出好书的总策划是总编辑。

中国教育学会顾明远教授有一段名言，是谈校长与学校关系的。他

说:"校长之于学校,犹如灵魂之于躯体。校长是教坛的指挥,校园的旗手。有了他,整个教师队伍就像一支训练有素的乐队,每个教师恪守岗位,共同演奏出最激昂最动听的乐曲;有了他,整个学校像一支精锐的部队,目标明确,纪律严明,勇往直前去夺取教育工作的一个个胜利。"我认为,这段话用于总编辑和出版社的关系也是恰当的。英国著名出版理论家斯坦利·安文在《出版概论》一书中指出:"图书出版业带有浓厚的个性色彩。这个特点成了它的一种魅力。也就是说,个性因素是其中最重要的因素。我们已经知道,出版商本身的性格倾向决定了该社出版目录的性质。同样,出版商的性格倾向也对事业的性质造成决定性影响。"如果撇开资本主义出版企业的私有性质,从主要负责人与出版企业的关系来看,他的说法是有道理的。《总编辑岗位规范》有三条是谈总编辑在选题运作中的职责的,一是负责全社的编辑工作;二是提出本社的编辑方针和任务,主持制订长期选题规划和年度的发稿计划,并组织实施;三是优化选题,开发优秀图书品种。如果再上升一个层次,就由选题策划,进入品牌建设了。出版社尤其是图书出版社的品牌形象还是从图书选题来体现的;因此,总编辑是选题的总策划者,也是出版社品牌形象的总设计师。

《海尔中国造》的第二篇是"真诚到永远",谈的是企业如何打造品牌,分三章讨论,章题分别是:品牌为旗、创新为魂、服务为源。举着海尔这面品牌大旗的旗手无疑就是张瑞敏。美国《纽约时报》称"张瑞敏已经成为中国商界重振自我、迎接全球经济挑战的象征"。《财富》杂志这样评价海尔的老总:"张瑞敏是一位充满现代精神的总裁,他利用中国古代哲学思想,把一个困难重重的企业扭转成为商战中的赢家。"从这里我们可以看到,一个企业整体品牌的树立,企业主要领导者有着多么重要的作用。前面提到,书业要靠书来建立自己的品牌形象,因而总编辑的职责就显得尤其重要,社因书显,社靠书传。

三、总编辑的素养与出版品牌密切相关

《读者》是国内知名的品牌期刊。曾任该刊常务副主编的胡亚权在谈主编和期刊的关系时有一个形象的说法:"杂志是主编的影子。"他进而说:"有什么样的主编,就有什么样的编辑部,就有什么样的杂志。"对于图书出版社来说,总编辑与出版社的关系也差不多。

我们认为总编辑的个人素质与出版品牌的建设息息相关。而素质的外

延很广，此处只侧重谈两点：思想品德素质和文化素养。

对于出版社来说，品牌和出书数量多少，经济实力强弱，经营规模大小等并没有必然的联系。这里以建国前的开明书店为例略作说明。与老牌的商务印书馆、中华书局比，与后起的大社世界书局、正中书局等比，开明书店都只能算出版业中的小老弟。但在旧中国的出版业中，人们往往把开明作为著名出版社与商务、中华等相提并论。现代著名作家秦牧在《赞开明书店》一文中说："它作风高尚正派、严肃认真，创办期间，着实出了不少好书。它和商务、中华、生活、新知、读书生活出版社等，名字长期留在广大读者记忆之中。"如果用今天的眼光看，开明无疑是一个品牌出版社。开明书店是一批"文化人"办的，"开明书"体现出一种"开明精神"。现在不少人写文章赞扬所谓"开明风"、"开明精神"。开明出版品牌的形成是以文化、精神为内核的。而开明品牌的形成，又与它的前后两任总编辑的人格素养有密切关系。最初的编辑负责人是夏丏尊先生，后来很长时间主持编辑业务的是叶圣陶先生。关于夏先生，王知伊同志写过一篇题为《一个平凡、笃实而又伟大的人》的文章，可以参看。关于叶圣陶的编辑思想和编辑实践，现在研究得更多。我们想强调的是，开明之所以能成为出版业的品牌，与总编辑的人格修养有密切相关。夏老、叶老的正直善良、诚以待人、严谨认真等优良品质，是塑造开明品牌必不可少的重要因素。建国前的生活书店，是进步出版界的一面旗帜，是出版业的另一品牌，这与邹韬奋的政治思想素质的关系也是十分明显的。从《海尔中国造》一书，我们也感到海尔的成功不仅仅是经营管理的成功，更重要的是企业文化、企业精神的成功。这样一种企业文化的建设、企业精神的构筑，又与张瑞敏的人格魅力、个人思想素养有内在的关联。中国编辑学会会长刘杲同志最近在一次总编辑座谈会上，专门强调总编辑的人格魅力，还讲作为文化企业的老总，要有一点灵气，而不要有匠气。这里的"人格魅力"、"灵气"等，也都或直接或间接地对出版品牌的形成产生影响。

出版品牌的建设又与总编辑的文化学识、知识素质等有特殊的关系。且举几例。晚清时，以曾国藩的治山书局为起始，陆续出现了江南书局、金陵书局、崇文书局、广雅书局等一批地方官府属辖的编辑出版机构。各地官书局刻本质量优劣不一，良莠不齐，这既受各地刻书传统的影响，但更为书局主持人的学识和学术水平所左右。真正作为品牌的出版机构，要到稍晚的民间出版机构——商务印书馆。作为品牌的商务印书馆，人们对它在整理出版古籍，传承中华文明方面的贡献给予了高度评价。《四部丛刊》、《百衲本二十四史》、《涵芬楼秘籍》、《续古逸丛书》、《续藏经》、《正统道藏》等一大批有价值的古籍的整理出版，为商务印书馆赢得了声誉。如果没有张元济先生这样有深厚国学根基的版本学家、校雠学家主持编辑工作，上述出版工作也许就成了泡影。建国前的中华书局以教材起家，因教育立足，与其创办者陆费逵先生的教育家素养是密不可分的。再前面提到的开明，以出版教育图书和刊物，尤其是出版青年知识读物见长，这又与作为著名语文教育家、文学家的夏丏尊、叶圣陶两位担任总编辑血脉相连。我们也不难理解，为什么文化生活出版社在上世纪三四十年代以编辑出版文学作品饮誉出版界，因为担任该社总编辑长达十四年之久的是著名作家巴金先生。同样，我们也不难理解，建国前的中华书局之所以能在教育出版领域与商务印书馆分庭抗礼，与它的创办者陆费逵总经理（兼任过编辑所长相当长一段时间）既是出版家又是教育研究专家的身份有着深刻的联系。当然，总编辑的个人特长、学养还要与客观实际和需要相结合，这一点无需多说。我们说，出版品牌是包括社、书、人三个方面的，出版社品牌和图书品牌的打造，最终都是靠人来运作的。因此，品牌出版家、编辑家是出版事业的无价之宝。

如果把出版比作打仗，社长是司令员，总编辑有点像参谋长。关于品牌经营，有一种"品牌军师论"。任何比喻都有蹩脚之处，但有一点是肯定的，就是总编辑要有明确的品牌意识；在出版业由产品竞争、资本竞争逐步转化为品牌竞争之时，总编辑应该而且可以在出版品牌的建设中发挥更重要的作用。中国古代要求史学家要有"才、胆、识、力"。借用来讲总编辑，讲品牌建设，也是很有意思的。关于总编辑与出版品牌的关系，是个值得讨论的话题，但愿以后有更多的有识之士作深入研究。

（载《中国出版》2002年第6期）

民国时期中小书局"编辑掌门人"的选题策划

就像文学,没有诗歌概念之前早就有了诗歌创作,没有散文概念之前散文作品便已普遍存在;在出版领域,"选题策划"在无其名之前也早已有其实。虽说书刊编辑出版活动中的"选题策划"之说是近一二十年才热起来的,但远在我国晚清民国时期选题策划就已经实实在在地存在了。学界对于晚清以降特别是民国时期几大书局如商务印书馆、中华书局、世界书局、开明书店的出版领军人、编辑掌门人张元济、王云五、陆费逵、沈知方、叶圣陶等人如何策划选题并创造辉煌业绩多有论述。其实,民国时期特别是二三十年代出版业的兴盛与繁荣,既有大书局举足轻重的影响,也离不开众多中小书局的众星捧月、各呈异彩。这些中小书局在繁荣文化事业,满足市场需求,形成良好生态,打造图书精品等方面都发挥了极其重要的作用。而作为图书出版业源头活水的选题运作,又是其中的重中之重。这里我们选取几家中小书局的"编辑掌门人",看看他们是如何进行选题策划的,我们从中又能得到一些什么样的启示。

民国时期出版机构的"编辑掌门人"一般不称"总编辑",其称谓有编译所长、编辑所长、编辑主任等。或专司此职,或由经理(总经理)兼任;或隐身于幕后操控,皆承担着书局产品总设计师、总工程师的职责。本文选取那个时代有特点、有个性和有代表性的四个编辑掌门人,即文化生活出版社的巴金、北新书局的赵景深、万叶书店的钱君匋、医学书局的丁福保,来看看他们选题策划的理念与实践、成就和影响以及其间蕴涵的经验和规律。

巴金:在新文学的园地里耕耘

1935年四五月间,吴朗西和伍禅发起在上海创办了文化生活社。巴金(1904—2005)以其文学创作上的影响和既往的编辑经历被邀请加盟,主编该社第一套综合性丛书《文化生活丛刊》，待出版社正式定名为文化生活出版社（简称"文生社"）时，吴朗西任总经理负责资金的筹划，巴金任总编辑主持编务。至此，巴金开始了文生社十四年的总编辑生涯。

从1935年5月到1937年"七七事变"爆发之前，文生社在短短两年间陆续推出了八套丛书，除了起初的《文化生活丛刊》、《文学丛刊》、《译文丛刊》之外，又新增《新时代小说丛刊》、《新艺术丛书》、《现代日本文学丛刊》、《战时经济丛书》、《综合史地丛书》。这期间出版社业务发展很快，差不多两三天就可出版一本书，书籍重印率也较高，每个月的营业额高达万元。但日军侵沪及抗战全面爆发之后，文生社自然面临着十分困难的局面。战时的文生社除极少数人留守上海苦撑残局外，还先后在桂林、重庆、成都三地设立办事处。在如此艰苦卓绝的环境中，文生社同人一边重印旧书，一边编辑出版新作。此期除了《文学丛刊》等长线产品持续推进，单独或联合其他出版机构出版半月刊《少年读物》、周刊《呐喊》之外，又策划有多套丛书面世，包括《少年读物小丛书》、《呐喊小丛书》、《烽火小丛书》、《烽火文丛》、《剧作家选集丛书》、《现代长篇小说丛书》、《文季丛书》、《文学小丛书》、《翻译小文库》等。抗战胜利后还刊行了2集7本的《现代生物学丛书》等。从1935年创办到1954年公私合营，文生社出版发行了28种丛书、专集、选集，计有数百部作品。它的出版物数量当然无法与商务、中华等大书局相比，但作为风格独特、个性鲜明的文学出版机构，在中国现代文学史和现代出版史上的地位却不可小视。

巴金主导编辑业务的文生社几乎不单独推出某一本图书，而是将所有出版物全部纳入一套套丛书中，这体现了强烈的编辑主体意识和选题策划创意。在众多丛书、丛刊、选集之中，最能反映巴金编辑思想和策划能力与成就的，当属该社历时最久规模最大的《文学丛刊》。巴金的组稿与策划具有以下几个明显特点：

一是以文学出版为重心。文生社初创时的《文化生活丛刊》是综合性的，后来该社还刊行过少数非文学类丛书，内容涉及社会科学、自然科学、少儿读物等等，但出版社主打产品是文学作品，是一套又一套文学丛书，其中既有原创，又有翻译。以文学出版为重心、为中心，在巴金的选题策划中显得十分突出。一套《文学丛刊》前后跨度14年（1935年到1949年），共出版10集160册作品，其内容之丰、销量之大、影响之广，不仅成为文生社的扛鼎之作、拳头产品，也堪称现代文学史上规模最大的一套文学丛书。《文化生活丛刊》虽然选题涉及面略宽，但主体内容是翻译的，且以文艺创作为主。它和《译文丛书》一起清晰地呈现出巴金在外国文学译介上的理想与追求、实绩和贡献。两套书加起来也是刊行了14年时间，收入外国文学作品98部。可见，文生社是名副其实的文艺出版社，定位准确，特点鲜明，走的是专业化路子。

二是以艺术质量为标准。巴金是文学家和编辑家合二为一者，既有自己的编辑思想和编辑实践经验，又有敏锐的艺术感觉、丰富的创作经验，这使得他的组稿和策划讲求艺术的审美性原则和文学的独立性标准。巴金组织了众多当时在文坛享有盛名的作家的稿子，引进翻译的文学作品尤其是俄苏文学作品也大多是名家名作。同时，扶持、奖掖新作家也是文生社的一贯风格，巴金对新人新作往往是慧眼识珠，在推文丛、推作品的同时，也发现人才、培养人才。1936年《大公报》设立文艺奖金，由杨振声、朱自清、叶圣陶、凌淑华、沈从文、朱光潜、靳以、李健吾、林徽因等人组成评委会，评选出戏剧、小说、散文三个类别各一部作品得奖，曹禺的《日出》、芦焚的《谷》和何其芳的《画梦录》分获三大奖项。而这几部作品是三个年轻作家的处女作，又都是由文生社的《文学丛刊》首先推向市场的。文生社在文学艺术上的眼光、实力与影响，由此可见一斑。

三是以兼容并蓄为目标。有研究者认为，包容百家、博大恢宏、沟通南北文学交流，是文生社编辑风格的一个重要特点，这其实也正是巴金选题策划孜孜以求的目标。《文学丛刊》则较为典型地反映了巴金在海纳百川、兼容并蓄方面的积极努力。"五四"以后的文坛，左右分明，派别对立，互不买账甚至互相攻讦。但巴金这位总编辑、名作家不党不派，仁厚正直，包容百家。司马长风曾经指出，《文学丛刊》能够破除门户之见，选辑的作品包括各派的作家。丛刊作者阵容强大，队伍整齐，共计86位作家，分属于京沪两地的文学主力几乎被"一网打尽"；丛刊同时扶持了一批与文生社或巴金交往密切的文坛新人如丽尼、陆蠡、鲁彦等，以及40年代成长起来的西南联大的青年学生如穆旦、郑敏、陈敬容等。巴金此举正可谓"有容乃大"，泽被后世。丛刊对我国上世纪三四十年代的文坛建设起了很大的推动作用，留下了新文学创作丰富而宝贵的原始资料，对现代文学的繁荣、文学出版的推进都作出了不可磨灭的贡献。

注重出版的系统性也是巴金选题策划与运作的另一个重要特点。其实丛书形式本身就是系统性、计划性的体现。一个作家、一个群体、一个流派,尽可能整体性完整地呈现其创作风貌。例如《文学丛刊》,不仅推出了一些青年作家的首部作品,此后他们创作的全部或大部分作品也跟进推出。曹禺的剧作,陆蠡、何其芳、李广田的散文集子等,都悉数纳入丛刊之中。译介外国文学作品,巴金也不是零敲碎打,东鳞西爪,而是整体规划,系统翻译,连续出版。比如对俄国作家屠格涅夫的译介,《译文丛书》中就有6本《屠格涅夫选集》、6本《屠格涅夫戏剧集》,而《文化生活丛刊》中也还有些屠格涅夫的作品,这样就较为全面系统地展现了一个杰出作家的创作成就与艺术风格。一些译者也往往专注于某一作家作品的翻译和研究,其专业性、计划性、系统性得到了充分的彰显。文生社作为一个规模不大的出版机构,能够在中国现代文学史、出版史上留下深深的印痕,正是得益于这样有规划、有系统刊行的一部部作品。出版史是优秀出版社出版优秀作品的历史,文生社正是以优秀的文学作品名垂现代文学出版史册的。

这里我们还要说明的是,文生社成立时正是中国现代出版史上的"杂志年"(1934、1935),文学作品出版被冷落,文学图书市场不被看好。巴金、吴朗西这批理想主义者不畏艰难、逆势而动,在新文学创作和出版领域起到了振衰起弊的作用。作为自主经营、自负盈亏的出版社,文生社在市场竞争十分激烈、后期又战乱不断的情况下,仍然取得了辉煌的业绩,实属不易。是金子总会闪光,好作品就会有市场。曹禺的《雷雨》1936年1月初版,到1943年9月再版达19次;鲁迅的《故事新编》1936年1月初版,到1947年5月也再版15次。何其芳的《画梦录》等出版一月即再版,一再印行,印量最少的作品也都印了3次。而有些译著也销售看好,果戈里的《死魂灵》1935年初版,到1949年再版至14次。市场的认可、读者的欢迎,也印证了巴金等编辑家选题策划的思路正确、方法有效和操作有力。

赵景深:在少儿读物的田野上播种

不像巴金、叶圣陶等人的编辑家出版家身份已广为人知,赵景深(1902—1985)这个名字知道的人还不多。即便知其名者,也仅仅是把他定位为作家与教授。其实,赵景深还应有一个身份就是编辑家,他理当在中国现代编辑出版史上占有一席之地。

赵景深在《上海出版志》的"人物"篇中有介绍,不妨转录如下:

"字旭初。笔名冷眼、邹箫。1902年4月25日出生于浙江丽水。祖籍四川宜宾。1919年在天津南开中学就读,开始翻译安徒生童话。1920年入天津棉业专门学校。1922年,毕业后任《新民意报》文学副刊编辑。1923年加入文学研究会。1925年至上海,主编《文学周报》。1927年任开明书店编辑主任。1930年在北新书局任编辑,1942年离去。同时在上海复旦大学任中文系教授,早期从事文学翻译、诗歌小说创作,1933年以后,从事明清戏曲及民间文艺研究。1942年去安徽学院任中文系主任。抗战胜利后,回上海,任中国文艺家协会秘书。新中国成立后,在复旦大学任教。当选上海昆曲研究社社长、中国俗文学会名誉会长。1985年1月7日在上海逝世。著译近40种。主要有:《近代文学丛谈》、《中国文学史新编》、《小说戏曲新考》、《文坛忆旧》、《元明南戏考略》、《曲论初探》等书。"

从这个简介中可以看到,赵景深有长达20年(1922年到1942年)的编辑出版活动经历,并先后担任过两家著名出版机构开明书店(简称"开明")、北新书局(简称"北新")的总编辑。他在开明所任职务叫编辑主任,在北新实际是总编辑而非普通编辑。尤其是在北新书局总编辑岗位上,赵景深是作出了自己特殊贡献的。照有关专家的考论,赵景深在读书期间就开始涉足刊物编辑,而辞去北新书局总编辑职务实际是1951年,这前后有30年之久。赵景深与北新书局及其老板李小峰之间的关系又非同一般,其子赵易林在《赵景深与李小峰》一文中转引了王映霞自传的话说:"赵景深自1930年6月起任北新书局总编辑,并主编《青年界》,其时北新书局的主持人李小峰的妹妹李希同也在北新书局工作,专管钱财,李小峰很看中赵景深,将自己的妹妹嫁给他。"不过,赵易林略作纠正说,"事实上是李小峰的夫人蔡漱六对景深的印象特好,由蔡漱六做媒,促成这件婚事的。"因此之故,鲁迅对赵景深有"北新驸马"之戏称。且不管它细节如何,北新书局老板李小峰和自己的妹夫、总编辑赵景深构成了一对黄金搭档,共同促使北新从新文艺专业书店向综合性书店转向,在新的领域获得了新的收获。

赵景深把自己的创作特长、研究专长带入北新的选题策划之中,且往往集策划、编辑、作者于一身。1932年,赵景深与李小峰合计翻译一套德国的格林童话全集,结果共出了14册。其中只有一册是李小峰所译,其他全为赵景深翻译。这套童话内容好,翻译质量也不错,可单本售卖,因此销量很好。1934年,赵景深又编了一套儿童图画故事,共出了60册。每一册小薄本,几分钱的定价,彩色封面,很受孩子们喜爱。其中的《小黑炭打熊》、《一粒豌豆》为赵景深亲自撰写。为了多申请一些纸张,当时是以"小朋友书局"的名义刊行这套书的,其实也应属于北新的产品。另一套儿童读物共出版30余种,包括《优美的作文》、《爱国的故事》等。"据当时在北新书局任编辑的钱小柏先生同笔者说:这套书的选题由赵先生筹划、确定,编辑们分头去编写,可拿一笔稿费。"(车锡伦:《"林兰"与赵景深》,载《新文学史料》2002年第1期)

此外,赵景深还策划了少年读物"小朋友丛书"(100册)、"常识丛书"(100册)等等。这一方面继承了北新书局出版文艺书的传统,同时又在文网渐密、查禁日严的环境下尽量规避经营风险,以确保稳定的经济收益。

学步开明书店,北新书局在赵景深主导下也涉足教科书编辑出版业务。但他们主要限定在"国语"这个单科,这在某种程度上也可看做是儿童文学选题的拓展和延伸。北新在上世纪30年代初期编印的国语教科书及辅助读物包括:《高小国语读本》(4册,赵景深、李小峰编辑,周作人、吴研因校阅,1933—1936年出版)、《北新国语教本教授书》(4册,赵景深等编辑,1932—1933年出版)、《高小国语读本教学法》(4册,赵景深等编辑,1933—1934年出版)。这些国语教科书及辅助读物都很有自己的特点,成为北新的畅销产品。特别是1930年编辑刊印的6册《初级中学混合国语教科书》(赵景深等编)在编写方法上突破了传统的文选型编辑方法,以系统的文法、作文法和修辞知识为纲,将文选和语言基础知识有机地"混合"起来,深受学校欢迎,为后来许多同类教科书所仿效。开明书店的活页文选曾大获成功,赵景深也和北新另一个编辑姜亮夫(同时兼任持志大学教授)一道,编写刊刻《北新活页文选》,赵景深负责初中部分,姜亮夫负责高中部分,小学部分后来由陈伯吹主持,到1939年文选达到3000篇,成为广受师生欢迎的课外补充读物。

赵景深1930年加盟北新书局时,还担任复旦大学教授。书局总编辑和大学中文系教授在他那里是并行不悖、相得益彰的。赵景深说自己受郑振铎的影响而研究中国古代戏曲小说,据其自传(载《文献》1980年第3期),新中国成立前他出版的个人相关著作有:《宋元戏文本事》(北新书局,1934年)、《读曲随笔》(北新书局,1936年)、《小说闲话》(北新书局，1937年)、《小说戏曲新考》(世界书局，1939年)、《中国小说论集》(永祥印书馆，1946年)、《小说论丛》(日新出版社，1947年)。赵景深这种学养和成就是有助于他的选题策划工作的。精通学术同时又了解市场的赵景深将自己的学术优势和资源进行了适当的调整与转化，那就是在选题结构中把民间文学作为一个重要板块。因为有赵景深这样的民间文学研究专家担任总编辑，北新书局更加坚定地推进了1926年就开始出版的颇具特色的民间故事传说集。这套民间故事丛书一共出版了39种，编入的故事近千篇，是民间文学整理方面的一个有重要贡献的工程。由于适合儿童阅读心理，丛书也受到小朋友和家长们的欢迎，产生了广泛的社会影响，那个时代的少年儿童很多都读过这些故事集。作为收集者，"林兰女士"成为儿童读者们所仰慕的对象，于是北新便让蔡漱六与读者见面，联络读者的感情。有研究者指出，当时影响很大的"林兰"(或"林兰女士")应该是北新书局先后参与编辑、出版这套民间传说故事集的人(包括赵景深)的集体署名。遗憾的是，由于1932年事涉民族宗教问题的"小猪八戒"事件，北新这套民间故事传说集的收集、刊印工作在1933年之后就渐渐结束了。不过，赵景深钟情民间文学痴心不改，抗战胜利后的1946年7月至1949年1月，先后主编了三种报刊"俗文学"周刊：《神州日报》的《俗文学》周刊、《大晚报》的《通俗文学》周刊和上海《中央日报》的《俗文学》周刊(关家铮：《赵景深先生主编的"沪字号"〈俗文学〉周刊》，载《新文学史料》2002年第1期)，其间的编辑运作、选题策划就不再赘述了。

钱君匋：在多声部里凸显音乐主旋律

作为书籍装帧设计家、书法家、篆刻家的钱君匋是颇负盛名的，但作为编辑家出版家的钱君匋似乎并不广为人知。这里我们不妨先简介其生平特别是编辑出版经历：

钱君匋(1906—1998)，浙江桐乡人。1925年毕业于上海艺术师范学校。曾先后在浙江省立六中、浙江艺专担任音乐老师和图案教授。1927年至1934年在开明书店担任音乐、美术编辑并负责出版物装帧设计工作，同时在同济大学、复旦大学兼任美术、音乐教师。1934年起兼任神州国光社美术编辑。1937年抗战全面爆发后，到长沙与张天翼等编辑《救亡日报》。次年春至广州与巴金等创办文化生活出版社广州分社，发行《文丛》月刊和《烽火》半月刊。1938年创办万叶书店，出版多种进步书刊。新中国成立后，于1952年以万叶书店为主，在上海组建新音乐出版社，任总编辑。1954年，该社与中国音乐家协会的出版部合营，迁入北京，成立音乐出版社，任副总编辑。1956年上海音乐出版社成立，被借调回沪任副总编辑。1958年任上海文艺出版社编审。此外，在文史馆界、教育界、艺术界还有众多兼职。

在钱君匋漫长的一生、丰富的出版生涯中，最值得研究的是他自己创办并主持工作十余年的万叶书店。弘征在《编辑出版家钱君匋》一文（载《出版广角》1999年第5期）中，这样谈及钱君匋与万叶书店："万叶书店是钱君匋作为编辑出版家的重要阶段。从1938年在艰难困苦中创建到抗战胜利后成立'万叶书店股份有限公司'，除了出版过许多文艺图书外，已经在国内执出版音乐书籍的牛耳。既有大量的普及读物和中小学教材，又具有完整的体系，如《乐理初步》、《曲式学》、《对位法》、《曲调作法》、《和声学》、《弦乐器演奏法》、《乐队指挥法》、《中国音乐史大纲》，等等，以及一大批西洋乐理、乐谱和大音乐家的传记，总数不下二百种之多。当代音乐大师贺绿汀赞道：'只有钱君匋才有这样的才识和魄力，出版这样多的音乐专业书籍，这项工作功德无量。'"

钱君匋的选题策划起步于开明时期。在开明书店长达7年的音乐美术编辑岗位上，钱君匋除了负责美术书籍的策划编辑、各类书籍的装帧设计外，还组织编写、策划推出了一系列音乐方面的图书。他推出的第一本音乐书就是丰子恺在艺术师范的讲义《音乐入门》。这本音乐启蒙书，内容深入浅出，表达简洁明快，出版后深受读者欢迎，被许多学校选为教本。在钱君匋的主导下，开明书店的音乐书形成为一个有影响的板块，先后出版的音乐书籍、教材、歌集等达几十种，著名的有丰子恺的《孩子们的音乐》、《音乐知识十八讲》、《开明音乐教本》，缪天瑞的《世界儿歌集》，吴梦非的《和声学大纲》、《风琴弹奏法》，黄涵秋的《口琴吹奏法》等等。此期钱君匋还独自或与人合作创作、编选了不少音乐方面的书籍。开明老员工章克标在《开明时期的钱君匋》一文中曾说："那时……在音乐方面，他编有《中国名歌选》、《进行曲选》、《小学校音乐集》、《口琴名曲集》等。他又和沈秉廉合编《名利网》、《广寒宫》等儿童歌剧；和邱望湘合编《开明B标音乐教材》；又把在《新女性》月刊发表过的抒情歌曲分编为《摘花》、《金梦》和《夜曲》三个册子，均在开明出版，在当时颇得盛誉。"在艺术出版这个板块特别是音乐书籍方面，钱君匋独当一面，编创结合，运筹擘画，虽"不是领导群的一员"（钱君匋《我在开明的七年》语），实际上已是集选题策划、案头加工和创作编写于一身的编辑领军人才。这些为他以后自己创办万叶书店、进一步开拓音乐出版市场、打造音乐图书品牌奠定了牢固的基础。

关于开明七年的影响，钱君匋本人有着清醒的认识，他在《我在开明的七年》一文中说："……开明出版这许多音乐书籍，在当时是破天荒的行动，开了一些风气。虽然当时商务、中华也出过几本音乐书籍，都是属于点缀性质，零零星星，不成气候。后来我在一九三八年创办万叶书店，受到开明《活页文选》的启发，先从出版《小学活页歌曲选》开始，陆续出版了一整套音乐方面的理论书籍，以及各种乐谱，逐渐发展成为今天的人民音乐出版社。追根溯源，还是开明书店首先播下种子，经过万叶书店的孕育，然后开花结果了。"

抗战时期创办于"孤岛"上海租界的万叶书店，是钱君匋和位育中学校长李楚材、澄衷中学教师陈恭则等六人每人集资 100 元合作的，开办资金只有区区 600 元。六人中只有钱君匋懂得编辑出版，他便责无旁贷地将经理和总编辑的担子一肩挑了起来。万叶书店的图书选题始于音乐，也成于音乐，终于音乐。如上所述，钱君匋在万叶做的第一个选题就是《小学生活页歌曲选》，在编辑出版外在形式上这显然是模仿开明的，但内容上是全新的东西。这个活页歌曲选一举成功，几千册在半个月内即告售罄。后来又不断编选新的活页歌曲，皆广受欢迎，占有了很大市场份额，为书店赚取了"第一桶金"。因为有开明时期教育出版的经验，书店其他几位同人又皆在中学任职，了解教育出版物市场需求，钱君匋便把编辑出版重心放到学校辅助用书上。他策划编写了《国语副课本》、《算术副课本》、《常识副课本》、《小学生画帖》、《儿童画册》、《中小学图画教学法》、《中小学音乐教学法》等。这批课外读物用巧妙的方式蕴涵爱国主义思想，内容积极健康，大大丰富了中小学生的课余生活，对当时教材是很有益的纠偏与补正，发行情况良好。顺便提及的是，这些书中的一部分"副课本"，在抗战胜利后一度取代敌伪所编教科书成为"正课本"，为书店带来了更为可观的经济收益。

在具备了初步经济实力后，万叶书店涉足并拓展文学出版，且有不俗的表现。钱君匋与巴金一样不党不派，但充满了爱国情怀。他积极支持进步学生，着手创办抗日文艺刊物《文艺新潮》，本人（化名宇文节）和蒋锡金共同主编，刊发了一批优秀的进步文艺作品，也成为联络上海与外地文艺界的重要桥梁，时在1938年9月。从1939年起，钱君匋又策划了一套《文艺新潮小丛书》。这套丛书先后推出了巴金的《旅途随笔》、丰子恺的《率真集》、凤子的《八年》、臧克家的《宝贝儿》、靳以的《希望》；另有茅盾译卡泰耶夫的《团的儿子》、适夷译高尔基的《老板》、马耳（叶君健）译的短篇小说选《流荡》等。这一套著译结合的新文艺丛书由钱君匋亲自担任美术设计，装帧典雅庄重，清新大方，博得了广大读者好评，一再重版，在"孤岛"的文学界产生了很大影响。还值得一提的是，钱君匋在1938年9月和1940年10月，巧借其他书局名义编辑出版了两部抗日的大书《第一年》和《第二年》，收录发表在全国各地十几种报刊的抗日题材的优秀作品。因万叶书店在法租界，加上又借用别的出版机构名义，使得敌寇查无所获，无可奈何。

万叶书店在教师学生用书、文学书刊以及音乐美术书籍出版方面多管齐下，都有上好的产品、不俗的业绩。除了上面说的，钱君匋还先后出版了丰子恺的《子恺漫画选》、《又生画集》、《劫余漫画集》、《幼幼画集》等，设计上乘，印制精美，一版再版。但钱君匋也有困惑，即便是书店营业蒸蒸日上之时他也一直在思考如何做到人无我有，人有我新，人新我特，真正形成自己的出版风格与特色，打造自己的出版品牌。经过仔细分析，他觉得还是"音乐"是最好的适合万叶的"蓝海"。于是，在抗战胜利后，书店进一步凝练出版方向，在音乐出版产品线上发力。有所为当有所不为，善取必先善弃。钱君匋把一部分儿童和美术读物转让给童联书店，把一部分文学读物转让给联营书店，自己则坚定地让万叶唱响音乐图书的"主旋律"。

在钱君匋的组织、领导和亲自策划下，一大批音乐方面的书籍纷纷面世，有理论专著，也有教材；有歌曲集子，也有中外乐谱，林林总总，多达200多个品种。其中包括：杨荫浏的《中国音乐史纲》，李凌的《音乐技术学习丛刊》（3册），孟文涛著译的《民间音乐研究》，缪天瑞的《曲式学》、《曲调作法》、《对位法》，陈振铎的《二胡演奏法》，以及《弦乐器演奏法》、《二胡基础教程》、《大众音乐教程》、《手风琴演奏法》等；器乐、歌曲集方面有刘天华的《二胡曲集》、《中国民歌选》，马思聪的《十日礼赞》、《塞外舞曲》、《绥远组曲》、《思乡曲》、《摇篮曲》等。书店翻译出版的外国音乐书籍众多，其中有：《西洋歌曲译丛》、《苏联音乐青年》、《捷克斯洛伐克音乐》、《论苏联群众歌曲》、《西洋音乐史》、《苏联音乐发展的道路》、《布拉姆基及现代乐派》、《贝多芬及浪漫乐派》。这些音乐图书种类齐全，体裁广泛，品种丰富，形式多样，中外结合，雅俗融合，形成了民国后期音乐出版的中心。过去排印五线谱的只有商务印书馆独家经营。为了保证万叶书店乐谱的编印发行，钱君匋还下气力培养了一批专业的抄谱人员，创始了用图章制五线谱的方法。

万叶书店从创立到公私合营经历了11个年头，这恰恰是钱君匋出版生涯最具辉煌成就的阶段。在民国时期，万叶书店只能列入中小书局一类，但它是当之无愧的音乐出版"第一重镇"，也是中国出版界的"音乐码头"。钱君匋总体上无法与坐中国现代出版第一把交椅的张元济媲美，但中国现代音乐出版的"教父"却非他莫属。虽然他有"钱封面"的雅称，但其主要成就和影响应该是音乐选题策划、音乐图书出版。当然钱君匋在装帧设计艺术史上的地位也是绝不可忽视的。

丁福保：在医学出版的荒原上开拓

关于丁福保，当今出版界知其名者同样不多。倒是从事中国古典文学、古代文学艺术理论研究的专家学者和爱好者，对"丁福保"三个字不太陌生，因为他编辑刊刻的《历代诗话续编》、《清诗话》和《全汉三国晋南北朝诗》是专业学习必备的案头书。而他的《佛学大辞典》也是对佛教有兴趣者必看之书，至今影响犹在。宋原放的《近现代上海出版家百人名录》中对他倒是有介绍：

丁福保（1874—1952）字仲祜，一字梅轩，别号畴隐居士。原籍武进，先世迁无锡。光绪二十二年（1896年）补无锡县生员。25岁就读于江阴南菁书院。28岁苏州东吴大学肄业，来上海制造局工艺学堂学化学，入东文学堂学日文，从赵元益学医。曾在无锡竢实学堂教数学。1902年入其兄丁宝书等创立的上海文明书局。30岁去北京译学馆任教。1906年在无锡创办译书公会，一年后他来上海行医并刊书。1909年奉派赴日考察医学。1913年创办丁氏医院，并以医学书局编印"丁氏医学丛书"140种，获德国都郎万国卫生赛会和罗马万国卫生会优等奖。创办《中西医学报》，是晚清介绍西医最突出的代表。中年信佛教，注释佛经，编辑《佛学大辞典》，辑印《道藏精华录》等。四十年间，他重视多卷集、丛书、工具书的出版。医学书局出版书籍三百余种。

此外，宋原放还进一步介绍了丁福保这位"百科全书式"学者极其丰富、成就不凡的个人编著情况，包括《说文解字诂林》、《说文古本考》、《文选类诂》、《佛学大辞典》、《佛学小辞典》、《古钱大辞典》、《历代古钱图说》、《士礼居藏书题跋记正续编》等著述的书名、刊刻的书局及时间，对其在文物特别是书画、古钱、碑帖收藏方面的作为及贡献也有所涉及。我们查询《丁福保自述》等有关资料，注意到丁福保在京师大学堂译学馆担任的是算学及生理学教习，在创办丁氏医院同时，还发起组织中西医学研究会、中国肺病学会、中国防痨协会（可能与其父因肺病亡故、他本人也曾得过此病有关）等。

郑逸梅在《艺林散叶》中曾说："丁福保先后所辑书，分四大部分，一医学丛书，二文学丛书，三进德丛书，四佛学丛书，凡二十年，竣事。"20 世纪 30 年代初，颇有影响的《良友》杂志也曾将丁福保列为成功人士进行介绍："初致力于文学，继由数理科学而入医，晚近潜心佛法。生平学者精神，数十年如一日，且于诊务之余，从事著述，已刊关于医学者八十九种，国学十七种，佛学廿九种，共计一百三十五种，只举其量，已足惊人，况所撰皆经验研究之心得乎！"（转引自韦泱《丁福保其人其书》，载《出版博物馆》2009 年第 1 期）当代学人认为他出版事业的成就一是医学书籍的刊行，二是古籍的整理出版，三是工具书的编纂印行。可见，作为编辑出版家的丁福保贡献也是多方面的。他在大型工具书的编纂与刊刻、古代文字学文学著作的整理与出版、佛学道学钱币学领域的开拓与创造等方面，皆可圈可点，有的还是填补空白性质的贡献。我们这里重点关注的是他在医学出版事业方面的开创和突破，他的出版事业也是从医学起步的。

据《丁福保先生年表》（顾一群辑），丁福保从事医学书籍的编纂大约始于光绪二十五年（1899 年）。那年他 25 岁，在竢实学堂教算学，撰著了《算学书目提要》和《卫生学问答》，此二书于次年正式刊刻发行。据《年表》所载，丁福保从 1906 年 32 岁起，就一直想编印医学书籍并不断付诸实践。这一年，他"在无锡与友人组织译书公会，拟刊印医书未果"。译书公会次年底停办，亏损万元。1908 年，"赴上海，刊行医书。任自新医院监院"。1909 年，他奉命赴日本考察医学回国，撰写的《日本医学记》发表在《申报》上，9月到上海行医；是年，"刊印医书25种"。1910年，"行医并编译医书。创立中西医学研究会。创办《中西医学报》"。同年9月，"编译印行之医学丛书及创制'补血丸'、'半夏消痰丸'等在南京举行的'南洋劝业会'获优等奖"，这一年"出版医书29种"。1911年，"行医并编译医书"，"出版医书23种"。1912年"出版医书7种"。1913年，"创办丁氏医院"，"编印之医学丛书获德国都郎万国卫生赛会、罗马万国卫生赛会优等奖"，是年"出版医书8种"。1914年，"出版医书11种"。从1915年到1930年，《年表》皆有"行医并编译医书"字样，大多未说明具体刊行种数，唯有1920年注明"出版医书9种"。1931年，丁福保57岁，不再行医，但其医学出版事业继续推进。1933年,他又"翻译民众新医学丛书20种"。

《年表》说丁福保编纂译著的医学书总计是75种。而据吴永贵《民国出版史》所说，丁福保创办医学书局，"先后出版书籍300余种，以及自编自译的《丁氏医学丛书》（自撰医书83种，翻译日文医书68种）"。王建辉《沪上名士丁福保》一文则说他的医学书籍"共计出版85种，内中有68种系由丁氏一人翻译编辑，相当多的品种由日文译出"。前引宋原放介绍，说医学丛书收书是140种，还有韦决说是130多种。看来，准确数据还有待考证。此外，丁福保所著《中药浅说》列入著名的"万有文库"，1933年由商务印书馆刊行。

因为年代久远，史料不足，出版史学界对于医学书局没有深入系统的研究成果，既有的相关论著也说法不一。《上海出版志》的"出版机构"介绍中没有提及"医学书局"，连极为简略的机构一览表中也没有一行文字。倒是另一家"中医书局"（1929年8月创办，经理程石生）有目。而朱联保《近现代上海出版业印象记》介绍"医学书局"甚为简略："设在梅白克路（今新昌路），为无锡丁福保所办。他对医学、文学、佛学、货币学等都有研究，主要出版医学书籍。""1910年创刊《中西医药报》月刊，至1930年4月停刊。1935年出版万钧编的《中外药名对照表》。"剩下的文字主要介绍他其他方面的编纂成就和学术贡献。即便如此，我们还是可以大致梳理清楚丁福保在医学出版事业上的探索轨迹及可贵成就。关于医学书局创办的时间，一说1908年，一说1912年。朱联保此处并未记录。

丁福保1902年就与人合办文明书局，医学图书编纂刊刻当时已经开展。在医学书局尚未正式挂牌前也自己刊印医书（约在1908年）。后来成立的医学书局正式接续了此项出版工程。在上个世纪之初，丁福保为什么要策划编译和出版这样一套医学书籍？一个原因可能是丁氏少时体弱多病，对于医学一向比较留心，但更主要的还是他在编辑缘起中所交代的，刊行医学书籍特别是引进现代东西医学知识是时代的呼唤："近世东西各国医学之发达，如万马之腾骧，如百川之荟萃，磅礴浩瀚，骎骎乎随大西洋之潮流，渡黄海岸，注入亚东大陆，俾不才肆其雄心，穷其目力，远其长广之舌，大陈设而吸饮焉，岂非愉快事哉！"丁福保本身学识广博，中西兼容，精通医学，悬壶济世，当时已是沪上名医；加之又得到亲赴日本考察医学的机会，这就使得丛书所选皆有眼光，既较为完整地反映了日式西医学的知识体系，也代表了当时西方医学的水准和最新成就，可以说是西方医学传入中国的集大成者，也有人称其为"日本医学输入中国之始"。这里我们可以略举数种丁氏医学丛书中的书籍：《古方通今》（1909年）、《公民医学必读》（1909年）、《化学实验新本草》（1909年）、《家庭新本草》（1909年）、《神经衰弱之大研究》（1910年）、《分娩生理篇产褥生理篇合编》（1910年初版，1918、1930年再版）、《实用经验良方　儿科经验良方》（1911年）、《药物学大成》（1911年）、《汉译临床医典》（1913年）、《组织学总论》（1913年）、《诊断学实地练习法》（1913年）、《西洋医学史（内科学史）》（1914年）、《西洋医学史（外科学史）》（1914年）、《药物学纲要》（1914年）、《临床内分泌病学》（1933年再版）等等。这些医学书籍既有适合专家和医卫人士使用的专业图书，也不乏满足广大群众需要的医学普及读物。丛书在国内国外都获得了奖励，说明它当时即已产生了很好的社会效果。

在获得良好社会效益的同时，丁氏医学丛书也有不俗的市场业绩。特别是一些普及性医学书籍适应时代发展、社会公众的需要，不少品种都是一版再版，常销不衰。如《蒙学卫生教科书》发行量达到10万部以上，《卫生学问答》增订再版至第16版，《医学指南》也印行了不少于5次，而《内科全书》到1934年仍有第5版在发行。这些普及性医学读物中，还有《怎样调理使你身体强壮》、《卫生格言》、《青年之摄生》皆非常著名，是当时的畅销书籍。至于刊行了20年的《中西医学报》，由于资料的阙如，我们还没法进行更细致的论述与合理的评价。

在民国时期的中小书局中，类似上述四位有个性、有才气、有学识、有风格又有独特成就的编辑掌门人还有不少,如开创现代画报新时代的良友图书印刷公司老板伍联德,在生理卫生书籍方面开风气之先的美的书店总编辑张竞生,先创办小说林社后创设真善美书店以刊行小说闻名的曾朴,上海佛学书局的首任总编辑范古农等人,也都值得从选题策划的角度予以探讨。

  从以上介绍的四个编辑掌门人图书选题运作情况来看,虽然每个人的特性不同,专攻的领域有异,取得的成绩也不尽一样,但其间还是有一些共同的规律性的东西。具体说来不外乎以下几点:其一,从编辑出版家个体来看,应是"专业人做专业事",编辑家要在自己最擅长、最熟悉的领域使劲。巴金本人是优秀作家,因此在新文学出版方面发力,功效非他人可比;钱君匋受过良好的音乐美术熏陶,后来逐渐聚焦于音乐出版,成为了新中国音乐出版的奠基人。另外两人也无不是以专家的身份兼施专业性出版,并取得成功。其二,从出版机构来看,中小书局必须走特色化、专业化的路子,也就是今天常说的小而特、小而精、小而优。民国出版机构数以千计,出版人编辑人数以万计,能在出版史上留下痕迹的必然是这些有自己个性、特色、风格的出版人和出版社。写医学出版史绕不开丁福保,写少儿和民间文学出版史一定得涉及赵景深,写画报编辑出版史自然更少不了伍联德,如此等等。其三,从企业经营的角度来说,中小书局不能也没有必要和大书局、大集团在"红海"中拼搏厮杀,出版的"蓝海"无限广阔,要善于寻找和创造新的市场和新的读者需求。上述四家各有高招,还有大家较熟悉的亚东图书馆的白话小说分段标点,上海杂志公司的专营杂志,其实都是不自觉地实施了自己的"蓝海战略"而创造了一番业绩。今天,我们处在数字化时代,大数据、自出版、众筹出版、数字出版等成为最新的热门词汇,但是不管科学技术如何一日千里,时代风云如何变幻莫测,具体到出版载体、出版形式如何面目全非,但出版产业始终是"内容产业",内容为王,内容生成光靠自动、靠电脑恐怕还是不够的,那么编辑家的选题策划、内容选择就依然十分必要,而且会越来越重要;而晚清民国时期那些渐行渐远的编辑掌门人的故事,就多多少少会对我们有些点拨之功。

注释:

[1] 吴永贵:《民国出版史》,福建人民出版社2011年版。

[2] 王余光、吴永贵:《中国出版通史》(民国卷),中国书籍出版社

2008年版。

　　[3] 宋应离、袁喜生、刘小敏编：《20世纪中国著名编辑出版家研究资料汇辑》（全10册），河南大学出版社2005年版。

　　[4]《上海出版志》编纂委员会编：《上海出版志》，上海社会科学院出版社2000年版。

　　[5] 朱联保编撰：《近现代上海出版业印象记》，学林出版社1993年版。

　　[6] 郭汾阳、丁东：《书局旧踪》，江西教育出版社1999年版。

　　[7] 王建辉：《老出版人肖像》，江苏教育出版社2003年版。

　　[8] 俞晓群：《前辈：从张元济到陈原》，上海书店出版社2012年版。

　　[9] 孟令兵：《老上海文化奇葩——上海佛学书局》，上海人民出版社2003年版。

　　[10] 孙晶：《文化生活出版社与现代文学》，广西教育出版社1999年版。

　　[11] 孙晶：《巴金与现代出版》，复旦大学出版社2012年版。

　　[12] 李平、胡忌编：《赵景深印象》，学林出版社2002年版。

　　[13] 陈树萍：《北新书局与中国现代文学》，上海三联书店2008年版。

　　[14] 上海鲁迅纪念馆编：《钱君匋纪念集》，中国福利会出版社2007年版。

　　[15] 吴光华：《钱君匋传》，北京美术摄影出版社2001年版。

　　[16] 中国出版工作者协会编：《我与开明》，中国青年出版社1985年版。

　　[17] 宋原放：《出版纵横》，上海人民出版社1998年版。

　　[18] 无锡市政协文史资料委员会编印：《无锡文史资料》第27辑（内部资料），1993年。

　　（载《现代出版》2015年第2期，获"第三届韬奋出版人才高端论坛"征文二等奖）

呼唤我们自己的出版商

收到由中广报刊出版发展中心策划编辑、湖南教育出版社出版发行的《出版商》第 1 辑，觉得办这样一个辑刊实在是很有眼光，也很有意义。我们正处在一个急需出版商但又缺少出版商的时代。我很赞成第 1 辑中苏斌先生的看法：现在，"中国有书商，没有出版商"。他认为出版商意味着更高的文化责任，能直面人的心灵。文化的迎合与引导是两个东西。但是在中国，出版商的文化精神是缺失的。

由苏斌先生的观点，我们不觉想到在将近七十年前一个自称是出版商的人的咬文嚼字。这个人叫张静庐。他是以刊行杂志和整理出版史料而闻名的。他编选整理的《中国近代现代出版史料》八大本，自 20 世纪 50 年代出版以来一直为学界和出版界所珍视。最近，上海书店出版社影印这套丛书，定价高达 600 元，足见其价值。张静庐在 1938 年出版的《我在出版界二十年》中，坚持认为自己是"出版商"，而不是"书商"。他说二者"差之毫厘，谬以千里"。虽都以出版为手段，都要赚钱，但"出发的动机完全两样"。正因为他不是仅仅以赚钱为目的，而是"图实现其信念与目标而获得相当报酬"，所以阿英先生早在上个世纪 30 年代就充分肯定了他在新文化出版上的贡献，并说"要编纂一部比较详尽的中国新文化运动史"，似乎不应该忘记张静庐。有研究者更是把张静庐列入中国十大出版家之中。他一生献身出版事业，首创中国现代的杂志出版公司，不俗的文化贡献和经营业绩中自有其先进、独到的经营思想与方略。可见，出版商与书商虽都以出版为手段、为途径，但追求不一样，目标不一样。前者以文化建设为己任，后者以获取利润为终极目的。

现代出版史上，像张静庐这样的优秀出版商还有不少。中华书局的创始人陆费逵也是突出的一个。他有一段名言足可为证："我们希望国家社会进步，不能不希望教育进步；我们希望教育进步，不能不希望书业进步；我们书业虽然是较小的行业，但是与国家社会的关系却比任何行业大些。"(《书业商会二十周年纪念册·序》，1924年)陆费逵之所以能在出版领域取得优异的业绩，与他的出版观是密切相关的。我们今天一再提倡要市场化、企业化、产业化，这自然有其合理性和必然性。但我们的出版人，无论是国营的，还是民营的，如果只有"生意眼"而没有"文化眼"，那我们就永远只有"书商"，而没有自己优秀的"出版商"，那也将是中国出版的悲哀和不幸。

(载《出版商》，2004年总第2辑)

识：出版家的必备素质

一

我们把"识"作为出版家的重要的、必备的素质提出来，一方面有历史和现实的出版实践的依据，另一方面也是受到中国古代文史理论的启示。因此，这里有必要先来看看我国古代理论家对"识"的认识。

中国古代文史理论特别强调一个字——识。唐代史学家刘知几认为，史有三长，即：才、学、识。明清的学人更是把"识"放到了最重要的位置。明代文学家袁宏道说："信乎器识文艺，表里相须，而器识猥薄者，即文艺并失之矣。虽然，器识先矣，而识尤要焉。盖识不宏远者，其器必且浮浅。而包罗一世之襟度，固赖有昭晰六合之识见也。"（《白苏斋类集·士先器识而后文艺》）王文禄更明确地指出"文高由识高"（《文脉》）。清代文论家魏禧强调为文之道在"积理"与"练识"。魏际瑞在《伯子论文》中则说："文章首贵识，次贵议论。然有识则议论自生，有议论则词章自不能已。"著名理论家叶燮从才、胆、识、力的关系出发，认为四者"交相为济"。他说：

大凡人无才，则心思不出；无胆，则笔墨畏缩，无识，则不能取舍；无力，则不能自成一家。……惟有识，则是非明；是非明，则取舍定。不但不随世人脚跟，并亦不随古人脚跟。……惟如是，我之命意发言，一一皆从识见中流布。识明则胆张，任其发宣而无所怯，横说竖说，左宜而右有，直造化在手，无有一之不肖乎物也。

才、胆、识、力，"四者无缓急，而要在先之以识；使无识，则三者俱无所托。无识而有胆，则为妄，为卤莽，为无知，其言背理、叛道，蔑如也。无识而有才，虽议论纵横，思致挥霍，而是非淆乱，黑白颠倒，才反为累矣。无识而有力，则坚僻、妄诞之辞，足以误人而惑世，为害甚烈。……惟有识,则能知所从、知所奋、知所决,而后才与胆、力,皆确然有以自信;举世非之,举世誉之,而不为其所摇。"(《原诗》)

清代另一文论家袁枚也有类似观点:"作史三长:才、学、识缺一不可,余谓诗亦如之,而识最为先。非识,则才与学俱误用矣。"(《随园诗话》卷三)

在中国古人看来,文学创作要有"识",史著编撰更要有"识"。识之为尤,在于它是"明是非"、"定取舍"、有创见、不趋附的重要条件。编辑出版工作,在某种程度上说就是选择和取舍。这是编辑出版工作的第一要务。如何选择,如何取舍,选择和取舍什么,编辑家出版家的"识"就显得尤为重要。而在关键时候,方针的确立,战略的调整,机遇的把握等等,光有胆量和才干,而没有高瞻远瞩的见识,显然是无以成就大事的。

二

"识"之于编辑出版工作的重要性,我们可以从中外编辑出版史得到有力的印证。这里来看两个实例。

被誉为"传播学之父"的美国学者施拉姆(1907—1988)在出版事业上就曾作出过传奇般的贡献。1947年,他阔别了学习、执教达17年之久的依阿华大学,来到伊利诺伊大学,就任该校校长助理和学校出版社社长。在出版社社长的岗位上,他的卓识使他做了一件对传播学发展具有重大意义的事——出版信息论的奠基之作,即申农的《通信的数学理论》。申农的《通信的数学理论》原是一篇论文,发表在《贝尔工程技术杂志》上。一次,施拉姆在翻阅资料时偶然地发现了这篇论文。于是,他顾不上其他事,一口气将它读完,并立即决定由伊利诺伊大学出版社正式出版。当时他已敏锐地洞见这篇还默默无闻的文章所包含的重要价值。申农的论文专业性很强,为使更多的人都能了解和把握信息论,施拉姆又专门邀请数学家韦弗对申农的观点进行注释,使之通俗易懂。《通信的数学理论》一出版,便很快引起学术界的瞩目。这部名著的问世,不仅标志着信息论的诞生,而且也对传播学的研究产生了极其重要而深远的影响。今天,申农、韦弗以及《通信的数学理论》已是谈论信息论所经常要提及的,但很少有人知道信息论的兴起还多亏那位伊利诺伊大学出版社社长施拉姆及其远见卓识。而作为传播学集大成者的一代巨匠施拉姆,也从申农的著作中得到很大启发,借鉴和改造后形成了自己的传播模式理论。

从传播学家兼出版家施拉姆的杰出贡献，我们不由得想到我国现代著名教育家兼出版家的陆费逵先生。1911年10月10日武昌起义后，时任商务印书馆出版部长和《教育杂志》主编的陆费逵预料清朝统治必被推翻，共和民国行将成立，就暗中与几位同人计议策划，筹措资金，并加紧编写适合共和民国需要的中小学教科书，同时准备自行建立新的出版机构。1912年元旦，中华民国宣告成立，就在这同一天，已在筹划中的中华书局也应运而生。"从陆费逵脱离商务，自创书局的事实经过来看，固然带有浓厚的商业竞争气味，但是，他作为一个出版家，却是一位很有见识，很有魄力，也很有才能的人物。"（李侃：《陆费逵创办中华书局概况》）中华老人说陆费逵是"雄才大略"。这个"略"，包含胆略和见识。可以说，没有陆费逵的胆略与卓识，就没有中华书局的诞生与崛起。1941年7月9日，陆费逵在九龙逝世。叶圣陶先生代开明书局作挽联曰："识势是英雄，伟业创于开国岁；謇谋推祭酒，书林不尽忆公时。"这可谓抓住了陆费逵作为一代出版家可贵成因——"识"势与善谋。

作为出版家，小到一本书的再发现、再创造，大到一家出版机构的建立、出版大势的把握，都充分体现出"识"的重要作用。出版机构作为文化企业，有文化性，也有产业性。出版家的"识"就应该也必须以文化、以学术为背景，为底蕴，以商业眼光、市场谋略为辅佐。施拉姆是如此，陆费逵更不例外。还有商务的首任主持人夏瑞芳冒险出版《马氏文通》，开明的章锡琛出版被别家多次退稿的《辞通》等个案，无不说明了作为一个出版家识见是多么重要。

顺便要提及的是，我们的编辑学非常重视对编辑主体以及编辑家的素质的研究，但出版学著作（如笔者手头有三本《出版学概论》之类的著作）却没有章节讲出版者、出版家的素质要求，甚至在其他章节也未附带讲解。我们现在是一个需要出版家、出版商的时代，加强对古今中外出版家、出版商的研究，以利于提高出版人的综合素养，应该提上议事日程了。

（载《出版参考》2003年第33期）

略论发挥出版行业协会的自律作用

出版行业的职业道德建设问题近年来成为业界和学界讨论的热点之一。加强出版行业的职业道德建设，培养从业人员良好的职业精神，既要依靠教育，依靠法制，也要充分认识到道德自律的重要意义。自律是一种遵循法度、自我约束、自我管理的行为；与此相对应的是他律行为，即依靠权威、制度、法律法规强制人们遵守社会经济生活中的行为规范。自律行为以诚信为基础，以制度为保障，自律程度的高低是一个社会文明发达水平的标志，是社会经济生活能否良好运行的重要因素。本文拟从行业协会在出版职业道德建设中的自律作用入手，来进一步探讨如何加强社会主义出版职业道德建设的问题。

一、目前出版行业存在的突出问题给行业协会提出了进一步加强自律的迫切要求

新闻出版总署柳斌杰署长在谈及出版行业精神文明建设时，对威胁出版行业健康持续发展的一系列问题表现出深深的忧虑。他强调，要以职业道德建设为重点，构建诚信体系。从职业道德入手，解决整个行业诚信缺失、坑蒙拐骗、虚假新闻、跟风炒作、侵权盗版、有账不清、欠账不还、惟利是图的种种问题。不讲职业道德这样一个状况，威胁着我们行业的生存和健康发展，缺乏信誉的生态威胁着现代出版业的生存发展。对于规范行业行为，端正行业风气，柳斌杰署长明确指出，通过这次反商业贿赂的斗争，我们更进一步看到了出版行业的风气存在的严重问题，必须要对行业的不规范行为进行整治，端正行业风气。我们一定要把高定价低折扣、推销不择手段、摊派发行、乱收版面费等行业不正之风纠正过来，树立文明的行业形象。论及企业文化与行业精神，柳斌杰批评现在出版物的粗制滥造与出版行业应有的一丝不苟精神格格不入。他认为以前那些老出版家

不图名利、十年磨一剑的精神值得我们学习，要克服出版业的浮躁之风①。

从不同角度、不同层面来看，出版行业的问题的确还有许多。要解决这些问题，加强思想教育，加强依法行政，都是非常重要的。但发挥行业组织作用、增强行业自律的能力也迫在眉睫。中央宣传部部长刘云山明确提出要"健全文化行业组织和文化中介机构"②。国务院副总理曾培炎也指出："社会信用体系是现代市场体系的基础，建立健全社会信用体系是规范我国市场经济秩序的治本之策。……要积极发展独立公正、规范运作、市场认可的行业协会和专业化中介服务机构，在行业内发挥应有作用。"③ 出版行业协会当然是行业协会特别是文化行业组织的一个重要部分。柳斌杰署长特别强调，要把依法行政和行业自律结合起来。管理市场只有法治还不行，必须要有行业自律的能力。这两年我们陆续颁布了一些行业自律的规则规范，应该在行业里贯彻下去。行业协会、企事业单位多用一些自我教育、自我约束的办法，自觉规范行为。法律条文、行政法规是硬的，行业自律则是软的，两者有机结合起来，有利于发挥行业自律和行政监管两个优势。

其实，出版行业管理的"硬"与"软"是相对的，又是相辅相成的。行业自律，有多方面的表现，最基本的应包括制定和实施行规行约，制定行业标准，统一产品标准和协调产品价格等。在这些方面，政府的职责主要是制定、颁布有关法令法规，创造和维护公平竞争的环境，实施宏观监控，而出版领域具有特殊性的具体规则的制定则应由行业协会来承担，以便具体操作时可以更切合出版工作实际，更有效地规范市场经营行为，取得政府行政管理所不能达到的效果。随着我国经济体制和政治体制改革的逐步推进，随着政企分开、政事分开的逐步到位，出版行政部门将会逐步把一些职能"让渡"给出版行业协会，因此加强出版行业协会的建设，完善出版行业协会的自律问题就显得更加突出、更加急迫。

---

① 《加强行业精神文明建设 促进新闻出版繁荣发展——新闻出版总署署长柳斌杰接受〈紫光阁〉专访》，见中国出版网，2007年8月10日。

② 刘云山：《更加自觉、更加主动地推动社会主义文化大发展大繁荣》，见本书编写组：《十七大报告辅导读本》，人民出版社2007年版。

③ 曾培炎：《促进国民经济又好又快发展》，见本书编写组：《十七大报告辅导读本》，人民出版社2007年版。

近年来，我国的出版行业协会也在积极探寻自律之道。如中国书刊发行协会2006年4月再次修订《全国书刊发行业公约》（简称"新《公约》"），反对无序竞争、倡议守法经营、共铸行业诚信是其着力点。在行业自律方面，新《公约》提出反对恶意拖欠货款，反对低价进高价退的欺诈行为，规范发货和退货的操作，讲求商务诚信。同时，新《公约》提出，增强发行行业上下游企业之间、同业之间的和谐互助，实行公平、公正、公开竞争，以品牌、质量、服务、效率取胜。反对以低于正常成本价销售的无序竞争，反对折扣歧视，反对贸易壁垒，反对用不正当手段损害读者、同业的利益。2007年9月19日，新闻出版总署和中央纪委驻总署纪检组联合召开全国出版发行业诚信体系电视电话会议，对下一步全行业开展诚信建设专项工作进行全面部署。会上，中国出版工作者协会、中国书刊发行协会、中国新华书店协会、中国出版集团、科学出版集团、人民出版社等行业性协会与出版机构联合向全行业发出倡议，提出"十个坚持、十个抵制"，希望全行业共同营造和谐的出版发行环境，构建有序的出版物市场。这"十个坚持、十个抵制"既有属于宏观导向方面的，如"坚持弘扬社会主义荣辱观，抵制一切危害社会稳定、妨碍出版发行业发展的行为"；"坚持为人民服务，为社会主义服务的责任感和使命感，抵制拜金主义和急功近利思想倾向"；又有侧重于实际运作方面的内容，如"坚持新书按定价销售，保持市场稳定有序，抵制高定价、低折扣类图书和随意打折、恶意压价等行为"；"坚持发行正版出版物，从合法渠道进货，抵制盗版等各类非法出版物"。

可见，出版业界诚信缺失、职业道德滑坡的问题已经引起政府和出版行业协会的高度重视。对于增强信用意识，形成以道德为支撑、产权为基础、法律为保障的社会信用制度，人们有了更清醒的认识，出版行业协会也不断出台一些办法。但如何真正把行业道德自律的呼吁变成行业成员自觉的行动，如何提高行业协会工作的有效性，如何制定更为切实可操作的行业自我约束的办法与措施，确实还任重道远。

二、政府关于加快推进行业协会商会改革和发展的意见对出版行业协会充分发挥自律作用提出了更加明确的要求

国务院办公厅2007年的36号文件为《关于加快推进行业协会商会改

革和发展的若干意见》。文件指出，改革开放以来，我国行业协会、商会（统称行业协会）发展较快，在提供政策咨询、加强行业自律、促进行业发展、维护企业合法权益等方面发挥了重要作用。但是，由于相关法律法规不健全，政策措施不配套，管理体制不完善，行业协会存在结构不合理、作用不突出、行为不规范等问题。

行业协会在行业自律方面还没能发挥应有的作用。不仅如此，有个别的行业协会甚至在实行垄断经营、互相串通、哄抬物价方面引起了社会的强烈反响。比较典型的是"世界拉面协会中国分会"（又称方便面中国分会）及相关企业涉嫌相互串通、操纵市场价格，违反《价格法》，受到广大消费者的强烈抗议，国家发改委责令其立即改正错误，消除不良影响，并依法作出进一步处理[①]。出版系统的行业协会应该说是比较好的，在积极配合党和政府加强出版业的精神文明建设与职业道德建设方面做了很多有效的工作。但也必须承认，出版业的行业协会在按照社会主义市场经济的总体要求，采取理顺关系、优化结构，改善监管、强化自律，完善政策、加强建设等方面；在坚持政会分开，理顺政府与行业协会的关系；在明确界定行业协会职能，改进和规范管理方面；在加强行业立法步伐，健全规章制度，实现依法设立、民主管理、行为规范、自律发展方面都还存在一些明显的不足。在论及出版行业协会的功能与作用时，新闻出版总署邬书林副署长明确指出："行业协会要充分发挥政府与企业、企业与企业以及企业与社会的桥梁和纽带的作用，推动建立全行业的道德规范建设，加强行业自律，积极组织开展出版发行业职业道德教育活动，有效约束和制止不正当竞争。对于违法、违规损害行业形象的经营行为，要积极协调行业之间、行业内外之间的利益冲突关系，维护出版业的良好社会形象。"[②]

行业协会如何加强建设呢？国办发36号文件明确提出，行政执法与行业自律相结合，是完善市场监管体制的重要内容。行业协会担负着实施行业自律的重要职责，要围绕规范市场秩序，健全各项自律性管理制度，

---

① 《方便面涨价被调查始末：三次会议助推涨价》，载《新京报》2007年8月17日。

② 邬书林：《加强诚信体系建设，推动出版发行业大发展大繁荣》，载《中国新闻出版报》（北京图书订货会快报）2008年1月9日。

制定并组织实施行业职业道德，大力推进行业诚信建设，建立完善行业自律性管理约束机制，规范会员行为，协调会员关系，维护公平竞争的市场环境。这些要求是对所有行业协会提出的，自然也是适合出版行业协会的。中国出版工作者协会制定了《中国出版工作者职业道德准则》，新闻出版总署文明办、中国出版工作者协会、中国期刊协会、中国书刊发行业协会、中国印刷技术协会、中国音像协会、中国编辑学会、中国版权协会、中国音乐著作权协会、中国图书评论学会十单位发出了《关于大力加强新闻出版行业社会主义精神建设的倡议书》，这些都是自觉加强行业自律的举措。前一段时间，在国家新闻出版总署的直接指导下，中国版协、中国发协和全国新华书店协会共同起草了《图书公平交易规则》，同时推广使用规范合同文本。这是我国第一个由出版行业协会来组织制定的行业规则。规则对从事图书交易的供货商（即出版社、代理总发行企业）和经销商（包括总发行企业、批发企业和零售企业），在图书进入市场交易活动后的方方面面，包括图书宣传、征订、定价、折扣、发货、包装、运输、耗损、上架销售、退货、结算周期等各个环节，分别制定了各自的责、权、利和工作标准，努力做到量化和可操作，有望对规范市场秩序发挥积极作用[①]。

由上述可知，我国出版行业协会在发挥自律作用、加强自身建设方面确实有了长足的进步。但是，从总体上来看，出版行业协会在组织会员企业共同参与、建立和完善自律性行业管理机制方面，在接受政府部门授权或委托、做好规范行业管理工作方面，在协调各方关系、维护会员合法权益方面，在通过理顺与政府关系、树立行业协会的权威性方面，都还有很多工作要做。我国的出版行业协会离政府的要求、群众的期望还有一定的差距，与欧美发达国家的同类行业协会相比也存在一些明显的不足。

三、我国近现代出版行业协会的有益探索为当代出版行业协会加强自律提供了宝贵的经验

自律是现代行业协会的基本职能之一。自我服务、自我管理、自我教育的自律性，是政府对行业协会的基本要求，也是行业协会章程的基本规

---

① 参阅章红雨：《2008，协会把好 5 道诚信关》，载《中国新闻出版报》2008 年 1 月 9 日。

定。在许多文件中，行业协会便被界定为"自律性行业管理组织"。所谓"自律"，具体表现在：（1）组织制定行业协会章程、行规、行约，建立行业自律机制，规范行业行为，协调同行业价格争议，保护行业平等竞争，维护企业合法权益；（2）制定、修改各类行业标准，规范行业有序发展；（3）统一产品标准，核定产品价格，协调产销关系，发放本行业产品产地证和生产、经营许可证①。

我国近代行业协会（当时称同业公会）的自律行为主要包括两个方面：一是组织自律，一是行业自律。组织自律旨在强化行业协会的开放性、民主性、公开性和透明性，是加强并不断完善行业协会自身建设、提高行业协会的权威性与在会员中的信赖度的必然要求，是行业自律的前提。而行业自律是一种以遵德、奉法、诚信、公正为核心的自我管理行为。近代行业协会的行业自律具体表现在三个方面：规范营业行为，确保经营行为的公正性与公平性；保证商品质量，维护行业商誉；价格自律。作为自律性较强的民间经济社团的行业协会，在近代社会经济发展、尤其是市场经济秩序建设过程中扮演了不可替代的角色。行业协会的组织自律既是行业协会自身建设的必然要求，也是政府导向与法制规范的结果，行业协会的行业自律行为建立在广大会员共同利益的基础之上，是组织自律的延伸和发展，也是其存在的根基②。

中国出版业的行业协会（即书业同业公会）肇始于宋代，至清代前中期有进一步发展，到20世纪初期至30年代伴随着新式出版业的出现而更臻完善。康熙十年（1671年），苏州书坊界集资建立了行业公会的议事场所崇德书院，后改名崇德公所，其宗旨是协调同业之间的关系，摆脱官府约束，保护正当竞争，促进行业互助。道光十七年（1837年）十月，65家书坊共同订立了《各书坊公禁书议单条约》，规定："议得凡有应禁淫书板本，各坊自行检出赴局呈缴，照议领价，如有藏匿不缴者，察出议罚，任局吊销；议得外省书友来苏兑换者，先将捆单交崇德书院司月查明，如有应禁书籍，即行交局销毁，只付纸价，倘匿不呈缴者，及各坊私相授受

---

① 参阅朱英主编：《中国近代同业公会与当代行业协会》，中国人民大学出版社2004年版，第18页。

② 参阅朱英主编：《中国近代同业公会与当代行业协会》，中国人民大学出版社2004年版，第247～253页。

者,俱照原价以一罚十,一半归崇德书院充公,一半缴局销毁,仍将原书缴局销毁,或外省书友不遵局议,请局发封,任凭局办。"这个联手抵制淫书、禁书的同业公约,是我国文献记载中最早的书业行规行约,对促进行业自律起到了很好的作用。(参阅吴永贵主编《中国出版史》古代卷第四章,未刊稿)

晚清以后,随着出版业的进一步发展,书业同业公会也同步发展。"在出版业发达的城市如上海,出版业同业组织很活跃,在1905年至1930年间,上海出现了三个出版业同业组织,其中主要的两个组织——上海书业公所和上海书业商会长期并存,它们开展的一系列工作,有效地发挥了行业管理的职能和社会职能,推进了出版业的发展。"[1] 而在此之前的光绪三十年(1904年)十一月二十二日,北京书业商会获准成立。出版行业协会的出现可以说是适应书业需要应运而生的。如20世纪初期,以铅石印刷术为核心的印刷复制技术导致了明清通俗小说翻印的繁盛,但也出现了盗版及重复出版、改换书名欺世取售、篡改序跋题署等问题,光绪十六年(1890年)九月六日,《申报》登载无名氏"为业之难"启事云:"斯书业者,石印以来货贱价微,而藏本印售则可获利,仆前有秘本数种,印售未久,外或翻板,或缩照,各局坊相继而起,未有规例,茫无究问"。很显然,当时的盗版及重复出版等,已经对整个出版业构成了极大危害[2]。书业协会在一定程度上就是要加强行业自律,促进有序竞争。20世纪30年代,上海书业商会和书业公所合组成为上海书业同业公会,1936年它受教育部委托草拟了《教科图书及其他图书划一出售办法》,然后由教育部下令全国出版界遵从。书业的行业协会直接参与制定国家有关行业政策,体现出很强的影响力。1936年7月19日,上海书业公会第七届会员代表大会推举出会员19家,组织出版行业业规起草委员会。同年10月18日,召集全体会员代表大会对起草的业规提出讨论,并修改通过。同年12月,呈请上海市社会局审核,准予备案,于1937年1月1日起正式执行。书业公会除将业规印成数万份,直接寄发给各书店(包括会

---

[1] 邓咏秋:《20世纪前半期中国出版业同业组织从传统到现代的转型》,载《出版科学》2007年第3期。

[2] 参阅潘建国:《铅石印刷术与明清通俗小说的近代传播——以上海(1874—1911)为考察中心》,载《文学遗产》2006年第6期。

员书店和非会员书店）外，还登报公告，以便同业一体遵照执行。业规共6章55条，包括总则、价目、营业、同业经营、间接经营、寄售经营、同业帐款、推广方法之限制等小节。（见《上海市书业同业公会实行业规公告》，《申报》1937年1月6日）业规详细具体地规定了书业行业所应遵循的规范，对维护行业秩序，规范书业经营，是有积极作用的。可惜业规执行时间不长，便爆发了抗日战争，业规应有的长远意义没能得到充分体现。（参阅吴永贵主编《中国出版史》下册，未刊稿）抗日战争时期，陪都重庆也成立了"重庆市出版商业同业公会"，在特殊历史条件下发挥了一定的作用。

在组织自律方面，近现代书业同业公会建立了比较规范的民主制度，组织机构也比较健全。同业公会组织在选举方式、议事制度、办事规则、经费收支等各个环节，逐步建立了明确的制度和规范。具体内容我们从《上海书业商会最初章程》、《上海书业商会现行章程》、《上海市书业同业公会章程》、《重庆市出版商业同业公会章程》中可以了解得比较清楚[①]。

以组织自律为基础的行业自律在现代书业同业公会中得到了充分的体现。如《重庆市出版商业同业公会章程》明确"本会以维持增进同业之公共利益及矫正弊端为宗旨"。而上海书业商会以"联络商情、维护公益"为宗旨，具体工作则包括三个方面：遵照著作权法，维护版权；联络会内会外及他处同业；谋同业之公共利益。其章程中称，"版权之事，我国向不知尊重，贪利者流往往勦袭成书，冒仿翻刻。本会成立，力主维持，凡遇翻版事件，靡不调查确实，勘别真伪"。"书业商会之设盖保同业之版权为同业谋幸福，成立以来，功效昭著，始于乙巳之秋，迄今业已十稔。"[②]特别值得重视的是，出版行业组织通过整合商业习惯，订立业规，经政府机关批准后生效，行使行业自律和自治功能。当时出版行业组织的权威性和相关业规的可操作性都比较强，其作用也就比较明显。例如，根据1936年教育部颁布的《教科图书及其他图书划一出售办法》，上海市书业

---

① 详参汪耀华编选：《民国书业经营规章》，上海书店出版社2006年版，第1~42页。

② 上海市档案馆藏：S313-1-4（S313为上海市书业同业公会档案全宗号，1为目录号，4为案卷号）。引自朱英主编：《中国近代同业公会与当代行业协会》，中国人民大学出版社2004年版，第117~118页。

同业公会颁布了《划一图书售价实施办法》及《本埠同行批发简章》、《外埠同行批发简章》、《同业寄售图书简章》、《特约经销处契约》、《代办分庄契约》、《独家寄售契约》等一揽子配套的实施办法。在《实施办法》中"罚则"有四条，令人感到了同业公会的威严。它告诉同业，不按定价实售私行增减者，经检举调查属实，除由公会呈请政府作有效之制裁外，公会还会根据情节轻重予以书面警告、公议罚款拨充公益、登报通知全国同业停止往来、请政府或公共机关予以制裁四项惩罚措施。如果遇到同业自设分店或代办分庄错误，该同业将该分店经理辞歇或将代办分庄撤销者，得免除该同业应受之处分①。

四、国外特别是发达国家出版行业协会的丰富成果是我们加强出版行业自律的"他山之石"

从世界范围来看，出版行业协会是出版业发展到一定历史阶段的产物，也是社会政治、经济、文化、法律发展到一定阶段的产物。西方的出版行业组织是在活字印刷技术比较普及、出版生产力获得较大发展以及出版物的社会影响已经比较广泛的17、18世纪出现的。到19世纪特别是20世纪，得到了长足的进步与发展②。

虽然不同国家的出版行业协会具体的社会功能体现有所区别，出版行业不同环节、不同领域的协会，其功能也各有差异。但是行业协会作为政府与企业之间的中介组织，无论是从其法律地位，还是实际运作，都具有一定的共同性。它们在积极拓展市场、维护行业权益、加强教育培训、搭建信息平台等方面发挥着积极的不可替代的作用。而在行业自律和道德规范方面，更是以其规范化、制度化和权威性体现着自身的独特价值与功用。这里我们可以从一些具体的例子中来看看发达国家出版行业协会是如何加强自律的。

利用出版行业协会对出版业进行规范化管理，是法国管理出版业的重要特点。协会的存在，对法国管理和协调出版业起到了积极而有效的作

---

① 汪耀华：《从事出版值得留意的经验》（代前言），《民国书业经营规章》，上海书店出版社2006年版。

② 余敏主编：《国外出版行业协会研究》，中国书籍出版社2005年版，第4～7页。

用。由于企业间竞争激烈，一般法国出版企业都要加入某个协会。一旦加入某个协会，就要遵守该协会的规章制度，协调与其他会员之间的关系。行业协会一般也要制订某些行业标准，规范企业之间的秩序①。法国出版行业协会本身还设有或联合成立监督和保证会员企业遵守国家法律与规定的机构。该机构成为这些行业协会的自律组织，协调本行业内部的关系，如对出版物上的暴力及色情内容，行业协会对各出版单位有监督的作用。

德国有影响的出版行业协会主要有德国书商及出版商协会、德国期刊出版商协会、德国联邦报纸出版商协会等。德国政府注重依靠行业协会的自律作用维护出版市场的有序运行。行业协会通过法律保护企业经营的合法权益，支持企业平等、自由竞争，运用法律约束出版企业的不规范行为。例如，书商及出版商协会协助政府对有害的图书进行市场监管。如果发现出版社的选题或书稿有损害国家利益、色情暴力等内容的，就会通过协调，提请出版商撤销选题。如果协会发现出版社或杂志社已经出版了有害书刊，则会毫不犹豫地向政府报告，提请政府的青少年局、文化部等有关部门进行查处，禁止出售。正是因为有出版行业协会的严格自律，才使得德国的大量出版物中有害的仅占非常小的比重。出版行业自律的另一个表现是德国的出版行业协会推行的多项行业管理措施被政府采纳，并上升为法律条文。如德国的出版协会已经推动政府制定了《图书定价法》、《版权法》和《出版社法》等一系列出版法律。这些有力地促进了行业的自我监督、自我管理。

行业自律在日本的出版行业协会得到了更为充分的体现。制定伦理纲领，加强出版行业自律，是日本出版行业的独特而有效的重要举措。如日本书籍出版协会和日本杂志协会共同制定了《出版伦理纲领》，明确要求：出版物必须有助于学术的进步、文化艺术的繁荣、教育的普及和人们精神境界的提高；出版物必须以理智和情操为基础，有助于民众生活的健康形成，丰富多样化，并能使其清新的创意得以发挥；必须遵循新闻报道的伦理精神；必须遵守出版秩序，坚持公正原则。而日本出版物批发协会也制定了《出版物批发伦理纲要》，对出版物批发销售者在承担社会责任、坚持诚实经营、遵守公平交易秩序等方面都提出了明确的要求。尤其值得注

---

① 详参余敏主编：《国外出版行业协会研究》，中国书籍出版社2005年版，第93～117页。下文中涉及德国、日本的出版行业自律，也参考了本书的相关部分。

意的是，日本的出版行业协会既有从宏观视角、伦理层面提出的行业自律要求，同时还特别重视出台具有可操作性的行业规范，有的甚至通过政府审定上升到法律的层面，对出版产品的买卖、销售等市场活动进行规范。如再贩销售价格维持契约委员会制定了《再贩销售价格维护契约》，公正交易委员会制定了《关于限制出版物零售业提供赠品、公平竞争的规定》、《日本不当赠品及不当表示防止法》、《新书统一销售日制度》、《统一书款结算日制度》、《统一折扣制度》等等，内容非常详细、具体，有利于对经营活动进行有效的规范和约束，以维护出版业良好的秩序。

行业协会、商会等社会中介组织的发展状况是一个国家市场经济发育成熟与否的重要标志。与市场经济发达国家相比，我国行业协会的组织还很不健全、很不规范，其职能和作用也远远没能发挥出来。随着我国出版产业化、国际化和市场化进程的加快，出版行业协会的职能与作用会日益凸显。按照党和政府对行业协会的改革要求，我国的出版行业协会有必要认真学习、借鉴国外同行已有的好的经验，同时总结和吸取我国历史上出版行业协会的成功经验，在加强出版行业自律、构筑诚信体系等方面发挥更加积极有效的作用。

（载《大学出版》2008年第1期，该刊刊名后改为《现代出版》）

试论出版评论

一、出版评论的提出及研究现状

"出版评论"应该是出版学的重要范畴之一。就像文艺学,"一般认为,文艺学有三个主要组成部分:文学理论、文学史、文学批评"[1]。而在文艺学中,作为学科术语的"文学批评"和"文学评论"是同义词。大学中文系课程设置中的"文学批评"与"文学评论"也完全是一回事。高等学校中新闻系普遍开设有新闻评论课程,编写出版的新闻评论教材也有多种,但只有极少数学校开设了专门的出版评论课,如中国人民大学新闻学院的编辑出版专业就有"出版评论"这门课程。笔者认为,作为学科层面的出版学研究也应该是由出版理论、出版史和出版评论组成,而不是通常人们所说的三个部分:出版理论、出版实务和出版史。把"出版实务"作为出版学的一个组成部分是不科学的,取而代之的应当是"出版评论"。

国内学者较早提出并进行初步探讨"出版评论"的是李频先生。他在1995年2月出版的《编辑家茅盾评传》一书中,专设"出版评论"一编[2]。这一编包括三章:由读者联系市场的出版现象解析;张扬个性的期刊文化评价;多元综合的出版评论方法。他在论及作为出版评论家的茅盾时这样说:"纵观茅盾从五四到抗战到新中国成立的编辑生涯,明显地贯穿着一条由隐而显、由俭而丰的出版评论红线,其出版评论与期刊编辑实践同时起步。……茅盾在五四时期撰写的出版评论文章数量有限,但出手

---

[1] 《中国大百科全书》(简明版),中国大百科全书出版社1995年版,第5080~5081页。

[2] 李频:《编辑家茅盾评传》,河南大学出版社1995年版。

不凡,这都坚实地奠定了他出版评论家的文化地位。在三四十年代,茅盾主编《文学》、《文艺阵地》时,更高地举起了出版评论的大旗。……在精心评骘出版物的同时,茅盾悉心研讨出版现象,撰写了以《从百分之四十五说起》和《如何击退颓风》等为代表的大量出版评论文章,不仅出版评论的思维空间大大拓宽,出版评论的内容与形式也更为丰富多彩,矗立起深刻而博大的出版评论家形象,充分显示了他作为一个清醒的出版评论家自觉而执著的文化追求。"① 作者从"回溯茅盾出版评论之路,借鉴茅盾出版评论的可贵经验,有助于当前编辑出版评论的健康发展"这一目标出发,努力探究、总结茅盾的文化出版思想与出版评论的内涵、个性、方法等,从新的视角进行了耐人寻味的评述。其中一些论述是很有见地的,例如对出版评论文化功能的认识,他指出"出版评论是加强作者、编辑出版者与读者之间的沟通传播,改善出版文化生态环境,提高出版物质量的有力手段";其"显著的功能表现在沟通传播和文化检测"。此外,作者还认为"出版评论的对象是以出版物为核心的出版现象"。书中对茅盾提出的"出版现象"这一概念的分析也是很有理论价值的。但整个看来,由于作者的主旨在于探讨作为编辑家的茅盾的出版评论实践,因而不可能对作为一个学术术语、一个出版学理论概念的"出版评论"展开深入的研究和细致的梳理。李频还在《益阳师专学报》1995 年第 1 期发表《茅盾出版评论的类型批评法》一文,基本内容和观点与《评传》所论是一致的。

罗维扬先生的《出版评论与出版诊断》一文,比较明确作了"出版评论"的内涵界定与外延分析。他认为:"出版评论,是指对书籍、报纸、期刊等出版物的评论。这种评论可以包括对书、报、刊所刊载文稿的评论,更多的是把书、报、刊作为一个整体,从编辑出版的角度进行评论。也就是说,不仅把著作家的著作作为评论对象,更把编者、出版者的'作品'作为评论对象;不仅评论所承载的内容,更要评论载体本身。""出版评论分为书籍评论、报纸评论、期刊评论和宏观出版评论。"② 作者这里的论述把书评等直接包括在出版评论之中,事实上有些混杂和矛盾。他对所谓"宏观出版评论"的说明倒是更具有新意和启发性:"这种出版评论,主要是分析出版态势,研究出版现象,探讨出版问题,预测出版走向,以

---

① 李频:《编辑家茅盾评传》,河南大学出版社 1995 年版,第 239~240 页。
② 罗维扬编著:《编辑大手笔》,崇文书局 2005 年版,第 307 页。

及进行横向或纵向的出版比较。"① 这里对出版评论的界说带有明显的描述性质,但对其主要内容和特点的把握还是相当准确的,富有参考价值。

把"出版评论"作为一个学科概念重新提出并进行新的比较系统论述的是孙利军先生。他在《出版评论与图书评论之比较》一文中指出:"以技术为先导的现代出版业发生了翻天覆地的变化。""与之相应的则是人们关于'出版'观念和'出版评论'观念的变革。传统的印刷出版物受到音像、电子乃至网络出版的冲击,传统的图书评论、文艺评论、影视剧乐评论,新兴的音像、电子、网络等出版物内容评论(间或艺术形式评论)终将成为新的以出版形式评论为主要内容的出版评论的一部分。"他认为,出版评论是传统书评向全方位"大出版"评论转型的产物。它与图书评论有着内涵上的本质区别。对于出版评论及其特点,作者作了如下界定:"现代出版业的一个重要组成部分,是基于出版信息,对出版业各方面各环节种种现象进行分析、综合并加以评判的一种行为,目的在于揭示现代出版业的发展规律,指导现代出版业的实践。出版评论文章是评论工作的一种外在表现形式。"这个定义兼顾作为评论活动和评论文章的两层意思。至于出版评论的外延与特点,作者也进行了论述:"出版评论包括出版物评论、出版事件评论、出版政策评论、出版人评论及其他出版现象评论等。它同现代出版业息息相关,既是现代出版业的一个重要环节,也作为一种外在的制约、监督力量,发挥其特有的功能。""出版评论具有时代性、大众性、动态性、倾向性等特点。"② 在此基础上,作者对出版评论与传统的图书评论从产生的背景、评论和服务的对象、各自的特点几个方面进行了比较。作者提出了一些很好的观点,如:与传统的图书业相对应的是今天所谓的现代书评,与现代出版业、"大出版"观念相匹配的只能是包容量更大、囊括面更广的出版评论。书评的评论对象限于传统意义的出版物——图书,出版评论的评论对象范围更广,它还包括出版物评论以外的出版事件评论、出版政策评论、出版人评论及其他出版现象评论等。出版评论作为现代出版实践与现代出版理论之间的一种中间形态,像架设在二者之间的桥梁,对两者都产生极大的影响,是传统的现代书评所无法比拟

---

① 罗维扬编著:《编辑大手笔》,崇文书局2005年版,第307页。
② 孙利军:《出版评论与图书评论之比较》,载《中国图书评论》2005年第11期。

的等。这样一些看法中不乏真知灼见，当然也还有值得斟酌的地方。孙利军还在《国际新闻界》2006年第11期发表了《现代出版业应重视出版评论工作》一文，进一步从操作层面强调出版评论的实际意义。

作为一种早已存在的理论现象，出版评论开始引起人们的注意。这是很可喜的。巢峰先生的《出版论稿》（上海人民出版社1997年版）将所收论文分成五个板块进行编排，其中之一就是"出版评论"，收有《防止图书总体质量的滑坡》、《论出版恶性剪刀差》、《"王同亿现象"剖析》等11篇文章。虽说近些年关于出版评论的研究有了一定的进展，但如何更切近出版评论的实际，如何更科学地界定出版评论，并探讨其特点和规律，用以服务于当今的出版实践，仍然有不少问题值得深入探讨。下面，笔者也就出版评论的定义、特点等谈点不成熟的意见。

二、出版评论的界定

出版评论作为一个词语或术语，在专业研究者和非专业人士的使用中，内涵、外延都应有很大的区别。本文所要探讨的出版评论，主要是严格意义上的出版评论，虽然也会提及宽泛意义上的出版评论，但重点不在那里。狭义的严格意义上的出版评论与广义的宽泛意义的出版评论有着多方面的本质上的差异，具体表现在以下几个层面。

首先，从发生学的角度说，广义的出版批评几乎是随着出版的产生而产生的，其历史和出版本身一样久远，但早期人们对于出版的反应和议论，只能说是出版评论的萌芽形态。在中国古代，无论是图书的"写本"时期，还是"印本"时期，一些著作的编纂凡例、序言、跋语、校勘记、批语、点评等等，都或多或少包含着出版评论的因子。但出版评论往往被包罗在哲学的、道德的、政治的、宗教的、文学的话语之中，自身未能获得充分的发育。公元11世纪，我国北宋人毕昇发明了活字印刷术。这一印刷术革命性的变革，使印刷速度提高、书籍品种和数量急增成为可能。但由于种种原因，中国古代一直是雕版印刷术占据统治地位。15世纪50年代，德国人谷登堡发明了以机械的方法印制图书。这为出版业朝着工业化、产业化的方向发展奠定了基础，极大地提高了信息的传播速度，扩大了传播的范围，推动了文化的发展。同时，工业的发展又影响印刷，新的科学技术、新的工艺应用于印刷，又使出版业自身发生重大变化，出版的规模日益扩大，出版物的生产速度迅速提高。在这种情况下，出版物进入文化市场得以及时地、迅速地、广泛地传播。到了这个阶段，出版物的生产与接受和消费之间就产生了对具有可信度的社会中介的需求，而各种社会力量又急欲对出版现象作出反应、评价以施加各自的影响。出版评论也就应运而生了。关于西方发达国家出版评论的资料我们所见不多，而中国比较成型的出版评论当是近代出现的。这里有一点是要指出的，出版评论的形成与成熟，还有赖于出版理论提供足够的思维框架和思维工具；但由于整个出版理论的滞后和不成熟、不完善，自然也大大影响了出版评论的成长和发展。

其次，从评论主体的角度来说，狭义的出版评论以专门家为主力。这有点类似严格意义的文学评论[①]。出版物、出版现象等在受众那里引起反应，形形色色的受众对其表示各自好恶褒贬的感触，都可以说是出版评论，但那往往是片断的、零星的、感性的，多半还是肤浅且不确定的，是个人的随意行为，而不具有社会意识的生产的性质。严格意义上的出版评论是在社会分工细密化，对于出版的观察与研究成为精神文化生产的专门领域的时候，具体来说，就是在有专门的职业的评论家群体的出现之后。这不是说，出版评论的写作者全都是学有专长的出版评论家，但专门的出版评论家担当着支撑的角色。狭义的出版评论是理性的而非限于感性的，是参照历史形成的规范有意识地撰写的。

再次，从评论对象的角度说，出版评论面对的是变化中的当前出版。它力图对评论家所身居其间的出版业的走向、出版家的走向、阅读界的走向，乃至出版政策的走向等施加影响。出版评论家是当前出版活动的参与者，而不仅仅是往昔出版的欣赏者。出版评论和出版理论是有一定区别的。后者是从一切时代一切地域的出版整体中抽象出来的出版的共同规律，前者则是对具体的出版现象所作的具体的分析、判断。出版评论家始终关注当前的出版问题，虽然它有时也探讨过去时代的出版现象，但落脚点一定是当下。研究者对前人出版的评述，如果是给予历史的定位，那是出版史范围的工作；如果是探索、分析阐释出版的新路径、新视角、新方法，则属于出版评论。出版评论的当下性与新闻评论有相似之处，有学者对新闻评论这样界定："所谓新闻评论是传者借用大众传播工具或载体，

---

① 参阅王先霈、胡亚敏主编：《文学批评导引》，高等教育出版社2005年版，第2页。

对新近发生或发现的新闻事实、问题、现象直接表达自己意愿的一种有理性、有思想、有知识的论说形式。"① 认真探讨、研究新闻评论的理论与方法,对出版评论的建设应该有所帮助。

最后,从主体动机的角度来说,严格意义上的出版评论是为社会的,不同于仅仅为着自己留下的阅读随感,或一二知己之间的闲谈。有学者严格区别"文学谈论"与"文学批评"时说:"早先书房、沙龙里的文学谈论是'为己',现代杂志、报纸上的文学批评是'为人'。几个人在一起交流文学欣赏中的体会,可能彼此得到极大的愉悦,但不能算是严格意义上的文学批评。……文学批评家评论的可能只是一件作品,他的话则是说给一群甚或所有作家和读者听的,期望这些话产生实际的、长久的、广泛的社会效果。现代的文学批评,为着发表而撰写,有着明确的社会目的。"② 我们所说的出版评论,与严格意义的文学批评或文学评论有某种相似之处,也是有明确的社会目的的行为。出版评论显然不是评论家的自言自语,也不是三两个朋友的随意闲聊;它必定要借助报刊等现代传媒这一评论家(其中包括部分职业出版家)进行自我反思和进行社会批评的"公共空间"与"公共舆论",从而被赋予重要的社会内涵和历史使命。评论家希望通过自己的研究,拿着自己的成果(文章)进入"公共"的广场,参与讨论和批评,干预、监督、推进并影响整个出版业的发展及进程。

综上所述,所谓出版评论似可如此界定:它是以一定的出版观念、出版理论为指导,以评论家所面对的当代各种具体的出版现象(包括出版政策制定与执行、出版物的生产与消费、出版企业的经营和管理等)为主要对象的研究活动。它的目的和任务是对出版现象作出判断、评价,指出其得失和其所以得失的原因,探寻促进出版业健康发展的路径,以此来对出版管理、出版生产、出版消费等出版业的整体发展施加影响。

出版评论以当前的出版现象和出版事实为对象,具有当下性。此前已述及。此外,作为一种科学研究活动,一种理性思维活动,出版评论又是以概括一般规律,进入到本质为目的的,因此它又具有思辨性。同时,出版现象和出版事实是出版评论的依据,它所依据的事实应该是确凿无误

---

① 赵振宇:《现代新闻评论》,武汉大学出版社2005年版,第43页。
② 参阅王先霈、胡亚敏主编:《文学批评导引》,高等教育出版社2005年版,第2页。

的，因此它还具有实证性。对于出版评论的这样一些特征，将专文讨论。

三、如何加强出版评论

出版评论对于促进出版事业和出版产业的健康发展、对于提升和完善出版理论的学术建构皆有着极其重要的意义。但我们不得不承认，当下的出版评论是不够繁荣的，出版评论家是少之又少，出版评论不能适应出版实践发展的需要，加强出版评论成为当务之急。而要真正有效地推进出版评论，笔者以为要从以下几个方面入手：

首先是必须进一步加强出版理论的研究。

出版评论是以出版理论为指导的，出版理论研究的水平在一定程度上决定出版评论的水平。"批判的武器"解决不好，出版评论就难以有大的发展。以形成较为系统的知识体系为标志的出版学的建立和发展仍处于较幼稚的阶段。"国外学者研究出版学，至今不过40余年的历史。""中国则到20世纪80年代初期才有组织地开展出版学及其分支学科的研究。"[①] 我国学者近些年来，主要围绕出版学基础理论的几个方面展开探讨，在出版概念、出版活动的功能、出版研究的对象、学科体系、学科性质及其与其他学科的关系等问题上取得了一定的进展。到目前为止，以"出版学"命名的专著和教材也出版了多种，它们是：《编辑出版学概论》（叶再生著，1988年）、《出版学概论》（彭建炎著，1992年）、《出版学概论》（袁亮主编，1996年）、《出版学》（余敏主编，2000年）、《编辑出版学》（张天定、郭奇著，2003年）、《现代出版学》（张志强主编，2003年）、《现代出版学》（师曾志著，2006年）。其中，余敏主编的《出版学》和张志强主编的《现代出版学》都对国内外的出版学研究进行了评述，反映了国内外出版学研究的历史和新动态。有前者还专门介绍了日本、韩国、英国、美国等国外出版学研究的情况，对国内的出版学研究有着重要的借鉴价值。

在肯定出版理论研究获得长足进步的同时，我们也不得不承认出版学研究的深度和广度都还亟待加强。专有术语、概念、范畴的形成，出版规律的总结提炼，出版理论的概括升华，学科体系的建构与学术范式的确立

---

① 罗紫初：《出版学理论研究述评》，载《出版科学》2002年增刊（出版科学年评第一卷）。

等等，对于出版学研究来说都还任重道远。而比较成熟、科学、完善的且符合出版实践需要的出版理论，又是出版评论所热切期待的。

其次，要认真清理和总结出版评论既有的成果。

出版评论并不是等待出版学理论研究成熟以后才开始起步的。现代出版评论是伴随着现代出版业的兴起和发展而逐步展开的；在没有成熟的出版理论指导之时，它往往借助其他学科诸如哲学、社会学、政治学、经济学、文艺学等学科的理论与方法进行出版评论的摸索。翻检一下宋原放先生主编的《中国出版史料》近代部分和现代部分，我们就发现我国近现代的出版家、理论家很早就自觉地在进行着出版评论工作。除了李频专论过的茅盾，下列人物及其出版评论作品都是可以一提的：胡汉民及《近年中国革命报之发达》（1909年），罗家伦及《今日中国之杂志界》（1919年），郑振铎及《1919年的中国出版界》（1920年）、戈公振及《留学界之出版物》（1927年），霆声及《出版界的混乱与澄清》（1929年、1930年），君素及《1929年中国关于社会科学的翻译界》（1930年），陆费逵及《六十年来中国之出版业与印刷业》（1932年），平心及《出版界往哪里走?》（1935年），王云五及《十年来的中国出版事业》（1937年），夏丏尊及《中国书业的新途径》（1945年），郑振铎及《文化正被扼杀着》（1946年）。这些文章有些出自业内行家之手，有些则由业外专家学者撰写，皆能密切关注现实，视野开阔宏大，问题针对性强，对出版业的发展富有建设性作用。

我认为，系统梳理和总结中国近代、现代出版评论，撰写一部中国20世纪出版评论史都是可行的。我们既有必要总结其成功的经验及取得的积极成果，也必须总结其不足，从正反两个方面为今天的出版评论提供参照。此外，还有必要有组织、成系统地多翻译介绍一些国外有关出版评论方面的优秀成果，以供学习和借鉴。

再次，要加强出版评论队伍的建设。

最近这几年，出版评论有所发展和进步。翻阅新闻出版类的报刊，检索一些重要的有影响的文摘类刊物报纸，浏览一些大型的出版门户网站，我们也时常能看到比较有分量的出版评论文章。关于出版——文化是目的、经济是手段的论述，关于科学出版观的倡导，关于深度出版的探讨，关于专业出版、学术出版现状的分析及对未来的预测，关于辞书准入制度建立的提议，关于翻译及翻译出版问题的忧思，关于教材教辅出版的规范，关于书业滞胀现象的解剖，关于平庸书、"伪书"现象的辨析，等等，都曾引起出版评论家们的高度关注，出现了不少既有理论深度又紧密结合实际，既有分析又有对策的优秀出版评论文章。

应该说，随着出版业的快速发展和出版理论研究的进步，出版评论取得的成就是令人鼓舞的；国内也陆续涌现出了一些比较有影响的出版评论家。但从出版业发展对出版评论的需求看，从出版评论与其他领域如文艺评论的比较看，从出版评论学科自身建设的需要看，我们的出版评论又还不尽如人意。从事出版评论者，往往是业内人士居多：或者是担任过或正在担任出版单位领导的业界专家，或者是担任过或正在出版管理机构担任领导职务的同志。这些身在一线或对出版实际有深切了解的专家、行家热心出版评论是十分重要的。但在出版评论的队伍中，高等学校的专家学者、专门研究机构的研究人员还显得有些分量不够。在文学评论中，虽说有作家操刀从事评论工作的，也有少数从事文学管理的干部加盟其中，但文学评论家的主体是高等学校和专门研究机构的专业人士。出版评论队伍中，如果业内与业外结合，行业派与学院派携手，专业与兼职互补，老专家与中青年形成梯队，那么我们的出版评论就会发展得更好更快。时代尤其呼唤职业化的、专门的出版评论家。

（载《出版科学》2008年第2期，《人大复印报刊资料：出版业》2008年第6期全文转载，《新华文摘》2008年第12期"论点摘编"）

出版学应重视出版规律研究

科学研究在某种程度上说，就是规律的研究。最近这些年来，出版学理论研究获得了长足的进步，受到了业界和学界的共同关注。但出版学研究中的不足与缺憾也是十分明显的。对出版规律研究的忽视就是其中一个突出的问题。就像编辑学必须深入研究编辑规律（近十年来编辑规律研究一直是一个热点，受到编辑学界的持续关注），出版学研究是无论如何绕不开出版规律的。出版规律应该是属于出版学框架中的基本概念，是最重要的理论范畴之一。而现在的研究现状确实不能令人满意。

通过中国期刊网进行检索，近 30 年来文章标题中有"出版规律"字样的只有二十多篇，平均一年还不到一篇。这些论文中，真正从出版学学科基本概念或理论范畴层面来讨论出版规律的，或者有一定理论含量的只有上十篇。20 世纪 80 年代的有杨教的《精神生产与商品——出版规律浅探》(《编辑之友》1982 年第 1 期)，王益的《出版工作和价值规律》(《中国出版》1985 年第 10 期)，王科铸的《出版工作与价值规律》(《社会科学战线》1987 年第 2 期)。90 年代，出版规律的探讨也还是冷清的，值得一提的几篇文章是：俞洪帆的《社会主义出版工作所应遵循的规律》(《编辑学刊》1990 年第 4 期)，杨咸海的《出版规律探索》(《出版发行研究》1992 年第 2 期)，周涤尘的《社会主义出版文化与价值规律》(《湖南师范大学人文社会科学学报》1994 年第 3 期)，于友先的《认真总结出版规律　正确处理五种关系》(《出版参考》1996 年第 8 期)。进入新世纪以来，出版规律的研究并不像编辑规律研究那么受到青睐，可以圈点的也只有少数几篇文章，包括：徐柏容的《编辑出版工作和质量与效益同步规律》(《出版发行研究》2002 年第 12 期)，于友先的《论现代出版产业市场运作规律》(《出版发行研究》2003 年第 1 期)，李新祥的《论出版传播的基本规律》(《当代传播》2006 年第 5 期)，要力石的《现代图书出版的六个基本规律探析》(《出版发行研究》2007年第3期)。从这些标题就可以看出，出版学界从严格学理意义上、学科范畴层面上探讨出版规律的文章实在是少之又少。

在以"出版学"命名的著作和教材中，出版规律受到轻视则显得更加明显。在现有的七八种"出版学"著述中，惟有罗紫初著《出版学原理》（武汉大学出版社1999年1月出版）用了专门一章来探讨"出版活动的基本规律"。这一章分为三节，分别对"出版物市场的读者需求规律"、"出版物市场营销规律"和"出版发行事业建设规律"予以讨论。这里的讨论无疑是有积极意义的，其规律的研究兼顾到了出版活动的事业性与产业性（商业性）。但理论思辨的不足、抽象概括的欠缺也还是显而易见的。也许是作者自己觉得对出版规律的思考还不够成熟，也许是学术界可资借鉴、能够沉淀下来且得到大家公认的出版规律研究成果比较缺乏，罗紫初先生2005年8月在山西人民出版社出版的与人合编的教材《出版学基础》，以及2006年10月在武汉大学出版社出版的新著《比较出版学》，都没有再设专章来论述出版规律这个十分重要的问题。

最早的一本《出版学概论》（彭建炎著，吉林大学出版社1992年版）是没有提及出版规律问题的。袁亮主编的《出版学概论》（辽宁教育出版社1997年版）是列入了原国家教委"八五"规划教材、新闻出版署专业系列教材重点项目的，其使用范围之广、影响之大是人们都很熟悉的。该书从出版物入手，论述出版工作、出版系统、出版过程、出版方针、出版原则、出版自由、出版法制、出版管理、出版现代化等一系列概念和范畴，但就是在"节"这个层次上也没有涉及出版规律。2003年张志强主编的《现代出版学》由苏州大学出版社出版，该书探讨出版与出版学、出版与社会、出版方针与原则、出版组织与管理、出版物的生产与流通、出版人员的素质与职业道德、新时代的出版业与未来展望等问题，对出版规律的研究也几乎是空白。最新的一本出版学教程是师曾志著《现代出版学》（北京大学出版社2006年版），这是列入了普通高等教育"十一五"国家级规划教材的。作者运用传播学的理论和方法研究出版问题，多有新见，但出版规律仍然没有置于应有的地位。

出版理论研究的薄弱环节在一定程度上也会影响到现实的出版实践。例如，在处理文化与经济的关系问题上，某些出版机构不是像刘杲先生一再强调的，把经济作为手段，文化作为目的；而是相反，一切向钱看，本末倒置，惟利是图。再如，少数管理者和出版管理机构，片面地追求出版体制改革的轰动效应，把有多少个出版单位转企改制了，多少个出版机构改成股份制了，又有多少家出版企业上市了，当成了具有显示度的政绩。其实，公司制也好，股份制也好，上市也好，都是一种经济方式，一种经济手段，把手段、方式作为目的、目标，无疑是违背出版规律的。还有，前些年国家新闻出版总署明确提出转变出版业的经济增长方式，要求由数量规模型向质量效益型转变，这当然是符合出版产业发展规律的。但最近这几年，盲目增加品种，无限扩大生产规模，制定不切实际的经济指标的出版机构（包括集团）不在少数。那种"人有多大胆，地有多高产"的思想又有所抬头。如此等等，都是有违出版活动基本规律的具体表现。虽说出版规律的准确表述和公认看法还不太好说，但一些明显违背出版事业和出版产业发展客观规律的做法，我们还是可以判断的。

我们知道，出版学研究的内容应该包括出版活动与社会、政治、文化、经济的关系，出版业生产、流通、宣传等一系列环节的运作规律以及古今中外出版业对人类文明产生的重要影响。研究出版活动规律，就是要研究出版实践中带有普遍性的东西。出版规律体现了千百年来人类出版实践中已经过检验、被普遍认可的客观存在的东西。违背了出版事业和出版产业自身所应有的规律，就无法使出版业健康、稳定、持续地发展。现在讲出版业的科学发展，笔者认为最根本的就是要遵循出版活动的客观规律。因此，无论是从出版学自身的理论建设讲，还是从出版业的实践需要来讲，加强出版活动基本规律研究都显得必要而紧迫。

（载《出版参考》2008年10月上旬刊）

编辑出版研究断想

一、重视期刊的个案研究

案头摆放着三本与期刊有关的书。一本是美国人约翰·海登瑞写的《读者文摘传奇》(中译本，海南出版社1996年版)；第二本是中国作家师永刚写的《读者时代——一本杂志和她所影响的生活》(上海人民出版社2001年版)；还有一本是老作家、老编辑家马国亮的《良友忆旧——一家画报与一个时代》(生活·读书·新知三联书店2002年版)。

这三本书的设计、装帧和印制都比较考究。尤其是《良友忆旧》，图文并茂，印装精美。我们感兴趣的倒还不在它们的外观包装，而在其对期刊研究思路的启示。近百年来，中国的期刊从无到有、从小到大、从少到多。光阴荏苒，刊海变幻，尤其是改革开放20多年来，期刊事业发展迅速，一日千里。相形之下，中国的期刊理论与实践研究有些滞后。上个世纪80年代以来，一些期刊实际工作者和理论研究者开始关注期刊问题，陆续有《中国大学学报史》、《中国教育期刊史》、《中国科技期刊史》和《中国期刊发展史》之类的著作问世，但也许是因为皆属草创，或题目略大，或缺少前期的具体研究，已出的一些著作总觉得有点"隔"。现在看来，要有中观的、宏观的研究成果，须得有微观的、具体切实的资料爬梳整理、基础研究做铺垫。不积跬步，无以至千里。从这个角度来看，我们上面讲的三种有关具体期刊的图书，就值得特别注意。

美国的《读者文摘》以600美元起家，创刊至今已80年，现在已经是在127个国家拥有杂志、书籍、行销和投资营运的王国。以15种文字出版39个版本，每期发行2000多万册，年收入超过20亿美元，成为全球1亿多读者的精神食粮。《读者文摘》的传奇，正是过去一代美国人以梦想创造奇迹的传奇。中国的《读者》(原名也叫《读者文摘》)在当代期刊史上也创造了奇迹，作为可以影响一代人心灵的杂志，《读者》是其中之一。至于中国现代期刊史上的著名画刊《良友》，消失多年，已被人遗忘。当年的《良友》堪称上海文化的出色代表，即便在刊物如林的今天也毫不逊色。92岁高龄的《良友》画报老总编马国亮先生的回忆录提供了十分宝贵的历史文献和文化掌故。

《读者时代——一本杂志和她所影响的生活》在扉页上引述了美国《独立周刊》1904年10月1日的一段话，原文如下："杂志有生以来便代表一种智慧的活动，杂志的作用，是从旧材料中编织新的故事，配合时代的潮流改写历史及传记，申张已被人遗忘的真理。使健康的知识更能适合人的口味，化玄奥的科学为应用的知识，向世界上黑暗的角落，以及人类文化教育的若干隐处，投以搜寻的光亮，发起新的运动导引旧的运动，高揭警铃，使酣睡中的人们自梦中惊醒，扭转那些向后张望的头颅，使它目向前方……"这里用诗的语言描述了杂志在人类生活中的作用。

在以往的编辑史、出版史研究中，有为某一人物作传的著作，也有为某一事件作传的书籍，但为一本杂志作传的却比较少见。好在这样的杂志传中外已有了几种，我们看到的三本即属此类。笔调是文学的，可读性也较强，形象的描述多于理性的分析，但提供的资料弥足珍贵，感性的体悟藏着理性的种子。这些对期刊历史和现实的研究都有不可忽视的价值。

二、编辑出版研究要突破禁区

近读王建辉先生的《文化的商务——王云五专题研究》（商务印书馆2000年版），很有收获。作为一个出版工作者和理论研究者，这种收获既有学理上的、形而上的，也有操作上的、形而下的。如果主要从学术研究、历史研究的角度说，本书给我们的重要启示之一是：编辑出版研究领域要大胆突破禁区，这块处女地还有待人们去开垦。

1897年创建的商务印书馆是近代中国最大、最重要的民营出版机构，它的出版活动是近代中国文化最重要的组成部分之一，它的经营方式也是中国近代大型企业的一个楷模。它的繁荣，有赖于百多年来无数中国文化工作者的参与奉献，也有赖于它一任任"船长"的经营与开拓：张元济、王云五……他们的文化功绩，得到世人的称颂，而惟有对王云五，在大陆的研究领域一直很少涉及。

关于出版对文化积累、文化创造的贡献，对社会进步、文明发展的作用，以及关于对出版家、编辑家的地位和价值的认识，应该说过去相当长一段时间是重视不够的。上个世纪80年代以来，这种状况逐步得到了改变。对一些近现代出版机构如商务印书馆、中华书局、开明书店，对一些著名的出版家、编辑家如张元济、叶圣陶、茅盾的研究渐成气候，渐趋深入。特别是对商务印书馆、对张元济的研究更是形成了小小的热点，相关的著作不断涌现。但可能主要是因为政治的关系，对商务发展史上起过重要作用、作出过很大贡献的王云五要么采取回避的态度，要么一概骂倒。研究王云五实际上主要有两个障碍或难题：一是他在上个世纪40年代后期脱离商务印书馆后担任过国民政府高官，并曾被列入战犯名单。二是王云五推行的科学管理法，当时曾遭到馆方多数人的反对。其实，从历史唯物主义的立场来看，这些问题是应不成其为"障碍"的。著名历史学家章开沅先生在为《文化的商务》所写的序言中说，"王云五后来从政的经历，不影响作者从出版史和思想文化史的角度来研究历史人物，来研究他从政前的出版活动。"至于他推行的科学管理法，在当时就是有其历史的合理性的，即便是对现代出版业的管理也不无借鉴意义。

早年曾在商务印书馆工作过的陈云同志在商务建馆80周年的题词中，就充分肯定了解放前的商务。那时的商务，自然是包括王云五主事阶段的。周恩来同志也曾明确以王云五和四角号码为例，要求我们不要因人废文。作为当代的编辑史、出版史研究者，有责任用马克思主义的历史唯物论，还历史以原貌。王建辉说，"我们不需要改写历史。只是需要重新解读历史。科学地寻找历史的遗音。"应该说，《文化的商务》很好地完成了这个任务。

对于中国编辑史、出版史的研究来说，如果我们能进一步解放思想，大胆探索，是还有许多工作可做的。其实，历史研究，无论是机构，还是人物，无论是思潮，还是流派，既要研究进步的，也要研究落后的，既可研究正面的，也有必要研究反面的。若把人和事分成左中右，三个方面的探讨都是不可缺少的。由于历史的复杂性、事物的复杂性和人本身的复杂性，还有人、事、物的不断变化，很难说好的没有弊端，坏的没有可资借鉴处。从思想文化史的角度看，一些复杂的人和事的研究，往往有更丰富的内涵，能给人更深刻的启发。出版史、编辑史的研究应该打破禁区，清除思想观念障碍，不断开拓新的研究领域，不断把研究引向深入。

顺便要说到的是，出版史、编辑史研究的深入，有待和文化史、思想史相结合。只有这样,编辑出版史的研究才能更有历史感,更有文化的厚重感,更有思想的深度。出版是文化,但只是其中的一部分。文化并不等于出版,它是更大的范畴。出版与编辑史的研究,自然与文化有着千丝万缕的联系。我们应该也必须透过文化看出版,也可透过出版来看文化。编辑出版史本身就是思想文化史的一部分,只有把它置于更宏阔的历史背景、更深厚的文化土壤,才会更有生机、更有前景。这是《文化的商务》给我们的另一启示,近年出版的《中国出版文化概观》、《中国图书文化导论》、《出版文化史论》等都显示出从大文化的视野来考察出版的新路径。这里就不再啰嗦。

三、编辑出版研究著作不必都是大部头

　　写作与出版,近些年"大"风盛行。评职称,一本5万字的小册子,评教授或者编审就觉得"分量"不够,若是一本50万字的著作,那就"分量"重得多了。图书评"大奖",动辄就是大型的丛书或套书,单本的大部头书有时都相形见绌。至于书的内在质量、创新性如何、水分多少,等等,是少有甚至无人问津的。这种"大风"在编辑出版研究领域,也初显苗头。在短短的十多年中,相关的著作不下几百种。论文当在数千篇以上,但卷帙浩繁的著作、洋洋万言的文章中,著书不立说、著文不立论的现象还不少。

　　在编辑出版研究界,学风文风都很好者也不乏其人,不乏其书其文。前不久,购到一本陈原先生著的《总编辑断想》小册子。这是一本名副其实的小册子,由辽宁教育出版社2001年出版;版权页上标明不到3个印张,2.8万字(除去空白,若干幅漫画,实际字数可能也就2万字)。虽装帧、设计、印制都不错,但从字数看只相当一篇文章的小书,竟然要7元钱。当我一口气读完这位老出版家的小册子,感觉这本书买得值。物有所值,不仅是因为它的形式、外观,更是由于它的内容。

　　《总编辑断想》还有个副标题是"演讲备忘札记"。该书是陈原老1993年应香港联合出版集团李祖泽总裁的邀请,给这个集团所属的若干出版机构的"老总"们的演讲的整理稿。为这个演讲,作者说他做了差不多两个月的准备,写了两次提纲。他的提纲"学维特根斯坦的哲学著作那样,尽力写成一些警句"。本书都是根据两次提纲以及"所能记忆到的当日发言的精彩论点,写成17段,没有头,没有尾,故名之曰'断想'"。

除了"开场白",这17个小标题分别是:"书迷";系统工程;文化;导航;金字塔;原动力;凝聚力;"衣食父母";"晒鱼干";名利;市场"导向";敏感;自我调节;"杂家";始和终;求才;自信。这每一小节都有丰富、深刻的内容。沈昌文先生在为本书写的"后序"中说:"它实际上是一个极有智慧的老人从事出版一个多甲子的经验总结。"细细品读,如嚼橄榄,越咀嚼越有味。中间所蕴涵的出版理念、编辑思想、人生智慧,确实能给我们以有益的启示。这里我们且来摘录陈原老的只言片语以见一斑:(1)作为一个编辑,作为一个老"总",他的自我修养头一条还是应当成为"书迷"。把自己奉献给出版事业者,无一不是书迷。(2)出版物——特别指图书——是文化和文明的集中表现。一个时代的文化,一个社会的文明,在很大程度上蕴藏在图书里,当然,它——文化和文明——最初表现在图书里,然后传播到这个时代这个社会的一切角落;尔后蕴藏起来——这时叫做文化积累。图书,在任何情况下,都是传播文化和积累文化的最有效的工具。(3)文化——这是人类在自身的历史经验中创造的包罗万象的文明综合体。图书,就是这个综合体的储存库、传播媒介、解释工具以及把它自身推向前进的推进器。(4)生活书店"实际的(或抽象的)胡愈之是导航塔;而邹韬奋是机长(和机组),徐伯昕是地勤",蔡元培是商务的精神支柱。蔡元培——精确地说——不是一个人,他代表着19世纪末到20世纪初头一个时代先进的智者群。商务印书馆的张元济——夏粹方(高梦旦)——蔡元培,正像生活书店的邹韬奋——徐伯昕——胡愈之。这样的"结构",也只有这样的"结构",一个出版单位才能在"书林"中长成为"乔木";只有如此,才能"腾飞"。(5)革命家梦寐以求的是改变现实的秩序;追求更加完美的境界。学问家梦寐以求的是创造精神财富,以创造性的探索和创造性的劳动,使人类社会的精神世界更加美满。事业家梦寐以求的是要增加物质财富,凭借这增加了的物质财富,使社会成员的物质生活更加丰富多彩。出版家梦寐以求的则是将物质财富变为精神财富。(6)凝聚力不只是测量一个决策者水平高低的标尺,而且必然是促使这个事业兴旺发达的关键。就整个事业而言。凝聚力还不止于内部成员的聚合——它包括一种吸引力,吸引著译者(作者)乐于为这个事业服务;凝聚力还意味着将一批一批读者吸引到你的周围,到你的事业的周围。(7)一部亏本书也不出,文明亦将绝灭——只出亏本书,文明亦将绝灭。

在《总编辑断想》中，这类格言警句还颇不少，再加上"几倍的注释"，更显得血肉丰满。这里有经验的总结，有理性的闪光。编辑出版学的研究可以是学院派的，是学究化的，也可是这种散金碎玉式的，即兴感悟式的。书不在厚薄，文章不在长短，关键是要有"货"，有自己的真知灼见。手头还有几本陈原老的著作——《陈原书话》、《书林漫步》、《记胡愈之》，慢慢品尝，皆觉余味无穷。在编辑出版的研究中，无论是"学"的研究，还是"史"的探寻，我们都提倡有话则长，无话则短，要尽可能挤干"水分"。

（载《编辑之友》2002年第5期）

众筹出版：特点、回报和风险分析

众筹是指通过网络平台向社会公众筹集资金，以帮助筹资人完成某个有创意的项目。众筹不仅是一种新兴的网络融资方式，它还将生产过程与消费过程直接联系起来，投资人也即是消费者。在相当一部分众筹活动中，投资人不仅为项目进行融资，而且还积极参与项目的实施，为项目的实施出谋划策。

众筹与出版项目有机融合就是众筹出版，众筹出版是一种新型的出版经营模式。它不仅可以为出版项目筹措资金，还可以让受众主动参与出版物内容的生产。这种模式，不仅可以帮助出版商有效地预测市场风向，还有助于做好相关出版物的市场营销。近几年，众筹出版渐为人知并引起学界和业界的共同关注，一些众筹出版项目获得了成功。《社交红利》、《互联网金融》、《本色》、《周鸿祎自述：我的互联网方法论》及《玩出来的产业——王志纲谈旅游》等图书，都是众筹出版成功的案例。这些案例给出版界以巨大的鼓舞，民营书商热情尤高，而国有出版企业也开始试水众筹出版。2014年7月1日，京东众筹平台上线，中信出版社发起的众筹项目《周鸿祎自述：我的互联网方法论》，通过该平台筹措资金160余万元，成为迄今为止众筹资金最多的出版项目[①]。

近几年，虽有一些成功的案例，但众筹出版在我国总体上尚处于尝试探索阶段。在当下，进一步认识众筹出版，在回报和风险之间进行权衡，争取合理的回报，规避、化解不应有的风险，对于众筹出版模式的完善、推进其有效运用，具有十分重要的意义。

[①] 卢俊：《周鸿祎新书如何刷新出版众筹记录》，载《出版商务周报》2014年8月17日。

一、众筹出版的特点

与单向、封闭和静态的传统出版相比,基于互联网的众筹出版具有互动、开放和参与等特征。

1. 开放性和互动性

开放性、互动性和传播性是互联网的基本特征。众筹出版的开放性主要表现在三个方面:一是融资开放。只要自己愿意,在众筹网络平台上任何人都可以随时随地购买某个出版项目的筹资份额,没有额外限制。二是出版选题和内容公开且可以修改。任何人都可以在众筹网络平台上查看众筹出版选题或阅读部分内容,并可以提出修改建议。三是出版物生产流程公开、透明。作者和出版企业须向资助人或投资人负责,定期公布写作或出版进度。

互动性主要有两层含义:一是多维互动。采用众筹出版模式时,作者、出版企业须先在众筹平台上公布拟出版的项目,并说明其创意、特色和亮点等,受众可就该项目在网上展开讨论,提出意见或建议。作者、出版企业和众筹网站还可以设置若干相关话题,吸引受众参与讨论。受众可以主动提出问题,由作者、出版企业和众筹网站解答。受众之间也可以展开讨论。二是全程互动。全程互动始于众筹出版选题在众筹平台公布之时,并贯穿于众筹项目生产、流通和消费的全过程。众筹出版是双向互动传播,具有实时反馈出版物相关信息的功能,也具有推广营销的功能;而传统出版是单向传播,即便建立了反馈机制,其滞后性也相当明显。

2. 受众影响、参与出版物的生产和流通

与传统出版相比,众筹出版模式下受众的身份、地位和作用发生了明显变化。受众以是否投放资金的方式参与、影响选题和内容的选择,行使众筹出版项目的选择权和决策权。受众只会对其认可的选题和内容投入资金。为此,作者和出版企业须先在众筹平台上公布众筹出版方案,通过众筹平台推销自己的选题和内容,接受受众和市场的检验,争取受众的认可。在筹资期限届满,如果预筹金额筹足,则众筹成功,项目可以按计划推进;如果未能筹措到所需资金,则众筹失败,项目终止。在众筹模式下,作者、出版企业通过众筹平台推销众筹出版项目,受众利用在线支付的方式对自己认可的众筹出版项目进行投资,这在一定程度上打破了相对封闭的组织化生产方式，使内容生产向社会化过渡①。

国有出版企业通常并不缺资金，目前仅将众筹出版作为一种试探市场反应、扩大影响的营销手段②。虽然如此，受众对国有出版企业的选题取舍也会产生重要影响。对受众认可度低的众筹出版项目，尤其是面向一般读者的大众出版类项目，往往还是应考虑舍弃。

3. 众筹出版项目内容时尚或优质

时尚是一个时期内社会环境崇尚的流行文化，它反映社会热点和潮流，极易吸引受众眼球，得到受众认同；质量是出版物的生命，只有优质的出版物才有投资价值。因此，采用众筹方式筹措资金的出版项目，其内容时尚或优质才有可能众筹成功。对受众而言，众筹出版项目内容是否时尚或优质，判断标准基本上有两个，一是作者知名度和资历背景，二是众筹出版项目内容设计本身的创意水平。作者知名度反映其作品受市场欢迎的程度，作者的资历背景在一定程度上反映其专业水准。作者知名度高，资历背景深厚，社会关注度高，众筹更易获得成功。《本色》一书的众筹成功，在很大程度上是因为作者乐嘉具有较高的知名度，网络上已经拥有众多的粉丝。出版物内容质量是吸引受众的重要因素，众筹出版对出版物内容质量提出了很高的要求。众筹出版经营模式最明显的特点之一便是提供优质的、别具一格的内容。

二、众筹出版的回报

（一）对投资人的回报

除无偿资助者外，参与众筹的投资人都需要一定的回报。合理的、具有吸引力的回报，才能激发投资人的投资意愿。基于筹资人赋予的回报，从投资人的角度看，投资人可以从众筹出版项目中获得以下回报：

1. 取得一定的出版话语权和出版物优先阅读权

在众筹出版模式下，受众的话语权集中体现在选题决策方面。受众认可某一选题，就投入资金；否则不投资。投资的受众多，筹措的资金就多。筹资额达到了预设的目标，说明该选题通过了市场和受众检验，可以

---

① 吴珂：《众筹新闻的内容生产特点探析——以美国众筹网站为例》，载《青年记者》2014年第17期。

② 沈利娜：《一场试探图书市场反应的出版营销秀——2013国内众筹出版的现状与问题》，载《科技与出版》2014年第5期。

运作；否则，该选题就应淘汰出局。通过投资或不投资，受众行使了对出版物选题的决策权。这与传统出版模式明显不同，传统出版模式下，选题决策权一般由出版企业相关负责人或选题论证委员会行使，受众只是出版物内容的被动接受者。采用众筹模式运作的出版物，作者和出版企业须向投资人定期或不定期公布创作进程或生产进度，作为投资人的受众在出版物出版前即可优先阅读部分甚至全部内容，出版后可以优先购买。

2. 获得一定的经济利益

按照具体筹资方式的不同，出版众筹大致可以分为四类，即资助众筹、预销众筹、债权众筹和股权众筹。资助众筹是公众为公益出版提供的资助，单笔资助金额一般较小，资助人通常不需要任何回报。预销，即预约销售，我国出版业目前采用的众筹模式基本上都属此类。这主要是为了规避非法集资的法律风险。债权众筹和股权众筹在国外是合法的，而我国目前的法律法规尚不允许，但合法化当为期不远。2014年7月25日，中国证监会新闻发言人张晓军在例行新闻发布会上表示，中国证监会正在研究制定股权众筹融资的相关监管规则。

预销作为一种销售和向受众融资的方式，我国近现代出版企业较早即已采用。1884年，同文书局在报上登出启事，昭告读者即将出版《古今图书集成》和《二十四史》这两大套书，并向读者招股（实际上是一种预订形式），待读者认股（即预订）后即行出版。采用预销方式，出版企业可以提前回笼资金，读者可以减少购书支出，双方均受益。因此，在当时风靡一时[1]。1915年5月，商务印书馆分别在多家报刊上刊登图书预约广告，预销10月份出版的《辞源》。商务印书馆在刊行《四部丛刊》、《英汉新字汇》、《四部丛刊》、《影印百衲本二十四史》、《李文忠公全集》等大型图书时也都采用了预约（预售）方式。1920年，中华书局在校印《四部备要》及后来出版《辞海》、《古今图书集成》时，都采用了图书预约（预售）方式。开明书店、生活书店、北新书局、新月书店、上海杂志出版公司等在出版部分图书时也都采用了这一方式[2]。彼时的预销，与现在的预销众筹有所不同，一是当时没有网络平台，只能通过报刊等纸质传媒发布作品或出版信息；二是读者不影响出版企业的选题决策，也不会对作者的

---

[1] 张静庐：《中国近代出版史料》（二编），群联出版社1954年版，第71～72页。
[2] 彭林祥：《图书发行与图书预约销售》，载《出版与印刷》2009年第1期。

创作提出意见或建议，图书的创作和生产过程仍是封闭的、不透明的。

预销众筹、债权众筹和股权众筹，都需要给投资人相应的回报，包括给予一定的经济利益和满足部分精神需求。预销众筹向受众提供的经济利益，主要是购货折扣、入场券、众筹出版物或其他实物等。一般情况下，预销众筹向受众提供的经济利益会按受众投资额的不同，划分为不同的档次。《社交红利》给予受众的回报是：支持30元者给原价42元的新书一本，受众相当于按七二折购书；支持50元者另送首发研讨会门票一张；支持60元者赠送两个主题马克杯和2本作者签名的新书；支持500元者可以与作者喝下午茶交流1～2个小时，并送10本作者签名的新书；支持6000元者除可与作者喝下午茶交流外，还可得170本作者签名的新书，不算茶位费，相当于八五折；支持10000元则再增加得到300本作者签名的新书①。

从《社交红利》一书看，受众小金额的投资主要是享受折扣优惠，但折扣幅度并不大，从经济利益的角度看并无吸引力；受众大金额的投资，比如支持6000元或10000元，主要是满足某些精神需求，而购得的几百本图书，因不是受众自己的作品，送人无意义，受众可能亏本卖出或随意处理，因此几无经济利益可言。由此来看，目前预销众筹的回报重在受众精神需求的满足，而非经济利益。

债权众筹是向受众借入资金，需要还本付息，受众的经济回报是利息收入。一般意义上的股权众筹是受众向企业投资入股，受众的经济回报是股息红利收入。但出版企业的股权众筹有所不同，私人投资者目前尚不能购买国有出版企业的股份。国有出版企业的股权众筹，只能是项目股权众筹。即以项目为单位，将众筹项目所需投资均分为若干份，供有意向者认购。众筹项目如有盈利，则按受众所持该项目股份数分派股息红利；如没有盈利则不分派。该出版项目终止，则持股受众的权益丧失。显然，其风险远高于预销众筹和债权众筹。项目股权众筹与一般意义上的股权众筹不同，受众取得的不是企业的股权，而是项目的股权，其经济回报的多少取决于该众筹项目的盈利情况，与出版企业的整体盈亏无直接关系。

3. 满足一些精神需求

作为投资人的受众通过众筹出版项目的回报满足的精神需求主要是

---

① 沈利娜：《一场试探图书市场反应的出版营销秀——2013国内众筹出版的现状与问题》，载《科技与出版》2014年第5期。

社交需求和尊重的需求。比如，参加新书首发研讨会让受众有一种成就感，与知名作者一起喝咖啡让受众有一种受到尊重的荣耀感等。

较之物质需求，精神需求的满足对受众的吸引力更大，更能激发受众的投资热情。美国知名作家哈伍德曾在众筹平台上连续发布5本新书的众筹项目，其中《这就是生活》在众筹平台发布第一天就筹满了所需资金，最终筹得的资金超过预期值近1倍。哈伍德的新书众筹出版的回报方案主要以满足受众的精神需求为主，比如出资1美元就能够进入书中的感谢名单，更高一点的出资则可能在某分支章节中加入支持者的创意内容，而出资999美元则能参与各种类型的交流，且作者会以资助者为主角并根据资助者的想法撰写一篇小说，当小说正式出版后将制作唯一精装本送给资助者，成为其独一无二的收藏[1]。以上回报方案显然比《社交红利》的回报方案更具吸引力。当然，这种图书运作市场化、商业性的特征比较明显，真正优秀的学术精品、文艺作品似乎都不适合公众的直接介入，甚至指手划脚。

（二）对出版企业的回报

1. 获得资金支持

出版企业扩大经营规模，大多会遇到资金瓶颈。民营出版企业自不必说，即便是国有出版企业也是如此。有人认为，国有出版企业并不缺钱。那是因为部分国有出版企业经营规模没有扩张或者扩张速度缓慢。扩大经营规模，必然要投入资金。众筹的主要功能之一就是融资，通过众筹融入资金可为出版企业提供资金支持，同时众筹出版还将融资、生产和消费融为一体。

2. 实现精准营销

为便于日后给受众寄送出版物，众筹平台要求受众登录注册和实名参与，因此出版企业可以通过众筹平台获得较准确的受众个人信息。这就有利于出版企业利用社交网络及数据智能分析技术对个人和群体进行实时观察，充分挖掘大数据的深层次价值，进而策划出更能满足读者需求的出版物，并对出版物进行精确而个性化的广告推送[2]，实现精准营销。

---

[1] 徐艳、胡正荣：《众筹出版：从国际实践到国内实验》，载《科技与出版》2014年第5期。

[2] 孙玉玲：《大数据时代数字出版产业的发展趋势》，载《出版发行研究》2013年第4期。

3. 降低经营风险

在众筹出版模式下，众筹出版物一经在众筹平台上推出，即可适时看到受众对其关注的程度和订购的数量。众筹期结束，受众订购某种出版物的总量也就确定了。根据订购总量，出版企业就可以较为准确地确定该种出版物的印数，避免了印数确定的盲目性，提高了印数确定的科学性和合理性。这不仅可以避免大量的纸张及相关成本浪费，还可以减少库存积压。由于众筹出版是先预收货款，再组织创作和出版，所以不存在坏账，也不存在退货问题。众筹出版可以降低库存积压、避免坏账损失和退货损失，所以可以在很大程度上降低经营风险。

三、众筹出版的风险

（一）出版企业的风险

出版企业承担的众筹风险包括但不限于法律风险、著作权被侵害风险和出版内容被操控风险。

1. 众筹融资的法律风险

出版众筹中的资助众筹和预销众筹是法律允许的。股权众筹在美国已合法化。2012年4月，美国总统奥巴马签署了《创业企业融资法案》，允许小企业在众筹融资平台上进行股权融资，且不再局限于实物回报。然而股权众筹在我国目前仍不合法，但中国证监会表示已在研究制定股权众筹融资的相关监管规则。就现行的法律法规来看，出版企业如采用债权众筹和股权众筹方式融资，则要承担非法集资或非法证券活动的法律风险。避免法律风险的最好方法就是不踩法律红线。所以我国目前的众筹出版实践基本上都是采用预销众筹方式。这虽然避免了非法集资或非法证券活动的法律风险，但却将众筹出版圈定在一个窄小的空间内，束缚了我国众筹出版的发展。众筹平台的实际控制人如果出现道德风险，卷款潜逃，出版企业或因甄选不当、监督不力而可能被依法要求对投资人承担全部或部分赔偿责任。为规避此类法律风险，出版企业应甄选信誉好的众筹网站作为众筹平台，并对其进行有效的监督。

2. 著作权被侵害风险

为了吸引受众投资，作者、出版企业一般都会在众筹平台上公布出版物选题及其创意、创作提纲、部分甚至全部内容。其著作权有可能被他人侵犯，在众筹项目出版之前，其他作者或出版企业已抢先出版了类似出版物；众筹项目如获得成功，也可能有大量的作者或出版企业模仿或跟进。防范此类风险，需要著作权监管机构和作者、出版企业共同努力。著作权监管机构应加强侵权行为的打击力度；作者和出版企业也要有防范意识，尽量缩短众筹期限、创作和出版周期，不给盗版者"充分的"剽窃时间。

3. 出版内容被操控风险

在众筹出版模式下，作为投资人的受众可以参与、影响出版物内容的生产。但这种参与、影响必须在合理的范围内，否则就有操控之嫌。出版内容被操控有二种情形，一是被大额投资人操控。出版企业和作者被迫按大额投资人的意志选择内容和进行创作。二是作者主动被操控。即作者因急于筹得资金而主动放弃创作的独立性，以迎合投资人。这种情况在自助出版中可能更为多见。为防范此类风险，政府监管部门应规定众筹项目单个投资人的出资上限，出版企业和众筹平台在这个上限内确定具体众筹项目单个投资人的最高出资比例，以免其出资比例过高而操控出版内容。比如，众筹新闻网站 Spotus 规定每一位出资人的出资上限是众筹项目筹资总额的 20％，而 Wereport 则规定个人资助的总额不得超过项目筹资总额的 50％[1]；同时还要进一步发挥编辑人员的把关作用，将内容质量不高的出版物拒之门外。

如前所述，在众筹模式下，受众的话语权集中体现在出版物选题的决策方面。通过投资或不投资，受众行使了对出版物选题的决策权。而对于作者的创作，还是应当保持其必要的独立性，受众的意见和建议仅供参考。毕竟创作是一种个性化、独创性的精神劳动，并不适合受众的直接参与和干预。中外出版史实证明，"众声喧哗"无助于精品生产。受众过度的参与和干预，不可能创作出真正有价值的好作品。作者和出版企业都应当有这种意识。

（二）投资人的风险

众筹出版模式下，投资人承担的风险主要是信用风险和经营风险。信用风险主要包括以下几个方面：一是出版企业、作者和众筹平台提供的关于出版项目的信息不真实或不充分，导致投资人作出错误的投资风险评估

---

[1] 文卫华、李冰：《众筹新闻：社会化网络时代调查报道的新探索》，载《中国记者》2014 第 3 期。

和不当的投资决策;二是欺诈,即出版企业、作者或众筹平台提供虚假的众筹项目,筹得资金后,卷款潜逃;三是违约,即出版企业或作者,未按约定兑现承诺。经营风险主要包括以下几方面:一是众筹出版项目经营失败,出现亏损,无法兑现回报,甚至本金不保;二是众筹出版项目被他人盗版、模仿或跟进,未能取得预期的经营业绩。

产生以上风险的根本原因是与众筹相关的法律法规不健全和政府监管的缺失。为了保护投资人的利益,应当完善相关法律法规并加强政府监管。相关法律法规对筹资方和众筹平台至少应提出如下要求:一是筹资方开展众筹融资必须到监管部门备案;二是筹资方必须向投资人和众筹平台充分披露财务信息并保证其真实性;三是众筹平台必须到监管部门登记,取得经纪人或集资门户资格;四是众筹平台必须加入被政府认可的一家自律性行业协会,接受协会组织的约束;五是众筹平台必须严格保护从投资人处获得的相关信息,保护投资人的隐私权。

对投资人而言,为了规避众筹投资风险,他会对投资对象进行选择。美誉度高、有市场号召力的畅销书作者,或者某个领域的权威专家以及信誉好、经营稳健的出版企业,更易获得投资人的青睐。从这个角度看,众筹出版更适合大众类的畅销书以及大社名社的出版物,而教育出版和学术出版相对不太适合。

众筹是一种新型的网络金融形式,它通过网络向大众公开募集资金,以支持有创意的经营项目。在国外,众筹通常适用于两类企业,一是已经建立的小企业,二是创业公司,即有创意的创业者通过吸引公众投资建立新的公司。但这并不妨碍我国的出版企业就某些出版项目进行众筹出版的探索。众筹出版作为一种新型的出版模式,值得进行深入的探索。

众筹出版的成功与否,与众筹的法律法规和监管机制是否完善密切相关,也与众筹出版的回报和风险密切相关。在完善众筹的法律法规和监管机制的前提下,防范众筹风险,争取适当的回报,众筹出版模式才可能获得成功。从目前众筹出版的成功案例看,投资人所得回报实在说不上诱人。新兴的众筹出版到底能走多远?前景如何?现在下结论还为时尚早。

(本文与沈东山合作撰写,载《中国出版》2015年第1期,《新华文摘》2015年第7期全文转载,《高等学校文科学术文摘》论点摘登)

岁月书痕

守住学术出版"三重门"

在浙江大学出版社、三联书店相继出台本社的《学术著作出版规范》之后，有关学术出版的话题再次引起业界广泛关注。2012年9月，国家新闻出版总署专门发布了《关于进一步加强学术著作出版规范的通知》，希望通过具体的学术出版规范，推动优秀学术著作的出版，减少平庸之作及伪学术书的泛滥。

笔者以为，在学术出版鱼目混珠、质量堪忧的现状下，出台具有指导性或可操作性的学术出版规范很有必要，但是，要想从根本上控制学术出版的质量，提升学术出版物的品质，仅靠出版规范还远远不够，必须至少关注并把控好以下"三重门"，即作者学术道德之门、出版学术规范之门、政府学术评价之门。

"第一重门"：作者学术道德之门

作为学术著作的生产源头，作者在控制学术出版质量方面负有不可推卸的责任，可以说他们对学术创作的自我把关是学术出版的第一道门槛。

近年，大量平庸之作甚至假冒伪劣、抄袭剽窃之作不断产生，虽说这些著作（论文）的出版单位有失把关之职，但不能不说它们的作者正是这些学术垃圾的"始作俑者"。

受社会浮躁环境以及学术评价指挥棒的影响，很多学术书的作者一味追求快出成果、多出成果，对作品的质量反而不在乎，更谈不上严格自律。一些人为了早日评上职称，公然侵占他人劳动成果，或抄袭剽窃，或请人代写；一些人为了多发文章、早出成果，在写作过程中粗制滥造，甚至捏造事实和数据；一些人将粗糙的"调查报告"、"项目结题"、"文章杂烩"等作为学术书速成。这些功利性的、缺乏作者自我控制的假学术、伪学术登堂入室，直接造成我国学术出版中的垃圾成山。

从源头把控学术出版的质量，重点在于写作者对学术始终保持一颗敬畏之心。学问中人，对学术研究当认真、踏实、刻苦、严谨。非从事学术研究的人，千万别无知又胆大，藐视学问与学者，把文字垃圾以学术著作的名义出版，玷污学术的神圣与高贵。写作者唯有对学术保持敬畏，才能始终遵循学术道德，严格自律，讲究诚信，避免学术不端行为；唯有对学术保持敬畏，才能始终求真务实、勇于创新，不断提高自身的学术素养与学术能力，最终创造出具有传承价值和传播效力的学术精品。所以说，一个合格的学术著作的创作者，应该具有较高的学术道德和学术素养，应该是优良学术道德的传承者和维护者，严谨治学的力行者和倡导者。

"第二重门"：出版学术规范之门

作为学术出版最后的守门人，出版界要设立比较高的标准，把好学术出版质量关。

上个世纪，胡绳同志在担任人民出版社社长时多次指出："一个国家的出版要有门槛，如果我们把门槛放低，学术风气会变坏。""出版要有门槛"，学术出版作为出版大厦上的"王冠"，承载着思想传播和文化传承的功能，体现着一个国家的文化软实力，更需要设置门槛将低水平甚至是毫无水平可言的著作拒之门外。但是，现状却是学术著作出版门槛低，且越来越低，甚至只要给钱就能出。

一些毫无学术价值可言的所谓专著、论文得以顺利出炉，文化垃圾呈现泛滥之势，究其原因，在于利益驱动。一方面，伴随着国家对教育科研投入的大幅增加，课题经费的一再提升，加上个人及家庭经济实力的明显增强，自掏腰包出几本书在经济上并非难事（并且评上职称、获取荣誉后这些"投入"很轻易就赚回来了），不少教师、科研机构人员手中有充足的经费，而专著、论文又是他们受到考核与评价的指标之一，因此，多出著作（发论文）成为客观之必须和主观之需求。个人算账，投入产出比是很可喜的。另一方面，绝大多数出版社已经转为企业，直面市场竞争，在经济压力下，部分出版社经济效益至上，将学术尊严与价值抛弃一边，对"资助出书"或有科研经费补贴的书来者不拒，学术出版项目"给钱就上马"。这样，一方提供粗制滥造的带有资助的作品，一方简单加工粗略一过就大胆放行，在学者与出版社的利益链上，一些全然没有学术价值的出版物批量出炉。曾经处于出版金字塔顶端、让人觉得神圣无比的学术出版沦落到"什么人都可以出，什么烂书都可以出"的地步，不禁让人感慨。

在这样的现实情况下，出版界要把好学术出版质量关，首先必须具有专业操守，经得住诱惑，守得住门槛。虽然作为企业的出版社、期刊杂志社等对经济利益的追逐无可厚非，但是出版的原则永远是社会效益至上，出版的主要贡献和价值以前、现在和今后始终不是在产业方面。出版企业应时刻意识到自身担负的社会文化责任，坚决对无视学术尊严、不讲内容质量的"资助出书"、"卖书号"、"卖版面"等利益交易行为说"不"，坚决对平庸低劣、粗制滥造之作说"不"。过去，学术著作出版难，造成了学术上的损失；如今，学术著作特别是伪学术著作的"出版易"，对学人、学风、学术造成的伤害更大。假作真来真亦假，真假莫辨，鱼龙混珠，假货横行，斯文扫地，劣币驱逐良币屡见不鲜。可见，只有坚持自己的标准，把住出版的门槛，让"出版易"、"发文章易"重新回到"没那么容易"的常态，促使做学问的人真正"坐得住冷板凳"，学术出版才能最终回归传播高质量学术研究的原点。

提升学术出版物质量，还需要出版人具有专业精神。学术领域并非人人都可涉足，就像不是什么人都可以当律师、医生、会计师一样；学术书不是什么人都能写，学术出版也不是什么企业都能做，学术书并不是任何人都能编审把关的。学术出版需要"专业班子"。在发达国家，专业化和高品质已经成为学术出版的基本取向，不仅学术出版由专业出版社专营，学术写作和编辑环节有具体的学术出版规范（如《芝加哥手册》）来约束，而且针对学术书选题各个社还有相当严格的评审程序，如同行评议制度等。国外一些优秀的学术出版机构如牛津大学出版社、哈佛大学出版社，皆有严格的书稿同行评审机制和专业的编辑人才。在我国，虽然不少出版社有自己的强项，甚至部分出版社因出某类书而出名，但总体而言，还是缺乏专而精的学术出版企业。当前，利益裹挟下的学术出版呈现泛滥之势，几乎每个出版社都想分一杯羹。据悉，国内五百余家出版机构，90%以上都涉足学术出版。其中，部分出版机构其实并不具备学术出版能力，它们或缺乏优秀的学术选题资源，或缺乏有学术识见的编审力量，或缺乏严格的学术出版规范，这样专业性和规范性缺乏的"草台班子"操作出来的学术著作，质量可想而知。

提升学术出版的专业化水平，需要出版社培养吸纳一批人才，一批既有学术造诣又懂得学术出版的人才。这些人有一定的学术造诣，关注学术发展，才能与作者对话，发掘有价值的学术资源；有一定的学术识见，才能甄别作者、判断学术作品的优劣；懂学术出版，才能严格执行出版制度并在具体的编校过程中遵守学术出版规范。老商务过去出版了那么多学术文化精品，泽被后人，与其庞大的编译所、一流的编审专家队伍不无关系。鼎盛期老商务的编译人才一点不逊色于北京大学的师资。今天在学术出版领域，重提编辑学者化的话题仍有必要。

"第三重门"：学术评价制度之门

作者、出版企业作为学术出版质量控制的关键之门，是显而易见的。还有一道门，它隐在两者之后，作用却是无形而巨大的，这就是学术评价。学术评价是个指挥棒，对具体的学术研究行为有指引作用。没有科学的学术评价，就难有高质量的学术研究，也就难有高质量的学术出版。

作为学术出版选题的重要来源，我国从顶端的国家科研、教育管理部门到具体的高校或科研机构，现有的学术评价体系和管理方式主要有两大特点：一是量化管理，即把大学（科研机构）整体乃至每个人的科研和教学情况进行数量化处理，如成果获奖的等级、发表论文和著作的数量、完成的工作量等，并以此作为单位排名评级、个人职称评定、荣誉获取、岗位设置、学术奖励的依据。泛工程化的量化管理几乎成了当前学术评价和绩效考核的通用甚至唯一手段。二是利益激励，即不断用基金、项目、奖励等来刺激大家的积极性，鼓励多出成果、快出成果。在这样的评价规则和管理机制之下，有人费尽心机拉关系、搞项目、出成果，绞尽脑汁发文章、出著作、求奖励就不奇怪了。当大家一年到头都在比拼谁拿的项目多、谁出的成果多、谁拿的奖励多的时候，还有谁会老老实实沉下心来搞研究，坐冷板凳呢？

有学者言：量化已经扩大到各种学术和教育的每个方面、每个角落，几乎是无孔不入、无处不在。现行学术评价对量化的过分依赖其实是以"学术 GDP"为价值取向的功利化评价，是对学术规律的违背，是另一种"学术大跃进"。工科思维的泛化、"项目化生存"的畸形发展、量化评估及与之相关的利益刺激致使学者违背学术研究追求真理的宗旨，匆忙发表成果，从事"短、平、快"的项目，助长了急功近利的行为和浮躁的学风，甚至是学术腐败。前面所述多种学术出版乱象，都与现行不科学的学术评价指向相关联。学术造假、学术抄袭、一书多出、一稿多投、不成熟的学术成果急于推出等无不与量化、利益的驱动有关。如果有科学的学术评价特别是严格的同行评价来予以规范，学者不唯"成果量"是瞻，学术造假花了成本却得不到好处，甚至是名利双失；低劣的学术成果出版后没有利益，甚至遭到唾弃与尖锐批评，那么学术不端行为就会减少，学术垃圾也会失去污染环境的机会。

好的学术研究是高质量学术出版的根本，推动好的学术研究需要新的学术评价。所幸已有不少有识之士认识到当前学术评价的弊端，政府层面也在积极引导。2011年11月发布的《教育部关于进一步改进高等学校哲学社会科学研究评价的意见》中，不少内容就是明确针对现有学术评价的弊端。该《意见》的核心是摒弃"重数量轻质量、重形式轻内容的评价方法"，"确立质量第一的评价导向"，"将创新和质量导向贯穿于科研评价的各个环节"，"完善诚信公正的评价制度"。其中还大力提倡能推动以质量为导向的学术评价举措，如优秀成果和代表作评价、以同行专家评价为主的评价机制等。

学术评价的重新规范有助于学术研究"去功利化"，鼓励学者潜心治学，重视学术积累和学术创新。唯有促使学术回归本位，才可能期望有好的学术，进而有好的学术出版。

综上所论，要让学术出版回归本位，学术研究重获神圣与尊严，就必须从学者、出版者、政府管理者几方面共同努力，三管齐下。学者守住道德之门，出版人守住规范之门，政府守住制度之门。若说学术出版规范一类偏于"技"的话，学人的学术精神则是"道"。三者相较，制度之门又是根本的根本。与其他领域反腐败同理，治理学术腐败重在制度。

（本文与白炜合作撰写，载《教育与出版》2013年第6期）

历史寻踪与现实观照

略论晚清时期的大学出版

我国具有现代形态的高等教育肇始于晚清时期。"在中国封建社会高等教育的框架中,太学、国子监是核心,是主干,书院、专科学校则是侧翼和补充。进入近代以后,先是新式专科学校的兴建,继则书院同时改革,最后是一所新式国立大学的建立。这种由侧翼到主干的变化,正表明中国传统的高等教育一步步由表及里、由浅入深地向近代方向转轨。京师大学堂的设立,标志着封建高等教育的解体和新式资产阶级高等教育的兴起。"① 1905年9月科举考试制度正式废除,取而代之的是仿照西方和日本的公学制度的国家教育体系。这一重大的历史性变革从根本上促进了高等教育的进一步转型。而始于19世纪后半叶在中国本土逐步建立和发展起来的教会大学,促使中国的古老教育有了新的转机,并逐渐与世界教育接轨。晚清以降的教会大学不仅在数量上,而且在高等教育的开拓和模式上也为中国教育作出了意义重大的贡献。

整个晚清阶段,无论是新式专科学校、"改良书院",还是新式的国立、省立大学,或者多级制学校中的高等教育部分,抑或是外国人创设的教会大学,都十分重视出版活动。教育家们往往是主动地将教育与出版有机结合起来,把出版工作视为教育工作的重要组成部分,专设机构,编印教材教参,刊行学术论著,传播新学新知,创办各种报刊,使得大学教育与大学出版共生互融,相得益彰,相互促进。

一、新式专科学校的出版活动

1862年(清同治元年)创办于北京的京师同文馆,旨在培养外语翻

---

① 霍益萍:《近代中国的高等教育》,华东师范大学出版社1999年版,第56页。

译的专门人才，是中国近代第一所新式学堂；因此它也被看作是中国近代高等教育萌芽的标志。继此之后，到1898年戊戌变法前，洋务派先后兴办了30所左右培养洋务专门人才的学校①。其中包括外国语学堂，有上海广方言馆（1863年）、广州同文馆（1864年）、新疆俄文馆（1887年）、湖北自强学堂（1893年）等；军事技术学堂，有福建船政学堂（1866年）、江南制造局附设操炮学堂（1873年）、广东实学堂（1880年）、上海电报学堂（1882年）、北京医学堂（1893年）、南京矿务学堂（1896年）等；军事学堂，有天津武备学堂（1885年）、广东水陆师学堂（1887年）、奉天旅顺口鱼雷学堂（1890年）、南京陆军学堂（1896年）等。

  这些新式洋务学堂虽然数量还不很多，规模也都偏小，各自独立，不成系统，且具有浓厚的封建色彩；但作为中国近代第一批新式专科学校，与封建社会的专科学校相比，已有了很大的区别。它们更新了传统培养目标的模式和人才观念，采用了近代西方学校的一些具体做法，开学校教授近代资本主义科学技术之先河。其学科设置已经突破了传统的经史子集的知识分类标准，带来了新的知识视野。正是由于这些特点或进步，我们说洋务学堂是近代第一批新式专科学校，中国近代高等教育由此发轫。当然，这些新式专科学校按今天的标准看，似乎还带有更多中等教育（中专、中技）的性质②。

  晚清七十年是中国社会文化的近代化转型时期。作为这个转型的大过程中的小过程，教育的近代化和出版的近代化同步进行，彼此交织，相互推波助澜，向前奔涌。如果说新式专科学校的出现是中国近代高等教育的发轫，而相伴而生的出版则是中国近代出版的发端之一。曾国藩、李鸿章、左宗棠、张之洞等洋务派人士认识到翻译出版对办理外交事务，以及制器、用器方面的重要作用。1868年曾国藩在给清廷的奏折中这样写道："盖翻译一事，系制造之根本。洋人制器出于算学，其中奥妙，皆有图说

---

① 霍益萍列举了新式专科学校30所（见《近代中国的高等教育》第17～18页）；邹振环则统计为31所（邹振环：《晚清西书中译及对中国文化的影响》，见《出版史研究》第二辑第23页，中国书籍出版社1994年版）；贾争卉、杨小明则说是近40所（见作者《晚清科技传播模式变迁研究》一文，载《自然辩证法通讯》2011年第2期）。

② 喻本伐：《中国近代大学"第一"之争剖辨》，载《教育研究与实验》1995年第4期。

可寻。特以彼此文义扞格不通，故虽日习其器，究不明夫用器与制器之所以然。"① 假手于洋人西书，通过翻译出版，便成为学习西方坚船利炮和科学技术，发展近代化工业的重要手段，京师同文馆等融教育和出版于一体的新式学校兼译书机构，就是在这种背景下应运而生的。

因此可以说，出版近代化转型的孵化器原来就是以京师同文馆为代表的新式专科学校，中国的大学出版也由此起步。我们知道，西方的大学出版历史悠久，中世纪的传统手抄本出版业就主要是由大学和教会的出版机构组成。相比而言，我国的大学出版则产生较晚，一般视京师同文馆为源头。它是1862年由洋务派创建的，其主要活动是把翻译外文书籍作为培养外语人才的目标和途径。在"学西方"的时代大背景下，此种译书活动受到知识界的认可和欢迎。为了应对不断扩大的译书市场，1873年同文馆附设印刷所。另据1879年《同文馆题名录》载，"馆内设有印书处，印刷同文馆翻译著作及总署文件等"②。"印书处备有中文、罗马文活字4套和手摇印刷机7部。同文馆和总理衙门的印件都由这个印书处印制。译印的书籍免费遍送各官员。丁韪良谓，同文馆附设印书处，'以代替武英殿的皇家印刷所'。"③ 1886年，京师同文馆又专设纂修官负责译本的编辑加工和润色。至此，京师同文馆已基本具备了现代大学出版社的雏形。自1862年成立到1901年并入京师大学堂，在近四十年的时间里，京师同文馆累计翻译外国著作二百余种，其中不乏《万国公法》、《化学阐原》等在学术界、教育界产生重大影响的译作④。在京师同文馆的翻译出版活动中，美国传教士丁韪良的作用是十分突出的。"丁韪良在同文馆任职长达30年（1865—1894年），占去同文馆存在（1862—1902年）的大部分时间。"除了组织教习和优秀学生从事翻译，他自己身先士卒从事编译工作。"从1862年至1898年同文馆译书28种，其中仅丁韪良翻译、编写和鉴定的就11种。这些书大多译自西方原著，是近代中国较早的西式教科书，

---

① 中国史学会：《洋务运动》（第四册），上海人民出版社1961年版，第18页。
② 朱有瓛主编：《中国近代学制史料》（第一辑 上册），华东师范大学出版社1983年版，第157页。
③ 范慕韩主编：《中国印刷近代史》，印刷工业出版社1995年版，第197页。
④ 金鑫：《民国时期北京大学的书刊经售和"准出版"》，载《出版史料》2013年第1期。

同期的洋务学堂也广为采用。"①

京师同文馆究竟译刊了多少书，至今仍缺乏完整的统计。上面引用金鑫的文章说是"二百余种"，估计是从吉少甫主编的《中国出版简史》所来。该书称，"30多年中，北京同文馆翻译出版的著作共二百多部"②。但作者没有提供原始依据。据邹振环统计，"京师同文馆译刊的西书约有30多种"。"苏精据《增订东西学书录》、《筹办夷务始末》等书，确定共有35种，内容属于自然科学、社会科学等方面。计法律7种、天文学2种、物理数学类6种、化学3种、语言学5种、医学2种、历史学2种、经济学2种、游记等6种。其中有第一部西方国际法中译本《万国公法》（1864年，原书名Wheaton's International Law）；第一部外交学中译本《星轺指掌》（1876年，Guide Diplomatique）；第一部资产阶级经济学中译本《富国策》（1880年，Fawcett's Polit Economy）和近代第一部英文文法中译本《英文举隅》（1879年，English Grammar）。《富国策》是汪凤藻据英国法思德的《政治经济学提要》一书译出的。卷一论生财，卷二论用财，卷三论交易。《凡例》称此书'为西国之新学，近代最重之，其义在使民足衣足食'，并'旁逮格致诸学，并专以开发巧智为富国之上策，而不外乎智者强之义'。其中提到了英国著名经济学家斯美氏（亚当·斯密）与梨喀多弥耳氏（大卫·李嘉图）。此书译刊后，受到了学术界的瞩目，有的学者认为'欲振兴商务，非读此种专门书，讲明义理不可'，指出其所论及的'均输平准'之法，是中国的'管墨之学'不曾讲述的。崇礼在读完此书后提出了与以往传统'重义轻利'观念完全不同的新见解，认为'天地之大德在好生，圣人之大业在富有；发政之始以足食，聚人之术曰丰财'。"③京师同文馆译书数量虽然不是很多，但在中国文化界尚处于对西方兵船工矿、声光电化的认识阶段时，主动译介了一些资产阶级法律、政治经济学方面的论著，为摆脱陈腐的华夷等级观念，提供了全新的参照系；在建立新的价值观方面，给正在探索中的中国文化人提供了重要

---

① 王立新：《美国传教士与晚清中国现代化》，天津人民出版社1997年版，第262～264页。
② 吉少甫主编：《中国出版简史》，学林出版社1991年版，第280页。
③ 邹振环：《晚清西书中译及对中国文化的影响》，见《出版史研究》第二辑，中国书籍出版社1994年版，第19～20页。

的思想资源。

从事出版活动的新式专科学校除了京师同文馆，还有上海广方言馆、广州同文馆、天津武备学堂、湖北武备学堂、江南水师学堂、北洋水师学堂、江南陆师学堂、福建船政学堂、直隶农务学堂等。论及上海广方言馆，有研究者指出："广方言馆的师生在翻译西书、介绍与传播科学技术知识方面是有贡献的。傅兰雅与徐建寅、徐寿、华蘅芳、赵元益等合作，三十余年共译西书一百三十六种……这些翻译家是属于江南制造局翻译馆的，他们只是在广方言馆兼课，当然不能把翻译的成果归之广方言馆，但是广方言馆的教学引发了他们的译书旨趣，翻译又促进了教学，译本多是应用于广方言馆。"[①] 上海广方言馆在1869年11月直接并入了江南制造总局。此外，还有天津武备学堂翻译、编写的著作有《克虏伯电光瞄准器具图说》、《哈气开司枪图说》、《克虏卜量药涨力器具图说》、《克虏卜新式陆路炮图说》以及《阿墨士庄子药图说》等；湖北武备学堂翻译刊刻了24部德国军事著作，汇集成"湖北武学"；福州船政学堂翻译、刊刻的著作则有《格致正轨》（10卷）、《中国江海险要图志》等；江南水师学堂刊印了《日本师船考》；江南陆师学堂翻译出版了德国教习编写的28卷德国陆军学校教材；附设于天津机器局内的北洋水师学堂有自己的翻译出版机构，译刊西洋兵书，梁启超的《西学书目表序例》中称《西学书目表》收录了该学堂所译的书籍；直隶农务学堂创办了《农务官报》（1902年，后于1905年更名为《北直农化报》[②]）；保定武备学堂于1904年3月创办了《武备杂志》月刊，刊行了25期后于1906年3月停办；武昌农务学堂1904年印行了《蚕学月报》；武汉湖北高等巡警学堂1905年刊行了《湖北警务杂志》；广东法政学堂1907年10月创办了《法政丛刊》，专从学理上研究法律、政治、经济各方面问题；广东蚕业学堂1908年出版了《蚕学报》；福建法政学堂1908年创刊《福建法政杂志》；浙江法政学堂则在1907年创办了《政法讲义录》、《教育今语》、《全浙公报》等。此外，成立于光绪二十二年（1896年）的唐山铁道学堂曾经开办过印刷部。光绪

---

① 曾钜生：《略论上海广方言馆》，载《杭州大学学报》1986年第1期。
② 关于《北直农化报》，史和、姚福申、叶翠娣编《中国近代报刊名录》（福建人民出版社1991年版）第113~114页有较详细的介绍，该杂志"北京图书馆和四川省图书馆藏有部分原件"。

三十年（1904年）军咨府所属京师测绘学堂开设制版印刷班，印制地图。光绪末年，安徽高等学堂铅印姚永朴《群经考略》16卷、《我师录》4卷，是已知的安徽有铅印的开始①。

洋务学堂的出版活动由政府主导，直接服务于洋务运动的现实需要，"是在清朝政府被动开放的形势下，作出的顺乎时代潮流的反应，是国人开始大规模主动吸收西学的标志"，其翻译出版实践"积累了许多宝贵的出版经验，特别是确立的一般翻译原则，为后世翻译界和出版界所遵循"②。作为大学出版雏形的新式专科学校的出版活动，初步显现出了与大学功能——人才培养、科学研究、服务社会、文化传承创新——相配合的特点。

首先，洋务学堂的翻译出版本身就是教学活动的一部分，直接服务于人才培养。如京师同文馆课程中就有译书一项，翻译本身就是学生的必修功课。西书的翻译主要是由西洋教习像丁韪良、傅兰雅等人担任，一些中国学者如李善兰、徐寿等人也担当重任，而学堂在读的学生不少参与其事。这种教学相长、注重翻译实践的模式，促使京师同文馆培养了一批口译与外交人才。从1862年到1902年的40年间，"从目前能统计到的100位有职业记录的京师同文馆毕业生中，在京的中央外交等机关官员28人，赴外省的地方外交等机关官员27人，驻国外机构官员16人，文教等其它职业29人"③。另如福建船政学堂，通过西学课程的学习，不仅使学生学到了西方科学技术，而且培养了外语知识与能力。船政学堂译书虽不及京师同文馆多，但培养出了严复这样杰出的一代思想大家、翻译大家，影响深远。

其次，洋务学堂的翻译出版活动直接提供了急需的教学用书。这一点在京师同文馆表现得最为典型。"同文馆所用教材，来自三个方面。一是原版外文教科书；二是中文已有或已译为中文的书籍，如《九章算法》、《几何原本》；三是教习自编，如司默灵编的《法国话料》、《法国话规》，

---

① 范慕韩主编：《中国印刷近代史》，印刷工业出版社1995年版，第240页。
② 吴永贵主编：《中国出版史》（下册），湖南大学出版社2008年版，第40~41页。
③ 邹振环：《晚清西书中译及对中国文化的影响》，见《出版史研究》第二辑，中国书籍出版社1994年版，第22页。

丁韪良撰的《格致入门》等。"① 随着"译书与课艺"的推进，翻译出版与教科书形成了更加直接、紧密的关系。京师同文馆"所译西书可以分为三类，一是关于国际知识，如《万国公法》、《各国史略》；二是科学知识，如《格致入门》、《化学阐原》、《富国策》；三是学习外文工具书，如《汉法字汇》、《英文举隅》。由于京师同文馆是清朝政府所办的第一所新式学校，无现成教科书，这些西书多充教科书之用。同文馆有些课程，便是以这些书命名的，如'万国公法'、'各国史略'、'富国策'等"②。

再次，新式专科学校的出版活动在文化传承创新方面贡献显著。与中国古代刻书、近代官书局刻书等侧重于传统文化的积累、儒家正统思想的接续不同，洋务学堂的翻译出版是以全新的西学之传播为特色，进而促进中国文化新质的产生。晚清新式专科学校的创办及翻译出版活动的开展，是当时洋务运动的一个有机组成部分，是中国从封建社会向近代社会过渡及西学东渐、两种异质文化交流冲突的产物。这些洋务学堂的翻译出版活动是在"中体西用"指导思想下进行的，同时它又反过来推动"中体西用"向"全面学习西学"进步。由侧重应用技术到自然科学理论，再到人文社会科学著作，这种以我为主、由表及里、逐渐深入的"拿来主义"，展现了中国上层社会知识精英学习西方的心路历程，也体现了异质文化交流、民族文化创新的发展规律。

二、"改良书院"的出版活动

书院，是我国唐宋以来特有的一种社会文化教育基地。书院刻书在中国则渊源有自，不断发展。"把教育中心、学术研究基地、图书馆、出版机关诸因素有机地结合于一体，是我国古代书院的一大特色。"③ 肖东发所著《中国图书出版印刷史论》突破以往只讲官刻、私刻、坊刻三大系统的成说，对发明印刷术作出重要贡献的佛教寺院刻书、与教育密切相关的书院刻书，也列出专章进行了叙述与论证。而赵连稳、朱耀廷著《中国古

---

① 熊月之：《西学东渐与晚清社会》（修订版），中国人民大学出版社 2011 年版，第 240 页。

② 熊月之：《西学东渐与晚清社会》（修订版），中国人民大学出版社 2011 年版，第 248 页。

③ 李国钧主编：《中国书院史》，湖南教育出版社 1998 年版，第 953 页。

代的学校、书院及其刻书研究》（光明日报出版社2007年版），更是全面、系统地梳理了中国古代学校、书院的刻书活动。

在中国古代，"书院刻本与政府官刻及私坊刻书既有联系又有区别，既有内容的广泛性，包括经、史、子、集、丛诸部，又有较强的目的性，重点为本书院师生自用。故其很少刊刻御纂制书，也几乎没有面向民间的农桑卜算、阴阳杂记、启蒙读物及戏曲、小说类的民间文学作品，而主要集中于学术性著作，尤重师承学派"[1]。时至晚清，无论是书院教育，还是书院刻书，都或自觉或被迫与时俱进，发生了一些新的变化，出现了新的时代特征。可惜的是，上述两种著作对晚清的书院刻书基本没有涉及。

书院刻书无疑要依托书院母体本身，有什么样的书院就会有什么样的刻书选择和出版面貌。唐宋时期的书院，旨在反对以追逐科举及第为直接目的的官学教育和社会风气，强调教育的任务在于培养人的道德情操和发展学术。但是，从明朝开始，书院的发展日益背离其初衷，逐渐成为一种变相的官学、科举的附庸。甲午战争以后，朝野上下改革书院的呼声高涨。当时的改革要求可分为两种：一种是利用书院原有的设备、经费等物质条件，重新制定章程，办新式学堂；另一种是保留书院的形式，但须变通其学习内容。第一种要求曾被光绪皇帝采纳，但因"戊戌政变"发生而流产，直到1901年清政府实施"新政"后才重新付诸实践。事实上戊戌变法时期的书院改革，主要停留在变通和改革书院的教学和考试内容等方面。第一方面，由维新派和一些省的地方官新建了一批书院。往往以研究时务相标榜，志在培养改革社会的政治人才，如万木草堂、时务学堂；后者高喊中西兼学，实则偏重西文、西学的传授，如浙江求是书院、陕西崇实书院、瑞安学计馆、陕西游艺学塾等。书院改革的第二方面，是一些原来的书院开始变通其教学内容和考试内容。如湖北两湖书院（1890年设立）在1897年改订章程，规定院内课程分经学、史学、地舆（附图学）、算学四门，后又增格致、体操。陕西味经书院也属于这一类型。可见，书院的变通和改革，是戊戌维新时期传统高等教育转轨的一个重要侧面。当时的变通改革，主要限于内容方面，其它如学校组织形式、教师授课和学生学习的方法等，均还是原来的那一套。因此，这些书院既不同于传统的书院，也有别于后来的近代高等学校，只是处在两者之间的一种学校形

---

[1] 肖东发：《中国图书出版印刷史论》，北京大学出版社2001年版，第275页。

式，所以，后人有时称其为"改良书院"①。

有关改良书院的出版活动，专门进行研究的成果不多，一些涉及书院刻书史的论著对此也极少予以关注。笔者查询相关资料，注意到当时的时务学堂、求是书院等"改良书院"皆开展过相应的编辑出版工作，且有自己的特色。1897年设立于湖南长沙的时务学堂提调是熊希龄，西文总教习为李维格，而中文总教习则聘当时因主编《时务报》而声誉鹊起的梁启超担任。他曾在《西学书目表》一书的序例中宣称："国家欲自强，以多译西书为本，学子欲自立，以多读西书为功。"这位一生热心创办报刊、经营出版的梁启超，在时务学堂的短短半年时间里，就有所建树。他亲自撰写、刊刻了《读春秋界说》和《读孟子界说》两书，作为学生学习的教材。这两本教材完全不同于传统书院刊刻的经书，其意在说明社会由乱到治，进而大同，以及平等思想、"民权"之说，皆孔孟学说之精髓。目前西方政治已暗含此经义，中国也急需迎头赶上，走西方的道路。这里弘扬的无疑是与康有为一脉相承的变法思想。梁启超还组织学堂的学生经常在当时几乎与《时务报》齐名的《湘报》上发表文章，谈古说今，纵论时事，密切联系社会实际，促进了人才的成长。

浙江求是书院是经维新志士汪康年等人的多方努力，于1897年春由杭州知府林启及其幕僚高啸桐等创设的。林启主张革新，讲求实学，以救亡图强为办学宗旨。求是书院课程分中西两部分，其中西学功课设有地理、英文、算学、化学等等。《浙江求是书院章程》（光绪二十三年，即1897年）明确规定两位副教习的职责为"教授各种算学及测绘、舆图、占验、天文等事"，"教授外洋语言文字及翻译书籍报章等事"②。1900年后，求是书院学生愤于时局，自行组织"励志社"，阅读新书报，创办白话报，讲演新学，成为当时浙江传播西学和酝酿革命的策源地。"励志社"一项重要的对外工作，就是响应白话报运动。《杭州白话报》1901年创刊，以宣传民主革命、反对帝国主义侵略为宗旨，是清末浙江地区资产阶级革命派的重要报纸。求是书院孙翼中、汪曼锋等曾主持、参加该报的编辑、撰稿工作。同学们还集资订阅该报，分送附近

---

① 霍益萍：《近代中国的高等教育》，华东师范大学出版社1999年版，第45～51页。
② 汤志钧、陈祖恩编：《中国近代教育史资料汇编 戊戌时期教育》，上海教育出版社1993年版，第217页。

茶楼酒肆，并进行宣传讲解。陆世芬、钱承志等求是书院学生后来留学日本，积极参与进步刊物《译书汇编》的编辑工作；该刊编译了欧美政法名著如《民约论》、《万法精理》、《代议政治论》等。陆世芬等还创设了教科书译辑社，出版《物理易解》等书籍。该社是译书汇编社的分社，前者以译大学教材为主，后者专译中学教科书。顺便要提及，求是书院1901年改称求是大学堂，次年改称浙江大学堂，两年后改为浙江学堂。该校1914年停办6年。1928年改称浙江大学①。

此外，湖南的由湘水校经堂改名、变革而来的校经书院，于1897年4月22日创刊了具有校报性质的《湘学新报》②。这是由江标、唐才常等维新人士办的第一份期刊，也是湖南近代新闻出版事业的开端。该报自第21册起更名为《湘学报》，至1898年8月8日终刊，共刊出45册③。它以"争自存"、"遗宜种"的社会进化论观点，叙述古今中外各国之历史，指出"自新其政"的紧迫性和必要性；以较多篇幅详细介绍西方议会制度，以及西方近代社会科学和自然科学知识，对于开通湖南近代的社会风气起了很大的促进作用。经过江标整顿的校经书院成为了集学堂、学会和期刊社三位一体的维新活动阵地，出版活动成为教育教学活动乃至维新运动的重要组成部分④。

陕西味经书院（1873年设）属于那种"旧瓶装新酒"的典型。该书院在1895年专设时务斋，山长刘古愚主张讲究实学，通经致用，要求全院学生关心时务，讨论经史，力求实用。课程分经史、西书和西艺两类。

---

① 许建平：《浙江近代最早的高等学校——求是书院》，载《杭州大学学报》1987年第2期。

② 黄林编《近代湖南出版史料》（一、二）（湖南教育出版社2012年版）收录了《〈湘学新报〉售例》（第1182～1183页），内容包括："总售处在长沙北门外校经堂实学会管书处，学院街萃文堂刻刷局"；"省城分售处，一在太平街艺学堂官书处（人和号内），一在小吴门思贤书局"；"每月三期，每期约三十余页一本，用洁白棉料纸印订，务极工整。每本取纸料装订费一百文，不折不扣。常年暂购皆无增减，远近一律不加分文"；"本报系手民精刻，可随时刷印"等等。这则带有广告色彩的《售例》原载于《湘学新报》，光绪二十三年三月二十一日第1期。

③ 魏国英、方延明、汤继强主编：《中国高校校报史略》，北京大学出版社2010年版，第34页。

④ 黄林：《近代湖南报刊史略》，湖南师范大学出版社2013年版，第41～44页。

在时任陕西学政的柯逢时大力支持下，书院另设味经刊书处（后也被称为味经官书局），明确主张刊书处以实用为第一宗旨，为书院教学服务。《味经书院时务斋章程》（光绪二十一年，即1895年）中专论"刊行西书"："中国之患，西祸为急，则时务莫大于洋务。西国之谋人国也，以商贾笼其财，然后以兵戈取其地，故今日中国以整顿商务为先，宜急刻商务及通商条约、各国交涉等书。西商所以获利者，制造精也，故宜急刻造器各书，造器之原，均由格致，故宜急刻格致诸书。商贾之中，即伏兵戎，故宜急刻战阵军械等书。西学之精，非算术不能窥其奥，故宜急刻算术各书。"① 如此多的"宜急刻"之书，非有专门机构不行，味经刊书处因此创设。

味经刊书处的经费筹措、财务管理、行政管理、校勘管理等都具备了不同于传统书院刻书的许多新特点，而从出版物内容来看，在刊刻经史的基础上，更是编辑出版了大量算学、实学、西学著作，为地处内陆的陕西传播了资产阶级民主思想和先进的科学技术知识，在培养爱国实业人才方面发挥了重要作用。味经刊书处刊刻的经史类著作有《十三经注疏》、《二十四史》、《通鉴》、《九通》、《二十子》、《昭明文选》、《尔雅注疏》、《五代史校勘札记》等等，精选善本，印制精良，影响深远。如果仅仅是刊印这些书籍，那它与传统书院刻书就没有本质的区别。更值得我们关注的，是味经刊书处的算学、西学、时务新书。刘古愚认为算术（数学）是自然科学的基础，是步入西方科技的门径，因此特别重视这类著作的出版。他亲自校勘并为之作序的算学书就有不少，刊刻的此类图书有《九数通考》、《白芙堂算学二十一种》、《代数学》、《微积溯源》、《泛倍数衍笔谈》、《学计韵言》、《代微积拾级补草》、《勾股细草》、《补借根方》、《径求和较术》、《盈朒勾股互求公式》、《炮法画谱》、《火炮量算通法》、《味经书院通儒台经纬仪用法演草》等，其中有多种是书院师生自己的研究著作。刊书处的时务新书刊行也可圈可点，出版了康有为的《孔子改制考》、《强学会序》、《五上书记》、《七上书记》、《俄彼得变法记》，梁启超《幼学通议》等维新派代表人物著作，颇有影响。书院刊书处的实学、西学出版业绩从其刊刻书目便可略知大概。严复《天演论》的最早中文版本就是1895年的味经

---

① 高时良编：《中国近代教育史资料汇编　洋务运动时期》，上海教育出版社1992年版，第711～712页。

刻本。味经刊书处的西学著作出版既包含丰富的"物理"（自然科学），也包含着丰富的"政理"（社会科学）内容。比较有代表性的著作如《万国公法》、《原富》、《立政臆解》、《西洋史要》、《支那通史》、《中国现势论》、《伦理学》、《富国学问答》、《理财学课本》、《十九世纪欧洲政治史论》、《蚕桑备要》、《泰西机器必行于中国说》、《舆学入门》、《重学须知》、《化学歌括》、《法国格物课程》、《简明物理教科书》、《英文文法》、《东语初阶》等等。笔者从孔夫子旧书网上搜索到1898年味经书院版的《初学读书要略》（刘古愚等著，有书影）。正如有研究者指出的，味经刊书处作为附设于味经书院的一个专业出版机构，代表了传统刊书向近现代图书出版的过渡，从刊书内容到管理制度两方面突破了传统模式，顺应了时代发展的需要，是出版史上的一个成功范例①。

综合起来看，晚清"改良书院"的出版活动呈现出了与清中叶及以前书院刻书某些不同的特点，有着明显的变化。从出版内容来说，虽然传统的经、史、子、集、丛仍占一定比例，但实学、西学方面的书籍显然占据了越来越重要的地位。从出版物形式来说，虽然传统的图书形制仍旧存在，但新式的报刊显然占据了越来越重要的地位。从出版主体来说，虽然书院山长、学者仍旧参与编纂出版活动，但学生在出版活动中显然占据了越来越重要的地位。从出版机构运行来说，新式的改良书院一部分已经是集编辑、刊印、销售于一体的现代出版机构雏形，管理更趋专业化、科学化；而救亡图存压力下的"改良书院"出版活动，虽然依旧有积累传承传统文化的功用，但更显示出开通社会风气、引进传播西方文明成果的媒介建构新功能，与新式专科学校的出版事功异曲同工。

三、新式国立、省立大学的出版活动

晚清中国高等教育制度是在"旁采泰西"、"取日本学规"的基础上逐步建立起来的②。康有为、梁启超、张之洞等人创建新式教育制度的设想，均不离学习西方。康有为在《请开学校折》中明确指出："今各国之学，莫精于德，国民之义，亦倡于德；日本同文比邻，亦可采择。请远法

---

① 郎菁：《味经刊书处：陕西近代出版业的先声》，载《唐都学刊》2005年第4期。
② 周瓦：《"旁采泰西"、"取日本学规"与晚清高等教育制度的产生》，载《高教探索》2005年第2期。

德国，近采日本，以定学制。"①事实上的"旁采泰西"主要是效法德国，而"近采日本"则具体而微，"略取日本学规，参以本国情形"。1898年，京师大学堂的创办成为中国近代高等教育发展的一个重要标志，它意味着对封建高等教育核心部分的彻底改造。作为近代中国第一所新式的国立大学，其"新式"确实完全是模仿资本主义国家大学的结果。在京师大学堂的引领之下，一批初步具备现代大学性质的大学堂和高等学堂纷纷创立。这些高等学校，既有国立的，也有省立的。

从1898年12月到1902年5月，京师大学堂受政治及战争的影响，处于草创阶段，只不过是"略备体制"而已，中间还一度停办。1902年开启的清政府的"新政"，给了极想有所作为的新任京师大学堂管学大臣张百熙以英雄用武之地。他力主脚踏实地，一切从头做起；注重延揽人才，聘请优秀的教习，尤其是有真才实学的总教习；此外，他还高度重视仪器设备、图书资料的建设。为了配合新课程、新学科、新学制的建设，张百熙把编译出版工作提上了议事日程。他认为，新学制只是新教育的外壳，课程才是灵魂，教科书实与学堂相辅而行，"泰西各国学校，无论蒙学、普通学、专门学，皆有国家编定之本，按时卒业，皆有定程"。因此"学堂又以编辑课本为第一要事"②。有鉴于此，1902年10月京师大学堂专门设立了译书局和编书处（也称编书局）。据《京师大学堂（癸卯）同学录》载："编书局总纂兼考校处李希圣（亦园）；舆地总纂兼考校处邹代钧（沅帆）；分纂韩朴存（力畬）、孙宝瑄（仲瑜）、罗惇融（掞东）、桂埴（东原）、李稷勋（姚琴）；正校马睿年（叙五）；分校陈毅（仲仪）。译书局总办兼考校处严复（几道）；分校常彦（伯奇）、曾宗巩（幼固）、胡文梯（步青）、魏易（聪叔）；笔述林纾（琴南）、陈希彭。""又据罗惇融《京师大学堂成立记》载：编书局尚有王式通，译书局尚有严璩。"③显而易见，京师大学堂当时同时分设了译书局与编书处（局），其分工有别，

---

① 陈学恂主编：《中国近代教育文选》，人民教育出版社1985年版，第109页。
② 朱有瓛主编：《中国近代学制史料》（第二辑 上册），华东师范大学出版社1987年版，第835页。
③ 张静庐编：《中国近现代出版史料》（近代二编），上海书店出版社2003年版，第13页。

任务也不同①。"前者负责编译西学课本和资料；后者负责编辑国学教材。"(《北京大学简史》，1979年未定稿)②

为了使翻译出版活动有人员和组织上的保障，京师大学堂"其译局由旧官书局筹办，一设京师，一分设上海"(喻长林：《京师大学堂沿革略》节录，1909年)③。1898年京师大学堂创建之初，就经管学大臣孙家鼐奏请、光绪帝发布上谕正式成立附设机构译书局。首先是从日本购买了一批美国学校的初级教材，组织人着手翻译。后因八国联军入侵，大学堂停办，译书工作也就无法继续。直到1902年3月大学堂重新开办，至下半年的10月份译书局才得以恢复，1904年7月再次停办。而上海译书分局是大学堂为充分利用上海西学荟萃的优势、便于引进西书，于1902年5月成立的。分局也在1904年7月关闭。关于译书局、上海译书分局翻译刊刻的书籍、特点和成就，张运君《京师大学堂和近代西方教科书的引进》一文考论甚为精详，下略述之④。译书局成立后，严复任总办，林纾、严璩等为副总办。严、林都是当时译界名流，具有"品牌效应"。尤其是严复，为译书局的创办做了大量奠基性的重要工作。他就职后，亲自制定了《译书局章程》，并对译书局的人事配备、机构设置、规章制度、职员薪水及领译合约等做出了详细规定。不仅如此，严复还率先垂范，自己翻译或重译了一些有影响的西学论著，包括《穆勒名学》、《法意》(重译)、《群学肄言》、《社会通诠》等等。而林纾在1903年担任译书局笔述，此后直到1912年，先后翻译的作品多达六十多部，其中有一些被作为京师大学堂的教科书。他和魏易合作翻译了《民种学》(德国哈伯兰著，从英译本转译)、《布匿第二次战纪》，均由京师大学堂刊印。他的译作如《美洲童子万里寻亲记》、《鲁宾逊漂流记》等也被清廷学部审定为"宣讲

---

① 京师大学堂的"译书局"有时似乎也称之为"官书局"。笔者翻检张晓编著的《近代汉译西学书目提要 明末至1919》(北京大学出版社2012年版)，其中收录的多种编译著作如《布匿第二次战记》、《三角》、《力学》、《额伏特烈物理学五卷》(皆为1903年刊行)署名编译机构为大学堂官书局，见张著第358、471、475、478页。

② 陈学恂主编：《中国近代教育大事记》，上海教育出版社1981年版，第120页。

③ 舒新城编：《中国近代教育史资料》(上册)，人民教育出版社1961年版，第160页。

④ 张运君：《京师大学堂和近代西方教科书的引进》，载《北京大学学报》(哲学社会科学版)2003年第3期。

用书"。

京师同文馆到底译了一些什么书，有些什么特点呢？1902年颁布的《大学堂谨拟译书局章程》明确显示："现在所译各书，以教科为当务之急，由总译择取外国通行本，察译者学问所长，分派深浅专科，立限付译。教科书二分等，一为蒙学，二为小学。其深邃者俟此二等成书后，再行从事。"① 而从实际情况来看，译书的范围并不限于蒙学、小学教科书，还包括了地舆、西方律令、商功等38类。若说是"教科书"也应该是广义的。郑鹤声在《八十年来官办编译事业之检讨》一文中列举了译书局的译书："其译成之书，则有罕木枨斯密算法一卷、威理斯形学五卷、洛克平三角一卷、斐立马格纳力学一卷、额伏列特动力学一卷、气水学、热学、光学、电学各一卷、垤氏实践教育学五册、欧洲教育史要三册、中等矿物学教科书、东西洋伦理学史、格氏特殊教育学、独逸教授法各一册。"② 张运君据有关档案考证，郑鹤声这个书目中有笔误，如"威理斯"当为"威理孙"等。而上述诸书，《东西洋伦理学史》等五种是上海译书分局所译。北京大学档案馆还藏有大学堂的译书清单，记载了除上述译著外的多种已脱稿和未脱稿的书目。至于上海译书分局翻译刊刻的著作，数量不少，尤以教育学类著作引进为重点。"大学堂从1898年到1911年翻译、出版的西方教科书大约是60余部100多册，购买的西方教科书大约为2000余部6000余册。"而翻译刊印的60多种书籍中，人文社科方面的占绝对优势，比例高达62%。"这也与当时的翻译出版界引进西方教科书从洋务运动时期的以自然科学和应用科学为主，到19世纪末20世纪初以社会科学和人文科学为主的现状是相适应的。这反映出：当时中国知识分子日益认识到解决中国的基本问题，不能全靠那些军工技术，还必须具有现代政治、经济和社会的综合知识，特别是要全力学习和引进西方（又主要是日本）的教育制度、教育方法，反映了中国人学习西方从器物层次到制度和思想文化层次的升华。"③

---

① 转引自吴小鸥：《晚清学堂编译教科书之探析》，载《课程教学研究》2012年第1期。

② 黎难秋编：《中国科学翻译史料》，中国科技大学出版社1996年版，第701页。

③ 张运君：《京师大学堂和近代西方教科书的引进》，载《北京大学学报》（哲学社会科学版）2003年第3期。

京师大学堂编书处负责编辑"中国学问为学堂所必须肄习者",按中小学课程门目,分经学、史学、地理、修身伦理、诸子、文章、诗学七类,聘请专人,驻局编纂。编书处专立教科书编写大纲,强调"各门课本,拟分两项办法:一最简之本,为蒙学及寻常小学之用;二较详之本,为高小及中学之用"(《政艺丛书》卷四政书通辑,1902年)①。可见,译书局着眼于引进西方(含东洋)教科书,编书处侧重自主编写中小学(含蒙学)教科书。只是编书处到底自编了多少种中小学课本,难以确考了。这有点类似于今天人民教育出版社的职能,主要是因为当时京师大学堂不仅是全国最高学府,同时还兼管全国教育行政事务。这些教科书不仅京师大学堂自用,同时也提供给全国各地的学堂使用。"这是中国近代第一次由官方组织的有计划、有目的、有系统地编写教科书,它标志着中国近代教科书编写开始走向正规化。这一历史意义是值得肯定的。"②到1906年7月,清廷"学部于四译馆旧址后院设立编译图书局,制定编译章程九条。其编辑大意,大半仿照文明书局及商务印书馆教科书体例,是为我国教科书之始"③。显然,这里的编译图书局就其职责、功能而言,就是对京师大学堂编译出版机构的继承与发展。

从服务大学教学育人需要出发,京师大学堂十分重视教习、学生自行翻译西方教科书,学生译书有成,还给予奖励。张百熙对大学讲义的编写刊刻也给予了高度关注。他要求大学堂各科教习,除西学可采用其它译本外,其余一律自编讲义。当时,各科教习也都响应号召,切实做出了努力。如伦理学讲义,由张鹤龄编写;经学讲义、中国通史讲义,由王舟瑶编写;史学科讲义,由屠寄编写;中国史讲义,由陈黻宸编写;万国史讲义,由服部宇之吉编写;中国地理、中国地理志讲义,由邹代钧编写;经济学通论、经济学各论讲义,由于荣三郎编写;掌故学讲义,由杨道霖编写④。

---

① 转引自吴小鸥:《晚清学堂编译教科书之探析》,载《课程教学研究》2012年第1期。
② 王建军:《中国近代教科书发展研究》,广东教育出版社1996年版,第147页。
③ 郑鹤声:《八十年来官办编译事业之检讨》,见陈学恂主编:《中国近代教育大事记》,上海教育出版社1981年版,第163页。
④ 朱有瓛主编:《中国近代学制史料》(第二辑 上册),华东师范大学出版社1987年版,第834～835、943页。

清末的大学除了京师大学堂,还有北洋大学堂和山西大学堂。后两所均为省立大学,且这两所大学都涉足出版,有所成就。

北洋大学堂由原天津中西学堂于1903年重建改设。根据《奏定学堂章程》,北洋大学堂设立大学专门科和预备科。初期实际上只有预科,至1906年北洋大学堂正式办本科,分法律、矿学、土木工三科。有人说它是"我国近代第一所大学"[1],于实际情况并不符合,早有专家认为"天津大学也不必争这金匾"[2],中国近代第一所大学当属京师大学堂无可争辩。北洋大学堂在其前身天津中西学堂(1895年创办,亦名北洋西学学堂)时期,就开始了编译出版活动。总教习丁家立任职期间,编有北洋丛书作为课本,其中丁氏所著《英文法程》上下册和法科教授美国人任纳福所著《世界通史》皆为当时流行广泛的教科书。1898年丁家立著《亚洲地理》一书,出版后也是作为教材使用[3]。到民国时期[4],以北洋大学、北洋大学工学院名义还出版了一些图书。

比起北洋大学堂来,创建于1902年的山西大学堂,其出版事业无疑更具近代色彩,也更有成就和影响。首先,它设立了自己专门的编译出版机构。为了解决大学堂教学急需的教材教参,同时也适应当时全国兴办学堂的要求,大学堂的创办人之一、英国传教士李提摩太由西斋的经费拨出白银一万两,于1902年在上海设立了山西大学堂译书院。该院先由李曼教授负责,随即聘请美国人窦乐安博士主持。译书院共有译员7人,其中6名华人,1名日籍人士。华人译员中有夏曾佑、许家惺、朱葆琛,都是当时译界有影响的人物。此外,尚有润色文字的华人4名。其次,译书院翻译出版了一批重要的高中等学校教科书和学术专著。其中主要有《藤泽算术教科书》、《代数》、《植物学教科书》、《生物学教科书》、《矿物学教科

---

[1] 王杰:《北洋大学堂与中国近代高等教育的缘起》,载《高教探索》2008年第6期。

[2] 喻本伐:《中国近代大学"第一"之争剖辨》,载《教育研究与实验》1995年第4期。

[3] 王杰、宋彧:《北洋大学出版物之管窥》,载《天津出版史料》第五辑,百花文艺出版社1993年版。

[4] 天津市地方志编修委员会编著:《天津通志·出版志》,天津人民出版社2001年版,第113页。

书〉、《物理学教科书》、《地文学教科书》、《十九周新学史》、《应用教授学》、《迈尔通史》、《欧洲商业史》、《克洛特天演奏》、《最新天文图志》、《最新地文图志》、《中国编年史表》、《世界故事》、《世界名人传略》、《插图惊奇世界》等等。译书院到底翻译刊刻了多少种书籍？有"14种"、"二十余种"、"数十种"多种说法，行龙"据译书院印行《俄国近史》、《最新天文图志》、《世界名人传略》等书附录'山西大学堂译书院出版新书目录'，参照山西大学校史研究室所有译书院书目原本及复制本共得以下23种"（具体书目略）。这与1911年梁善济撰《山西大学堂设立西学专斋》所说的"成书二十余种"比较一致①。再次，译书院出版的一些著作产生了重要的、持久的影响，为引进、传播西学，推动教育事业发展发挥了极其重要的作用②。其中《迈尔通史》曾在我国广为流传，影响很大。《最新天文图志》为英国希特原著，《最新地文图志》为英国世爵崎冀原著，均为上海叶青翻译。图志对照，注释明晰，五彩制图，十分精美，为我国前所未有之佳本。当代著名学者李学勤专门撰文谈及自己在上个世纪40年代所受《天文图志》的积极影响以及留下的深刻印象③。

四、多级制学校中的大学出版

西方近代教育有其完整的模式和迥异于中国的成熟模式。晚清时期，从维新派到一些有改革思想的官吏，都对移植西方三级制教育制度表现出极大的热情。率先在一地尝试设立多级制学校的是洋务派的后起之秀盛宣怀④。这里我们侧重讨论南洋公学及其译书院的翻译出版活动。

1895年，盛宣怀奏请在天津设立中西学堂。这所学堂分设"二等学堂"、"头等学堂"，是近代第一所含普通和专门两级制的学堂。过去多认

---

① 行龙：《山西大学校史三题》，载《山西大学学报》（哲学社会科学版）2002年第2期。

② 李玉文：《创办时期的山西大学堂（1902—1910）》，载《山西档案》1993年第5期。

③ 李学勤：《记山西大学堂译书院版〈天文图志〉》，载《山西大学学报》（哲学社会科学版）1998年第3期。

④ 霍益萍：《近代中国的高等教育》，华东师范大学出版社1999年版，第56～59页。

为这里的"头等学堂相当大学本科,二等学堂相当大学预科"①。但从对学生年龄、知识的要求和课程内容来看,"二等学堂与现今的初中相类";"据此推断,头等学堂实与现今的高中相类。正是因缘于此,中西学堂在中国近现代教育史上的特殊意义,是以'中国中学教育的发端'而见载的"。"若将大学理解为由预科(头等学堂)和本科(专门之学)两部分组成,则中西学堂事实上仅有预科之设。"它因没有真正的"专门之学",故并非真正意义上的大学②。中西学堂1898年特设铁路班,1902年改名为北洋大学堂,1903年附设法文、俄文译学班,1906年附设师范科,不过这已是后话。

1896年,盛宣怀又奏请获准利用电报局和招商局的盈余款项,在上海创办旨在培养新学人才的南洋公学。1897年,南洋公学正式开学。这是一所典型的多级制学校,按规划分为外院、中院、上院,开办后先增设了师范院。1897年4月8日开学,首设师范院,约略相当于中等师范学校的水平③。师范院既承担培养师资的任务,同时还肩负起教科书编纂的职责。公学从制度保障到采取具体的激励措施,切实倡导优秀的师范生、教习参加教科书编辑出版活动。"据1901年师范院译述本《统合教授法》后附'南洋公学师范院编译图籍广告',当时已印售、已成未印5种,计有14种。已印已发售9种教科书及编印情况为(略)……""又据1902年底上海文明书局发行教科书书目广告,署名由公学师范生编译的有12种,约占总数49种的24%,若加上公学附设东文学堂学生丁福保、丁锦编译的6种,多达18种,约占总数的38%。"④

---

① 《国立北洋大学卅周年纪念册》(1925年刊),见陈学恂主编:《中国近代教育大事记》,上海教育出版社1981年版,第64页。

② 喻本伐:《中国近代大学"第一"之争剖辨》,载《教育研究与实验》1995年第4期。

③ 蔡元培在《记三十六年以前之南洋公学特班》时说:"南洋公学自民元前十六年(即1896年)奏准,即于第二年设师范院,其程度如民国元年前后之师范学校。"另,师范院创办期间,全国学制尚未施行,公学制度亦属草创,师范生肄业年限虽定为三年,实际上执行不严,也并未给师范生颁发过毕业文凭。参见王宗光主编:《上海交通大学史》(第一卷),上海交通大学出版社2011年版,第66、85页。

④ 王宗光主编:《上海交通大学史》(第一卷),上海交通大学出版社2011年版,第103~104页。

1897年秋季，外院（相当于小学）开办。1898年春季，继设中院（二等学堂）。1900年，续建上院（头等学堂），原址在今上海交通大学徐汇校区，这样就实现了四院并设的计划。按照最初的设计，外、中、上三院学生各120名，每院学生按程度分4班，每班30人，每年依次升一班；外院结业递升中院，中院结业递升上院，上院4年学成给予毕业文凭。但由于资金、师资、生源等诸多原因，上院起初并没有真正开办。有文章说上院的"课程从1901年才开始"①，但并没有提供出原始证据。直到1901年南洋公学开设了蔡元培任总教习的"特科"，这是多有记载的。有人说它相当于现在的"研究生班"，是否恰当还可讨论，但毫无疑问它不属于初等、中等教育性质。邹振环则认为南洋公学逐渐设立的特班、政治班、商务班、东文学堂等"相当于专科"②。而在此略前的1900年，因庚子义和团事变，北洋大学堂的一些学生因躲避战乱，从天津乘船来到上海，转入南洋公学就读。于是专设了铁路班，这也是南洋公学开始设立工程系科，成为多年后改组为"交通大学"的滥觞③。这个铁路班说它是中专或者大专，似乎都说得过去。就像今天的一些高职高专，大多由以前的中专、甚至技工学校演变而来，其实二者教育教学实质上、学生实际水平上，并无明显区别。
　　可见，南洋公学是一所典型的包括初、中、高等教育的多级制学校，仿照国外纵向升迁的设学体制，而非只是现代意义上的大学。从实际运作看，多级合设尤其是中院、上院间并无主次之分，因此很难说"上院"（大学）是主体，附设了中院以及师范院。说"外院"具有附属性质倒是

---

① 佚名：《上海南洋公学的学习条件》，载"光明网"，2010年12月1日。
② 邹振环：《江苏翻译出版史略》，江苏人民出版社1998年版，第206页。
③ 蔡元培的《记三十六年以前之南洋公学特班》认为，当时的"铁路班""是为高等教育之发端"。他说："南洋公学自民元前十六年奏准后，即于第二年设师范院，其程度如民国元年前后之师范学校。又设外院考取学生，派师范生轮流教之，其程度如今日之小学也。第三年设中院，其程度如今日之中学。前十二年，上院校舍落成，适有北洋大学学生避拳乱来上海者，乃设铁路班以收容之，是为高等教育之发端。故自外院而中院，而上院，即自小学而中学而高等学校，是为南洋公学正式之系统。所设之师范院，本为例外，而当时尚有一例外之班与师范相类者为特班。"见黄昌勇、黄华新编：《老交大的故事》，江苏文艺出版社1998年版，第55页。

不假，不过它是附属于师范院的①。而南洋公学的另一重要附属机构，下面我们要重点讨论的译书院因不独属于"上院"，其创设甚至在南洋公学招收大学生之前，所以称其为"近代中国历史上第一所高校出版兼翻译机构"，或说是我国"近代东南地区最早的一家高校出版社"②，显然是不恰当的。京师大学堂的译书、编书机构才是中国近代最早的国人自己创设的大学出版和翻译机构。虽然不是"第一"，但南洋公学译书院在翻译出版、学术出版、教育出版方面可圈可点处甚多；它在中国教育史、出版史上的贡献及地位仍然是不可忽视的。

南洋公学译书院成立的时间，有1897年说和1899年说，邹振环考证后得出结论为1898年的春天。光绪二十四年（1898年）五月初四和九月二十二日，盛宣怀先后代表译书院和日本总领事小田切签署了聘请陆军大尉稻村新六为翻译兵书顾问的合同。且南洋公学收支清册中也记录了1898年支付给译书院的经费"规元三千一百四十九两六钱零一厘"。这就说明译书院成立只可能在1898年6月22日之前③。对译书重要性、紧迫性的认识是盛宣怀创设南洋公学译书院的思想基础。在《南洋公学推广翻辑政治法律诸书敬陈纲要》奏折中，盛宣怀说，"变法之端在兴学，兴学之要在译书"；"兴学为自强之急图，而译书尤为兴学之基址"。可见，译书院虽是南洋公学的附属机构，但地位却是十分重要的。

戊戌变法失败后，被"革职永不叙用"的张元济从北京到上海是1898年11月13日，是李鸿章把他推荐给盛宣怀的。盛把张元济直接安排在了译书院任职。在张元济到来之前，译书院已经翻译了《日本军政要略》、《战术学》、《军队内务》、《作战粮食给与法》、《军队给与法》、《陆军

---

① 盛宣怀1898年给清廷的《筹集商捐开办南洋公学折》明确说明："即于上年二月间，考选成材之士四十名，先设师范院一学堂。……复仿日本师范学校有附属小学校之法，别选年十岁内外至十七八岁止聪颖幼童一百二十名，设一外院学堂，令师范生分班教之。"见黄昌勇、黄华新编：《老交大的故事》，江苏文艺出版社1998年版，第49页。

② 唐欣玉：《"得尺得寸，为旱年一溉之计"——南洋公学译书院的翻译出版活动》，载《重庆工商大学学报》（社会科学版）2012年第4期。邹振环：《译林旧踪》，江西教育出版社2000年版，第87~88页。

③ 邹振环：《江苏翻译出版史略》，江苏人民出版社1998年版，第206页。

学校章程汇编》、《宪兵条例汇编》、《军队教育方针》8种兵书①。这种译书结构无疑体现了盛宣怀"以练兵为总务"的指导思想。张元济主政译书院不久，即利用盛宣怀"中体西用"的洋务思想，极力劝说他花两千两规元（银）买下严复所译经济学名著《原富》，还给译者"以售价十成之二见分"的版税。这部译著后来影响之大之远，也充分证明了张元济的慧眼与卓识。"张元济通过自己的努力来改变盛宣怀译书选题的实用主义方针，把译书院的原本选择拓展到一个很广的范围"。他先后主持翻译了美、英、法、日等国一些重要论著和教材，其中有《中等格致读本》、《格致读本》、《政群源流考》、《万国通商史》、《英国文明史》、《美国宪法史》、《万国政治历史》、《日本近政史》、《欧洲全史》、《欧洲商业史》、《社会统计学》、《英国会典考》等。这样的译书结构调整，与译书院的章程是一致的。《南洋公学译书院试办章程》第一条说："公学课程专重政治，本院译书同斯宗旨，凡兵事法律理财等门尤为先务。"据邹振环考证，"统计到1904年前南洋公学译成的有67种之多，其中兵政占24种、地理4种、历史7种、商务10种、政法5种、宗教1种、科学教育课本16种。另外还有选定拟译的17种。已刊并在社会上流传的有兵政19种、宗教1种、历史4种、经济2种、法律1种、课本9种，因此正式出版的至少有36种"②。而据有关资料，说是译书院译印了60种书籍。"在西安交通大学图书馆珍藏有一部光绪二十八年（1902年）十月由译书院第一次全本出齐的《原富》，其书扉页刊有译书院译印图书广告一则，可为我们揭开历史的迷雾。既然译书院1903年便被裁撤，那么可以说《原富》上的广告，基本能反映译书院译印图书的全貌。《原富》在扉页广告里共列出译书院译印图书60种，声明立案，强调版权所有，盗版必究。"③ 这些图书中，除了《原富》，还有《支那教案论》、《英国文明史》、《计学评议》等译著都产生了广泛的社会影响。各省各地的学校以至兵馆纷纷预订、采购译书院的图书，更有不法书商私刻盗印其中的一些著作，以至1903年江南分巡苏松

---

① 《交通大学校史》编写组：《交通大学校史》，上海教育出版社1986年版，第43页。

② 邹振环：《江苏翻译出版史略》，江苏人民出版社1998年版，第221页。

③ 霍有光：《南洋公学译书院及其译印图书》，载《西安交通大学学报》（社会科学版）1999年第4期。

太兵备道不得不给示谕禁止"妄行翻印"者。

南洋公学译书院的翻译出版活动与翻译人才、政治人才的培养也是紧密结合在一起的。《南洋公学章程》(1898年)第六章明确规定:"师范院及中、上两院学生,本有翻译课程,另设译书院一所。选诸生之有学识而能文者,将图书馆购藏东、西各国新出之书课,令择要翻译,陆续刊行。"书稿的译者除了约请的院外翻译人士,本院专职译员或师生都是重要的翻译力量。公学的外文教员李维格、伍光建,师范生孟森、杨志洵、黄国英,教员陈诸藻等人都参与了译书工作。光绪二十九年(1903年),因经费困难,南洋公学译书院被裁撤停办。它只存在了四年时间,但在引进西学、翻印西书、培养翻译人才以及推动思想启蒙运动诸方面,都发挥了十分重要的作用,同时也给后世的翻译出版、学术出版和教育出版留下了宝贵的资源和经验。

有一种观点,认为张元济离开南洋公学后"将译书院与夏瑞芳创办的商务印书馆合并"了①。这个说法的依据可能是福开森1931年撰写的《南洋公学早期历史》,其中有这样一段话:"在我任职的末年设立了翻译处(译书院),但它是个独立的机构,与学院无关。由张菊生先生负责管理这个处,然而过了一、二年之后,这个处的工作就移交给新开办的商务印书馆了。"② 这个看法是值得商榷的。早在1901年(光绪二十七年)张元济个人就投资商务印书馆。《本馆四十年大事记》记载:"民国前十一年(1901年,清光绪二十七年辛丑)张元济、印有模二君加入,并成立有限公司。原发起人每股照原数升为7倍,共计资本5万元。"对此,高凤池《本馆创业史》中也有更明细的说法③。张元济辞南洋公学译书院职的时间是1903年2月18日;也就在同月,他入商务印书馆编译所就任所长;"南洋公学译书院移交南洋公学办理,专设售书处,按商场惯例打折批发

---

① 霍有光:《南洋公学译书院及其译印图书》,载《西安交通大学学报》(社会科学版)1999年第4期。陈潇、张玉瑛:《张元济与南洋公学》,载《兰台世界》2010年8月(上)。

② 汤志钧、陈祖恩编:《中国近代教育史资料汇编》(戊戌时期教育),上海教育出版社1993年版,第175页。

③ 商务印书馆编:《商务印书馆九十五年——我和商务印书馆(1897—1992)》,商务印书馆1992年版,第678、6页。

销售"。其中，《原富》库存销完后还加印了 1000 部。译书院此时并未马上停办，而是由张美翊（让三）主持①。后来因译书院停办，张元济带走了部分重要的作者资源，如严复；同时还带走了部分遗留的选题资源，如《日本法规大全》。更重要的是，张元济重视学术建设和教科书出版的文化职守在商务印书馆得以发扬光大。

南洋公学译书院、师范院曾翻译、编撰出版了大量新学书籍与教科书，师范院学生曾参与其事。1903 年 4 月，南洋公学退学学生在校外创办《童子世界》，这是一份面向广大青少年宣传科学知识和民主革命思想的刊物，标志着学生创办的第一份杂志正式诞生。1904 年春季，学校将历年学生的中学课业汇编成册，刊行两册四卷本《南洋公学课文汇选》，开启了学校刊印优秀学生课业的优良传统②。

晚清时期多级制学校开展出版印刷活动者当还有不少。范慕韩主编的《中国印刷近代史》论及晚清学堂兴办的印刷机构中说："光绪三十二年（1906 年），云南两级师范学堂化学教习周芸生，利用在省外求学的机会，学习了石印术。回昆明后，在学堂工艺科内附设印刷室，购置石印机，印刷讲义教材。"③ 这比起南洋公学译书院当然还是有很大差距的。但此类学堂从事出版印刷活动则由此可见一斑。

五、教会大学的出版活动

教会大学是由在华外国传教士所创办，不受中国政府管辖，以宣传基督教、天主教和西方文化为内容，以培养传教士及帝国主义在华代表为目的的高等教育机构。有研究者称其为"文化租界"，它享有治外法权，不受中国政府管辖。一方面，它象征着帝国主义对我国进行的文化侵略、奴化教育；但另一方面，它又在一定程度上促进了我国教育，尤其是现代大学的产生和发展。我国近代的教会大学主要是基督教大学，出现在 1880 年前后，也有少部分天主教大学。举办教会学校（大学）者，以美

---

① 张人凤、柳和城编著：《张元济年谱长编》（上卷），上海交通大学出版社 2011 年版，第 121~124 页。

② 王宗光主编：《上海交通大学史》（第一卷），上海交通大学出版社 2011 年版，第 239 页。

③ 范慕韩主编：《中国印刷近代史》，印刷工业出版社 1995 年版，第 240 页。

国基督教各差会最为积极，其次是英国，再次是法国。当时的大学主要是在教会中学基础上添加的大学班级。"基督教在华第一所大学当数美国长老会在山东登州开办的登州文会馆。……1882年登州文会馆正式升为学院。19世纪中国的基督教大学共有5座，除了登州文会馆外，1888年美国卫理公会在北京开办了北京汇文书院；1889年在通州美国卫理公会建立了通州华北协和大学；1890年美国圣公会在上海的圣约翰学院设置大学课程；1893年美国长老会在杭州设立育英书院。"① 到20世纪初叶，这些老的基督教大学经过迁移、合并，发展成新的大学，其中包括山东基督教联合大学、燕京大学、之江学堂、圣约翰大学等。而一些新兴的教会大学如上海浸会大学（沪江大学）、东吴大学、南京金陵大学、福建协和大学、广州岭南大学、华中大学、华西协和大学等，另有属于天主教会所办的辅仁大学等，从根本上突破了中国传统教育的缺陷，在教育理念、办学模式、教学内容、人才培养、适应社会等许多方面都为中国的高等教育提供了崭新的内容。当然，这些教会大学名实相副还是有一个过程的②。

教会及其传教士的在华传教活动、教育活动，是与出版文化活动是相伴而生的。美国传教士玛卡雷·布朗就曾清醒地认识到："单纯的传教工作是不会有多大进展的，我们还有一个办法，一个更迅速的办法，这就是出版书报的办法。"③ 另一美国传教士林乐知1881年在《振兴中华布道事业》一文中，也明确提出："最要三端：一为设立教会大学；二为译书撰报；三为创立印书局。"④ 影响中国人的思想必须重视出版传播。郭卫东主编的《近代外国在华文化机构综录》收录的，不仅有众多报纸和期刊，

---

① 王忠欣：《基督教与中国近现代教育》，湖北教育出版社2000年版，第35页。
② [美]杰西·格·卢茨《中国教会大学史》（曾钜生译，浙江教育出版社1987年版）曾说："圣约翰书院（后为圣约翰大学）是作为大学建立起来的最早的学校之一。""虽然圣约翰书院作为大学建立起来了，但在十多年之内一直只有中等学校水平。""19世纪还建立了许多其他教会学校，有些被称为大学或学院，有些后来发展成为大学，但在1900年前没有一所真正达到大学水平的大学。"（见该书第27、28页。）
③ 江文汉：《广学会是怎样一个机构》，载《出版史料》1988年第2期。
④ 陈学恂主编：《中国近代教育大事记》，上海教育出版社1981年版，第44页。

还有专门的出版机构55家,其中多数属于教会系统的①。叶再生《现代印刷出版技术的传入与早期的基督教出版社》一文,对19世纪二三十年代以来在东南亚尤其是中国本土创立的基督教、天主教出版机构进行了全面梳理,涉及出版社数十家②。中国出版传播史上的众多"第一"都与外人、外报(刊)和外国出版机构有关,世界上第一批中文近代报刊就是由英国传教士在东南亚一带创办的,此后粤、港、澳地区的教会报刊也有了长足发展。传教士创办的专门出版机构如墨海书馆、美华书馆的宗教出版物、世俗出版物都广为流布。鸦片战争以后,除香港、上海外,来华的外国传教士等还在广州、宁波、福州、厦门等通商口岸办起了一批近代报刊,设立专门的出版印刷机构,传教士创办的专门出版机构如墨海书馆、美华书馆、华美书馆、英华书馆、益智书会、上海土山湾印书馆、广学会、中华浸会书局、中国圣教书会、青年协会书局的宗教出版物、科学出版物也都产生了重要影响。第二次鸦片战争后,中国更多的城市成为通商口岸,外国教会及传教士在华的出版文化活动更是辐射到内陆地区,各地出现的第一份报刊大多是外国传教士创办的,宗教性质的书籍、报刊无疑是西方国家在华文化传播活动的重要组成部分。

  教育活动离不开出版活动,教会大学创办伊始就与编辑出版相伴互生。最早的教会大学登州文会馆(齐鲁大学前身)的创办者是美国长老会传教士狄考文,在办学期间的教材除了采用上海基督教人士出版的一些教科书外,还自编了不少。"狄考文先后编写的教材有:《要理问答》《心算初学》《笔算数学》《形学备旨》《振兴实学记》等。他还在课堂上讲授电学、测绘和理化等课程。第二任校长海斯曾在广学会任职,参与过翻译化学书和统一化学名词的工作(即广学会出版的《协定化学名目》一书)。他在登州文会馆任职期内,也曾先后编过《对数表》和声、热、光、天文等《揭要》,还有《是非学体要》《救世略说》《使徒传记》等教材。第

---

  ① 郭卫东主编:《近代外国在华文化机构综录》,上海人民出版社1993年版,第497~498页。
  ② 叶再生:《现代印刷出版技术的传入与早期的基督教出版社》,见中国近代现代出版史编纂组编:《中国近代现代出版史学术讨论会文集》,中国书籍出版社1990年版。

三任校长柏根也编过一些《圣经》方面和博物学讲义。"① 与教育教学活动密切配合，编辑刊行教科书是登州文会馆出版活动的重要特点。这些教科书还得以广泛使用，1898年以后全国各地设立新学堂，即采用狄考文等人编撰的书籍为教科书，"《笔算数学》重印了三十余次，《代数备旨》、《形学备旨》、《八线备旨》三书也重印了十余次"②。据专家论证，登州文会馆与青州的广德书院（英国浸礼会所办）在1907—1908年间迁到山东潍县，成为广文书院（也称广文大学，为齐鲁大学前身）。学堂建立了自己专门的印刷出版机构，名叫广文学堂印书房（The Union University Press）。"该印书房主要为该校文学院翻译和出版教学用书、宣道用书，以及伦理学方面的一些书籍。……还办有一份学术简报和一份《山东泰晤士报》，也为山东的基督教会出版一些传单和教会出版物。"③

近代教会大学中专门的编译出版机构尚有多家。张晓编著的《近代汉译西学书目提要（明末至1919）》一书中，收录了美国人贺德所著《疗学》④，此书光绪三十三年（1907年）由北通州协和书院印字馆刊行；该馆于宣统二年（1910年）还刊行了美国人谢卫楼的《政治源流》一书。这个"印字馆"其实译为"出版社"也是可以的。这个协和书院是1899年美国公理会等在河北通州建立的，又称为"华北协和大学"（民国七年与北京汇文书院等合并成立燕京大学）。"为便于出版宗教读物和教育用书，该校于1905年在校内创建了华北协和大学出版社。该社的前身是1831年设在广州的美国海外传教委员会出版社。"经过两次兴废后再度重建。该出版社有教会任命的专职人员，也有教职工兼职参与相关工作。"这家出版社工厂的设备比较齐全和先进，刚建社时的设备价值15万美元，后来随着业务的发展，又添置了不少设备，总价值高达34万美元。这家出版社除出版宗教书外，还出版了大量的综合性读物、医学科学和教学图书，以及一些中、英文对照的学术性著作。该社采取两种装订方式，一种是中

---

① 顾长声：《传教士与近代中国》，上海人民出版社1981年版，第237页。
② 钱宝琮：《中国数学史》，科学出版社1964年版，第344页。
③ 叶再生：《中国近代现代出版通史》（第一卷），华文出版社2002年版，第128页。
④ 该书由美盈亨利译，管国全述，诸葛汝校。

国的传统装订方式，另一种是西方的装订方式。"①

教会大学办有自己正规的出版机构者还有南京的金陵大学和武昌的文华书院。被称为金陵大学堂出版社（The University of Nanking Press）的机构"是 1891（光绪十七年）由美国的基督会在南京创办的基督书院的一个出版机构。创办时间约在 1893 年，由梅格斯（F. E. Meigs）创办，并任监督。1907 年，基督书院与美国长老会在南京办的益智书院合并，改称宏育书院。出版社负责人也改由塞特尔姆耶（C. S. Settlemyer）负责。1910 年（宣统二年）宏育书院又与美国美以美会于 1888 年在南京创办的汇文书院合并，改称金陵大学堂（后又改称金陵大学），出版社也改称金陵大学堂出版社，该社虽属学堂下设的出版机构，但采用企业经营方式，盈亏自负"。"该社除出版课本、宗教宣传品外，也为校方和其他单位出版一些有关文理、农林和综合性的读物。办有《金陵大学月刊》（The University of Nanking Magazine），该社具有中、英文排字和制版能力，产品质量在同行中是佼佼者"②。

除了金陵大学，19 世纪 80 年代基督教圣公会建立的文华书院（后为文华大学）也创设了相应的出版印刷机构。文华书院的出版物以刊物见长。1888 年 5 月，书院出版英文季刊《中国传教士》（Chinese Churchman），主要报道武昌教会学校的情况，也刊载一些社会新闻。1903 年，文华书

---

① 叶再生：《中国近代现代出版通史》（第一卷），华文出版社 2002 年版，第 127 页。关于华北协和大学印刷出版机构或称"出版社"，或称"印字馆"，或称"书馆"，属于翻译问题。叶再生径直称为"出版社"，而所编印书籍上标注"印字馆"也很常见。据万启盈《中国近代印刷工业史》（上海人民出版社 2012 年版，第 54～55 页），香港英华书院就有印字馆，排印了著名的《遐迩贯珍》；1894 年英人肯特也创办了天津印字馆（同上书，第 147 页）。万著还把华北协和大学的印刷出版机构以"书馆"之名进行介绍（同上书，第 72～73 页）。该书将广文学堂印刷出版机构也称之为"书馆"（同上书，第 73～74 页）。北京市地方志编纂委员会编著的《北京志·出版志》（北京出版社 2005 年版）对"华北协和大学出版社"也专门进行了介绍："1889 年美国公理会在通州建立华北协和大学，1905 年在校内创建了华北协和大学出版社，出版宗教图书和医学科学图书。初为刻印，旋改为新式铅印。"（第 103 页）

② 叶再生：《中国近代现代出版通史》（第一卷），华文出版社 2002 年版，第 121～123 页。另，万启盈编著《中国近代印刷工业史》（上海人民出版社 2012 年版，第 69 页）则将"The University of Nanking Press"译为"金陵大学堂印书馆"，又称金陵基督书院。

院升级为文华大学，出版社除了继续出版一些宗教读物外，主要为学校提供教育教学用书。1906年，创办了《文华学界》月刊。刊物经常发表抨击时政、鼓吹资产阶级革命思想的文章，深受当时学术界的欢迎。1911年，又出版了英文季刊《文华评论》（Boone Review）。这是一种学术性刊物，主要发表文华大学及学术界撰写的学术文章①。

传教士贡献较大的领域之一是现代医学高等教育。伴随着教会大学的医学教育教学活动，医学出版也得到相应的重视。教会系统早在1886年成立了中华博医会，"目的是为传教士医生服务，但它却慢慢地承担起一般由全国性的医学会或应由政府机构承担的各项职能"。"它制定了医学院的设备与教师的标准；并在某种程度上充当了开业医生的注册机关。该会出版的《中华医学杂志》讨论了传教士医生所面临的共同问题，并同时发表关于在中国进行医学研究的学术性文章。此外，该会还促进了医学课本的翻译和出版，在20世纪资助山东基督教大学设立一所翻译局。这个翻译局后来成为中文医学文献的出版中心。"②

---

① 叶再生专门介绍了"文华书院出版社"，但这个出版社何时成立，机构设置如何，有无专职人员，其他基本情况如何，作者均没有交代材料来源。见叶再生《中国近代现代出版通史》（第一卷），华文出版社2002年版，第124页。另，杜昕生《清末民初基督教在湖北的出版活动》一文也涉及到文华大学的出版活动，但未提及成立出版社之事。见中国近代现代出版史编纂组编《中国近代现代出版史学术讨论会文集》，中国书籍出版社1990年版。万启盈编著的《中国近代印刷工业史》（上海人民出版社2012年版，第68页）这样介绍武昌文华书院印刷所："基督教圣公会于十九世纪八十年代在武昌创办文华书院，1903年扩充为武昌文华大学（Boone University）。印刷所主要为学院出版教育用书服务，1888年出版英文季刊《中国传教士》（Chinese Churchman），内容多为报道武昌教会学校情况和一些社会新闻。后又有《文化学界》月刊、《文华评论》季刊的出版。"关于文华书院出版的《文华学界》，史和、姚福申、叶翠娣编的《中国近代报刊名录》（福建人民出版社1991年版）第100页有详细介绍："1905年（光绪三十一年）创刊，湖北武昌基督教圣公会主办的文华书院出版。月刊，但常常脱期。第一年出了八期，前五年只出了三十五期。创办人余日章。""栏目有：学说、社说、政论、学记、军事、教育、传记、宗教、时评、杂俎、小说、文苑，第三十八期未分栏。该报常发表有倾向革命的文章，受清朝当局的忌讳。""现存最后一期为第六年第三期（辛亥年三月出版，总第三十八期）。湖南省中山图书馆藏有部分原件。""湖南省中山图书馆"疑为"广东省中山图书馆"之误。

② ［美］杰西·格·卢茨：《中国教会大学史》，曾钜生译，浙江教育出版社1987年版，第133页。

在教会大学中，享有盛名的圣约翰大学的报刊编辑出版成绩也颇为显著。1905年美国哥伦比亚特区颁发给圣约翰学院授予学位的许可证，学院也从这一年正式改名为圣约翰大学。而"早在1890年圣约翰就创办了英文校刊《约翰声》，每两个月出版一期，主要报道学校的新闻、有关文化和政治问题的文章等。该刊一直延续了40年之久，对于锻炼学生读、写能力有不少帮助。19世纪初高年级的学生又创办了《龙旗》年刊，1915年改名为《约翰人》。该刊主要报道学生们的团体活动，帮助读者了解当时中国的大学生活。《约翰人》延续了25年之久，相当于一本高校年鉴"①。其实，从出版史的角度来看，教会大学最突出的亮点和贡献正在期刊方面。据王奇生统计，在目前已知的416种教会大学期刊中，除了《约翰声》，创办于辛亥革命以前的还有多种。东吴大学早在1901年前后就已出版了中文的《东吴校刊》，1903年又出版了中文年刊《雁来红》，1906年6月创办了中文《东吴月报》（第一期取名《学桴》）②。因此，在教会大学中文学报校刊史上，东吴大学实首开先河。继此之后，震旦大学于1909年创办了中文的《震旦杂志》（1909—1949）和《震旦学院院刊》（1909—1942）。其出刊时间均在辛亥革命以前。在近代大学学报校刊的出版方面，教会大学早于国立学校③。这些教会大学的刊物，内容比较庞杂，栏目设置比较多样，文章的样式也不尽统一，实际上兼有现今大学校刊和学报的性质，其间校刊内容的篇幅似乎还要略大一些。这些早期的教

---

① 王忠欣：《基督教与中国近现代教育》，湖北教育出版社2000年版，第56页。
② 关于《学桴》（又称《东吴月报》），姚远的《中国大学科技期刊史》（陕西师范大学出版社1997年版，第211～212页）介绍得比较详细："《学桴》，又名《东吴月报》，由文理学院学生会东吴学报社负责编辑，由东吴大学文理学院学生会出版科出版，创刊于1906年6月。""其创刊号名《学桴》，第2期即改为《东吴月报》。以月刊出12期后，于1907年11月起复名为《学桴》，并改为双月刊。其后，1913年的《东吴》、1918年的《东吴季报》、1919年的《东吴学报》、1925年的《东吴杂志》、1926年的《新东吴》、1927年的《东吴半月刊》、《东吴大学期刊》、1933年的《东吴》等10余种期刊均系《学桴》的更名刊。目前共存刊21卷64期61册，刊名屡经变更，出版时间长达30多年。"另据史和、姚福申、叶翠娣编《中国近代报刊名录》（福建人民出版社1991年版），广东省中山图书馆和中山大学图书馆藏有部分《东吴月报》的原件（见该书第111页）。
③ 王奇生：《中国教会大学学报校刊出版史略》，见章开沅主编：《社会转型与教会大学》，湖北教育出版社1998年版。

会大学期刊虽然从内容到形式都还不够规范，但毫无疑问为后来大学学报、校刊的创设、发展提供了借鉴，积累了经验；同时也为我们研究中国教会大学早期历史和教会大学出版传播史保留了重要的历史资料。

近代教会大学的出版活动除了具体的教会大学以外，具有联合性质的专门出版机构——学校教科书委员会（英文 School and Textbook Series Committee，中文译名又称"益智书会"）以及中华教育会（或译中国教育会）也是应该关注的。根据基督教传教士1877年大会的决议，由基督教在华各教派在上海联合组成了学校教科书委员会，推举狄考文、韦廉臣、林乐知、丁韪良、傅兰雅、黎力基等为委员负责编写、组稿和出版事宜。"委员会"开了几次会，议决了教科书的编辑方针，决定编写初、高级两套教材，初级教材由傅兰雅负责，高级教材由林乐知负责。学校教科书委员会所做的工作主要有三项：第一，确定编辑教科书的内容并付诸实践；第二，确定编辑原则；第三，统一术语译名。"委员会"从成立到1890年改组为中华教育会的14年间，"自行编辑出版书籍50种、74册及图表40幅。另外，还审定合乎学校使用之书48种、115册。两项合计共98种、189册。""这些书籍大部分都属于学校参考用书，其内容主要为自然科学知识。其中算学类有8种，科学类有45种，历史类有4种，地理类有9种，道学类（包括哲学和宗教）有19种，读本类有1种，其他12种。以上各类书籍，至1890年共计出版三万余册，而售出者占其半数。"[①] 教科书的编印与教会教育同步发展。这些书籍的编辑出版，顺应了教会学校的实际需要，引进了西方先进的教科书编写理念和运作模式，尤其是将科学名词译名规范化、科学知识条理化，为中国近代各级普通学校的教育教学活动提供了有益的资源，为中国近代教育出版以及翻译出版积累了宝贵的经验。

1890年，基督教传教士全国大会议决将学校教科书委员会改组成中华教育会（1915年改名为中华基督教教育会），其职责扩展到对中国进行教育调查，举办各种讲习会、交流会、演讲会，交流和推广在华基督教教育的经验，制定教育方针、教育计划和具体措施。但教科书的编辑出版仍然是中华教育会的一个重要职能，相关活动依旧有所推进。教育会先后设立的工作委员会就有出版物委员会、人名地名委员会、科学名词委员会、书

---

① 王建军：《中国近代教科书发展研究》，广东教育出版社1996年版，第58~59页。

籍展览委员会、补充读物委员会等，直接或间接与编译出版相关联。后来的国人自编教科书，从学校教科书委员会以及中华教育会的实践中，获取了不少宝贵的经验。教会大学早期的出版活动有某种"示范"效应和开创之功，直接影响了中国大学出版的现代化（或称近代化）进程。依据社会学大师帕森斯的看法，落后国家的现代化是通过先进国家文化的传播而得以实现的。撇开教会及教会大学的文化侵略一面，我们不得不承认它们对于清末时期中国教育、出版领域的现代化转型起到了示范和推动的作用。

近代中国的高等教育有一个从孕育、萌芽，到逐步生长、成形的发展过程，而蕴涵其间的所谓"大学出版"也并不能完全对应现今的大学出版。晚清高等教育制度的最终确立是以光绪二十九年（1904年）癸卯学制（奏定学堂章程）的颁布和实施为标志的。它创造了一种全新的高等教育结构：纵向的分三级，以分科大学为中心，下设预科，上置研究机构；横的设八科；另辅实业、师范；旨在全面培养新式的文理医工农商各类人才。"它不再停留在对封建大学制度某些环节、某些方面的修补上，给了人们一种彻底告别旧制度、跨越过去的力量。"[①] 与近代新式高等教育机构相伴而生的大学出版，既是中国教育近代化的有机组成部分，同时也应和着中国出版近代化多重合奏的主旋律。这种新生的尚不成熟的大学出版，配合着高等教育的近代转型，也应和着出版业的近代化节奏，逐渐摆脱了传统出版以木版刻印为技术特征、以线装竖排为装订排版形式、以经史子集为主要出版内容的既成格局，尤其是在出版物的内容方面革故鼎新，贡献突出。至于除了图书以外的报纸期刊，更是迥异于旧式出版商和士绅新的出版人与出版机构，昭示着大学出版新时代的到来。晚清时期的大学出版的雏形，发展至民国时期，便真正走向丰满和成熟。

（载《中国出版史研究》2015年第1期，第1期为创刊号）

---

① 霍益萍：《近代中国的高等教育》，华东师范大学出版社1999年版，第72页。

略论民国时期的大学出版

中国现代意义上的大学,以清末京师同文馆、京师大学堂、北洋大学堂、山西大学堂、南洋公学的建立以及新学制的施行为肇始。1912年中华民国建立之后,现代意义的高等教育在这个期间获得了长足的发展。高等学校中无论是公立的,还是私立的,抑或是教会大学(教会大学相对于中国政府的学校实际上也属私立),都受惠于当时因政治的动荡、各派力量的制衡带来的较为宽松的学术、思想环境,得益于国外多元教育文化的深刻影响,形成了快速"崛起"之势[①]。

民国高等教育的创始阶段是从民元到1915年。此期的大学一共10所,其中公立大学3所,分别是京师大学堂、山西大学堂和北洋大学堂,而私立和教会大学显得相对较繁荣。"五四"前后北京大学改制,带动了整个高等教育的革故鼎新和快速发展。从1921年到1926年,公私立大学由13所增至51所,教师和学生人数也有了明显的增长。

南京国民政府建立以后,尤其是在抗战前的十年间,我国的高等教育逐步由规范而定型,趋于成熟。从1928年至1936年,全国大专以上学校从74所增加到108所,在校生人数从两万五千多增加至近四万两千人。这十年,高等教育也和国家的其他方面一样,是一个黄金时期。抗战的全面爆发,给正处于蒸蒸日上的中国高等教育造成了巨大冲击。但在"抗战建国"、"战时当作平时看"的思想指导下,高等学校虽然历经磨难,仍然取得了很大的成就。到1945年抗战胜利,全国专科以上学校增至141所,其中大学和独立学院增至89所,在校大学生和毕业生人数与战前比都有大幅度的增长。此后发展到1947年,全国总计有大专以上学校207所,

---

① 王青花:《民国时期中国大学崛起的动因分析》,载《安徽广播电视大学学报》2009年第1期。

其中公立128所，私立79所；按层次分，有大学55所，独立学院75所，专科学校77所；在校生总数超过15万，当年毕业生超过2.5万，均达到民国时期高等教育数量发展的最高水平。

伴随着高等教育的苦难与辉煌，民国时期的大学出版也走过了从无到有、不断发展的光辉历程。在激荡时代思想潮流，引领社会文化变革，服务大学教学改革，促进人才质量提升，弘扬学术精神与推出学术成果等诸多方面，民国时期的大学出版都发挥了不可替代的积极作用，谱写了中国现代出版史的华丽篇章。民国时期的大学出版可以上溯到晚清，南洋公学译书院、京师大学堂译书局和编书处、山西大学堂译书院都可看作是大学出版的源头。稍后还有教会大学的出版活动。民国时期仅北京地区兼营图书出版的高等学校就多达46家，出版的图书量多、面广、质高、影响也较大[1]。遗憾的是，从晚清到民国时期大学出版的历史演进、社会价值以及所作出的突出贡献，一直没有引起出版学术界的足够重视。除了《中国大学学报简史》、《中国大学科技期刊史》从一个角度给予民国大学出版一定关注外，现今已经出版的《中国出版通史》（民国卷）、《中国近代现代出版通史》、《民国出版史》等专著，均没有对民国大学出版的专章专节论述。《江苏民国时期出版史》、《民国时期成都出版业研究》这类区域性断代出版史论著，也没有大学出版的位置。有关民国大学出版的研究虽然也还有一些史料梳理、专题探究类的论文，但总体看比较零散，不成系统，对于出版制度、机构设置、图书刊印、大学出版的历史贡献等方面的研究明显偏弱[2]。有鉴于此，本文拟对民国时期的大学出版从几个方面，包括

---

[1] 北京市地方志编纂委员会编著：《北京志·出版志》，北京出版社2005年版，第125~127页。

[2] 关于民国时期大学出版的研究成果比较薄弱。著作方面：相对多一点的是关于大学期刊特别是学报发展史研究（时限不限于民国）的著作，其中有宋应离编著的《中国大学学报简史》（中州古籍出版社1988年版），王春林、何锡源主编的《中国高等农业院校学报发展史》（西北大学出版社1993年版），王春林主编的《上海高校学报发展史研究》（中国纺织大学出版社1996年版），黄万武主编的《中国高等医（药）学院校学报发展史》（北京医科大学出版社2000年版），云南高校人文社会科学学报学会编写的《云南高校人文社会科学学报发展史》（云南大学出版社2004年版），姚远著《中国大学科技期刊史》（陕西师范大学出版社1997年版）。这些著作中，宋应离的《中国大学学报简史》属于开创性著作，关涉晚清民国时期的大学学报，有一定

以往很少有人论及的制度设计，论述很不全面的机构设置以及学术期刊的特殊地位与贡献等，进一步作较为全面系统的探讨，以期引起人们对这个领域的注意，进而展开更加深入全面的研究。

价值；而姚远的《中国大学科技期刊史》最为厚重，资料扎实，多有创获。作者另与人合作编撰有《中国近代科技期刊源流（1792—1949）》（山东教育出版社2008年版）三大册，极具史料价值，中间相当多的内容是关于大学期刊的。左玉河著《移植与转化：中国现代学术机构的建立》（大象出版社2008年版），亦有专门的章节探讨民国时期新式学术期刊及大学学报的创办。涉及报纸的则有魏国英等主编的《中国高校校报史略》（北京大学出版社2010年版），较为详细论及民国时期的各地区大学的校报发展状况。陈林著《近代福建基督教图书出版考略》（海洋出版社2006年版），设有专节探讨"福建协和大学的出版活动"。至于专门研究民国时期大学图书出版的专著，至今尚未出现。著作方面还值得一提的是《南开新闻出版史料》（崔国良、张世甲主编，南开大学出版社1999年版）。编者收录南开学校自1909年到1999年的出版物，内容包括各种报纸、期刊和图书出版机构的创立、历史沿革、组织机构、报刊和图书的出版情况，以及对南开出版的图书报刊的概述和评论。此外，全国各地的出版志中，对大学出版或多或少也有一些涉及。论文方面：总体数量不多，分为史料梳理和专题研究两类。史料类的文章有：白化文的《我所知的老北大出版组》（《出版史料》2003年第3期），王杰、宋彧的《北洋大学出版物之管窥》（《天津出版史料》第五辑，百花文艺出版社1993年版），侯福志的《鲜为人知的〈南大周刊〉"南大介绍专号"》（收入作者《天津民国的那些书报刊》，上海远东出版社2009年版）。另有两篇梳理南开大学出版史料的文章（见《天津出版史料》第八辑）已收入在《南开新闻出版史料》之中。研究类论文则有：姜华的《建国前大学出版的理念、运营及得失》（载《编辑学刊》2007年第5期），肖朗、洪港的《近代中国大学出版综论》（《社会科学战线》2008年第11期），韩晗的《现代性生产：知识与观念的合奏——现代中国大学出版业与民营出版业（1840—1949）的比较研究》（《中国图书评论》2013年第4期），朱广超、徐象平的《民国时期创办的〈西北学术〉及其传媒理念》（《今传媒》2011年第12期），王奇生的《中国教会大学学报校刊出版史略》（收入章开沅主编《社会转型与教会大学》，湖北教育出版社1998年版），金鑫的《民国时期北京大学的书刊经售和"准出版"》（《出版史料》2013年第1期），陈林的《福建教会大学出版活动探析——以福建协和大学为例》（《福建师范大学学报（哲学社会科学版）》2006年第6期），张越的《"书评"中的学术批评——〈燕京学报〉"书评"栏目的特色》（《廊坊师范学院学报（社会科学版）》2008年第6期），张宝生的《燕京大学的报刊出版物》（《出版史料》2013年第4辑）。硕士学位论文则有两篇是关于教会大学出版研究的，一为朱娅芊的《作为教会大学的华中大学出版活动研究》（华中师范大学2009年），一为林晋宝的《福建协和大学编辑出版刊物研究》（福建师范大学2011年）。

一、制度设计层面：大学出版委员会

民国时期的高等学校一般规模都不大，即便是北京大学、清华大学这些名牌大学。学校教职工人数不多，管理人员更少，机构设置十分精简，运作的效率却比较高。民国大学在机构设置中，不论是一些著名的综合性大学，还是比较好的专科学校，均设有一个专门委员会——出版委员会。这是学习借鉴西方大学出版的做法。仅此就足见大学管理者对出版工作的高度重视。这里，我们来看看北京大学、东南大学等高校的相关情况。

"五四"运动以后，北京大学组织机构有所调整。1919年12月3日评议会审议通过《国立北京大学内部组织试行章程》。该章程规定，北大内部组织分四部：1）评议会，司立法；2）行政会议，司行政；3）教务会议，司学术；4）总务处，司事务。其中，行政会议是学校最高行政机构和执行机构，掌握全校行政大权，负责实施评议会议决的行政方面的事务。行政会议下设组织、预算、审计、聘任、图书、庶务、学生自治、入学考试、出版等常设委员会。各委员会人数5至9人。设委员长1人，由校长于委员中推举之，以教授为限。各委员任期1年。校长为行政会议的议长，主要参加者是各常设委员会的委员长，他们协助校长推行全校大政。

北大的出版委员会就是在1919年设立的。首任委员长为胡适，委员有李辛白（也是总务处下的出版部长）、张相文、钱玄同、陶履恭、王星拱、张大椿、陈衡哲。出版委员会的主要职责为审查出版书籍，并策划出版部之行政。1924年至1930年，出版委员会因故中止设立。1931年，出版委员会恢复设置，委员长为何基鸿，委员有杨铎、孙云铸、徐志摩、张慰慈、周作人、胡济。1932年出版委员会由刘复任委员长，委员则有马裕藻、孙云铸、江泽函、邱昌渭、赵乃抟、毛准。1934年的出版委员会人员构成则为：刘树杞、胡适、张景钺、曾昭抡、陈受颐、赵乃抟、陶希圣、傅斯年、樊际昌[①]。

---

① 详参王学珍、郭建荣主编：《北京大学史料》（第二卷 1912—1937年），第一篇体制及组织机构部分，北京大学出版社2000年版。这里明确记载了1919年北京大学出版委员会的人员构成，胡适为首任委员长。而有研究者如吴永贵等认为："胡适在北大任教期间，还担任过一段时间的北京大学出版部主任"，可能是将出版委员会委员长与出版部混淆之所致。（见吴永贵、王余光：《亚东图书馆与学者文人》上，载《新闻出版交流》2000年第2期。）

查询有关的大学校史资料发现，民国时期的大学（包括专科学校）设立出版委员会是比较通行的。南京高等师范学校（1914—1927年）设校务会议，作为议事机关。它实际上具有一定的立法性质，其决议经校长批准后，行政部门即当执行。为了提高议事效率，科学分工及充分发挥教师的作用，经校务会会议讨论通过后，得设立多种专门的常设委员会和临时委员会。各委员会讨论议决的事项，由委员会主任交校长办公处处理。该校先后设立的常设委员会包括以下10个：学校组织系统、学生自治、运动、图书馆、游艺、出版、校舍建筑、校景布置、办事方法研究、招生。出版委员会的主任为深受师生爱戴的刘伯明教授，委员则有杨杏佛、陶行知、柳翼谋、胡步曾、李仲霞[①]。国立东南大学（1920—1927年）为了体现民主精神、发挥教授作用及提高行政效率，实现各有关机构的相互协调和相互监督，采用了校长领导下的"三会制"，即评议会、教授会和行政委员会，校长兼任三个委员会的主席。而行政委员会除了临时委员会外，设9个常设委员会，包括：政治训育、群育、招生、图书、出版、卫生、体育、校景、稽核[②]。后来以东南大学等为基础建立的国立中央大学（1928—1949年），依然在常设委员会中保留有出版委员会的一席之地[③]。1942年，早年曾在商务印书馆任过职、又在多所大学任过教的著名史学家、编辑出版家顾颉刚就担任了学校出版委员会的委员、出版部主任[④]。

西北大学早在1913年就成立了出版部，后来又有了出版委员会。中间因战乱等原因出版委员会曾经中辍，1943年学校再次拟议成立出版委员会和复刊《西大学报》，创办《西北建设》。后于1944年11月正式成立出版委员会，萧一山担任主席（后改称主任委员），15位著名教授担任委员。其《本大学出版委员会简则》规定，该会主要职责为：关于本大学学术刊物之编审、出版的事项。其中还规定该会各种刊物的印刷发行事宜统

[①] 南京大学校庆办公室校史资料编辑组、学报编辑部编辑：《南京大学校史资料选辑》，南京大学出版社1982年版，第51～73页；南京大学校史编写组编著：《南京大学史》，南京大学出版社1992年版，第18～19页。

[②] 南京大学校庆办公室校史资料编辑组、学报编辑部编辑：《南京大学校史资料选辑》，南京大学出版社1982年版，第104～107页。

[③] 姚远：《中国大学科技期刊史》，陕西师范大学出版社1997年版，第543页。

[④] 姜华：《建国前大学出版的理念、运营及得失》，载《编辑学刊》2007年第5期。

一由出版组办理。这个体制类似北大，出版委员会为领导管理机构，而出版组（部）则是具体的出版实施机构①。在西北大学，除了学校层面的出版委员会，学院一级也曾有设立出版委员会者，如医学院出版委员会1949年9月就创办了《西大医刊》（仅出版1期），这个出版委员会更像今日所谓编辑委员会。

与北京大学、西北大学相似的还有交通大学。1921年，交通大学就成立了出版委员会。《交通大学大纲》（1921年2月）规定："出版委员会协助校长审查编译之图书规画，推行出版事宜。"出版委员会又下设出版部具体负责出版事务。该校（此阶段改名为南洋大学）1925年11月刊行的《南洋周刊》（第7卷第2号）上，登载有《本校组织出版委员会》：

> 出版委员会自组织就绪后，即决定出二种定期刊物：（一）南洋旬刊，（二）南洋季刊。并订定定期出版物条例八条（见后），除南洋旬刊已定于十一月一日出版外，季刊现亦在筹备中，预料二月内当可出版也。
>
> 学校方面请定该会职员如下：
> 出版委员会委员　徐名材　李熙谋　范永增
> 出版部编辑股　总编辑　赵祖康
> 　　　　　　　编　辑　柴福沅　王瑞虎
> 出版部事务股　会　计　曹毓琮
> 　　　　　　　广　告　邵禹襄
> 　　　　　　　印　消　王永礼
>
> 学生会派定出版部编辑。日前学生会接到出版委员会函，请派编辑共同组织编辑股后，即开会讨论，当即决议：派宗之发君为出席出版部编辑。

从上述介绍可以看出，这里的出版委员会主要是组织、协调两种定期刊物的编辑出版事宜。此期《南洋周刊》还登载了《定期出版物条例》②。

广东的中山大学也是较早设立出版委员会和出版部的大学之一。据

---

① 姚远：《中国大学科技期刊史》，陕西师范大学出版社1997年版，第545～546页。

② 《交通大学校史》撰写组编：《交通大学校史资料选编》（1896—1927）第一卷，西安交通大学出版社1986年版，第431～432页。

1926年4月的《国立中山大学组织系统表》，学校设置了出版委员会，与另外7个委员会一样直属校长领导。而具体负责实施出版活动的出版部，则与注册部、宿务部、文书部一同归秘书处管理。1932年修订的《国立中山大学组织大纲》明确规定："出版委员会，规划本校之出版事项，审查出版重要之稿件。出版部主任为当然委员。"出版部的工作接受出版委员会的指导①。

由张学良任校长的东北交通大学也设立有出版委员会，1929年创刊的《东北交通大学校刊》即由该委员会编辑出版。出版委员会编辑部简章中规定：出版委员会编辑部职员设委员长1人，编辑部主任1人，委员6人，干事5人，上述人员由本校教职员及学生中推定。兼任这个委员长的人就是校长张学良本人，足见其对出版的重视程度。而编辑部主任由委员长聘任，经理部主任则由庶务部主任兼任。为了工作方便，出版委员会设常务委员会，由委员长、编辑部主任、经理部主任及学生出版部的代表组成，常务委员会办事细则由常务委员自定②。这里的学校出版委员会职能与运作方式，又和北京大学、东南大学的同名组织有着明显的区别。

即便是一些专科性质的学校，也有成立出版委员会的。如河北水产专科学校出版委员会就直接从事具有专业特色的编辑出版活动，先后刊行了张元弟著的《河北省渔业志》（1936年）、张仁琦编《渔业》（1935年）、阎月麟编《水产物的利用》（1935年）和张震东编《网线材料及其纤维》（1947年），体现出早期大学出版机构的"专、精、特"的特点③。

除了公立大学，民国时期的私立（包括教会）大学对出版工作也给予了高度重视，其中一些大学也设置了出版委员会。这方面金陵大学比较典型。为了有效指导各种专门事项，金大设立有教务委员会、校产管理委员会、事务委员会、风纪委员会、出版委员会、学生生活指导委员会、军

---

① 梁山、李坚等：《中山大学校史（1924—1949）》，上海教育出版社1983年版，第156页。

② 宋应离：《中国大学学报百年发展纪略》，见秦英君、郭道夫主编：《中国人文社会科学学报年鉴（2003）》，人民出版社2003年版。

③ 天津市地方志编修委员会编著：《天津通志·出版志》，天津人民出版社2001年版，第113页。

事教育委员会、体育委员会、宗教委员会、学生消费合作社指导委员会等。这个出版委员会，"由图书馆馆长和校长指定的其他 7 人组成。它将征集学校出版的各种出版物的副本交图书馆保存。在需要时，它将对学校的出版物行使编辑的职权，照看出版物印刷的整个过程包括校对。它将和学生自治会合作负责学校所编杂志的发行。各出版物如以学校的名义出版或声称代表学校，须经该委员会许可，在该委员会不在的情况下须经校长批准"①。辅仁大学早期在校务会议下设立了四个专门的委员会，即考试委员会、图书委员会、仪器委员会、出版委员会。三十年代中期又略有调整，直接在校长办公会下设置五个专门委员会，考试、图书、仪器三个委员会不变，增加了建筑委员会，出版委员会则改为编辑委员会②。福建协和大学设专门的机构组织出版发行活动。在学校教务处下面有出版课管理学校的出版事务。为了保证学术著作的出版发行，还在教授会下设立了出版委员会，其职责为"办理本校各种关于学术研究出版事宜"（福建协和大学：《今日的协大》，《协大半月刊》十五周年纪念特刊，1931 年）③。

在三四十年代，还有一些大学设立的出版委员会本身就直接开展编辑出版及发行方面的具体工作，或具有刊物编委会之职责。如，山东大学出版委员会主办《科学丛刊》（1933 年创刊）、《文史丛刊》（1934 年创刊）；上海暨南大学出版委员会创办了《社会科学季刊》（1933 年创办）；国立浙江大学出版委员会创办了《科学报告》半月刊（1934 年创刊）；河南大学出版委员会出版《河南大学学报》（1934 年创刊）；河北省立农学院出版委员会编辑出版《河北农林学刊》（1935 年创刊）；江西省立助产学校出版委员会编辑出版《江西助产月报》（1935 年创刊，该委员会下设编辑

---

① 王运来：《诚真勤仁　光裕金陵——金陵大学校长陈裕光》，山东教育出版社 2004 年版，第 119 页；南京大学高等教育研究所编：《金陵大学史料集》，南京大学出版社 1989 年版，第 111 页。

② 北京师范大学校史编写组编：《北京师范大学校史（1902—1982）》，北京师范大学出版社 1982 年版，第 227、233 页。

③ 陈林：《福建教会大学出版活动探析——以福建协和大学为例》，载《福建师范大学学报》（哲学社会科学版）2006 年第 6 期。

部和刊行部）；广州大学出版委员会①于1937年出版《广大学报》（半年刊，1937年停刊）；广东的勤勤大学出版委员会于1937年前后编印了《勤勤大学季刊》②；私立广东国民大学出版委员会1938年前后就编印过《民风》杂志；国立西北师范学院出版委员会1942年3月在陕西城固创办《国立西北师范学院学术季刊》；国立西北农学院编辑出版委员会编辑刊行《西北农报》（1946年创刊）；山东的齐鲁大学1948年的《齐鲁大学校刊》显示，编辑：校刊编辑室，发行：齐鲁大学出版委员会；广州大学出版委员会则于1949年刊行《广大学报》，标为"建校廿二周年纪念特辑"，"复刊第一卷第一期"。这些杂志均可见到书影，有些还可从网上购买原件。材料应该是很真实可信的。

著名的私立南开大学也很早成立了自己的《南开周刊》出版委员会，这当然和学校层面的出版委员会不同。据《南开周刊》第44期（18周年纪念号），1922年10月25日："出版委员会10月13日假中学教员休息室开成立大会，到会者为赵水澄、王子甘、刘博平、喻塵涧、柳钟文、戴德鄰、舒舍予、范仲澐、张颖初、李述庚、蒋逵、刘清泉、邰光谟、周明昌、钱萃丰、许承钰、张鹤寿、刘炽晶、曲天成、朱烹焘、陈冠雄。讨论出版纪念专号，分配值周编辑。集稿为周五，出版为周二。"③而天津的北洋大学大学生自治会也设立有出版委员会，1927年6月创刊了《北洋周刊》（1933年5月停刊）。类似于这种刊物的出版委员会（或称编辑委员会）还有一些，如国立中正医学院院刊出版委员会1942年12月在江西永新创办了《国立中正医学院院刊》（仅出1期）。

---

① 关于"广州大学出版委员会"，广东省地方史志编纂委员会编《广东省志·出版志》（广东人民出版社1997年版）中这样记载："新成立的广州大学也设立出版委员会，先后出版何多源的《图书编目法》、雷通群的《西洋教育通史》、余唯铁的《算术津梁》。其中1933年该校法科学院出版的包括林邦涛的《论中国历代田赋之制度》、何大受的《孔子政治经济思想》、连宝棠的《怎样救济中国农村经济》等的《广州大学法科丛刊》有较大的影响。"（见该书第100页）

② 关于勤勤大学的出版活动，《广东省志·出版志》（第101页）也有论述："勤勤大学也先后出版了张西堂的《中国近三百年学术思想史》、郑师许的《中国域外交通史大纲》、李泰初的《香港纸币与广州物价关系之初步研究》等图书。"

③ 崔国良、张世甲主编：《南开新闻出版史料（1909—1999）》，南开大学出版社1999年版，第54～55页。

我们略加比较发现，同样是"出版委员会"，国立大学如北京大学、西北大学、东南大学，侧重于宏观指导和协调；教会的金陵大学、私立的广东国民大学，其出版委员会还兼有部分出版部的具体工作任务，有的还兼有图书（馆）委员会的主要职能；也有的出版委员会只负责具体指导某一种或两种杂志的工作，类似现在杂志的编委会；此外，另有院系一级设立自己的出版委员会，统筹本单位出版事宜。这里我们特别关注的是第一种类型即学校层面的出版委员会，这种出版委员会大多隶属于行政会议，有的则隶属于教授会。民国时期大学的这类出版委员会属于校级层面的顶层设计，从制度和体制上确立了学校特别是校长对出版活动的重视，也从宏观上确立了如何指导和管理出版工作，促进学校教学与科研的发展。而一般由知名教授牵头，委员也由教授组成的人员安排，则保证了出版委员会教育为本、弘扬学术的基本定位。

二、机构设置层面：大学出版部（组或社）

出版之于现代大学并非可有可无的东西。有研究者论及中国现代大学制度形成的标志主要有六项："一是具有综合性的现代大学的创建，单纯的技术性学院并非严格意义上的大学；二是有稳定的院系设置，大学设置学院、学系有制度性保障；三是设立有各类专业研究机构；四是设立选课制；五是出版社、学术杂志、图书馆、实验室等辅助设施之创建；六是'教授治校'原则之确立。"① 由此可见出版社、学术杂志在现代大学中的作用与地位。美国最早成立大学出版部的霍普金斯大学就把出版部（1878年成立）与实验室、图书馆同称为现代大学的"第三势力"，强调大学靠教育、研究和出版三位一体的机能发挥影响社会的作用。

但在民国时期，像今天这样成形的相对独立的大学出版社并不多，当时大学的出版机构从设置到发展，也还是处于不断进步之中，且有自身的特点。这里，我们先来看看那个时代北京大学和南开大学的出版部（社），随后再就其他学校出版部或出版组之类的机构略加分析。

北京大学是设立出版部（组）起步较早、持续时间较长、影响也较大的一家。最初的出版部是隶属于总务处的。总务处管理全校之事务，设总

---

① 左玉河：《移植与转化——中国现代学术机构的建立》，大象出版社2008年版，第59页。

务长1人，总务委员若干人。总务处的主要分部有：注册部、图书部、仪器部、出版部、文牍部等等。出版部下设3课：印刷课、售书课、讲义课。关于出版部的具体职能，1918年的《出版部规程草案》作了详细规定①：

一、本部隶属于庶务主任，经理本校印刷出版物，并掌理各科讲义。

二、本部出版物必经教授会主任署名交校长或学长核定部数，始能付印。

三、校外出版物亦得托本部代售，但须经校长各科学长或图书主任之介绍。

四、本部设事务员二人，书记若干人，承庶务主任之命，司理本部一切事务。

五、本部设售书处，存置书籍以备出售。

六、本部设收发讲义处，存置讲义，预备配发。

七、本部售书款项，按月清算，移报会计课。

八、本部代售书价之折算，商承庶务主任定之。

九、每学年终本部提出事务报告书于庶务主任，由庶务主任转达于校长公布之。

十、本部事务所售书处、收发讲义处办事细则，由事务员商承庶务主任定之。

十一、本规程遇有不适不备之时，得随宜修改。

十二、附则 国内外学术团体有以定期出版物与本校交换者，图书馆得嘱托本部寄覆，本部当按月开报寄出清单于庶务主任及图书馆主任。

从这个规程来看，当时的北大出版部承载了今日大学出版社的部分职责，同时还担负了部分图书馆、印刷厂的任务，在行政上接受总务处的管辖。出版部是学校业务执行机构的组成部分，出版委员会则是学校行政决策机构的组成部分。出版委员会对出版部进行工作上的指导，出版部主任是出版委员会的当然委员。

对北大出版部（组）进行比较全面系统论述的是北大教授白化文先

---

① 载《北京大学日刊》第二五九号，1918年11月26日。

生。他在《我所知的老北大出版组》①一文中，或依据亲身经历，或查询有关书刊及文献档案，对民国时期至新中国成立初期北京大学出版组进行了勾勒。他介绍说：

> 最早的北大讲义，由图书馆属下的"收发讲义室"负责印刷、管理、分发等事宜。1918年3月，校方公布："本校印刷品日渐增加，现特改'收发讲义室'为'出版部'，仍隶属于图书馆。以李振彝为该部事务员。"实际上只是改换名称，表示校方重视而已。工作人员只有一人，隶属不变。可这究竟是新的开端，说明学校重视自己的出版事业了。

这里关于北大出版部（组）组建时期的情况与上引"规程草案"似乎有些不一样，这里说的是1918年3月，规程草案颁布则在是年11月了，可能是事情有所发展与变化。也可能白先生有些地方是凭听闻，不尽准确，如下文提到的出版部分课、人员等；但此文仍具有重要的史料价值，提供了重要的资料线索。他说："北大的出版事务繁重，断非一人所能了。到1920年，出版部就划分为讲义课、售书课两部门，而且起码有三位职员了。同时开始向商务印书馆订购印刷机器，慢慢地越来越壮大，1929年经由'大学区'阶段恢复为'北京大学'以后，出版部改为出版组，完全脱离图书馆，改由校长直属的秘书处直辖，下设印刷股、讲义股、售书股三股。从此机构定型。后来或称股，或称组，或称部，还是干的那些个事。极盛时代，雇工约百余人，在当时的北京是一个大型印刷发行机构，还承应（印）校外印刷业务。"至于北大出版组何时升级为出版部，白先生说"没有查到确切史料"，"估计抗战胜利复校后就升格了。它的实际负责人，大约从20世纪20年代末就是李续祖。他原是图书馆和化学系合聘管仪器的，后来专任出版组以至出版部的主任"。事实上，北大出版机构称出版部也是由来已久。笔者查询：民国七年（1918年）十一月初版的钱玄同《文字学音篇》，标注的印刷发行者是"北京大学出版部"。《新潮》第一卷第三号（民国八年三月一日）的版权页，标注编辑者：新潮社；发行者：国立北京大学出版部；印刷者：财政部印刷局。总

---

① 白化文：《我所知的老北大出版组》，载《出版史料》2003年第3期。此文收入作者《负笈北京大学》，江西教育出版社2008年版；篇名为《我所知的老北大出版组（部）》。

发行所则为：北京汉花园　国立北京大学出版部。1918年12月15日《新青年》第5卷第6号，刊载了《新潮》杂志的广告，总发行所标注也是"北京汉花园北京大学出版部"①。杨昌济译述的《伦理学之根本问题》、《西洋伦理学史》两书也在1919年由北京大学出版部刊行②。这说明，北京大学出版部的牌子在1918、1919年就在使用了。据汪孟邹口述、汪原放笔录的《亚东图书馆简史》记载，北京大学出版部也是在"五四"前后就开始运作了。汪孟邹曾说："是1916年，独秀到北京大学担任文科学长（胡适是1917年由独秀介绍到北大教书的。他在上海读书时，只十五岁）。独秀最不赞成亚东缩在弄堂里，不上马路。他后来推荐亚东经理北京大学出版部的书籍，所以我们在1919年年初迁上了五马路。"③汪原放回忆说："亚东经理北京大学的书籍后，在报上登了一则《购北京大学出版部书籍者鉴》：'北京大学出版部新书甚伙，全国风行，其价值无待辞费；只以南方各省销数甚多，直接北京，颇感不便，故特委托本馆为上海总经理处'云云。并宣告，'今因扩充营业，并添售仪器文具，特迁至五马路、棋盘街西首八十四、八十五号，定于民国八年（1919年）三月二十二日正式开幕'，'折扣优待，一月为限'，等等。"北大出的书，有历史、地理、诗词、文字学、曲谱、数学、伦理学、哲学、经济、财政、法律等等。"汪原放还说"有一张报上登载的书目"，他节录了《中国史讲义》（上世史）、《中国史讲义》（下世史）、《史记探源》、《春秋复始》、《清史要略》、《南曲谱》、《本国人文地理》、《新编印度哲学概论》、《破产法草案》等28种图书，每种图书标明作者、定价等。其出版状况可见一斑。"最后注明：'尚有外国文书籍多种，目录另登本馆书目，函索即寄。'可惜这种目录一张也找不到了。"④尽管如此，我们还是可以看出，当时北大出版部出版活动之活跃，图书品种之丰富，社会影响之广泛。而亚东之所以能够在上海经理北大出版部的图书还与李辛白的大力支持密不可分。"李辛

---

① 钱理群主编：《中国现代文学编年史——以文学广告为中心（1915—1927）》，北京大学出版社2013年版，第119页。

② 杨昌济译述的两种书籍详情见张晓编著《近代汉译西学书目提要　明末至1919》（北京大学出版社2012年版）第8、9页。

③ 汪原放：《亚东图书馆与陈独秀》，学林出版社2006年新1版，第226～227页。

④ 汪原放：《亚东图书馆与陈独秀》，学林出版社2006年新1版，第40～42页。

白,安徽无为人,此时为北大出版部主任。陈独秀推荐亚东经理北大出版物,他自然是欣然应诺,愿意看到一个皖籍的出版机构担当此项美差。"①

据网上查询,陈大齐《哲学概论》于 1920 年出版,印刷发行者亦署北京大学出版部。1923 年,该出版部刊行有刘师培《中古文学史》。到 1948 年,北大五十周年校庆筹备委员会编印了《国立北京大学历届同学录》、《华北之农业(4)以水为中心的华北农业》、《北京大学五十周年纪念特刊》、《国立北京大学五十周年纪念论文集》(文学院第一种)等书籍,刊行者均署"北京大学出版部"。直到 1949 年,北大出版部还在运行。据《出版委员会第八次会议记录(节录)》(1949 年 4 月 22 日)记载,中共中央的出版委员会此时还将《政策丛书》委托北大出版部印行②。可见,在长达 30 年的时间里,人们还是比较习惯和喜欢使用北京大学出版部这个名称。无疑,出版物上用"出版部"而不用"出版组"字样,显得也更庄重和正规一些。《北京志·出版志》说北大"1917 年成立了出版部,地址在北京景山东街,主要出版社会科学方面的学术著作,先后出版的书籍有:梁漱溟著《印度哲学概论》、周作人著《点滴》等"③。这里的说法应是比较可靠的,惜乎没有说明依据的原始凭据。

白先生认为:"1919—1926 年,是北大出版部的开创时代;1929—1937 年,则是黄金时代。"出版部(组)的主要业务是影印外国的大学教科书和参考书,印刷、销售本校的书刊,包括教师讲义、报刊等,此外还影印或排印了类似《词源》、《曲品》方面的参考书。凭借北京大学在全国文化学术界的巨大影响,出版部的有些讲义也有很好的销路,甚至成为畅销书。例如以写作《性史》出名的北大哲学教授张竞生编写了一本《美的人生观》,1924 年 5 月刊行,在 1925 年至 1927 年的两年间,竟然重印了 7 次④。

据有关资料可知,北大出版部在上个世纪 20 年代初期就已有很可观

---

① 周宁:《皖籍知识分子与亚东图书馆》,载《出版史料》2008 年第 4 期。
② 中国出版科学研究所、中央档案馆编:《中华人民共和国出版史料》(1),中国书籍出版社 1995 年版,第 75 页。
③ 北京市地方志编纂委员会编著:《北京志·出版志》,北京出版社 2005 年版,第 139 页。
④ 江中孝:《张竞生的生平、思想和著述》,见《张竞生文集》(上集·序二),广州出版社 1998 年版。

的成绩了。1922年11月是北京大学25周年校庆,主题是"回顾与反省"。"《北京大学日刊》也报道了二十五周年纪念的各种活动,例如'历史部'、'出版品部'、'美术作品部'的展览(其中出版品部就展出在校师生出版的163种学术著作,108种讲义,19种杂志,20种报纸,要是放在今天是一定要说'成绩很大很大'的),学术演讲,中文、法文、俄文的戏剧演出,中、西乐演奏,技击表演,体育比赛,以及放烟火等。"①是年12月7日《北京大学日刊》为校庆"纪念号",主要刊载"纪念词",其中教务长胡适的文章《回顾与反省》中说道:"我们纵观今天展览的'出版品',我们不能不挥一把愧汗,这几百种出版品中,有多少部分可以算是学术上的贡献?"他认为北大"开风气则有余,创造学术则不足"。这样的反省、批判,确实体现了真北大的境界、真北大的传统。我们这里要讨论的问题,主要还是那个时期北大的出版事业。若从1918年北大出版部成立算起,到1922年也还不足五年,实事求是地说成绩的确是很不错了。上述展览品中,讲义无疑全为出版部刊印,其他专著、期刊、报纸也绝大部分是出版部出版和销售的。作为一家大学出版机构,放在当时的业界也是很突出的。有研究者通过国家图书馆数据库搜索,"共收集建国前北京大学出版部(组)图书112种,除少数《国立北京大学历届同学录》、《国立北京大学总揽》这样的书籍外,其中90%以上书籍为学术著作"②。而在抗日战争艰苦卓绝的岁月里,由北京大学、清华大学、南开大学合并而成的西南联合大学仍然十分重视出版工作,在学校层面设立有校志编辑委员会、西洋哲学翻译编辑委员会,在教务处下设出版组(另有两个组,即注册组、图书组),开展各种形式的出版活动。当时的西南联大中原来的学校均有自己的办事处,北京大学办事处就还设有自己的出版组③。关

---

① 钱理群:《想起了七十六年前的纪念》,见《论北大》,广西师范大学出版社2008年版。
② 姜华:《建国前大学出版的理念、运营及得失》,载《编辑学刊》2007年第5期。
③ 西南联合大学北京校友会编:《国立西南联合大学校史》(修订版),北京大学出版社2006年版,第28、29页。另据该书的《大事记》,1943年11月成立的西洋哲学编译委员会"着手编译亚里士多德、柏拉图、康德、杜威等人的名著30余种,内容包括古典哲学、现代哲学、哲学与文学三大类"。(见该书第405页)校志委员会则是西南联大在抗战胜利后,为办好校庆先成立了西南联合大学纪念册编辑委员会,后改为了校志编辑委员会。(见该书第419页)

于西南联大出版组及相关委员会的设立,当在1939年。是年5月30日第109次常委会决议:"筹设出版组,聘李续祖为出版组主任。成立出版设计委员会,请曾昭抡、丁佶、毕正宣、朱荫章、李续祖为委员,曾昭抡为召集人。"但这个出版设计委员会于次年10月同其他多个委员会一起被撤销了①。

比北京大学出版部成立更早的是西北大学出版部。1913年,西北大学就正式成立了出版部。同年的7月1日,出版部就编辑出版了文理综合性的学术期刊——《学丛》。刊物共出版了4期,约停刊于1914年初,虽在创刊时号称为按月发刊一次,实际上相当于季刊②。该校出版部附设有印刷设备,管理和组织有关刊物、著述、章则和教材的出版事宜;它不仅是西北地区也是全国高校中举办最早的出版机构之一。该机构几经变迁,抗战时期改名为出版组,设主任1人,组员若干名,隶属教务处,工作始终坚持了下来。在艰难困苦的条件下,学校尽力保证出版组工作的进行,其中仅1944年第二学期讲义费拨款一项就有15万元,在当时是个不小的数目。到1949年,出版组共编印讲义63种。同时,还编辑刊行《校刊》、《西北学术》、《西大学生》等刊物,负责新闻简报的缮印与发行③。

通过阅读相关文献,网络查询民国版图书、期刊,我们很方便地就可以从封面、版权页上了解到那个时期大学出版机构设置的某些信息。大学出版部(组)的设立,在民国时期是比较通行的。其中有的比较正规,有的不太规范;多数属于校方主导,少数由学生举办。例如,"齐鲁大学印刷事务所于1919年建成。该印刷所是继承了1864年登州文会馆和1906年广文学堂书馆的事业"。"在北京,燕京大学、辅仁大学、朝阳大学、中国大学、中西女塾都设有印刷室,主要为本校教学服务,兼收外界印件。1919年并入燕京大学的华北协和大学,他的印书馆早在1905年就有价值三十余万美金的印刷设备。"20年代的国立东南大学,学校组织系统按照管理设置行政委员会、教授会和评议会。在司行政的行政委员会下设有

---

① 西南联合大学北京校友会编:《国立西南联合大学校史》(修订版),北京大学出版社2006年版,第379、382页。

② 姚远、王睿、姚树峰等编著:《中国近代科技期刊源流(1792—1949)》(上),山东教育出版社2008年版,第96~97页。

③ 姚远:《中国大学科技期刊史》,陕西师范大学出版社1997年版,第545页。

11个部，包括教务部、事务部、会计部、体育部等等，而"出版部"也名列其中①。至于"1930年在北平成立的回民学校成达师范，下设出版部，有排字和铅印设备。曾编译出版中文和阿拉伯文图书期刊多种"②。不过这个成达师范大体应属中等学校。

笔者另通过网络查得书影者，或其他史料记载：1925年，民国大学出版部刊行了《中华帝制史》（民国大学丛书之一）。1926年，中国大学出版部推出《六书微》（中国大学国学丛书第一种）。1927年，汉口明德大学校学生出版部创刊《明大旬刊》。"湖南大学1926年建校后，立即成立出版组和印刷厂，出版自用的讲义教材。"③二三十年代的国立中山大学曾经是"广东一个重要的图书出版机构"，"从建校开始，该校就成立出版部，负责审查和出版该校的各种图书。从1928年至1938年学校迁到云南澂江以前，为该校出版活动最活跃的时期。据统计，这10年间中山大学出版的图书至少在312种以上，其中学术著作占绝大部分"④。如1928年，国立中山大学出版部印行《家蚕生理学》（高等农学丛书之一）；1933年，该出版部刊行《毒气与烟雾》一书；1936年，该出版部又刊行了《怎样写论文》；而1930年创刊的《国立中山大学天文台两月刊》、1935年创刊的《工学季刊》也都是由该出版部出版发行。1929年创办的《通大医刊》标注为南通大学医科出版部编辑⑤。中大在抗战期间的1940年8月，从云南迁到粤北坪石，次年则有《中大向导》印行，标明为"学术新潮出版社"⑥。笔者猜想这家出版社当为中山大学自办的出版机构。其实中山大学的

---

① 南京大学校史编写组编著：《南京大学史》，南京大学出版社1992年版，第48页。

② 范慕韩主编：《中国印刷近代史》，印刷工业出版社1995年版，第240～241页。

③ 范慕韩主编：《中国印刷近代史》，印刷工业出版社1995年版，第241页。

④ 广东省地方史志编纂委员会编：《广东省志·出版志》，广东人民出版社1997年版，第100页。

⑤ 另据姜华的《建国前大学出版的理念、运营及得失》（载《编辑学刊》2007年第5期），郁达夫和伍叔傥都做过中山大学出版部主任。中山大学出版部推出了一系列丛书，顾颉刚、钟敬文主持的"国立中山大学语言历史研究所民俗学会丛书"是其代表，该丛书共37种39册，汇集了民俗研究史不少里程碑似的著作。

⑥ 参阅黄义祥编著：《中山大学史稿》第五章，中山大学出版社1999年版。作者在这一章中多处引用学术新潮出版社刊行的《中大向导》中的材料。

前身国立广东大学早就在学校秘书处设立有出版部，1926年就曾印行过《国立广东大学规程集》、《国立广东大学校务会议纪事录》等①。

30年代刊行的苏雪林讲义《中国文学史略》、1930年创刊的《社会科学季刊》等皆出自国立武汉大学出版部。《国立中央大学农学丛刊》是农学半年刊，1933年11月由中央大学农学院编辑，中央大学出版组出版和发行。1941、1942年，《齐鲁大学校刊》刊行，署名的编辑者是"校刊编辑室"，发行者则为"齐鲁大学出版组"。1941年，四川大学教务处出版组编印了《国立四川大学校刊合册》；1943年，《营养提要》一书由国立四川大学出版组刊行；1944年，《比较伦理学》也由该出版组印行；1948年，《国立四川大学季刊》、《国立四川大学周刊》、《气象月刊》、《国立四川大学一览》等书刊，标明：编辑者　国立四川大学秘书处，发行者　国立四川大学秘书处出版课，经售者　国立四川大学售书处。1942年，《湖大通讯》创刊，出版发行者为国立湖南大学出版组。显然，民国时期诸如此类的大学出版部、出版组、出版课还有很多家。另据《民国时期成都出版业》一书提供，华西协和大学出版部于民国二十三年（1934年）在成都华西坝成立，主要职责是编辑出版本校教学所需之教材、讲义等。而民国三十二年（1943年）在成都祠堂街建立的"大学印书局"，刊行过《民主主义百科全书》、《民主主义理论基础》等②。笔者从网上搜得1944年的《大学》杂志一册（有书影），封面有"革新特大号"、"战后民主问题特辑"字样，出版单位署名为"大学印书局"，地址为"成都祠堂街"。这个祠堂街曾经是著名的文化街、书店街。到底是在成都有一家大学印书局，还是"成都大学"下属有一个印书局，还须考证。笔者更倾向于认为大学印书局是一家社会出版机构。

民国时期大学的出版机构以出版社命名的十分少见，南开大学出版社可能是唯一的一家③。南开大学一向重视出版工作。在南开大学成立初期

---

① 参阅黄义祥编著：《中山大学史稿》第一章，中山大学出版社1999年版。
② 张忠：《民国时期成都出版业研究》，巴蜀书社2011年版，第104～107页。
③ 崔国良：《关于早期南开大学出版社》；霍彩素等：《南开大学出版社志稿》，见《天津出版史料》第八辑，百花文艺出版社1997年版。乐永庆：《南开大学的出版社》；南开大学出版社：《关于早期南开大学出版社情况的报告》，见崔国良、张世甲主编：《南开新闻出版史料（1909—1999）》，南开大学出版社1999年版。

就曾与南开中学合编《南开周刊》、《校风》等；1924年，校学生会成立出版股，专门负责出版活动。1919年11月13日，由学生组织发起的南开大学出版社正式成立。早期的南开大学出版社，主要由学生主办，并聘请教授担任顾问。该社独立进行工作，不隶属于校学生会。出版社的出版物获得公开在国内外发行的许可证是"内政部登记证警字第1339号，中华邮政特准挂号认为新闻纸类"。南开大学出版社设立了自己的出版委员会，由文科、理科、商科、预科各自直接推举7名委员组成，并聘请12位教师职员为顾问；还从学生中聘请编辑若干名。出版社由社长领导，下设秘书，并成立编辑部和经理部。编辑部下设言论、学术、文艺、杂组和校闻5个编辑组；经理部下设发行、印刷、会计、广告4个组。出版社的首任社长为范庆奎，秘书王之杰，编辑部主任乐永庆，经理部主任张志刚。

南开大学出版社初期出版的图书，目前能见到的1930年5月出版的《南开大学向导》，详载了本校组织、现状、各院概况、投考手续及最近两年入学试题等。类似于现在的报考指南或新生导航。另外，该社还主编有《南开大学周刊》、《南开大学周刊副刊》及后来的《南开大学半月刊》等。出版社办社期间，经常出版学术专刊，目前能见到的有《中国经济专号》、《社会科学专号》、《英国文学专号》等。南开大学出版社经营了8年时间，到1936年10月日本帝国主义侵略到华北时，即抗日战争全面爆发前才停办。

还有上海国立劳动大学在1927年创办了《劳动大学周刊》（后更名为《劳动周刊》），出至1932年终刊。该刊出版者署名为劳动大学编译馆①。这个"编译馆"当属专门的大学出版机构。20年代，上海的暨南大学有一为人熟知的学生②文艺社团——秋野社，1927年12月创刊了《秋野》杂志，由暨大出版科出版，上海开明书店发行。暨大出版科当属专门的出版机构。

在教会大学中，山东基督教大学（又称山东基督教联合大学，后定名

---

① 叶再生：《中国近代现代出版通史》（第二卷），华文出版社2002年版，第717~718页。

② 何宝民：《旧时文事——民国文学旧刊寻踪》，福建教育出版社2015年版，第1页。

为齐鲁大学)是曾经创办过自己的编译出版机构的。这所教会大学是以医学见长的。有研究者指出:"在编译医书方面比较系统且卓有成效的机构是山东基督教大学的译书局,该译书局得到中国医药宣教协会出版委员会的赞助,由原汉口医学院的吉林逊(Thomas Gillison)医生负责。译书局的主要工作就是翻译和修订医学教科书,包括创造一些中国传统医学所没有的新名词。他们编译的教科书所覆盖的领域包括解剖学、外科学、组织学、胚胎学、产科学、病理学、生理学、矫形学、皮肤学、性病、内服药、妇科学等。这些教科书被几乎所有的用汉语为教学语言的医学院所使用。"① 关于山东基督教大学译书局的详细运作情况,以及编译刊行的具体书目,都还有待查询。至于"中国医药宣教协会出版委员会"的详情,也是一个有待深挖的出版史课题。上世纪 20 年代后期的辅仁大学的行政设置中,既有隶属于校务会议的出版委员会,也有归事务长管理的九部之一——编译部②。而地处西南的华西协和大学也曾经创立过自己的出版部。该出版部"1934 年 3 月创办,主任苏继廉(加拿大人),是集编、印、发为一体的出版机构,主要为华西大学师生服务,出版该校所需之教材、讲义。成都解放后还继续存在了一段时间"③。

　　这里可以顺带提及的是,在大学不广泛设置正规的出版社而建立相当灵活的出版部(组)的模式,在当今的台湾地区依旧如此。台湾地区现有各类公私立大学及独立学院 70 余所,而其中拥有出版社或出版中心、出版组等具备出版功能的院校共有 60 所。这中间,仅有文化大学、辅仁大学设有正规的大学出版社,另外世新大学与空中大学亦设有具有类似职能的出版中心。其他皆为出版组(部),相对于出版社的构架来说,出版组较为简单,不仅在人员编制、经费等方面远逊于出版社,而且在职能上也是以支援大学教学活动,服务本校师生为基本目的。因此其业务内容最主

---

① 王忠欣:《基督教与中国近现代教育》,湖北教育出版社 2000 年版,第 152 页。

② 北京师范大学校史编写组编:《北京师范大学校史(1902—1982)》,北京师范大学出版社 1982 年版,第 227 页。

③ 四川省地方志编纂委员会编纂:《四川省志·出版志》,四川人民出版社 2001 年版,第 31 页。另见成都市地方志编纂委员会编纂:《成都市志·图书出版志》,四川辞书出版社 1998 年版,第 37 页。

要部分为印刷各类讲义、全校性学报、校刊以及手册等①。这显然带有旧中国大学出版组的明显印记。

除了学校层面设置的出版机构，民国时期大学的一些杂志、报纸的报社、期刊社和编辑部，一些院系、研究所，一些图书馆、教务处，一些教授组织的学术团体，一些学生自治组织、社团，都具有专门或兼顾的出版机构职责。例如北京大学国学门研究所成立后，在上个世纪20年代主要开展的三项工作：出版定期刊物，包括《国学门季刊》、《歌谣周刊》（后改为《国学所国学门周刊》，不久改为月刊）；考古调查和纂著考古方面书籍，印行的有《封泥存真》，待刊的有《甲骨刻辞》等；歌谣之征集和刊印。而南开大学刊行的总计100多种图书中，学生创办的出版社并不是主力，其他一些院系、研究所、学会也都编书出书，尤以经济研究所和经济学院最为突出。"南开经济所创办于1927年，前身是社会经济研究委员会，曾刊行统计、工业、农业经济、地方财政、经济史、经济及社会等方面专刊60种，还出版大学丛书及教科书14种。到1931年，南大成立经济学院，1934年结束，并入经济研究所，是当时高校中著名的社会科研机构，何廉、方显庭、张纯明等教授指导学生参加具有地方特色的中国北方人口、天津工业、华北农村工业、农业经济调查研究，不仅开扩了学生的视野，提高了经济理论的学习，而且将科研成果出版一批学术著作。"他们"30年代出版了一批在经济方面颇有影响的学术著作，其中一些是以专刊名义出版的"。"南大经济所还出版中文周刊、中文季刊、英文期刊、统计期刊共10种，刊出大量经济研究论文。"② 而据《私立金陵大学要览》（1947年）介绍，金陵大学所属的中国文化研究所、历史研究所、化学研究所、农业经济研究所、农艺研究所、园艺研究所和其他农业研究部门，一项重要的工作就是刊行学术成果，出版各种专著。如得到哈佛—燕京学社津贴的金陵大学中国文化研究所就编印有："长沙古物闻见记共二册，五朝门第共二册，雷波小凉山之倮民一册，边疆研究论丛30年一册，边疆研究论丛31至34年度一册。"而据该校于1935年编印的《出版

---

① 巢乃鹏、万宇：《台湾地区的大学出版机构》，载《出版发行研究》2000年第5期。

② 天津市地方志编修委员会编著：《天津通志·出版志》，天津人民出版社2001年版，第112～113页。

物统计表》显示，出版了专著 26 种，规程与报告 33 种，小册子 77 种。这些也大多是各学院、系所编辑刊行的①。可见，除了学校层面的出版部（组），其他各个层面、组织也开展了丰富多彩的书刊编纂与出版活动，这方面的情况比较复杂，就不再赘述。

还要特别提及的，是一些具有出版职能的学术机构所发挥的特殊作用。"哈佛—燕京学社"是其中最为典型的代表。"1925 年，美国哈佛大学和中国燕京大学在美国霍尔基金会帮助下建立了'哈佛—燕京学社'，它旨在通过两校合作，来'促进中国文化及汉学其他方面的研究、教学和出版工作'，内容包括中国文学、艺术、历史、语言、哲学和宗教学。'哈佛—燕京学社'成立后，美国和中国通过互相派遣研究生及访问学者的人才交流、出版学术刊物、出版古籍和编纂工具书、添置图书、扩大双方图书馆等几个渠道，促进了中西文化的交流。"② 和北京大学的新潮社类似，"燕京大学的哈佛—燕京学社，实际上已成了专营出版单位"③。事实上，教会大学及其学术出版机构，不仅在西学东渐中发挥了极其重要的作用，而且也在中学外传中扮演着重要的角色。当然，这些西方传教士、学者的中国文化的研究、介绍往往带有偏见，贬多于褒。美国哈佛—燕京学社资助来华进行为期两到三年的访问学者魏鲁男（Ware James Roland）、施维许（Swisher Earl）、卜德（Bodde Derk）、毕乃德（Bigger Staff Knight）等人均学习和研究汉学，将中国学术文化传输至西方。其次，哈佛—燕京学社还通过出版学术刊物、编纂工具书、购买中国图书等渠道向西方介绍"东学"或"中学"。它所编辑刊行的哈佛—燕京引得丛书、学术专著丛书都达到了很高水平，影响极大。学社编辑出版了《哈佛亚洲研究学报》，自 1936 年 4 月创刊，一直延续到今天。自 1941 年 11 月起，它的远东中心又出版了《远东季刊》，研究东亚及太平洋诸岛问题。只是由于新中国成立后，中国本土教会大学的特殊命运，这些文化交流工作主要是在哈佛大学开展了。

---

① 南京大学高等教育研究所编：《金陵大学史料集》，南京大学出版社 1989 年版，第 214～219 页。

② 谭双泉：《教会大学在近现代中国》，湖南教育出版社 1995 年版，第 171 页。

③ 北京市地方志编纂委员会编著：《北京志·出版志》，北京出版社 2005 年版，第 125 页。

三、出版物刊行层面：图书、期刊和报纸

出版物是大学出版活动的最终载体，也是我们今天考察历史上大学出版事业的重要资料基础。岁月迁移，物是人非。掩藏在历史尘埃中的出版事实、人物机构及功过得失，我们往往不得不从故纸堆里去找寻。民国时期的大学出版物，无疑是考察那个阶段大学出版事业的一个重要层面。

民国时期的大学，不仅是培养高级人才的场所，也是研究高深学问的基地。教科书的编纂刊印，学术论著的创作出版，无疑在当时的高等学府中处于一个重要的位置。前面讲出版机构设置已经对此有所涉及。白化文先生对北大出版部刊行书籍之功勋论之甚确当，他指出：

> 印刷本校教授的讲义，是一大宗。许多后来的名著，其初稿都以此种形式在北大印刷过。窃以为，这是出版部的光荣，是它为学术作出过巨大贡献的历史上光辉的一面，必须大书特书的。如前引鲁迅、胡适、周作人的三本书，其定本后来均在正式的出版社出版。鲁迅先生的书是中国小说史开山之作，胡适、周作人的书均列入商务的"北京大学丛书"，当时声誉很高。再有，如也列入"北京大学丛书"的，有梁漱溟先生的《印度哲学概论》、《东西文化及其哲学》。列入"新潮丛书"的，有蔡元培先生的《蔡孑民先生言行录》；……此外，如刘师培的《中古文学史》，吴梅的《词余讲义》，孟森的《明元清系通纪》，钱玄同的《文字学音篇》，黄节的《诗学》，魏建功的《古音系研究》等等，后来俱成名著，其发轫均在北大讲义中。但须注意：北大讲义多为其初稿，文物与版本价值超过阅读价值。①

这里，白化文先生将北大出版部在著作出版方面的作用和价值论述得比较到位了。从出版界来看，以1897年商务印书馆的成立为标志，民间出版业在20世纪上半叶快速崛起，除了老商务以外，中华书局、世界书局、大东书局、开明书店、北新书局、文通书局、文化生活出版社、生活书店等都涉足教育出版和学术出版，一些著名大学的教授专家的优秀教材、学术著作最终往往还是给它们正式刊行。前面提到的北京大学25周年校庆期间展出的108种讲义、163种专著，前者应该都是北大出版部所编印，163种学术著作中具体的出版单位就不甚明了。民国时期，"北大、

---

① 白化文：《我所知的老北大出版组》，载《出版史料》2003年第3期。

燕京的出版量均已超过专营的文化学社,成为北京出版业的重要力量";还有清华大学、北京师范大学、朝阳大学、辅仁大学在出版方面也成就可观①。

类似北京大学及其出版部的图书编印情况,在其他大学中也存在。下面再来看看北洋大学。创建于1895年的北洋大学,是近代天津著书立说、出版发行书刊较早的单位之一。据不完全统计,1895年至1937年间,该校编著、翻译出版教科书就达80种,包括《英文法程》、《世界通史》、《亚洲地理》、《地形测量学》、《大地测量学》、《实用天文学》、《矿物学》、《岩石学》、《世界矿产与国际政策》等,其中不少都入选了商务印书馆"大学丛书"出版发行②。民国时期的另一教育与学术重镇——中央大学,其出版部也出版了王名元的《先秦货币史》,施章的《庄子新探》、《新兴文学论丛》,方瑜的《唐代的科举制度》,黄侃的《日知录校记》等一批学术著作③。福建协和大学"教师学术成果颇丰,学术专著很多由国内著名的出版机构,如商务印书馆、中华书局出版。也有一些著述由协大的出版机构出版"。有研究者查到的1926年至1948年间,"由协大出版的文献共有50本,包含学术专著、小册子、纪念文集、字典、调查报告、教学参考书、学校章程、中文图书和英文图书等。出版学术专著是协大出版物的重要组成部分,有32本,约占总数的64%。这些图书基本上反映了协大的学科设置和教授的学术专长及专业水平"④。该校以学校、院系、研究会等名义编印了不少图书。其中,"以协和大学名义出版的有王治心《中国学术体系》、郑作新《闽中海错疏中两栖动物》等;以协和大学书店名义出版的有李维之《李卓吾论》等;以中国文化研究会名义出版的有傅衣凌《福建佃农经济史丛考》等。另外,该校文化学院福建文化研究会于20世纪30年代创办《福建文化》季刊,共出30多期,同时出版《福建

---

① 北京市地方志编纂委员会编著:《北京志·出版志》,北京出版社2005年版,第125页。

② 王杰、宋彧:《北洋大学出版物之管窥》,见《天津出版史料》第五辑,百花文艺出版社1993年版。

③ 姜华:《建国前大学出版的理念、运营及得失》,载《编辑学刊》2007年第5期。

④ 陈林:《福建教会大学出版活动探析——以福建协和大学为例》,载《福建师范大学学报》(哲学社会科学版)2006年第6期。

文化丛刊》多种。"①

与北京大学等综合性大学的出版活动不同,著名的法科大学——朝阳大学②的图书出版显现出专业化、精品化、特色化的个性风格。它先后出版了二十多种有关法律方面的专著和教材,包括《民法要论总则》、《民法论物权》、《刑事诉讼法通义》、《公司法要论》、《继承法要论》、《中国法制史》、《中华刑法论》、《法学论文集》、《宪法历史及比较研究》、《民事法论丛》、《中国婚姻法论》、《中国继承法论》等等③。

成立于民国十五年(1926年)的湖南大学创办伊始就成立了自己的出版组,自建印刷厂,出版自用的讲义,包括杨树达的《古文字学研究》,唐谦的《政治心理学》,严思祚的《家政学》,唐艺菁的《高等曲线作图》、《中英对照恒星图》等④。到抗日战争时期,以长沙为中心的湖南出版业一度兴盛,湖南大学出版组是当时比较有实力的一家出版机构,学校后迁至辰溪。大学出版组及学校相关单位在抗战期间及胜利后,先后出版了著名学者杨树达的《淮南子证闻》(1939年)、《中国文字学概要》(1940年)、《春秋大义述五卷》(1940年)、《春秋述旨二十卷》(1941年)、《汉书管窥》(1941年)、《论语疏证十卷》(1943年),骆鸿凯的《尔雅学》(1940年)、《语原》(1942年),曾运乾的《广韵研究讲义》(1942年)、《尚书正读六卷》(1942年),唐艺菁的《植物形态方程式——叶部》(1943年),李祖

---

① 福建省地方志编纂委员会编:《福建省志·出版志》,福建人民出版社2008年版,第40页。

② 朝阳大学创办于1912年(民国元年)。由法学界著名人士汪子建、江翎云、黄群、蹇念益等先生创办。它是一所以法律、政治、经济等系为主的著名的法科大学。1930年12月在高等学校体制改革中,因只有一个法科而改称朝阳学院。但一直沿用朝阳大学印信,而人们也一直称其为朝阳大学。抗日战争时期,先后迁至湖北省沙市、四川省成都和重庆。抗战胜利后,迁回北平。1949年由人民政府接管,在原址建立了中国政法大学。它虽是一所私立的法科大学,但享有盛誉,世称"南有东吴,北有朝阳"("东吴"指东吴大学,崇尚海洋法系,即英美法学;"朝阳"指朝阳大学,崇尚大陆法系),"无朝(阳)不成(法)院"。它传播近现代法学、经济学、政治学和司法制度,是我国的法学摇篮之一。

③ 北京市地方志编纂委员会编著:《北京志·出版志》,北京出版社2005年版,第139~140页。

④ 湖南省地方志编纂委员会编:《湖南省志·新闻出版志·出版》,湖南出版社1991年版,第55页。

荫的《中国民法史》(1944年)、《民法概要》(1944年)，李肖聘的《湘学略二十六篇》(1946年)，彭汝龙的《中国刑法原理》(1948年)，郭文鹤的《民族社会经济学》(1948年)，张秀勤的《日本史正名篇》(1948年)等等①。这些著作要么是专门的大学教材，要么是精深的学术论著。作者基本都是本校的教师和研究人员，如杨树达曾任湖南大学中文系主任、文学院长，法学家李祖荫曾任湖南大学法律系主任、法学院长。

笔者从网络上查询到的国立四川大学出版组，三四十年代刊行的大学教材、学术专著，数量质量皆堪称上乘。而辅仁大学在上世纪三四十年代推出"辅仁大学丛书"（交由京华印书局印刷），均为高端学术论著，影响颇大。其中的第一种为张星烺著《中西交通史料汇编》（全六册）一经出版，"立即引起海内外学术界的注目和重视，张星烺也以此跨入著名史学家行列"。该书的刊行甚至"标志着一门新的学科——中西交通史的创立"②。抗战时期，北平及其他沦陷区的一些大学迁至西安及周边地县，多校合并办学，先后成立了国立西北联合大学（后改名为"国立西北大学"）、国立西北农学院、国立西北工学院。"当时，教材奇缺，教师们不辞辛苦，自己编著。广大师生还面向社会，进行调查研究，编辑出版了一批有价值的书籍。"这些大学除了刊行自己的校刊、学报、专业学术期刊，还先后编辑印行了一些大学教科书和人文社会科学研究成果，其中西北大学有《华阴县社会生活调查报告》、《陕西五县农村调查》、《教学与卫道》、《钱玄同先生传》等，西北农学院有《陕西农业经济调查报告》、《园艺丛书》等等③。

民国时期一些大学的学术机构，也兼施出版活动。例如1929年创办的齐鲁大学国学研究所就是。该所隶属于文学院，所长是著名学者栾调甫。"该所曾编辑出版考古及古代文化方面的图书10多种，主要有周干庭编撰的《谈风初编》、《雅颂再编》、《春秋左传列国名称》、《古今文选》，

---

① 依据湖南省地方志编纂委员会编：《湖南省志·新闻出版志·出版》第375～420页的民国时期图书目录整理。

② 孙邦华：《身等国宝 志存辅仁——辅仁大学校长陈垣》，山东教育出版社2004年版，第170～171页。

③ 陕西省地方志编纂委员会编：《陕西省志·出版志》，三秦出版社1998年版，第168～169页。

范迪瑞撰写的《中国家族哲学》、《历史年号通检》、《中国古代农民运动研究》，张立志撰写的《山东文化史研究》、《明末清初东西文化之冲突》，明义士编撰的《甲骨文研究初编》，曾毅公编撰的《甲骨残存》、《甲骨地名通检》等。"①民国时期的厦门大学，各院系和所属单位也多编印图书，其中有《厦门大学丛书》、《厦门大学教育学院丛书》、林庚《中国文学史》、郑德坤《中国明器图谱》、周辨明《八年抗战中国语文国际化的进展》、陈子英《福建省渔业调查报告》等等②。在那个时代的高等学校，这类教学研究机构同时承担编辑出版任务的还不少见。

民国时期大学出版的最突出贡献还在报刊，尤其是期刊方面。民国时期创办的学术期刊，大致有三种来源：一是新式学会创办的专业性会刊；二是各大学创办的学报及其他学术刊物；三是独立的专业学术研究机构创办的学术刊物。如果说在图书出版方面，社会上的出版机构还占有绝对优势的话，一到期刊特别是学术期刊领域，大学出版机构就不仅毫不逊色，甚至有更加骄人的成就。"大学专业性学术刊物的创办，是建立中国现代大学制度的重要任务。1912—1916 年，中国创办专业性杂志的现代大学，有上海浸会大学（后改名沪江大学）、南京金陵大学、北京清华学校、武昌中华大学、上海工业专门学校、上海仓圣明智大学、北京大学、成都四川陆军测量学校等。其中，以蔡元培创办的《北京大学月刊》较具代表性。"③

那时，无论国立大学，还是私立大学，报纸、期刊的编辑出版都十分兴盛。拿教会大学来说，在 19 世纪末至 20 世纪上半期创办的学报校刊总数就在 500 种左右，其中可以查到的中文期刊就有 416 种。这些刊物中，1919 年至 1926 年创办的有 46 种；而 1927 年至 1936 年，创办学报校刊则多达 189 种，堪称鼎盛时期④。著名的教会大学燕京大学就办有多种报刊。该校新闻系在社会上和教育界都很有影响，在 20 世纪二三十年代曾

---

① 山东省地方史志编纂委员会编：《山东省志·出版志》，山东人民出版社 1993 年版，第 34 页。

② 福建省地方志编纂委员会编：《福建省志·出版志》，福建人民出版社 2008 年版，第 40 页。

③ 左玉河：《移植与转化——中国现代学术机构的建立》，大象出版社 2008 年版，第 337 页。

④ 王奇生：《中国教会大学学报校刊出版史略》，见章开沅主编：《社会转型与教会大学》，湖北教育出版社 1998 年版。

设立了燕京通讯社,独立发稿,出版《燕京新闻》、《平西报》等等。燕京大学的学术刊物更是水平高、影响大,后面还要专门论述。

"众所周知,民国时期最好的学术刊物即所谓'四大名刊物'乃北大《国学季刊》、《清华学报》、《燕京学报》和《中央研究院历史语言研究所集刊》,内中多半属于大学学报;而现今的学术界公认具有较高水平的学术刊物,几乎都是由中国社会科学院系统主办。这种鲜明的反差,可能并不意味着后者的进步,而只是前者的退步。"① 这里的四家刊物皆离不开大学,即便是中央研究院历史语言研究所的《集刊》,也源自大学②。此处我们略微说说另外三家大学学术刊物。

《燕京学报》由燕京大学哈佛燕京学社编辑出版。它创刊于1927年6月,至1952年6月终刊,共出刊40期。历任主编有容庚、顾颉刚和齐思和。该刊以发表高水平的学术论文、拥有一流的作者群体和编辑队伍、设置及时反映学术动态的"学术消息"栏目和注重学术评价的"书评"栏目、按时出刊(年出两期,抗战时期除外)、印制精良等特点而受到学术界的高度认可。美国学者杰西·格·卢茨称其为"以专门发表有关古代中国的研究成果的杰出期刊而闻名"③。

北京大学的《国学季刊》,则无论是在研究内容与方法,还是在编辑技巧与形式方面,都开时代新风。1922年北大设立国学门,由章门弟子、著名训诂学家沈兼士任主任,并于次年出版《国立北京大学国学季刊》;胡适撰写了《国学季刊发刊宣言》,刊物大力倡导国学研究,引进新的理论与方法,刊登了众多有分量的研究成果,对推动国学研究产生了广泛而深远的影响。《国学季刊》编辑委员会负责该期刊之编辑审查事宜,并由胡适担任主任委员。这本刊物是以研究国学为目的,却以一种新的姿态出现。编排方式是自左向右的横排,文章也全部使用新式标点符号,刊物的

---

① 刘超:《中国大学的去向——基于民国大学史的观察》,载《开放时代》2009年第1期。

② 1928年1月,国立中山大学以傅斯年为主任的历史语言研究所正式成立。同年4月,以蔡元培为院长的中央研究院决定以中大历史语言研究所为班底筹备成立中央研究院历史语言研究所。参阅黄义祥:《中山大学史稿(1924—1949)》,中山大学出版社1999年版,第488页。

③ [美]杰西·格·卢茨:《中国教会大学史》,曾钜生译,浙江教育出版社1987年版,第294页。

外在形式在学术界引发一次小小的革命。在中国顶尖国立大学出版，讨论国学的刊物，竟然使用"蛮夷"的形式，这一举动震惊了当时学术界，同时其在内容上也开启了西体中用的国学研究时代。这里还要提及，北京大学对自然科学研究及其成果的编辑出版也十分重视，推出了《自然科学季刊》（1929年创刊）等多种期刊。

《清华学报》创刊于1915年，是第一份以清华学校名义创办的文理综合性学术期刊。严复、黎元洪、梁启超、范源濂、周诒春等政要和社会名流相继为之题写刊名。叶企孙、梁思成、梅贻琦、闻一多、曾昭抡、潘光旦、萨本栋、顾毓琇、朱自清等曾相继任学报编辑。抗日战争期间，随校迁昆明出版。抗战胜利后回迁北平出版。从1915年至1948年，先后共出版90余期。其中1915年至1919年的中英文版学报，发表了百余篇介绍欧美最新科学、技术、教育理论的文章，也连载了到访清华的美国政治学家克罗博士等人宣扬西方民主制度的演讲或专文，还发表了清华科学社有关中国农业、工业技术与教育发展现状的数种社会调查报告。由此营造了五四运动前夕浓郁的科学、民主气氛，也展示了清华学子忧国忧民、科学报国的极大热忱。它是借助留美师资和创办文理综合的中、英文版学报直接从欧美传入最新西学，从而开创了高校学报传播西学的新途径。该刊学术研究水平一流，仅在1924年至1948年间就有30余位国学大师及学界名流在此发表了90余篇代表作，有的专家甚至直接参与编辑学报，从而构筑了旧中国罕见的学术高地，将大学综合性学报的模式推到极致。对于学术刊物、著作编辑出版的作用与意义，清华大学梅贻琦校长有深刻的认识。他曾说："至于非定期刊物，如学术专著，如大学丛书，年有出版，其不经本校印行者尚不计焉。即此可见校内同人努力之一斑，而亦极足以告慰于校友诸君者也。"又说："本校出版刊物，近已日趋学术化，时有转载，或作提要、索引，即外国近来出版之专门教科书籍，亦时有以此种材料为征引之资，此其对于我国在国际学术上地位之提高，实至重且大也。"①

民国年间学术的重镇首推大学，学术出版特别是学术期刊出版的中心也主要集中在大学里。弘扬学术精神，倡导学术创新，推出学术成果，引领学术潮流，这就是民国大学出版的重要价值所在。上述三种大学学术名刊，是

---

① 梅贻琦：《致全体校友书》，载《清华校友通讯》第3卷第1—5期，1936年。

从民国大学林林总总的刊物中脱颖而出的"秀于林之木",有着深厚的学术文化土壤和出版生态基础。据专家统计,北京大学1917年—1949年共创办各种刊物79种,清华大学1914年—1949年创办的刊物有56种,而中山大学1918年—1949年创办的刊物更是多达106种[1]。国民政府重点支持的中央大学更是人才荟萃,学科建设和科学研究成就显著;在30年代罗家伦掌校期间就办有高水平的《文艺丛刊》、《教育丛刊》、《农学丛刊》、《社会科学丛刊》等学术期刊集群。其他各高等学校,也都无不重视期刊的编辑出版,创办的刊物少则十几二十种,多则五六十种,甚至更多。

当时的大学特别是"五四"以后,在"科学救国"理念引导下,一些著名大学从学校领导层面,到院系和专门研究机构,再到教授、学生组建的学术社团,纷纷创办各种学术刊物;至20世纪30年代,这股学术期刊潮与全国大兴杂志的潮流汇合,形成"期刊热"。从大学学报的编辑刊行来看,1919年1月推出的《北京大学月刊》具有重要的启示意义。蔡元培在发刊词中阐明之所以创办《月刊》的目的:一曰所谓大学者,"实以是为共同研究学术之机关"。师生对一些学术问题凡"有几许新义",便可在"月刊以发表之"。二曰破除专己守残之陋见。创办月刊就可"以袪其褊狭之见,而且对于同校之教员及学生,皆有交换知识之机会,而不至于隔阂矣"。三曰网罗众家之学说,开展学术自由讨论。蔡元培主张,月刊当遵循思想自由之原则,取兼容并收之主义,发表各方面的学术见解,引导学术上自由讨论风气的形成[2]。蔡元培个人及北大的重要地位和影响,合乎时代潮流的学术思想和编辑理念,使得《月刊》树立了大学学术刊物的典范,长久地影响学术研究事业和学术出版事业。

无论是在国立省立大学,还是私立大学,包括一些著名的教会大学中,都不乏水平高、有特点的学术期刊,属于天主教系统的辅仁大学所办的《辅仁学志》就是其中一个典型。《辅仁学志》创刊于1928年12月,是一种纯学术性的杂志,其实就是今日的大学"学报",学校组织了编辑会,由校长陈垣亲自挂帅;此志"主旨在研究中国学术,凡关于历史、语

---

[1] 姚远:《中国大学科技期刊史》,陕西师范大学出版社1997年版,第96～98页,106～107页,第323～327页。

[2] 宋应离:《中国大学学报百年发展纪略》,见秦英君、郭道夫主编:《中国人文社会科学学报年鉴(2003)》,人民出版社2003年版。

言、文字、宗教、哲学、美术、金石等著作或译文,均所欢迎"(《辅仁学志》第一卷第一期《编辑凡例》)。学志每年出版两期,并得随时增刊专号。首期六篇文章,皆为名家名作。该杂志以国学研究为重点,充分展现了辅仁大学国学研究的高水平。在上面刊发文章的,不仅有陈垣、沈兼士、余嘉锡、张星烺、刘复、伦明、柯昌泗、孙楷第、朱师辙、柴德赓、赵光贤、牟润孙等辅仁大学的教师,而且还有像魏建功、周叔迦、岑仲勉、冯承钧、唐兰等校外著名学者。这本杂志,加上后来创办的《华裔学志》、《民俗学志》杂志,再辅以"辅仁大学丛书",辅仁大学在国学研究的中国历史文献学、宗教史、中西交通史、中国语言文字学等方面的突出成就和学术优势就得以充分体现①。这里特别要论及的是该校在极为艰难的处境下,还坚持办好对外学术杂志——《华裔杂志》,分英文、法文、德文版,主要是在国外发行,内容有历史、文学、考古等②。这大概是中国学术主动"走出去"比较早的探索。

在各个高校中,无论是综合性学报,还是专业性学术期刊,都保持比较高的水准,非一般社会出版机构所能办到。上世纪从辛亥革命成功到20年代再到40年代,民国大学有《民国大学半月刊》,北平大学女子师范学院则有《女师大学术季刊》,复旦大学有《复旦》杂志,东吴大学有《东吴学报》,南开有《南开季刊》,北洋大学校有《北洋大学校季刊》,法政大学有《法政学报》,河南大学有《河南大学学报》,河南中山大学有《河南中山大学理科季刊》,岭南大学有《岭南学报》,武汉大学有《社会科学季刊》、《文哲季刊》、《武汉大学理科季刊》,武昌中华大学有《光华学报》,文华图书馆专科学校有《文华图书馆专科学校季刊》,南京河海工程专门学校则有《河海月刊》等等。

还有更多的学术性刊物是由各大学的院系或专门研究机构、学会主办,体现出很高的学术水准,如武昌高等师范学校数理学会编辑出版的《武昌高等师范学校数理学会杂志》(1918年创刊);北京大学数理学会编辑出版的《北京大学数理学会杂志》(1919年创刊),该校地质学会编辑

---

① 何建明:《辅仁国学与陈垣》,见章开沅主编:《文化传播与教会大学》,湖北教育出版社1996年版。
② 北京师范大学校史编写组编:《北京师范大学校史(1902—1982)》,北京师范大学出版社1982年版,第243页。

出版的《国立北京大学地质学会会刊》（1921年创刊）；同济大学医科（后改为医学院）外籍教师主办、同济大学医学院发行的《同济医学月刊》（1925年创刊），该院1931年又创刊了《同济医学季刊》；南洋大学工程学会编辑出版了《工程学报》（1925年创刊）；国立北平师范大学数学学会编辑出版的《数学季刊》（1930年创刊）；复旦大学理工学会创办的《理工学报》（1928年创刊，仅出1期），土木工程学会创办的《复旦大学土木工程学会会刊》（1933年创刊，1936年停办）；浙江大学土木工程学会创办的《土木工程》（1930年创刊），工学院化学工程学会编辑出版的《化工》（1933年创刊），机电工程学会创办的《机电工程》（1933年创刊）、机械工程学会创办的《机械工程》（1935年创刊）；国立北平大学工学院化学季刊社编辑出版的《化学季刊》（1933年创刊）；上海交通大学科学学院主办了《科学通报》（1935年创刊，1937年停刊）；武汉大学物理研究社编辑出版的《物理》（1936年创刊，仅出1期）；南京中央大学地理学系出版的《方志双月刊》（原名《地理杂志》，1928年创刊，1936年停办），医学院医学研究会编辑刊行《医学》（1931年创刊）[①]；广州中山大学研究所编辑出版的《社会研究》（1935年创刊，1937年停刊）、《国立中山大学语言历史研究所周刊》（1927年创办，1930年停刊）；燕京大学法学院编辑出版了《燕京社会研究杂志》（存在时间为1938—1941年、1948—1949年）；东吴大学法学院所办的学术期刊等等。这中间不乏期刊

[①] 据南京大学校史编写组编著的《南京大学史》（南京大学出版社1992年版）记载，20年代中央大学除了学校出版《中大日刊》、《中大半月刊》以及各种"丛书"以外，"各院系也大多出版有专业刊物。如文学院的《艺林》和《地理》杂志；理学院的《中国植物图谱》和《中国植物名录》；法学院的《法学院季刊》和《法律系季刊》；教育学院的《教育季刊》、《体育》杂志和教育心理系《研究报告》；农学院的《农学》杂志、《农学院研究报告》、《农业丛刊》、《农业浅说》丛书和《农学院旬刊》；工学院的《工学》和《河海》杂志；商学院的《商学院学报》和《商学院院刊》等。"（第113页），一些学生组织，也出版书刊，如《商学院学生会丛刊》、《社会科学》半月刊、《野火》半月刊、《幽默社丛书》、《薇拉丝》等。（第133页）而到30年代罗家伦任校长期间，于1932年11月增加发行两种学术刊物："一种是'国立中央大学丛刊'，登载专门研究的著述，分为《文艺丛刊》、《社会科学丛刊》、《教育丛刊》和《农业丛刊》；另一种是'国立中央大学专篇'，登载特别有价值的著作，专印成册。"（第125页）

精品，有的堪称学术品牌，如金陵大学农学院主办的《农林新报》（1924年创办，1949年停刊），广州中山大学语言历史研究所民俗学会编辑刊行的《民俗》（原名《民间文艺》，1927年创刊，1943年停办）。这些各具特色的高质量学报如学术园地的奇花异卉，活跃着高等学府的学术空气，又向社会、向世界贡献出有中国特质的丰厚成果。"五四"以来，以大学为依托，还形成了或激进或保守的不同刊物派别，其中既有《新青年》、《新潮》等作为大学空间里的思想舞台，又有《史地学报》、《学衡》、《国风》、《思想与时代》等作为大学空间的另类舞台①。它们展现出截然不同的文化姿态，构成多样化的学术生态环境，相互抗衡，又相互吸纳和促进，共同促进思想的进步与学术的繁荣。

从上述分析我们看到，民国时期各大学普遍重视出版活动，把出版工作视为培养人才、改进教学、提升学术水平的重要一环。从理念，到制度，到机制和机构，出版有所附丽和依托；从校长，到教授，到学生，出版皆受到关注与重视。从图书，到报纸，到刊物，大学出版在整个出版业中的作用和地位呈阶梯状上升。我们还要特别注意的是，整个民国时期特殊的政治和社会环境给予大学出版难得的历史机缘，当然也有磨难。"割据混战，中央和地方政权无暇更无力控制大学、期刊、出版业和中国智力生活方面的其他机构，从而为思想自由与学术自主打开了窗口，为高教、大学的发展提供了一个较宽松的环境。"② 我们今天如何真正落实"双百"方针，营造学术自主、自由的宽松文化环境，无论对大学还是大学出版界都是十分重要的问题。

与民营出版机构如商务印书馆、中华书局、世界书局等相比，民国时期的大学出版机构都没有能够"做大做强"。出版的最大难题，也是永恒主题，就是平衡文化（学术）与经济（商业），兼顾两个效益。旧中国的一些大书局如商务印书馆、中华书局，重视平衡出版的商业利益与事业属性、经济效益与文化责任，全面涉足教育出版、大众出版和学术出版。这些大书局无一例外都是通过教育出版特别是中小学教科书的出版，来获取

---

① 沈卫威：《现代大学的两大学统——以民国时期的北京大学、东南大学—中央大学为主线考察》，载《学术月刊》2010年第1期。

② 王青花：《民国时期中国大学崛起的动因分析》，载《安徽广播电视大学学报》2009年第1期。

丰厚的利润，进而进军出版的其他领域。而当时的大学出版机构一方面是定位与职责所在，加之高等教育招生规模毕竟十分有限，导致市场空间狭小；另一方面也是受到商业出版机构的挤压，它们把主要的活动领域限定在学术出版的范围。大学出版机构的优秀讲义的编印，成为许多一流大学教材和学术专著的孵化器。当然，由于大学出版机构没有按照市场化、企业化经营，不注重经营管理，不追求经济目标，因而也导致发展动力不足，创新精神缺乏，最终将学术著作出版的主阵地还是让给了商业出版社。值得注意的是，大学在学术刊物（包括部分思想文化刊物）编辑出版中，由于专心、专注和专业，创造了真正的国内一流，同时也产生了重要的国际影响。北大《国学季刊》、《清华学报》、《燕京学报》、《新青年》、《新潮》、《学衡》、《史地学报》等一长串刊名，必将载入中国现代学术发展和现代学术出版演进的史册。

当下，我们的学术出版在国际上没有自己的话语权，自然科学期刊唯西方"权威期刊"是瞻；即便是在人文社会科学领域，中国出版的刊物包括大学的学术期刊也没有什么地位，而且越来越呈现所谓"与国际接轨"，其实就是以西方尤其是美国标准为标准的趋势。国家新闻出版广电总局邬书林副局长在上海书展"中国学术'走出去'高端论坛"上指出："我国严格意义上的重要学术创新成果，95%以上是选择在国外期刊上首发的。"①问题当然涉及到出版界包括大学出版界及时地关注、追踪并出版传播领先的学术成果，但解决这个问题可能根子还不在出版社、期刊社。看来，学术出版的某些方面如学术期刊出版，比起民国时期来，现在有的地方不仅没有什么进步反而出现了明显倒退，令人深思。此外，数字化对传统出版业包括大学出版的冲击也是巨大的，如何运用自身内容生产上的优势，同时融入新业态的发展大潮，值得深入探讨。读史使人明智，借古尚可鉴今，民国时期的教育理念、学术体制以及大学出版，或许能给我们一些有益的启示。

（载《河南大学学报：社会科学版》2014年第2期，《人大复印报刊资料：出版业》2014年第5期全文转载，《高等学校文科学术文摘》2014年第4期论点摘编）

---

① 陈熙涵：《学术出版为何与科研成果绝缘》，载《文汇报》2013年8月15日。

华大出版的前世今生

今年是我们华中师范大学出版社成立30周年，社务委员会讨论决定编一本纪念性文集，几经斟酌，书名最后确定为《书人书事：华大出版三十年》。这里我想就书名中的几个关键词谈谈自己的认识。

关于"华大"

我们把"华中师范大学"简称为"华大"应该是有其历史的客观依据和现实的合理性的。

截至2015年5月21日，中国大陆高等学校共计2845所，其中普通高等学校2553所（含独立设置民办普通高校447所，独立学院275所，中外合作办学高校7所），成人高等学校292所。近几年来，各高等学校陆续颁布章程。到今年7月，教育部官网共发布了84所高校的章程核准书，其中绝大多数均提到了学校简称。

大学的简称有些是历史形成的，现在在章程中进一步明确，毫无争议。如北京大学简称"北大"，清华大学简称"清华"，南开大学简称"南开"。也有一些大学根据自己的实际合情合理地确定简称，有的简称还有多个，如上海交通大学与西安交通大学分别规定简称为"上海交大"、"西安交大"，南京农业大学则一口气规定了三个简称，即"南农"、"南农大"、"南京农大"。

有些大学"地域＋学校"名称的，简称就较容易形成混乱，出现矛盾。如河北大学与河南大学、湖北大学与湖南大学、山东大学与山西大学，各各把简称或定为"河大"、或"湖大"、或"山大"就比较麻烦，一旦离开特定地域，人们就弄不清到底是指哪所大学了。还有西北大学与西南大学、东北大学与东南大学，都有类似的问题。南京大学过去一直简称"南大"，前些时"南昌大学"在大学章程中也自己把简称硬生生地确定为

"南大"，就引发了一场风波，网友为此编了不少幽默诙谐的段子进行调侃。

有的部属高校本着求真、务实、客观、理性的态度在校名简称时自觉地进行"细化"，便于区分，如华东师范大学和华中师范大学各自将简称确定为"华东师大"与"华中师大"，而不是更具争议的"华师"或"华师大"。因为除了上述两所部属师大，广东还有华南师范大学，在南国花城，人们习惯上也往往称为"华师"或"华师大"的。在武汉，华中师范大学、华中农业大学和华中科技大学3所学校的校名中有4个字相同——华、中、大、学，自然"华中大"、"华大"也都包含其中，其简称就既要考虑到现实的合情合理，不至于造成混乱，引起争议；又要考虑到学校的历史沿革，渊源有自，简而有据。

我们华中师范大学把简称确定为"华中师大"实实在在体现了"忠诚博雅，朴实刚毅"的精神，是老老实实的做法。若不避嫌疑，也是从历史事实出发，来个正本清源，我校的简称叫"华大"才是更加名正言顺的。2006年，素以正直、严谨著称的老校长、著名历史学家章开沅先生在为我们策划出版的"华大学人研究书系"总序中，开宗明义指出："华中师范大学是中国真正具有百年以上历史的少数知名大学之一。"追溯我们学校的根由，它是以1871年的文华书院为源头，以1903年文华书院所设立的大学部为起点，以1922年开始筹办、1924年在文华大学基础上正式建立的华中大学为主体，以华中大学、中华大学、中原大学教育学院等多元结合为前身。这些都是有稽可考并经过专家论证了的。随着时代的演进，社会的变革，特别是新中国成立以后，学校在发展中曾几易校名。1951年中原大学教育学院与华中大学合并组建时，学校名为公立华中大学；1952年中华大学、湖北教育学院等并入，学校又更名为华中高等师范学校，1953年定名为华中师范学院。1985年，华中师范学院更名为华中师范大学[①]。今天的华中师大，早已不仅仅局限于师范教育，而是以教师教育为特点的综合性大学。随着独立师范教育体系与制度的逐步改变，也随着学校事业的进一步发展，综合性、研究型、高水平已成为我校未来发展的既定目标，成为全校师生和海内外校友以及社会公众的共识。由华中师范

---

① 详参马敏、汪文汉主编：《百年校史（1903年—2003年）》，华中师范大学出版社2003年版，前言部分以及上编、中编相关内容。

大学回归华中大学之本位、之名称，无疑是合理的，也是必然的历史趋势。

我们认为，在学校更名、校名简称等问题上绝不能搞文化霸权主义，也要坚决反对历史虚无主义。我们学校校方在这类问题上历来比较稳健、持重，温良恭俭让；倒是民间或者学者们，更少顾忌，敢于放胆建言，值得关注。近读著名语言学家、资深教授邢福义先生发表在《华中师大报》上，题为《华大最值得讲说的亮点》的短文，深有感触，也备受鼓舞。这里，我不惮烦琐，引述一下文章开头的两段文字：

"华大"是华中师范大学的简称。华中师范大学，既可采用四字格简称"华中师大"，亦可进一步采用二字格简称"华师"或"华大"。从源流上看，华中师范大学是上个世纪50年代初期教育部决定由多所高校组合而成的，其中位于武昌昙华林的华中大学规模与影响最大，因此简称"华大"不仅自然顺当，而且容易跟其他可称"华师"的高校区别开来。

终生难忘，百年校庆。2003年9月10日，现今校园，桂子山上，笑声朗朗，喜气洋洋。那天上午，华大的百年校庆举行盛大庆祝仪式，主会场设在气势恢宏的体育馆。俞正声同志（时任省委书记）来了，教育部副部长来了，各校书记或校长来了，外国嘉宾来了，散布全国各地的重要校友们来了。很有幸，在重要讲话之后，仪式安排教师代表和学生代表发言，我是教师代表。我讲了三句话：第一句，我们华大人有自豪感；第二句，我们华大人有自强心；第三句，我们华大人有进攻欲。我自豪地说：一百年来，从华大走出了无数优秀人物，无论海内海外，哪个时期哪个地点，都可以看到我们校友的闪光业绩，华中大学、中华大学、中原大学等高校的优良传统，汇聚成了"忠诚博雅，朴实刚毅"的华大精神，"自强不息"便是这一精神最有活力的表现；受到长期熏陶的华大人渴望于进攻，这决定了华大必然会有无限美好的发展前景。华大就像我们这座桂子山，山上有漫山遍野的桂花，形成了一道特色鲜明的景观。刘禹锡有诗："莫羡三春桃与李，桂花成实向秋荣。"春天的桃李，固然有它们的灿烂风采；秋天的桂花，却有自己的优雅神韵。①

---

① 邢福义：《华大最值得讲说的亮点》，载《华中师大报》2015年10月15日。

邢先生对"华大"这个简称、华大的精神理解着实很深刻。我觉得在百年校庆上他讲的第三句话更像是一种鞭策和激励，因为我们学校似乎"进攻欲"还有所欠缺，比如在校名的简称、更改，相关无形资产的保护等方面，往往处于被动防守的时候多，太过"朴实"，也太过含蓄蕴藉。我倒是很希望，我们华大人无论领导还是职工，无论教师还是学生，都应该如邢先生所教诲的，要多一点"进攻欲"。这也是我在这里花这么多篇幅谈"华大"的缘由。

关于"华大出版"

弄清了华中师范大学的来龙去脉，"华中师大"的出版也就是"华大"的出版，同样也就有个探本逐源的问题。

华大出版的源头可以追溯到文华书院时期。出版史家叶再生先生论及晚清时期的教会出版，其中有这样一段文字：

武昌 文华书院（后为文华大学）出版社　19世纪80年代，基督教圣公会在武昌创办文华书院。1888年5月，书院出版英文季刊《中国传教士》（Chinese Churchman），主要报导武昌教会学校的情况，也刊登一些社会新闻。1903年，文华书院扩充为武昌文华大学，出版社除继续出版一些宗教读物外，主要为文华大学出版教育用书服务。1906年，创办《文华学界》月刊。主编是余日章。此刊虽系宗教刊物，但经常发表抨击时政、鼓吹资产阶级民主革命思想的文章，深受当时学术界的欢迎。1911年，又出版英文季刊《文华评论》（Boone Review）。这是一种学术性刊物，主要发表文华大学及社会各界人士撰写的学术性文章。[①]

这样算来，我们华中师范大学的出版历史就有将近130年了。只是，以1888年5月创办的《中国传教士》为源头，以文华书院出版社的设立为节点，那段漫长的历史应该说是华大出版的"前史"。当然，由于年代久远，资料不全，关于文华书院、文华大学的出版活动有些问题还有待进一步考证，如1906年到底创办的是《文华学界》还是《文华评论》，就有不同说法。《百年校史（1903年——2003年）》是这样记述的：

1906年，文华还正式出版发行了自己的英文季刊——《文华评

---

① 叶再生：《中国近代现代出版通史》第一卷，华文出版社2002年版，第124页。

论》(the Boone Reviews)，取代了 1901 年的手抄校刊《文华年鉴》，用来记载文华的大事，向外界宣传文华的事业。《文华评论》的出版发行，是文华大学发展的一个重要标志。它不仅是外界了解文华的媒介，也是文华校友会的喉舌，同时还是一种有利于在校学生提高英语水平的读物。

……这年（指 1911 年——引者注），校长正式委任了《文华评论》首届编委会，这份由学生和教师共同创办的刊物自此成为学生自办的刊物。①

1924 年，华中大学正式创办。此后的近 30 年，学校重视规范性教学，重视科学研究，先后编辑出版了众多内容丰富、形式多样的书报刊，尤其注重刊物的出版。据王奇生统计，在 19 世纪末 20 世纪上半期，中国教会大学创办的学报校刊等，"总数当在 500 种左右"，其中有中文的，也有外文的，中文期刊占到 80％以上。王奇生查询各地图书馆、档案馆收藏所得，武昌华中大学编辑刊行的各类报刊有 23 种，兹录报刊名称如下：《华大生活》（半月刊）、《华大神学刊》、《华大桂声》（月刊）、《华大新闻》、《华大通告》、《华中新闻》、《华中》（年刊）、《华中医药》、《华中医药报》、《华大通讯》（月刊）、《华中》、《华中季刊》、《华中大学图书馆馆刊》、《华中生物学刊》（年刊）、《华中学报》、《华中校刊》（月刊）、《华中通讯》（月刊）、《华中穗声》、《华风》、《华声》、《流沙》、《读书胜录》、《信与行》②。上述期刊、报纸都是有实物为证的。

上述报刊应该还不是华中大学出版物的全部。即便是在抗日战争的艰苦岁月里，西迁云南喜洲的华中大学仍旧高度重视学术建设和刊物编印。当时，"各院系还成立了一些学术性团体。文学院有国文学会和英文学会。国文学会由中文系同学主办，以研究中国文学创作及批评为目的。该学会每月举行学术讲演一次，出版刊物有《读书胜录月刊》和《苍洱月刊》。英文学会由英文系同学主办，以研究西洋文学为宗旨，出版刊物有《洱海英文月刊》。理学院有科学会、生物学会及无线电学会。科学会由理学院

---

① 马敏、汪文汉主编：《百年校史（1903 年—2003 年）》，华中师范大学出版社 2003 年版，第 13～15 页。

② 王奇生：《中国教会大学学报校刊出版史略》，见章开沅主编：《社会转型与教会大学》，湖北教育出版社 1998 年版，第 337～366 页。

同学主办，该会每周有科学座谈会一次，邀请各教授主讲科学专题讲座，定期出版《科学文摘》。此外，生物学会、无线电学会、教育学会，还有歌咏团及圣乐合唱队，都开展了丰富多彩的文化及学术活动，有的还办有《每日新闻》等校园刊物①。

笔者认为，探讨大学出版不仅要看一所大学有无出版社、图书刊行情况如何，还应该更多地关注其报纸、期刊，尤其是学术刊物的出版。"民国时期大学出版的最突出贡献还在报刊，尤其是期刊方面。民国时期创办的学术期刊，大致有三种来源：一是新式学会创办的专业性会刊；二是各大学创办的学报及其他学术刊物；三是独立的学术研究机构创办的学术刊物。如果说在图书出版方面，社会上的出版机构还占绝对优势的话，一到期刊特别是学术期刊领域，大学出版机构就不仅毫不逊色，甚至有更加骄人的成就。"②谈华大出版，也当作如是观。

华中师范大学前身之一的武昌中华大学，同样也是很重视学术期刊的编辑出版的。有学者论及民国初年（1912—1916）现代大学创办专业性杂志的时候，在提及北京大学、清华学校、金陵大学等同时，也专门提到了武昌中华大学③。1915年3月，教育部准予"私立武昌华中大学"正式立案，批准陈宣恺担任校长兼学校法人代表。同年5月1日，中华大学学术刊物《光华学报》创刊。该刊由专门部教员刘树仁主编，陈宣恺题写刊名，主要刊载本校师生的学术研究成果，成为武汉地区传播新思想、新文化的重要阵地。中华大学曾一度停办，20世纪20年代中期复校后成立了校董会，拟定了《中华大学组织大纲》。值得注意的是，这个《大纲》明确规定学校的行政组织中，在秘书室下设有专门的"出版股"（与机要股、文书股、统计股并行），体现了学校对出版工作的高度重视④。

中华大学出版活动中值得大书一笔的是利群书社的创建。恽代英在中

---

① 马敏、汪文汉主编：《百年校史（1903年—2003年）》，华中师范大学出版社2003年版，第85～86页。

② 范军：《略论民国时期的大学出版》，载《河南大学学报》（社会科学版）2014年第2期。

③ 左玉河：《移植与转化——中国现代学术机构的建立》，大象出版社2008年版，第337页。

④ 马敏、汪文汉主编：《百年校史（1903年—2003年）》，华中师范大学出版社2003年版，第140～141页。

华大学读书时，就对以陈独秀为旗手的新文化运动十分关注。1918年夏季，他应聘担任中华大学附中教务主任。为了让青年学生"知道世界最近政潮、思潮大概的必要"，特地在中华大学门口办了一个启智图书室，并组织了书报代售部，向广大青年推销进步书刊和报纸。五四运动爆发后，恽代英有了更进一步的打算，准备以"利群助人，服务群众"为宗旨，创办一个利群书局。这样一个最初具有"工读互助性质相近的东西"，1920年2月正式挂牌开业时定名为"利群书社"。利群书社贩卖图书报刊的宗旨和服务方向，恽代英在其日记中有明确记载。他提出利群书社是一个"文化传播的机关"，要支持销行"好书"和"对于改进事业所需要的书"，并且让"不买的人，尽可以在营业的地方观览"，"因为我们原不是做计较锱铢的商人"。由于利群书社经营的目的不在盈利，而在于介绍和传播新文化新思想，因此，它大量经销马克思主义书籍和其他进步报刊，不仅成为武汉地区、长江中游一带宣传马克思主义的重要阵地，而且也成为武汉地区进步青年对外的一个联系窗口。1921年6月，利群书社因军阀闹兵变被毁于一旦，但其影响却十分持久、深远[1]。

至于华中师范大学另一前身的中原大学，虽然创办于解放战争的烽火岁月，仍然比较注重报刊的编辑出版。较早有校刊《改造》刊行，1949年9月又在原来校刊的基础上创办了校报《中大生活》（5日刊）。对此，就不再赘述。

从上述回顾可看出，当今的华中师范大学在百余年的发展中，既有中国传统文化的精华可资继承，又有外来文化的养分可供汲取，还有革命文化教育的传统可以弘扬。若从出版历史演进的角度看，无疑华中大学的出版活动内涵更为丰富、绵延时间更加长久，且在学术性、规范性、影响力等方面均达到了较高的水平。这也是我们为什么要称"华大出版"的缘由之一。

关于"三十年"

我们这里所谓"三十年"，指的是华中师范大学出版社创建30周年。如前所述，学校的出版史可以追溯到文华书院时期；而新中国成立以后，无论是公立华中大学，还是华中高等师范学校，抑或是更名后的华中师范学院，都在校报编辑，期刊出版，教材编印等方面，或断或续、或多或少

---

[1] 展翼：《恽代英创建利群书社始末》，载《出版科学》1986年第1期。

开展了一些工作，其中也有不少值得总结的经验、值得探究的规律。尤其是在学术期刊的编辑出版方面，可圈可点之处甚多。但因为组编这本《书人书事：华大出版三十年》，意在为我们出版社留影存念，对于近几十年来出版社以外的其他出版活动便没有过多涉及。

关于"三十年"，我想采取一个偷懒的写法，即借用出版社建社20周年、25周年的相关文字和材料。2005年12月6日，纪念华中师范大学出版社成立20周年庆典大会在学校科学会堂隆重举行。我在大会上的发言，回顾历史时有这样几段文字，今天仍可咀嚼回味：

20年前的今天，沐浴着改革开放的春风，在南湖之滨，在桂子山头，华中师范大学出版社成立了。时光似水，岁月如歌。书香伴着花香，年年岁岁。20年，弹指一挥间。

筚路蓝缕，春秋代序，几代出版人耕耘桂苑；创业维艰，风雨兼程，廿载书业情谱写华章。经过几代华师出版人的辛勤劳作，精心浇灌，华师出版社已经从昔日一株稚嫩的幼苗成长为一棵茁壮的大树，枝繁叶茂，风姿绰约，取得了令人瞩目的成就，为我国出版文化事业、教育事业，为学校的建设与发展作出了积极贡献。

20年来，我们牢记党的出版宗旨，竭诚服务教育事业，奉献一流文化精品，共出版各类图书及电子音像制品3100多种，其中为本校教师和研究人员出版图书约1600种；有近500种获得各级各类奖励，包括中宣部"五个一"工程奖，中国图书奖，国家优秀电子出版物提名奖，国家优秀教材奖，全国优秀教育图书奖、优秀科普著作奖，湖北图书奖。据不完全统计，仅2001年至2004年的4年间，就有55种次华师版图书获得省部级以上科研与出版奖励。

我们将永远铭记，华师出版社所依托的百年学府。没有百年华师，就没有华师出版社，也没有年轻的华师出版社的茁壮成长。学校历届党委、行政都十分重视出版社的建设和发展，政治上指导，政策上支持，经济上扶持，具体工作给予关心。学校各部门、各院系、众多专家学者更是给予了我们多方面的关爱和帮助。而学校事业的持续发展，学科建设的步步登高，研究力量的日趋雄厚，各类人才的培养聚集，更是为我们提供了源源不竭的优质出版资源。百年华师"忠诚博雅，朴实刚毅"的精神品格，更是我们华师出版人最宝贵的精神财富和力量之源。

我们将永远铭记，那些为华师出版社的建立建设和改革发展奉献青春、奉献智慧、呕心沥血的老一辈出版人。他们中间有一些人，已经永远地离开了自己所钟爱的出版文化事业，长眠于苍山绿水之间了。他们是：首任总编辑陶军教授，常务副社长戴志松编审，还有向世香、张建纯、徐祖仁、肖佩玉、刘支梅等许多老领导、老编辑。历史不会忘记，无论是有名的学者、专家、领导，还是默默的耕耘者。"书比人寿长"是老辈出版人的自觉追求，流传广远的书籍又是老辈出版人不懈追求的最好见证！

出版史是优秀出版社出版优秀图书的历史。出传世之作，铸百年品牌，是几代华师出版人的共同理想与信念。

伴随着辛亥革命走向海外，我们一套大型的"辛亥人物文集丛书"一直出了差不多20年，一本又一本，不断向远方延伸。

见证了一个学科的兴起与壮大，也关注着一个学派的诞生和发展，我们一套"华中语学论库"从"九五"出版到"十五"，"十一五"还将把"论库"推向一个新的学术高地。

放眼希望的田野，我们与研究"三农"问题的专家们一道耕耘、播种，一道收获沉甸甸的果实和金灿灿的梦想，精美、厚重的"村治书系"便是最有力的见证。

如果说，以"论著选"形式出现的"桂岳书系"让人们见识了百年华师学术大师中的座座高山，那么，韦卓民先生康德研究、黑格尔研究著作的全面推出，上千万字、卷帙浩大的《张舜徽集》的陆续出版，则使人们有机会领略学术巨人的瀚海汪洋。而《钱基博集》的上马，"博雅学术文库"的隆重登场，"中国民间文化书系"的刊行，"教育学博士文库"的面世，又将铸造一个又一个新的学术品牌。"华大博雅"与"华大精致"两个大系列的教材品牌的运作，则是我们"十一五"的重头戏。

站在新世纪的桥头，我们学校的新一代领导高瞻远瞩，明确提出了学校的发展战略定位，那就是把华中师范大学建设成为教师教育特色鲜明的综合性、研究型大学。我们出版社则始终坚持以教育出版为中心，学术优先，教育为本。"举师范旗帜，铸教育品牌"成为我们共同的出版理念。

服务基础教育，提供精品读物，在广袤的土地上我们播种，我们收获。一套中小学各科《重难点手册》出版12年，发行12年，畅销12年，3000多万册的销量创造了教学辅导图书的奇迹，也创造了华师教育图书的品牌。近年，我们配合国家新一轮基础教育课程改革，推出了《信息技术》、《体育与健康》、《心理健康教育》等8种国家与地方教材，在获得基础教育教材"话语权"的同时，我们更印证着华中师大在基础教育改革与研究这块领地的潜质与实力。

  20年的奋斗，成就了华师出版人的光荣与梦想；20年的坚守，凝聚着华师出版人的价值与追求。20年是一个逗号，昭示着新的起点，新的征程。

从摘引的几段文字约略可以看出我们20年的付出与辛劳、精彩与辉煌。而到2010年建社25周年时，正逢出版社转企改制。那一年，华中师范大学出版社变成了"华中师范大学出版社有限责任公司"；那一年，我们以本社25年来的优秀出版物的策划运作为题，约请有代表性的编辑或组织者撰写稿件，推出了《现代出版：理论与实务》的纪念专辑；大家回顾历史，解剖个案，总结经验，探寻规律，留下了宝贵的资料。

出版社完成转企改制后，体制的转换带来机制的变革，也带来了改革的深化。近五年来，我们在内部的三项制度改革方面进一步探索，彻底打破了所谓事业编制与企业编制在待遇上的差别，真正实行同工同酬，优劳优得，调动了广大员工的积极性、创造性。我们以股份制的形式成立了华大鸿图文化发展有限公司，且取得了骄人的成绩，企业成长性良好。我们在重大项目的申报、运作，精品图书的策划、编发，数字化、融合出版的大胆探索等方面，都有了重要的收获。这些方面，在我们这本集子里也都有专文反映；各位作者或谈书，或写人，或记事，情感真挚，内容丰富，我就不再展开。

2015即将过去，新年的曙光已依稀可见。新的征程已经开始，新的远航就要起锚。长风破浪会有时，直挂云帆寄沧海。让我们一起携起手来，团结一心，锐意进取，为出版事业的繁荣，为学术文化的兴旺，为百年华大的跨越，共同努力，奋勇前行。

华大出版经历了近130年的风风雨雨，又走过了整整30年的新历程。我们坚信，华大出版的明天会更加美好！百年老校的华大未来也必将更加辉煌！

  （收入本社编《华大出版三十年》，华中师范大学出版社2015年12月出版，此文是该书的"代序"）

三十而立的华大出版

时光似水，岁月如歌，弹指一挥间，出版社已进入而立之年。

沐浴着改革开放的东风，华师出版社于1985年2月正式成立，至今已经走过了30年的历程。但若逐源寻根，华大出版的历史其实已有100多年。我们学校的一个重要源头文华书院（后改名文华大学），在19世纪80年代即创办了名为《中国传教士》的刊物；后又创办《文华学界》、《文华评论》等。老出版史家叶再生先生所著《中国近代现代出版通史》中，专门有一段文字介绍"文华书院出版社"。至于后来的华中大学，更是将教学、科研、出版融为一体，我们现在校园网上的一个栏目"华大桂声"就是当年一种月刊的名称。在我校另一个源头中华大学的出版活动中，恽代英创办的利群书社可圈可点。关于中原大学的出版活动，也有值得书写的地方，比如在战争的烽火中，还创办了《改造》、《中大生活》等报刊。

与学校的建立和发展一样，我校的出版事业也是有三支脉流汇聚而成。在这样的基础上，华师出版社成立以后依托百年老校，继承出版传统，坚持立足教育、学术为本、弘扬文化，在教育出版和专业出版两大领域重点发力，取得了显著的成绩，这不仅反映在出版社规模的扩大、经济效益的提高，更主要地反映在出版的精品图书方面。

多出好书是出版工作的永恒主题。我非常认同美国大学出版社一位老社长曾经说过的一句话："出版史就是优秀的出版社出版优秀图书的历史。"作为从事文化积累、创新与传播的出版社，我们一直希望自己的工作不仅仅是一种职业，更是"书比人长寿"的不朽事业。我们力求把优秀的出版物做成精品化、品牌化、系列化的产品，我们已经出版的既有像《张舜徽集》、《钱基博集》、《章开沅文集》这样可以传之后世的学术文化经典，也有像《华中学术》、《近代史学刊》这样的学术辑刊，《重难点手册》这样的品牌教辅，还有像《少儿学拼音》这样的电子音像产品。这些精品的产生与完成离不开学校职能部门、院系尤其是作者们的倾力支持，同时也凝聚了几代出版人的理想追求和辛勤奉献。有些精品还是在前人基础上的继承与发展，如"辛亥革命百年纪念文库"是发端于黄弗同、尹均生两位老总编时期的"辛亥人物文集丛书"，《张舜徽集》、《钱基博集》、《杨东莼文集》等集成性成果也是在王先霈老总编运作的"五老丛书"基础上的发扬光大。

我们植根于百年学府，依托大学，也必须服务大学，回馈大学。在服务本校的教学科研、学科建设和人才培养方面，我们可谓不遗余力。除了文学院、历史文化学院、政治学研究院等传统优势学科以外，我社与教育学院、心理学院、音乐学院、美术学院、体育学院、马克思主义学院、法学院、经济学院、社会学院、外国语学院、新闻传播学院，还有理科的物理学院、数统学院、计算机科学学院等都有长久的、全面的合作。我们每年出资 100 万的出版基金，对于扶持学科成长，培养中青年学人发挥了十分重要的作用。虽然不少大学出版社都设有由学校出资的出版基金，但真正由出版社自己出资的是少之又少的。这个基金我们已经坚持了 21 年，还将继续下去，在条件允许时还可加大力度。"十三五"期间，我们也将努力配合学校争创一流大学的目标，为相应学科服务，进一步提升大学和出版社的品牌。

出版社 30 年的发展，离不开改革拓新。30 年来，出版社经历了三次大的改革：1992 年，邓小平同志南方讲话，激起了一轮改革热潮。我们出版社趁着这股东风，在 1993 年实行了以编辑室为龙头的双效益目标管理改革。这个内部机制的改革形成的编辑室运行管理模式极大地调动了员工的积极性和创造性，出版社效益实现了跨越式攀升。2001 年，在这个基础上编辑室自由重组与目标考核，使当时的三编室（现教材中心）脱颖而出，实现了基础教育教材的突破。2010 年出版社完成转企改制，更是一种体制性的变革。这个更深刻意义上的改革促进了内部用工制度、干部制度，特别是分配制度的改革深化，激发了活力，释放了红利。这次改革的最大亮点也是重要突破就是成立了由出版社控股、有独立法人资格、多重混合资本的华大鸿图文化发展有限责任公司，公司成立后五年来的飞速发展，文教出版品牌的进一步维护与拓展，以及多元化经营的努力，都在创造双效的同时，为出版社未来发展与深化改革积累了经验，提供了示范。

我们回首过去,有成绩有欣喜,我们展望未来,有差距有动力。当下,面对新常态,面对媒介融合的挑战,也面对着内部干部队伍建设、数字化转型等诸多方面的压力。数字化、媒介融合是出版产业未来发展的必由之路。近年我们虽然拿到了不少有关数字出版、融合出版的国家项目,获得了一些资金支持,但这些项目总体上更像是科研项目,而不是产业项目。如何将研究成果转化为企业生产力,如何找到新的盈利模式,对我们来说还是严峻的挑战,我们的出版物都有数字化、立体化、多元化开发的问题。时不我待,在融合出版、顺应形势方面,我们要加快脚步了。

三十已往矣,未来尚可期。任重而道远,唯有更努力。三十而立的华大出版,已走上新的征程,我们将努力实现新的跨越。

(载《华中师大报》2015年12月30日)

岁月书痕

《华中师范大学学报》（哲社版）史略

大学学报是以反映本校教学科研成果为主、进行学术交流的高层次的综合性学术理论刊物，也是体现大学教学科研面貌和学术水平的一面旗帜、一个窗口。办好学报是办好大学的一项重要工作。

《华中师范大学学报》从1955年正式创刊，迄今已走过了近40年的发展历程。1992年11月，学报哲学社会科学版100期面世，这是一件值得纪念的事。学报是学校发展的产物，也是学校历史的见证。今天，回顾学报创办以来几十年风风雨雨的曲折道路，总结历史的经验教训，对于进一步办好学报，促进学校教学科研工作的开展，繁荣学术事业，具有十分重要的意义。

1953年10月20日，原华中高等师范学校改为华中师范学院，成为文理科综合性的师范大学。到1954年，教职工人数已逾400，学生达3200人之多。起步时期的学院领导，就十分重视教学和科研工作。1954年8月，学院正式提出开展科学研究的任务。为了适应和推动学校教学与科研工作的开展，学院准备出版学报，成立了《华中师范学院学报》编辑委员会，院长杨东莼任主任委员，卞彭、马斌任副主任委员，陶军、高原、高庆赐、陈铁为委员。

1955年2月28日，《华中师范学院学报》创刊号正式问世。编委陶军在《发刊词》中说："我们很早就计划出版一个有关本院教师教学工作和科学研究工作的刊物，现在算是实现了！"《发刊词》首先说明了创办学报的必要性和可能性，然后重点阐述了学报的任务，明确指出学报的主要任务是："在教师学习苏联，结合实际，展开科学研究，提高教师政治理论、思想和科学业务水平，保证教学质量，贯彻教学计划：这一系列的工作当中，不仅要起一个反映和传播现实的作用，而且更重要的，要起组织教师，指导方向的作用。"学报创刊伊始，就为自己定下了一个较为正确而又明确的高标准。如何达到这个标准、完成上述任务呢？《发刊词》从八个方面作了进一步的阐述，第一，要明确科学研究在高等学校里的重要性；第二，要明确必须学习苏联的先进经验；第三，要明确必须系统地学习理论；第四，要明确必须结合实践；第五，要明确必须展开"学术论争"；第六，要明确必须发扬创造性；第七，要明确必须贯彻爱国主义；最后，要鼓励与组织总结经验。上述各点，既体现了50年代的时代特征，又反映出学术研究的一些共性规律和要求。例如讲到"学术论争"时指出："我们一定要更高地举起批评和自我批评的旗帜，本着'知无不言，言无不尽'的精神，在学术见解上，不分'先进'或'后进'，不分'大人物'或'小人物'，充分展开论争，相互补益。"再如谈到"结合实际"时说：所谓实际，"首先是：国家的政策、计划，我们学院的方针、任务，教师们个人的各种情况和学生的水平；其次是：中学的方针、任务、教学计划、教学内容与方法、教师教学中的经验与困难；最后还有：祖国社会主义建设在科学领域中所提出亟待解决的一些问题。""如果我们脱离了上述实际，必将陷于好高骛远，徒劳而少功"。这些认识今天看来，仍是比较全面和辩证的。《发刊词》强调学报的科学性、理论性、争鸣性和创造性，突出理论联系实际，这些对办好学报无疑具有重要的指导意义。

创刊号为文理综合版，除《发刊词》外，还发表了10篇文章（其中文科8篇），包括张舜徽的《研究中国古代史的基本书籍及其读法》、高原的《从〈苏联社会主义经济问题〉中学习斯大林同志的科学态度》、韦卓民的《形式逻辑教学图解的商榷》等。这一期共129页，约17万字。

创办时期的《华中师范学院学报》文理科不分版，也不定期，篇幅和出刊时间也不确定，这种状况一直持续到"文革"之前。1955年学报共出版了2期（创刊号为第1期），第2期于5月31日出版，刊发论文和译文12篇（其中文科9篇），篇幅与字数与第1期相当。1956年计划出版3期，实际上只出了1期。1957年，学院举行了第一次全院性的科学讨论会，提交了50篇论文和专题报告。这一时期科研成果喜人，仅哲学社会科学方面出版的专著和译著就有18种之多。1957年的学报共出版了3期，基本上反映了这一阶段学院的科研成果和面貌。

从1955年到1957年，学报共出版了6期，刊发论文、译文62篇（其中社会科学论文40篇，占了近2/3），约100万字。这一时期的学报，除1957年最后一期因受当时"反右"运动影响刊发了几篇批判性文章，整个看来是编辑得比较好的，基本体现了《发刊词》所申述的编辑宗旨，显示出较高的学术水平和办刊起点。

创办时期的《华中师范学院学报》具有以下几个明显的特点：第一，注重学术质量。此期先后刊载的韦卓民、张舜徽、方步瀛、詹剑峰等学者的论文，学风严谨，文风朴实，具有较高的学术品位，完全经得住历史检验。第二，注重学习苏联、译介苏联的科研成果。除本院学者的论文对苏联学者的思想观点、理论方法有所借鉴和研究外，还直接发表苏联科学研究和教学经验的译文，译文比较集中地刊载在创刊号和1955年第2期，共5篇。第三，注重培养和扶持青年学者。创刊号上就发表有当时的青年教师陈安湖的论文《论〈狂人日记〉的思想》，1956年的学报载有7篇论文，"作者很多都是年轻的科学研究工作者"（此期"编后记"语）；1957年，学报先后发表了当时的青年学者章开沅的两篇长文：《关于中国近代史分期问题》（第1期）、《关于太平天国土地政策若干问题》（第3期），前者约2.5万字，后者更长达4万多字。创办之初的学报在繁荣学术的同时，便以扶持学术新秀、培养人才成长为己任，并且取得了较好的效果。

50年代中期的学报不仅重视学报的学术内容和质量，而且注意了学报在编排规范等方面的形式问题。学报一创刊便为16开本，一直未变；封面为浅灰色的铜版纸，印上刊名、年月及期号，简洁、素朴而又庄重，体现了学术刊物的审美特点。从1955年到1957年，封面基本不变。《投稿简则》对学报性质、编排规范等都有明确规定，指出："本学报刊载的科学论文，主要为本院教工及附属机构教工的科学研究的成果。"这就强调了学报学术性、内向性的特点。对投稿形式规范的要求明确而具体："论文一律用中文（语体），并附中文和任一外文的摘要。""参考文献和注解要分别用数字标明次序。参考文献目录集中于文末，注解分别放在本页的下边。"关于稿件的处理，"编辑委员会认为有必要时，得商请作者将稿修改或精减"；"作者有负责精校印稿的义务。"（见1956年学报）1957年第1期上的《征稿简约》对稿件的内容方面又作了如下规定："一、有关提高科学理论水平的论著；二、有关提高高师教学水平、解决高师教学重大问题的论著；三、有关普通教育问题的论著；四、有一定学术价值的书刊评介和译文。"这些，都为学报向正规化、规范化方向发展打下了基础。

从1958年到1965年，学报几经起伏，时办时停，缓慢发展。

1958年，学报休刊一年；1959年复刊。复刊后的学报改为按专业分期编辑出版，另外还计划每年增加两期综合版，而实际上没出综合版。1959年学报出版了5期，其中自然科学2期（数学、物理）。社会科学3期（分别为第1、3、5期）。第1期为语言文学版，除复刊词外，刊载论文19篇，共273页，约36万字。此期末页还附有俄文目录；第3期为历史版，发表文章11篇，近12万字；第5期为政治教育版，有论文9篇，约11万字，综合起来看，这一年学报文科发表文章39篇，近60万字，从数量上超过了以往任何一年。但由于受当时大的政治环境影响，学报除刊载了一些学术性较强的高水平的论文外，也发表了非学术性或学术水准不高的应时文章。

  1960年，学报仍按专业分版出了4期，第1期为数学，第2、3、4期分别为语言文学、政治教育、外国语文。社会科学的3期共刊载论文32篇，计55万字。从整体看，这几期学报的学术水平比前一年有一定程度的提高。1958年12月党的八届六中全会以后的一段时间，学院教学科研秩序比较正常，出现了一个生动、活泼的局面。这种情形在1960年的学报上有所反映，尤以语言文学版最为典型。此期学报上有一则"学术动态"，里面讲道："为了汇报科学研究成果，交流科学工作经验，为了深入贯彻党的百花齐放、百家争鸣的方针，进一步活跃学术讨论……本院中文系于1959年12月28日到1960年1月4日，举行了1959年科学讨论会。"讨论会还就其中几篇文章展开了热烈讨论。从介绍的情况看，当时的学术空气还是比较民主和健康的。这次讨论会的一些成果，在1960年学报的语言文学版上刊出，其中有陈安湖的《〈阿Q正传〉与辛亥革命》、彭立勋的《试论〈迎春花〉》、邢福义的《强喻初探》。尤为值得一提的是，此期学报的作者几乎都是青年教师，其中还有2位是高年级本科生，这也是学报自创刊以来一直注意扶持和培养青年学者的传统的继续和发扬。

  1961年到1962年，学报再次休刊。从1963年到1965年，学院不再以《华中师范学院学报》的名义出刊，而是以"科学研究论文集"的形式不定期发表教学科研人员的研究成果。3年共出刊6期，其中综合版1期，社会科学版1期，自然科学版4期。这6期的编辑者，有2期署名为院教务处，4期署名为学报编委会。事实上，在50和60年代，学报除编委会外，没有独立的编辑部和专职的编辑人员；学报的编辑工作一直是由院教务处教学科研科承担的。因此，这期间的6期刊物，虽署名不同，实际的编辑出版者仍是原学报工作人员。此外，这6期刊物除不用学报的名称外，从内容到形式（如开本、版式设计、印制）均与原学报相同。

1963年夏天到1966年5月，学院的科研工作有了进一步的发展。出了一批较好的成果，仅文科就出版了专著、译著41部。华中师范学院《科学研究论文集》对此也有所反映。1963年的综合版论文集，就刊载了章开沅、方步瀛、王启康、董宝良、高秉坤、黄曼君等人的11篇社会科学研究论文，显示出良好的学风和较高的研究水平，富有创新精神。1964年出版的1期社会科学版的"科学研究论文集"刊发论文9篇，96页，近13万字，此期作者有许祖岷、朱伯石、涂厚善等人。1965年出版了"科学研究论文集"2期，均为自然科学。

1958年到1965年的《华中师院学报》虽几经起落，但从总体上看，还是以刊载学术论著为主，基本保持了其固有的学术性的正确方向，反映和推动了学校的教学和科研工作。

"文革"时期，整个教育事业和学术研究受到了严重的破坏和摧残，学校正常的教学和科研工作陷于停顿，因此，华中师大学报史上出现了从1966年到1973年长达8年的历史"空白"。

1973年，毛泽东同志作了关于出版大学学报的指示后，一批大学学报陆续复刊。1974年，《华中师范学院学报》正式复刊，且从此分哲学社会科学版和自然科学版出版。复刊后的学报哲社版为季刊（每季1期，但具体出刊日期不确定），仍为16开本，页码有多有少。以分版和季刊的形式出版，学报逐渐走上了正规化和规范化的轨道。从这时起，学报配备了专职的编辑人员，成立了专门的编辑部。由于林彪、"四人帮"出于篡党夺权的需要，所有的宣传工具包括大学学报，几乎都被他们纳入了反动的轨道。1974年到1976年的《华中师院学报》，主要内容是刊发有关批林批孔、评法批儒、批判修正主义、评《水浒》等方面的批判文章，只有少数带有学术性、但其中仍含有政治宣传色彩的文章。

"文革"以后《华中师院学报》的工作可分为两个阶段：从粉碎"四人帮"到1978年为整顿恢复阶段；党的十一届三中全会以后为健康发展阶段。这10余年学报历任主编的情况是：1977年至1980年由院党委宣传部副部长李中行副编审兼任；1981年到1983年由副院长杨平编审兼任；1984年到1990年，由副校长邓宗琦教授兼任；从1990年11月起，由萧汉森编审任专职主编。

下面我们先谈谈学报整顿恢复阶段的情况。

从全国总的形势来看，粉碎"四人帮"之后的头两年，由于纠正"左"的错误思潮受到严重阻碍，"两个凡是"的禁区没有打破，学报虽然对林彪、"四人帮"的大量反动谬论进行了清理和批判，发表了一些好文章，对拨乱反正、正本清源起了积极的作用；但由于历史的惯性，"左"的影响仍然存在。一些文章并没有真正的批到"四人帮"的要害，文章内容空泛，缺乏说服力和战斗力；从学术刊物的角度看，学报的文章仍有忽视学术性，理论性不强的毛病。《华中师院学报》的情形也大抵如此。1977年前3期的主要内容有以下几个方面：一是批判"四人帮"反动思想观点的；二是转载当时党和国家领导人的讲话、文章，中央文件，"两报一刊"社论；三是纪念革命领袖毛泽东、周恩来等同志的文章；此外还刊发杂文、文艺作品（如歌剧《洪湖赤卫队》）等非学术性作品。到第4期，学报的面貌有所改观，学术性有所恢复。此期学报的11篇论文中，就有7篇是学术论文，如《论〈李自成〉的人物塑造》、《评三十年代的优秀长篇小说——〈子夜〉》、《略论复句与推理》等论文，都给人以久别重逢、面目一新之感。

1978年，学报的整体面貌有了进一步的变化。全年4期发表文章53篇，其中有学术性论文38篇，占了近70%。这种局面的出现有内外两方面的原因。从外部看，通过对"四人帮"的批判，尤其是真理标准的讨论，人们的思想逐渐解放，学术界思想开始活跃，冲破了许多禁区；1978年6月，原国家教育部在武汉召开的全国高等学校文科教学工作座谈会期间，同时举行的学报工作座谈会及其在这次座谈会上制定的《关于办好高等学校哲学社会科学学报的意见》的文件，在肯定成绩、总结教训的基础上统一思想，提出了关于办好学报应明确和解决的一系列根本问题。这对于端正学报方向，提高学报质量，使其更好地为社会主义建设服务，具有重要的现实指导作用和深远的历史意义。从内部看，学院从1978年开始重新重视科研工作，逐步形成了自己的学术特色和学科优势，出了一批科研成果。这两方面的有利条件都有力地促进了学报的恢复与发展。反过来，学报又通过自己的园地和阵地作用，一方面反映学院的教学科研成果，一方面又参与和推动当时的思想解放运动。值得一提的是，1978年第3期的学报集中刊发了《真理的标准只能是社会实践》、《用科学的态度看待革命理论》等论文，以较优厚的篇幅和优质的文章，参与了真理标准问题的讨论。

《华中师院学报》从 1979 年开始，步入粉碎"四人帮"后的第二个阶段——健康发展阶段。1979 年华师学报向国内外公开发行，成为我国最先走向世界的少数几家高校学报之一。发行到日本、法国、英国、美国、前苏联、瑞典、朝鲜等几十个国家和我国港、澳、台地区，仅日本就曾每期订购 60 多份，朝鲜 30 份。学报还同美国哈佛大学、香港中文大学等知名高等学府及有关学术团体、刊物建立了对口交流关系，国外订购以及交流的华中师大文科学报曾每期高达 600 份。学报以其高品位的学术质量、独自的期刊特色，赢得了海外学术界的瞩目。日本的《东洋史研究》、《交流简报》等经常转载、题录华师学报论文；学报的一些文章在海外引起反响，如《试论中国经济发展"协调战略"》一文，被中国未来农业研究培训中心评定为优秀论文并译成英文，作者被邀请出席在布达佩斯召开的"世界未来研究联合会'第一次世界大会'"；《一门新兴的语言学分科——对比语言学》（罗启华，1988 年第 4 期）一文在学报刊出后，引起了日本汉学家的浓厚兴趣，日本学者曾几次来函要求购买学报，并与文章的作者直接通信讨论。

学报从 1982 年第 1 期起，改为双月刊；从 1985 年第 5 期起，随着学校名称的变更改刊名为《华中师范大学学报》，仍为双月刊，继续向国内外公开发行。学报在原有的基础上，不断前进，更上一层楼。纵观近 10 年的学报发展，主要进行了以下几方面的探索和努力。

第一，坚持办刊宗旨，注重学术质量。学报在坚持四项基本原则的前提下，坚持"双百"方针，倡导学术创新，努力提高学报的学术质量。在学术论文中曾先后发表了校内著名学者张舜徽、章开沅、高原、李会滨、邢福义等博士生导师水平较高的文章。学报在注意发挥本校教师科研积极性的同时，还适当吸收外稿，争取校外专家学者的支持，这对扩大学报影响，促进校内外学术交流，推动本校科学研究的发展，起到了很好的作用。

无论对老专家，还是对中青年学者，学报都坚持质量第一的标准，以质取文，确保刊物的学术水准。学报以其浓厚的学术性、理论性，大胆的创新精神，赢得了广泛的社会效益。一大批优质论文被国内外报刊转载、摘登和评介，其中有部分论文被多家报刊转载录用。据不完全统计，仅 1991 年学报就有 5 篇文章被《新华文摘》摘载，36 篇文章被人大报刊复印资料全文复印，41篇文章被《文摘报》、《全国高等学校文科学报文摘》等有影响的文摘刊物摘录。

第二，理论联系实际，重视现实问题的研究。学报遵循我们党"一个中心、两个基本点"的基本路线，力图更有力地、更有实效地和多方位地为加快改革开放，促进经济建设服务。学报注重改革开放的理论探索，倡导并优先发表经过认真研究、对解决社会主义现代化建设中现实问题有创见、有理论深度的论著。近几年来，学报刊发直接研究现实问题的论文占所发文章的25%，对于那些传统学科、基础学科的研究，也要求能"古为今用"、"洋为中用"，理论结合实际，加强应用研究，服务于社会主义经济文化建设。这些文章都获得了较好的社会效益。在1988年、1989年由中共湖北省委宣传部组织的省社会科学期刊研究现实问题的优秀论文评比中，学报两届均有1项一等奖、1项二等奖，三等奖的数额也位居前列。理论联系实际，面向改革开放，学报获得了社会的认同与欢迎，也增强了自身的生机与活力。

第三，发挥本校学术优势，积极扶持青年学者。学报为了配合学校的学科发展和学术研究，以较多的篇幅刊载重点学科和课题的研究成果，逐步形成了反映学校学术优势的期刊特色；同时对于新建专业和新兴学科的研究成果，学报也采取扶植的态度，优先发表有关论文。学报编辑部既把学报作为繁荣学术的园地，又作为培育人才的摇篮。编辑部尤其注重发现、培养新的学术骨干，学报近几年刊发的中青年作者的文章占整个期刊文章的80%以上。1989年以来，连续几年用第6期作为青年专号或"青年有奖征文"专辑，对青年作者的成长起了积极的促进作用。

1989年，学报编辑部被湖北省教委、省新闻出版局授予优秀编辑部甲等奖；1990年，学报编辑部被全国高校文科学报研究会评为先进单位；1991年，文科学报又荣获首届湖北省社会科学优秀期刊称号。

"三十八年过去，弹指一挥间。"学报从创刊到今天，已风雨兼程度过了38个春夏秋冬，出满了整整100期。我们相信，历经坎坷、已近不惑之年的学报，将会以更坚实的步履、更成熟的身姿，走向辉煌灿烂的21世纪！

（载《华中师范大学学报：哲学社会科学版》1992年第6期）

> 岁月书痕

哈佛大学出版社的成功之道及启示

一、哈佛大学的出版机构

1. 哈佛大学出版社

哈佛大学创建于 1636 年（最初称为"哈佛学院"），其后不久的 1643 年该校第一任校长亨利·邓斯特就继承了他妻子的印刷机、铅字和纸张，致使哈佛以"印刷之家"载入美国印刷史册。从 17 世纪 60 年代开始，哈佛大学就间歇性地有了印刷出版活动，其间成立过大学出版社（University Press，1802）、印刷所（Printing office，1872）、出版所（Publication office，1892）等机构。19 世纪后半叶的这两个出版印刷机构的建立，皆是在埃利奥特校长的任期内。这位从 1869 年 10 月开始执掌哈佛的校长在长达 40 年的任期中，一直很重视教育与出版印刷的互动关系。埃利奥特认为，大学有三个直接功能，首先是教学，其次是以书籍等形式大量汇集已获得的系统知识，第三是研究，把目前的知识向前推进一步，年复一年、日复一日地掌握新的真理[①]。这里讲的第二个职能就主要是大学出版活动。

哈佛大学出版社（Harvard University Press，以下有时简称"哈佛社"）正式冠以该名而成立的时间迟至 1913 年 1 月 15 日。这约略相当于我国民国元年（1912 年）创设中华书局的时间，至今刚逾百年。一百年来，哈佛社坚持的办社宗旨始终是：为哈佛的学术声誉增光添彩，为提高美国社会的学术水平作出实质性的贡献[②]。该社出书的重点是严格定义的

---

① 沙敏：《哈佛校训》，中国工人出版社 2006 年版，第 51 页。
② 张建亮：《外文图书信息源调研——美国著名大学出版社简介》，载《新世纪图书馆》2005 年第 4 期。

学术著作，一般感兴趣的是严肃的历史、文学、法律、哲学、文化、医学等方面的图书；不仅将学者的学术发现传播到其他学者那里，同时还将自己塑造成联系学者和普通公众的桥梁与纽带。它一直致力于增强和扩展学术的影响，这一点可以很好地用哈佛社社长杜马斯·马龙1930年代提出的口号"学术增益（scholarship plus）"来概括。

该社从刊行哈佛大学有价值、有影响的教授讲义开始，立足学术，广纳优稿，不断推陈出新，至今共出版了六千多种图书，传播了各种有重要价值的理论研究成果；其出版的图书获得了包括美国国家图书奖、普利策奖、班克罗夫特奖、教育协会奖、农业协会奖、年度最佳图书奖和杰出出版物奖等众多奖项，成为世界上最有特色、最具学术影响力的大学出版社之一。曾任中国人民大学出版社总编辑的周蔚华把哈佛大学出版社的出版模式称为"哈佛模式"，即"学术出版模式"①。这一模式对我国的大学出版社有诸多的借鉴和启迪。

2. 贝尔纳普出版社

贝尔纳普出版社（Belknap Press）是在1949年成立的，它受惠于小沃尔德伦·菲尼克斯·贝尔纳普的遗赠，并因此而得名。十年后贝尔纳普的母亲雷伊·哈钦斯·贝尔纳普又将自己财产投入了该基金用于出版文化事业。

这是一家隶属于哈佛社的出版机构，类似于牛津大学出版社下设的克拉伦登出版社和哥伦比亚大学出版社下属的王冠出版社。因此，哈佛社的网站对自己历史的简介以及相关的哈佛出版社史专著，都将贝尔纳普出版社归入哈佛社一并论述。贝尔纳普出版社因其出版图书"持久的影响力、出众的学术价值、优秀的图书质量，以及不以盈利为甄选标准"而闻名。该出版社1954年刊印了哈佛大学教授们撰写的《哈佛大学美国历史指南》，广获社会好评。到20世纪60年代，贝尔纳普出版社创造了辉煌的业绩，特别在优秀论著获奖方面可圈可点。其中包括1963年获得普利策奖的《约翰·济慈》（沃尔特·杰克逊·贝茨著）；1964年推出最后一卷的《亨利·亚当斯》（三卷本，欧内斯特·塞缪尔著）也同获此大奖。至于该社所出伯纳德·贝林的《美国革命的意识形态起源》，更是在1967年同时获得了普利策奖和班克罗夫特奖。

---

① 周蔚华：《从美国大学社看我国大学社改革和发展》，载《出版参考》2009年第1期。

3. 哈佛商学院出版社

成立于 1984 年的哈佛商学院出版社（Harvard Business School Press，简称 HBSP）是哈佛大学旗下另一家著名出版机构，也是享誉全球的商业管理类书刊出版社。这家员工超过 250 名、同时拥有品牌图书和品牌期刊的出版社办社宗旨为"提升管理实践的水平，影响变革的世界"，成为对工商业界影响最深远的思想源泉。个性化、专业化、品牌化、国际化是哈佛商学院出版社的重要发展战略。尽管它一年只出版几十种（约四五十种）新版图书，但全部都是依托哈佛商学院的工商管理类书籍，包括哈佛案例、案例教学方法；它注意充分利用哈佛商学院的教育资源，开发制作网络课件，面向全球的经营管理人员推销其商学教育理念与教学体系，实行教育与出版的互动，资源的立体开发。

与哈佛大学出版社不同，哈佛商学院出版社拥有自己的两种权威期刊——《哈佛商业评论》和《哈佛通讯》。1980—1985 年，《哈佛商业评论》平均年利润就超过 200 万美元；1985 年该杂志发行量 24.3 万份，仅重印杂志就收入 250 万美元；到了 1990 年时，净利润高达 300 万美元。加上案例、其他图书和杂志，哈佛商学院出版社经济效益是非常可观的，在这方面它远远超过哈佛大学出版社[1]。该出版社确实可以作为一个经典教学"案例"好好剖析，但因本文主题所限，这里只是略作介绍。

二、哈佛大学出版社的成功之道

1. 学术传承者

哈佛大学出版社的历史就是一部以学术出版立社、兴社、强社的历史。哈佛社最初的选题源自哈佛大学教授们的讲义，这和我国民国初期北京大学出版组（部）的工作起点有些类似。哈佛社"查尔斯·艾略特·诺顿讲座"系列出版的第一本书是 1927 年的吉尔伯特·穆莱的《诗歌的经典传统》，之后这一系列还囊括了许多学术大师的讲座。1984 年该社开始以《美国文明史》系列，出版"威廉·E. 梅西讲座"的内容，打头阵的是尤多拉·韦尔蒂的畅销书《一个作家的开端》，接下来不断推出了一些佳作。

尽管由于战争和经济的原因，哈佛社曾经历过一些波折，但它服务于

---

[1] 徐来群：《哈佛大学史》，上海交通大学出版社 2012 年版，第 127 页。

学术创新、积累与传播的宗旨始终没变。例如，在第二任社长哈罗德·默多克时期，哈佛社成为了出版学术类专业著作的重要机构，但风头正劲时却碰上了经济大萧条。杜马斯·马龙 1935 年成为哈佛社的第三任社长，这位曾任《美国传记大词典》总主编的新掌门人，力求将学术成果传播到更广泛的读者圈，进一步巩固了哈佛社作为重要著作出版社的名声和地位。但此时遇到了第二次世界大战，出版社财政困难加重，连大学管理层也转而想抛弃出版社。但马龙克服困难，不言放弃，始终非常坚持自己职责的性质——做"学术中间人"。他认为，出版社存在的目的不仅仅是在学者之间或学术圈之间传播研究成果，更是要成为沟通学术界和外部世界的桥梁。在马龙的管理下，哈佛社出版了很多杰作，如《存在巨链》、《经营者的作用》、《哲学新解》等，其中有多种著作获得普利策奖。亚瑟·J. 罗森塔尔于 1972 年 10 月接任，成为第七任社长。他秉承马龙"学术增益"的理念，加强哈佛社书目对学术圈子外的普通读者的吸引力，此举在多年后被各大学出版社争相效仿。罗森塔尔精简和重组了出版社员工，迅速改善了出版社的经济状况。他还启动了一系列科学和哲学类的新书目，并使哈佛社的市场策略更加专业化。

可以这样说，学术出版成就了哈佛社，哈佛社也丰富和充实了美国大学出版社的学术出版。第五任社长托马斯·威尔逊从 1947 年年中至 1967 年年底执掌哈佛社。这位曾经担任过北卡罗来纳大学出版社社长的职业出版人也是任期最长、贡献十分突出的一位出版家。在他的任期中，哈佛社年出版量从 68 种上升至 144 种，年销售收入从 44.3 万美元增长至约 300 万美元，员工人数从约 40 人达到了 115 人。他接手这份任命时非常清楚，他的任务"不是让出版社赚钱，而是不赔钱地为大学服务"。为了纪念这位出色地完成了自己使命的社长的卓越贡献，哈佛社董事会特别设立了以他名字命名的杰出新作者奖。这个阶段，哈佛大学出版社在创造良好社会效益的同时也获得了较好经济效益。

2. 品牌守护神

美国大学出版社成立的背景和宗旨决定其发展模式不以盈利为目的，战略定位立足于"小而优"、"小而精"。哈佛社的规模就不大，在美国属于小型出版社；出书品种也有限，平均年出书约 130 种，在哈佛社成立后的很长一段时间始终保持着这一出书规模。2004 年为 180 多种，2007—2009 年才达到年出书 200 种左右。为了保证学术出版的水准和图书的质量,哈佛社是通过同行专家评审或匿名评审来决定某一选题是否可以纳入出版规划的。其作者也不仅仅局限于校内,校外作者占很大比重,它甚至在世界范围内寻求高水平作者。

像美国大多数出版社一样,哈佛社取得书稿的途径主要是编辑组稿和学术网络,只有不到5%的是自由投稿。而且出版社有严格的审稿制度,恪尽把关职责。处理稿件的程序是,编辑初读来稿,后经教授编辑编委会批准,在批准之前要送社外人员审读①。这从源头和程序上保证了图书的高质量。所以,哈佛大学出版社出版的图书都具有极强的生命力,如1960年推出的《教育过程》(杰罗斯·布鲁纳著)得到书评家好评,仅精装本就卖了7.5万册。而威利·阿佩尔的《哈佛音乐词典》,初版卖出15.5万册,1969年再版时又卖出20多万册,现在销售并长销不衰的则是米哈尔·兰德尔推陈出新的《新哈佛音乐词典》。不办刊物、不出教材,专心致志地耕耘在学术著作园地,哈佛社虽然舍弃了像哈佛商学院出版社、牛津大学出版社、剑桥大学出版社那样可观的收益,但也正是因为专业、专心、专注,确保了学术图书的优质品牌,使自己在学术出版领域占有了一席之地。2012年10月,美国《赫芬顿邮报》曾经列举了17家最有创新精神的大学出版社,哈佛社因文学批评类图书榜上有名②。

3. 文化追梦人

如前所述,哈佛出版社就是因传播学术而存在的,其在存续的百余年间,出版了一系列在美国乃至世界上都有价值和影响的图书。除了"诺顿讲座"系列之外,哈佛社还出版了许多其他著名的系列讲座,比如戈德金讲座中"自由政府的精髓"和"公民的职责",以及纪念W.E.B·杜波依斯、内森·哈金斯、卡尔·纽厄尔·杰克逊和威廉·詹姆斯的系列讲座。这些讲座水准之高,以至于通常是在讲座结束之后,讲稿直接出版成书。

哈佛出版社历史中有一个标志性事件,即从1934年起在美国出版"洛布经典丛书",该丛书的首册是由英国的海涅曼(Heinemann)出版社出版的。这套丛书共收录500卷古希腊和罗马时期的重要文献典籍,几乎涵盖了全部古希腊文和拉丁文典籍,时间跨度达1400年。哈佛社现在正

---

① 小苏:《美国著名的大学出版社》,载《出版史料》2004年第1期。
② 甄云霞:《美国大学出版社概述》,载《出版参考》2012年第30期。

大力修订这套丛书,由于是原文和英文翻译对照,方便读者,非常适用,这套书在全世界范围内广受欢迎,每年销量超过10万册。

1939年,由于弗兰克·卢瑟·莫特所著的《美国杂志史》第二册和第三册的出版,哈佛社获得了它的首个普利策奖(创作界奖)。第二次获得普利策奖是1941年成功出版马库斯·李·汉森的《大西洋迁移,1607—1860》。在罗森塔尔任期内出版的一系列优秀出版物中,伯纳德·贝林的《哈奇森的磨难》,获得1975年国家图书奖;《看得见的手》获得了1978年的普利策奖和班克罗夫特奖;《论人性》、《蚂蚁》等四种出版物也获普利策奖。从1939年到1986年,哈佛社仅普利策奖就获得了8次之多。

罗森塔尔1990年退休后,继任社长的是西斯勒。他执掌的哈佛社出版业绩也是异彩纷呈,诸如《我们从未现代过》(1993年)、《拱廊计划》(1999年)、《进化论的结构》(2002年)、《罗马的胜利》(2007年)、《世俗年代》(2007年)、《正义观》(2009年)、《母亲与旁人》(2009年)、《迪金森》(2010年)、《断裂的年代》(2011年)等皆堪称精品,尤其值得称道的是此期哈佛社出版了六卷本的《中华帝国史》,还和哈佛大学的杜波依斯研究所复兴了对非洲裔的研究,并最终完成了不朽的著作《西方艺术中的黑人形象》系列,哈佛社以更广泛的吸引力光大了它出版优秀学术著作的传统。

4. 转型探索者

哈佛大学出版社虽然是有一百多年历史的"老字号",但是在学术性出版物逐渐数字化的今天,它仍然在努力希求保持其重要地位和影响。为此,出版社推出了《美国地区英语词典》数字版,可开放获取的《艾米莉·迪金森档案》,并计划推出大型的"洛布经典丛书"的数字版。除了不断扩展的国际销量,哈佛社正在通过一系列创新性举措以增强自己的国际影响力,包括在印度建立良好的市场形象,在2011年首次设置常驻欧洲的编辑人员。哈佛社还与德国德古意特出版社建立了合作伙伴关系,希望此举能对哈佛社的数字图书发行提供新的机遇。

与麻省理工学院出版社拥有40种学术期刊、约翰·霍普金斯大学出版社拥有50余种学术期刊不同,哈佛大学出版社只有学术图书资源。相比较而言,学术期刊的数字化转型更容易一些。但哈佛社仍然在图书领域,积极探索通过数字化手段进行学术传播和学术服务的途径,值得我们学习和借鉴。

三、哈佛大学出版社对我国大学出版社的启示

1. 找准"生态位"

所谓生态位，是指在生态系统中，一个物种对资源的利用和对环境的适应性的总和，是其在时间和空间上所处的位置以及与其他相关物种间的功能关系。它反映的是一种生物在整个生物圈中的生存环境和地位。所谓大学出版社的"生态位"，就是大学出版社对其得天独厚的出版资源和出版环境的综合利用所形成的竞争能力和出版优势，它反映一个大学出版社的出版特色、出版地位和存续状况。大学出版社的重要地位在一定程度上源自大学的重要地位，大学是思想创新的发源地，是技术创新的实验场，是艺术创新的百花园，是人才培养的孵化器①。大学的办学特色和学科优势也在一定程度上决定了大学出版社的办社特色和学术出版优势。

哈佛大学出版社正是依托哈佛，靠学术出版立社、兴社、强社的。威尔逊从北卡罗来纳大学加盟哈佛大学出版社后，为出版社注入了积极的发展理念，即"以尽可能多地出版好的学术著作为存在目的大学出版社是不会破产的"。他立马就因这句话而出名。哈佛社在威尔逊的领导下将发展理念付诸实践——哈佛社的图书出书量和出版名声大增，出书总数达到2300种，其中包括大量重要著作。

毋庸置疑，我国大学社的出版宗旨和努力方向也是"倡导学术出版，推动学术交流，营造学术氛围"，但难的是如何在实践中坚持和发展。因为学术研究往往是孤独的，学术出版则大多是清苦的。学术著作一般都具有很高的学术价值和较好的社会效益，但因为其专业性强、内容艰深、编校难度大等因素，出版社要进行长时间的运作和投入，一套书甚至是一本书的出版往往耗费几年甚至更长的时间。所以有人说：一部精深学术著作的出版就是一次艰辛的学术苦旅。坦途大道常有人走，幽径密林却鲜有人勘②。我国的大学出版社在改革的过程中，有些人有意无意地忽视了大学

---

① 邬书林：《学术出版——中外大学出版社共同的历史使命》，载《中国编辑》2007年第5期。

② 高笛：《社科经典 传世文献》，载《出版人》2014年第6期。

出版社的学术特性与文化使命，忽视了大学出版社的立社之本而专注于面向一般出版社市场或大众图书市场，模糊了大学出版社和一般出版社的界限，混同了二者的功能和职责，这是很危险的[1]。这说明，大学出版社还必须坚定自己的出版方向，这样才能在同一种出版使命的要求下保持自己的特性和优势。三联书店虽然不是大学出版社，他们仍然以追求"学术中的思想"和"思想中的学术"为自己的出版原则和理念，对学术著作以前沿性、探索性和创新性为取舍标准，务求一流，从而形成了三联书店的品牌特色和独特的竞争力。

2. 不拘"象牙塔"

1938年1月，在庆祝哈佛出版社成立25周年的庆祝宴会上，马龙呼吁图书出版应该超越"仅仅学术的展示"，即不仅出版高度专业化的著作，还要出版面向广大普通读者的读物。这说明大学出版社需要改变其"学术"、"严肃"、"经典"的刻板印象，其出版物应尽可能让更多普通读者也看得懂，喜欢读。即将自己的学术图书通俗化、大众化，以获得更多的市场认同。中国的大学出版社尤其应该如此。因为在我国出版社转企改制的大潮中，很多大学出版社改制成了真正的企业，一些大学社不仅没有地方财政和学校经费的支持，每年还要向学校上缴一定利润，而大学社的功能和定位又决定了它不可能出版一些销量很大的大众读物。学术出版所面临的资金困难并不能从外部彻底解决，要解决资金紧缺的问题，卓有成效的办法就是在保证学术图书的出版不太受影响的情况下，使图书出版结构向多元化方向发展[2]。

我国的商务印书馆在其一百多年的发展历程中始终以"昌明教育，开启民智"为己任，通过书籍助力中国近代国民启蒙，为几代知识分子构建起精神园地。进入21世纪，商务印书馆提出了"服务教育、引领学术、担当文化、激动潮流"的全新发展理念，探索社科出版新思路。他们认为要"担当文化、激动潮流"，就不能囿于纯学术出版，要让更多的读者看得懂，将社科读物通俗化就成了商务的新使命[3]。商务印书馆与哈佛商学

---

[1] 周蔚华：《从美国大学社看我国大学社改革和发展》，载《出版参考》2009年第1期。

[2] 张建中：《美国大学出版发展的特点》，载《中国出版》2005年第8期。

[3] 杨兵兵：《几代知识分子的精神园地》，载《出版人》2014年第6期。

院出版社合作，获得其经济管理图书中文简体版的独家出版权，其实对商务来说就是对自身出书范围和学术传统的一种突破。而广西师范大学出版社多年致力于学术书的大众化，也积累了可资借鉴的经验。哈佛社在这方面的探索也同样给了我们新的有益启示。

当然，拓宽出书范围是一把双刃剑，它既可以使大学社的图书少一些高深、艰涩的特点，也有可能导致某种程度出书范围的混乱、出版个性的消减，乃至出版品牌的稀释。因此，拓展出书范围一定要注意保持自己的特色和定位，要以学术出版为中心，适度向多元化方向发展。

3. 强化"服务圈"

哈佛大学出版社依托所在学校的特色和学科优势，出版高水平的学术著作成为他们的长期追求，其出版活动和学校学术研究与教学活动相辅相成，形成较为鲜明的出版特色，而这种资源优势和特色也保证了出版社的图书水平、出版品质和竞争优势。

大学出版社是大学的重要组成部分，是大学功能的延伸。它以展示学科成果、弘扬学术成就为己任，在促进学术研究、传播人类文明、传承人文精神和科学精神、推动社会发展等方面有着十分重要的作用[①]。而文化积淀深厚的学府又能为出版社提供一流的作者队伍、一流的选题资源，甚至一流的编审人员。与此同时，学术出版物的读者也主要集中在大学校园。学校和教师为出版社提供出版资源，出版社为学校和作者提供物化的、具有知识产权的研究成果。大学社与大学的这种"父子关系"决定了出版社没有理由不加强出版社与学校、作者及读者的联系。这应该就是哈佛大学出版社马龙社长所说的"学术中间人"的作用。接替马龙的威尔逊社长，最大的成就是加强了出版社与大学的教职人员、管理层、校友之间的关系，并提高了哈佛大学出版社在美国出版界的地位。这些也都给我们很好的教益。其实，其他大学社如约翰·霍普金斯大学出版社，也非常重视所谓"学术中间人"的桥梁作用，出版社与本校藏书丰富的图书馆联合，设立了一个"缪斯项目"——将数百种经典著作、工具书和本社出版的学术期刊做成电子书刊送上校园网，方便师生查阅。

美国的大学出版社一般都没有向学校上缴利润的任务，相反，还有很

---

① 庄蕾波：《美国明星级大学出版社探析》，载《现代情报》2010年第8期。

多出版社还能通过各种形式和渠道得到学校的资助。哈佛社就是如此。从学校的层面给予出版社一定资金支持，是为了繁荣学术出版，这样的定位显然能让大学社没有经济压力，将出版社的立足点放在提高图书的质量和水平上[1]。这也是值得我国的一些大学管理层重新思考的问题，毕竟绝大多数大学出版社是不可能做大做强的。

4. 推进数字化

随着网络技术、数字技术的高速发展，各种媒体加速融合，各种新的出版媒体不断涌现。数字技术在内容的表现形式、生产方式和传播方式等方面对我国的出版业尤其是图书出版将产生显著影响。大学出版社中学术出版由于其专业性强，编审难度大，生产周期长，被转载、复制、引用等的可能性大而显得尤为明显。大学出版社必须与时俱进，推进出版产品的数字化转型。

既然数字出版的潮流势不可挡，具有传统出版优势的大学出版社应抓住机遇，迎接挑战。数字出版是一种技术含量极高的出版活动，它不仅需要最新的媒体技术，更需要雄厚的资金做后盾，大学出版社显然是没有这一优势的。但大学出版社有可以值得称道的优势，就是出版内容资源。所以，大学社在数字出版领域的努力方向是丰富的数字出版内容。这个内容是专业化的、学术化的，是其他出版商和技术商无法替代的[2]。而且大学社还应通过数字化手段进行学术传播和学术服务，这一点在现在显得尤为重要。哈佛社力所能及进行的探索也是值得我们好好学习的。

此外，大学出版社还必须加大在出版中应用数字传播技术的力度，在多媒体教学手段的运用、教学资源库建设、按需印刷、数字内容提供和服务、内容集成服务等方面积极探索新的出版模式和商业运作模式。网络经济是分享经济，大学出版社要通过数字传播技术寻求横向版权合作和内容集成服务方面的合作，共建信息提供和服务平台。我们也深知，大学出版社的数字化转型道路艰难，但绝不能无所作为，坐以待毙。美国学术界人士流行一句脍炙人口的话："不发表就发霉"（Publish or perish）或译

---

[1] 张宏：《美国大学出版对我们的启迪》，载《大学出版》2005年第4期。
[2] 谷俊明：《美国大学出版：困境、转型与启示》，载《现代出版》2013年第3期。

"不出版就完蛋"。我们套用这句话来说当下的大学出版社：不变革就死定！

（载《出版发行研究》2014年第10期。本文与冯会平合作撰写，王雅菲参与资料搜集与翻译。文中运用的哈佛大学出版社的资料除注明参考文献以外的，均源自哈佛大学出版社网站的"哈佛大学出版社简史"，以及该社1986年出版的 *Harvard University Press A History* 一书，作者为Max Hall。这两种资料皆由王雅菲翻译。）

澳大利亚大学图书馆的开放获取出版新模式

澳大利亚作为一个处在"孤独"大洲的国家，只有约 2400 万人口，其出版市场较小，想要将出版物推广到全世界，必须发展新的出版模式。澳大利亚大学认清了开放获取出版的光明前景，敢于尝试和创新，发展了两种由大学图书馆主导的新型出版模式，探索了世界学术出版的新途径。

一、澳洲大学对开放获取出版的青睐

所谓开放获取出版，实际上是学术信息的开放式网络出版，其目的是利用互联网促进学术成果的交流、传播与出版。随着数字技术和网络媒介的普及，开放获取出版的关键技术已经成熟，其优势非常明显：成本降低，流程简化，传播面广，获取免费，读者群大。相较之下，传统学术出版方式则在多个方面暴露出不足：范围有限，不能推进学术的全球传播；数量有限，无法满足大学教员的发表需求（特别是当出版与教员职称挂钩时）；影响有限，没有与学者建立广泛的联系；成本升高，印刷费用和库存压力不断增加。

很多传统纸质学术期刊已开始担心，其生存空间会受到开放获取出版的挤压，但美国学术出版和资源联盟（SPARC）有研究报告指出，没有证据表明开放出版会导致期刊订阅的减少①。事实上，开放出版数据库往往附有期刊的网站链接，这将为期刊吸引更多新读者、作者和图书馆的注意。澳大利亚开放获取支持小组（AOASG）进一步研究认为，开放获取出版不但不会降低期刊的阅读量，反而会因其读者群的扩大而增加期刊的

---

① Peter Suber, Welcome to the SPARC Open Access Newsletter, SPARC Open Access Newsletter, 2015-04-19, http://www.earlham.edu/~peters/fos/newsletter/04-02-09.htm.

影响因子①。因此，只要学术出版界改变观念，接受和探索新技术和新模式，开放获取出版将成为学术出版的主流②。基于对学术出版现状和前景的准确把握，澳大利亚从政府到学府近年来都积极支持开放获取出版。澳大利亚联邦科学与工业研究组织、各学术协会等都纷纷通过开源数字平台发布开放获取出版物。

澳大利亚大学联盟在2013年发布的政策性议程中宣称：将学术成果免费公开发布，有巨大的公益价值，澳大联盟将通过政府的支持，致力于将澳大利亚的高质量学术研究成果免费开放给全世界③。澳大利亚开放获取支持小组2015年最新数据显示，澳大利亚已有33所大学参与出版了144种开放获取期刊，即85%的大学参与开放获取出版④。

许多澳洲大学是利用其图书馆的机构典藏（institutional repository，即机构数字资源数据库）和开源平台来参与开放获取出版的，出版的重心和优势主要是学术期刊。这些机构典藏资源所依靠的开源软件和数字平台使学术期刊出版更加便捷高效（例如下文的伊迪斯科文大学案例）。另外，许多澳大利亚大学图书馆通过与出版社整合的方式进行开放获取出版，这也是学术出版的一大革新。一些大学图书馆的开放出版模式新锐超前，赢得了极高的关注和赞誉（例如下文的澳大利亚国立大学案例）。

二、澳洲大学图书馆的出版身份

从传统而言，出版社处在学术传递链的前端，而大学图书馆则被认为

---

① Australian Open Access Support Group, Publishers and open access, 2015-04-01, http://aoasg.org.au/publishers-and-open-access/.

② Paul Mercieca, "Integration and collaboration" within recently established Australian scholarly publishing initiatives, *OCLC Systems & Services: International digital library perspectives*, Vol. 22 Iss 3 pp. 149-154, 2006. 2015-04-01, http://dx.doi.org/10.1108/10650750610686180.

③ Australia, Universities. A smarter Australia: an agenda for Australian higher education 2013-2016, *Universities Australia* (2013). 2015-04-01, http://www.voced.edu.au/content/ngv%3A55503.

④ Australian Open Access Support Group, Australian Open Access journals, 2015. 2015-04-01, http://aoasg.org.au/open-access-in-action/australian-oa-journals/.

处在末端，是一个挑选、收集、整理、收藏资源并为用户提供取用服务的资源库。所以，图书馆建立机构典藏最初也只被看成是其传统职责的延伸。图书馆一直被视为学术出版的配角。

约在2005年前后，大学图书馆在数字出版领域才开始崭露优势，受到学术界的重视。2006年起，已有不少大学将学术出版和机构典藏结合起来，为数字出版和开放获取做好了准备①。例如，昆士兰大学和莫纳什大学利用机构典藏的数字平台来收集学术作品。显然，数字化机构典藏是使得大学图书馆能够参与学术出版的重要基础。近年来澳洲大学图书馆出版的发展势头堪称迅猛。图书馆出版弥补了传统出版系统中的缺漏，它不是复制传统出版，而是在创造新出版物的同时把已有的传统出版物转化为适合网络时代的新型数字出版物。虽然大学图书馆的出版量和涉足领域有限，但却是以一种不同于传统出版社的运营模式参与着学术出版和服务②。

就一般而言，澳洲大学图书馆普遍通过与大学出版社等机构合作或整合来进行学术出版（通常是数字出版），几乎所有大学图书馆都与本校出版社有着项目合作。同处一校，以"传播学术"为使命的两个机构可谓天生的盟友。从出版社的角度来看，图书馆拥有机构典藏和数字平台，是大学的核心机构，资源和资金远比出版社充裕，与其合作不仅能获得经济和技术支持，还能够获得行政上的庇护。从图书馆的角度而言，出版社拥有专业的编辑人员，熟悉出版流程和商业操作，特别是能提供已获得出版许可和同行评阅口碑良好的作品。对于将提供"开放教育资源"作为己任的大学图书馆来说，出版社的资源非常有价值。在出版社与图书馆的整合热潮中，越来越多的大学将出版社隶属于图书馆之下，虽然这并不意味着两者之间必然有亲密的合作或行政上的合并，但这一趋势显示了图书馆在学术出版上机构地位的提升。

具体而言，美国网络化信息联盟（Coalition for Networked Information）指出，目前大学图书馆又发展了两种新型的运营模式：（1）通过机构典藏

---

① A. Treloar and G. Payne, The ARROW project after 2 years: are we hitting our targets?, *VALA 2006: Connecting With Users*, 8-10 February, Melbourne, 2006.

② K. Hahn, *Research Library Publishing Services New Options for University Publishing*, Association of Research Libraries, Washington, DC, 2008.

的数字平台进行出版。(2) 图书馆自建出版社[①]。而且,这两种新型的运营模式近几年在澳洲的影响力越来越大,它标志着原处于学术传播链条末端的大学图书馆已将一只脚站到了链条的前端,成为今后学术出版活动的主角。接下来作为案例考察的两所大学图书馆就分别是这两种出版运营模式的先锋。

三、澳大利亚国立大学图书馆自建出版社模式

过去十年间,澳大利亚有五所大学在图书馆内建立了出版社——阿德雷德大学、澳大利亚国立大学、莫纳什大学、悉尼理工大学和悉尼大学。这几所图书馆自建的出版社中,运营模式最具代表性也最成熟的是澳大利亚国立大学(Australian National University,以下简称 ANU)出版社,其超前的结构性整合模式、先进的出版技术和完善的运营方式,使之成为澳洲许多大学图书馆和出版社整合的效仿对象。

ANU 的传统印刷出版社早在 1984 年就因为财务状况不佳而停止运转,2003 年其大学图书馆组建了 ANU 电子出版社——澳洲首家纯粹的电子学术出版社。关于成立 ANU 出版社的讨论开始于 2001 年,次年图书馆馆长正式提议成立 ANU 电子出版社,2003 年校董事会通过该提案并同意提供 3 年共 120 万澳元的资金支持。ANU 出版社的建立主要基于教员、图书馆和校董的共识:(1) 有必要建立一个长效机制,以传播高质量却缺少商业市场的 ANU 学术作品。(2) 要消除现存学术传播模式中固有的缺陷和障碍。(3) 传统学术出版的庞大经营管理费用已难以承担。(4) 新生的数字出版技术能成为传统学术出版的可行替代方案,尤其是从成本和基础设施方面考虑。

至 2014 年,ANU 电子出版社已出版 500 多种学术作品,成为澳洲开放获取学术出版物的主要提供者,每年下载量超过 100 万次[②]。如今,电子出版已经成为学术出版的常态,出版社认为没有必要再强调自己作为纯粹电子出版社的身份,于是在 2014 年,电子出版社更名为 ANU 出版社。

---

① Coalition for Networked Information,*Institutional Strategies and Platforms for Scholarly Publishing*,CNI,Washington,DC,2012,2015-04-29,https://www.cni.org/wp-content/uploads/2012/12/CNI-Executive-Roundtable-Report-December-2012.pdf.

② ANU Press,2015-03-09,http://press.anu.edu.au/about/.

成立十余年来，ANU 出版社的运营始终遵从几个重要原则：(1) 执行严格的同行评阅制度。(2) 通过编审委员会与学术圈保持紧密联系（22 个编审委员来自各个学科）。(3) 通过由各学院代表组成的顾问团做出策略性决定。(4) 备有各种能提供财政资助的方案。

ANU 的运营模式有几个突出的特点：成本低、员工少、效率高。其生产环节和流程清晰，技术支持十分完善，出版社运转灵活高效，全职员工 4.5 人（非整数是因为把兼职员工按照每周工作小时数折算成全职员工），年出版量达 60 种，每年只需大学提供约 53 万澳元资助，而传统出版社则需要数倍于此的经费支持。ANU 出版社的服务全面周到，其出版的所有学术作品，均提供电子和纸质两种形式。ANU 的出版重心无疑是电子形式，但按需印刷（POD）服务可以提供所有出版物的印刷版本。电子版本有多种格式供读者选择，都能以开放的方式、使用电脑或移动设备轻松免费获取。POD 印刷版本可以从亚马逊、ANU 合作书店、ANU 出版社网站和任何订阅了全球图书出版书目数据库的书店处购买，并且费用极低，大部分书不到 30 澳元。

2009 年 ANU 图书馆针对 ANU 学生的出版需要，成立了 ANU eView 出版社，它依照 ANU 出版社的成功模式，将开放获取的福利带给学生群体，最大化公开学生的研究成果。2013 年，图书馆又新成立了 ANU eTEXT 出版社，负责 ANU 教材的开放获取出版，其教材可以通过多种格式免费下载或在线阅读。ANU eView 出版社和 ANU eTEXT 出版社和 ANU 出版社一样都是 ANU 图书馆的一部分，但前两者针对专门的对象和需求，范围和规模远小于 ANU 出版社。

ANU 出版社与图书馆的结构性整合关系让双方受益匪浅。在图书馆的引导下，ANU 出版社和大学教员、学者圈建立了更紧密的关系。图书馆员工则增长了出版知识和出版技能，这对图书馆的数据库服务也至关重要。图书馆与出版社的亲密合作和知识技能分享也使得两者的结构性关系更加融洽。未来，ANU 还计划让图书馆与出版社有更进一步的整合服务，提供不同形式的技术支持项目。

ANU 出版社对 ANU 的学术声誉和学术传播已产生重大而深远的意义。多年来，出版社致力于传播 ANU 学术社区的研究成果，由于经过严格的同行评议，ANU 出版物具有极高的学术品质，而且涉及领域广泛，其开放式资源让读者能够轻松获取、方便引用，而备受关注和好评。

四、伊迪斯科文大学图书馆数字平台创刊模式

图书馆自建出版社是澳洲学术出版最引人瞩目的亮点,但对于财力、人力资源不太充足的小型学术图书馆来说却不太可行。于是另一种出版模式——图书馆利用数字共享平台创办开放期刊——被更多中小型高校所采纳。位于澳大利亚西部城市佩斯的伊迪斯科文大学(Edith Cowan University,以下简称 ECU)图书馆就是这种出版模式的典范。ECU 图书馆于 2007 年创建机构典藏"研究在线"(Research Online),并使用数字共享平台 Digital Commons 对其管理和维护。"研究在线"典藏收录的 ECU 各学科的研究成果和学术资源都被整合到 Digital Commons,其内容能被所有使用该平台的机构获取。至 2013 年 9 月,该典藏已吸引了超过 125 万次的下载量[1]。

在研究在线建立之初,ECU 图书馆的技术部门就发现 Digital Commons 比同类开源平台更便于出版,特别是它能帮助编辑们处理同行评阅的工作流程。得益于此,图书馆认为技术和时机都已成熟,于是开始寻找合适的学术出版物,最理想的合作对象是愿意尝试网络平台的现有纸质期刊。2010 年,他们找到了《澳大利亚教师教育期刊》编辑部,提议将该期刊转移到 ECU 的机构典藏中。ECU 的教师教育有着百年历史,与《澳大利亚教师教育期刊》的属性非常相合。《澳大利亚教师教育期刊》创办于 1976 年,原是一个基于订阅的印刷出版物。到 2008 年,其订阅收益已入不敷出,编辑部认为是将期刊从印刷形态转移到网络的时候了,于是创建了一组静态网页作为期刊网站,由一人负责网站的维护、文章的版式和手动发布。尽管期刊网站比较简易,可当《澳大利亚教师教育期刊》在网上发布之后,它立刻就被 Google 等搜索引擎发现,获得了国际读者的关注。[2]

"研究在线"和《澳大利亚教师教育期刊》接洽合作的时间非常合适:

---

[1] G. McIntyre, J. Chan & J. Gross, Library as Scholarly Publishing Partner: Keys to Success. *Journal of Librarianship & Scholarly Communication*, 1, eP1091. 2013. 2015-03-13, http://dx.doi.org/10.7710/2162-3309.1091.

[2] G. Bolton & G. Byrne, *The campus that never stood still: Edith Cowan University, 1902-2002*. Churchlands, W. A.: The University, 2001.

当时该刊的投稿量已呈下降趋势，数字版虽然比较成功，但编辑部中只有一人负责网页维护和文章发布显然是不够的，所以编辑部非常乐意地接受了图书馆的提议。2010 年，期刊正式转移到"研究在线"典藏当中。图书馆持续为期刊编辑提供平台使用培训，直到编辑们完全熟练操作 Digital Commons，可以独立通过平台管理期刊的编辑和出版。图书馆在需要时则尽量为期刊编辑提供如数据库索引、数字文献标识等方面的专业技术支持。

显然，ECU 图书馆与《澳大利亚教师教育期刊》的合作出版模式是，图书馆为期刊提供网络出版平台，并培训编辑独立操作平台，这可以让图书馆将有限的资源集中到为期刊提供更有价值的服务上（比如索引和数字文献标识注册等技术支持），图书馆员工不需要负责整个出版流程（如编审、排版、营销等），因此有更多精力和时间去创办更多的期刊。期刊和图书馆之间是互利互惠的合作关系：通过图书馆的数字平台，期刊增加了国际关注和读者群；经过图书馆培训，期刊编辑掌握了网上出版的技能，提高了期刊的可持续性和可扩展性；通过与期刊编辑合作和沟通，图书馆员工了解到不同期刊的不同需求，改进了数字出版技术；而得益于期刊的高质量，图书馆典藏库的知名度也得到提升。

由此可见，小型学术图书馆也可以成功创办数字期刊。受到《澳大利亚教师教育期刊》成功的鼓励，ECU 图书馆又出版了四份开放获取期刊：*Australasian Journal of Paramedicine*（《澳大拉西亚护理期刊》）、*Landscapes: the Journal of the International Centre for Landscape and Literature*（《景观：地景与文学国际中心期刊》）、*eCULTURE*（《e 文化》）、*Design Process Investigation*（《设计工艺研究》），并仍在积极探寻出版更多开放获取期刊的可能。

五、结论和启示

1. 总结与发现

在网络时代，随着学术交流圈的面貌不断发展，学术出版主体的角色也在发生变化。澳大利亚大学的学术出版处于世界领先水平，其特色集中体现在大学图书馆主导的开放获取出版上。相比传统印刷出版，开放获取出版具有显著的优势：数字出版物生产流程精简高效，服务高度自动化，允许各种搜索引擎发现甚至全文检索，减少了营销的需要，出版成本远低于传统运营模式。最重要的是，开放获取出版让学术作品通过网络供公众免费获取，不仅没有减少出版物的影响力，反而极大地促进了学术成果在世界范围内的传播，造福于读者和作者，具有极高的公益价值。

近年来，澳大利亚大学图书馆在学术出版上的地位不断提升，它们主动探索出两种开放获取出版模式：（1）与本校出版社合作，甚至自建出版社；（2）利用自身的机构典藏平台创办开放式学术期刊。澳大利亚国立大学是图书馆创建电子出版社的先锋。ANU出版社的建立是基于学者、图书馆和大学管理层之间的高度协作，其新锐的结构性整合模式和先进的出版运作流程已被多所大学图书馆和出版社仿效，代表了澳洲学术出版的发展趋势和方向。伊迪斯科文大学图书馆利用典藏平台出版开放获取期刊，创立了一套小型学术图书馆出版开放期刊的可持续发展模式，对有意创办开放期刊的中小型大学具有很大的启示。

2. 对中国高校开放出版的启示

中国学术出版以高校出版社为主，图书馆还处在机构典藏的建设阶段，极少参与出版。而中国的大学出版社，对数字化转型和开放获取出版接受比较缓慢。部分大学社的现有期刊出版只做到了内容数字化，相对于国外知名的开放期刊还没有形成自己的特色。即使有兴趣尝试开放获取出版的高校也因经费、技术或盈利模式等挑战而犹豫不前。

中国学术出版界应该学习澳大利亚高校在开放获取出版上大胆探索的精神和先进成功的模式，从中获得一些启示：

（1）身处数字时代，开放获取出版是高校出版的必由之路。

目前，越来越多的中国大学已经开始尝试网络课堂、视频公开课，让数字技术和网络革命的成果走进教室，造福学生。中国下一代学者已经在数字化网络环境里成长起来，出版者必须构想未来的学者将以何种方式进行学术研究、散播学术成果。

事实上，传统出版不只面临着载体数字化这一技术性的改变，最关键的是互联网技术带来的对传统出版模式的深层挑战[1]。放眼世界，开放获

---

[1] 周莉华：《谈学术期刊的开放获取出版》，载《中国编辑》2013年第1期。

取出版正在澳洲、美洲、欧洲如火如荼地发展。中国学术出版界必须清醒地认识到，植根于互联网的开放获取出版正在构建未来的学术研究格局，成为学术传播的发展方向。

（2）中国高校出版社可以与高校图书馆建立更紧密的联系，共同应对挑战。

同校出版社与图书馆的合作可以说占尽地利人和，而数字化的冲击又为两者结盟缔造了最佳时机。澳洲、美洲、欧洲的学术传播界的理论和实践都证明，双方的出版技能和资源互补，适合结成伙伴关系。

在数字时代，中国高校出版社应积极联合本校图书馆，建立紧密的合作关系，尝试开发新的出版资源，探索新的出版项目和模式。作为图书馆与出版社关系的极端形式，ANU图书馆自建出版社的结构性整合模式不一定能整体移植到中国校园，但其成立纯电子出版社的魄力和大力推动开放出版的态度为中国高校出版社树立了榜样，其高效率的运营模式给许多以专、精、特为特色的中小型高校出版社以信心，其评审环节、生产流程、技术和服务等方面的经验都值得中国所有高校出版机构学习。

（3）中国高校图书馆可以利用机构典藏创办开放期刊，成为学术出版的第二主力。

和澳洲等国家相比，中国大学的开放获取期刊出版比较滞后。从总体上看，中国高校图书馆目前在开放获取资源建设方面还处于起步阶段，没有设置专门的部门和人员进行开放获取资源的搜集和整理，没有将开放获取作为馆藏资源的一部分加以研究和利用。在学术期刊方面，截至2012年，DOAJ（开放获取期刊目录）收录全球118个国家的开放获取期刊共7954种，收录的中国开放获取期刊只有34种，其中中国大陆出版的只有11种[①]。

ECU图书馆的期刊开放出版过程则为中国大学图书馆提供了参考范例——应建设和发展自身机构典藏和开放平台，寻找与本校特色和优

---

① 张惠：《开放存取 理论 建构 服务》，机械工业出版社2013年版，第43、22～23页。

势相契合的现刊,为期刊编辑提供全面细致的技术支持。处在数据库建设阶段的大学图书馆也应做好开放出版的准备,迎接中国开放获取数据的到来。

总之,中国的学术出版界需要包含大学出版社和图书馆在内的更多有技术、有特色的出版主体积极投身于开放获取,探索和创造适合中国国情的开放出版模式,把中国的学术成果散播到更广的读者群中去。

(本文与王雅菲合作撰写,载《现代出版》2015年第5期)

现代大学的文化功能与大学出版人的文化担当

胡锦涛总书记在 2011 年 4 月举行的庆祝清华大学建校 100 周年大会上发表的重要讲话中，在结合我国大学实际论及全面提高高等教育质量时，进一步阐发了大学在人才培养、科学研究和服务社会的传统三大功能，进而明确提出了现代大学的第四功能——文化传承创新。总书记说：

> 高等教育是优秀文化传承的重要载体和思想文化创新的重要源泉。要积极发挥文化育人作用，加强社会主义核心价值体系建设，掌握前人积累的文化成果，扬弃旧义，创立新知，并传播到社会、延续至后代，不断培育崇尚科学、追求真理的思想观念，推动社会主义先进文化建设。要积极开展对外文化交流，增进对国外文化科技发展趋势和最新成果的了解，展示当代中国高等教育风采，增强我国文化软实力和中华文化国际影响力，努力为推动人类文明进步作出积极贡献。

总书记是从宏观上对高等教育特别是一流大学提出的要求。而作为大学重要组成部分之一的大学出版机构，这一要求也是必须认真思考并努力践行的。众所周知，大学出版社是大学出资创建的出版社，也是办在大学里的出版社。大学出版从诞生之日起，就天然地与大学有机地紧密相联。大学出版社依托母体又服务母体，在支持学校人才培养、教学科研方面，在弘扬大学精神、积累传播优秀学术文化方面，既大有可为，又是职责所在。

一、大学出版社是文化传承的重要载体

所谓载体，按照《现代汉语词典》的解释有两层含义：（1）科学技术上指某些能传递能量或运载其他物质的物质，如工业上用来传递热能的介质即为载体。（2）承载知识或信息的物质形体，如语言文字是信息的载

体。我们讲大学、大学出版是文化传承的载体,无疑主要是从第二层含义上而言的。从广义上看,教育是文化的一部分;从狭义来说,教育又是传播文化、传承文明的重要载体。

作为文化教育机构,大学具有与生俱来的传承和创新文化的能力与使命。清华大学李学勤教授在引用了明清之际著名思想家、学者方以智"古今以智相积"的名言后说:"'智'也就是文化",它"是自古至今不断积累、不断发展,世代积累而成的",并且是"整个人类的世代积累"。人类的发展进化并不像动物那样纯粹是一种生物学进化,而"主要是文化的传递和进步、继承与发展。所以在这一点上,教育,尤其是我们所从事的高等教育,它的使命就特别重要。就是说,它要作为文化传承、创新的一个重要载体。因此我们必须认识到文化传承、创新是大学的一个重大实践"[1]。大学承担的文化传承创新的职责又是与其培养人才、科学研究和服务社会的职责密切联系在一起的。这种文化的传承与创新有赖于大学的科学研究,有利于大学人才培养质量的提高,同时可以为社会服务的作用发挥得更好。

大学出版机构与大学一样,同样承担着文化传承与创新的使命。在这一点上,中外大学出版社是有共通之处的。上个世纪70年代初期曾任剑桥大学出版社首席执行官的杰弗里·盖斯曾经说过:我们的兴趣不在于使利润最大化。我们没有经营者,没有股权人,没有分红……不需要总是强调出版社的目的不是为了利润。我们最高的目标是出版学术著作和教育书籍,因为它们为人类的知识传承作出了极有价值的贡献[2]。即便是高度商业化、产业化的美国,大学出版社也是非常重视文化传承与创新的,其宗旨是传播科学文化知识,将课堂延伸到社会。虽然美国的大学出版社数量并不是很多,但由于这些出版社的图书内容严肃,学术水平高,在美国整个图书出版业中发挥着独特的重要作用。约翰·霍普斯金大学校长丹尼尔·考伊特·吉尔曼在一百多年前创办该校出版社时就曾指出:"推动知识的进步,并且向不能每天上课的远方的人们传播知识,这是大学神圣的职

---

[1] 李学勤:《文化传承与创新的重大责任》,载《清华大学教育研究》2011年第3期。

[2] 转引自杨贵山:《欧美书业概论》,四川教育出版社2002年版,第141页。

责之一。"① 大学出版一个重要职责正是把大学的文化、知识、思想进行积累传播，惠及大学之外，泽被后人。

在国内，随着出版体制改革的深入，出版业的集团化、市场化、产业化日渐深化，全国性和地域性的出版传媒集团在文化与产业之间更加关注产业，在学术与市场之间更加青睐市场，在长远利益与近期效益之间更加注重近期；在此背景下，大学出版社在文化传承与创新方面任务有所加重，责任更加重大。从近几年国家出版基金的获得来看，从一些国家出版大奖的获取来看，从一些大型文化积累传承项目的设立来看，从重要文化输出项目的比重来看，大学出版社都担当了重要主力军的责任。

二、做好文化积累是大学出版社的基础工作

文化的传承与创新是以文化的积累为前提、为基础的。为什么中华文明五千年绵延不绝、生生不息？从文化载体角度看，我想这与我们有统一的文字、发达的出版、迁延不断的教育体制和赓续不绝的史传传统，是有着非常深刻的内在联系的。大学怎样培养人才，又怎样开展科学研究、服务社会，其实都是与文化积累相关的。历史与现实、文化与经济政治有着千丝万缕的联系。

我们知道，文化作为社会遗产并不是一代人创造的，而是世世代代积累起来的。文化积累是旧文化的保存和新文化的增加的发展过程。一切民族和地区的文化都是一个积累过程，并且无时无刻不在积累之中。新文化元素的增加是文化积累的主导的、积极的方面。没有新文化元素的增加，文化便失去活力而停滞不前。旧文化元素的保留是文化的保守方面，是文化积累的基础。没有旧文化元素的保留，文化便会发生断层，无从积累。"如果把新文化的增加放到不同的时间、空间去观察，我们就会发现文化积累有两种基本形式：一种是民族文化积累；另一种是外来文化积累。"② 没有这样的文化积累，没有文化积累所提供的现实材料，任何文化上的科学发明、创造，都是无源之水，无本之木，都是不可思议的事情。

大学出版人以高度的文化自觉和积极的担当精神把文化积累落实到日常工作中。这里面既有日积月累的涓涓细流汇聚成河，更有精心策划、组

---

① 杨贵山：《欧美书业概论》，四川教育出版社2002年版，第118页。
② 司马云杰：《文化社会学》，山东人民出版社1990年版，第177页。

织的系统文化工程。比如，北京大学出版社一直把"积累文化，繁荣学术"作为自己宗旨之一，推出了《儒藏》、《全宋诗》、《十三经注疏》、《孙子兵学大典》等一系列有重要文化积累与传承价值的民族优秀文化典籍。南京大学出版社坚持"学术立社，品牌兴社"，策划出版了大型的"中国思想家评传丛书"、"当代学术棱镜译丛"等重要出版工程。中国人民大学出版社秉持"出教材学术精品，育人文社科英才"的文化理念，在推出大批优秀高校教材的基础上，成功运作了《康有为全集》、《钱玄同文集》、《人文社科经典名著选读》等一批有重要文化积累价值的出版项目。华中师范大学出版社这样的中等规模出版社，也把大力弘扬文化、传承文明放在突出位置，推出了《张舜徽集》、《钱基博集》、《辛亥革命百年纪念文库》等大型出版项目，产生了良好的社会影响。而地处一隅的广西师范大学出版社出版的历代珍稀文献已经在国内形成品牌，其中如《中国明朝档案总汇》、《中华民国史史料外编》、《满铁密档》、《美国哈佛大学哈佛燕京图书馆藏中文善本汇刊》、《美国政府解密档案》等大型图书的出版，引起全球学术研究领域的高度关注。

全国一百零几家大学出版社占所有570多家出版社比重不到20%，但近些年来其发展速度明显高于行业平均水平，更为重要的是它们在文化积累与传播方面，以偏师担当主力，其贡献是十分突出的。"文化人办出版"的传统在大学出版社得到了继承和发扬，做"书比人长寿"的光辉事业成为不少大学出版人的共识和追求。目前，面对工具理性和实用主义的冲击，当文化理想与商业利益冲突日益尖锐之时，大学出版人如何坚守文化本位，传承一脉书香，环境并不很好，任务十分艰巨。

三、重视文化传播是大学出版社的必然选择

文化积累的根本目的不是藏之名山、储之高阁，而是像总书记所讲的，是要在积累中创新，"传播到社会，延续至后代"，并服务于我们今天社会主义先进文化的建设。

所谓文化传播，其实质是人们社会交往活动过程中产生于社区、群体及所有人与人之间共存关系之内的一种文化互动现象。文化需要传承，在横向上是传播，在纵向上是传递。无论是纵向的积累传递，还是横向的交流传播，教育在其中都担负着无可替代的重要角色。"从一定意义上说，教育就是有目的地传播文化的社会活动。它与文化传播有着千丝万缕的联

系。文化传播给教育以存在基础和意义,教育给文化传播以发展契机和生机活力。两者相因相袭,密切联系在一起。"① 大学教师所从事的科学研究,以及"传道授业解惑"的人才培养活动,无不与文化传播紧密相连。总书记讲大学是"思想文化创新的重要源泉",这种思想文化创新的优秀成果既是科学研究的结晶,又是进行教与学活动、人才综合培养的重要资源。

大学作为文化的积累者、知识的生产者、思想的创新者,如何对社会发挥更广泛的影响,对人类发挥更持久的作用呢?知识、思想都是属于文化的范畴。要使文化有效地进行传播,就必须借助传播媒介;而大学出版机构及其产品(出版物)毫无疑问是实现有效的文化传播的重要媒介。

我们知道,人本身是很活跃的文化传播媒介,但人类的文化传播更多的是假于物而进行的。出版机构这类社会组织作为传播媒介从广义上也可以列入物的范围之中。大学出版社及其出版物作为重要的传播媒介,在知识的生产创造、思想文化的传播方面具有极其重要的作用。大学出版社的天职是多出书、出好书,多卖书、卖好书。我们可以把"书"理解为广义的出版物。那么,大学出版社主要是通过自己出版物的生产和推广,来完成文化传播使命的。因此,在大学出版社的工作中,编辑策划重要,营销推广也不容忽视。

这里我们特别要注意大学出版社在中外文化交流方面所发挥的积极作用。文化传播是一种互动活动,在今天中西文化间的互动就显得十分重要。而大学出版社在异域优秀文化的"引进来"和中华优秀文化的"走出去"方面更是不遗余力,开展了卓有成效的工作。前举中国人民大学出版社就高度重视版权引进,刊行的《亚里士多德全集》、"20 世纪西方伦理学经典"、"马克思主义研究译丛"等影响巨大。华东师范大学出版社在教育学、心理学等领域的出版趋于品牌化、体系化,在积极、大量引进世界范围内经典教育学、心理学著作的同时,还自主开发本土原创的教育学、心理学作品。他们在版权的引进和输出方面都取得了骄人的成绩。北京语言大学出版社海外市场一直占据着重要地位,而图书是当之无愧的主力。其版权输出数量和实物出口码洋一直在全国名列前茅。截至 2010 年底,北语社有效输出版权累计 844 种,覆盖美国、德国、韩国、日本、越南等

---

① 郑金洲:《教育文化学》,人民教育出版社 2000 年版,第 95 页。

15个国家。仅2011年,就输出版权150项。此外,《中国文化百题》、《汉字的智慧》等大型电子音像产品也受到海外市场欢迎①。这样的文化传播既有力地扩大了中华文化的影响力,彰显了中国的文化软实力,同时也给出版机构带来了可观的经济效益。

我们深信,大学出版史主要应该是大学出版人进行文化积累和创新的历史。做好文化传承创新工作,物是载体,人是根本。大学出版社有一批具有高度文化自觉的出版人。他们秉持文化使命,努力把文化积累创新付诸出版实践。除了上面列举的一些出版机构,还有复旦大学出版社、武汉大学出版社、厦门大学出版社、中国传媒大学出版社、北京师范大学出版社、外语教学与研究出版社等一大批大学出版社在服务教育、弘扬学术、积累与传播文化方面各有特色,皆取得了不俗的成绩。在数字化时代,大学出版人又探索从单纯做书刊产品到立体化地开发学术文化资源,构建数字化平台。我们也深知,若要大学出版人持久地、更心无旁骛地在文化积累与创新方面有所作为,宏观的出版政策、外在的生态环境、具体的激励措施都是需要有关决策者和管理部门高度重视的。把大学出版放在一个什么位置、对它提出的要求是重在经济还是重在文化,影响无疑是很大的。

(本文与范舒扬合作撰写,载《济南大学学报:社会科学版》2012年第3期)

---

① 王玉梅:《北京语言大学出版社:专业特色助推双效丰收》,载《中国新闻出版报》2012年2月2日。

大学出版：沿着教育与学术的双轨前行

一

在中国出版业整体向市场化、企业化、集团化迈进之时，大学出版何去何从成为出版界和教育界、学术界共同关注的一个热点。在越来越多的出版机构更加热衷商务、关心市场、追逐利润的时候，大学出版将肩负着越来越重的学术文化使命。

大学出版的使命是和高等教育的性质与基本职能紧密相连的。从本质上讲，高等教育是培养高级专门人才的一种社会实践活动，其基本职能是培养专门人才、发展科技文化和开展社会服务。而大学出版作为大学的一个有机组成部分，以自己独特的内容和方式履行其服务教育事业、培养专门人才、弘扬学术文化的重要使命。在这方面，欧美的大学出版社给我们有益的启示。

我们知道，美国最古老的持续营业的大学出版社这顶桂冠当属约翰·霍布斯金大学出版社。该校第一任校长吉尔曼十分热心大学出版社的发展，并为此发挥了积极的作用。他在其任职的第五年度报告中将出版社看作是"一所大学最崇高的职责之一"，认为"它能促进知识，不仅仅在那些每日听课者中传播知识，而且能够更广泛地传播知识"。他为大学出版社描述了一种清晰而特定的任务。直到今天，它仍然适用于现代研究性学府及其出版机构，并成为它们的职责重心和创办宗旨。到1878年，吉尔曼在巴尔的摩已成功地建立了一个活跃的出版机构。康奈尔大学第一任校长怀特对大学出版也格外积极，他于1869年在康奈尔最早使用"大学出版社"这个术语。而芝加哥大学第一任校长哈珀把他的出版社方案看作是建构其整个庞大的学术大厦的必不可少的水泥。

正是因为人们把大学出版社看作学术发展的后盾，20世纪以来美国的大学出版社获得了长足的发展。而正因为是以学者的眼光而非仅仅以生意人的眼光来对待出版，大学出版人才展现出独到的识见。被誉为"传播学之父"的美国学者施拉姆（1907—1988）在出版事业上就曾作出过传奇般的贡献。1947年，他阔别了学习执教达17年之久的依阿华大学，来到伊利诺伊大学，就任该校校长助理和学校出版社社长。在出版社社长的岗位上，他的卓识使他做了一件对传播学发展具有重大意义的事——出版信息论的奠基之作，即申农的《通信的数学理论》。申农的《通信的数学理论》原是一篇论文，发表在《贝尔工程技术杂志》上。一次，施拉姆在翻阅旧资料时偶然地发现了这篇论文。于是，他顾不上其他事，一口气将它读完，并立即决定由伊利诺伊大学出版社正式出版。当时他已敏锐地洞见这篇还默默无闻的文章所包含的重要价值。申农的论文专业性很强，为使更多的人都能了解和把握信息论，施拉姆又专门邀请数学家韦弗对申农的观点进行注释，使之通俗易懂。《通信的数学理论》一出版，便很快引起学术界的瞩目。这部名著的问世，不仅标志着信息论的诞生，而且也对传播学的研究产生了极其重要而深远的影响。今天，申农、韦弗以及《通信的数学理论》已是谈论信息论所经常要提及的，但很少有人知道信息论的兴起还多亏那位伊利诺伊大学出版社社长施拉姆及其远见卓识。而作为传播学集大成者的一代巨匠施拉姆，也从申农的著作中得到很大启发，借鉴和改造后形成了自己的传播模式理论。

英国有着比美国大学出版社更为悠久的历史，现约有120家大学出版社。早在1478年英国就成立了牛津大学出版社，1534年又成立了剑桥大学出版社。作为世界上规模最大的大学出版社，牛津大学社每年出版的书籍、刊物超过4000种，出版物的范围涉及广泛，包括各个学术领域的著作、教科书、英语教学专书、工商管理著述、圣经、音乐书籍、儿童书籍、词典、工具书、期刊等等。而近20年来发展迅猛的剑桥大学出版社每年出版2500种新书、150种期刊，在版图书有20000多种。主要出版学术教育书、期刊、圣经等，业务范围已经涵盖英语世界的所有教育学科，医药、法律、工程与计算机科学等专业图书的发行也在不断地扩大。1980年，剑桥大学管理条例规定："大学应该有大学的出版社，它应该使出版和印刷在各个学科为知识的获取、推广、保存和传播作出积极贡献，为教育、宗教、学术研究的进步作出贡献，为文学和优秀作品的推广作出贡献。"

特别值得重视的是，在英国大学出版社的出版物中，期刊占有十分重要的地位。被誉为英国学术出版乃至整个世界大学出版双子星座的牛津大学出版社和剑桥大学出版社每年出版的期刊数量都在150种左右，涵盖了人文科学、社会科学、自然科学的各个学科。这些刊物中大多是学术期刊，定位于专业的读者群，质量上乘，风格庄重，印制精美。期刊是反映学术研究成果的轻骑兵，是传递国际尖端技术的重要信息载体。英国的大学出版社重视学术期刊的出版，实质上也是大学的性质、优势和职能使然。

欧美的大学出版社除了牛津社、剑桥社这样的大型"国际出版社"以外，其规模都不是太大，但它们仍然是世界出版业中的一支不可或缺的重要力量。最主要的是，身在大学或教育机构，人才荟萃，成果迭出，大学出版社能敏锐地感受到知识与科学技术的脉搏，因此最能及时反映科学的最新动态。也因为它们崇尚学术，推重文化，所以那些商业出版社认为无利可图，但学术界又十分需要的图书、期刊，其出版的任务就历史地落到了大学出版社的肩上。曾经在上个世纪70年代担任剑桥大学出版社首席执行官的杰弗里·盖斯这样说过："我们的兴趣不在于使利润最大化。我们没有经营者，没有股权人，没有分红……我们最高的目标是出版学术著作和教育书籍，因为它们为人类的知识传承作出了极有价值的贡献。"大学出版的职责和使命由此可见一斑。

对于大学出版社的文化性、公益性，我国的学者也是有清醒认识的。北京大学校长许志宏院士指出："大学出版是文化的一个载体，它通过出版物来传播文化，推动社会文明的发展。""北大出版社要做精品的东西，出版最优秀的图书，但同时，因为它是北京大学出版社，它理应承担更多的社会使命，需要去做更多的事情，这是社会赋予我们的责任。"而厦门大学校长朱崇实教授认为："大学是公益性的机构，也是一个社会服务性机构，赚钱赢利不是它的目的和专长。没有任何一个国家的大学把赚钱和赢利作为它的目标，大学的使命是提升和促进整个社会文明科学的发展和创新能力的提高。大学出版社作为大学的有机组成部分，它的目标应当与大学的目标相一致。"这可以说是今天中国有出版社的大学校长们的共识，也是绝大多数大学出版人的共识。

二

按照国际通行的分类,现代出版业的基本框架结构包括三个部分,即大众出版、教育出版和专业出版。这三类出版也基本对应着现代出版的三大功能:提供文化娱乐、知识和信息服务。当然这三大类别有时候也没有十分清晰的界限,特别是对于高等教育与职业教育来说,教育出版与专业出版在功能上就多有交叉与重合,难以严格区分。但这样的分类还是大体能描述出版业的最基本结构。

大学出版的主要任务是出版各级各类教材、学术专著及相关图书,服务于高等学校的教育、教学和科研工作,服务于国家和整个社会的学术文化建设。很显然,大学出版具有教育出版与专业出版的显著特性。北京外国语大学陈乃芳校长认为:"大学出版社本身就是为大学的教学科研服务,同时也为整个国家的教育服务,它所出版的图书基本上是教育系统所需要的,或与教育有密切关系。"大学出版应该立足于教育出版与专业出版的特质,确立自己的选题和总体战略定位,研究和实践不同于大众出版的经营管理策略和可持续发展方略。

正是因为大学出版以教育出版和专业出版为特色,所以在事业性和企业性的两重性中,前者更受青睐。各国大学出版社的宗旨也是有相似之处的。英国的牛津大学出版社提出"学术、教育和文化"三个目的。美国大学出版商协会章程把大学出版社定义为"大学、学院或者类似机构的学术出版部",必须是"由上级机构或协会的一个委员会或理事会来领导,并确保其书籍和杂志出版质量"。约翰·霍布斯金大学出版社明确提出"教学、研究与出版"三项职能。日本的大学出版社的一个重要特点是专业性强,所出版的图书大都与其主办大学的专业门类设置相吻合。显然,世界发达国家大学出版社大多有"学术独立于商业"的出版理念。美国哥伦比亚大学的尼古拉斯·穆雷·巴特勒认为大学出版是"为知识作贡献,却一般没有商业价值"。而曾任哈佛大学出版社社长的托马斯·J.维尔森在1947年这样说:"只要不破产,大学出版社就要尽可能多出优秀的学术著作。"

在我国,一些优秀的大学出版社也是沿着教育出版和学术出版的双轨健康、快速发展。北师大社、外教社如此,人大社、清华社也是如此。而北京大学出版社的发展战略更是清晰地凸显出大学出版的特殊作用和神圣使命。近几年北京大学出版社明确提出"教材优先，学术为本，争创一流"的发展战略，始终把自主组编教材、引进国外优秀教材和推出高水平学术著作放在全部工作的中心位置。法学、中文、对外汉语、物理等学科的教材成龙配套；成系列引进的全美工商管理权威教材、全美 MBA 经典教材、心理学丛书、语言学丛书和化学译丛教材等等，品种丰富，质量上乘，社会反响良好。教材和学术著作码洋占全社总码洋的将近 80%。北大社历来重视抓学术著作的编辑出版工作，学术著作是其重要品牌。近几年完成了《全宋诗》和《十三经注疏》（简体和繁体两种版本）分别获得国家图书奖荣誉奖和提名奖；此外，还推出了《潘光旦文集》、《胡适文集》、《中国经济思想通史》和"北京大学院士文库"等一大批有深厚学术文化积淀的论著，在文化积累、学术创新和理论繁荣方面发挥了积极的作用。笔者所在的华中师范大学出版社依托有深厚学术底蕴的百年老校，倡导"竭诚服务教育事业，奉献一流文化精品"，在大力加强教材建设的同时，始终把学术建设放在突出地位，陆续推出了"桂岳书系"、"博雅学术文库"、"华中语学论库"、"村治书系"、"新世纪考试科学研究丛书"、"教育学博士文丛"、"心理学研究丛书"、《湖北通史》、《张舜徽集》、"韦卓民著译系列"等等，对于学校的学术研究、学科发展，乃至湖北地区和全国的学术文化建设都发挥了积极的作用。

和北大社等略有不同的是，在教育出版和学术出版中，外语教学与研究出版社更加倚重教材开发。上个世纪 90 年代末期，外研社将工作重心转移到教材出版领域，确立了"以教材出版为中心"的发展思路，把外语教育真正落实到各种课堂和非课堂外语教育上。该社出版的教材目前已经完成了从幼儿园、中小学、大学一直到研究生阶段的横向跨越，基本形成了"一条龙"架构，全面覆盖了外语教育领域。这样的选题调整和战略定位使外研社进一步发展壮大，向着有专业特色的教育出版集团迈进。外研社的崛起，有力地推进了大学外语教材的良性竞争，促进了整个外语教育的普及和水平的提升，同时也推动了大学出版社自身的市场化、产业化进程。

大学出版社与自己的母体——大学有着天然的血缘关系。一流大学的学术品牌和教育、人才资源构成了大学出版社发展的先决条件。依据 1571 年的议会法令规定，英国的牛津大学出版社是牛津大学不可分割的一个部分，并归校董事会直接管辖和领导。作为牛津大学的一部分，学校的副校长兼任出版社的学术评论委员会主席。该委员会是出版社的学术把关和主管机构，由19名代表组成，每两周召开一次会议，所有图书均须获得该委员会的一致通过后方可出版。这一出版政策保证了其出版物的学术水平和高质量、高规格。牛津大学出版社在市场上最珍贵的财富是牛津大学这块金字招牌。在读者心目中，牛津大学的出版物和牛津大学本身一样，是严谨的、科学的、高水准的、一流的。而牛津大学出版社在使用"牛津"这个牌子出书时，也是十分严肃认真的，他们要求必须是新书，而且要"在学术上有一定威望和值得尊敬"。悠久的出版历史、严谨的编辑风格、众多的出版选题和广阔的海外市场，使得牛津大学出版社成为最具竞争实力和国际影响的著名大学出版社。联想到国内的大学出版社，所在母体大学与大学出版社之间也大多形成了良性互动的关系。中国人民大学出版社的文科教材、清华大学出版社的计算机图书、复旦大学出版社的人文社会科学著作、华东师范大学出版社的教育理论书籍等等，在教育界、学术界、出版界都有不错的口碑，首先也还是作为母体的大学提供了先天的学术、学科和地缘的优势。当然，这些出版社以其一流的、有特色的出版物和富有创造性的出版活动对于大学的学术研究、教学改革也起到了积极的推动作用。大学出版社在背靠母校、依仗母校的同时，也常常能为母校增光添彩。

三

为了更好地完成自己的学术文化使命，大学出版并不是要躲进象牙塔，它也有必要面向市场、关注读者，力求在文化性与商业性、学术性与大众性之间获致平衡与协调。大学出版需要自己的出版家和出版商。过去，做学术文化的忌讳一个"商"字，其实优秀的出版商正是我们今天所急需的。这让我们想起了中国现代出版史上的一个重要人物——张静庐。他是以刊行杂志和整理出版史料而闻名的。他编选整理的《中国近现代出版史料》八大本，自上世纪50年代出版以来一直为学界和出版界所珍视。最近，上海书店出版社影印这套丛书，定价高达600元，足见其价值。张静庐在1938年出版的《在出版界二十年》中，坚持认为自己是"出版商"，而不是"书商"。他说二者"差之毫厘，谬以千里"。虽都以出版为手段，都要赚钱，但"出发的动机完全两样"。正因为他不是仅仅以赚钱为目的，而是"图实现其信念与目标而获得相当报酬"，所以阿英先生早在上个世纪 30 年代就充分肯定了他在新文化出版上的贡献，并说"要编纂一部比较详尽的中国新文化运动史"，似乎不应该忘记张静庐。有研究者直接把张静庐列入中国十大出版家之中。他一生献身出版事业，首创中国现代的杂志出版公司，不俗的文化贡献和经营业绩中自有其先进、独到的经营思想与方略。可见，出版商与书商都以出版为手段，为途径，但追求不一样，目标不一样。前者以文化建设为己任，后者以获取利润为终极目的。他的这个观点，对于大学出版有着直接的启示。

大家知道，即便是与美国的大学出版社相比，中国的大学出版社在学术与商务的平衡方面也是有自身优势的。我们知道，美国大学出版社是在商业出版公司发展成熟后才逐步建立的，大学教材这一块主要是由有实力的商业出版社垄断的，因此大学社的图书市场竞争力相对较弱，大多数需要主办学校、主管财团或主管基金会资助。而在中国，出版社的成立实行审批制，图书市场本身不太成熟，大学出版社可以说是与一般出版社在同一起跑线上，在某些利润丰厚、收益稳定的出版领域如大学教材中甚至有得天独厚的优势。最近这些年，我国高等教育快速发展，大学招生持续攀高，这就给大学出版社以难得的商机。不少大学出版社不失时机地抓住发展良机，或在外语图书上做足、做好文章，或在计算机图书引进方面一马当先，或在经济管理类领域开发与引进选题并重，或积极介入中小学教材的广阔市场，成为中国出版界最具活力和竞争力的生力军。我们也注意到，在西方发达国家，除了牛津社、剑桥社等大学出版社外，还有许多知名大学的出版社都在努力尝试走一条成功的商业化运作之路。上个世纪的七八十年代，美国的大学出版社开始从"学院式经营"向"大众学院式经营"过渡，即在保持原有的以出版学术著作为主的前提下，编辑、出版一批适合大众读者阅读的大众性学术图书。芝加哥大学出版社在这方面就做得比较成功。这种变化，在英国、法国也同样存在。其实，无论外国还是中国，大学出版社都不能以盈利为目的，不能以追逐利润为主要目标，但大学出版社注重经营并实现盈利，才有可能按照出版人的意愿和理想，更好地承担起推进学术、发展教育、传承文明的崇高使命。我们注意到，在国内大学出版界有影响的广西师范大学出版社比较成功地尝试了一条"大众学院式经营"的路子，且取得了不俗的两个效益；其发展路径和成功经验是值得总结的。

中国编辑学会会长刘杲先生强调，对于出版来说，文化是目的，经济只是手段。对大学出版来说,要更有效地达到为教学科研服务、为学术繁荣服务、为文化积累与传播服务的目的,必须切实提高大学社企业化管理水平,培养复合型的专业人才,在市场竞争中扩充实力,做大做强。但完全市场化、企业化、商业化显然并不是大学出版社最好的选择。中国人民大学校长纪宝成教授明确指出:"大学出版社的改革方向不应完全脱离大学教学科研,不应与社会上其他出版社完全一样,不能够完全变成商业性的出版社,这是大学出版社最基本的定位。但目前在一定程度上存在着一种把大学出版社变成社会上一般出版社性质的趋势,对此我深表忧虑。"这确实不是多余的担忧。大学出版社何去何从目前是摆在大学领导者和大学出版人面前的一个重要问题,需要认真探讨。

有必要提及的是,大学出版社的发展除了自身的努力外,还需要国家宏观政策的支持。中国大学出版社最近二十多年来取得了突飞猛进的发展,一个很重要的原因就是政策的倾斜。减免企业所得税,使起步期的大学出版社受益良多;而从2004年开始全面取消这一优惠政策,实际上对于大学出版社履行其学术文化使命、支持科学研究和学科建设、培养高级专业人才都是很不利的。大家知道,美国的大学出版社是属于非盈利和免税教育机构的一部分,一直享受政府的保护政策。德国政府对图书、期刊、报纸等出版物实行优惠的税收政策,对于学术著作和学术期刊还专门有所谓"印刷补贴"基金资助其出版。在英国,像牛津大学出版社这样的出版巨头也得到了税收政策的特殊的、长期的优待。该社的年营业额达到了5000多万英镑,从业人员2000有余,不仅在学术质量、社会影响方面是世界一流的,而且在盈利方面也是出版界的佼佼者。早在1571年,英国议会颁布法令给予牛津大学出版社以慈善机构待遇,旨在扶持教育与学术出版。基于此,牛津大学出版社从一开始就肩负起了出版学术著作的使命,并成为学术建设的中流砥柱。直到今天,牛津大学出版社除了和其他出版社一样享受图书零增值税待遇外,还免交营业税和企业所得税。这一优惠政策对牛津大学的发展壮大无疑起了重要作用,也体现了政府对学术出版、教育出版的重视。牛津大学出版社认为,这种特权是对市场狭小而学术价值很高的学术著作出版的一种强有力的扶持,同时也在支持牛津大学的办学方面发挥了重大经济支柱作用。中国加入WTO以后,大学出版面临的形势更加严峻,竞争更加激烈,它在履行既有的出版职能外,还要与其他出版机构一道,更好地承担起保护国家文化安全、弘扬民族优秀文化的神圣使命；从国家和政府的角度讲，如何给予大学出版社更加合理的、科学的政策，仍然是值得认真探讨的重要课题。

注释：

［1］陆本瑞主编：《外国出版概况》，辽宁教育出版社1996年版。

［2］杨贵山：《欧美书业概论》，四川教育出版社2002年版。

［3］贺国庆：《德国和美国大学发达史》，人民教育出版社1998年版。

［4］宋晓红、韩云主编：《世界出版业·德国卷》（第2版），世界图书出版公司1997年版。

［5］陆伯华主编：《世界出版业·美国卷》，世界图书出版公司1998年版。

［6］贺圣遂：《大学出版与出版大学》，载《编辑学刊》2003年第3期。

［7］《出版参考》2002年第23期（"大学社：中国与世界"专刊）。

［8］曹巍：《大学校长谈大学出版》，载《大学出版》2004年第3期。

［9］范军：《出版文化散论》，湖北教育出版社2004年版。

（收入国家教育行政学院编：《高校管理者的思考》，华中师范大学出版社2005年版）

中国大学出版社的基本状况与发展趋势

新中国的大学出版社发端于20世纪的50年代，但直到1980年都没有大的发展。90%以上的大学社都是在80年代以后成立的。经过20多年的建设，中国的大学出版社业已成为国家出版业的一个重要方面军，在整个出版文化与出版产业的建设中，占据着十分重要的地位。

据《中国高校出版社发展报告（2001—2004）》（教育部社政司编，中国人民大学出版社2005年11月出版）统计，截至2004年12月，全国共有98家大学出版社，占全国572家出版社（含副牌）的17%。这里所说的"大学出版社"是指依托普通高校、由大学主办的出版社，不包括直属教育部的4家出版社，以及直接由省级教育行政部门主办的2家出版社，也不包含4所军事院校的出版机构。这98家大学社的分布可以从三个方面来予以分析。从出版社类别来看，综合性大学出版社26家，理工类大学出版社42家，文科类大学出版社19家，师范类大学出版社11家。从隶属关系看，国家教育部主管的大学出版社60家，其他部委主管的大学出版社12家，各省市教育行政部门主管的大学出版社则有26家。从载体出版权来看，拥有图书和音像出版权的大学社34家，拥有图书和电子出版物出版权的也是34家，同时拥有图书、音像和电子出版物出版权的大学社22家；而图书、音像、电子和网络出版权4项皆有的只有3家大学社。另有少数大学社拥有期刊出版权。2005年，全国出版社的数字略微有增加，国家新闻出版总署又新批准了部分出版社（含大学社）的电子出版权，但大学出版社的总体格局没有大的变化。

总体来看，大学出版社从举步维艰、十分幼小的初创期发展到今天，已经初步形成了学科门类比较齐全，地域分布较为广泛，产业规模日渐扩大，竞争实力明显增强，具有编、印、发、研、培训较为完整生产链的高校出版社体系。单纯从出版社的数量看,中国大学出版社只占全国出版社的不足1/5,但在综合实力100强中却几占半壁江山。有出版人用"中坚力量"来形容中国大学出版社在国内出版业的地位和作用。

中国大学出版社的快速发展是我们国家社会稳定、经济持续增长的必然结果。1979年,中国开始推行改革开放的政策,社会经济全面复苏;1992年邓小平发表了南方谈话,此后,中国经济持续、快速、健康发展,连续十多年年均增长在8%左右。这为大学出版社的崛起提供了难得的外部环境与发展机遇。而大学出版社定位于"服务高校教学和科研",它的迅猛前进更直接得益于高等教育事业的发展。我们仅从近三十年来中国高校招生人数的变化就可清晰地看到高等教育对大学出版的积极影响。1977年恢复高考的当年,高等学校录取人数为27.3万,1978年增加到40.2万。而到20年后的1998年,年招收普通高等学校本科、专科学生108.36万,研究生7.25万。1999年,高等教育更进入了发展的快车道,"扩招"从这一年开始,大学本、专科学生及研究生比上年一下子增加了53万,增幅很大。90年代后期,高等学校在校人数几乎每两年就要翻一番。到2000年,高等院校在校人数达到1000万,入学率从80年代初期的2%提高到11.3%;研究生在学人数由1980年的2.2万增加到30.1万。2002年,全国高等教育总规模达1600万人,高等教育毛入学率达到15%,由精英教育开始进入到大众教育阶段;这年共招收研究生20.26万人,在学研究生达50.1万人。2003年,全国各类高等教育总规模达到1900万人,高等教育毛入学率达17%;共招收研究生26.89万人,在学研究生超过65万人。2004年,高等学校招收的各类学生更是高达近480万人;2005年,年招收大学本、专科生和研究生数突破500万,在校学生达到2300万人。高等教育这样的增长态势和发展规模,就给以服务高校教育和科研为己任的大学出版社提供了千载难逢的发展机遇。一些优秀的大学出版社很好地抓住了这一历史性机遇,获得了超常规的跨越式发展。与此同时,98家出版社中,也有少数师范大学出版社充分抓住基础教育改革的机遇,积极介入中小学教材出版,获得了迅猛发展。

近几年来,中国大学出版社的生产规模和出版经营能力稳步提升。据有关资料显示,大学社2001年出版物总生产码洋为682327.77万元,年销售码洋为583597.77万元,全年出书品种(含重印)36551种,占全国图书品种的23.7%。2002年,其生产总码洋为789391.47万元,年销售码洋为 691111.45 万元，全年出书品种（含重印）41766 种，占全国图书品种的 24.4％。到 2003 年，生产总码洋则为 912156.12 万元，年销售码洋为 802919.9 万元，全年出书品种 47701 种，占全国图书品种的 25％。2004 年的生产总码洋达到了 1051169.28 万元，年销售码洋为 932720.81 万元，全年出书品种（含重印）53554 种，占全国图书品种的 25.7％。这些数字是不包括教育部所属的高等教育出版社等直属社以及几家部队院校出版社的。

大学出版社在发展，但是这种发展是不平衡的，出版社之间的差距在逐步加大，呈现出两级分化的态势。有研究者指出，中国出版企业就规模而言，呈现出两头小中间大的"橄榄型"格局。年销售码洋超过 3 亿元的出版社为数不多，年销售码洋不足 1000 万元的出版社所占比重也很小；大量存在的是年销售码洋 3000 万元—1 亿元、人员规模 50—100 人的中等规模出版社。大学出版社的情况也大体是这样一个结构。大约 15％的大学社发展较好，经营规模年年攀升，两个效益都十分明显。而有近 17％的出版社码洋在 1000 万元以内，另有 19.4％的出版社在 1000 万—2000 万元之间徘徊。这些占总量 36.4％的大学出版社尚未进入良性发展的轨道。随着市场竞争的加剧以及集约化、规模化程度的提高，特别是包括出版体制在内的文化体制改革的日渐深化，大学出版社跨地区经营以及兼并、重组将成为可能，将来的中国大学中大量存在的可能是走"小而特，小而精，小而优"的小型出版社之路；而现在走内涵式发展道路、成长性很好的少数大型出版社，将会有更丰富的出版资源、更成熟的市场运作能力、更雄厚的资金优势和更明显的品牌优势，使出版的集中化程度更高，占有的市场份额更大。而那些现在属于中等规模的大学出版社将向两级分化，比例将会比现在减少。整个大学出版社的格局也和中国出版企业的格局一样，其规模结构逐步成为金字塔形状。

当前，中国大学出版社面临的大的环境是整个出版业正在积极实施和推进三大战略选择，即：集团化经营——重塑市场竞争主体；市场化经营——转换机制创造活力；产业化发展——壮大出版企业发展实力。这样一些大的战略选择实际都是以出版体制改革的切入为重点的。近年来，中国政府正在积极推进整个文化体制（包括出版体制）的改革，大学出版社中的绝大多数将由过去的所谓"事业单位企业管理"向真正的出版企业转化。目前已经有十多家大学出版社在进行"转制"的改革试点，以后几年将有更多的大学出版社加入到由事业单位转变为企业单位的行列之中。按照"产权清晰，权责明确，政企分开，管理科学"的总要求建立现代企业制度，按照现代企业的组织框架和经营模式对出版社进行改造，建立规范的公司组织结构、法人治理结构及市场运行机制，这将是未来一段时间中国大学出版社的工作重心所在，也是中国大学出版社进一步持续健康发展的动力所在。

在经营性企业与公益性事业之间，中国大学出版社也会有少数选择后者。一些多年来一直主要依托本校的资源生存，无论在经营规模还是在竞争实力上都不具备成为独立市场主体条件的大学出版社，有可能选择转变为非盈利性机构。这样的大学出版社的出版范围将会受到一定的限制；服务大学的教学与科学研究，发布研究成果，推进学术创新，将是其主要职责。而无论是经营性企业的大学出版社，还是公益性事业的大学出版社，也都有如何进一步加大内部改革力度，加快自身发展的问题，也都还有如何妥善处理商业性与事业性矛盾的问题。中国的大学出版社任重而道远。

（本文是 2006 年 8 月 24 日在日本京都举行的第十届中日韩三国大学版协研讨会上的主旨演讲，收入研讨会论文集。大会发表主旨演讲者，中日韩各二人）

| 岁月书痕

专业出版：中国大学出版社的重要职责

国家新闻出版总署邬书林副署长在 2005 年中国出版业高层论坛上的演讲，谈到对出版业面临的新情况、新问题、新机遇和新挑战要有四个方面的"足够估计"，其中在第四个要有足够估计中论及西方发达国家在出版最新科技信息的内容上占有优势时说过一段发人深省的话，原文如下：目前，欧美期刊占据世界核心期刊的 96％以上，反映科技进展的专业出版几乎被他们垄断。在这方面，我们还没有形成应有的出版理念，更没有形成出版发行的良性运行机制。在我国没有承诺开放出版的情况下，仅版权贸易就已造成了巨大的出版逆差，如果现阶段就放开出版，结果可想而知。从长远看，如果我们在反映人类思想创造、科学发现、技术进展的专业出版中不占有一席之地，将有丧失话语权的危险，必将构成对我国文化安全的威胁。做好这方面的工作，是出版界的重要职责①。这里，邬书林副署长是对全国出版业讲的，但我认为更是对大学出版社讲的。从某种意义上讲，大学出版社在反映科技进展、文化创新的专业出版方面是国家的主力军，担负着责无旁贷的重担。我们这里所说的专业出版，主要侧重于学术出版。大学出版社在专业出版中的重任，我们从国内出版业现状以及与国外出版的对比中可以得到更清楚的认识。同时，我们也可以从出版历史的发展中得到某些启示。

一

从出版社的分布来说，我国的大学出版社（主要指图书出版社）在专业出版领域数量上占有绝对的优势。我们现在的科学研究队伍或机构主要有三个方面的，一是高等学校，二是专门的科研机构，三是大型企业。大

---

① 邬书林：《中国出版业发展趋势与展望》，载《新华文摘》2005 年第 14 期。

型企业一般没有自己的出版机构，而专门的科研院所的出版社也是屈指可数的：中国科学院下属有科学出版社，中国社会科学院下属有中国社会科学出版社和社会科学文献出版社，省市级的只有上海市社会科学院和天津市社会科学院等少数几家有自己的出版社。相比之下，我国的大学出版社（含教育部直属的高等教育出版社等）则有上百家，在全国的570多家出版社中是一支重要的出版力量；在专业出版领域，更因其直接依托大学（一般都是国家重点大学），处于学术创新和科学研究的前沿，与专家学者有着更直接、更密切的联系，因此在反映思想文化创造和科技进展的专业出版中具有天时、地利、人和的有利条件，理当在专业出版中作出重要的贡献。

除了隶属于大学和专门研究机构的出版单位外，我国还有四百多家出版社，数量是不少的。但仔细分析可以看出，一大批中央部委所属的出版社原本就是计划经济的产物，从其先天出生到现实运行状况及发展走势看，似乎都难以在专业出版领域有大的作为。一些老牌的出版机构如商务印书馆、中华书局、三联书店等，一直是比较重视专业出版的，但往往偏重引进西学或传统文化的积累，真正科技创新与发展的最新成果反映也还是不充分的；由于历史的与现实的种种原因，这些出版社的出版物侧重于人文科学和社会科学，在自然科学领域则或着力不够，或基本不涉及。老牌的出版机构由于市场竞争的影响，考虑到经济方面的因素，最近这些年，对学术出版的兴趣也有下降的趋势。而为数众多的隶属于各省、自治区、直辖市的地方出版社，包括科技出版社、教育出版社，大多数已经或正在进行集团化改革，成立出版集团后的大型出版机构虽然也提两个效益并重、社会效益第一等等，但实际操作中更注重市场化、企业化与产业化，其文化属性和学术使命感从总体看显然不是加强而是有所减弱了。这在一定程度上，又进一步把大学出版社这一特殊群体推到了专业出版的主战场或前沿阵地。

二

从国外优秀的大学出版社的成功经验来看，重视专业出版并取得突出成就是其长盛不衰的重要法宝。这也为我国的大学出版社做好专业出版提供了一个极有价值的参照系。

谈及西方的大学出版社，人们免不了要说剑桥社和牛津社。作为世界上规模最大的大学出版社,英国的牛津大学社每年出版的书籍、刊物超过4000种,出版物的范围涉及广泛,包括各个学术领域的著作、教科书、英语教学专书、工商管理著述、圣经、音乐书籍、儿童书籍、词典、工具书、期刊等等。牛津大学出版社有四个部门,即"专业书部"、"一般书部"、"教育部"和"国际部"。其中"专业书部"的规模最大,出版学术著作、参考书、辞书及供大学生阅读的图书。而近20年来发展迅猛的剑桥大学出版社每年出版2500种新书、150种期刊,在版图书有20000多种。主要出版学术教育书、期刊、圣经等,业务范围已经涵盖英语世界的所有教育学科,医药、法律、工程与计算机科学等专业图书的发行也在不断地扩大。1980年,剑桥大学管理条例规定:"大学应该有大学的出版社,它应该使出版和印刷在各个学科为知识的获取、推广、保存和传播作出积极贡献,为教育、宗教、学术研究的进步作出贡献,为文学和优秀作品的推广作出贡献。"特别值得重视的是,英国大学出版社的出版物中,期刊占有十分重要的地位。被誉为英国学术出版乃至整个世界大学出版双子星座的牛津大学出版社和剑桥大学出版社每年出版的期刊数量都在150种左右,涵盖了人文科学、社会科学、自然科学的各个学科。这些刊物中大多是学术期刊,定位于专业的读者群,质量上乘,风格庄重,印制精美。期刊是反映学术研究成果的轻骑兵,是传递国际尖端技术的重要信息载体。英国的大学出版社重视学术期刊的出版,实质上也是大学的性质、优势和职能使然。

  欧美的大学出版社除了牛津社、剑桥社这样的大型"国际出版社"以外,其规模都不是太大,但它们仍然是世界出版业中的一支不可或缺的重要力量。最主要的是,身在大学或教育机构,人才荟萃,成果迭出,大学出版社能敏锐地感受到知识与科学技术的脉搏,因此最能及时反映科学的最新动态。也因为它们崇尚学术,推重文化,所以那些商业出版社认为无利可图,但学术界又十分需要的图书、期刊,其出版的任务就历史地落到了大学出版社的肩上。曾经在上个世纪70年代担任剑桥大学出版社首席执行官的杰弗里·盖斯这样说过:"我们的兴趣不在于使利润最大化。我们没有经营者,没有股权人,没有分红……我们最高的目标是出版学术著作和教育书籍,因为它们为人类的知识传承作出了极有价值的贡献。"大学出版的职责和使命于此可见一斑。美国大学出版商协会章程则把大学出版社定义为"大学、学院或者类似机构的学术出版部"。把繁荣学术、服务科学研究作为大学出版社的天职,专业出版的使命也是显而易见的。

三

从我国大学出版社目前的实际状况来看,以学术为本位的专业出版尚未得到应有的重视,成效也还不明显。在三大出版领域——教育出版、大众出版、专业出版中,绝大多数大学出版社基本不涉足或者很少涉足大众出版,工作的重心和利润的主要来源是在教育出版这一块。

按照国际通行的看法,所谓大众出版,是指与大众的日常生活、休闲阅读及文化体验相关的,属于大众消费层次的出版;它也是最活跃、最丰富、最多元的出版。教育出版则是指与学习、教育、培训有关的出版,在我国它以出版中小学教材教辅及培训教材为主,是一种产品最为规模化、标准化的出版。而专业出版,在国外通常是以职业和行为为分类标准,包括财经、法律、科技和医学四大类。有研究者认为,"我们所谓的专业出版是以大学及以上层次的教材和边缘、冷僻学科的学术书籍为主要出版物,面向大学或以上层次的读者,以具备高度专业化的编辑为主要从业人员的出版,它是最专、最深、最细分的出版"①。

笔者以为,从中国的实际情况来看,大学的教材教参出版恐怕列入教育出版领域比较恰当,尤其是一些公共课、热门专业课的教材。我国现在的在校大学生人数已近2000万,这是一个数目庞大且购买力旺盛的读者群,也是各出版单位纷纷角逐的市场。我们倾向于把严格意义的学术专著和学术期刊的出版算作专业出版,这可能比较切合中国出版市场实际。按照这样的划分来看,我国的大学出版社中的一些大社、名社几乎都是教育出版的大户。在全国所有出版社中发行码洋雄居榜首、2005年达到20亿元的高等教育出版社,在高校教材出版中可谓独占鳌头;它的崛起自有其天时、地利、人和的优越条件,高等教育的超常规发展、大学的连续扩招无疑是其迅速发展的重要契机。在业内普遍被人称道的外语教学与研究出版社,其成功从选题结构来看,也主要是在抓住了教材开发的牛鼻子:《新编大学英语》、《新概念英语》、许国璋《英语》,还有中小学的新课标《英语》教材等等,每一种教材都意味着巨大的市场、巨额的码洋。此外,北京师范大学出版社最近几年也是异军突起,一个重要的因素是在新一轮

---

① 蔡翔:《对专业出版核心竞争力的认识》,载《大学出版》2005年第2期。

基础教育课程改革中，获得了与老牌的中小学教材出版重镇——人民教育出版社几乎同等的机会，成为全国基础教育教材出版的三大家之一（另一家是江苏教育出版社）。实际上只要稍稍仔细作一点观察就可以看到，我国大学出版社的发展还主要是"吃教育的饭"，"吃教材的饭"。原新闻出版署副署长刘杲《关于制定出版业"十一五"规划的思考》也指出了几乎整个出版业吃教育饭的问题，他通过一组数据来说明这个问题：

> 2004年图书分类销售金额与上年相比，哲学、社会科学图书下降6.26%，文化、教育类（含教辅读物）增长14.76%，文学、艺术类图书下降0.07%，自然科学、技术类图书下降4.09%，少年儿童读物图书下降29.47%，大中专教材、业余教育及教参增长15.27%，中小学课本及教参增长1.61%，其他类图书增长14.01%。请注意，哲学、社会科学类图书，文学、艺术类图书，自然科学、技术类图书，少年儿童读物，都是销售下降的；销售增长的是文化、教育类（含教辅读物），大中专教材、业余教育及教参，其他类图书，而且增长速度是两位数。我们看到，几乎整个出版业都在做教育出版。[①]

真是一语中的。正如我们前面分析的，我国的大学出版社目前也主要还是依赖教育出版。我们不少大学出版社，虽也有响亮的繁荣学术、致力专业出版的口号或理念，但真正花大气力做的还不多。这不禁让我们想起上个世纪头二三十年的商务印书馆、中华书局，还有稍后一点的开明书店，它们几乎都是靠教育出版起家的，尤其是靠出版中小学教材奠定事业基础的。但当它们成为教材大户、教育出版大户以后，却不忘学术的积累与文化的创新，特别是商务在整理刊刻古籍、引进出版西学著作、推出国人原创性作品等方面可谓不惜血本，成就卓著。我们今天数一数二的出版大户，比起当年的民营出版商来似乎还需要多多努力。可喜的是，现在已经有部分志存高远的大学出版社明确提出了自己的学术出版战略和目标。

四

做好以学术为根本的专业出版，大学出版社尚须与学术界共同携手，营造良好的学术文化氛围，杜绝学术泡沫，倡导学术创新。由于国内科技

---

① 刘杲：《关于制定出版业"十一五"规划的思考》，载《中国新闻出版报》2005年12月6日。

出版特别是科技期刊的出版没有形成科学的现代出版理念，缺乏有效的出版发行运行机制，致使我们的科学技术研究成果主要是自然科学的最新成果没有国际学术界认可的发表和出版阵地。国内的自然科学研究成果只有在国外权威的专业刊物发表，才能得到认可。因此，学术职称的评定，科研成果的奖励，乃至博士生导师、两院院士的评选等等，无不是以国际上认可的专业出版物的发表为标准的。我们自己专家的研究成果要得到国人的承认，只有"出口转内销"这一条路。不少大学都有科研奖励政策，重奖有科技论文被国外的 SCIE、EI 和 TSTP 收录者。即便有论文在《中国科学》等国内权威期刊发表者，也是等而次之。现在自然科学领域的这种情况，也开始在社会科学领域出现。即便是研究中国问题，即便是传统的中国学术，其最高荣耀不是在《中国社会科学》等刊物发表论文，而是看你的论文是否被国外的 SSCI 收录。可以看出，我们的专业出版不仅得不到国际上的认可，连国内的学术界也并不完全首肯。

我国专业出版中的问题既有出版界的责任，也有学术界的责任。真正科学精神的缺失，学术规范意识的淡薄，理论创新的贫弱，泡沫成果的繁盛，虚假学问的泛滥等等，都是十分严重的问题。"一位多年来一直关注国内学术动向的国外学者说，除了少数几位信得过的学者的著作之外，他们如今基本上不再阅读国内学者的著作了。我国学者的学术著作被国际学术界一些人士视为质量不高，真令我们感到汗颜和悲哀。"① 可以说，没有严谨学者的学术精品，学术为本的专业出版将是无米之炊。

我们欣喜地看到，近些年来有些优秀的大学出版社在高度重视教育出版的同时，依托所在重点大学，与学术界密切合作，在专业出版方面取得了明显的进展。如北京大学出版社的发展战略就清晰地凸显出大学出版的特殊作用和神圣使命。近几年北京大学出版社明确提出"教材优先，学术为本，争创一流"的发展战略，始终把自主组编教材、引进国外优秀教材和推出高水平学术著作放在全部工作的中心位置。法学、中文、对外汉语、物理等学科的教材成龙配套；成系列引进的全美工商管理权威教材、全美 MBA 经典教材、心理学丛书、语言学丛书和化学译丛教材等等，品种丰富，质量上乘，社会反响良好。教材和学术著作码洋占全社总码洋的

---

① 李伯重：《提高学术水平须先理解何为学术》，载《光明日报》2005 年 8 月 4 日。

将近80％。北大社历来重视抓学术著作的编辑出版工作，学术著作是其重要品牌。近几年完成了《全宋诗》和《十三经注疏》（简体和繁体两种版本）分别获得国家图书奖荣誉奖和提名奖；此外，还推出了《潘光旦文集》、《胡适文集》、《中国经济思想通史》和"北京大学院士文库"等一大批有深厚学术文化积淀的论著，在文化积累、学术创新和理论繁荣方面发挥了积极的作用。在出版界如日中天的外语教学与研究出版社在教育出版中斩获颇多的时候，并没有忘记专业出版的使命。经过策划，该社与国内外语言学界携手，从欧美11家出版社引进版权，从2000年起用三年时间推出了"当代国外语言学与应用语言学文库"，2辑总计112种学术专著，具有时代性、代表性和权威性，受到了国内学术界的一致好评，首印5000套很快售罄，随后重印6000套，销售走势依旧看好，两个效益皆十分显著①。"文库"的成功也说明了专业出版并非就是赔本的买卖。北京师范大学出版社在受益于教育出版的同时，也以高度的使命感致力于专业出版，已经或即将推出的"中国数学史大系"、《中华艺术通史》、"当代中国史学家文库"、"现代数学丛书"等等，显示出大学出版人的高远追求。

五

做好专业出版，需要形成相应的专业出版理念，更需要一批有专业精神和文化追求的大学出版人。我觉得，现在有必要重提文化人办出版。

陈明远在《文化人的经济生活》中指出，所谓"文化人"是一个现代概念。这个称呼正式出现于1936年即抗日战争前夕，但一经出现，马上就得到全国文化界的广泛认同。并且新文化界把"文化人"这个概念延伸到"五四"新文化运动时期，甚至更早。他认为："中国现代文化人，其源盖出自清末民初'文士'阶层，但必须脱胎换骨、面目一新。脱'官场、商场'功利之胎，换自由平等独立之骨，从而获得现代化的新面目，以文化创造与传播为自己的历史使命（而不是像封建时代士大夫那样清谈'以天下为任'的高调）。"② 按照这个标准，蔡元培、张元济等人都是应该纳入现代文化人范畴的。

---

① 参阅刘拥军主编：《图书营销案例点评》，苏州大学出版社2005年版，第75~78页。

② 陈明远：《文化人的经济生活》，文汇出版社2005年版，第6页。

中国现代出版史的史实说明，文化人办出版是出版业积累文化、传播文明的最重要的条件之一。1897年商务印书馆由几个有教会背景的印刷工人夏瑞芳、鲍氏兄弟等创办，起初只是一个小小的手工业印刷工场。几年以后，张元济加盟其间。正是因为现代文化人张元济的到来，才使商务印书馆从一个印刷作坊式的小工场逐步成长为具有国际影响的著名的现代文化企业。所以，有人甚至把张元济就职于商务的1903年作为中国现代出版的起点。

说到文化人办出版，人们总是要提到开明书店。王知伊在《开明——文化人办的书店》一文中说："开明书店是一家文化人办的书店。……说开明是文化人办的，不仅因创办人章锡琛原是商务印书馆《东方杂志》、《妇女杂志》的编辑，有文化；而且支持、帮助章锡琛脱离商务后另办《新女性杂志》以及开办这家书店，其后又将书店扩充、成立股份有限公司的都是文化人。"[①] 作者列出了一长串名字，包括胡愈之、周建人、郑振铎、吴觉农、夏丏尊、朱光潜、王伯祥、叶圣陶、朱自清、顾均正、吴调孚、宋云彬，等等。这中间有些人后来直接进入开明工作。开明书店的高档次、高品位，其产品在服务教育、传播新知、创新文化方面贡献突出，无疑是直接得益于叶圣陶、夏丏尊、吴调孚、宋云彬这些长期供职于开明的文化人的。这也让我们想到，当年巴金、吴朗西等人创办文化生活出版社，在现代文学出版方面所取得的巨大成就。正是因为有了这些默默耕耘、无私奉献的文化人，才使得文化生活出版社书写了中国现代文学出版的精彩华章。

也许有人会问：难道我们现代大学出版业的主政者还不是文化人？笔者认为，当今的大学出版社（也包括一些非大学出版社）的社长、总编辑中，有些非常好的文化人，也确实还有一些不是文化人，至少骨子里不是文化人。是不是文化人，学位、学历、职称以及学术头衔等等并不是衡量的标准。看一个出版人是不是真正的文化人，除了他自身具有的文化素养以外，关键看其是否具有文化的理念与理想，是否具有文化本位的思想。如果像中国编辑学会老会长刘杲说的把经济作为出版的手段，而孜孜以求的是积累文化、创造文化和传播文化，始终把文化作为目的，这样的出版人就是真正的文化人。否则，或以商为本，或以官为本，那就不是真正的

---

① 王知伊：《开明书店纪事》，书海出版社1991年版，第1页。

文化人。前几年，国内个别知名出版机构的变故在业内外引起一些风波，原因很多，我以为关键还出在主政这些知名文化出版机构的人偏离了文化的轨道，或者说，我们的更高层领导者把一艘文化的大船交给一个非文化人（骨子里是商人或官僚）来把舵，出现问题就是自然而然的了。而一旦出了问题，影响也就不仅仅限于出版界。整个文化界、知识界对一家出版机构的关注，显示的是对中国学术文化及其命运的关注。

我们今天的大学出版要很好地承担起学术出版、专业出版的重任，关键也还是在人，特别是在于要培养自己的有文化理想与追求的文化企业家、现代出版家，而不仅仅是文化商人或者文化官僚。大学出版界在人文精神的重塑、科学精神的弘扬方面，在文化的创新、积累与传播方面，的确是任重道远。但我认为，只要学术界、教育界和出版界共同努力，学术出版是会有自己明媚的春天的。

（载《大学出版》2006年第2期）

略谈大学出版社转制的几个问题

2009年是大学出版社的改革之年,绝大部分大学社将完成改企转制的各项工作。业内同行最关心、探讨最多的问题,就是如何有序地、顺利地完成这一任务,切实通过转换体制,搞活机制,促进出版社的健康快速发展。在大学出版社的转制热潮中,有一些老生常谈的话题我们仍然有必要作冷静的思考。这里,笔者侧重站在大学出版社自身的微观角度,就几对关系谈点看法。

一是经济与文化的关系。实际上,对这个问题早在上个世纪三四十年代邹韬奋论"事业性与商业性"的协调统一,现今刘杲同志一再阐述"出版:文化是目的,经济是手段"的命题中,就已经从理论上比较好地解决了这一问题。但在现实的出版实践中,重经济轻文化的现象还是比较突出的。对码洋的崇拜,对畅销书的追捧,对做大做强的急不可待,对重组上市的激动欢呼,浮躁的背后实质是经济功利的驱使和文化使命的淡薄。出版作为一个行业之所以有存在的必要,出版社作为一个企业之所以有存在的理由,我认为主要是在文化,而不是经济。刘杲同志说,在客观上,对过去的出版单位的评价离不开出版单位文化建设贡献的大小。出版单位的读者声誉和历史地位,是靠对文化建设的贡献垒起来的。古今中外,莫不如此。西方学者讲,出版史是优秀出版社出版优秀著作的历史,用意也在强调出版的文化价值和贡献。目前,在我国出版产业化、集团化、市场化的浪潮冲击下,中央的和地方的一些出版机构在改革取得可喜进展的同时,文化积累、文化创造的热情是有所削减的。大学出版社无疑担负着更加艰巨的文化责任与使命。转制改企意味着大学出版社必须面向市场,但作为文化企业又不能只讲市场。出版中经济与文化的关系,有点像中小学讲了多年的素质教育与应试教育。大家知道,在基础教育界,一直是"轰轰烈烈喊素质教育,扎扎实实抓应试教育"。对如何处理出版中的文化与经济的关系，口头上的倡导是一回事，实质性的导向又是一回事。指挥棒很重要。

二是体制与机制的关系。出版改革的实质是要通过体制和机制的转变和创新，调整产业布局和结构，激发微观出版主体的生机与活力，提升我国出版业的整体实力和核心竞争能力。谈及大学出版社，柳斌杰署长曾指出，职能决定性质，性质决定体制，体制决定机制。我们认为，大学出版社的改革，创建新体制只是基础，建立新机制才是关键。通过转制，大学出版社建立现代企业法人治理结构，新体制的建立可使主体明确，股东会、董事会和经营者都明确法定职责与权限，各司其职，各负其责。现在似乎有一种简单化的认识，好像大学出版社只要转为企业了，就一定能迅猛发展；如果实行股份制了，更加前景美妙；倘若成了上市公司，更是鲲鹏展翅，前途不可限量。也许问题并不那么简单。大家知道，工业企业、商业企业中，无论过去还是现在，无论中国还是外国，无论是小企业还是大集团，无论是有限责任公司还是股份公司抑或是上市公司，效益不佳者有之，资不抵债者有之，关门倒闭者也有之。那种一"企"就活，一"股"就灵的想法或许过于天真了。因此，大学出版社在建立了新体制后，必须花大气力进行出版机制的创新。新体制的建立为大学出版社内部的人事、劳动、分配三项制度改革扫清了障碍。过去，大学出版社背靠大学，而大学实行的是事业化管理，出版社虽然是企业化管理，但仍是事业单位，比照的对象往往是学校的干部和教师。因此，对内部不同性质员工的管理就存在体制上的困难，三项制度改革的推进就面临一些问题。现在，出版社成了名副其实的企业，机制的创新既是必须，也有了可能。但真正切实将内部机制的创新落到实处，将三项制度的改革落到实处，也并非易事。

三是学习今人与学习前人的关系。大学出版社的改革需要总结经验，有所借鉴。在去年11月召开的第二次高校出版社体制改革工作会议上，教育部李卫红副部长专门总结了首批高校出版社体制改革试点工作的成功经验，并从提高认识、加强领导、制定方案、严格程序等方面进行了概括。会上还请首批转制的大学校领导和大学出版社领导代表介绍了经验。第二批转制的大学出版社，也纷纷到第一批转制的出版社进行调研和学习。这些无疑是很必要的，也是有一定作用的。但我们认为，大学出版社体制改革真正开始是在2007年，到目前为止，成熟的可资借鉴的经验还很少。经验和教训都是需要时间来积累和证明的。笔者以为，学习国外出版社特别是大学出版社的成功经验，学习我们自己前人在出版体制机制创新方面的成功经验，应该予以重视。这里我想特别说说老商务印书馆。按照我们今天的标准，上个世纪二三十年代的商务印书馆就是一个很典型的现代文化企业。它实现完全的企业化管理，股份制经营，至于集团化战略、多元化战略、引进外资和人才等等，都取得了不俗的业绩。当时的商务，与 McMillan 和 McGraw-Hill 鼎足而立，成为世界三大出版家。现在看来，老商务能在国际出版界有如此高的地位，绝非偶然，好的出版体制和好的运行机制是其成功的关键。我们今天进行出版社的改企转制工作，认真总结和学习包括老商务在内的中国现代出版企业的经验，尤其必要。

最后，我还想提一下大学出版社的公益性和经营性问题。按照中央的设想和部署，文化单位包括出版社将沿着公益性文化事业和经营性文化企业两条路径发展。大学出版社第一批改革试点的"18＋1"方案中，所谓"1"就是有一家按公益性事业体制进行改革。现在大家的注意力都集中在改企转制方面，似乎只要改企了，转制了，就一切都会好起来。笔者以为，对于诸如大学出版社还要不要有公益性事业单位，是不是所有大学出版社都适合转为企业体制，如果改企转制后的少数大学出版社每况愈下该怎样办等问题，都应该有冷静的思考和理性的对策。

(载《大学出版》2009 年第 2 期)

岁月书痕

学习全国高校出版工作会议精神
促进我社各项工作上台阶上水平

2001年11月下旬，国家教育部和新闻出版总署在北京召开了第五次全国高等学校出版工作会议。这次会议以邓小平理论、江泽民同志"三个代表"重要思想为指导，总结交流了高校出版社发展经验，研究了高校出版社面临的新情况和新问题，进一步明确了高校出版社发展的新思路和新任务。这次会议作为我国高校出版社在新世纪召开的第一次工作会议，开得非常及时，非常成功。它对高校出版社的建设与发展将产生积极而深远的影响。

最近，为贯彻这次会议精神，推动我们的各项工作，我社组织领导干部和全体员工分层分级进行了认真学习和讨论。我们重点学习了教育部袁贵仁副部长的主题报告，新闻出版总署杨牧之副署长、中共中央宣传部出版局邬书林局长的重要讲话，学习了高校出版社"十五"发展规划和《高等学校出版社管理办法》（讨论稿），还认真学习了兄弟出版社的经验交流材料。通过学习，我们更加明确了方向，认清了形势，也看到了努力的目标，今后，我们要在以下几个方面进一步做好工作，切实促进各项工作上台阶上水平。

——坚持先进文化前进方向，贯彻党的出版方针。编辑出版工作是社会主义文化事业的重要组成部分。建设与时俱进的先进文化，是高校出版社工作的历史责任。高校出版社作为社会主义的思想文化阵地，就必须旗帜鲜明地坚持马列主义、毛泽东思想和邓小平理论的指导地位，坚持"两为"方向和"双百"方针，在出版工作中树立大局意识和责任意识，把出版社办成宣传科学理论、传播先进文化、塑造美好心灵的阵地。我社建立十六年，没有出过一本坏书。我们始终把社会效益放在第一位，出版了获得国家"五个一工程"奖的《社会主义：20世纪的回顾与前瞻》、获得湖北省"五个一工程"奖的《中国农村村民自治》等一批打好主动仗、唱好主旋律的好书。以后，我们还要一如既往地坚持正确的出版方向，为社会主义两个文明建设多作贡献。

——坚持办社宗旨，服务教学科研。高校出版社的办社宗旨是为高校教学、科研和学科建设服务。作为大学出版社，我们所属的高校既是我们依托的对象，又是我们服务的对象。国外的大学出版社与社会上商业出版社不同的是，它以学术为本位，以出版教材和学术著作为天职。我社作为学校的一个部门，我们一直坚持一切工作配合学校的建设和发展。而学校工作的中心是学科建设，学科建设的具体体现是教学、科研以及人才培养。多年来，我们为学校的学科建设尽了我们的努力。仅1997年，学校立项建设五个重点学科时，出版社一次就拿出数百万元予以支持。1994年以来，由出版社拿钱设立出版基金资助学术专著、教材和博士学位论文出版，已累计投入420万元。我们先后出版了"桂岳书系"、"桂苑书丛"、《湖北通史》、"村治书系"、"华中语学论库"、"教育科学研究系列"等一系列高质量学术著作，为我校的学科建设和发展尽了力量。一些重点学科的标志性成果、获得省部级科研奖励的著作主要都是由我社出版的。今后，我们还将加大支持学科建设的力度，在出成果、出人才的同时，也促进出版社出精品，树品牌，上档次，上台阶。

——办出自身特色，形成出版品牌。出版业的竞争现在已经进入到特色竞争和品牌竞争的新阶段。高校出版社如何正确地分析学校的优势，将学校的优势转化为出版社的优势和特色？如何将学校的学科优势与图书市场的需求相结合，将学校的优势转化为市场优势？如何在专业分工范围内培育特色，形成比较优势？这些都是摆在大学出版社面前的重要课题。在日趋激烈的竞争中，作为师范大学出版社，我们明确了以"三个服务"为重点，即为本校的教学科研服务，为师范教育服务，为基础教育服务。我们的定位是，立足师范，教育为本，树立立体的、开放的大教育观、出版观，做好大教育的文章和教育的大文章。这些年来，我们基础教育的图书、教育研究的图书形成了一定特色，在读者中、在市场上有较大的影响。"十五"期间，我们更加大了教育图书及电子出版物的出版力度，力求在教育类图书的版权贸易、中小学教材建设等方面有所突破。

——加强科学管理，深化内部改革。正反两方面的经验都说明，只有加强管理才能促进发展，只有加强管理才能提高效率和增强效益。管理是科学，管理也是生产力，搞好出版社的管理是出版社发展的主要经验。出版社作为事业单位，实行企业化管理，其中有许多问题值得探讨。我社建立十六年来，初步形成了一系列行之有效的管理制度和管理办法。这两年，我们又在编辑口、出版口加大了改革力度。但从总体上看，我们的管理还很粗放，效率和效益还不高。现在，国内出版业内部的竞争加剧，新科技革命带来了新的挑战，国外出版业对我们的出版形成了冲击，加入世贸组织后出现的新问题，都要求我们加快改革步伐，加强科学管理，增强市场意识，提高经营水平。如果出版社内还是这种低水平的运作，将来生存都会成问题的。这方面，我们要有紧迫感，有危机意识；要向国内优秀的出版社尤其是大学出版社学习，向其它行业的优秀企业学习，向国外的同行学习。以前我们讲"守土有责"，这话以后也还要讲。现在我们要加一句"发展有责"。如果出版社在我们手中，社会效益没有进步，经济状况每况愈下或者原地踏步，那就是失职。发展是出版社永恒的主题。

——加强出版科研，促进人才成长。最近有研究者撰文指出，科技进步已成为当今世界经济增长的发动机。科技是第一生产力，出版科研也是出版生产力。这是很有见地的。这次出版工作会议上，专门讲到加强出版科研，建立培养优秀出版人才的机制问题。出版业作为一个朝阳产业，充满光明，充满希望；在目前的新形势下，又有许多新情况、新问题需要研究，需要探讨。一个日益壮大的产业呼唤理论研究，也呼唤适应新时代要求的出版人才。如何通过实践的锻炼，通过理论的研究，采取切实有效的办法，培养我们自己的编辑家、出版家、发行家、版权贸易专家，已是刻不容缓的事了。我国现代出版业虽起步晚，但起点高，发展快，关键是有一批高素质的出版家、编辑家。相形之下，我们与上个世纪二三十年代比有些方面还有所退步。对于大学出版社来讲，培养有自己的出版理念、有自己的编辑思想、有现代管理意识和经营头脑的出版家是我们当前一个紧迫的任务。这个问题，恐怕除了出版社自身的努力，更取决于外在的环境和相关的机制。

大学出版社的发展又到了一个关键时候。在出版业越来越企业化、越来越市场化的今天，在出版社面临"重新洗牌"的今天，大学出版社必须认清形势，正视困难，深化改革，迎接挑战。新闻出版总署的石宗源署长讲工作要抓"落地率"，也就是要少说空话，多干实事。对于我们这样一个不好不坏、不大不小的大学出版社来说，更重要的是上下一心，立志高远，脚踏实地，争取能在三五年内有较大的发展。我们深感，任重而道远。

(载《大学出版》2002年第1期)

学习全国新闻出版局长会议精神
努力开创我社各项工作新局面

今年1月上旬,全国新闻出版局长会议在北京召开。会议的主要任务是:高举邓小平理论伟大旗帜,用"三个代表"重要思想统领新闻出版工作,认真学习、宣传、贯彻十六大精神,解放思想,开拓创新,进一步转变职能,加强监管,深化改革,促进发展,在全面建设小康社会进程中开创新闻出版工作的新局面。

1月下旬,湖北省新闻出版局长会议召开。会上传达了全国新闻出版局长会议精神。省局邱久钦局长联系湖北实际,回顾和总结了2002年的工作,对2003年的工作进行了部署。省委宣传部张昌尔部长就如何开创湖北新闻出版工作新局面做了重要指示。

我社组织干部职工认真学习了全国和省新闻出版局长会议精神。我们认识到,2003年是全面贯彻党的十六大精神的第一年,又是实施全面建设小康社会的开局之年。党的十六大为新闻出版业的进一步发展指明了前进的方向。我们必须按照全国和省新闻出版局长会议精神,联系我社工作实际,把握方向,转变观念,振奋精神,深化改革,推动我社各项工作上台阶,上水平。关于我社2003年的工作,主要应从以下几方面入手:

——抓导向,重视社会效益。新闻出版工作作为宣传工作的重要组成部分,肩负着认真学习贯彻和深入宣传十六大精神的双重责任。就我社来讲,要认真学习领会好十六大重要精神,围绕主题,把握灵魂,结合实际,解决问题。近几年来,我们始终坚持正确的政治方向,强调政治意识、大局意识和责任意识,推出了一系列有利于社会主义物质文明、政治文明和精神文明建设的优秀出版物,包括获得全国和省"五个一工程"奖的《社会主义:20世纪的回顾与前瞻》、《中国农村村民自治》等。今年,我们将精心组织好与十六大精神相关的图书的出版发行工作,做好已出版的重点图书《党的三代领导集体与祖国的和平统一》、《集体经济背景下的乡村治理》等书的宣传工作，争取在新一轮的国家"五个一工程"奖和国家图书奖的评奖中有好的成绩。在抓好重点图书的基础上全面提高图书的政治质量、学术质量，多出精品，打造品牌。

——抓观念，促进思想解放。十六大要求我们发展要有新思路，改革要有新突破，开放要有新局面，各项工作要有新举措。我们觉得，要做到"四新"，关键是要进一步转变观念，解放思想。出版行业过去一直带有一定的计划性和垄断性，人们的许多观念还停留在计划经济时代，缺乏危机意识和改革意识。现在，随着社会主义市场经济体制的逐步完善，经济文化一体化的趋势日益明显；随着中国加入世界贸易组织以后开放承诺的逐步兑现，出版业的国际竞争日益加剧；随着出版业内部的不断觉醒，业内改革的步伐日益加速。这些都要求我们从思想观念上有大的转变。在强调出版业的政治属性、文化属性、意识形态属性的前提下，更加重视它的市场属性、经济属性、产业属性。如何按照市场经济的规律来发展出版产业，如何引进现代企业机制，借鉴经济领域其他行业和部门的改革经验，提升出版业的产业化、市场化水平，是我们要认真研究的。没有观念的更新，就很难有制度的创新、体制和机制的创新。

——抓改革，完善内部制度。贯彻十六大精神，最重要的是要坚持以发展为主题。发展是新闻出版业的第一要务。就出版社的建设来说，关键也是发展。而发展目标的实现，又必须借改革的动力来推动。不改革就没有活力，不改革就无法创新。从中国出版发展史来看，能坚持改革，与时俱进，就发展壮大；否则便走向衰败。建国前，商务印书馆之所以能傲视群雄，不断发展，成为当时国际上都有很大影响的一流出版企业，关键也还在于不断在改革中完善制度，创新机制。商务是我国出版企业中最早打破家族式企业模式的，它早在近百年前就尝试建立比较完善的股份制。再看现在国内的一些优秀出版企业，也无不是改革起步早、力度大的。谁在企业化、市场化的道路上方向正确，措施得力，谁就会占据发展的先机。我社的发展也证明：小改革小发展，大改革大发展，不改革就不发展。近年，我们在出版社内部的三项制度改革方面做了一点探索，但仅仅是起步。下一步还将在劳动用工制度和分配制度上进一步深化改革，建立一个充满活力的内部运行体制和机制。

——抓学习，建设企业文化。我们这里讲的不是一般的学习，而是运用学习型组织的理论和方法，来打造学习型出版企业，培养专家型员工。20世纪80年代兴起的关于组织发展的新理论——学习型组织理论，今天在企业界得到广泛的认同。人们甚至把这种理论推广到了建立"学习型社会"的广度。这种理论所强调的五项修炼是：自我超越；改善心智；建立共同愿景；团队学习；系统思考。进入知识经济时代的出版业，近些年也引进和运用学习型组织理论。人们认为，出版社的竞争，在一定程度上可以说是学习能力的竞争。一个善于学习的出版社，必定充满活力，必定会形成自己的核心竞争力。学习型组织理论，不是简单的经营管理理论，它更是一种发展理念，一种企业文化。就我们出版社来说，总体看学习的空气还不浓，学习的热情不高。一个文化企业缺少文化精神，贪图享受，不思进取，必将会被时代所淘汰。人是要有一点精神的，一个单位、一个企业也不能没有自己的精神追求。以后我们要在打造学习型企业、培育自己的企业文化精神方面采取切实有效的措施，力争取得显著的效果。

出版业目前处在激烈的竞争态势中，"逆水行舟，不进则退"。就我们社来说，也处在一个关键时期。有发展的新机遇，更有严峻的挑战，有不容忽视的实际困难。但只要真正能解放思想，与时俱进，深化改革，开拓创新，我们是能够开创出一片新天地的。"雄关漫道真如铁，而今迈步从头越！"我们将在十六大精神指引下，艰苦奋斗，二次创业，稳步而健康地走向美好的明天。

（载《出版简报》2003年第1期）

认真学习全省新闻出版会议精神 努力开创我社改革发展新局面

2010年2月8日,湖北省新闻出版工作会议在东湖宾馆召开。在这次会议上,省新闻出版局张儒芝局长作了《坚定信心 扎实工作 加快推进中部新闻出版强省建设》的主题报告。张局长从十个方面全面总结了我省2009年新闻出版工作取得的可喜成绩,进而明确提出了努力建设中部新闻出版强省的战略目标,同时就如何抓好2010年全省新闻出版进行了具体部署。

通过学习张局长的报告,我们感触很深。报告在肯定全省新闻出版工作成绩的同时,也指出了存在的一些不足和问题,主要体现在发展不够,壮大规模、调整结构、培育市场主体的任务还很艰巨;改革力度不大,资源整合存在一定的阻力;人才还不能完全适应新形势的要求。对照检查,这些问题我们出版社都还不同程度地存在着,发展步伐不快仍然是我社的最大问题。发展是硬道理。如何加快发展,我们党政班子经过学习、讨论,形成了如下共识。

——解放思想是基础。大学出版社过去是事业单位企业化管理,以大学教师干部为参照系的观念根深蒂固。现在,出版社虽然转变为公司了,员工的身份也转化为企业人了,但思想上要转过弯来并非一朝一夕的事。思路决定出路。没有思想解放,就不可能有新的思路和新的举措。干部要带头解放思想,普通职工要积极学习跟上形势。我国的改革开放、快速发展是以解放思想为先导的。一个出版企业的发展也离不开思想大解放。

——深化改革是动力。2009年是我们出版社的改革之年。转企改制的程序性工作基本结束,内部机制改革也有一些进展。由事业单位转变为有限责任公司,不只是翻牌。建立和完善现代企业制度,打造市场主体,学会从产品经营到品牌经营甚至资本运作,我们要学习的东西还很多。现在的出版体制、出版政策、出版环境都和以前有了很大的不同,如何在学习中推进改革,在改革中不断学习,对于我们也是新课题。至于内部三项制度改革,我们仅仅是才起步,远远没有到位。没有好机制,就没有创新的动力和活力。

——扩大开放是战略。做好出版社的工作,不仅要谋"事",也要谋"势"。现在的趋势是产业化、集团化、股份化如火如荼,不少出版传媒机构重组、兼并、上市。我们作为一个中等偏小规模的大学出版社,是走内涵式自我发展之路,还是融入整个出版业改革的浪潮,寻求新的发展模式和发展道路,这是我们必须面对的。我觉得,不管是选择什么途径,都有必要加强对外合作。这方面,我们积累了一些经验,进行了一些尝试,以后要加大力度,加快进度。

——精品项目是抓手。出版社不管怎样改,还是要多出版优秀的文化产品。就连西方出版家都认为,出版史是优秀出版社出版优秀图书的历史。2010年,我们要完成以《张舜徽集》为代表的"十一五"重点规划选题,同时花大气力做好大型的"辛亥革命百年纪念文库"(30种)的选题策划与编辑出版工作。武汉是辛亥首义之区,我校是辛亥革命研究的学术重镇,而我们出版社过去在中国近代史和辛亥革命研究成果出版方面更是积累深厚。这次一定要全力以赴,出好辛亥革命百年纪念的重点丛书。同时,也积极酝酿大型的《恽代英文集》的出版工作,向建党九十周年献礼。

——流程再造是保障。出版社如何加强内部管理,提高企业化运作水平,是很值得研究的。出版企业进行科学、规范、高效的管理,对于切实保障企业的健康、快速发展意义很大。过去,我们的出版管理工作是比较随意和粗放的。引进其他行业、企业的管理经验和运作模式,学习西方发达国家出版传媒公司的现存方法,对于我们来说都是很有必要的。我们出版社把2010年确定为创新年,特别强调管理创新,流程再造。我们相信,没有一流的管理,就没有一流的出版企业。早年的商务印书馆领先国际书业的历史经验值得借鉴。

2010年是"十一五"的最后一年,也是"十二五"的起步之年。张局长要求我们以新的五年规划制订为契机,谋划发展,思考未来,这是很重要的。说一千,道一万,最后关键在于落实。因此,无论是体制改革还是机制转换,无论是选题结构调整还是市场拓展,无论是对外合作还是精品战略实施,都重在落实。执行力就是竞争力。

(载《出版简报》2010年第1期)

岁月书痕

继承革命传统　做好出版工作

　　出版业是社会革命最灵敏的传感器，是革命思想最有力的传播者，也是革命火种最广泛的播种机。我们出版业在国家、民族危亡的时期，曾经唤起了千千万万个有良知的中国人。有一句大家耳熟能详的话："十月革命一声炮响，给中国送来了马克思列宁主义。"殊不知，给中国送来马克思列宁主义的真正载体是出版物。我党第一代领导人最早的革命活动基本上都是以出版业为主要阵地的。毛泽东同志创办《湘江评论》，周恩来同志创办《觉悟》，以此为载体和阵地，唤醒民众，为党的创立打下了思想基础和群众基础。《新青年》的创办，对于传播马克思主义、传播民主科学的新思想、对于我们党的思想武装都起到了积极的作用。我党在成立仅仅两月左右，就于1921年9月成立了人民出版社。人民出版社作为我党第一批成立的、直属党中央管辖的出版机构，出版了大量革命书籍，促进了马克思列宁主义在中国的传播。同时，党创办了《向导》、《共产党人》等革命杂志。这一时期，我党领导的出版业虽然还不具有很大的产业规模，还不是当时中国出版业的最主要部分，但却传播着中国最先进的思想和主义，影响着中国最先进的革命分子，是中国出版业最先进的部分，体现着中国出版业的先进性和前进方向。这些至今仍是我们的宝贵财富。

　　这里我们特别要谈谈我们华中师大的校友恽代英和利群书店。恽代英在武昌中华大学（华中师范大学前身之一）读书时，就对新文化运动十分关注。1918年夏季，他应聘担任中华大学附中教务主任时，为让青年学生"知道世界最新政潮、思想大概的必要"，特地在中华大学门口办了一个启智图书室，并组织了一个书报代售部，向广大青年推销进步书刊和报纸。1920年春，恽代英辞去中华大学附中的职务，和林育南、李书渠等为利群书局（原设计的名称）的开办积极筹集资金。他动员伯父捐资20元，又将书报代售部35串钱转来，租下武昌横街头的一栋房子，正式定名为"利群书社"，1920年2月1日正式营业。当年，利群书社发行各种进步书刊，推动了马克思主义在武汉地区的传播。一些寻求革命的知识分子，都把利群书社看成是长江新文化的中心，而恽代英同志就是这个新文化中心的组织者和领导者。1921年6月7日，利群书社因陆军第二师发生兵变时房屋被烧毁，书社关闭。改革开放后，我们华中师范大学重新恢复了"利群书社"，老革命家陆定一同志亲自题写了社名，这都是我们很珍贵的财富。我们今天的华师出版人，有责任、有义务沿着革命先烈的足迹，开拓出现代出版与发行的新的局面。

说到进步的、革命的出版家，我们还不能不提邹韬奋。早在1938年9月，邹韬奋就在武汉面见了周恩来，提出了入党申请。周恩来同志出于斗争的需要，要求他暂时留在党外，"讲人民大众想讲的话，讲国民党反动派不肯讲的话，讲《新华日报》不便讲的话"。6年之后，韬奋同志病逝。毛泽东同志亲笔题词："热爱人民，真诚地为人民服务，鞠躬尽瘁，死而后已，这就是邹韬奋先生的精神，这就是他之所以感动人的地方。"周恩来同志在写给邹韬奋同志夫人的信中说，"在他的笔底，培育了中国人民的觉醒和团结"。同时，中共中央宣告，荣幸地接受邹韬奋先生临终前的申请，追认邹韬奋同志为中国共产党党员。鉴于韬奋的光辉业绩已实际上成为党领导的出版业的一部分，体现了共产党员的先进性，党和政府于1987年起设立中国出版界个人奖最高荣誉奖，即以韬奋的名字命名，这就是"韬奋出版奖"（现在优秀中青年编辑、全国出版百佳、韬奋奖合并后称"韬奋新人奖"，全国20名）。我们新世纪的出版人，一定要在韬奋精神的指引下，体现共产党员先进性，努力做好出版工作，发展壮大中国出版业。

总的来看，革命战争时期，共产党员的先进性主要集中在"革命"上，突出表现在：为了民族的独立和人民的解放，冲锋在前，牺牲在前，无私奉献，直接经受生与死的考验，大量共产党员献出了自己宝贵的生命。全国各地载入烈士名录的就有170多万人，其中相当一部分是共产党员，此外还有大量的牺牲者没有留下任何记载，成为无名英雄。当然，也有不少共产党员留下了记载，甚至留下了自己的作品。这些作品或诗或文，或长或短，既是烈士们坚贞不屈对敌斗争的真实写照，也是烈士们在那个抛头颅、洒热血的年代体现共产党员先进性的历史见证。今日重温，仍能从这些闪光的文字中，读到当年这些不要命的共产党员的浩然正气和先进性，读到他们对新中国的向往和憧憬。我们今天的出版人，时时刻刻都不能忘记革命的光荣传统，真正做到坚守阵地，守土有责，为传播先进文化，建设和谐社会贡献自己的力量。

（载《出版简报》2005年第6期）

出版社改革要观念先行

今年是我们华师出版社建社25周年，也是转企改制的元年。如何以改革为契机，加快出版社各项事业的发展，是摆在我们面前的重要任务。发展任务艰巨，工作千头万绪，我以为最关键的是要解决好思想观念问题。思想决定行动，思路决定出路。以下几个观念是我们应特别重视的。

——发展是硬道理。出版社现在压力很大，挑战很严峻。要解决问题，必须通过发展。在发展中、在两个效益的增长中解决各种困难，化解各种矛盾。小平同志讲的"发展是硬道理"堪称六字箴言。我们前几年也有所发展，但比起大社名社，比起中等强社，我社发展的规模、速度都还不够。仔细分析，我们觉得虽有规划、有任务、有指标，但总体看柔性多于刚性。发展是"硬"道理，那么指标、措施、考核都要硬起来才有实际效果。

——按照企业规律办社。出版社过去是事业单位企业化管理，但不同出版社企业化的程度很不一样。现在转为完全的企业了，而实际上我们的一些做法往往是企业单位事业化管理。经济的发展，文化产业的推进，出版的演化，都有某种潮流左右，不能游离于潮流之外。作为出版文化企业，一定要研究新形势下选题运作的规律、市场营销的规律、资本运作的规律、企业内部管理的规律等等。现在很大程度上已不仅仅是产品的竞争了。因此，面对新形势，我们必须不断学习和探索，提升办企业的水平和能力。

——让一部分人先富起来。这是一个老话题了，但在我们社没有解决好。在企业经营与发展中，精神鼓励、荣誉激励等有一定的作用，而经济的杠杆作用是切切不可忽视的。小平同志当年提出让一部分人先富起来是有争议的。事实证明效果是好的。我社在收入分配方面，事业单位的色彩、大锅饭的味道都还很浓。少数人错误地把"平均"当"公平"，思想还停留在农民起义"等贵贱，均贫富"阶段。这种观念对于企业发展，对于调动员工积极性是十分有害的。我们必须建立起这样的机制：让想干事的人有机会，让能干事的人有平台，让干成事的人有待遇。

——合作共赢。出版企业要大力发展，做强做大，内涵式发展固然重要，但对外合作，加强联合，资本运作等则同样重要。这两年，我们在对外合作、扩大开放方面迈出了实质性步伐，还可以进一步探索，加大力度。现在集团化、造大船成为国家工作重点，打造"双百亿"出版集团是国家支持重心。中小社的发展空间受到挤压，困难越来越多；因此，寻找合适的战略伙伴，捕捉好的发展商机，就显得更加重要。但对外合作要认真论证，科学运作，防范风险，力争两个效益都比较明显。

很快就进入了新世纪的第二个十年。大学出版社又将面临国家积极推进的教育出版集团的更大压力，而数字化的浪潮早已是势不可挡。我们华师社确实要认清形势，深化改革，进一步转变观念，采取切实有效的措施保证出版社健康持续发展。老话讲"人心齐，泰山移"。我们在正确的思想观念下，团结一心，和衷共济，应该说前途还是很光明的。大家一起努力！

（载《出版简报》2010年第2期）

追求融合中的超越

《中国图书商报》的朋友约我谈谈当社长的感想。本来觉得有很多想法，但坐到电脑前，又不知从何写起。

从上个世纪的80年代后期步入编辑出版领域，一晃也有十好几个春秋了。起初是做学术刊物的编辑，后来到出版社工作，以图书出版为主。虽说都是做的编辑出版，但前后的感觉是大不一样的。编学术期刊是在相对清贫但衣食无忧的学术殿堂守护一种理想、一种追求。而做出版社的工作，是在市场经济的浪潮中，在文化与商务的矛盾纠缠中，寻求一种妥协、一种平衡。人们常讲两个效益的和谐统一，那是出版的一种理想状态。作为出版社的社长，就要善于"弹钢琴"，左手配合右手，弹出"社会效益"和"经济效益"的和谐乐章。如何处理名与利、事业与企业、文化与商务的矛盾，是社长工作的一个永恒主题。追求融合中的超越，仍是出版界有识之士共同关注的大问题。

出版史不是利润史、码洋史，也不是经营史、管理史，而是优秀出版社、杰出出版家出版优秀图书（也包括其他出版物）的历史。作为出版工作者，其神圣使命是不言而喻的。当今时代，经济的发展有目共睹，但在文化领域，浮躁、粗率、急功近利几成通病。这是一个需要文化创新的时代，是一个需要文化精品的时代，也是一个渴求厚重之作、传世之作的时代。以利润最大化为目的的出版商，不可能自动承担起神圣的社会责任和艰巨的文化使命。站在新世纪的桥头，回望百年中国出版史，张元济、邹韬奋、胡愈之、叶圣陶、陈翰伯等众多先贤的背影依稀可见。他们并不曾显赫一时，但他们的事业传之久远。旧时代的商务、中华这样的民间出版企业，张元济、陆费逵这样的民营出版家尚且能够在一定程度上超越利禄，超越短视，我辈新时代的出版人更当以积累文化、传承文明为己任。

随着中国加入世界贸易组织和出版业改革的深化，出版国际化、市场化、企业化的呼声不绝于耳。当整个书业世俗之风、商业气息日渐浓厚之时，作为职业出版人的我辈当考量：几十上百年之后，我们是否为民族、为历史留下了一点什么。具体到目前社里的工作，主要是继续进行选题结构的调整和三项制度的改革。经过近两年的选题结构调整。我社对教辅书的依赖性已经大大降低，学术著作和大中专教材成为新的经济增长点。我社的发展策略是"举师范的旗帜，打教育的品牌"，今后，我社要加强为基础教育改革服务，出版与基础教育教材建设和教育研究有关的图书，如各种细分的教育类图书和心理学图书等，在缩小教辅书比例的同时把教辅书做精做优，打造出适应素质教育需要和符合现代教育理念的教辅品牌。目前，我社的三项制度改革也有了较大的进展。已经初步建立了能进能出、能上能下的用人机制和灵活的分配机制。

（载《中国图书商报》2002 年 12 月 13 日）

服务教育事业 奉献文化精品
——华中师范大学出版社二十年回顾与展望

时间的车轮永不停息，春去秋来，我们曾因事业的忙碌无暇他顾；斗转星移，仔细想来，真有不少惊喜源自共同的创造。较之个体人生之微渺，这无疑就是奇迹；对于一个文化企业来说，二十年的岁月，过去的车辙意味着：曾为出版社的建立、发展、繁荣付出努力的几代人披星戴月，披荆斩棘，一条属于自己的道路，从身后蜿蜒，在眼前铺展，指向漫天云霞。

出版社曾有过艰辛。1985年2月，在各级领导的关怀和指导下，华中师范大学出版社正式成立。建社的前几年，条件十分艰苦。在破旧的小平房里，许多都是新接触出版工作的同志们凭着满腔热情，鼓足干劲，潜心钻研业务，克服重重困难，使出版社的工作迅速步入了正轨。那个时候，很多工作都没有明确的分工，像搬运图书等体力活大多也是全社动手，社领导也不例外。在良好的工作氛围下，全体员工全身心投入，从筚路蓝缕中找准了办社方向，为以后的发展奠定了良好的基础。

出版社曾有过辉煌。在经过初创期和调整期之后，1993年初，出版社顺应时代发展，解放思想，锐意改革，开始推行"目标管理责任制"，根据各项经济指标对编辑室、发行部进行独立的经济核算。"目标管理责任制"调动了员工的工作热情，出版社开始快速发展，事业呈现出蒸蒸日上的局面，经济效益不断攀升。十余年来，虽然外部环境发生了变化，但"目标管理责任制"作为一种业绩考核制度得到了坚持和不断完善，并被证明是行之有效的管理机制。伴随着"目标管理责任制"一起成长起来的中小学教辅图书《重难点手册》、《反馈精编》再版六七次，畅销十余年而不衰，在高峰时期甚至图书刚印出来即被守候多时的经销商"一抢而空"，其品质得到了广大学生和教育工作者的高度评价，如今仍然是响当当的品牌。我社也因之在该类图书市场上长期享有"质量高，价格低，授惠于读者"的美誉，并从中找到了切合自身特色的发展之路，那就是"举师范的旗帜、打教育的品牌"，这也是我社在以后的发展中始终坚持的办社宗旨。

自 2001 年始，我社开始涉足中小学教材的开发。中小学新课程标准的颁布与实施，为我社进一步实现举师范的旗帜、打教育的品牌提供了新的机遇。经过几年的努力，我社的国家教材和地方教材已经形成了一定的规模，占据了一定的市场，获得了良好的声誉。国标教材《信息技术》（高中）和《体育与健康》得到了教育部评审专家的高度评价，他们认为教材"对教材改革的基本策略分析深入透彻，体现了课程标准的要求和精神，在呈现方式上有创新"，这证明我社已具备开发国家级教材的实力。而《湖北文化》、《心理健康教育》、《综合实践活动》、《生存教育》等 6 种地方教材，贴近学生生活，形式生动活泼，体现了地方特色和素质教育的要求。教材本身的高品质加上市场开拓上的勤勉与诚信，使这些教材的市场占有率不断上升，成为了我社新的经济增长点。

出版社是文化企业，一方面要抓经济效益，解决生存问题，更重要的是要抓社会效益，它通过出版社的产品——图书来体现，决定着出版社的品位。二十年来，我社在出版学术精品方面作出了不懈的努力，为弘扬学术、传承文脉追求不息。我社依托的华中师范大学是一所百年学府，有着深厚的文化底蕴，饮誉学界的学术大师如张舜徽、钱基博、韦卓民、詹剑峰、章开沅、邢福义等更是学校的骄傲，也是出版的资源与财富。开掘这些富矿，利用这些资源，让学术的精神和血脉代代相传，这是我们义不容辞的职责。自建社起，我社就十分重视学术精品建设。2000 年前推出的"辛亥人物文集"、"桂岳书系"、"桂苑书丛"、"华中语学论库"、"面向 21 世纪物理学丛书"等，在海内外学术界和思想界产生了广泛而深远的影响，引起学界和出版界同仁的关注，得到了高度评价。当时的积累也为新世纪以来我社图书屡获国家大奖奠定了基础。自 2001 年《社会主义：20 世纪的回顾与前瞻》荣获中宣部第八届"五个一"工程一本好书奖实现三大奖突破后，我社产品获大奖不断：《稳定性的数学理论及应用》和《集体经济背景下的乡村治理》分获第 13 届和第 14 届中国图书奖；电子出版物《少儿学拼音》获得首届国家电子出版物奖提名奖。在首届和第二届湖北图书奖的评选中，我社申报的"韦卓民：康德哲学译著系列"、《湖北通史》、"新世纪考试科学丛书"等 10 种全部获奖，在湖北省出版社中名列前茅。目前，我们正在紧锣密鼓地编辑出版浩大的《张舜徽集》，"博雅学术文库"、"中国民间文学研究书系"、"教育学博士文丛"、"心理学博士文丛"是我们目前着力打造的新的精品，在即将到来的"十一五"期间，我社还准备花大力气做好《钱基博集》、"韦卓民：黑格尔哲学译著系列"、《中国商会史》、《中国环境变迁史》等10余项重点选题的出版工作，使我社的学术精品图书更具规模，更成气势，充分展示学校和出版社的实力。在文化品位的追求上，除坚持立足华师外，我社还将视野投向全国，关注文化界的动态和学术的前沿进展，刘海峰先生主编的"科举学丛书"以崭新的面貌陆续呈现，季羡林、柳鸣九、梁晓声等著名学者和作家也惠赐大作，为我社增添了亮色。

我社历来十分重视高校教材建设，近几年来，我社利用我校的优势学科，已出版大中专教材近千种。以教育部推荐高校中文教材"文艺学系列教材"和《中国当代文学》领衔的中文系列教材涵盖了文学史、语言学、文献学、民间文学等多个领域，规模已达百余种，使用学校遍及全国数十所高校，得到广泛好评。"电子商务系列教材"、"21世纪高校音乐系列教材"、"物业管理系列教材"等高校教材也在逐渐形成阵势，效益比较明显。正在积极开拓的新高职教材适应蓬勃发展的职业教育需要，作为一支生力军，显示了无穷的潜力。

为了回报学校馈赠，我社也密切关注学校的发展，作为大学出版社，为学校的教学科研服务也是我们的责任。自1994年设立的出版基金，主要就是为了资助本校教师的学术专著和教材的出版。2003年，我们又将每年50万元的出版基金提高到每年80万元，以更好地为学校的学科建设服务。截至目前，我社投入基金已近700万元，资助了200多个项目的出版。

经过多年苦心经营，我社始终坚持正确的政治方向和出版方向，不断优化选题结构，形成了鲜明的特色。在具体的工作思路上可以总结为"一主两翼"。"一主"就是以出版大中专、中小学教材为主，"两翼"就是具有鲜明学校学科优势特色的学术精品和体现基础教育改革要求的文教类图书。这三者相辅相成，构成我社图书结构的主体，充分体现了我社特色定位的内涵和未来的发展方向。也正是在这一思路的指引下，我社稳步发展，社会影响日渐扩大，利润指标稳中有升，步入了良性发展的轨道。

当然，我们不曾忘记，出版社也有过曲折。这些曲折给了我们磨练，让我们在面对困难时能冷静下来思考。"天行健，君子以自强不息。"在新的机遇和挑战面前，我们深感任重道远。

近几年来，我社在人事、干部、分配制度改革上进行了一些尝试，取得了一些进展。出版社正在朝着现代化学习型企业的目标迈进。下一步，我们将进一步优化选题结构，拓宽销售渠道，保证产品质量，提高产品的市场占有率，实施多元化生产经营策略，拓展电子出版和网络出版；进一步解放思想，深化改革，创新机制；加强队伍建设，创设人才脱颖而出的环境，利用"出版研究中心"的优势，培养专家型员工，打造学习型企业，致力于建设积极向上的企业文化。

二十年的改革与发展锻炼了华师出版人，也给了我们信心和勇气。我们一定要树立科学发展观，以求真务实的态度，以饱满高昂的热情，以开拓进取的精神奉献更多的文化精品，开创出版社更加辉煌灿烂的明天。

（载《出版简报》2005年第4期）

抓准市场空白点　　提高自身竞争力

经过多年的摸索和实践，我们已经在教材建设上有了一定的积累，出版品种逐年增加，规模不断扩大，形成了系列，突出了特色，年销售码洋超过1000万元，呈现出良性发展的态势。近几年来，随着教育改革的变化，我社结合自身优势，经过充分调研和严密组织，开始有计划地涉足中小学教材的开发与出版，目前已经推出了《信息技术》、《心理素质教育》等多种国家和地方教材。

华中师范大学刚刚度过百年华诞。在一个世纪的发展历程中，学校积淀了深厚的文化底蕴，形成了多个在国内有一定影响甚至处于优势地位的学科。作为依托大学的一个出版社，这些都是我们取之不竭的出版资源。经过十余年的积累，我们的中文系列教材已经有了上百个品种，这些系列教材大都由在国内有一定影响的学者负责编写，他们的学术水准保证了教材的质量。除此之外，我们还有教育学、数学、计算机等多个系列教材，在国内特别是中南地区有着比较广泛的影响。这种系列化是我们教材出版的一个特色。

教育体制的不断变化，对我们来说，既是机遇，也是挑战。随着时代的发展和进步，许多专业型人才成为社会的需要。许多大学也相应开设了新的学科，如果出版社能够抓住契机，及时推出与之相适应的高质量教材，则必然会抢得市场先机。我社于1998年推出的"物业管理系列教材"和2001年推出的"电子商务系列教材"就是这样的实例。近几年来，教师继续教育和高等职业教育蓬勃发展，我社也在这两个方面积极开展工作，已经策划和正在开发相应的教材，以适应和满足社会的需要。

在市场经济体制下，没有饱和的市场，只有饱和的产品。市场中总会有空白空间可以让我们放手一搏。因此，认清自己的优势，以踏实的工作和务实的作风来增强自身的"免疫力"，是我们这类中型出版社的当务之急。应该说，经过这么多年艰苦细致的工作，我社的教材出版已经具备了一定的规模，也有着相当的市场影响力。我们要做的是对既有教材进行维护、横向拓展和深度开发，对既有市场进行巩固，把工作做细做实；同时也要培育敏锐的市场嗅觉，策划出适应时代发展的新选题，找到急需此类教材的消费群体，在两者之间建立恒定的联系。

但是要增强核心竞争力，编辑队伍的建设也是必要环节。我们对编辑的要求有两点：一是敏锐的市场眼光，二是扎实的专业功底。大学教材的建设，对专业功底的要求较之一般图书更高。这就要求编辑不仅要具备文字加工能力、市场判断能力，更要成为某一学科的"专家"。

目前，在教材出版上还存在问题，如选题方向过于集中，许多热门学科、热门专业的教材遍地开花，而有些专业的教材则由于市场需求量有限而无人问津，这使得一方面有些资源过度开发，一方面有些资源又束之高阁。有些教材在内容、编写体例诸方面比较陈旧，不能反映教育改革和学科前沿的新理念、新观点和新方向，而又有些新教材由于推出过于仓促，质量得不到保证。综上所述，在我们面前，既不是万丈深渊，也不是一片坦途，前进中会有成功的喜悦，也会面临巨大的挑战。但我们也坚信，惟有这样，我们才能找到奋斗的乐趣。

（载《新华书目报》2003年11月15日）

编辑要重视图书营销工作

　　选题策划的整体性不仅大的策划靠领导，即便是主要负责编辑工作的领导特别是社长、总编辑、副社长、副总编辑也要关注营销、参与营销，身先垂范。这样，才可能带动全体编辑人员既做选题，也做营销，把二者有机结合起来。当年，外研社（外语教学与研究出版社）编了《新编大学英语》，要进入大学英语公共课这个市场。此前是外教社（上海外语教育出版社）几乎独占了许多年，出版社习惯了，学校教师也用习惯了，新教材推广起来并不容易。李朋义是请北外的英语系主任主编的这套教材，用了一套新的教学方法。这套新的教学方法，经过专家多次论证，认为对于提高学生的听说读写能力确实比原来的方法好。但这套教材和考试不衔接。要知道，我们的外语教学从某种意义上是受考试限制的，要对付四六级考试，教材必须结合四六级考试大纲来写。李朋义坚信他的新教材是好书，但大多数学校不接受，这套教材刚一出版几乎砸在手里。李朋义下决心，一点一点去做推广。他带着北外的英语系主任（教材的主编）利用周末的时间，每周泡一个城市，整整跑了一年半的时间，做了80次推广，每个城市选一两个高校做演讲。要把书卖给学生，自然要对学生现身说法，这就是针对性的推广。当然你到哪里演讲都会引起当地媒体的重视，这对书的宣传非常有好处。学生对教材了解了，同时宣传报导多了，销售自然就上来了。现在这套书成了外研社的"保留节目"，发行几百上千万套，赚得盆满钵满。其实，就我所知，外研社为了推广这套书，是砸了很多钱的，每个假期找个风景区培训英语教师、教研室主任等，所有费用全包，谁换上了外研社的教材，淘汰了其他教材包括已经预定的，损失一律由外研社买单。这带有恶性竞争的味道，商场如战场，实在很残酷。外教社和外研社的官司打到教育部、新闻出版总署，但还是不了了之。大学英语特别是公共课市场太诱人了，这些年在校大学生每年超过2500万，人人都要学外语,用教材教参,多大的市场蛋糕呀!一家独吞也确实不是什么好事。

教材的运作选题策划与营销策划不可分,李朋义是个例子。一些畅销书的选题开发和营销方案一并考虑,协同推进,更是必不可少。作家社张胜友在这个方面有不少成功的举措。例如他一手策划的《智圣东方朔》——智胜的"千年"。该书的市场运作抓住新闻点,同时自己打造新闻点(噱头),使其上市40天便取得了15万册的销售业绩,迅速登上了畅销书榜。缘起:1999年4月26日开始,这部作品以《东方怪杰》的名称在网上连载,达到10万人次的访问量。7月,多家媒体报导。11月,美国GATEWAY买断该作品的全球版权。作者与美国公司分别享有50%简体中文版的授予权。这个消息传出,国内20多家出版社闻风而动。作者龙吟早已倾向于具有知名度的作家社及人民文学出版社出版该书。作家社编辑刘英武主动找到龙吟,社长张胜友当即拍板,双方于12月中旬签订合同。策划过程及实施:(1)策划。由于新千年临近,该社策划了"新千年第一书"的方案,即在2000年1月1日0时0分出版,为该书制造新闻点和卖点。这种东西我本人并不欣赏,但作为商家还是有值得关注之处。(2)实施。邀请中央电视台、北京电视台、光明日报社、中国青年报社、北京晚报社等多家媒体到印刷厂现场采访。由中国作协书记处书记吉狄马加、作家社社长张胜友、北苑印刷厂于厂长2000年1月1日0时0分完成图书最后一道工序。邀请朝阳区公证处对该事件做公证。书中附有精美的"新千年第一书"收藏纪念卡。邀请作者龙吟到现场签名售书。一周后,在第11届全国图书订货会上作为出版社主打书推出,大力宣传造势。作家社还把握住了该书已具有的几个"第一"进行宣传。首先,这是第一本未正式出版而先在网上发表并被网友誉为"压网之作"的小说;其次,这是第一次未公开出版便被美国公司买断全球版权的中文小说;再次,该作品上网伊始便打出"文侠小说"旗号,与"武侠小说"对阵,可谓标新立异。这些特点均成为新闻由头,为该书促销发挥了作用。

实事求是地讲,这本《智圣东方朔》的策划与营销,我个人觉得炒作的东西过多了。书还是内容为王,这本书是千年第一书,万年第一书,最后要经过时间的检验。事实是,它是压网的,或者说是压卷的,哪怕压地球的,还是要有好内容。这本书现在评价不高,我的几个看过的朋友,都大呼上当,没有意思。说它无论思想性,还是艺术水平,到语言文字,都实在不值得一读。

再讲一个总编辑在选题策划中既抓选题运作又搞营销宣传，特别是用现代手段的典型事例。这就是三联书店原总编辑李昕自己讲过的故事。2013年，李昕策划在三联出版了《王鼎钧回忆录四部曲》。关于王鼎钧其人，可能至今仍有不少人不了解，这是一个奇人，在海外影响很大，值得介绍给大陆读者。根据承诺，几本回忆录要首印20000套。原来李昕对这套书还是信心满满的，但是第一轮发货后，他问营销中心，他们说只发出去了6000套。李总编当时惊出一身冷汗。发货率只有30%！他们要出版的是王鼎钧作品系列，后面还有十多种呢。当天晚上，李昕回家就写了一篇博客文章，题目是《你一定要读王鼎钧》，这题目是模仿当年柳苏介绍董桥的散文的句式，而文章内容，主要利用几个名家来衬托王鼎钧，把龙应台、齐邦媛、董桥拿出来和王鼎钧比较，最后结论是各位名家作品自成风格、各有千秋，但是如果真要领略大家的境界和风度，你一定要读王鼎钧。这篇文章被新浪博客首页转载，有5000多人阅读，李昕不甘心，又把它链接到微博上面。李昕本人的微博粉丝不算多，他就找到《三联生活周刊》的官方微博，它有800万的粉丝，威力极大。它一宣传转发，两天内就有几千条的转发和评论，读者大概不下几十万。一个月后，李昕再问三联书店营销中心，他们说这套书发货13000多套了。从此，李总比较安心踏实了。当然，这套书是慢热的，后来总销售量超过了4万套，且成为了常销品种。该书后来得了几个大奖，各方面对它的宣传报导很多。这里，起初总编辑自己的微博宣传作用非常重要。

李昕总编辑的经验启示我们，除了传统的营销宣传平台和渠道，新媒体、新方式更加值得重视。有些出版社、优秀的策划人、成熟的编辑甚至会根据每部书的目标读者特点进行有针对性的设计和广告投放。比如，接力出版社在2008年就为《暮城之光》打造了专门的粉丝网，同时为读者创造了专门的交流平台——"暮城之光"系列中国官方粉丝团。而新经典会根据文学类畅销书的特点，在主要的图书销售渠道和书评网站加强与读者的直接互动。再比如，2011年《大家都有病》的出版方磨铁为这本书的上市宣传开发了视频广告以及微博互动游戏广告投放。而中信出版社在《史蒂夫·乔布斯传》出版期间着力打造"自媒体"，图书上市之前就开通了官方微博和官方网站，而在图书上市后又与专业网站联手，设置了与图书内容相关的专题音乐、视频页面。

有时候，一个精彩的广告词（传统的）对于一本书的畅销作用巨大。2011年出版的《春宴》，作者安妮宝贝早已名声在外，但这本书的文字并不容易读，说不上特别好，但策划人路金波用这样一句话来描述这本书的主旨，也是一句精彩的广告词："爱情只是一场注定散去的盛宴，可是春光这么好，你怎能不盛装出席？"（印在腰封上）这样一来，该书目标消费者就从安妮宝贝的粉丝拓展到所有对爱情有疑惑也有期待的广大读者。不管是"给书稿找定位"，还是"根据定位组织书稿"，都不失为有效的策划方法。

编辑的选题策划应该包含宣传推广及营销策划

其实这个问题上面已经有所讨论，举的例子主要是社长、总编辑。对于普通编辑、编辑室主任、项目负责人等来说，这个问题也是同等重要的。因此，我们这里结合实例再发挥一下。

编辑策划应该是贯穿在图书出版的全过程中，是一竿子插到底的策划。好的图书策划，是在选题策划之初，宣传策划就摆进策划议程，成为一气呵成的一揽子方案。这样首尾相连，互相照应，才是图书策划的最佳状态，才可能达到理想的效果。过去的传统编辑是书出来了就不管了（其实这主要是计划经济时代的编辑，民国时期编辑也不是这样的）。但在今天的市场状况下，好书不宣传就被埋没了。现在新书的品种太多，而书店的空间有限（网上书店也不是无限的，要有实际的存放和备货），图书客观上就存在着摆放空间的问题。国内中心城市大一点的书店一般只能摆十万种书，中型书店能摆五六万种，小型书店能摆两三万种就不错了。可中国580多家出版社，加上许许多多文化公司等，即便不算教材，新书也有二十多万种，加上重印书、常备书，要想每一本书都有上架机会，书店其实很难做到。一般城市的中心书店、书城也不可能把全国每年的最新出版物全部摆一遍，即使摆上了，也是上架快，下架也快，没过多久就"新桃换旧符"了。有的书是"见光死"，刚出版几周就被退回仓库。所以，现在很多出版社的仓库堆积如山，巢峰先生称之为"滞涨"。现在新书的生命周期和过去相比，已经大大缩短，尽管图书的制作工艺在进步，纸张材料和装帧质量在提高，出版物做得越来越精致，很多书退回仓库时与刚出炉的新书无异，这样就被送去化纸浆，实在很可惜。

在这种情况下，如果你出了一本书，绞尽脑汁策划，费尽心力制作，堪称精品，但在市场上两个月就消失了，退回仓库了，作为编辑你能甘心吗？所以今天是酒香也怕巷子深的年代，是一个卖什么必须吆喝什么的年代，编辑必须出来做宣传、做推广，进行这方面的策划。有人说编辑要"五书俱全"：买书、读书、编书、写书、卖书。当然要想"五书俱全"，最根本的是爱书，如果不爱书，其他都谈不上。因为爱书，特别是爱自己的劳动成果，编辑必须策划如何卖书，不让自己的书淹没在书海中。

宣传、推广方面的策划有多种，比较常见的方式像召开新书发布会，作者签名售书，报刊转载、选载，专家书评，媒体专访作者，作者举办讲座，作者与专家对谈，网上发布博客、微博、微信，和书店、网店联合举办特价促销，等等。所有这些策划，编辑都应起作用。那么这种策划要有点子，很费神思，同时很辛苦。怎么样会有效果？首先肯花气力，肯下功夫，功夫要到位。编辑不能太清高，一定要亲自参与策划，不能老靠别人。因为真正懂得一本书特点、优点的人，在出版社只有编辑，其他人是指望不上的。出版社当然有分工，有人专门做推广，有人专门做营销，但那些专业的策划应该由最懂得书的人来主导。宣传推广的核心永远是对图书内容的介绍，所以编辑的作用无人取代。这个问题容易理解，但在实际中，例如我们华师出版社，就一直没有解决好，编辑基本不做宣传营销，有的连书上的内容摘要都懒得写，有的甚至写不好。广告词、广告宣传文字更是门外汉。这里有观念问题、领导问题，还有能力和水平问题。

我这里再讲一个普通编辑给一本普通的学术著作做营销策划，使其销售大幅上升，发行5万多册的案例。这本书是三联出版的，书名叫《万水朝东——中国政党制度全景》。一看这书名、内容，怎么敢多印呢？我们社出版的话最多印2000册。这样的书要发行部门大力推销恐怕也很难，三联那么多学术书，这一本实在不起眼。但是编辑在推广上起了很大的作用。她组织了一批专家、学者，说这是一本角度很新的书，从我国多党合作制度的实际出发，回答和批驳了西方国家批评我们是一党专政的理论。这样的著作过去没有人写过。这就引起了媒体的关注。

最主要的的点子是编辑说这本书要做广告。要知道出版社出版的利润很薄，一般的书特别是单本书（除非畅销书）是做不起图书广告的，平时在报刊上给书做广告的很少。但编辑说这本书应该在理论学习的相关刊物上做广告，因为这类刊物的读者大部分是机关干部，这些正是本书的目标读者。于是三联时任总经理亲自跟相关刊物的负责人联系，对方说广告可以登，但费用不低于2万元。经过总经理一再说情，对方也一再打折，最后5000元搞定了。因为这类刊物针对的都是机关干部，各地的机关一旦发现这本书，都要买去做参考资料，所以宣传效果非常好。三联的发行队伍从广告发出去之后，就不断接到订单，这个地方30本，那个地方20本，好多民主党派机关也来买这本书，结果2个月卖了将近5万册，而且是7折销售，利润丰厚。后来，编辑又出点子，把它推荐给中央机关干部读书活动，又推荐给中宣部干部局作为全国宣传干部学习理论资料。因为现在研究中国政党制度的历史很符合当前的形势需要，所以这些有针对性的营销策划获得了成功。因此，我们讲一般选题、具体策划，在编辑那里往往体现为选题策划与营销策划的统一，二者是一个整体。

日本岩波书店是个很有名的出版社。该书店出版过一本日语词典《广辞源》，到上世纪90年代是第N版了。为了搞好促销，书店的编辑提出了一个新的营销策划计划。1994年8月到11月，以东京为中心，岩波书店大张旗鼓地开展了一场宣传活动。书店印发了100万册《广辞源》号外本，取名叫《您的日本语是几段?》。书店除了通过日本4000家书店将号外本免费配送给读者直接扩大影响外，还通过街市广告、传单广告、报纸广告和东京都内日本各铁站区布设广告等活动加以渲染，使《广辞源》的促销活动达到高潮。这个号外本主要内容是从《广辞源》中析出系列的选择性问题，用以推行日语"段位"的水平能力测试。岩波书店根据读者作答情况相应确立其广辞源日语1—10段并邮发荣誉段位佩带。全部问题作答无误者，岩波书店还将为其颁发10段段位证书。我们知道，日本是一个围棋很流行的国家。岩波书店的"段位"之举，实乃醉翁之意不在酒。在这场寓教于销的商业活动中，读者获得的广辞源日语段位证书并无任何实际效力，但是各个书店的《广辞源》库存纷纷宣告售罄。

（载《出版简报》2016年第4期）

选题运作与活动映象

关于高校教材教参建设的几点思考

为了加强对高等学校出版社的管理，原国家教委和国家出版局于1986年10月27日发出《关于印发〈高等学校出版社工作若干问题的暂行规定〉等文件的通知》，国家教委和新闻出版署于1988年11月4日又发出《关于印发〈全国高等学校出版社第二次工作会议〉文件的通知》。这两个文件对高校出版社出版方针和任务作了明确规定，即：坚持为人民服务、为社会主义服务的根本方向，坚持为高等院校的教学科研服务；以出版高校教材、教学参考书、其他教学用书和有关的学术专著为任务。

我们华中师范大学出版社建社15年来，始终坚持正确的出版方向，注重为教育服务，为本校教学科研服务，在出版高校教材、教参和学术著作方面，做了卓有成效的工作。从1994年开始，我社每年拿出50万元作为出版基金，全额资助出版经专家评审通过的教材、专著和博士学位论文；此外，还组织编写出版了一些高档次的高校教材教参。这些，为推动学科建设、提高教育质量、繁荣出版事业起到了积极的促进作用。作为师范大学出版社，目前我们又面临着新的发展机遇。如何适应新世纪知识经济的挑战，如何抓住教育与科技快速发展的机会，如何应对创新教育、素质教育和终身教育的要求，是摆在大学出版社，尤其是师范大学出版社面前的新课题。这个新课题的一项重要任务，就是建设新时代发展需要的高校教材教参体系，切实为振兴教育事业，实施科教兴国战略贡献力量。

在世纪之交的重要历史时刻，党中央、国务院召开了改革开放以来第三次全国教育工作会议。江泽民总书记在讲话中深刻分析了国际国内形势及新形势下教育的先导性、全局性和基础性地位，对全面推进素质教育提出了明确的指导思想和要求。全教会还将教育作为拉动国民经济增长的重要杠杆，确立了高等教育"九五"末和"十五"期间超常规发展的战略。这样的形势，无疑为大学出版社的发展提供了难得的契机。

审时度势，寻求对策，我们初步确立了自己的发展思路，即：立足师范，教育为本；突出教育，多元并举。如果展开一点说，可这样概括：举师范的旗帜，打教育的品牌，树立立体的、开放的大教育观，多层次、全方位地为教育服务，以教育出版为中心，做好教育的"大文章"和"大教育"的文章。要贯彻这一战略，搞好高校教材教参的建设是十分重要的。对此，我们提出以下具体思路。

首先，逐步形成"21世纪教育科学教材系列"。

华中师大是国家教育部直属重点师大之一，也是中南地区唯一的部属重点师大，在教育科研方面具有一定优势，一些学科或专业方向，如教育基本理论、教育经济学、教育管理学、教育史、教学论等等，在全国尤其是中南地区都有着较大影响，有的处于领先地位。过去十多年，我社依托学校的教育科研优势，推出了教育方面的教材教参四五十种，其中不乏上乘之作，出版后深受读者欢迎，获得了各种奖励，部分教材两个效益都比较明显。《教学论概说》（1987年）、《考试学》（1988年）、《教育经济学》（1989年）、《教育社会学》（1990年）、《课程学》（1991年）、《教育测量学》（1991年）、《中国教育发展史》（1991年）、《现代教育哲学》（1996年）、《教育行政学》（1998年）、《现代师德修养》（1999年）、《中小学生心理素质教育导论》（1999年）等等，都是有一定影响、发行也较好的教材。但是教育科学教材教参的出版也有一些不足：缺乏整体规划和长远打算，内容上不成系统，形式上一书一个样；时间上先后间隔较长，有如马拉松；质量上参差不齐，有的未能反映学科前沿水平，整体水准不高。

教育科学研究及相关的学科设置是师范大学的特色和优势，师大出版社无疑也要利用这种特色和优势。这样有利于形成教育图书的品牌，占领广阔的市场。我社过去已出的教育方面的教材教参中，现在还有十多种是有生命力的，一版再版，屡屡重印。我们的设想是，以这十多种教材教参为基础，渐次扩展，像滚雪球一样，用三到五年时间形成约50种这样一个规模的教育科学教材教参系列，内容上力求扎实新颖，体现学科最新进展，学科覆盖上力求全面，全方位地反映教育科学的主要方面；形式上力求变化中有统一，在封面、版式设计等方面形成大体一致的风格。

随着教育改革的不断深入，教师职前职后教育的不断扩展，教师资格证认定制度的逐步实施，高档次的教育科学教材教参会有更广阔的市场前景。

其次，进一步加强人文学科教材教参建设。

师范大学从整体实力上看，文科强于理科，从教材教参建设上讲，自然文科更有优势。我校作为一个百年老校，有较深厚的人文底蕴，传统的文史类学科占有举足轻重的地位。史学有中国近现代史、历史文献学两个博士点，同时又是国家文科基地；中文有现代汉语、中国现当代文学、文艺学三个专业可招收博士研究生，教学科研力量厚实。近些年来，我社根据这个实际，着力加强文史学科的教材教参建设，特别是在中文专业教材教参的开拓方面，已初具规模，取得了较好的社会效益和经济效益。目前在版的中文专业教材有：教育部面向21世纪高校教材（3种）：《文学理论》、《文学批评原理》、《文学文本解读》；教育部重点推荐的高校教材：《中国当代文学》（上、下）、《中国当代文学作品选》（1~4册，另有海外华文卷、台港澳卷即将推出）；此外还有《中国古代文学作品选》（3册）、《中国近代文学作品选》（1册）、《中国现代文学作品选》（3册）、《外国文学简明教程》、《二十世纪西方文学》、《二十世纪西方文学作品选》、《理论语言学教程》、《实用写作教程》；另有全国师专通用教材：《写作概论》、《普通话教程》、《书法教程》。这中间，有的单本书发行已达十余万册，成套的教材发行也有四五万套的。中文专业的教材，语言学还大有可为。我校的语言学研究在全国处于领先水平，有全国高校第一个语言学系。而在史学、哲学方面，虽出过一些教材教参，但还缺少精品，这方面与我校实力，特别是历史学学科实力是不相称的。

第三次全教会上，李岚清副总理说："当务之急是根据需要和可能，采取多种形式积极发展高中阶段和高等教育，扩大招生规模。"高等教育的大力发展，招生人数的迅速扩大，都会为传统人文学科教材教参提供更广泛的读者群。人文素质教育在高等学校的拓展，又使优秀的人文学科教材教参有了进一步扩展的土壤和条件。高校教材选择的自主性，人文教材教参的普遍性，都使我们对这方面的出版工作更具信心。

第三，把高等职业教育的教材教参建设提上议事日程。

教育部《面向21世纪教育振兴行动计划》论及职业教育时有这样一段话："依据《教育法》和《职业教育法》，要努力建立符合我国国情特点的职前与职后教育培训相互贯通的体系，使初等、中等和高等职业教育与培训相互衔接，并与普通教育、成人教育相互沟通、协调发展。

设立职业教育课程改革和教材建设基金，实施课程改革和教材建设规划。"《中共中央国务院关于深化教育改革　全面推进素质教育的决定》更加明确地指出："高等职业教育是高等教育的重要组成部分。要大力发展高等职业教育，培养一大批具有必要的理论知识和较强实践能力，生产、建设、管理、服务第一线和农村急需的专门人才。现有的职业大学、独立设置的成人高校和部分高等专科学校要通过改革、改组和改制，逐步调整为职业技术学院（或职业学院）。支持本科高等学校举办或与企业合作举办职业技术学院（或职业学院）。省、自治区、直辖市人民政府在对当地教育资源的统筹下，可以举办综合性、社区性的职业技术学院（或职业学院）。"

　　这些信息表明：从现在起，在今后一个较长时期，我国的职业技术教育将会得到较快而又持久的发展。高等职业教育与普通高等教育在办学性质、培养对象、人才标准等方面都有显著差异，因此，不可能直接采用普通高校的教材作为高职教材。高等职业教育的教材教参无疑是一片等待开垦的沃土。如果出版社起步早，抓得好，既可为高职教育的发展提供有效的支持，同时也可创造良好的"双效益"。

　　我校作为综合性师范大学，积极响应中央号召，开展高等职业技术教育。1999年，学校与湖北省供销学校、艺术学校联合举办新高职。以后，我校还将建立自己独立的职业技术学院。学校在举办高职教育方面的工作，为我社进行高职教材教参建设提供了一定的条件。而在此之前，我社已主动策划，启动职教教材出版工程。1998年以来，我们已出版了近30种职业技术教育教材，主要有两个系列，一是"物业管理专业系列教材"，二是"计算机专业系列教材"。这些教材具有理论的概况性和较强的实用性，受到了职业学校教师和学生的普遍欢迎。

　　刚刚起步的高等职业技术教育方兴未艾，教材教参建设天地宽广。我社拟以现有的两套教材为基础，纵横拓展，争取经过三到五年的努力，推出100种左右职业教育的优质教材和教学参考书，形成自己的品牌特色，同时也形成一个有后劲的新经济增长点。

　　最后。要关注新兴学科的教材教参建设，同时尝试在版权引进方面作些探讨。

　　所谓新兴学科是相对而言的。有些学科与传统的文史哲相比称为新学科；有些在国外并非新学科，但引入国内时间不长也可称新学科。宽泛一点说，社会学、教育社会学、教育哲学、人文地理学、市场学、体育舞蹈等都可列入新兴学科的范畴。近些年来，我社在扶持新兴学科，支持教材教参出版方面也积累了一些经验。上面列举的学科，我社都陆续出版过相关教科书、教学参考书，有的堪称精品，常销不衰。比如《市场营销学》（原名《市场学概论》）出版至今16年，修订6版，印刷19次，行销近60万册；近年又配套出版了该书的教参《营销策划与营销实战》）。这一教材及配套教参注重新颖性、本土化；突出市场营销战略的地位；强化理论联系实际，引入市场营销实务训练，因而获得了巨大的成功，深受读者好评。

随着时代的发展，知识的更新越来越快，学科的分化与整合也越来越快，新学科的教材教参总有用武之地。从《市场营销学》的成功我们得到启示：真正的精品教材必定会有市场，尽管眼下市场营销的书多如牛毛，但好的教材着实不多。另外一点，好教材也要不断修订，跟上时代步伐和学科前进的脚步，适应社会和读者的需要。

在新兴学科的教材教参建设上，我社也打算进一步作些探讨。已有的好教材使其"永葆青春"，并以此为中心，纵横延伸，形成系统。比如，可以以《市场营销学》为基础，策划出版关于市场营销理论与实践的系列教材。而对于那些社会急需的新兴学科教学用书，更需具有超前意识，积极开拓，形成新的品牌。这方面应该说是有很大潜力的。

关于高校教材教参的建设，我们还想简单谈谈版权引进问题。上世纪80年代，一套引进版的《新概念英语》风靡中国，很有效地推动了国内英语的学习与普及提高，也给出版者带来了巨大的经济效益。近些年，一些出版社直接从西方发达国家引进经济学、工商管理、计算机等方面的教材教参，对于促进这些学科的发展，缩短与国外的差距，提高教育质量，起到了很好的作用。应该说，在高校教材教参的引入方面还是刚刚起步，市场需求很大，前景也很广阔。我社作为师范大学出版社，在版权引进方面几乎还是空白。在世界一体化、经济全球化的今天，文化教育的沟通显得尤为重要。对我社来说，高层次的教育学、心理学教材教参可选择引进，中层次的职教教材教参、继续教育用书，都可尝试作些引进。比如职业教育、继续教育，我们还在起步阶段、摸索阶段，西方国家已有成熟的经验、优秀的教材教参，我们为什么不能采取"拿来主义"呢？顺便说一句，西方国家的基础教育教材教参，也不妨适当引进介绍。今天提倡素质教育，看看国外学生学什么、怎么学，也是很有意义的。这些工作肯定有一定难度，惟其难，才更有价值。

高校教材教参建设，还涉及其他一些方面，如"两课"教材、成教教材及参考用书、大学生人文素质教育用书等等，这里不再展开讨论。此处所及，仅是从我社现状出发谈的几点粗浅认识。不当之处，望同行及方家指正。

（载《出版简报》2000年第1期，此文略作删节后发表在《大学出版》2000年第2期，题为《关于高校教材教参建设的具体思路》）

在"新时期文艺学建设丛书"首发式上的讲话

首先,请允许我代表华中师范大学出版社对各位的光临表示热烈的欢迎,对"丛书"的主编及作者表示诚挚的谢意,尤其是对年高德劭的学界老前辈季羡林先生、钟敬文先生表示最崇高的敬意。

站在世纪之交的门槛上,学术界和出版界都在回溯百年历史,总结经验教训,以期在新的世纪有一个大的发展。文艺学界的专家学者也在对中国文学理论的百年曲折历程进行回顾,尤其是对近二十年的研究予以反思。在这样的背景下,我们出版社与文艺学界联手,推出了由钱中文教授、童庆炳教授主编的"新时期文艺学建设丛书"(第一辑,六册)。能为新时期文学理论的进展作点总结,能为新世纪文学理论的创新作点准备,作为出版工作者,我们深感荣幸和自豪。

改革开放以来的二十年,是我国经济社会快速发展的二十年,也是文艺学建设取得丰硕成果的二十年。外国,尤其是西方文艺思想的大量引进,中国古代文论传统的重新"链接",在吸收中外古今文论基础上的理论创新与体系建构,使我们的文艺学研究既绚丽斑斓,又沉实厚重。这些研究成果具有承前启后的作用,正如两位主编所说的:新时期的文论,作为一个良好的开端,它们无疑可以成为有中国特色的文学理论的前期成果;而作为丰富的思想资料,它们无疑将汇入新世纪的新的理论创造之中。

我们这套丛书,有钱中文教授的着力于现代意识、现代精神观照下的理论建构的《新理性精神文学论》,有童庆炳教授的基于对话—沟通精神的学理性和现实性探讨的《文学审美特征论》,有胡经之教授的融美学和文艺学于一体、致力于学科建设的《文艺美学论》,有朱立元教授广泛涉及新时期文艺学基本问题论争的《理解与对话》,有张少康教授建构古代文论体系、清理文艺思想脉络的《文艺学的民族传统》,有孙绍振教授的富有学术个性和创新色彩的《审美价值结构与情感逻辑》。这些学术论著从不同侧面，留下了新时期文艺学家探索的足迹，也为未来的理论创新提供了可资借鉴的"思想资料"。作为出版工作者，我们愿意为文艺学的进一步发展作出自己的努力。

各位老师，各位朋友，我还想借这个宝贵机会简要介绍一下我们出版社的情况，特别是为教学科研服务，推出学术著作和教材方面的情况。

我们华中师范大学出版社成立于1985年，是一个集文、理、艺术各科，包括高等教育和基础教育等多学科、多层次的综合性出版社。建社15年来，共出版图书近1800种，其中大中专教材教参、学术著作占到半数以上。在建社前期，我们立足师范，为基础教育服务，奠定了较好的发展基础。近些年来，尤其是从1996年我的老师、前任总编王先霈教授主持编辑工作以来，花大力气调整图书结构，推出学术精品，得到了学术界、出版界和读者的广泛赞誉。"九五"以来，我们出版了反映老一辈学术大师张舜徽、韦卓民、詹剑峰、钱基博、杨东莼等成果精华的"桂岳书系"，反映本校优秀中青年学术骨干成果的"桂苑书丛"；出版了旨在促进学科建设与发展的"文学理论与批评建设丛书"，旨在创建汉语学派的"华中语学论库"，还有立足于普及语文知识的大众精品"语文知识精要丛书"；推出了具有地方特色和学科优势的"辛亥人物文集丛书"，有教育特色和师范优势的"教育科学研究系列"。我们还推出了八卷本近四百万字的大型地方通史《湖北通史》，推出了关注现实、研究现实问题的"村治书系"。此外，还每年拿出50万元作出版基金，出版"华中师范大学博士文库"，"华中师范大学出版基金丛书"。

在大中专教材建设方面，我们也初具规模，出版的上百种教材教参得到高校师生的认可和欢迎，其中有教育部重点推荐的中文专业教材《中国当代文学》及"历代作品选"系列，有面向21世纪文艺学系列教材，有全国师范院校通用教材系列，高校自学考试教材系列，职业教育的物业管理、计算机应用教材系列，等等。

各位老师，我们出版社这些年来在繁荣学术、服务教育、传承文明方面作出了积极的努力，今后我们仍将一如既往，为新世纪教育事业的发展、学术事业的繁荣铺路搭桥，贡献微薄力量。希望大家为我们献计献策，不吝赐教，多提宝贵意见和建议。

（2000年6月10日）

谈谈图书选题结构调整

石宗源署长在全国新闻出版局长会议上作的主题报告中指出:"结构不合理是我国经济发展中的突出矛盾,同样也是新闻出版业发展中的突出矛盾。'十五'期间新闻出版业的发展要把结构调整作为主线,并力争取得明显成效。出版产业结构调整包括产业布局结构、产品结构、所有制结构、价格结构、人才结构调整等等。"对于具体的出版社来说,产品结构尤其是图书品种结构是十分重要的。在谈到产品结构存在的问题时,石署长说:"许多出版单位产品单一,媒体综合利用水平低,相互割裂,难以对出版资源进行全方位的开发利用。从图书结构来看,我国现在年出版图书10余万种,其中占出书总种14.6%的课本,却占图书总印张数的48.7%,占出版总码洋的39.3%。"可见,图书结构不合理,对教材特别是对中小学教材的过分依赖,是一个普遍性、全局性的突出问题。

湖北省局邱久钦局长在谈及湖北出版界面临的"一些不容忽视的矛盾和问题"时也指出:"图书出版品种过多,单品种印数下降,出版业经济效益的增长过多地依赖教材及教辅读物,新媒体的创利能力不强,资源优势未能转化为产业优势。"鉴于此,邱局长强调弘扬创新精神,切实抓好结构调整。他认为,产品结构的调整,首先要加大一般图书的出版力度。要以中小学教材出版发行体制改革为契机,努力扭转教材教辅在我省图书出版总量和利润中所占比重过高的弊端,切实将工作着力点转移到一般图书的出版上来。要按照"一主两翼"的出版思路,突出优势,发挥特色,多出双效俱佳的大众化精品,努力实现一般图书的跨越式发展。

署局两级领导的讲话精神对于我社的工作是很有指导意义的。发展不够可说是我社目前最大的实际。图书结构的问题也是我们要花大气力解决的。近几年来,我社在出版高档次的学术著作,开发大中专教材教参,拓展大众精品图书选题等方面下了不少功夫,取得了一些进展。但有两个问题我们仍未解决好。一是一般图书品种增加了，数量也不少，但远未做到双效俱佳，没有形成新的经济增长点。与此密切相关，二是发行码洋、经济利润过于依赖文教类图书，经济基础比较脆弱。与其它优秀的大学出版社尤其是师大社相比，我们的差距更大了。在1996、1997年，除北师大出版社以外，其它几个师大社区别并不明显。但最近四五年来，东北师大社、华东师大社、陕西师大社等异军突起，发展迅猛，一些省属师大社如广西师大社、南京师大社等超常规发展。对于我社来说，发展是硬道理，是解决一切问题的关键。要发展，编辑工作是中心，是龙头。要大力提倡创新精神、开拓精神，努力调整选题结构，寻求新的经济增长点，建立新的经济支柱，真正做到两个效益的有机统一。

调整选题结构，首先要进一步加大高校教材教参的开发力度。就这个问题，我曾经写过一篇短文，刊载在2000年第2期的《大学出版》上。过去我们提大中专，由于中专的萎缩，现在主要的关注对象应定位于大学。我社现有高校教材教参大约80种，数量还不多，品种不齐全，结构也不平衡。比较而言，文科教材占绝对优势，理科还比较薄弱。文科教材中，中文专业的比较多，初步形成了系列和规模，其它学科则比较零散。在大学教材教参这一块，我们已经有了一定的基础，还有更大的潜力可挖。要在规模化、系列化方面下功夫，成龙配套，形成整体优势。另外，教材建设也不能只求数量，盲目上规模。高校教材要高起点，高档次，有特色，出精品。我社现有的教材中有品牌教材，如《中国当代文学》、《中国当代文学作品选》，影响很大，效益很好。"面向21世纪高校中文专业教材"《文学原理》等几种也是有全国影响的。以前的《普通话教程》、《市场营销学》出版早，质量高，有特点，发行量都在大几十万册。要充分利用高等教育大发展的有利时机，把握高校学科建设的新趋势，结合本校实际，在传统教材以及网络教材的开发方面有所突破。今年我们安排了约30种高校教材，今后还有必要加大力度。

传统的文教类图书是我们的主要经济支柱，要把老品牌保住，并根据形势的发展变化修订完善。文教类图书也有一个结构调整问题、转轨问题。要依据素质教育的要求，努力开拓适销对路的产品。前些时看过一篇《2001年1月非文学畅销书排行榜分析》（《中国图书商报》，2001年2月27日），很受启发。自从2000年4月《素质教育在美国》入榜并最终取得榜首位置后，素质教育类图书逐渐成为市场的热点。2001年1月《哈佛女孩刘亦婷——素质培养纪实》已经连续3个月占据榜首位置，已经逼近《素质教育在美国》在2000年取得的连续4个月榜首位置的记录。非文学类图书竞争相当激烈，连续占据榜首位置相当艰难，而在一年之内，有两本素质教育类图书竟然占据了榜首位置达七个月之久（还有可能延长这个记录）不能不说是一个奇迹，同时它也给我们有益的启示。近几个月来，学习教育类图书榜上有名的还有《赏识你的孩子——一个父亲对素质教育的感悟》、《我们是这样教育孩子的——9位中国杰出父母的成功经验》、《哈佛天才：用卡尔·威特法则培养出的哈佛孩子》等。由此可以看出，一些学习教育类图书开始摆脱急功近利的应试教育框框，逐步走向重理性思考的素质教育之路。近日，又看到《中国图书商报》上关于2001年3月"非文学畅销书排行榜分析"，大标题是《咬定教育不放松》。称素质教育图书是"一骑红尘跑天下"，是非文学图书市场无愧的领头羊。《哈佛女孩刘亦婷》仍居榜首。"素质教育"这个概念已经成为大众持久关注的一个话题。人们不仅关注素质教育在国外的情况，而且更关心如何将国外的素质教育理念和方法移植到国内来，培养出我们自己高素质的人才。近几年来，我社尝试开拓素质教育类图书，关注青少年的身体素质、心理素质、道德素质。陆续出版了《远离毒品》、《远离犯罪》、《远离艾滋病》系列读物，引进了台湾版权的一套《处世寓言故事》，推出了《儿童眼睛保健》、《儿童牙齿保健》、"学者妈妈丛书"等。从总体看，这些书的两个效益都是不错的。但是在这方面我们的工作力度还不够，视野还不开阔，选题还不新颖。以后，还应进一步关注基础教育改革的动向，适应素质教育的要求，真正做到"咬定教育不放松"，出版更多更好的素质教育精品读物。要有理念的超前性、市场的敏感性，还要加强形象宣传、营销宣传，酒好也要勤吆喝。作为师大出版社，出学习教育类图书是优势所在、特色所在，也是责任所在，关键是要适应社会和时代要求，多出推进素质教育、创新教育的精品。要逐步减少同步教辅的分量，在减轻学生负担的同时也减轻编辑的负担。

所谓大众精品图书，我社一直没能实现突破。这几年，我们先后出版了"爱国名人故事丛书"、"十八岁丛书"、"中华神异人物丛书"、"中国老年保健丛书"、"语文知识精要丛书"、"世界短篇小说精华品赏丛书"、"新概念武器丛书"。从市场销售看，这些丛书大都没有超过5000套。在大众精品的选题开拓方面，我们还要继续探讨。有研究者认为，接受教育、追求财富、渴求成功、关注法治，是众多读者的阅读心态。教育学习类图书市场仍然具有巨大的需求潜力，而有关财富和人生自励的图书有着广阔的市场。作为师大出版社，我们还是要围绕"大教育"来做大众精品的文章。财富类选题非我所长，但从教育学、心理学、人生哲学等角度做青少年教育图书，我们是有优势的。我们可以尝试做有特色的成功励志类、心理健康教育类精品图书。此外，随着职后教育的普及化，随着老年人口的不断增加，教育终身化的推进，在继续教育、老年读物方面我们也可有所作为。我们始终要围绕"大教育"拓展选题，扬长避短，发挥优势。

关于选题结构调整，还有少儿读物、外语读物、教师用书、版权贸易，还有媒体的综合利用等，这里我们暂不展开讨论。调整选题结构是一个大课题，此处我们仅仅谈了关于素质教育、大众精品读物和高校教材教参建设的粗浅体会，以期引起大家的重视。对于明年的选题，我们要早考虑，早安排，深入市场，了解读者，优化选题，要把图书结构调整落实到思想中，更要落实到行动中。

(写于2001年5月8日，此文为未刊稿)

谈谈"博雅学术文库"的出版构想

在2004年到来的前夕,我们华中师范大学出版社新策划出版的"博雅学术文库"第一种《中国古代艺术范畴体系》(陈竹、曾祖荫著)问世了。这标志着一套高水平、高出版规格的大型学术丛书的出版已经拉开了序幕。

为什么要策划这套"博雅学术文库"?这有几个方面的考虑。"九五"以来,我社几乎同时推出了两套学术丛书,一是"桂岳书系",是百年华师大师级的学者的选集,到2003年已出版了韦卓民、张舜徽、詹剑峰、杨东莼、钱基博、章开沅、邢福义七位知名学者的学术论著选,即将出版的还有《包鹭宾学术论著选》、《黄溥学术论著选》等。这套书系出版后产生了很好的社会影响,展示了华师的百年文化与学术底蕴。但这套丛书也有它的局限,一是能称得上"大师"的毕竟是少数,二是作为选集一般无法收录专著,三是绝大部分都是曾经出版过的,不是原创性的。另一套学术丛书是"桂苑书丛",专选本校优秀中青年学人的研究专著,到目前为止出版了两辑,第一辑是几本小册子,第二辑较厚重,出版了马敏、朱英、徐勇、范先佐、李宇明、何建明的著作。这套书的作者绝大部分年龄在45岁以下。显然,这两套学术丛书还难以完全涵盖本校优秀作者的重要学术著作。我们虽另有"出版基金丛书"、"博士文库",但内容显得芜杂,名曰丛书,其实没有内在的联系,学术水准和印刷装帧都还有些欠缺。此外从丛书名来说,也都不太容易形成一个有特色、有影响的出版品牌。鉴于种种原因,我们觉得有必要新策划一套有品位、有创意的学术文库。

新丛书为什么取名"博雅"?这一点不难理解。"博雅"取自华师精神"忠诚博雅,朴实刚毅"。2003年是华中师范大学的百年校庆。校庆活动很成功,在海内外都有良好的反响。"忠诚博雅,朴实刚毅"正是百年华师人经过一代代的沉淀积累和发展创新形成的优良传统。它体现了华师人的气质、修养和精神境界。"博雅"两字更是深刻体现了我们这所融汇了西方外来文化（华中大学）、中国传统文化（私立中华大学）和现代革命文化（中原大学）的百年深厚底蕴。"博"者，大也，"博大"是也；"博"者，广也，"博敞"是也；"博"者，深也，"渊博"是也。"雅"则有"高尚"之意，有"美好"之意，有"合乎规范"之意。博与雅连用，含义深刻，读起来也好上口，易于记忆。因此，用"博雅"作我们这所百年老校出版社的学术文库的名称应是比较恰当的。现在，复旦大学出版社在着力打造一个学术著作的品牌，叫"复旦博学"；湖北的崇文书局（原湖北辞书出版社）也在重点宣传一个自己的学术品牌，即"崇文学术文库"。出版社、出版家的品牌意识都比过去强了。我们打出"博雅"的旗帜，不仅仅是出几本学术著作或一套学术丛书，更重要的是塑造华师学术出版、专业出版的形象，在文化整合、学术创新中作出我们的贡献，同时也为我们学校向综合性、研究型大学迈进尽绵薄之力。

"博雅学术文库"有什么特点呢？这个特点我们概括为三性，就是学术性、原创性和人文性。文库主要辑录本校人文社会科学类研究专著，特别关注那些具有原创性质的著作，力求以"崇尚学术，追求创新"为原则，具体要体现学术上的前瞻性、开放性和包容性。我们之所以特别提一个"人文性"，是因为本文库在自然科学、社会科学、人文科学中，选材只取后二者。而在社会科学和人文科学中更偏重于有久远传承价值的人文类专著，因为人文传统的深厚也正是我们学术的特点和优势。

美国哈佛大学出版社社长托马斯·J. 维尔森在1947年说过一句话："只要不破产，大学出版社就要尽可能多出优秀的学术著作。"这可说是大学出版人的天职。在出版向市场化、产业化推进的过程中，我们更不能忘记学术出版的使命。因为一个出版社最后能被人们记起，被历史留存，不是看它曾经赚了多少钱，也不是看它积累了多少好的管理经验，而是看它有多少能传之后世的出版物。积累文化，推进学术，传承文明，大学出版社要有自己经得起时间和历史检验的出版物和出版品牌。

（载《华中师大报》2004年4月20日）

在出版社成立二十周年庆典大会上的讲话

尊敬的各位领导，各位嘉宾，各位出版界同仁：

上午好！今天，我们一起欢聚在美丽的桂子山，隆重庆祝华中师范大学出版社成立二十周年。在此，我谨代表华中师范大学出版社全体员工，向莅临今天庆祝大会的各位领导、专家、嘉宾、出版印刷发行系统的同仁以及新闻界的朋友们，表示热烈的欢迎和诚挚的谢意！

二十年前的今天，沐浴着改革开放的春风，在南湖之滨，在桂子山头，华中师范大学出版社成立了。时光似水，岁月如歌。书香伴着花香，年年岁岁。二十年，弹指一挥间。筚路蓝缕，春秋代序，几代出版人耕耘桂苑；创业维艰，风雨兼程，二十载书业情谱写华章。经过几代华师出版人的辛勤劳作，精心浇灌，华师出版社已经从昔日一株稚嫩的幼苗成长为一棵茁壮的大树，枝繁叶茂，风姿绰约，取得了令人瞩目的成就，为我国出版文化事业、教育事业，为学校的建设与发展作出了积极贡献。

二十年来，我们牢记党的出版宗旨，竭诚服务教育事业，奉献一流文化精品，共出版各类图书及电子音像制品3100多种，其中为本校教师和研究人员出版图书约1600种；有近500种获得各级各类奖励，包括中宣部"五个一工程"奖，中国图书奖，国家优秀电子出版物提名奖，国家优秀教材奖，全国优秀教育图书奖、优秀科普著作奖，湖北图书奖。据不完全统计，仅2001年至2004年的4年间，就有55种次华师版图书获得省部级以上科研与出版奖励。

风雨二十载，沧桑铸辉煌。这二十年，是华师出版社历经坎坷不断进步的二十年，更是华师出版人用心血和智慧谱写华章的二十年。

我们将永远铭记，华师出版社的建设与发展所得到的各级领导与有关部门的关心、指导与帮助。教育部、新闻出版总署相关部门的鼓励与鞭策，让我们感受光荣与自豪的同时，更体验着使命与责任。湖北省委宣传部、省教育厅、省新闻出版局领导的祝贺与殷殷期望，让我们感受到荆楚文化的深沉与博大，更感受到服务湖北教育、文化及学术事业的光荣与自豪。众多老领导、老专家及学界名流、文艺大家的题词赋诗，则使我们品味到作为当代大学出版人的神圣与美好！

我们将永远铭记，华师出版社所依托的百年学府。没有百年华师，就没有华师出版社，也没有年轻的华师出版社的茁壮成长。学校历届党委、行政都十分重视出版社的建设和发展，政治上指导，政策上支持，经济上扶持，具体工作上给予关心。学校各部门、各院系、众多专家学者更是给予了我们多方面的关爱和帮助。而学校事业的持续发展，学科建设的步步登高，研究力量的日趋雄厚，各类人才的培养聚集，更是为我们提供了源源不竭的优质出版资源。百年华师"忠诚博雅，朴实刚毅"的精神品格，更是我们华师出版人最宝贵的精神财富和力量之源。

我们将永远铭记，那些为华师出版社的建立建设和改革发展奉献青春、奉献智慧、呕心沥血的老一辈出版人。他们中间有一些人，已经永远地离开了自己所钟爱的出版文化事业，长眠于苍山绿水之间了。他们是：首任总编辑陶军教授，常务副社长戴志松编审，还有向世香、张健纯、徐祖仁、肖佩玉、刘支梅等许多老领导、老编辑。历史不会忘记，无论是有名的学者、专家、领导，还是默默无闻的耕耘者。"书比人寿长"是老辈出版人的自觉追求，流传广远的书籍又是老辈出版人不懈追求的最好见证！

出版史是优秀出版社出版优秀图书的历史。出传世之作，铸百年品牌，是几代华师出版人的共同理想与信念。

伴随着辛亥革命走向海外，我们一套大型的"辛亥人物文集丛书"一直出了差不多20年，一本又一本，不断向远方延伸。

见证了一个学科的兴起与壮大，也关注着一个学派的诞生和发展，我们一套"华中语学论库"从"九五"出版到"十五"，"十一五"还将把"论库"推向一个新的学术高地。

放眼希望的田野，我们与研究"三农"问题的专家们一道耕耘、播种，一道收获沉甸甸的果实和金灿灿的梦想，精美、厚重的"村治书系"便是最有力的见证。

如果说，以"论著选"形式出现的"桂岳书系"让人们见识了百年华师学术大师中的座座高山，那么，韦卓民先生康德研究、黑格尔研究著作的全面推出，上千万字、卷帙浩繁的《张舜徽集》的陆续出版，则使人们有机会领略学术巨人的瀚海汪洋。而《钱基博集》的上马，"博雅学术文库"的隆重登场，"中国民间文化书系"的刊行，"教育学博士文库"的面世，又将铸造一个又一个新的学术品牌。"华大博雅"与"华大精致"两个大系列的教材品牌的运作，则是我们"十一五"的重头戏。

学术的精神与血脉代代相传，我们华师出版人则当如中国人民大学校长纪宝成教授所勉励我们的："书香追桂子清远，文脉共扬子流长。"我们也将谨记老校长章开沅教授的谆谆嘱咐："立足本土，面向全球。"让"桂苑学脉，世代绵延"。

站在新世纪的桥头，我们学校的新一代领导高瞻远瞩，明确提出了学校的发展战略定位，那就是把华中师范大学建设成为教师教育特色鲜明的综合性、研究型大学。我们出版社则始终坚持以教育出版为中心，学术优先，教育为本。"举师范旗帜，铸教育品牌"成为我们共同的出版理念。

服务基础教育，提供精品读物，在广袤的土地上我们播种，我们收获。一套中小学各科《重难点手册》出版12年，发行12年，畅销12年，3000多万册的销量创造了教学辅导图书的奇迹，也创造了华师教育图书的品牌。近年，我们配合国家新一轮基础教育课程改革，推出了《信息技术》、《体育与健康》、《心理健康教育》等8种国家与地方教材，在获得基础教育教材"话语权"的同时，我们更印证着华中师大在基础教育改革与研究这块领地的潜质与实力。

百年华师是我们遮风避雨的一棵大树，是我们暂避风浪的一个港湾。但我们华师出版人更愿意与学校一同经受风雨的洗礼，一起与惊涛骇浪搏击。1997年，当华师暂时被阻于"211工程"的门外时，学校坚韧地按照"211工程"的要求建设重点学科，出版社在并不富足的时候，一次上缴670万元用于这些学科的建设。当学校百年校庆之际，出版社不仅带头捐资数十万元，还投入百万元用于学术精品和校庆系列书籍的出版。从1994年由出版社独家出资设立的华中师范大学出版基金，至今已投入近700万元，全额资助了200多个项目的出版。今天，当我们学校终于跨进"211"的大门，当百年华诞之后学校的教学科研、学科建设取得跨越式发展，本科教学评估取得优异成绩的时候，我们华师出版人深感自豪，也不无欣慰。因为在学校事业艰难前行的车辙旁，也有我们出版人深深的足迹。

二十年的奋斗，成就了华师出版人的光荣与梦想；二十年的坚守，凝聚着华师出版人的价值与追求。二十年是一个逗号，昭示着新的起点，新的征程。

对华师出版社来说，现在面临着希望与机遇，但更多的是风险与挑战。随着文化体制改革的推进，随着市场竞争的白热化，出版业已经告别了幸福时代，面对的是微利与高风险。无论有多少风雨、多少坎坷，我们都将一如既往坚持牢固树立"发展是硬道理"、"发展要有新思路"的观念，把发展作为出版社的第一要务，不断探索出版自身的发展规律，着眼于提高内部活力与市场竞争力，坚定不移地走内涵式发展道路，坚定不移地走现代企业发展与改革之路。

我们将一如既往地坚持走特色立社、品牌兴社的道路，坚持教育出版的中心地位，坚定不移地举师范旗帜，铸教育品牌，服务基础教育，服务师范教育，服务学校的教学与科研，弘扬学术，积累文化，传承文明；我们仍将坚定地实施选题结构上的"一主两翼"和经济结构上的"三足鼎立"。

我们将一如既往地抓好未来的出版核心竞争力——人才队伍建设。打造学习型企业，培养专家型员工，是我们追求的目标。巩固书业，拓展新的领域，开展国际合作，实行现代企业制度，人才是关键的关键。我们将继续把培养和引进相结合，把人才强社战略落到实处。

各位领导，各位来宾，出版社的员工同志们，2005即将过去，新年的曙光已依稀可见。新的征程已经开始，新的远航就要起锚。长风破浪会有时，直挂云帆寄沧海。让我们一起携起手来，团结一心，锐意进取，为出版事业的繁荣，为学术文化的兴旺，为百年华师的跨越，共同努力，奋勇前行。

最后，我借用著名作家、诗人熊召政的题词来与大家共勉："回眸欣看书生梦，春雨秋风二十年。神女散花原有意，明朝更是艳阳天！"

再次谢谢各位！

（2005年12月6日）

弘扬恽代英革命精神　努力做好新闻出版工作

今天，我们在这里聚集一堂，纪念恽代英同志牺牲75周年，座谈《恽代英年谱》和《纪念恽代英诞辰110周年学术讨论会论文集》的公开出版。作为出版者，我们能为及时地、高质量地推出恽代英的年谱和纪念论文集感到十分的荣幸和自豪。应该说，这两本书编辑出版的过程，对于我们来说也是学习提高的过程，净化心灵的过程。在编辑出版的过程中，通过了解和学习恽代英同志报刊以及书籍编辑方面的实践和思想，我们也深感弘扬先烈革命精神、与时俱进地做好新闻出版工作使命之神圣、责任之重大，且时不我待。

恽代英同志是我党早期著名的政治家、理论宣传家，华中师范大学杰出的前辈校友，同时也是现代成就卓著的编辑工作者。在短暂的一生中，恽代英同志曾经创办和编辑出版了多种报纸和刊物，在中国现代报刊史、新闻出版史上留下了光辉的一页，产生了重大的影响，特别是他主编的《中国青年》杂志，教育了整整一代青年知识分子。在恽代英同志遇害三十周年时，董必武同志曾满怀深情地挥毫赋诗："抓住青年进取心，手书口说万人钦。血腥刀俎君菹醢，卅载难忘此恨深。"这首诗对代英同志的报刊艺术及宣传才干作了恰当的评价。今天，我们重温他从事新闻宣传活动及编辑出版工作的丰富实践及宝贵思想，对于在当今新的形势下，坚持为人民服务、为社会主义现代化事业服务的出版方向，弘扬主旋律，坚持出好书、编好刊、办好报，仍然有着十分重要的现实意义。

早在1907年，少年恽代英就和叔伯兄弟们创办了一份供家庭成员传阅的手抄小报，汇编报刊所载的国内外大事、重要文章，也有一些文艺性作品。1915年秋，已考入中华大学中国哲学门的恽代英与黄负生等人创办了油印杂志《道枢》，他最早的哲学论文《怀疑论》就发表于此。这个自编自印的杂志受到师生们的热烈欢迎，开明的教育家、校长陈时先生也给予了充分的肯定。

1917年初，陈时校长全权委托恽代英接手编辑中华大学学报——《光华学报》。这份刊物可以说是我们华中师范大学学报的前身之一。恽代英上任后，就对学报从内容到形式及对外推广宣传等进行了卓有成效的改革：在刊物封面上登载要目，同时在其他刊物上登目录广告，以扩大学报影响；对来稿提出明确的学术内容、写作规范方面的要求；增加学术争鸣栏目，鼓励学术讨论与创新；加强与作者、读者的沟通，每期设置"编辑室之谈话"栏目，阐明编辑意图，评介刊物上的重要文章，预告下期内容，等等。在恽代英的努力下，《光华学报》成为五四运动前夕武汉地区传播新思想、新文化，推进学术研究与理论创新的主要阵地之一。

此后不久，恽代英和林育南等人组织了新声社，编辑出版了社刊《新声》半月刊（1919年12月转为互助社社刊）。该刊提倡白话文，传播新文化、新道德，反对和批判封建礼教及腐朽文化。在这前后，他还创办了《学生周刊》、《中学校》等进步报刊，均产生了良好的社会反响。

这里我们特别要谈谈恽代英同志与利群书店。1918年夏季，他应聘担任中华大学附中教务主任时，为让青年学生"知道世界最新政潮、思想大概的必要"，特地在中华大学门口办一个启智图书室，并组织了一个书报代售部，向广大青年推销进步书刊和报纸。1920年春，恽代英辞去中华大学附中的职务，和林育南、李书渠等为利群书局（原设计的名称）的开办积极筹集资金。他动员伯父捐资20元，又将书报代售部35串钱转来，租下武昌横街头的一栋房子，正式定名为"利群书社"，1920年2月1日正式营业。当年，利群书社发行各种进步书刊，推动了马克思主义在武汉地区的传播。在利群书店期间及以后不久，恽代英还创办了《我们的》、《互助》、《武汉星期评论》等进步报刊。一些寻求革命的知识分子，都把利群书社看成是长江新文化的中心，而恽代英同志就是这个新文化中心的组织者和领导者。1921年6月7日，利群书社因陆军第二师发生兵变时房屋被烧毁，书社关闭。改革开放后，我们华中师范大学重新恢复了"利群书社"，老革命家陆定一同志亲自题写了社名，这是我们很珍贵的财富。今天的"利群书店"正是属于我们华中师范大学出版社的。它已成为展示华中师大教学科研成就的一个明亮窗口，成为我们华中师大出版社展示出版形象的一个文化名片。

从1922年到1930年，恽代英同志指导或亲自创办或担任主编的报刊还有《半周刊》、《课余》、《新建设》、《黄埔日刊》、《红旗》、《红旗日报》、《每日宣传要点》等。而特别值得重视的是他主编的《中国青年》。1923年8月，中国共产主义青年团第二次全国代表大会在南京召开。作为负责宣传工作的团中央负责人，恽代英和邓中夏一起筹办《中国青年》杂志。10月20日，《中国青年》作为团中央机关刊物正式创刊，恽代英同志担任主编，主持刊社工作数年之久。《中国青年》是我国最早以马克思主义教育青年的刊物之一，也是我们党团结青年联系群众的一个重要阵地。这样一份进步的革命刊物，在当时一再遭到反动当局的查禁和摧残，但它仍以不同的渠道，灵活的方式，被源源不断地发送到全国各地，得到广大读者特别是青年朋友的热烈欢迎。刊物的发行量不断扩大，从最初的几千份上升到五万多份。这在当时是一个惊人的、了不起的数字。

此外，还值得一提的是，恽代英同志在20年代曾经参与少年中国学会的活动，负责"少年中国学会丛书"的组稿与编辑工作，所撰《致少年中国学会同人》中蕴涵着较为系统、深刻的编辑出版思想。查上海图书馆编《中国近代现代丛书目录》（上海图书馆编印，1979年），少年中国学会编辑的丛书有2套，即《少年中国学会小丛书》（4种，上海中华书局刊行，1922年1月—1933年1月），《少年中国学会丛书》（24种，上海中华书局出版，1921年—1940年5月）。这其中一部分图书的编辑出版无疑是灌注了恽代英同志的心血、体现了他的编辑思想的。

在长达15年的报刊编辑出版生涯中，恽代英同志逐步形成了自己的新闻宣传思想和编辑出版理念。他自觉地把报刊作为改造社会、唤醒民众、教育青年的有力武器，积极投身到以图书、报刊编辑工作为依托的革命洪流中，把报刊编辑出版工作作为整个革命工作的一个有机组成部分，为我党新闻出版事业的建设和发展作出了突出的贡献。他认为，报刊最主要的功能是传播新思想，唤起人民革命的欲望。同时，他在丰富的报刊实践中对报刊多方面的作用和价值也有正确的认识。报刊的教育功能，传承文化的功能，促进学术交流、繁荣理论建设的功能，引导和纠正舆论的功能等，他都或进行过论述，或有过实际的探讨。而他在编辑出版实践中形成的编辑特点与风格，如对出版选题的精心组织，对新闻信息的及时发送，对内容真实性的认真把握，对报刊可读性的不懈追求，对教科书编辑中国化的真知灼见，对通俗简练文风的积极倡导，对报刊编辑形式美的努力探索，以及对读者心理的悉心分析，等等，都为我们提供了可资借鉴的宝库。这也是我们乐意编辑出版《恽代英年谱》及学术研讨会论文集的重要动力。

最近20年来，我们华中师范大学出版社已经先后出版了3本有关恽代英的学术会议论文集，分别是《恽代英学术讨论会论文集》（1985年）、《恽代英诞辰100周年纪念会暨学术讨论会论文集》（1996年）以及这次的《纪念恽代英诞辰110周年学术讨论会论文集》（2006年）。而由李良明、钟德涛先生主编的《恽代英年谱》的编辑出版，更是我们在学校党委、行政及作者大力支持下，奉献给党史学术界和广大读者的一份厚礼，是恽代英研究中的一个新的重要收获。编辑认真、设计大方、装帧雅致的年谱和论文集，比起以前的几本著作，从编辑出版的角度显然上了一个新的台阶。此乃"一瓣心香祭英灵，两册论著播遗韵"。

斯人已逝，风范长存。我校老校长、著名历史学家章开沅教授曾经倡导，尽快整理、出版《恽代英全集》。应该说，这是我们华师学人和华师出版人共同的、义不容辞的责任。如果有可能，我们华中师范大学出版社将在学校党委、行政的领导与协调下，积极配合有关部门、专家学者，尽早促成《恽代英全集》的问世。我们还将配合恽代英研究的不断深入，推出更多更好更新的相关学术成果，为振兴百年华师增添光彩，为弘扬先进文化再作贡献。

（此文是2006年4月28日在纪念恽代英牺牲75周年暨《恽代英年谱》出版座谈会上的发言）

国学：华中师大社的一个出版重心

所谓国学，通常是指我国传统的学术文化，包括哲学、历史学、考古学、文学、语言学等。弘扬文化传统，重视国学教育，近几年成为学术界、教育界共同关注的热点。中国人民大学专门成立了国学研究院，还开办国学班培养有良好传统文化底蕴的大学生。而我们作为百年老校的华中师范大学，一直有着深厚的文化根基，在发展历史上出现了众多的国学才俊和一些享有盛誉的国学大师。深入挖掘百年文化富矿，继承优秀文化遗产，也一直是我们华中师大出版人的追求。

从上个世纪90年代后期开始，华中师大社就致力于国学著作的出版。其中，一套"桂岳书系"中就有好几种著作是关涉国学的。为配合学校的国学教育，出版社推出《国学典籍精读》，一版再版，行销不衰，许多高等学校将其作为教材使用。2000年以后，华中师大社在国学著作出版的系列化、品牌化、精品化方面进一步加大了力度，一系列的举措将使其成为国学出版的一个重镇。

经过多年酝酿、筹划，在一代国学巨匠张舜徽先生生前同事和学生——历史文献研究所诸位老师配合下，终于从2003年启动上千万字的《张舜徽集》的编辑出版计划。2004年3月，文集第一辑5卷7种以整体形象、崭新面貌亮相。它们包括：《中国文献学》、《中国古代史籍举要》、《中国古代史籍校读法》、《广校雠略》、《汉书艺文志通释》、《清人文集别录》、《清人笔记条辨》。文集每卷后均附有张先生已出版的著作目录。张先生的这7种著作可以说都是中国历史文献研究的精品，堪称传世之作。《张舜徽集》第二辑5卷（包括《周秦道论发微》、《郑学丛著》、《清代扬州学记》、《顾亭林学记》、《清儒学记》、《爱晚庐随笔》）则于2005年12月面世。《张舜徽集》第一、二辑10卷14种图书出版后，在学术界、出版界都产生了很好的反响。这套大型的国学文集的市场销售也形势喜人，业绩不俗。第三辑 5 卷不久也将和读者见面。

《钱基博集》的规划与启动，是华中师大出版社打造国学出版品牌的又一重要举措。一代国学大师钱基博先生建国后一直在华中师范大学及其前身华中大学任教。50 年代初期，他将自己的 5 万册藏书全部赠给了华中大学。1952 年他又将历年收藏的甲骨、铜玉、陶瓷、历代货币、书画等文物 200 余件，捐赠给了华中师范大学（当时为华中师范学院）历史博物馆。1957 年，一代学人因病去世，享年 70 岁。他除了留给华中师大众多珍贵的图书和文物外，还留下了一批高水平的国学研究著作，包括《经学通志》、《版本通义》、《骈文通义》、《古籍举要》、《国学必读》、《四书解题及其读法》、《周易解题及其读法》、《老子解题及其读法》、《文史通义解题及其读法》、《孙子章句训义》、《韩愈志》、《韩愈文读》、《明代文学》、《现代中国文学史》等等。整理出版一代国学教育家钱基博的文集，受到先生晚年工作达 11 年之久并在此逝世的华中师范大学的高度重视，华中师大出版社将数百万字的《钱基博集》列入了"十一五"省级重点出版规划。2007 年 3 月，是钱先生诞辰 120 周年、逝世 50 周年，出版社将配合学校的纪念活动和学术活动，先行推出《钱基博年谱》，其文集各卷也将陆续刊行。

与华中师范大学道家道教研究中心、茅山道教文化研究中心联手，共同策划出版"道家道教文化研究书系"，是华中师范大学出版社国学出版计划的又一重要组成部分。这套内容丰富、质量上乘、设计典雅、印制精美的丛书，目前已经出版了《论道崇真集》（唐明邦著）、《老子其人其书及其道论》（詹剑峰著）、《道教南传与岭南文化》（王丽英著）、《道论》（韩国·李顺连著）。其中，既有老辈学人的传世名作，也不乏学坛新人的新作佳构；有中国学者的成果，也有海外专家的论著。不久还要推出的有《茅山道教志》、《葛洪研究论集》等等。诚如丛书主编熊铁基教授所言："为学如积薪，我们的工作也是为学术得以传承而添薪增火。"这套丛书将继续往前推进，不仅收罗国内名家名作，还将更多吸收海外相关研究成果；对于港台地区的研究，我们也将提供发表的园地，以促进学术的交流和国学研究的兴旺。

除了上述两大文集、一套书系外，华中师大社还有若干成系列、有特色的国学研究或与此密切相关的出版物：刘海峰教授主编的"科举学研究丛书"，已经出版的《科举学导论》、《科举革废与近代高等教育的转型》、

《书院与科举关系研究》。2006年又有3种科举学方面的论著加盟此丛书。与中国历史文献研究会合作编辑出版的学术辑刊《中国历史文献研究》每年一册，到2006年已出版了26辑，集腋成裘，规模已具，影响波及海内外。此外，还有"华大博雅"学术文丛，也正在准备重新推出著名哲学史家詹剑峰先生曾经在国际学术界产生重大影响的墨子研究等方面的系列成果。我们相信，经过若干年的努力，在国学研究、教育与编辑出版的园地里，华中师范大学出版社必将成为人们瞩目的一个品牌。希望再过三十年、五十年，还会不断有人阅读我们的书籍。我们始终坚信，出版社之所以会让后人记起，是因为它曾经出版的好书，特别是那些弘扬自己民族文化优良传统的好书。

(2006年10月，未刊稿)

岁月书痕

传播桂苑书香　助推学子成才

首先，请允许我代表华中师范大学出版社向获得首次"桂苑书香"助学奖学金的二十位同学表示祝贺。

"桂苑书香"助学奖学金是一个颇有意蕴的创意。它的创设，得到了学校领导的关心与肯定，得到了华师学工处同志们的大力支持。大家知道，桂子山是一个溢满花香的天地，桂子山也是一个充盈书香的世界。书香伴着花香年年岁岁，树人更胜树木世世代代。作为一个中型文化企业的华师出版社始终把出书育人、服务教育作为我们的宗旨，把"经济与文化共赢，出版与教育互动"作为我们的追求。近几年来，我们在社会效益明显进步，经济指标稳步上升的过程中，始终不忘自己的社会责任和文化使命，始终不忘在受惠于教育、受惠于学校的同时回报教育，回报学校。我们曾连续多年全额资助湖北省英山县一所希望小学的近 50 名贫困子弟完成学业；也曾向地处边陲的新疆、云南等地的大学和中小学捐献图书；而在十堰山区更有我们一手援建的微机室、图书室。今天，我们又把关注的目光投向桂子山家境贫寒但却奋发向上的学子，继去年赞助大学生影评征文之后，我们又设立了这一为期五年的"桂苑书香"助学奖学金。这也是我们对华师学子"特别关注"的一个新的起点。

今天获得奖励与资助的同学是优异的，也是幸运的。我相信你们能像洪战辉、徐本禹们那样，奋发进取，报效祖国。我也还有一个小小的愿望，希望你们了解华师出版社，关心华师出版社。也许你就是用我们的《重难点手册》走进大学校园的，这套中学助学读物行销 13 年，发行近 3500 万册，年销售近二千多万元，这几乎是出版界的一个奇迹。也许你就是伴随我们的《信息技术》教材而游弋于计算机网络的海洋，我社此类教材，小学、初中占有湖北 60％的市场，高中更是有 80％的市场份额；同时，大学计算机教材也列入了国家"十一五"规划。"十一五"我们的中文类国家"十一五"规划教材仅次于北京大学出版社。现在，我们正着力打造"华大博雅"出版品牌的数十个系列教材、专著，策划推出"华大学人研究书系"；陆续面世的国学大师几千万字的《张舜徽集》、《钱基博集》，既是我们出版人的责任所在，也是值得大家骄傲和自豪的。

老师们、同学们，书香社会是我们共同的理想与追求。"桂苑书香"助学奖学金颁发之际，秋日的桂香还弥漫在心头，梅园的梅花可曾绽放？而那牡丹园的数千株牡丹正蕴育着新的生机和希望！

（此文是2007年1月5日在首次"桂苑书香"助学奖学金颁发仪式上的讲话，"桂苑书香"助学奖学金由华中师范大学出版社2006年出资设立）

岁月书痕

纪念学术大师的最好办法

芳草又绿，新燕剪翠。在这阳春三月莺飞草长时节，我们聚集在美丽的桂子山，纪念一代国学大师钱基博先生诞辰 120 周年、逝世 50 周年。作为先生生前所供职学校的一个出版工作者，我很高兴能为整理刊行先生的学术成果、弘扬先生的学术精神做一点切实的努力。各位手头拿到的这本由傅宏星先生编撰的、印制精美的《钱基博年谱》，就是我们华中师大出版社员工加班加点赶制出来、献给此次学术研讨会的一份小小的礼物。章开沅老校长对《年谱》的热心推荐、大力支持，直接促成了《年谱》的及时问世。这本书也是我们关于钱基博先生著作及相关研究成果出版工程的组成部分之一。本次会议的论文集也将由我们纳入"华大学人研究书系"在不久的将来公开出版。

记得二十年前，我研究生刚毕业到本校学报编辑部从事文史方面的编辑工作，初次见到并认真阅读了以"纪念钱基博先生诞生百周年专辑"为名刊行的一期文科学报，对时任校长的章开沅老师为专辑撰写的前言《诂经谭史，言传身教》至今印象深刻。老校长谆谆告诫我们："纪念钱基博先生，最好的办法是继承他的宏愿与实践他所未能完成的事业。"

十年前，也就是钱先生诞辰 110 周年的时候，我现在所供职的华师出版社推出了由曹毓英老师编选的《钱基博学术论著选》（"桂苑书系"之三）。此后不久，我本人工作变动，调至出版社负责编辑业务的管理工作。从那时起，我和我的同仁们就一直在思考，如何进一步发掘百年华师的学术资源，更有效地在文化的承传和学脉的延续方面做一些更扎实、更厚重、更能传之久远的工作。当然，这样的工作难度更大，风险也更高；特别是在当今士风学风普遍比较浮躁，出版业也逐步市场化、产业化，商业出版热火朝天、学术出版渐入严冬的情况下，在学院明星、学界"超女"你方唱罢我登台的喧嚣时刻，更需要出版人的眼光与魄力、恒心与耐心。

我们始终相信：文化乃出版之本，学术为出版命脉。好在学校和出版社此前已有了比较好的基础，有关的专家学者也做了一些铺垫性的工作。2000年以来，我们陆续推出了老华中大学校长、著名学者韦卓民先生关于康德的著译成果近200万字；关于黑格尔的著译文字也在陆续刊行。我们还再版了哲学史家、逻辑学家詹剑峰教授关于老子、墨子研究的名著《墨子及墨家研究》。一代国学大师张舜徽先生的文集列入国家"十五"重点出版规划，至2006年已经刊出10卷，计有著作14种，另有10卷将在今年年内与读者见面。这套约20卷的煌煌巨著《张舜徽集》在学校领导的直接关心下，在历史文化学院多位专家的鼎力支持下，将在近年内完工。

现在，我们积极努力，再接再厉，又将《钱基博文集》列入了湖北省"十一五"重点出版规划。据曹毓英、傅宏星两位专家的初步搜集和整理，钱先生的论著大约在一千万字。这些论著，一部分是建国前后在海峡两岸公开出版过的，也还有一部分未公开发表的手稿本、油印本。而散落在建国前报刊上的散文、小说、方志、序跋、书牍、碑传等佚文更是数量众多。钱先生生前自谦仅以集部见长，其实他学贯古今，博涉四部，浩瀚无涯，且能融会贯通，与时俱进，实为通人和大师。近年来国人对清华老校长梅贻琦先生"所谓大学者，非谓有大楼之谓也，有大师之谓也"的名言早已耳熟能详，但很多人并不明白留过洋、工科出身的梅先生所谓大师乃是博极古今、学贯中西的通人。而这种人只有通才教育才能培养出来。如何培养通人、如何成就大师就不仅仅是学者自己要思考和解决的问题了。而钱老乃一代大师、一代通人则是人们所公认的。就是这样一位大师、一位通人，其现今的"门庭"并不热闹。比起相交甚厚的早年同事也是国学巨匠的钱穆，比起名满天下的儿子钱钟书，钱基博先生身后似乎过于冷清。从出版界来说，虽然有那么几家出版社近年来刊行过钱老的著作，也大多集中在《中国文学史》和《现代中国文学史》等少数几部。这个局面亟待改变。

应该说，钱先生的宏富论著既是我们华中师大宝贵的学术遗产，也是我们国家和民族重要的文化财富。经师人师，模楷儒冠。钱老值得我们学习和继承的，除了他的学问知识，还有他那悯时忧世、文章报国的人文情怀。搜集、整理、出版好钱先生的遗著，弘扬光大钱先生的精神，我们华师人责无旁贷。我们出版社打算把所能搜集到的钱先生论著尽可能完整、全面地刊行出来。"文革"时期,钱先生的几百册日记被全部焚毁,宝贵的精神遗产灰飞烟灭,令人扼腕。亡羊补牢,我们今天当尽可能少留遗憾给后人。

这里,我要顺便呼吁,希望学校对于百年历史上像钱基博先生、张舜徽先生、韦卓民先生、詹剑峰先生这样的大师级学者更有组织、有计划、有步骤地进行学术挖掘与深度研究。可以在总体规划、宏观协调的基础上,以项目或课题招标的形式,分别组织编写出版这些大师的学术评传、年谱、专题论集、研究资料汇编等等。我们出版社创设了一个"华大学人研究书系",其目的正如章开沅老师在"总序"中所说的,是要"激发对前辈学人的深入研究,从而弘扬百年华大的学术传统,以期华大学脉世代绵延"。要做好这项工作,特别需要管理、研究、出版几支队伍,校内、校外各方专家,乃至海峡两岸多重力量的密切合作。作为出版方,我们愿全力以赴尽自己的本分。我们希望,到钱老诞辰130周年之际,厚重完整的《钱基博文集》,系统全面的相关研究论著能摆在大家面前。为了这个小小的心愿,更为了学术研究和学术出版春天的真正到来,让我们共同努力!

(本文是2007年3月20日在钱基博与国学学术研讨会上的讲话)

积极推进内部管理体制改革
促进出版社又好又快发展

今天我们在风景秀丽的革命老区麻城的龟峰山庄召开出版社第一届二次职工代表大会，共商出版社的改革发展大计。我的发言主题为：积极推进内部管理体制改革，促进出版社又好又快发展。这次会议的具体议题经与工会协商，确定为讨论"委托代理人员管理办法"和"委托代理人员考核办法"。虽然讨论的是两个具体的办法，但它们和出版社改革的整体推进、和出版社转企改制都密切相关。因此，在大家充分讨论之前，我作一个发言，算是对这两个办法的"导读"，把我个人的一些想法、社委会的一些意见和大家作一个交流。目的是我们一道认清形势，解放思想，转变观念，推进改革，共谋发展。这里，我主要讲一讲为什么要进行内部体制改革与如何深化改革两方面的问题。

关于为什么要深化内部管理体制改革，可以从国家的改革形势、优秀出版机构的成功经验以及我们的现实状况与需要几个方面来说。

一、大学出版社转企改制已是大势所趋，改革步伐将会明显加快

2002年，国家包括出版体制在内的文化体制改革试点工作开始筹备。2003年3月中央常委会讨论了《文化体制改革试点工作方案》，对改革试点工作要把握的原则和注意的问题提出了重要的指导意见。中央对文化体制改革非常重视，《文化体制改革总体方案》和《文化发展纲要》连续两年都列入中央常委的工作要点，2004年还列入了总理的政府工作报告。2003年国家文化体制改革设立了9省市、35个单位试点，其中新闻出版行业有21个。现在，这些试点单位改革进展比较快，取得了阶段性的成果和经验。

到 2005 年，大学出版社转企改制明显加快了步伐。以前是说这项工作只有路线图，没有时间表。但随着 19 家大学出版社列入出版转制试点单位，随着教育部和新闻出版总署《关于高等学校出版体制改革工作实施方案》的出台，出版社的体制改革显然已成为业界的热点和关注的焦点，出版社的体制改革成为大势所趋，势在必行。教育部副部长李卫红 2007 年 4 月 22 日《在高校出版体制改革试点工作会议上的讲话》指出："出版体制改革能否顺利推进并取得成果，关系到文化体制改革的全局。作为我国出版界的一支重要力量和组成部分，肩负着重要任务。""我们高校从事出版工作的同志，要认清文化体制改革的大局，深刻领会中央关于推进文化体制改革的决策和部署，充分认识高校出版试点单位的任务，以高度的政治责任感和紧迫感，承担起光荣的使命，积极地投入到高校出版单位的体制改革中去。"

按照国家的宏观部署，依据大学出版社的实际情况，进行体制改革的模式分为两类：大多数高校出版社要由"事业单位，企业化管理"转为完全的出版企业，少数高校出版社实行新的事业单位体制。确定转制为企业的出版社要完成由事业单位向企业的体制转换，真正成为自主经营、自负盈亏、自我约束、自我发展的市场竞争主体，要按照现代企业制度的要求，建立和完善出版社法人治理结构，建立产权清晰、权责分明、管理科学的现代出版企业。新事业体制的出版社也有新的规范和要求，也要进行内部改革，这里不多说。现在列入试点的 19 家大学出版社只有东北林业大学出版社将来是新事业单位，其他 18 家都将转制为企业，包括我们身边的武汉大学出版社、华中科技大学出版社。

今年 7 月，教育部和新闻出版总署将联合召开第六次全国高等学校出版社工作会议，关于高校出版社体制改革问题将是此次会议的最主要议题（另一个主题是数字化）。教育部和新闻出版总署还可能出台《关于进一步推进高校出版社改革发展的若干意见》。出版总署柳斌杰同志担任署长以后，对出版社转企改制问题抓得更紧了。今年，国家新闻出版总署就把指导、推动一批高校出版社完成转制试点工作，作为 2007 年的主要任务之一。

我们华中师范大学出版社是教育部直属的师范大学出版社，回顾 20 多年的发展历程，我们的体会是：只要紧跟时代步伐，适时地进行体制改革和机制创新，出版社就会有大的发展；反之，我社的发展就出现停滞，甚至还有生存危机。现在，我社又到了出版体制改革形势下所带来的机遇与挑战并存的关键时候，为促进我社健康、稳定、持续发展，我们将积极创造条件，主动和学校领导沟通，力争尽快进入教育部的改革试点行列。

二、优秀出版机构的成功经验之一是重视内部体制改革和机制创新

　　大学出版社以前是实行的"事业单位，企业化管理"，到现在绝大部分出版社仍然是这样。企业管理指的是内部管理制度，事业单位指的是这个单位还是事业性质。同样的体制，有的出版社发展迅猛，有的则发展迟缓，有的甚至步履维艰。除了其他方面的原因，这里起关键作用的是如何处理企业与事业的关系，关键是内部管理制度的选择。一般来说，出版社内部企业化步伐快，企业化程度高，就发展得好；而那些死守事业体制，坚持"事业人"观念的，就容易养闲人、养懒人，危机四伏，困难重重。优秀的、成功的出版机构在内部管理制度创新方面为我们做出了榜样。

　　外研社在大学出版界享有盛誉。这个过去名不见经传的小型出版社经过10多年的改革发展，成为年销售码洋10多亿元，利润近2亿元，集出版、教育、培训、信息（产业）为一体的大型教育出版公司。该社的工作人员超过1000人，其中老的事业编制的人员是150人左右。外研社成功自然应归因于坚强的领导班子、科学的战略决策、良好的发展机遇（如改革开放后对外语的强劲需求）。而始终充满活力的内部管理机制则是其制胜的重要法宝。前任社长李朋义认为外研社在变机制即内部的管理机制上最为成功。他归纳说："这个管理机制，我们的做法是干部能上能下、职工能进能出、收入能高能低、机构能设能撤。"他举了一个干部的例子。一个人事代理的合同制员工到社里工作了一年，很优秀，就被提拔为一个事业部的总经理；干了一年，因业绩突出，又被调到一个更重要的事业部——高等英语事业部担任总经理，这个事业部的营业码洋是3.5亿元。当然，干部中也还有三上三下的，职工中不乏淘汰出局的。他说，老的事业编制职工淘汰率在10%，末位淘汰制。事业部或部门主任觉得他不适合，就交给人力资源部，人力资源部就给他在其他部门找工作，找不到工作就下岗，回家拿工资的70%，相当于北京最低生活保障。最近几年已经有好几位了，包括当编辑的硕士毕业生，也有搞营销的市场人员。可以看

出，外研社既提供给员工创业和发展的良好平台，也提供了竞争的巨大压力。

湖北的知音传媒集团是大家熟悉的。从1985年3万元起家办《知音》到现在，已经发展成为总资产6.36亿元、净资产4.15亿元的大型传媒集团。2006年实现经营收入3.10亿元，利润1.14亿元、上缴税收6473万元。目前，集团下属9种期刊、2份报纸、4个子公司、1个网站、1所大学。《知音》品牌杂志月发行量636万份，居世界综合性期刊第五位。为召开这次会议，我们专程到知音集团学习取经。在与集团领导和分管人力资源同志的交谈中，我们深切地感受到：知音的成功得益于坚定不移地抓品牌建设，坚定不移地抓核心企业（知音杂志）。而它在内部管理机制上的做法，更是其不断发展壮大的力量源泉。科学设岗、以岗定薪，绩效优先、拉开差距，以贡献论英雄，是其分配特点。人力资源管理重点是建立科学、透明、公正的岗位考核以及奖惩制度和人才的引进培训制度等。知音集团的管理是很人性化的，他们办刊倡导"人情美、人性美"；二十多年来企业也在管理中讲求人性化，从没有裁减过一个员工。但其人事管理又是严格企业化的，它是用经济的杠杆来调节的。能力强、业绩好的，能在事业发展、个人收入方面有丰厚的回报，远高于我们华师出版社。而对于不够敬业、绩效很差的人，收入仅够温饱，比武汉市最低生活保障高不了多少，当然远远低于我们出版社员工的最低收入。可见，知音是个不好混日子的地方。知音现有各类员工400多人，其中事业编制的只有30多人。知音对员工的考核都是一样的。

三、我们出版社的现状和面临的问题

我们出版社在学校党委的关心支持和全体员工的共同努力下，这几年取得了一些成绩和进步，两个效益方面都有一些亮点。在学校的二级单位目标考核中连续3年获得优秀，去年还被评为二级精神文明单位。在社内社外、校内校外，人们给予了出版社一些赞誉。但我们社委会已经非常清醒地看到，在目前市场竞争十分残酷、出版利润十分微薄的情况下，在大的发展机遇期（特别是传统出版物形态）并不存在的情况下，我社如何稳定持续发展是面临很大困难的。我们自己跟自己比还不错，但与优秀的大学出版社特别是一些大社、名社比，我们各方面的差距还非常大。这个差距并不仅仅表现在发展的规模和速度上。我们目前存在的最大问题是发展不够，改革的力度不大，发展的思路不开，内部的活力不足，市场的竞争力不强。在数字化和企业化的双重挑战面前，我们该怎么办？今天的会议就是要讨论如何转变观念、转变机制、理顺关系、增强内部活力的问题。人力资源是出版社发展的第一资源，也是出版社的最重要的核心竞争力。

我社的人员的基本情况是这样的：不包括印刷厂，社内有各类在岗职工107人，离退休职工34人，另有在编但不在岗的内退、出国人员等4人。总计145人。其中华师事业编制的51人，人事代理的22人，短期合同工25人，社外编辑1人，财务室7人。今年7月，还有5人作为人事代理职工到岗。到7月1日，我社在岗人员是112人，不算属于学校的财务人员，在78位事业编制和人事代理制职工中，人事代理者占到34.6%；而把人事代理与短期合同工加在一起，总计52人。不算财务人员，人事代理与短期合同工一起，占到全社人数的52.1%。随着退休人员的增加，老的华师事业编制职工还将进一步减少，合同制员工总人数进一步增加，所占的比例也会进一步加大。到2008年底，这个比例肯定会超过60%。合同制员工在社内不仅数量上是一支重要力量，而且担负的责任、所在的岗位也越来越重要。无论是编辑校对一线，还是市场营销前沿，抑或是管理岗位，都活跃着他们的身影。有的已成为分党委委员、科室干部、业务骨干。如果说过去他们已经是出版社的生力军，那么现在和以后，他们就是出版社的主力军了。我们现在是在新四军五师战斗过的地方。打个比方，我们这些代理制员工如果说曾经是新四军五师，现在就要成为八路军的115师、119师和120师了。那是绝对的主力部队，后来的二野、四野等就是以此为基础发展的。

应该说，上述几种类型的员工都是企业的主人，都是出版社重要的不可或缺的力量。现在的问题是，如何理顺几类员工的关系，特别是将人事代理制中两种待遇的员工关系理顺，也给短期合同工中久经考验的优秀技术岗位员工以前途和希望，是我们必须面对的问题。与此同时，在合同制员工中加强科学考核，突出绩效，奖勤罚懒，加强竞争，增强活力与压力，实行优胜劣汰，也是需要解决的现实问题。虽说我们的短期合同工的收益在校内是最好的，高于武汉市同类员工水平；我们的人事代理制员工收益高于校内其他单位同类职工待遇，也高于属于学校人事代理编制的职工待遇。但是因为内部的不平衡（老话讲，不患寡而患不均），因为缺乏科学严格的考核机制，因为大锅饭的成分还相当严重，也因为思想观念上的一些因素，致使内部活力不足，几乎没有大的压力，自然也就缺少竞争力。与外研社、知音杂志社相比，我们员工中，待遇高的比他们高的低很多，待遇低的又比他们低的高很多。人家更像企业，我们则还残余了很多事业的东西，甚至有的还不如纯事业单位改革的力度大。我们的人力成本实在是很高的。我们临时工的待遇、合同制员工的待遇在校内都是最高的，当然也明显高于武汉市的平均水平。我们也核算过，事业编制一个编辑的成本是社外计件制编辑成本的 8 倍左右。

目前的状况是，不仅企业特别是转制为出版企业的出版社加快了改革步伐，就是学校这样的事业单位也加大了改革的力度。我们学校的内部三项制度改革就一直在往前推进，教授终身制已经打破。教师三年一考核，三年一聘，压力大了，活力也就增强了。人事部、教育部最新颁发的《关于高等学校岗位设置管理的指导意见》，也明确提出，高等学校"根据本校和所在地区的实际情况，学校在新聘用教职工时，应积极实行人事代理制度"。我们作为出版企业，理当只争朝夕，加快改革与发展的步伐。

关于如何深化内部改革，我想简单一点，主要说说转变观念和分步实施的问题。

1. 我们要树立的第一个观念就是：出版社就是企业，是完完全全的企业

我们这样讲，前提是始终坚持社会主义出版方向，坚持社会效益第一、两个效益有机统一的原则，坚持为学校教学科研服务宗旨不变的原则。出版社"事业单位，企业化管理"是一种过渡形态。现在它即将完成其历史使命。如果我们还老抱住"事业"的大树不放，既想要企业的待遇、收益，又要事业单位的相对舒适和清闲，加上稳定，无后顾之忧，那就很难办。作为企业职工，只有树立了完全的企业人的自觉意识，才能按企业的规则和要求去努力工作，才能与企业同甘共苦，风雨同舟。

我觉得，我们的人事代理制的员工在观念转变方面应该也必须先行一步，首先树立这种企业人的自觉观念。企业的劳动合同制是以劳动法为依据，属于国家法律层面上的制度，与劳动合同制配套的社会保障制度是比较健全的。事业单位实行的是聘用制。到目前为止，事业单位还没有下岗。这个局面也在逐步改变。二者的分配制度也是不同的。企业推行的是岗位技能工资制、经营者年薪制，还有绩效工资制等。它以市场价为转移，也与企业的经营成效挂钩。事业单位实行的是国家规定的工资制度。国家规定什么时候涨工资就什么时候涨，国家规定什么时候调工资标准就什么时候调。自主权是没有的。企业有些待遇、好处是事业单位所没有的；反之，事业单位也有自己的优势和好处。鱼和熊掌不可得兼，必须有所取舍。因为现在处在一个过渡期，是一种多元的混合体制，的确有些不一致，这也正是我们要深化改革的原因。

人事代理制员工是作为企业自主招人才进来的，在企业人的问题上别无选择。就像外研社的近千名人事代理员工，必须牢固树立自己是外研社人的观念，如果既要外研社的高收入、高待遇，又要北外的稳定、无风险，那外研社的发展必然受到制约。知音杂志社的400多人明确地知道自己是知音人，而很少有人总把自己当省妇联的人。他们是与《知音》同呼吸共命运的。我们出版社的人事代理员工，遇到的首先也是这样一个问题。思想疙瘩必须解开。我们大家只有团结一心，把企业效益搞上去，做品牌企业，建百年名社，大家才能在实行自己人生价值的同时也得到好的经济回报，也才能有一个稳定地、长久地施展自己才华的事业平台。关于保险和未来的后顾之忧，新闻出版总署人事司的李敉力司长讲得很到位：出版企业的员工要通过自己的勤劳、智慧和贡献获得更丰厚的收益。特别是中青年，不要总想到六十岁以后。她说："你是在职挣的多好，还是退休以后挣的多强呢？在职挣钱多，退休以后完全有足够的积蓄养老，没有必要担心养老费拿的少。国外社会养老保险的水平也并不高。他们是工作期间已经把最后养老的钱攒够了了。"我们的中青年员工将来应该是这样的。就目前来说，我们的保险在校内交得最齐，比知音杂志社也还交得多一些。

这里还要强调一点，出版社既然是企业，就不能把它当作福利院，当作养老机构和救助中心。我们平时有极少数干部和员工，以所谓的"菩萨心肠"来一而再地帮助一些人争待遇，在算账时只算基本工资那一块，奖金、福利、津贴都视而不见，忽略不计。帮忙争的不是绩效收益、业绩提成，而是大锅饭里的旱涝保收的一块。这表面上是爱员工，帮员工，实际是害他们，是让这些同志没有奋斗精神，没有创造动力，从而也就没有竞争实力和发展后劲。老话讲，生于忧患，死于安乐。严是爱，宽是害。把大锅饭、大福利弄个盆满钵满，在如今这样残酷的环境下，那是让员工"安乐死"。知音杂志社就其财力，人均分个20万元、30万元也是可以承受的，但它的少数员工年收入只有1万元左右。但我们绝不能就此认为知音的老总没有人情味，是"周扒皮"。出版文化企业不需要普度众生的

"观世音"，而需要具有现代企业观念和管理者、劳动者，需要的是严格的绩效考核制度和科学的分配制度。

我们要树立的第二个观念：大家都是平等的，都是出版社的主人。

这不是一句空话，在出版社有很实际的内涵和意义。今天我们的代表大多数还是事业编制的职工，也有人事代理制员工和短期合同工代表。站在出版社领导的角度，用一个不恰当的比方叫手心手背都是肉。用一句更贴切的话说：出版社各类员工不仅人格上是平等的，大家确确实实都是企业的主人。

出版社自主经营、自负盈亏、自我发展，已经有二十多年了。学校领导很关心出版社的建设和发展，学校的无形资产，学校提供的政策支持，学校的保障作用都是很重要的。从经济运行的角度看，国家不仅不拨付给出版社一分钱，还要出版社上缴各种税收；出版社对学校除了担负支持教学科研、学科建设的任务，全额担负出版基金外，每年还要上缴一定的利润。至于职工的所有收入，都是企业自己创造的。可以看出，出版社每一个在职员工，都是出版社效益的创造者，没有内外之别，更没有贵贱之分。所以，我认为，少数事业编制职工的身份优越感、心理优越感是应该抛弃的。这种优越感不利于企业的健康与和谐发展。

出版社的各类员工有一个先来后到，但大家都在为出版社的今天和明天而努力。老员工艰苦创业，功不可没。在我社 20 周年社庆上我专门对老同志讲了一段情深意长的话，是发自肺腑的。今天，新员工是出版社的希望和未来。新员工要尊重老职工，老职工要关心支持新员工。所谓经验、资力、资源乃至贡献都有一个不断积累的过程。老职工过去贡献大一些，新员工未来潜力、作用、价值更是不能忽视的。没有老同志就没有出版社的今天，而没有青年就没有出版社的美好明天。

这里我还要专门说说是否吃老本的问题。因为这涉及新老员工的认识问题，涉及和谐发展问题。应该承认，出版社 20 多年来，在品牌、资金、人才、管理方面都有一定的发展，它是我们今天进一步建设和发展的基础和前提。前人的贡献不可抹杀。但我更要强调，创新是企业发展动力所在，活力所在。我们这一届班子五年前接手时账面资金不到 200 万，资金链都快有断裂的危险了。可以说，在资金上我们没有老本可吃。从选题（或产品）的角度看，"重难点"是仅存的硕果了。重难点的巨大功绩、历史作用出版社人是非常清楚的。和"重难点"齐名的"黄冈兵法"等早已偃旗息鼓，不见踪影了。这也说明，品牌是需要维护的，也是需要创新的。我社现在坚守在"重难点"阵地上的就是完全的人事代理制员工团队，我说他们是在坚守"上甘岭"，真的很不容易。我们出版社现在的主打产品，包括中小学教材、高职高专教材等都是最近几年陆续开发出来的，它们凝聚着老职工的心血，也有人事代理制员工的智慧和汗水。我说这些的意思是大家要互相理解、互相尊重。大家为出版社的今天共同努力，克难奋进；明天更有赖于全体同人的团结协作，和衷共济。

最后，我说说内部人事管理制度改革的分步实施。前天，我们五个大学出版社的社长在一起探讨问题。武汉大学出版社和华中科技大学出版社的社长都认同，将来出版社不存在事业编制和人事代理编制的身份差别。不走到这一步，改革就不可能成功，企业也不可能健康发展。至于保洁、搬运、书店营业员、门卫、计件类校对人员等等，可以继续采用劳务用工的形式。而现在的老华师编制和人事代理编制的彻底打通将是下一步改革的目标之一。经过广泛调研，我们社委会已经初步形成了一个准备申请进行出版社改企转制的报告，待进一步征求意见后上报学校党委。改革的分步实施，另一重意思是这次的方案还没有动年终分配，下一步还将对福利、年终分配也按照重岗位、重业绩的思路进行必要的改革。

各位代表，出版业山雨欲来，风起云涌；企业化的浪潮迎面扑来，数字化的震荡已隐约可见。解放思想，转变观念，深化改革，加快发展步伐，的确时不我待。压力带来动力，思路决定出路。用流行的话说，早改就主动，晚改会被动，不改是死路。心动不如行动。毛主席说：一万年太久，只争朝夕！

（本文是2007年6月20日在出版社首届二次职工代表大会上的讲话，载《出版简报》2007年第3期）

岁月书痕

民族精神及相关出版物

今天,我们聚集在风清木秀的桂子山,举行由高长舒、蔡红生两位专家主编的《中华民族精神大学生读本》的首发仪式。窗外秋意渐浓,校园桂香依旧;室内高朋满座,书香绵绵清幽。这里,我要代表出版社对各位领导、专家的光临表示热烈的欢迎,对本书主编、主审及各位作者的辛勤劳动致以诚挚的谢意!

民族精神问题是一个十分重要的理论与现实课题。大家知道,中华民族精神是我们民族赖以生存和发展的精神支柱。"把弘扬和培育民族精神作为文化建设极为重要的任务,纳入国民教育全过程,纳入精神文明建设全过程,使全体人民始终保持昂扬向上的精神状态"——这是党中央在十六大上高瞻远瞩作出的重要战略部署。中共中央和国务院还专门针对大学生群体,明确提出"以爱国主义教育为重点,深入进行弘扬和培育民族精神教育"。但相当长一段时间,专门以青年大学生为目标读者的民族精神读本几乎没有,而适合大学生阅读的此类书籍也十分少见。有鉴于此,长期从事高等学校思想政治管理、教育和研究的专家高长舒、蔡红生同志,以敏锐的政治眼光和强烈的使命意识,组织武汉地区的部分专家学者共同编写了《中华民族精神大学生读本》。现在,这本书由我们华中师范大学出版社正式出版了。本书的面世,在一定程度上弥补了此类青年教育读物的不足和缺憾,丰富了大学生思想政治教育的内容与载体,必将产生深远的、积极的影响。

目前,我们党把社会主义核心价值体系建设、和谐社会建设提到了国家长治久安的战略高度,中华民族精神资源的开掘更加受到学术界、教育界和出版界的广泛关注。在新一轮"国学热"中,学界不断反思中华民族的历史,探寻中华民族的精神。从实质上看,中华民族的民族精神,也就是中国文化的基本精神。迄今为止,大多数对中国文化持肯定看法的论者，将民族精神看作民族文化精华的表现，而将民族文化中的消极面视为糟粕，排除于民族精神之外。党的十六大报告侧重于从政治的角度，将中华民族精神的内涵概括为团结统一、爱好和平、勤劳勇敢、自强不息。这无疑是高屋建瓴的提炼。如果我们侧重于从文化的角度来分析民族精神，则可以看出：中国文化是以人心和人生为观照，以趋善求治为特征的伦理政治型文化。它以道德情感代替宗教信仰，将全民族的宗教迷狂消弭于无形。从总体上看，从内在动力和外在表现来看，中国文化的基本精神是以人文主义为内核的。中国文化的基本精神，也可以说中华民族精神的基本内容似可归纳为：自强不息，正道直行，贵和持中，民为邦本，求是务实，豁达乐观，以道制欲。这里所谓中国文化的基本精神，就是中华民族特定价值系统、思维方式、社会心理以及审美情趣等方面内在特质的基本风貌。这些也是我们今天进行和谐社会建设和社会主义核心价值体系建设的重要思想资源和丰富的理论宝库。

　　正是由于中国文化在当代文化建设方面有着重要参考价值，中华民族精神在祖国现代化事业中有着重要意义，学术界和出版界便共同携手，合力奉献了一些优秀的成果。如广东社会科学界与广东人民出版社联手，于近期推出了一大套原创性的学术丛书——"中华民族精神建设丛书"。这套丛书有10册，其中包括《中华民族精神概论》、《中国哲学精神》、《中国法律精神》、《中国教育精神》、《中国伦理精神》、《中国经济精神》、《中国文化精神》等。我们今天各位手中的这本《中华民族精神大学生读本》，则是武汉地区专家与出版社精诚合作的一个可喜成果。它从理论结合实际、历史现实贯通、提高兼顾普及出发，着眼于知行结合，用伟大的民族精神构筑当代大学生的精神支柱。我们相信，这样一本理论性、知识性、趣味性和可读性兼具的好书，能广泛行销于大学生中。我们也期望，在座的各位专家，特别是在学校一线从事学生工作、宣传工作和思想教育工作的同志，积极推介本书，推广本书，真正使其发挥应有的社会价值。

　　同志们，今天是个好日子。秋风送爽，细雨霏霏，书香沁人心脾。党的十七大召开在即，中华民族的伟大复兴、中华民族精神的发扬光大将更上层楼。极目楚天舒，放眼扬子阔。愿我们中华民族精神，风帆高悬，破浪远航！

　　（本文是2007年10月13日在《中华民族精神大学生读本》首发式上的讲话，标题为编辑此书时新拟）

| 岁月书痕

弘扬大学精神　引领学术文化

感谢学校领导和宣传部的同志提供这个机会，让我们和大家一起讨论如何通过出版来弘扬大学精神，引领学术文化，从更深层次加强学校的宣传工作、提升学校的品位。

一、学术为本，引领文化

通常，人们普遍认同大学具有人才培养、科学研究和社会服务这三大功能。但大学从其诞生以来，就聚集大量科技文化精英，通过知识传播与创造，以及与社会的互动而对社会文化产生巨大的影响。一所著名的大学就是一个文化高地，一个思想库。因此，引领文化作为大学的"第四功能"，与生俱来，唯我独尊，影响深远。

如果说继承发扬优秀传统文化是所有教育普遍具有的功能，那么，对外来文化的批判与借鉴，并将先进的文化在社会上广泛传播，努力创造、培育、重构和发展新文化，则主要是大学的任务，特别是高水平研究型大学的特殊功能。而这一功能的实现是有赖于大学出版社的。美国约翰·霍布斯金大学首任校长吉尔曼就将出版社看作是"一所大学最崇高的职责之一"。认为"它能促进知识，不仅仅在那些每日听课者中传播知识，而且能够更广泛地传播知识"。

大学出版社生长在大学这片学术文化沃土上，与专家学者、学术创新、学科研究前沿联系紧密，所以大学出版理应关注高水平的学术成果，以反映思想文化创造和科学技术新成就为己任，致力于为社会发展提供智力支持。

我们华师出版社充分依托百年老校，服务教学科研，助力学科建设，繁荣学术事业，努力营造高雅的文化氛围，恪守学术创新上的科学、自由与独立，追求大学的社会责任之大，追求大学的学问之大，力求以大气魄、大策划、大手笔，引领社会的文化建设。

语言学是我校的传统优势学科。出版社系统刊行邢福义教授主编的"华中语学论库"，先后推出了两辑近20个品种，在海外学术界产生了重要影响。这些图书在国内的一些大型书城、高档民营学术书店反响不俗。这个书系在"十一五"期间还将推出第三辑，在推广学术成果的同时，将推动有华师特色的汉语学派的建立。这是更加立意高远的学术与文化追求。

"三个一"打造华师民间文学出版品牌，成为我们近年工作的一个亮点。即有组织、有计划地推出以刘守华教授为带头人的民间文学学科的一套研究丛书（已出5种）、一套大学教材（《民间文学教程》等），另加一个年鉴（《中国民间文艺学年鉴》）。随着"三个一"工程的落实，华中师大民间文学在国内的中心和重镇地位得以奠定。《中国文化报》、《文艺报》、"中国高校教材网"等多次报道了我校的民间文学与民俗文化研究和出版成果。现在，抓住国家高度重视非物质文化遗产保护的机会，我们策划在民间文学与民俗文化板块中引进数字化手段，构筑网络平台，同时筹备刊出"海外中国民间文化研究译丛"。这样，由"三个一"变为"五个一"，由平面出版到立体开发，我校中国民间文学、民俗文化教学与研究辐射力、影响力将大大加强。

其实，这类学术为本、引领文化的出版举措，我社在中国近现代史研究、心理健康教育、外国语言文学教学研究、中国农村问题探讨等诸多领域皆有体现。在成功运作了"新世纪考试科学丛书"（10种）后，又在2005年中国废除科举百年之际，出版了"科举学丛书"，其中《科举学导论》被评为湖北省十大精品图书；2007年高考恢复30年的时候，出版了大型的高水平的"高考改革研究丛书"，受到媒体和学界的共同关注。而我社刊行的《官商之间：社会剧变中的近代绅商》、《中国山水诗史》、《书法教程》等几十个品种的图书通过版权贸易在韩国以及我国的台港地区出版，扩大了学校的学术影响。

二、尊崇大师，名家立社

清华大学老校长梅贻琦关于大学中大师与大楼的说法人们早已耳熟能详。的确，大学凭借大师立校，大学出版社也要依靠大师级作者立社。在这个呼唤大师的时代里，大学出版社具有得天独厚的优势。美国哈佛大学出版社社长托马斯·J.维尔森在1947年说过一句话:"只要不破产,大学出版社就要尽可能多出优秀的学术著作。"而大师的著作是最能彰显大学学术底蕴、代表学术高度的标志。

我们依托的百年学府,有着深厚的文化底蕴,拥有丰富的出版资源。韦卓民、杨东莼、钱基博、张舜徽、包鹭宾、詹剑峰——每一个名字都是一座学术的富矿,都是宝贵的出版资源。开掘这些富矿,利用这些资源,推出系列精品论著,让学术的精神和血脉代代相传,是我们义不容辞的职责。一套"桂岳书系"(已出8种),气势恢弘。面对大师的博大精深,我们岂能不高山仰止!这些著作摆在书架上、书城里、图书馆里,就是对百年华师的最好宣传。

2003年底,出版社推出了国学大师张舜徽先生文集前5册,2005年推出第二辑5册。2008年推出第三辑。提到这位收入了《辞海》、著作等身、视学问为生命的大师,蔡尚思、刘梦溪等著名学者无不顶礼膜拜。文集前两辑出版后,在知识界享有盛誉的《读书》杂志发表了万字的长篇书评,国学网作了专门介绍,学界反响热烈。前两辑已经发行了近三万册,且势头不减。顺便要提及的是,我校另一位国学大师钱基博的上千万字的文集的编纂出版工程也已经启动。

老华大校长、著名哲学家、翻译家韦卓民是新中国成立前国内首屈一指的研究德国古典哲学的专家。我们在前几年刊行了他的"康德哲学著译系列",受到高度关注。湖北省政府首届图书奖评选中,这套书是唯一的全票获奖者。《长江日报》曾经免费用大幅版面来推介这位精通多国语言、学贯中西的华大名师及其名著。从2006年开始,我们又陆续出版他的"黑格尔哲学著译系列"。

2007年,我们还推出了《钱基博年谱》,《钱基博研究》也将面世。这是计划中的"华大学人研究书系"的前两种。当得知出版社有为百年华师学术大家树碑立传的宏观构想后,老校长章开沅先生欣然撰写了总序。他在序中说:对于大学来说,比保护房子、典籍、文物"更重要的工作恐怕还是要数延续学脉与传承精神。高校不是一般的教育机构,乃是学术文化延续的载体。学脉是学科孳生繁衍的谱系,精神是众多学科群共生互动焕发的校园神韵,而兼任两重载体且流光溢彩于百年岁月之间的则是那一代又一代的杰出学者"。诚哉斯言!詹剑峰论著选的整理刊行、《恽代英年谱》的隆重首发,正是我们继承大师精神、弘扬革命文化的具体措施。

诚然，陶宏开是华师的一个代表，"天空"是华师的一道亮丽风景。而张舜徽、钱基博、韦卓民等学术巨匠更是百年华师永远的财富，永远的骄傲！他们的学术与精神应该是我们宣传的一个永恒的主题。

三、铸造品牌，提升形象

在企业经营中，品牌打造是比产品营销更高层级的艺术与战略。对于大学、大学出版社来说，通过铸造品牌来全面提升形象也是非常重要的。

2004年以来，我们致力于精心打造"华大博雅"这个学术文化的综合性品牌。在华大博雅这面大旗帜下，我们分几十个系列刊行高校文科教材和学术精品论著。"博雅"取自华师精神"忠诚博雅，朴实刚毅"。这八个字正如马校长所说，是百年华师人经过一代代的沉淀积累和发展创新形成的优良传统。它体现了华师人的气质、修养和精神境界。"博雅"两字更是深刻地体现了我们这所融会了西方外来文化（华中大学）、中国传统文化（中华大学）和现代革命文化（中原大学）的百年深厚底蕴。"博"有大的意思，如"博大"；有广的意思，如"博敞"；有深的意思，如"渊博"。"雅"则有高尚之义，美好之义，合乎规范之义。博和雅连用，含义深刻，读起来也好上口，易于记忆。因此，用博雅作我们这所百年老校出版社的学术出版品牌应该是恰当的。（顺便提一下，华师的超市、菜场、饭店之类建议慎用"博雅"二字，否则，博而不雅。）

三四年来，"华大博雅"旗下的史学文丛、教育学文丛、心理学文丛、法学文丛、比较文学书系、道家道教文化研究书系等陆续推出，渐成气候。张正明的《秦与楚》、詹剑峰的《墨子及墨家研究》、邱紫华的《印度古典美学》、曾祖荫的《中国古典美学》、马敏的《拓宽历史的视野：诠释与思考》等精品著作，质量上乘，装帧精美大气，本本反响良好。各种媒体发表的有关博雅品牌的报道、宣传文章、图书评介、访谈等达120多篇，大大扩大了学校和出版社的学术美誉度和影响力。至于华大博雅旗下的大学教材已有三十多种列入国家"十一五"规划。当数以百计的学校，成千上万的学生，年复一年地使用盖有恢弘大气的"华大博雅"图章的优秀教材时，华师的学术地位、品牌效应、社会声望不就得到了很好的彰显么！

此外，围绕形象塑造和品牌建设，我们成立了宣传工作领导小组和执行小组，制定了宣传工作实施办法，采取有效措施，逐渐形成了平面媒体、网络媒体和自制品等多种形式的立体化宣传模式；与《光明日报》、《中国新闻出版报》、《文汇读书周报》、中国高校教材网等数十家重要媒体建立了固定联系；同时，建立自己的网站，定期出版宣传资料，办好内部橱窗，为扩大出版社和学校的影响，实现两个效益的增长起到了积极作用。正可谓教育与出版互动，文化与经济双赢！

  各位领导，老师们，今天是工具理性至上，在大学越来越世俗化、功利化的时候，当校园里都在为票子、车子、房子忙碌的时候，我们有必要静静地仰望星空和大师的背影，守望学术的家园与文化的理想。弘扬大学精神，引领社会文化，这或许是我们各项工作包括宣传工作更加迫切也更加艰巨的任务。让我们努力、努力，再努力！

  （此文是2008年4月21日在华中师范大学宣传工作会议上的发言，略有删节）

情系汶川人民　助力公益出版

今天我们在这里举行《汶川情·中华魂——人民网"心系汶川"征文诗歌精选》一书的出版座谈会。首先，我代表出版社对大家的光临表示欢迎和感谢。

眼下已是金秋时节，但仍难忘黑色五月，难忘五月那个凝固的日子。2008年5月12日，四川汶川地区发生了大地震。这一消息震惊了中国，也震惊了世界。国家不幸诗家幸，国难之时出诗人。地震发生不久，人民网教科文体部的文化读书频道发起了"支持汶川　鼓舞中国"的网上征文。在短短的时间里，就征集到上万篇诗歌、散文、评论。在如雪片飞来的篇章中，最多的、最感人的是诗歌。一首首饱含真情、动人心扉、催人泪下的优美诗篇，如《不离不弃》、《北川的鸽子树》、《天堂的路上没有歌声》、《废墟里读书的孩子》、《想为你点一盏灯》、《背妻行》等等，以其深沉的感情、独特的感受、优美的意象，还有传神的警句诗眼，通过网络，通过声波，通过荧屏，广为传诵，感动中国。

国难之时，我们华中师大出版人在悲痛中行动，在感动中奋起。在地震发生后十多天，我们就推出了《公众防灾应急手册》，捐献给灾区，传播于社会，产生了良好的社会反响。国内数十家媒体都给予了报道。我们党员干部带头，群众踊跃参与，个人和集体向灾区捐款达近10万元。现在，我们又在学校领导的关心支持下，在校党委宣传部的直接协助下，与人民网联合及时推出了这本沉甸甸的诗集——《汶川情·中华魂》，并约定销售所得全部捐献给四川灾区。今天，我们在这里召开座谈会，请各位就如何进一步弘扬抗震救灾精神，弘扬华师人的大爱精神，如何进一步推动公益出版事业，繁荣诗歌艺术发表意见，共同促进和谐校园、和谐文化和和谐社会的建议。

（本文是2008年9月3日在《汶川情·中华魂》出版座谈会上的致辞）

| 岁月书痕

服务湖北建设　　打造出版品牌

  深秋时节，金菊绽放，在这丰收的日子，我们聚集一堂，召开《湖北新民主革命史》的出版宣传座谈会。首先请允许我代表华中师范大学出版社对与会领导和专家的光临表示热烈的欢迎！向多年来关心和支持我们出版社建设和发展的省委宣传部、省新闻出版局以及省党史界的领导和专家致以诚挚的谢意！

  多年来，华中师大出版社致力于服务湖北的政治、经济和文化建设，先后出版了章开沅先生主编的"辛亥人物文集丛书"、"辛亥革命与近代社会丛书"；刊行了章开沅、张正明、罗福惠教授共同主编的八卷本《湖北通史》；还策划了马敏教授主编的湖北省地方中小学教材《湖北文化》。其中《湖北通史》被列入"省长工程"，出版后荣获首届湖北图书奖和第四届湖北省社会科学优秀成果一等奖。近几年来，华师社进一步关注湖北地区现实问题研究，通过学术理论成果来支持湖北省的建设和发展，先后出版了《迁移者的心灵——三峡库区移民的社会心理研究》、《解读新农村建设——以监利县政为个案的研究》、《乡镇街坊：结构与关系——武汉市郊兰乡街坊的个案研究》、《民间文化与荆楚民间文学》等著作。我们还在积极与有关机构和专家协作，开发大型数字媒体纪录片《三峡考古》，同时策划构筑"文化湖北"的立体化数字资源平台，力争为文化湖北、和谐湖北的建立多作贡献。

  以史为镜，可以知兴替，鉴古今。重视湖北地区中共党史、革命史的研究，一直是我们华中师大的一个学术传统，也是我们出版社的一个工作重点。建社以来，我们先后出版了湖北地区或与其关系密切的中共历史人物研究著作及相关成果，包括：《施洋纪念文集》、《董必武与武汉中学》、《林育南传记》、《张浩传记》、《恽代英年谱》、《纪念恽代英诞辰论文集》（三册）、《孝感英烈》、《荆楚魂——湖北 100 位爱国名人》、《湖北抗战人物志》、《毛泽东的故乡》等等；以区域革命史和历史事件为研究对象的重要论著有《咸宁革命斗争史话》、《红麻史话》、《党的喉舌 抗日号角——武汉时期的〈新华日报〉》、《中国共产党湖北省黄冈地区组织史资料》、《征途——纪念新四军第五师建军五十周年》、《鄂中抗日民主根据地史稿》、《涨渡湖抗日根据地史稿》、《鄂豫边区抗战和中原突围问题研究》、《鄂豫皖革命根据地财政经济史》、《湖北解放战争史》、《五月榴花照眼明》、《湘鄂西根据地史论文集》等等。我们现在要研讨的，由李良明、田子渝、曾成贵三位教授共同担纲主编的四卷本一百五十多万字的《湖北新民主革命史》，正是在过去研究基础上的再创新之作、集大成之作、填补空白之作。这里，我特别要对各位作者付出的智慧、心血及辛勤劳动、开拓创新表示衷心的感谢。

《湖北新民主革命史》的规划与启动，无疑是我社近年来打造出版品牌的又一重要举措。2006年，《湖北新民主革命史》被正式列入"十一五"省级重点出版规划，受到省出版局领导的高度重视与支持。在编纂过程中，作者坚持科学性的原则，坚持湖北特色的原则，坚持研究的原则，以第一手历史资料为依据，全面系统地论述了新民主主义革命时期的政治、经济、文化、社会等各方面的情况，全景式地展示了波澜壮阔的湖北新民主革命的宏大历史画卷。整理出版革命历史，弘扬光大湖北精神，是我们出版人非常珍惜的荣誉，也是我们责无旁贷的使命，我社上下一直高度重视本书的编辑出版，为保证项目的顺利实施，出台了许多具体措施，包括总体规划、宏观协调、领导挂帅、责任到人等。和各位专家一样，当我们看到丛书的成功面世，无不充满了收获的喜悦与激动。

今天，我们济济一堂，畅所欲言。欢迎大家就《湖北新民主革命史》的出版发表高论，也欢迎大家对我们的工作提出宝贵意见和建议。中部崛起，科学发展，建设和谐湖北、文化湖北，人人有责，我们华师出版人愿意奉献更多的学术文化精品，作出更大的努力和贡献。

（本文为2008年11月15日在《湖北新民主革命史》出版座谈会上的讲话）

岁月书痕

中文专业教材建设及其他

盛夏季节，出行特别是到"火炉"武汉其实是一件十分辛苦的事情，在座的各位老师很多都是远道而来。作为主办方之一，我谨代表华中师范大学出版社对各位老师的光临表示热烈的欢迎，对各位专家的支持表示衷心的感谢。早上我来宾馆时，看到这里正在举办东湖荷花节。大家可以借此机会领略一下东湖荷花的美丽和武汉同行的热情！

这里，我想先简要介绍一下我们华中师范大学出版社。我们社成立于1985年2月，是国家教育部直属的师范大学出版社。截至2009年6月，已出版新书近五千种，有500余种图书获各级各类奖励。我社基于"举师范旗帜，铸教育品牌"的理念，确立了"为学校教学科研服务，为师范教育服务，为基础教育服务"的出版定位。在具体的思路上坚持"一主两翼"。"一主"便是以出版大中专、中小学教材为主；"两翼"就是具有鲜明学校学科优势特色的学术精品和体现基础教育改革要求的文教类图书。这三者构成我社图书结构的主体，并充分体现了我社特色定位的内涵。

二十多年来，我社在出版学术精品，关注文化传承方面作出了不懈的努力。我们先后推出了"桂岳书系"、"桂苑书丛"、《湖北通史》、"村治书系"、"华中语学论库"、"中国民间文化研究书系"、"辛亥革命与近代社会"丛书、"道家道教文化研究书系"、"华大学人研究书系"等一系列高水准学术著作。我校的中文、政治、历史等人文社科专业人才荟萃，成果丰硕，在全国享有较高的学术地位，这都是与出版社多年来的支持分不开的。近几年，我社一批学术精品选题列选国家重点出版规划，《张舜徽集》已经推出15卷，《钱基博集》拟在近年内推出20卷。一些学术著作多次获得国家大奖和湖北省出版政府奖，并获得了学界的高度认可。尤其值得提出的是，自从聂珍钊教授倡导开展文学伦理学批评以来，我社立即注意到了这一值得关注的批评方法的学术意义和出版价值，经过与聂教授的商议，策划出版了"文学伦理学批评建设丛书"，在过去的两年里已经推出5本，并在未来的几年里推出其他的若干种，形成一个新的学术品牌和出版品牌。

近些年来，我社已出版大中专教材400多种。基本上都是与我校优势学科紧密相结合的。如"教育部21世纪高校文艺学系列教材"（王先霈主编）是我校承担的教育部重点项目"高等教育面向21世纪教学内容和课程体系改革计划"课题的研究成果，并获得教育部优秀教材一等奖。教育部推荐高校中文教材《中国当代文学》和《中国当代文学作品选》系列（王庆生主编），是我校从事该学科教学与研究的学者集成果之大成而精心编纂的。我们约请上海师大郑克鲁教授主编的《外国文学简明教程》被几十所大学使用，广受好评。借助我校中文专业在全国同类专业中位居前列的这一学科优势，同时广泛吸纳校外专家教授加盟，我社已在语言文学专业教材的出版上形成了较为完整的体系，基本涵盖了中文专业的所有课程，赢得了良好的社会效益与经济效益。我社有上十个品种的中文教材列入国家"十一五"规划，在全国大学社位列前三。经过与聂教授的讨论，我们举办这次学术会议的另一个目的就是在本次会议成果的基础上开始策划出版多卷本、立体化的"外国文学史"教材。我们相信，这套教材将进一步完善我社中文教材的结构，进一步扩大我社中文教材在全国的影响力，成为精品园地里的一朵奇葩。

我本人也是上世纪80年代毕业于华中师范大学文学院的，现在还兼任文学院的教学工作。回想起20多年前的外国文学课堂，我们从前辈学人王忠祥、周乐群、奠自佳、彭端智、朱宪生等教授那里，开始了从希腊文明向文艺复兴到20世纪文学的兴趣之旅。外国文学课堂让许多喜爱文学的学子接触到了但丁、莎士比亚、易卜生、华兹华斯、川端康成、托尔斯泰、高尔基、萧伯纳、福克纳等等世界文学史上的璀璨群星，使他们的文学视野拓展到非常广阔的疆域，对于学生的兴趣培养、情操冶炼、人格塑造都有很大的作用。因此，结合新时期以来的我国外国文学研究领域的新成果，探讨外国文学教学新的特点、新的方式都是很有必要的。而在课堂教学中，教材的重要性更显突出。我校的外国文学方向也一直有编写教材的传统，王忠祥教授和聂珍钊教授早在90年代初期就已经开始了编写外国文学史教材，有着非常丰富的经验。我们有理由相信，有了各位与会专家的积极支持，出版社更有信心打造一套全新的外国文学史精品教材。

今天在座的，除了中文专业的专家，也有许多外语专业的老师，我社也已将外语系列专业教材和学术论著作为未来的一个发展方向，已经推出了以《英语词汇学》为代表一批优质专业课教材，另有"应用语言学研究系列"、"英美文学研究丛书"等陆续刊行。相信以后有更多的合作机会。我们也愿意为老师们的学术成果的呈现、学科建设的推进提供一个平台，希望老师们能够为我们赐稿，加强交流与合作，共同为外国语言文学学术的繁荣贡献力量！

最后，预祝本次外国文学教材研讨会取得圆满成功！也祝各位代表在美丽的东湖之滨身体健康，心旷神怡！

这里我将一首宋诗（杨万里作）改两个字作为结语献给大家：

毕竟东湖七月中，风光不与四时同。

接天莲叶无穷碧，映日荷花别样红。

谢谢大家！

（本文为2009年7月13日在外国文学教学改革与教材建设研讨会上的致辞，标题为编辑此书时新拟）

谈谈"道家道教文化研究书系"的策划与出版

2006年2月,"道家道教文化研究书系"的第一本《论道崇真集》(武汉大学唐明邦教授著)正式出版。2009年4月推出刘守华教授主编《张天师传说汇考》。在三年多一点的时间里,这套高档次、精印装、有特色的学术精品丛书就推出了10多本。现在,国家高度重视中华优秀文化的"走出去"问题。传统的道家道教无疑是中华文化的重要组成部分。在这样的大背景下,我们回眸"道家道教文化研究书系"的策划与刊行,并展望和规划其未来,确实是有必要的,也是有积极意义的。

书系是由华中师范大学道家道教研究中心、茅山道教文化研究中心联合主办,华中师范大学出版社陆续推出的。说到中国传统文化,道家道教无疑是占有非常重要地位的。有学者用"儒道互补"、"外儒内道"来概括中国文化的特色。华中师范大学在道家道教文化的研究方面有着长期的历史和优良的传统。20世纪80年代初期以后,学校一批学者纷纷推出相关成果。著名历史学家、文献学家张舜徽先生出版了《周秦道论发微》(中华书局1982年版),这部将文献学功夫和思想史发微相结合的论著受到学术界的高度评价。哲学史家詹剑峰先生的名著《老子其人其书及其道论》于同年由湖北人民出版社刊行,其独创性、论辩性受到关注,《人民日报》等发表书评给予很高的评价。稍后,熊铁基教授公开出版了《秦汉新道家略论稿》,刘守华教授则在台湾印行了《道教与中国民间文学》。此外,在学术期刊上开设专栏,刊发相关论文,更形成书刊互补之势。

20世纪90年代以来,以著名学者熊铁基为带头人的学术团队成果迭出,先后有《秦汉新道家》、《中国老学史》、《中国庄学史》、《20世纪中国老学》、《20世纪中国庄学》、《日本现代老子研究》、《宋元老学研究》、《宋元时期的老学与理学》、《明清时期的真武信仰与武当山朝山进香》、《唐代老学:重玄思辨中的理身理国之道》等专著问世;华中师大专门史学科内还设立道家道教文化研究方向，招收了多届博士和硕士研究生，培养学术新人，以便薪火相传。经过多年努力，逐步形成了以老学、庄学为重点和特色，兼及整个道家道教文化的研究特色和学科优势。正是在这样的背景下，2002年11月，华中师范大学道家道教研究中心成立，学界名流黄胜得、陈鼓应、王博等远道而来亲临成立大会。研究中心主任熊铁基教授以老骥伏枥、只争朝夕的精神，四处奔波，组织力量，使道家道教文化研究更有声势。2003年研究中心与湖北省道教协会、武汉市道教文化研究会联合举办了道教文化研习班，受到学术界和宗教界好评。2005年，研究中心又与江苏茅山道教文化研究中心商定，共同主办出版一个研究书系，茅山道院和杨世华道长大力支持，于是有了"道家道教文化研究书系"的出版计划。

本书系注重几个结合，即：经典重刊与原创新作结合，高水平专著与优秀论文集结合，海内成果与海外研究结合，作者队伍的老中青结合，道家研究与道教研究结合。现在已经刊出的10多种著作除了前面提到的还有：《老子其人其书及其道论》（詹剑峰著），《道论》（[韩国]李顺连著），《道教南传与岭南文化》（王丽英著），《葛洪研究论集》（刘固盛、刘玲娣编），《茅山道教志》（杨世华、潘一德编著），《明清时期武当山朝山进香研究》（梅莉著），《当代正一与全真道乐研究》（胡军著），《葛洪研究二集》（杨世华主编），《道家思潮与晚周秦汉文学形态》（徐华著）等等。值得特别一提的是，十余部论著中就有五部是博士学位论文和博士后出站研究报告，昭示着道家道教文化研究的后继有人，前景看好。

关于道教研究的四部著作更是特点鲜明，具有很高的学术文化价值。例如，《茅山道教志》对茅山的历史沿革，神仙、真人、宗师等人、神，道经志书，以及宫观和科仪等等，进行了重新梳理，既利用了原来志书的资料，又有许多新的补充；全书后半部分的内容，搜集和整理的新资料更多，完全是清代以来最新最完整的一部茅山道教志书。《明清时期武当山朝山进香研究》则重视第一手资料，田野调查方法的运用很有意义。作者"眼睛朝下看"，探讨民众朝山进香的宗教信仰及行为，对当今民众信仰问题的研究不无参考价值。至于出自两位年轻博士之手的《道教南传与岭南文化》和《当代正一与全真道乐研究》，皆是具有原创性、开拓性的优秀论著。后者还获得了湖北省优秀博士学位论文的称号。刘固盛著《道教老学史》将老庄学研究和道教理论研究结合起来，论述道教学者中的精英这一群体的老学思想，从我国的汉魏六朝直至明清，按照朝代先后顺序分章节重点论述了二十多位道教学者的老学思想，很有特点和价值。

  这里要顺便提及的是，"道家道教文化研究书系"陆续推出后已经产生了很好的社会影响。在 2006 年 8 月日本京都的中日韩三国大学出版社学术交流期间，日韩学者就对我们带去的书系中的前几种表现出浓厚的兴趣。2008 年 4 月在武汉召开的全真道与老庄学国际研讨会上，与会的海内外专家和道教界人士给予这个书系高度的评价。这次会议的论文结集也已列入该书系刊行。"道家道教文化研究书系"在市场上也有不俗的反响，有的首印 3000 册，已经售罄，如《老子其人其书及其道论》；有的列入政府采购书目，如《道论》，已经几次重印。我们有理由对书系的未来发展寄予更大的期望。熊铁基教授等目前正在进行国家宗教事务管理局项目"老子集成"、中国近现代史研究基地重大项目"近代老庄学"以及湖北道教协会重大项目《湖北道教史》①等多项课题的研究。香港青松观全真道研究中心、武当山道教协会等也对"道家道教文化研究书系"表现出浓厚的兴趣。可以预期，学术界、宗教界和出版界共同努力，道家道教文化研究和丛书的刊行都将会有新的可喜收获。

（载《创新教育论坛》第 6 辑，华中师范大学出版社 2009 年 12 月出版）

---

 ① 该书已纳入有湖北省"四库全书"之称的大型出版工程"荆楚文库"的出书计划。编者注。

> 岁月书痕

通人之学　博大之书
——《张舜徽集》出版记略

一

张舜徽先生（1911—1992）是一代国学大师。新版《辞海》"张舜徽"条如是介绍："中国学者。湖南沅江人。崇尚乾嘉朴学，治学以文字、音韵、训诂为根柢，长于版本目录、校勘、考据，在经学、小学、史学诸领域均有成就。曾任兰州大学教授、中文系主任。建国后，历任华中大学教授，华中师范大学教授、历史文献研究所所长，中国历史文献研究学会第一至第三届会长。著有《广校雠略》、《中国文献学》、《郑学丛著》、《清人文集别录》、《中国古代史籍校读法》、《说文解字约注》、《中华人民通史》等。"

博大精深、著作等身的张舜徽先生一生出版著述二十余种，含遗著近千万字。他在《八十自叙》中自我总结说："余之治学，始慕乾嘉诸儒之所为，潜研于文字、声韵、训诂之学者有年。后乃进而治经，于郑氏一家之义，深入而不欲出。即以此小学、经学为基石，推而广之，以理群书，由是博治子、史，积二十载。中年以后，各有所述。"张先生自学成材，在治学上走博通之路，赞赏通人之学。他一生勤奋治学，博涉四部，在传统学术的诸多领域造诣精深，留下了大量论著。这位全国第一个历史文献学博士研究生导师，首批享受国务院政府特殊津贴的知名专家，其研究涉及文献学、文字学、经学、学术史、哲学、史学等诸多方面。

著名学者蔡尚思称张舜徽先生为有博大学问的通人，是建国后在世的极少数几个国学大师（另有钱穆、柳诒徵等）之一。香港曹聚仁将张舜徽经史之学与一代大家钱穆相比并。北京大学王余光则认为，在古典文献学领域，张先生的著作构建了学科思想、方法与研究规模，并成了古典文献学的基本范式。北京师范大学的徐梓把张舜徽先生作为20世纪中国史学中，与陈垣并列为现代总结性史学（与批判性史学、建设性史学并列）最为典型的代表人物；王宁则称张先生"一生勤奋治学，创获极多，诲人不倦，堪称楷模"。陕西师范大学赵吉惠盛赞张舜徽先生清代学术史研究成就，指出他的此类著作博大精深，富于原创性新见解，自立门户，自成一派，堪称清代学术史研究领域中的一大家；其深度和广度，都足以与梁启超、钱穆的清学史研究形成鼎足互补之势，值得我们做认真的比较研究。而华中师大刘筱红博士则以《张舜徽与清代学术史研究》为题完成博士学业，其论文获省级优秀论文奖，得到学界好评。原国家教委古籍委称张先生为"海内大家"。著名学者刘梦溪称张先生为"一代通儒"，给予很高的评价。台湾吴智和教授指出张先生"在台赫赫著望"，拥有广泛的知名度。美国罗文大学历史系主任王晴佳教授对张先生的学术成就也赞不绝口，认为其学术是"真正的学问"。

1992年11月27日，张先生驾鹤西去。遗体告别仪式时殡仪馆的挽联写着："教坛宗师育才六十余载受业遍神州共惜鸿儒辞盛世，学苑泰斗著述八百万言弘篇传域外长留大业在名山。"国家教育委员会及一些领导人发了唁电，一些大学、研究机构和著名学者以各种形式志哀。清华大学思想文化研究所说张先生去世是"巨星陨落"。我们这里不妨引用有代表性的几位学者的挽张先生联："著作等身，学术成就享誉海内外；文献宗师，弘扬民族文化领路人。"（杭州大学 仓修良）"万世文献方家，英灵永寂；一代国学大师，宝典长存。"（山东大学 冯浩菲）"学贵博通，冶经史子集于一炉，初月上书台，海内皋比堪屈指；心游费隐，越古今汉宋而独造，幽兰托毫素，黉门薪火有传人。"（武汉大学 唐明邦等）

张先生去世不久，华中师大历史文献研究所编辑的《张舜徽先生纪念集》由本校出版社出版。先生的次子武汉大学张君和教授则将其遗著中的部分文章交由本校学报发表。笔者当时担任文章的责编，与张君和教授交流甚好。张君和教授虽是物理学领域的专家，但家学渊源，于文史浸淫很深。可惜没几年他也因病早逝。不然，我们后来的文集编辑会更加顺利和完善。记得张先生亲自抄录的文稿乃蝇头小楷，工工整整，一丝不苟，给我留下深刻印象。张先生在《爱晚庐随笔》中说："余平生有所述造，未尝假手于人。自构思草创以至誊成清稿，皆出自己力。或谓誊稿可分付及门为之。余则以为彼辈当少壮之年，正努力读书之年。何可责以抄写之役夺其日力耶！"先生的为人为师之德于此可见一斑。

根据遗嘱，张先生的藏书捐献给了湖南省图书馆。湖南是张老的故乡，湖南省图书馆从民间搜集到张先生在新中国成立前的日记数册，失而复得，弥足珍贵。湖南省图一向重视对馆藏书籍的妥善保存，也给张先生以深刻印象。出于对乡梓的情谊，尤其是发现搜集其日记的谢意，张先生将自己几十年积累的藏书包括不少珍籍无偿捐给了故乡。这对于湖南，对整个学术文化界，当然是好事。但从华中师范大学来说，不免有些遗憾。笔者1999年调出版社工作，一直关注张先生的著作刊行问题。记得大约2001年在湖北省新闻出版局开会，时任省局副局长、也是湖南人的王建辉和我谈及张先生，说是湖南方面有意出版张舜徽全集，湖北地方的出版社中也有的有此兴趣。但由于工程浩大，投入一定不少，都还没有下决心。这个消息增强了我们策划刊行张先生著作的紧迫感，促进了我们马上着手这项工作。张先生在华师工作了大半辈子，虽说学术乃天下之公器，但我们不能出版他的大型文集毕竟是很遗憾的。因此，2002年，出版《张舜徽集》的工作提上了议事日程。

二

张先生文集的总书名不以"全集"称之，主要是考虑很难真正做到"全"。用《张舜徽集》，虽然含混一点，但操作起来空间比较大，可多可少，留有余地。我们其实是按"全集"的格局设计的。每一册（种）总书名下又有独立的书名，分别定价，各标印数，方便读者购买和阅读。《钱钟书集》等就是这样操作的，且效果很好。《张舜徽集》按这种模式操作，既有整体性，又比较灵活，看来是正确的设计。4辑20册刊行后，我们还将陆续整理出版张先生的"日记"、"书信"及其他遗著，力求完备。

《张舜徽集》的刊行，首先得到了先生子女张宁、张易等的大力支持与配合。张先生的生前同事、学生，历史文献研究所周国林、李国祥、董恩林等诸位老师积极投入到这一工作中。2002年开始酝酿并实施《张舜徽集》的编辑出版计划，在2003—2005年先后推出《张舜徽集》第一辑、第二辑，到2008—2010年先后推出《张舜徽集》第三辑、第四辑。至此，《张舜徽集》四辑共20卷全部出版面世。《张舜徽集》的出版发行，既是我社打造国学出版品牌的一项重要举措，也是一项十分巨大而繁难的工程。此集虽不以全集命名，但还是力求全面、完整地反映张先生的学术成就和文化贡献。而要做到这一点，谈何容易？

首先，资金投入大。由于《张舜徽集》是国学大师的重要学术成果，因此，我社在图书的封面设计和版式设计及印制规格上定位都比较高，整套书采用简精装。套书的封面用的是进口的专用纸加勒口，封面上的书名使用烫银工艺，前后双环衬也都是专用纸，内文为70克双胶纸，全套书总印张为368.875。因此套书的印制成本很高。

其次，人力投入多。《张舜徽集》不仅内容丰富，总字数近1000万字，而且专业性很强，特别是《旧学辑存》、《说文解字约注》、《霜红轩杂著》等，编审、校对的工作量都非常大，一般的书稿三审三校就行了，《张舜徽集》一般都要加审加校，有的还进行了五校，再加上印前审读。因此，参加书稿编审的有数十人，校对人员则不计其数。不仅如此，由于书稿的专业性强，编审和校对人员还要花一定的时间利用专业知识和相关资料进行一些辅助性的甄别考证工作。此外，还要特别注意，在简体转繁体的过程中，同一个简体字在不同义项中对应的不同繁体字，如同一个"系"就对应有"系"、"係"、"繫"三个不同的繁体字，究竟该用哪一个，编审和校对人员必须根据具体义项做出判断，否则就会出错。书稿中类似的情况还有不少。这都需要花时间和精力来处理。

再次，排版、校对难度大。被收集在《张舜徽集》中的原书稿形式多样，既有相当一部分是在张先生生前出版过的，也有没公开出版过的；出版过的既有简体横排的，也有繁体竖排的；还有一部分的影印本。此次全部统一改为繁体横排，这对排版公司来说是一个挑战。因为排这一类书稿本身就比一般的书稿繁琐，而且经常会碰到一些新问题，如需要新造的字、需要核准的词，包括甲骨文、金文、篆文、生僻字、繁难字等，这些都必须认真处理，否则就会错误百出。其实，很多排版公司是没有排这一类书的经历和能力的，即使排过繁体字的排版公司也大多不愿意接这种难度大，又费时费力的排版任务。在此，要对与我社长期合作的正佳文化公司表示诚挚的谢意，尤其要衷心感谢公司经理付群女士和负责此套书排版的谭雪梅女士。《张舜徽集》书稿的校对也是一块"硬骨头"。由于原稿形式复杂，且有些原件残缺不全，字迹模糊不清，其中以手写体原件、繁简转换尤为繁难。这就要求校对人员必须具备高度的责任心，而一定的文史常识、古汉语素养无疑对保证校对质量、提高校对效率至关重要，也许一笔之差、点横之异就是另外一个字。校对人员还必须善于学习和肯于钻研，因为校对《张舜徽集》会碰到很多带规律性的问题，只有认真体会、总结经验，才能做到熟能生巧、提高速度。由于很多书稿只能实行点校，这决定了它的校对速度比一般书稿慢很多，校一本《张舜徽集》书稿的工作量是校一本一般书稿工作量的 2～3 倍，没有坐冷板凳的精神是坚持不下来的。以张忠、刘和平老师为首的校对人员不辞劳苦、不计得失，牺牲了很多休息时间才完成该套书的校对任务。

这里特别值得一提的是《张舜徽集》第四辑包括《说文解字约注》和《霜红轩杂著》的排版和编校工作。《说文解字约注》1983 年 3 月曾由河南中州书画社出版，是根据张先生的手写稿影印而成的。有的页面字迹稍淡，有的页面字迹很深；加上当时影印的底版是玻璃版，不少字迹还有磨损的现象。古汉字大都笔画较多，加之是用毛笔写就，难免笔画不清。张先生自己也说过，在缮写《说文解字约注》书稿时，写秃了 50 多支毛笔，其间精力之损耗、工作之艰苦可想而知，书稿中亦不免有笔画缺失或字迹不甚清晰之处。加上我们使用的原稿为影印本的复印件，因此书稿更加模糊和难以辨认。

《说文解字》是许慎根据文字的形体，创立的 540 个部首，将 9353 字分别归入 540 部，另有"重文"即异体字 1163 个，共 10516 字。这些字在现有的字库中是找不到的，需要大量造字，全书共造字约 24000 个。《旧学辑存》、《霜红轩杂著》中也有一部分内容为说文解字，也有部分造字。《霜红轩杂著》的原稿为复印件，有些篇目又是由后人整理而成，因此一些页码中出现字迹不清晰的现象，经三审认真核对，仍有少量字迹无法辨认；文中尚有少量语录、语选未标明出处，编审、校对人员花费了较多精力来查证。书稿难度最大的是排版，其次是校对，再次是编审。一本约 80 万字的《说文解字约注》（部分，全书 200 多万字），正佳公司排了一个月（只排此书，别的什么稿子也不排）；而一本同样字数的一般书稿，全部新录大概只需要 5～6 天。校对一本 80 万字的《说文解字约注》，在保证社里图书正常校对时每校对一个校次需要 1.5 个月，在相对集中力量后一个校次至少也需要 20 天；校对一本 80 万字的普通书稿一个校次大约只要 4 天。编审《说文解字约注》是编审一本同样字数的其他书稿工作量的 2～3 倍。

此外，还有一大难题就是《说文解字约注》中的检索，相当于现在图书的索引。原书检索标注的是手写稿中的位置，现在要按排版后的位置重新标注。全书共有 9000 多条索引，如果是要一个专业人士来做至少要一个月的时间，实际情况是既没有合适的人也没有人能集中时间来做，我们只好找到周国林老师、董恩林老师的研究生和博士生集中时间来做。第一次找 6 人各做了 2 天，第二次找 13 人又做了 2 天。这样前期的工作很快，但后面的核对工作量很大，而且新问题层出不穷。如多个人做了索引后的统一问题；还有做索引时是按照文字或部首的笔画找位置标注页码，核对时还需要按照标注的页码核对文字和部首的笔画，但由于有些字或部首在不同的字体中及手写体和印刷体的笔画（如印刷体的草字头和小篆的草字头）是不完全一样的，结果发现同一个字或部首有不同的位置，这个问题很难办。编审、校对人员只好要花大量的时间处理这类问题。

为了使《张舜徽集》按时、保质保量出版，出版社从社长、总编辑到书记及其他员工自始至终关心该书的出版工作，在图书规划、资金投入、人员安排及出版质量上给予了足够的支持和关注。参与编辑与组织工作的先后有洪胜非、马元龙、张红梅、周柏青、赵宏、董中锋、吴志云、沈继成、刘晓嘉、龚琼芳等诸位老师，都做了大量细致的工作，相当辛劳。尤其是洪胜非老师，她承担的编审任务最多，工作量最为繁重，本套书的第四辑即《说文解字约注》和《霜红轩杂著》都由她做责任编辑，她逐字阅读，发现了不少疑误之处，并查考资料予以解决。这种奉献精神令人敬佩。负责图书生产的严定友副总编为保证《张舜徽集》第四辑的排版和校对工作顺利进行，多次召开生产协调会，从而保证了图书的按时出版。作为套书负责人的周柏青老师在图书的版式、书稿的校对及一些问题的技术处理上着实动了一番脑筋。

三

张先生16岁时撰写《尔雅义疏跋》，是他的第一篇学术论文。那是上个世纪20年代。40年代，开始有著作刊行。先生的著作主要是在50年代到90年代初期出版的，出版机构包括中华书局、中华书局上海编辑所（今上海古籍出版社）、上海人民出版社、齐鲁书社、中州书画社、湖北人民出版社、湖北教育出版社、湖南人民出版社，先后有14种。这些著作多被高等院校列为教学用书或主要参考资料，在学术界影响广泛。其学术影响还及于欧美、日本、我国台港及东南亚地区，仅在台湾一地翻印出版他的学术著作就有十多种。由于种种原因，包括造纸、印刷技术的限制等，张先生的著作印量总体并不大，有些早已断版；还有少数著作编校不精，错漏较多。如今，我们华师出版社将以前先后出版的张先生的诸多著作，加上少部分未刊稿（如《霜红轩杂著》），汇编整理为繁体横排本，又将原来以旧式标点排印的书，改为以现今规范的标点排印，既方便了读者，满足了市场的需要，又于启迪后学、活跃传统文化研究、弘扬传统文化有积极的意义。

在几十年的治学历程中，张先生形成了自己的独特风格，他精通"小学"，博治四部，成通人之学。他见识高超，继承前人成果而不囿于成说，勇于创新而不凿空立论，其成就受到海内外学术界的高度评价。记得大约是2006年冬笔者与同事去拜访北京大学陈平原教授。我们送了已出的10册《张舜徽集》，陈老师非常高兴，说张先生的已出著作他都有收藏，且给予很高的评价。他还从编辑出版的角度给我们提了很中肯的建议。《说文解字约注》编审时，我们请了一位古代汉语方面的专家把关。这位老师审毕书稿，给笔者打了很长的电话，说张先生虽不专门研究文字学、训诂学，但其功力和成就确实远远超出现今许多名气很大的文字学家和训诂专家。

《张舜徽集》的编辑出版工作得到了出版界、学术界的广泛支持，产生了良好的影响。2006年，《张舜徽集》第三、四辑的选题被确定为湖北省"十一五"重点出版规划，省新闻出版局领导给予高度重视；其中的《讱庵学术讲论集》还被评为2008年湖北省公益出版资助项目，获得资助经费3万元；2009年，《张舜徽集》第四辑被评为国家出版基金资助项目，获得资助经费50万元。

张先生是一个纯粹的学者，将学术与生命合一，其著作过去就获得过一些荣誉，其中《说文解字约注》、《中华人民通史》都获得了湖北省社会科学成果一等奖，后者还于1990年荣获中国图书奖。《张舜徽集》20册出齐后，我们于2010年申报了国家图书三大奖之一的"中华优秀出版物奖"，获得成功，成为50种获奖图书之一。明年是张先生百岁冥寿，《张舜徽集》可以说是我们送给先生的寿礼。2011年，我们还将刊行《张舜徽日记》点校本（2册）、《张舜徽论著阐释》、《张舜徽学术研究》等图书，让一代国学大师的学术精神发扬光大。"书比人长寿"是张先生的学术追求，也是我们出版人的文化追求。

最后，我们还要特别说说的，是《张舜徽集》在编辑出版方面的不足。集子的开本略小，不够宏朗；封面过于暗淡；书前没有适当加入张先生的照片、书影、手迹等；有的著作还可编制索引，等等。成如容易却艰辛，虽然我们尽心尽力，但缺憾依然难免，或许我们还有机会弥补。

（本文与冯会平合作撰写，载《现代出版：理论与实务》第八辑，华中师范大学出版社2010年版）

谈谈"华大学人研究书系"的运作

最近,第二届珠澳文化论坛在珠海举行。我校前身的华中大学校长、珠海籍的韦卓民先生学术文化思想是会议讨论的重点议题之一。在这次会议上,我社新推出的《韦卓民纪念文集》、《韦卓民年谱》和《近代中国社会变迁与基督教大学的发展——以华中大学为中心的研究》三部论著提供给了与会代表。这些重要的学术成果受到与会海内外专家的积极关注与一致好评。几种图书都是研究百年华大历史与人物的,其中前两种直接收入"华大学人研究书系"。这也是我们出版社服务学校教学科研、推动学校整体发展、促进学术文化建设的一个重要举措。

在百年华师的历史上,涌现出了一大批学术巨匠,他们在各自的学术领域取得了令人瞩目的成果,获得了学界的高度评价。这其中有著名历史文献学家张舜徽先生,他一生勤于著述,笔耕不辍,给后人留下了几十部厚重著作;著名历史学家、文学史家钱基博先生,他的著作不断再版,在学界影响甚大,许多已经成为研究历史、文学的学者的必读书;逻辑学家、哲学家詹剑峰先生,则在西方哲学研究以及中国哲学研究尤其是墨子和老子研究方面浸淫很深。还有杨东莼、包鹭宾、韦卓民、黄溥、陈时、章开沅、邢福义、刘连寿等,这些都是百年华师历史上灿若群星的名字。另外,还有一些学者在华师历史上也曾留下过足迹,如冯友兰、王亚南、吴宓、游国恩、傅懋勣、桂质廷等,他们也是我们这所百年老校的骄傲和财富。

章开沅先生在为丛书撰写的"总序"中说:"华中师范大学是中国真正具有百年以上历史的少数知名大学之一。在其一百多年的发展过程中,有一批又一批筚路蓝缕披荆斩棘的先驱者。他们呕心沥血,殚精竭虑,为现今华师的奠基与成长作出了不可磨灭的贡献。我们应该永远铭记这些先驱者的丰功伟绩。"

的确，先驱者是应该永远铭记的。了解历史、研究先人是我们的责任和义务，同时这类工作也使我们明智而开阔。"华大学人研究书系"正是基于这一愿望而策划的。该书系自 2006 年酝酿、2007 年初推出第一本《钱基博年谱》，至今已刊行了 9 种。除了以上数种，还有《钱基博学术研究》、《恽代英年谱》、《张舜徽与清代学术史研究》、《张舜徽的汉代学术研究》、《陈时教育思想与实践》、《黄溥教育思想与实践研究》。即将刊行的还有《章开沅学术与人生》、《邢福义学术研究》、《张舜徽论著文本解读》、《张舜徽百年诞辰纪念文集》。经过三四年的努力，这套"华大学人研究书系"已渐成规模，且在校内外产生了很好的社会反响。

我们认为，历史是一种重要的资产，一种无可替代的宝贵资产，其中包含的有些重要无形资产甚至远远高于其相关联的有形资产。章开沅先生指出，彰显一所百年老校悠久而丰富的历史文化底蕴，"更重要的工作恐怕还是要数延续学脉与传承精神。高校不是一般的教育机构，乃是学术文化延续的载体。学脉是学科孳生繁衍的谱系，精神是众多学科群共生互动焕发的校园神韵，而兼任两重载体且流光溢彩于百年岁月之间的则是那一代又一代的杰出学者"。章先生此言道出了我们出版策划的初衷。当今社会，世风日下，学风不振，大学急功近利、浮躁冒进几成主流。有识之士怀念当年的西南联大，我们何尝不回想老华中大学、中华大学呢！"人事有代谢，往来成古今。"过去的大学是怎样办的，著名的大师是如何炼成的，历史或许可以给我们一些有益的启示。我们的目的也正是希望通过这套丛书的运作，激发大家对前辈学人的深入研究，从而弘扬百年华大的学术传统，以期华大学脉世代绵延。作为一套开放的书系，我们会伴随着对百年华大历史上老辈名师研究的深入发掘与拓展，以及现代华师杰出学人的出现与成长，不断推出新的成果，展示薪火相传、江汉长流的美丽景观。

（载华中师范大学出版社"官网"，2010 年 8 月 27 日）

继承英语教育传统　搞好英语教材建设

在这"碧云天，黄叶地，秋色连波"的美好时节，由华中师大外国语学院和我们出版社联合举办的"基础英语教学与教材建设研讨会"顺利召开。在此，我谨代表主办方对今天来自全国 30 多所高校的外语学院院长、系主任及专家们表示热烈的欢迎。

基础英语是高等学校英语专业的必修课，承担着提高学生听、说、读、写、译等综合技能的重任。其重要地位在高校英语专业教学中日益凸显，教学内容涵盖语言、文学、文化、教育等诸多领域。如何促进基础英语教学，搞好教材建设，正是我们会议的主题。

华中师范大学在英语教学与研究方面有优良的传统。我校前身之一的华中大学是一所教会大学，英语教学要求之严、水平之高是众所周知的。上世纪 20 年代就开设英语系，培养了众多杰出的外语人才和各类专家。最近，我们连续出版了《韦卓民年谱》、《韦卓民纪念文集》以及《黄溥教育思想与实践研究》。韦先生担任华中大学校长 20 多年，精通英、德、法、俄、拉丁等多种语言，他不仅是著名的神学家、哲学家，还是杰出的翻译家，其康德、黑格尔译著代表了国内翻译界的最高水平。长期担任教会中学雅礼学校校长和华中大学教务长、副校长代理校长的黄溥是著名的教育学家。两人对华中大学的英语教学均高度重视，对老华大的英语系倾注了心血。我们今天的外国语学院渊源有自，正是在这种传统的继承与发扬光大中成长起来的。我想，我们今天的基础英语教学研究与教材建设，一方面要应和时代的节拍，与时俱进；另一方面，也有必要学习国外先进教育教学理念、继承我们历史的优良传统。比如华中大学的一些好的东西。

华中师范大学出版社多年来重视为高等学校教学科研服务，为师范教育服务，彰显教师教育特色，重视教材建设。在"十五"、"十一五"期间，出版了 300 多种各级各类大学教材，包括获得国家教育部一等奖的优秀教材，以及国家精品教材入选者，数十种国家规划教材。为了进一步整合资源，加大为高等学校教学科研服务的力度，我们专门成立了高等教育分社。关注教育，研究教学，搞好教材建设，是其重要职责。其中，大学英语专业课的教材研究及相关产品开发是我们的工作重心之一。我们已经有了良好的开端，有了比较好的基础。英语方面的语言、文学教材渐成规模，不乏精品。我们也希望以后得到在座各位的关心和支持。

一年好景君须记，最是橙黄橘绿时。最后，祝会议圆满成功！祝各位身体健康，万事胜意。

（本文是 2010 年 10 月 23 日在本社基础英语教学与教材建设研讨会上的讲话）

在教辅图书发展战略研讨会上的讲话

在这清风送爽、细雨绵绵的金秋时节，我们齐聚江城，共商教辅图书的选题开发与市场营销大计。在此，我谨代表华中师范大学出版社有限责任公司、华大鸿图文化发展有限责任公司，对各位销售商朋友的光临表示热烈的欢迎！

多年来，各位朋友在图书特别是教辅教参图书的发行方面，给予了我们华中师大出版社大力的支持，大家通力合作，诚实守信，互利双赢。在此，我对诸位多年来对我们的关心、理解与支持表示诚挚的谢意！

随着国家教育事业的发展，文化体制改革的深入，图书出版发行行业也呈现出新的趋势、新的面貌，同时也出现了新的竞争、新的挑战。我们华中师范大学出版社与时俱进，深化改革，在转变体制、创新机制上做文章。新近成立的华大鸿图公司正是我们新的探索与尝试。公司整合社内优质教育出版资源，在资本构成、组织构架、运行机制、营销模式等方面更加企业化、市场化。公司由富有教育教学经验，熟悉公司化运作，在图书发行行业打拼多年的张必东先生任副董事长兼总经理。在接下来的时间里，张总和他的华大鸿图团队，还会和大家深入交流，互相切磋，共商大计。

朋友们，今年是我们华中师范大学出版社成立二十五周年，这也正是一个走向成熟、充满青春活力的年龄；今年又是我们出版社的改革元年，在11月2日我们华中师范大学出版社有限责任公司也将正式挂牌，掀开历史新的一页。过去，我们以优秀的选题、优质的产品、优良的服务赢得了广大经销商朋友的厚爱。诚信、认真是我们一贯的作风，精品、品牌是我们不懈的追求。细节见证品质，执着铸就辉煌。今后，我们将一如既往地精心打造教辅精品，更加努力地开拓创新。子曰：己所不欲，勿施于人。当代有个有名的企业家还有句名言：要自己好，也要让别人好。这些讲的都是精诚合作，互惠互利，共生共赢。精诚所至，金石为开。有出版方和营销方的精诚合作，华大鸿图的文教产品一定会再创辉煌！这里我们也诚恳地希望各位朋友献计献策，多提宝贵意见和建议。

最后，祝本次会议圆满成功，祝各位朋友在武汉期间一切顺利，满载而归！

（载《出版简报》2010年第4期，本期为教辅图书发展战略研讨会专辑）

在华中师范大学出版社
有限责任公司揭牌仪式上的讲话

尊敬的各位领导、各位嘉宾、各位员工：

上午好！

在这"树树秋声，山山寒色"的美丽深秋，我们华中师范大学出版社在这里举行有限责任公司揭牌仪式。在此，我谨代表公司董事会、公司党委会、经营班子以及全体员工，对各位领导、专家和朋友们的光临表示热烈欢迎，对诸位多年来对出版社工作的理解、关心和支持，表示真诚的感谢。

今年，是华中师范大学出版社成立25周年。1985年，沐浴着改革开放的春风，我们华师出版社在早春二月正式开业。25年来，在国家新闻出版管理部门，尤其是中共湖北省委宣传部、省新闻出版局的关怀和指导下，在省教育厅等上级部门的大力支持下，在学校党委、行政的坚强领导下，在校内各职能部门、院系专家和老师们的长期帮助下，我们出版社走过了从稚嫩、弱小到不断成熟、不断壮大的发展过程。25年来，我们始终坚持正确的出版方向，文化为本，学术为本，教育为本，特别注重为学校教学科研、学科建设服务，为师范教育服务，为基础教育服务，举师范旗帜，铸教育品牌，在社会效益和经济效益方面取得了长足的进步。25年总计出版图书近5000多种，出版电子音像产品数百种，其中为本校出版学术著作、大学教材等多达1500余种，对学校的教学科研发展以及学科建设、对国家学术文化事业的繁荣作出了积极的贡献。顺便提一句，学校去年人文社会科学得到国家奖励1000万元，主要缘由是著作出版的总量与增幅，我想，这里面应该有华师出版社的重要贡献。

二十多年来，我们获得了包括国家"五个一工程"奖、中国图书奖、中华优秀出版物奖、全国优秀教育图书奖、国家电子出版物奖、湖北省出版政府奖等大奖在内的各级各类出版奖400多项；出版的学术专著、高校教材获得了包括教育部人文社会科学成果一等奖、国家高校优秀教材一等奖、湖北省社会科学成果一等奖等在内的各级各类教学、科研成果奖励上百项。这里，我特别说一句，华师出版社出版的出版物特别是图书，品位是高的，品质是好的，品牌也是过硬的。我们在某些政策鼓励优秀著作、教材贴钱到外面大社名社出版的情况下，能取得这样的绩效应该说是付出了艰辛努力的。

25年前，出版社从向学校借款10万元，在几间破旧的平房开办，到今天拥有员工过百人，年销售码洋过亿元，年出书500多种，注册资金6500万元，成为国内有一定特色和影响，有一定品牌号召力的成长性良好的中等规模出版企业。在目前很少占有学校有形资产的情况下，出版社文化与经济并重，重视产品与市场开发，在经济效益方面稳步提高。出版社在自己解决工资、津贴、奖金的情况下，还累计上缴国家税收、学校利润过亿元，独立出资超过1000万元作为出版基金支持学校的教学科研、学科发展与人才培养。事实一再证明，只有学校自己的出版企业，在服务学校、支持学校方面是不计名利、无怨无悔的。百年校庆无一校外出版机构捐赠什么，我们出版社出资百万捐献现金和出版相关图书；今年在准备辛亥革命百年纪念文库时，起先有北京某大型出版集团介入，当他们发现名利都不一定靠得住时就抽身走人，最后还是我们将要克服巨大困难在短时间内来完成这1500多万字的浩大工程。我们说这些，是希望能继续得到校内各部门、各院系和老师们的充分理解和全力支持。"国民待遇"对我们自己的出版企业也很重要。一些大社、名社也是企业，企业的天职就是在符合国家政策、遵守国家法律的前提下追求利益最大化，因此补贴出书成为出版业的行规，所谓大社、名社出书已没有门槛。出版企业无高低贵贱之分。图书出版，内容为王，重在品质。

2010年是我们出版社的改革元年。此前，我们的体制转换、机制调整已经在稳步推进。干部能上能下已经实现多年，机构能设能撤更加贴近市场，收入能高能低我们已通过全员薪酬改革变为现实。旗下控股公司、参股公司的运作均已启动，几个对外合作项目成效明显。出版社的两个效益呈现出良好的发展态势。最近，《辛亥革命与中国近代政治发展》入选国家纪念辛亥革命100周年、建党90周年百种重大选题，历时八年打造的近千万字的学术精品《张舜徽集》（20卷）荣获国家级图书大奖（全国仅50项），"辛亥革命百年纪念文库"有望得到国家三大基金之一的国家出版基金的强力支持。从经济的角度看，我社前三个季度的各项经营指标形势喜人，平均涨幅在25%以上。这些都得力于思想的进一步解放和改革的逐步深化，也得力于各位领导、各个部门和专家们的鼎力支持。

各位领导，各位嘉宾，各位员工，今天我们"华中师范大学出版社有限责任公司"就要正式挂牌。增加的六个字含义深刻，意义重大。它意味着我们将彻底告别"事业单位企业化管理"的出版模式，向着现代文化企业大步迈进。

作为文化企业，我们会永远牢记自己的文化使命和社会责任，始终把握好政治方向，多出精品，多出好书，把社会效益放在突出位置，做"书比人长寿"的传世伟业。

作为学校的全资公司，我们会一如既往地为学校教学科研、学科建设服务，为学校办成教师教育特色鲜明、综合性、研究型的高水平大学尽绵薄之力。一流的大学需要一流的出版，一流的出版也离不开一流的大学。

作为现代企业，我们更要不断学习，开拓创新。真正树立企业观念，建立企业制度，掌握经济规律，搏击市场风浪，迎接数字化的挑战，把华师出版社有限责任公司办成国内外有重要影响、教育出版特色鲜明的中等规模出版强社。出版已是微利行业，出版社成为高风险企业，生存和发展都须克难奋进。我们以后还会更多地"在商言商"，君子言利，也恳请领导和老师们多多理解。

各位领导，各位老师和员工，金秋时节，迟桂花又开了。层林尽染，万山红遍，正是秋收冬播交织之时。我们收获喜悦，播种希望！无边落木萧萧下，不尽长江滚滚流！我们有理由期待明天，祈福未来；我们坚信：华中师范大学出版社有限责任公司明天一定会更加美好，未来一定会更加兴旺！

谢谢大家！

（2010年11月18日）

岁月书痕

外国文学课程国际化与教材建设

阳春时节，万木争荣，百花竞放。作为主办方之一，我谨代表华中师范大学出版社有限责任公司对各位老师的光临表示热烈的欢迎，对各位专家的支持表示衷心的感谢。

近几年，我社一批学术精品选题列选国家重点出版规划，《张舜徽集》已经推出20卷并荣获国家大奖，《钱基博集》拟在近年内推出25卷。今年我们又花大气力在打造约1500万字的"辛亥革命百年纪念文库"。我们已经连续两届获得了国家出版基金的大力支持。一些学术著作多次获得国家大奖和湖北省出版政府奖，并获得了学界的高度认可。尤其值得提出的是，自从聂珍钊教授倡导开展文学伦理学批评以来，我社立即注意了这一值得关注的批评方法的学术意义和出版价值，经过与聂教授的商议，策划出版了"文学伦理学批评建设丛书"，在过去的几年里已经推出多种，还将继续推进，形成一个新的学术品牌和出版品牌。由聂老师牵头的相关著作已经入选国家"十二五"出版重点规划项目。

近些年来，我社已出版大中专教材600多种。基本上都是与我校优势学科紧密相结合的。我们约请上海师大郑克鲁教授主编的《外国文学简明教程》被几十所大学使用，广受好评。借助我校中文专业在全国同类专业中位居前列的这一学科优势，同时广泛吸纳校外专家教授加盟，我社已在语言文学专业教材的出版上形成了较为完整的体系，基本涵盖了中文专业的所有课程，赢得了良好的社会效益和经济效益。我社有十多个品种的中文教材列入国家"十一五"规划，在全国大学社位居前列。今天，我们与华师文学院、教务处、省外国文学学会、省文学理论与批评研究中心，还有《外国文学研究》编辑部联合举办这次"外国文学课程国际化全国学术研讨会"，希望通过广泛深入的讨论，促进外国文学课程建设、教材建设、教学改革与学科发展。

我本人也是 80 年代毕业于华中师范大学文学院的,现在还兼任文学院的教学工作。回想起近 30 年前的外国文学课堂,我们从前辈学人王忠祥教授、周乐群教授、奠自佳教授、彭端智教授、朱宪生教授等那里,开始了从希腊文明向文艺复兴到 20 世纪文学的兴趣之旅。外国文学课堂让许多喜爱文学的学子接触到了但丁、莎士比亚、易卜生、托尔斯泰、高尔基、萧伯纳、福克纳等世界文学史上的璀璨群星,使他们的文学视野拓展到非常广阔的疆域,对于学生的兴趣培养、情操冶炼、人格塑造都有很大的作用。因此,结合新时期以来我国外国文学研究领域的新成果,探讨外国文学课程及教学新的特点、新的方式都是很有必要的。尤其是将"课程国际化"作为此次会议的主题,更是具有时代性、前瞻性和战略性的举措。我们认为,课程国际化是中国大学国际化的有机组成部分。而大学国际化就是办学理念、要素和行为跨越国界进行互动的过程和现象,是将"国际的维度"整合到高等学校的教学、研究和服务的诸项功能中的过程。它具体表现为管理国际化、师资国际化、教材国际化、人才国际化等等;从另外一个角度看,则表现为学生、教师的国际化,教学内容、方法的现代化,教学科研合作国际化,大学校园虚拟化等等。而课程国际化无疑是整个大学国际化中最基础、最重要的环节之一。

我们华中师范大学前身之一就是民国时期很有影响的教会大学——华中大学。直到 1952 年,我们学校的名称还是公立华中大学,应该说有很好的中西交融的基础和传统。老华大规模不大(人数最多时是 400 人,同期武汉大学约 800 人),教育理念、教学模式、课程设置,基本都是西化的。它为我们留下了很好的传统和基础。华中大学掌校 20 多年的韦卓民先生就是我校国际化的先驱。他早年留学美国哈佛大学,获得硕士学位;后来先后在欧洲的巴黎大学、柏林大学深造,最终在伦敦大学获得博士学位。这位精通数国语言、学贯中西的一代大师确实为中西文化交流、为现代大学的建设和发展作出了卓越贡献。其国际化的办学理念、方法仍然是我们今天可资借鉴的宝贵财富。

现在,我们学校又把"国际化"作为发展战略之一,在校的留学生有来自全世界 106 个国家和地区的 1600 多人,在武汉地区仅次于武汉大学。"走出去","请进来",已经成为一种常态。多种形式的合作办学、联合科研、校际交流,大大开阔了我们的视野,提升了学校声誉。我以为,所谓更深层次的国际化,应该是我们的教学科研、人才培养、社会服务真正与国际特别是西方发达国家接轨，从内涵上学习借鉴西方一流大学的课程体系、教学模式以及人才培养经验。这是社会信息化、经济全球化、文化大交融对我们提出的新的时代要求。如果说我们上个世纪 50 年代开始的教育教学改革是以苏联模式为蓝本，以培养专家为目的；那么今天的教育教学改革更多的是以欧美模式为范本，以通才造就为目标的。在这样的改革中，我们外国文学课程建设、教学改进以及学科发展有基础、有条件，也有充分的理由走在国际化的最前列。我们相信这次学术研讨会，对外国文学课程的国际化乃至整个文学学科的国际化，一定会产生切实而深远的影响。

最后，预祝本次外国文学课程国际化学术研讨会取得圆满成功！也祝各位代表在美丽的桂子山身体健康，心情愉快！

（本文是 2011 年 4 月 28 日在外国文学课程国际化全国学术研讨会上的致辞，此次收录有删节，标题为编辑此书时新拟）

发掘音乐底蕴　夯实教材基础

今天我们聚集一堂，举办 21 世纪高校音乐课程建设教学与教材研讨会。首先，请允许我代表华中师范大学出版社有限责任公司向参加今天会议的近 20 所院校的老师们表示热烈的欢迎和诚挚的感谢！

今天是 5 月 7 日，大家刚刚过了五一劳动节、五四青年节，昨天已经"立夏"，正是"五月的鲜花"烂漫时节，我们在这里一起探讨高校音乐课程建设教学与教材方面的问题，正当其时。

5 月 4 日那天，全国大学生校园文艺会演《五月的鲜花——永远跟党走》在北京隆重上演，为中国共产党成立 90 周年献礼。这场百所大学参加的大型文艺活动，是由中宣部、教育部、共青团中央主办的，它以五四青年节为契机，弘扬五四精神，歌颂中国共产党的光辉历程，讴歌中国共产党在各个历史时期领导人民所取得的伟大成就。作为武汉地区唯一参演的高校，我校大学生艺术团承担了序曲歌舞《五月的鲜花》、歌曲《东方为什么红》、情景歌舞《激情飞越》以及谢幕合唱《走向复兴》的演出工作。

由《五月的鲜花》我想到了我们华中师大历史悠久的音乐教育以及同样富有优良传统的群众性艺术活动。《五月的鲜花》这首很有影响的抗战老歌，词作者就是我们学校的校友光未然（本名张光年）先生，他同时也是著名的《黄河大合唱》的词作者。

五月的鲜花，开遍了原野，/鲜花掩盖着志士的鲜血。/为了挽救这垂危的民族，/他们正顽强地抗战不歇。……

这旋律、这歌声至今回荡在中华大地。而音乐的力量、艺术的魅力经久不歇，感动着当时的仁人志士，也感染激励着后人。这是革命的、红色的艺术。

我们百年华大同样还有着西洋艺术的丰厚底蕴。华中师大的最重要的前身华中大学（当时全国 13 所教会大学之一），早在上个世纪二三十年代就在教育学院设立音乐组，其规模和影响绝不亚于今天的一些音乐系。早在 1932 年 4 月就曾举办了年度音乐会。丰富多彩的文艺活动在华大校园内形成了一道亮丽的风景线，在武汉乃至整个华中地区都很有影响。由音乐组教师（包括不少的洋教授）组织的合唱团，不仅吸引了主修音乐的同学，也吸引了爱好音乐的其他教职工和大学生。合唱团曾经在汉口维多利亚大剧院专场演出，并多次举办演唱会及一年一度的华中大学音乐会。

改革开放后又重新恢复建制的华师音乐系（后改为音乐学院），在音乐专业教育和大学生音乐素质教育、群众性音乐艺术普及方面做了卓有成效的工作。学院也非常重视教学改革、课程与教材建设。近 10 年来，音乐学院和出版社联合，不仅推出了"音乐学研究丛书"，还出版了一批有特色、有影响的专业教材。华师音乐学院，同时联合武汉音乐学院等兄弟院校的同行专家，在教材建设方面已经有了一个很好的开端。在普及方面，出版社先后出版了《钢琴考级教程》系列、《音乐欣赏》、《电子琴趣味教程》、《手风琴速成教程》等等，也产生了很好的社会影响，受到广大读者欢迎。

2010 年，我们华中师范大学出版社完成转企改制，成为有限责任公司。改制后的出版社更加重视为大学教育服务，专门成立了高等教育分社，已经在中文专业、教育心理专业、外国语言文学专业等领域取得了相当大的进展。现在，我们又把音乐教育作为一个重要领域，以 2004 年版教材为基础，请韩勋国、陈永教授牵头，联合全省各兄弟院校共同开发和完善音乐专业系列教材。我相信，这会是一件双赢多赢的好事情。出版社出产品，出效益；院系出成果，出人才；互惠互利，良性发展。

我一直很认同这样的看法：大学的基础是学科，学科的基础是专业，专业的基础是课程，而课程的基础是教材。音乐院校的发展、音乐学科的建设，教材是基础的基础。让我们一起努力，共同打造出一套 21 世纪的精品音乐专业教材，推动音乐教育的健康快速发展！

再次谢谢大家！

（本文是 2011 年 5 月 7 日在 21 世纪高校音乐课程建设教学与教材研讨会上的讲话，标题为编辑此书时新拟）

认清形势 解放思想
积极寻求出版社突围与发展之路

今天我们聚集一堂，共同回顾出版社"十一五"期间的发展成绩和经验，分析现在所面临的形势与环境，积极探讨在数字化、集团化、股份化浪潮冲击下的中小出版企业生存与发展之路。这里，我代表出版社有限责任公司董事会、党委会和经营班子，向会议做主题报告。请各位代表审议。

一、"十一五"期间出版社改革与发展的成绩和经验

2006年以来的五年多，在学校党委和行政的直接领导下，在上级业务主管部门的具体指导下，出版社始终坚持正确的出版方向，坚持举师范旗帜，铸教育品牌，在改革与发展、坚守与创新、经济效益和社会效益的多个方面取得了积极的进展。

——力推学术精品，繁荣文化事业。出版，经济是手段，文化是目的。从传统出版的角度看，所谓出版史就是优秀出版社出版优秀图书的历史。在"十一五"期间，我们坚持把多出书、出好书放在突出位置，在保持始终不出一本坏书的前提下，大力推出学术文化精品，我们出版社的美誉度和影响力进一步提升。20卷的《张舜徽集》顺利完成，在第四辑获得国家首届政府出版基金资助的基础上，再获中华优秀出版物大奖。"道家道教文化研究书系"、"中国民间文化研究书系"、"科举学研究丛书"等"华大博雅"旗帜下的若干系列丛书，以其精品化、系列化、特色化赢得了学术界的广泛赞誉。由我社策划运作的《秦与楚》在获得湖北省十大精品图书之后再得湖北出版政府奖，多卷本《湖北新民主革命史》在省社会科学优秀成果评奖中摘得桂冠。我社文史类图书、教育类图书逐步形成了自己的品牌优势。

——服务教学科研，促进学校发展。大学出版社依托大学，也服从和服务于大学的整体发展。为学校教学科研、学科建设和人才培养服务，是我们一直坚持的办社宗旨。近五年来，我们大力支持本校优秀学术论著、博士论文和各级各类教材的刊行，所出本校教师图书占总出书品种的60%。投资近500万元的出版基金为这些著作的推出提供了充足的经费保障。"华大博雅学术文库"、"华大学人研究书系"、"文学院教授文库"、"华中学术"辑刊、"外国语言文学文化研究"丛刊、"音乐学研究丛书"、"美术文化研究丛书"、"教师教育系列教材"等等，对于推动学校重点学科建设、新兴学科发展、博士点申报、教师教育特色彰显都发挥了积极作用。而以国家精品教材《中国古典文献学》为代表的一大批优秀大学教材，对于课程建设、教学改革起到了积极推动作用。我们卓有成效的学术出版对传承学脉、弘扬百年华大精神更是起到了润物细无声的作用。

——调整选题结构，加强市场开拓。"十一五"期间是我社中小学教材创造辉煌的时期，也是因政策因素影响出现巨大困难的时期。作为出版社重要经济支撑的中小学教材在前几年曾达到5000万元的年发行码洋，但近两年的教材循环使用及其他出版发行单位的恶性竞争和垄断，我社教材面临很大挑战。全体干部职工积极寻求对策，大力开拓大学教材领域，拓展高职高专方向；在教辅图书方面，经过编辑与市场人员的共同努力，以"重难点手册"为代表的品牌图书连续多年销售量都呈增长态势。在加强合作、互利双赢基础上，我们也着手高等教育自考辅导用书、基础教育学生读本以及大众图书的产品及市场开发，适度增加品种，在一定程度上弥补了中小学教材的损失。其中，《公众防灾应急手册》、《别和青春期的孩子较劲》、《汶川情·中华魂》、《感动中国的山村教师——走近"大别山师魂"汪金权》、《国学读本》等在创造经济利润的基础上，也产生了很好的社会影响。2010年发行码洋1.12亿，回款保持在5000万元以上。5年除返还学校发放的工资、津贴外，含出版基金在内，累计上缴学校利润1600多万元。这在武汉地区的大学出版社中是绝无仅有的，在全国大学社中也算突出的。

——推进转企改制，深化内部改革。包括出版体制在内的文化体制改革是"十一五"期间的重要大事，它对整个文化产业、出版行业的影响是巨大而深远的。我社2009年启动转企改制工作，2010年顺利完成。去年的11月份，我们举行了华中师范大学出版社有限责任公司挂牌仪式。此后，我们按照"公司法"的要求，建立和完善了董事会、监事会、社委会以及党委会、职代会、工会等机构，规范和理顺了各机构的工作关系，向现代企业制度迈出了切实的步伐。召开了公司第一届董事会第一次和第二次会议，通过了《董事会议事规则》、《在岗职工薪酬分配办法》、《经营班子薪酬分配办法》等规章制度，审议了《出版社"十二五"发展规划》。决策、经营、监督科学分离，管理运行更加企业化、制度化。与此同时，我们进一步深化内部机制的转换。编发联动的高教分社与基教分社的成立，按股份制设置的华大鸿图公司的组建，干部、用工、薪酬三项制度改革的推进与完善，使出版社更加具有活力和竞争能力。

——积极对外拓展，加强资本运作。内涵式发展是企业壮大的路径之一，但在现在的形势下越来越难。合作双赢或多赢更是现代企业的发展趋势。我社也一直在这方面进行积极的探索。近年来，我们斥资100万元与教育部考试中心国试书业公司、湖北省新华书店集团公司等共同成立了"国试书业（武汉）有限公司"，我社占10%股份。向武汉数字媒体工程技术有限公司注资100万元，合作发展数字出版与教育培训产业。还与北京画中画印务集团公司联手，共同开展快乐共享文化传播公司的图书选题策划与市场开发，出版面向大众的一般图书。此外，我们也还与其他文化机构进行了多种形式的项目合作与开发。这些合作，我们报请了学校主管领导同意，得到了学校党委行政支持，新的项目经过了公司董事会讨论通过，也在广大职工中集思广益，做到决策民主，运作规范，力求在有效防范风险的基础上创造良好效益。

——加强党的建设，重视民主管理。"十一五"期间，我社分党委高度重视党的组织建设、思想建设和作风建设，为出版社的改革发展保驾护航。分党委与社委会、工会、青年团、老协等一道，通过丰富多彩的活动，营造了积极向上、和谐奋进的企业文化。在改革的关键时期，党组织充分发挥了战斗堡垒作用，党员同志充分发挥了模范带头作用。我们的内部改革在大学出版社中力度是比较大的，在校内各单位中是明显走在前列的。因为我们知道，不改革传统观念和体制的束缚，出版社只有死路一条。在事关大家切身利益的问题上，党委、工会的同志从大局出发，从长远着眼，积极做好稳定协调工作，促进了出版社改革的顺利推进。分党委及行政支部在学校"特色党日"活动中双获佳绩；老年工作、工会工作因成绩显著连获先进；展示出版社员工精神风貌的文娱、体育活动，生动丰富，成绩喜人。

除了以上几个方面，出版社在重视公益事业，做有社会责任感的企业；在加强学习培训，建设学习型企业；在重视形象宣传，做有社会影响力的企业等多个方面，都还有不俗的表现。我们这里就不展开论述。总体来看，我社在"十一五"期间的发展是健康的、稳定的，两个效益是突出的。

回顾出版社近五年来的发展历程，我们觉得以下几点十分重要：学校领导的关心支持是我们克服困难的坚强后盾；企业班子的团结协调、奋发向上是我们事业发展的关键所在；广大干部员工的理解、参与是我们做好工作的重要基础；现代企业制度的建立与完善是我们事业发展的可靠保障。

二、我们面临的形势与挑战

目前的出版行业处在急剧转型的关键时候，整个的传统出版都面临着一些困难和问题，而中小出版企业遭遇到的困难更大，挑战更严峻。挑战主要来自三个方面，即数字化、集团化、股份化。这里重点说说数字化的挑战问题。

1. 关于数字化

数字出版是人类文化的数字化传承，它是建立在计算机技术、通讯技术、网络技术、流媒体技术、存储技术、显示技术等高新技术基础上，融合并超越了传统出版内容而发展起来的新兴出版产业。数字化出版是在出版的整个过程中，将所有的信息都以统一的二进制代码的数字化形式存储于光盘、磁盘等介质中，信息的处理与接收则借助计算机或终端设备进行。它强调内容的数字化、生产模式和运作流程的数字化、传播载体的数字化和阅读消费、学习形态的数字化。数字出版在我国虽然起步较晚，但是发展很快，目前已经形成了网络图书、网络期刊等新业态。

在数字出版领域，非传统出版机构的大举挺进特别值得关注。世界级IT技术商及传媒界巨头凭借其技术、资源和雄厚的实力，纷纷进军包括传统出版业数字化传播、互联网期刊和多媒休互动期刊、博客、在线音乐、手机出版（含手机彩铃、手机游戏、手机动漫）、网络游戏和互联网广告等数字出版这块风水宝地。在我国，从用户、数字终端、互联网运营、电信运营再到互联网出版、传统出版数字化运营和作者资源等整个数字出版产业链都成了各路"数字英雄"群雄割据的、没有硝烟的战场。

——国外有亚马逊、索尼、苹果等，国内有汉王、易博士等公司，各自以其特色产品和创造的骄人战绩领跑阅读器市场。

——国际国内著名搜索引擎公司谷歌、百度、雅虎和微软的 MSN 等通过不同的策略在互联网中文图书搜索市场相互角力。

——中国电信运营商的两大巨头，中国移动和中国电信在积极努力，建立各自的以电子书为核心的资源运营平台，试图整合出版资源，做大阅读器这块蛋糕，开拓新的移动增值收入。

——全球最大的中文数字出版技术提供商和内容运营商方正集团 2009 年就正式推出了集图书搜索、多平台阅读、互动分享、个性出版、客户购买于一体的全球最大的中文图书门户——"番薯网"，宣告这家以 IT 传统业务为主的技术企业正式涉足互联网服务领域。

——也是从 2009 年开始，"中文在线"首次推出全媒体出版，旨在以数字图书的形式通过互联网、手机、移动阅读器等数字终端设备进行同步出版，实现"任何人在任何时间、任何地点、以任何方式获得任何内容"。

——以起点中文、红袖添香、晋江原创、天涯论坛等为代表的原创性网站开创了与传统出版有着本质区别的中国原创作品互联网出版的新模式，发展成为受作者和读者青睐且互动性强的互联网出版商。

——以方正阿帕比、超星、书生、万方数据、清华同方为代表的数字出版运营商，以其强大的数字内容集成主导着中国传统出版业出版物的互联网出版、销售和传播市场。

这些数字出版的各路诸侯都是有强大的资本支持的 IT 技术商，又无不是用技术来整合内容，进而有意识地力争控制数字出版产业链上游的内容集成商。我们注意到，这些竞争者都不是我们传统的出版企业，但他们在占有资源、控制市场、吸引读者、瓜分利润等方面却是实实在在的。竞争的结果是：传统出版物持续多年是只增品种不增总销量，纸质书报刊读者阅读率连续八年下降，出版利润率不断下滑，进入微利时代。2009 年中国数字出版业总值达 795 亿元（人民币），首度超越传统书报刊出版物的生产总值。2010 年这个数字达到了 1000 亿元。且每年增幅强劲。

上述来自现代技术商和内容集成商的冲击波，整个传统出版业都有强烈的"震感"。多数规模大、实力强的大型出版社，特别是一些名社、强社，都设立了专门的数字出版部，制定了自己的数字出版战略与规划。一般一个大社在这方面3年投入在500万元以上，总投入都是在1000万元甚至更多。一些大型出版集团则斥巨资来发展数字出版，一般实力弱一点的集团投资在3000万元左右，实力雄厚的集团打算或正在"烧钱"1到3亿元。现在，全国近580家出版社有超过1/3者通过兼并、重组被并入了全国几十家出版发行集团。出版集团在资金积累、内容资源整合等方面都具有一定实力和优势，而技术问题并不是一个很大的障碍。

自从数字出版如火如荼开展以来，中小出版社与数字出版技术商的合作是很紧密的。但是，这种合作除了给传统出版业带来仅占数字出版业整体收入不到1%的份额的电子书销售外，几乎没有带来更多的好处。我社与方正公司合作，6年电子书收益仅约7万元人民币。面对数字技术商的强势逼近，廉价购买内容资源，中小出版社没有更多的对策。这种对传统出版社十分不利的合作结果，根源在于我们的合作是没有资本主导的、单纯的内容与技术的合作模式。这种合作模式与国外数字出版技术商的成功发展模式背道而驰。

我在想，我们现在的主要经济支柱还是教材教辅，且都是传统的印刷品。但当中小学教材、大学教材以及各种辅导用书，都是以电子书包形式、网络资源形式等提供给学校、老师和学生时，我们的优势就不复存在。

2. 关于集团化、股份化

我国的出版格局过去是均衡和分散，除了北京的出版社高度集中外，上海有20多家，其他各省区都有10余家出版社，名称、出版范围、出版结构等基本相同。有差别，但不是很大；有竞争，但不是很激烈。

文化体制改革以后，由政府主导的出版业集团化、股份化发展迅猛。国家新闻出版总署直属的出版机构、发行机构成立了中国出版集团，中国科学院系统的出版机构、众多期刊组建成中国科学出版集团，国家外文局所属出版发行单位成立了中国国际出版传播集团，以中国新闻出版报为龙头的新闻出版机构成立了中国新闻出版集团。而新组建的中国教育出版集团，则集中了高等教育出版社、人民教育出版社、语文出版社的优势，背靠教育部，成为了中国教育出版的龙头老大。其他各省区基本上整合区域出版资源为一个出版集团。上海是例外，有上海世纪出版集团和上海文艺出版集团，结果最近又进行战略重组，成了一家人。

前些年，我国的500多家出版社就规模而言，是两头小中间大：大型的出版社数量很少，年销售码洋超过3亿元的只有十几家；年销售码洋不足1000万元的出版社所占比重也不大；大量存在的是年销售码洋在3000万元至1亿元、人员规模50至100人的中型出版社，类似橄榄型。我们是典型的中等规模出版社。这两三年，随着出版集团的纷纷成立，兼并重组，出版格局出现了明显变化。集团化带来了集聚效应和规模效应，产业集中度显著增强。由于大型出版集团的覆盖面广、市场运作能力强、出版资源丰富、资金雄厚、品牌优势明显，因此出版的集中度越来越高。如果说我们过去是一对一地和全国及地方的一个个出版机构进行竞争，还不觉得十分吃力，有时还有优势；但现在面对的是巨无霸的集团，困难可想而知。

出版的竞争有技术的竞争，我们显然没有什么优势。有资源的竞争，现在也面临巨大压力。地方出版集团对地方出版资源强力保护，往往借用政府的手来实施。而地方发行集团隶属于出版传媒集团，对市场和渠道资源的自我保护更是不断强化。因为地方集团要在外地争得更多资源和份额并非易事，进行本土保护、地方资源垄断是必然选择。我们学校是中央在汉大学，我们出版社是中央所属企业，在地方资源获取方面与广西师大社、辽宁师大社等完全无法比。我们教材建设面临的问题就是最好的例子。我们是属于教育部的，但教育资源僧多粥少，名校名社集中，稀缺的出版资源基本没有我们的份。新成立的中国教育出版集团，不仅在基础教育教材资源方面加强了垄断，而且对大学教材的垄断已经有了战略、政策和具体措施。连中小学教学辅导用书，教育出版集团也将以保护教材知识产权的名义进行垄断。本来公共产品是不在这种保护范围的，中小学教材特别是义务教育教材是典型的公共产品，但中国是发展中的国家，也是法制建设进行时的国家。有理的未必是能走遍天下的。至于出版企业股份化、上市这几年也形成热潮。作为一种资本的组织形式的股份制，还在如火如荼推进。我们作为一个中小社，本身体量不大，也没有什么积累，在资本竞争中当然也会困难更大。集团化、股份化对中小社的冲击还有一点就是人才。这一点无须多说，我们已经感受到了这一点，并且是很明显的。人才是出版企业发展的第一资源。

在这种情况下，大学出版社纷纷寻求突围之路。理论上讲，中小型大学出版社也有生存和发展的空间，可以走特色化、"小而精、小而优"的道路，但实行起来会比较难。据我们所知，安徽大学出版社去年已经被北京师范大学出版社控股,现在起色明显。我们身边的中国地质大学出版社加盟长江出版传媒集团已成定局,一直困难的这家小社有望获得新的发展机会。运行还不错的同行陕西师范大学出版社,还有更具实力和品牌影响力的广西师范大学出版社都准备加入中国教育出版集团,陕西师大社提出了正式申请。对面的武汉大学出版社已经获得学校支持,打算进行股份制改造,由实力雄厚的《证券日报》(隶属《经济日报》报业集团)斥资运作,打算收购四家出版发行企业,包括民营的、海外的,目标是上市。至于其他出版社,包括部委的其他出版社改革步伐也很大。比如,武汉的长江水利委的长江出版社和知音集团成立了知音书局,中国和平出版社与《湖北日报》集团联合组建了特别书局,等等。

大学出版社,特别是中小社面临的挑战,我认为主要来自这几个方面。过去,我们认为体制障碍、内部机制不适应市场,是很大的问题。对我们来说,现在这些恐怕已经不是什么大问题了。但数字化、集团化、股份化这几道坎,如果我们迈不过去,那就十分危险了。

三、发展思路与对策

关于这个问题我们提供给大家的规划草案里都有了。我没有打算多说,可能有点虎头蛇尾。思路决定出路。大问题大家一起再好好讨论一下。

关于传统出版这一块,我们考虑重点是做好几个板块,形成自己的特色,巩固和开辟自己的根据地。高教分社的中文教材、教育心理教材、艺术类教材、理工类教材都在发力,外语类是作为重点在抓的。我们打算大力发展少儿出版领域,做大做强这个板块。在发行营销方面,我们强调更加重视市场的因素、市场的作用。除了短暂的几年,我们出版社长期最主要的支撑来自市场,现在更要重视市场的开拓。培育相应的人才,搞好队伍建设应该提上议事日程。

关于数字出版。我们和数字媒体公司有合作,但如何更加积极主动地推进,如何进一步寻找数字出版新的突破口,大家一起讨论。上次曾巍副社长汇报北京学习班的体会,专门讲了这个问题,有一些好的想法,如何尽快落实,大家一起讨论。其实,数字出版也给了我们新的机遇。像我们这样中等规模的出版社,如果抓住了数字出版的转型之机,有可能后来居上,实现跨越式发展。反之,则加速衰落。而发展数字出版是需要一定投入的,我们也很希望学校给予相应的政策支持,让出版社积蓄必要的资金,投向数字出版。

在发言稿的标题中,我用了"认清形势"、"解放思想"、"寻求突围"等字眼。形势我觉得大体是清楚的,我们确实像当年新四军第五师处在重重包围中了。下面就是怎么解放思想,寻求突出重围。董事会、社委会反复讨论,达成的共识是,还要大胆解放思想,融入集团化、股份化的浪潮中去。北京师大社、陕西师大社、广西师大社都成立了内部的集团公司,整合了学校所有出版资源,还开始了对外战略合作的进程。我们到目前校内资源都还没有充分整合和利用好。这方面,我们也希望得到学校党委、行政大力支持。

我觉得更重要的,可能还是要走股份制道路,进行股份化改造。国内外成功的企业无一例外是这样走过来的。出版社既然企业化了,也不可能不按市场规律、企业发展规律去走。引入重要战略投资者、合作者,必要与可行,好处与弊端都可以讨论。我们班子成员觉得发展是硬道理,而要发展就必须适应改革的形势,在战略合作中互利双赢甚至多赢。毛泽东主席说:一万年太久,只争朝夕!让我们以只争朝夕的精神,再奋力往前跨出一大步。

今天我们讲困难和挑战多一些。事实上,这些挑战对绝大多数单体出版社都是一样的。而集团内部自身的矛盾和困难也不少。就像合并了的航空母舰型大学未见得都发展得很好,我们学校没有与谁合并照样也发展得不错。因此我们必须提振信心,坚持改革,扩大开放,努力向前。

(本文是在华中师范大学出版社第一届职代会第四次会议上的发言,2011年6月21日)

岁月书痕

文化远航中的一段重要里程

在辛亥革命百年纪念日到来之际，气势恢弘的"辛亥革命百年纪念文库"正式出版。由这套文库我很自然地联想到大学出版社的性质与宗旨、责任与使命。如今，中国出版业整体在向市场化、企业化、集团化迈进，大学出版何去何从成为出版界和教育界、学术界共同关注的一个焦点。事实是，在越来越多的出版企业更加热衷商务、角力市场、追逐利润的时候，大学出版将肩负着越来越重的学术文化使命。

大学出版的使命是和高等教育的性质与基本职能紧密相连的。从本质上讲，高等教育是培养高级专门人才的一种社会实践活动，其基本职能是培养专门人才、发展科技文化和开展社会服务。而大学出版作为大学的一个有机组成部分，以自己独特的内容和方式履行其服务教育事业、弘扬学术文化的重要使命。美国约翰·霍布斯金大学第一任校长吉尔曼十分热心大学出版社的发展，并为此发挥了积极的作用。他将出版社看作是"一所大学最崇高的职责之一"，认为"它能促进知识，不仅仅在那些每日听课者中传播知识，而且能够更广泛地传播知识"。芝加哥大学首任校长哈珀把他的出版社方案看作是建构其整个庞大的学术大厦的必不可少的砖石和水泥。至于英国历史悠久的剑桥大学出版社、牛津大学出版社作为学术出版的重镇更是源远流长、影响至巨。

目前，我国的大学出版社面临着数字化、集团化的双重挑战。但无论改革怎样推进、风云如何变幻，大学出版社的职责与使命是不变的。为学校的教学和科研服务，是建立和发展高校出版社的出发点，也是高校出版社广泛开展多样活动的立足点。学校的特色和优势往往就是学校出版社的特色和优势。依托百年老校，我们出版社始终把服务学校、弘扬学术、积累文化、传承文明作为自己的宗旨与使命。为纪念辛亥革命一百周年，出版社配合我校中国近代史所推出的这套大型文库，就是贯彻出版宗旨、履行文化使命的一个具体体现。以章开沅教授为领航人的中国近现代史研究团队，近30年来在总结自身与国内外相关研究理论和深化史料挖掘的基础上，基于构建在全球区域化背景下具有新理念、新视野、新方法特点的中国近现代史学科新体系，拓展和引领了辛亥革命史、中国早期现代化、商会史、博览会史、乡村手工业史、近代社会群体、教会大学史和基督宗教史等具有特色的研究方向，在国内外学术界亦产生了广泛影响。我们出版社自上世纪80年代中期建立以来，就一直追踪本校历史学科的进展，服务专家学者的研究，在陆续推出大型的《张舜徽集》、《钱基博集》、"韦卓民著译系列"、《桂岳书系》、《华大学人研究书系》等项目的同时，编辑刊行的有关辛亥革命研究资料及专著、辑刊，总计近300万字。这个"百年文库"其实是推陈出新、集成创新的结果，是一次整体性的成果展示。章先生常说：历史是已经画上句号的过去，史学却是永无止境的远航！这套约1500万字的"辛亥革命百年纪念文库"一次性隆重推出，不啻是一次阵容强大、实力雄厚的史学研究团队的列阵远洋。

  我要特别感谢的是：国家新闻出版总署出版管理司、国家出版基金管理办公室、教育部社科司，还有湖北省委省政府、省委宣传部和省新闻出版局的领导及众多学界和业界专家，给予了该套文库热情的关注和极大的支持。除了科研立项，文库的"学术研究系列"获得了国家出版基金重点资助，《辛亥革命与中国政治发展》入选了国家纪念建党90周年和辛亥革命100周年百种优秀选题。我更要感谢的是近代史所的诸位专家老师：德高望重的章开沅老师一直关注文库的进展，同时对我们的其他一些重大项目皆高度关注，倾力支持；日理万机的马敏书记多次亲自过问出版进度，安排学校有关部门协调解决出版困难；前线总指挥朱英老师高度负责，互相协商解决一个又一个难题；还有担纲重任的罗福惠老师精心细致处理每一个疑难，确保图书质量。我的同事们在短短的半年内克服了诸多困难，正月初七上班，暑假一天没休，终于按时高品质完成了出版任务。作为我们自己学校的出版社，责无旁贷、义无反顾，又无怨无悔！

  如今，出版企业面临着来自经济与文化的双重压力。其实，文化与经济的矛盾和统一是出版业永恒的主题。出版产业作为文化产业的核心部分之一，其真正的贡献在产业之外。在出版产业中，经济只是手段，文化才是终极的目的。作为大学出版社，我们将一如既往秉持文化出版的理念，学术为本，品牌立社，做"书比人长寿"的千秋事业。从这个角度说，"辛亥革命百年纪念文库"的刊行，只是我们文化远航中的一段重要里程。对大学出版人来说，书以立社、社因书传的文化远航同样是永无止境的。

（本文是 2011 年 10 月 8 日在"辛亥革命百年纪念文库"出版首发式上的讲话）

为"文华"立传 传"文华精神"

在清风送爽、丹桂飘香的金秋十月，我们迎来了百年学府的 110 周年华诞。众多学子从四面八方汇聚母校，共同回顾华师的过去，畅谈华师的现在，展望华师的未来。前天，我们刚刚成功地举行了校庆的庆典大会。今天的座谈活动也是校庆系列活动的一个重要组成部分。这么多德高望重的老先生亲临会议，包括年逾八旬的章开沅先生、熊铁基先生，还有省里、兄弟院校的专家学者在假期中赶来参加，让我们十分感动。我代表学校对大家表示欢迎和感谢。

由我校教育学院教授，著名的教育理论专家、教育史文化史专家、湖北省人大常委会副主任周洪宇先生撰写的《不朽的文华——从文华公书林到文华图书馆学专科学校》一书也恰逢其时地与大家见面了。这部花费作者十余年的时间，饱含着作者学、思、行"人生三部曲"的个人著作，承载着周洪宇先生对百年学府的一片厚爱，也是周洪宇先生献给百年华大的一份厚礼。

我校老校长章开沅教授曾经说，华师是中国真正具有百年以上历史的少数知名大学之一。在其一百多年的发展过程中，有一批又一批筚路蓝缕披荆斩棘的先驱者。他们呕心沥血，殚精竭虑，为现今华师的奠基和成长作出了不可磨灭的贡献。文华的先辈们正是其中重要的一部分。周洪宇教授的这本书记载了"文华"从最初的文华书院的"八角亭"藏书室到 1910 年的文华大学的公共图书馆——文华公书林，1920 年的从文华图书科到 1924 年的华中大学文华图书科，再到 1930 年的私立武昌文华图书馆学专科学校，最后至 1953 年并入武汉大学，前后跨越半个世纪的沧桑岁月。华中师范大学的前身就是文华书院（尔后发展成为文华大学、华中大学），而文华公书林、文华图书科正是在文华大学母体内孕育而生的。作者先后在华中师范大学历史系、教育科学研究所、历史研究所学习和工作,自称是一个地道的生于斯长于斯的"文华人"。

今年是华中师大110周年校庆,回眸文华的百余年的沧桑巨变,文华公书林、文华图书科、文华图专,在近代中国图书馆事业史以及图书馆学、档案馆学建设的地位不言而喻。"文华"建立了近代中国最早的真正意义上的公共图书馆之一;在"文华"最早开创了专门图书馆员教育培训机构。今天,我们透过历史的分光镜,可以看到"文华"作为近代中国历史文化赓续绵延的记忆载体,在半个世纪的发展史中,近代图书馆学从实践到理论再到实践的接力棒,在"文华"是如何传递的历史镜像。作者通过对"文华"的个案研究,考察了教会学校是如何将公共图书馆、图书馆学教育与研究等现代图书馆体系制度引进中国,并促进中国图书馆事业发展。探讨了教会学校如何因应时代变化与社会的需求,日益走向世俗化、本土化和专业化的路径,在近代中国发挥西方文明传入中国的媒介和桥梁作用。周洪宇先生在本书中深有感触地写道:历史是一面镜子,也是一部教科书。文华人百余年的探索与奋斗、苦难与辉煌,向世人昭示,教育是民族振兴的重要基石,文化是国家昌盛的深层本源。"国民之智愚贤否,关国家之强弱盛衰",教育文化事业是开化人、造就人的崇高伟业,是提高全民素质的千秋基业。

从文华公书林到文华大学图书科、华中大学文华图书科再到文华图书馆学专科学校,"文华"所开创的中国图书馆事业、图书馆学教育事业以及档案管理学教育一直弦歌不绝,从未中断。"文华"既能在顺境中破浪猛进,也能在逆境中奋发前行,其根本原因在于其独有的"文华精神",即文化为公的博大胸襟、乐于奉献的服务理念、炽烈真诚的创业激情、不屈不挠的刚毅品质、求真务实的干事作风、开拓创新的豪迈胆魄。这是一笔宝贵的精神财富。今天我们追溯文华百年办学历程,缅怀文华先辈们的光辉业绩,总结内涵丰富的"文华精神",对于弘扬我国优秀文化传统,发展我国教育文化事业,实现伟大的中国梦,无疑具有重要的历史意义和现实意义。这里我们特别要提到,50年代文华图专的图书馆学专业并入武汉大学之后,武大人很好地继承和弘扬了文华的精神与传统,把图书馆学办成了国内最好的、在国际上也有重要影响的专业。改革开放以后,华师重办图书馆学专业,也得到了武汉大学同仁的鼎力支持。武大华师不仅是近邻，而且血脉相连，共生共荣。

最后，我们还要再次向周洪宇先生表示崇高的敬意。周主任兼有行政、科研与教学的繁重事务，工作千头万绪，真可谓日理万机。但他仍心系华师110周年校庆，不仅为校庆著书立说，而且为校庆出谋划策，为我们筹办校庆提出了很多很好的建议。在此表示由衷的谢意！

（本文是2013年10月4日在《不朽的文华——从文华公书林到文华图书馆学专科学校》出版座谈会上的讲话）

| 岁月书痕

完善薪酬制度　建构激励机制

今天阳光明媚，春意盎然，我们出版社召开了第二届职工代表大会第二次会议，就本社"在岗职工薪酬分配办法"进行讨论，并投票表决是否通过。会议内容重要，上午小新书记解说到位，各位代表讨论热烈，最后高票通过了这个"办法"。此次会议会风简朴，效率极高。张小新书记上午的报告中已讲得很专业、全面，是一篇研究性的报告。书记的解说已经很具体、很到位、很实际，我这里侧重从务虚的角度进一步强调几点。

第一，薪酬制度是企业的基本制度设计之一。科学有效的激励机制能够让员工发挥出最佳的潜力与能力，进而为企业创造更大的价值。激励员工的方法很多，但薪酬可以说是一种最重要、最易使用的方法。它是企业对员工给企业所作的贡献（包括他们的绩效、付出的努力、时间、学识、经验和创造）所给付的相应回报。在员工的心目中，薪酬不仅仅是自己的劳动所得，它在一定程度上代表着员工自身的价值，代表企业对员工工作与价值的认同，甚至还代表着员工个人能力和发展前景。薪酬制度涉及每个人的切身利益，大家积极关心、参与，促进民主、科学、理性的决策，才能使之更合理、完善。

第二，合理的薪酬制度、良好的个人收益，是提升企业员工幸福指数，使大家有尊严地生活的基本保证。出版社是文化企业，文化是目的，经济是手段，但经济绝对是非常重要的。去年一家杂志约稿，我先后发了两篇文章，一是《出版本质上是理想主义者的事业》，二是《理想主义让出版拥有尊严》。今天我要补充强调的是，出版人的职业尊严，出版业的整体竞争力，具体到我社员工，我觉得幸福指数与体面的薪水关系至为密切。张书记从三个角度比较了，我社现有的薪酬应是比较好的，尤其对一些普通职工。我们力求更好一些，这次改革总体上就是做加法。民国时期的商务印书馆内部，也曾就出版人的薪酬体系进行过讨论，我认同大出版家张元济的一段话:"公司为营利之物,与治家不同。固不能不力戒奢侈,然亦不能专事俭啬。何则专事俭啬,则事必有所不举,而人必有所不能展布也。事既不举,而人又不能有所展布,则公司尚复有何希望乎?……公司非锻炼身心之地,吾辈亦非为淡泊明志而来。"公司不是锻炼身心之地,我辈也不是为了淡泊明志而来,此为名言至理。我们过去讲张元济,从文化理想角度讲得多一些,看来他也是讲经济利益的,而且讲到了点子上。企业要留住人才,发挥人才潜力,要吸引人才,就得筑巢引凤,良好待遇无疑必不可少。

第三,出版人特别是我社职工,目前还是在体面地从事工作,如要保持体面,更有尊严,还须不断努力,不断创业绩。得到体面与尊严,一是待遇,二是工作的产品与对象。就后者来说,我们从事精神产品生产,主要与文化人(作家、老师)打交道,这比很多行业好。如医生与病人打交道,警察与坏蛋打交道,法官与奸邪小人打交道,官员常常与奸商、刁民打交道。至于待遇,我补充一个材料,《中国图书商报》有一个调查报告显示,国内出版从业人员人均月收入5000元上下,其中,最高的是部委出版社的,平均月工资8600元,最低的是民营图书机构,月平均4100元。2010年北京市职工年均收入50415元,月均4200元。我们的收入远高于这些。作为二线城市的武汉,我们的收入水平肯定处于比较高位置。这次又有一定程度的提升。讨论中,平日里,还有部分职工希望保留每月预发的绩效,年终不扣;此外进一步提高其他待遇。这个张书记已讲到位了,有些显然合情不合理,不可行。

我们知道,职工收入水平的第一制约因素就是企业的支付能力。企业的支付能力就是企业所能负担的劳务费用的限度,它一方面取决于企业的收入,另一方面还要考虑必要的成本费用、购买原材料等的费用,及为了保持竞争力而进行的必要的投资。显然,企业经营状况越好,职工增加收入的希望也越大。要持久地保持,甚至提升已较高的薪酬水平,唯有努力工作,开拓创新,获取更好的绩效。作为个体,有为才能有位,有位才能有更好的待遇。为,是作为,是贡献;位,包括管理岗位与职称职级等。

第四,薪酬分配办法是需要不断完善的,只有相对合理,不能一成不变。我社目前的薪酬分配是一种混合制,是由几种不同职能的工资结构组合成的,吸收了能力工资、岗位工资的优点,对不同人员进行比较科学的分类,并加大了工资中活的部分(绩效)。但随着情况的变化、形势的发展，也要不断完善。这次会议上有的合理建议可立马采纳，有的意见还要深入调研，也有些问题是需要解释和沟通的。

　　各位代表，今天的会议就要结束了，希望这次会议通过工资更合理的调整，让民心更顺、士气更高，出版社的发展更加健康、持久。宋代黄庭坚诗云："春风春雨花经眼，江北江南水拍天。"阳春四月，春暖花开，气候宜人，让我们更努力地工作，更幸福地生活，共同创造 2014 年新的良好业绩。

　　（此文是 2014 年 4 月 17 日在出版社第二届职代会第二次会议上的讲话，载《出版简报》2014 年第 1 期）

传承百年学府文化 弘扬大师学术精神

我很高兴、也很自豪代表出版方，也是作为此次会议的组织者之一，介绍我们出版社编辑出版《杨东莼文集》、《杨东莼大传》的有关情况，也借此机会谈谈我们在学术传承、文化积累方面的一些做法和认识。

早在18年前，我的老师和前任，也是时任华师出版社总编辑的王先霈教授策划出版了包括《杨东莼学术论著选》在内的"桂岳书系"第一辑5种（俗称"五老丛书"）。我估摸出自王老师手笔的书系"出版说明"开宗明义写道：华中师大这所百年老校，"它的前期校址主要在武昌昙华林，50年代初迁到武昌桂子山。先后两处校园，林木蓊郁，四季花开，啾啾的鸟语应和着学子的诵读，馥郁的花香溶渗清雅的书香。一个世纪以来，它所培育的英才，如茂林群芳，给祖国河山增色添彩。在这里工作过的教育家、革命家和各门学科的专家，为我们民族文化事业作出了不可磨灭的贡献。他们的经验与智慧，不但构成现代教育史、学术史中可贵的篇章，而且在今天和此后继续具有鲜活的启悟力，激励后人去思考、去创造"。"华中师范大学及其前身的师生名录中，不乏在海内外享有崇高威望的大师，他们是群山中的五岳、众星中的北斗。"这些大师级的学者包括桂质廷、卞彭、韦卓民、包鹭宾、傅懋勣、杨东莼、游国恩、潘梓年、许烺光、王亚南、冯友兰等等。"我们一向以这些先生的名字为骄傲，更愿以他们的精神和成果为榜样、为财富，从根本上强化学校的建设，使高等学校稳稳地站在文化的顶峰，名副其实地、当之无愧地成为拥有和输送大师的园地。"正是基于这种考虑，出版社推出了杨东莼、韦卓民、钱基博、张舜徽、詹剑锋五位先生的学术著作选集，当时在校内外都产生了很好的影响。

"桂岳书系"第一辑出版后,我们又陆续推出了数种(现已出10种),今后还将进一步完善。在出版单本的个人选集基础上,我们和院系专家一起,尝试编辑刊行学术大师的多卷本文集甚至是全集。其中有历时8年完成的20卷本《张舜徽集》,2011年开始刊行的25卷本《钱基博集》(目前已出版13卷),上述两套著作几次得到国家出版基金资助,《张舜徽集》还获得了国家级出版大奖;此外,还有已经列入湖北省学术出版基金项目、并进入实际运作的《韦卓民全集》和《章开沅文集》等等。今天我们呈献给大家的《杨东莼文集》(还有"大传")正是我们出版社宏大的、持久的学术出版工程的一部分。我戏称自己和同事是"文化啃老族"、"学术啃老族"。把大师们啃了一个再啃一个,大型文集推出一批再出一批,源源不断,乐在其中。在整理、刊刻著名学者文集全集的同时,我们还策划、启动了"华大学人研究书系",目前已经出版了20多种,主要是本校历代学人的年谱、评传、专题研究以及相关资料汇编等等。记得当时策划这套丛书时,专门请章开沅老师写了一个"总序",章先生说,一所大学的历史本身就是一种资产,一种无可取代的宝贵资产,其中包含的有些重要无形资产甚至远远高于其相关联的有形资产。"由于这方面的感悟日深,许多精明的高校管理者都极为重视保护本校的历史,除档案文献以外,还努力维护古老的建筑、景观乃至旧有的典籍、设备,用意在于彰显其悠久而又丰厚的历史文化底蕴。""这些工作当然非常重要,而迟至今日只能说是亡羊补牢。但更重要的工作恐怕还是要数延续学脉与传承精神。高校不是一般的教育机构,乃是学术文化延续的载体。学脉是学科孳生繁衍的谱系,精神是众多学科群生互动焕发的校园神韵,而兼任两重载体且流光溢彩于百年岁月之间的则是那一代又一代的杰出学者。"章先生的这番话道出了我们的心声,传承百年学府文化、弘扬大师学术精神也正是我们的理想和追求。胡锦涛同志曾讲大学在人才培养、科学研究、社会服务之外的第四功能,就是文化传承与创新。我觉得,大学出版社在这个功能中扮演着极其重要的角色。这也是为什么在这样一个工具理性明显占上风、功利主义和实用主义盛行的环境下,我们还要这样坚守学术本位、文化本位的动力所在。

关于杨东莼先生的生平功绩、道德文章,刚才章先生、周主任、马书记都讲了,确实让我们深受教益。"文集"和"大传"的出版,倾注了章先生和周老师的无数心血；没有他们的督促和直接努力，这个项目至少还要延迟若干年。章先生多次提过自己尚有不少"未了之情"、"未尽之事"，而促成杨东莼先生文集的编辑出版以前无疑属于其"情"其"事"之一。章先生曾几次跟我本人提及此事。所幸，章先生的这一心愿在周洪宇教授的努力下，如今得以付诸实践。受章先生的影响，加之民进湖北省主委这一特殊身份，周洪宇教授对杨东莼先生心怀敬慕之情，并多年来进行了深入研究，已出版了专著《杨东莼大传》，成为全国著名的杨东莼研究专家。虽然早在1997年出版社即出版了《杨东莼学术论著选》，但当时由于条件有限，内容还主要局限于杨东莼的部分学术论著，全面整理出版《杨东莼文集》显得十分必要和切实可行。该文集的出版计划于2011年提出。尽管在当时策划和组织出版这套书时出版社既没有资金支持，也没有专门的编辑力量；但"为了表达对学校先辈和学术大师的追思，更好地弘扬杨东莼的人格精神，传承杨东莼的思想学说，为后人学习和研究杨东莼提供重要参考"，我们还是毅然决定实施这一项目。这一出版计划也得到校领导的首肯以及杨先生后人的支持。这里特别需要提及的是，文集去年获得了省首届学术出版基金的7万元资助，虽然离实际成本尚有不小的缺口，但毕竟对我们是一个鼓励、一种帮助。

周老师及其助手的编撰态度是非常严肃认真的，文集的整理点校严格依据原文，对于不清楚、不明白的地方，一定认真核对、多方求证。而对于编审人员提出的疑问，作者也是不厌其烦，多方查询资料予以解答。其中困苦和辛劳可想而知。为了能在华中师范大学110周年校庆之际出版《杨东莼文集》，纪念这位华中师院的首任院长，编撰者在2013年5月即把书稿（260多万字）交到了出版社，学术出版中心及时组织力量进行编校。但在书稿的编审过程中，作者不断地有新发现和新收获，很多资料都很难得，有些资料是第一次与读者见面。为了把这些宝贵的资料及时纳入文集中，专著卷新增内容约28万字，论文卷新增内容达32万字。从出版的角度来说，书稿的不断改动带来的是编审工作的繁琐和被动；而从作者的角度而言，每一个新发现都是对作品的提高和完善。为了能把一个"学识渊博、精益求精的史学家和翻译家"，一个"奖掖后进、育人有方的教育家"，一个"运筹帷幄、冲破樽俎的社会活动家"客观、真实地展现给世人，作者和出版社只能历尽艰苦、排除万难，以尽量使书稿完整和清晰，使文集臻于成熟和完善。最后，我们互相理解，密切配合，经过艰苦的努力，终于把这套设计大方、装帧典雅、编校精良，内容和形式俱佳的图书奉献给了大家。为此，我们深感荣幸。以后，我们还将一如既往以学术为本，为学校服务，积累文化，传承学脉，为把学校建设成高水平的研究型大学，为国家学术文化事业的繁荣与发展贡献自己的力量！

（此文是2014年10月9日在纪念杨东莼先生诞辰115周年暨《杨东莼文集》《杨东莼大传》出版座谈会上的讲话，讲话主要内容以此文题目刊载于2014年10月30日《华中师大报》）

《苏州商会档案丛编》出版纪略

一

苏州市档案馆馆藏的商会档案是苏州商会从事经济、政治、文化、教育、社会治安等各种活动的原始记录和文书资料的总汇。档案内容大致可分为秘书行政、组织人事、商律商法、政治活动、消防治安、财政金融、工商业务、捐税抗争、调查统计、商事调处、兴办实业、交通运输、市政建设、农田水利、赈灾救济、文教卫生、公益慈善、劳资关系等类型，涉及苏州城市乃至江南地区的经济、政治、军事、外贸、地理、社会生活和民俗民情等领域。这些内容不仅充分反映了作为重要社团的商会活动范围的广泛性，更为学者探讨近代江南乃至中国近代经济社会变迁提供了厚实的基础。内容丰富的苏州商会档案，不仅对研究苏州城市史有主要影响，而且对研究整个近代中国的历史变迁均具有极为重要的参考价值；它不仅有利于研究近代中国商会发展、变迁的本身历史，而且为研究近代中国社会的经济、政治、文化、教育、外交提供了大量原始资料。档案中有关工商业兴衰存废的记载，对研究近代民族工商业的发展具有重要的参考价值；档案中有关商会在历次重大政治事件中的活动的记载，是研究中国商人政治态度及其与政府关系的重要史料。总的来看，根据丰富的苏州商会档案，学术界不仅可以开拓许多新的研究领域，而且能够在总体上提高中国近代史研究的水平。因此，整理和出版该档案，无疑具有重大的学术价值与文化积累意义。

在 20 世纪 80 年代初期，当著名历史学家章开沅先生发现苏州商会的档案竟然保存完好时，兴奋得"如入宝山"；在征得江苏省和苏州市档案馆的同意后，决定和苏州档案馆一道，组织人力、财力首先将晚清部分编纂整理出版，以飨学术界。苏州市档案馆对苏州商会档案的保存与整理一直非常重视，将其视为"镇馆之宝"，对于苏州商会档案的整理出版工作，一直大力支持、积极配合，尤其是熟悉苏州档案资料的叶万忠先生更是倾尽全力，参与其事。现任的档案局（馆）领导肖芃、虞平健、陈兴南、沈慧英等更是竭尽全力，积极推进苏州商会档案的整理与刊行。华中师范大学中国近现代史研究所有着以著名学者章开沅、刘望龄、唐文权、马敏、朱英为代表的研究中国近代商会的作者队伍，学术功底扎实，研究态度严谨，学术成果丰硕。专家们在积极挖掘历史档案资源的同时，也从动态历史的角度，把整理、编撰苏州商会档案视为己任，以强烈的责任感，拓宽视野进行档案资料研究，力争为后人积累真实、全面的档案财富。两个团队的结合可谓优势互补，珠联璧合。

二

80年代中后期，正是章开沅先生执掌华中师范大学，出版《苏州商会档案丛编》的任务历史地落到了校出版社肩上。而华中师大出版社依托百年老校，一向重视文史图书特别是史学图书的编辑出版工作，并已形成为自己的出版特色。自80年代末期开始，出版社陆续出版了《辛亥革命与中国政治发展》、《辛亥革命与近代中国社会变迁》、《张謇与近代社会》等12种辛亥革命研究书系和"辛亥人物文集丛书"、《湖北通史》（共8册）、《近代史学刊》（已出9辑）、"近代中国民间社团研究丛书"、《张舜徽集》（20卷本）、《钱基博集》（计划出25卷本，已出10卷）等，这些出版物在社会上引起了强烈的反响，不少论著受到了海内外学术界的高度重视和好评。

《苏州商会档案丛编》用章开沅先生的话讲是"好事多磨"，到上世纪80年代末，华中师范大学出版社与学校近代史所和苏州市档案馆合作，正式启动整理、编辑苏州商会档案，并于1991年推出了《苏州商会档案丛编》第一辑（1901—1911年）。主编为章开沅、刘望龄、叶万忠，主要选编人员有：刘望龄、叶万忠、唐文权、林植霖、马敏、屠雪华、朱英、姚开顺。这是一支老中青结合的专家团队，其实说"老"，章先生当时也才年过花甲；说"中"，唐文权等倒是正当年富力强；而马敏、朱英、屠雪华等还是青春年少，可说正处在"激情燃烧的岁月"。这一辑奠定的精装大32开本形式，大气厚重，为后几辑所沿用。全书约117万字，45个印张，印数1500册，定价仅35.00元。这是继天津商会档案资料出版之后得以正式刊行的第二种系统的商会档案资料。诚如章开沅先生所料,该资料的出版立即获得学术界的高度关注和重视,不少学者纷纷来函询问民国时期的档案资料何时能出版。《历史研究》、《近代史研究》等权威专业期刊对此均有评介。

　　斗转星移,岁月如梭。由于受到各种条件尤其是经费的制约,在长达13年的时间中,民国时期的苏州商会档案资料的整理刊行一直拖延了下来。直到2004年,华中师大近代史所再次与苏州市档案馆合作,同时启动了苏州商团和民国时期苏州商会档案资料的编纂整理工作,出版社在面临较大的经济压力的情况下,竭尽所能,不计功利,终于在2004年6月推出《苏州商会档案丛编》第二辑(1912—1919年)。这辑近60万字的资料汇编实在来之不易。岁月沧桑,物是人非,早期参与此项工作的刘望龄教授已经仙归道山,正当盛年的唐文权老师也不幸英年早逝。这一辑由章开沅、翟晓声、叶万忠担任顾问,马敏、祖苏任主编,担任编委的则有:林植霖、屠雪华、郑成林、谈隽、夏冰、傅海晏、魏文享。这里,让人感到欣慰的是一代新人成长起来了,编委中就有好几位都是年轻有为的博士,正可谓"长江后浪推前浪"。第二辑除保留章开沅先生的原序外,马敏主编新撰序言,作为"序二"。他满怀深情地写道:

　　　　13年于人生是一段不短的时光。想当年我们在开沅师的倡言下,与刘望龄、唐文权二位老师烟花三月下姑苏,同当地的叶万忠、林植霖、屠雪华、姚开顺诸同仁一道整理卷帙浩繁的苏州商会档案,还不过是刚二十出头的研究生,于人生、于事业都还处于懵懵懂懂、雾眼看花的阶段,一切似乎都才刚刚开始,一切似乎都还是未知。但晃眼十几年过去了,唐、刘二师先后英年早逝,我们作为所谓"跨世纪"的一代,不得不承担挑起学术的大梁,继续耕耘商会史这一新兴的史学领域。《丛编》第二辑在大家的努力下终获出版,似可视作对刘望龄、唐文权二位苏州商档早期编辑者的一个纪念吧!

2012年11月,马敏、朱英等陪同章开沅先生一起到苏州,踏访旧迹,会晤老友,遥想当年青春岁月,还不胜感慨。而他们以姑苏为起点的中国近现代商会研究,不断开花结果,其集大成的多卷本《中国商会史》也即将问世。

三

随着对苏州商会档案研究的深入,越来越多的档案资料被发掘和重新认识。为了加快《苏州商会档案丛编》第三至六辑的整理和出版工作,也为了及时充实已出版的第一辑和第二辑的内容,2009年阳春三月之初,苏州市档案局(馆)一行在肖芃局(馆)长的带领下,来到美丽江城的桂子山——华中师范大学进行考察访问。肖局长一行首先拜访了章开沅教授。在回忆近30年来自己与苏州档案局(馆)及姑苏学界同仁的友谊后,章先生高度肯定了华中师范大学出版社与近代史所和苏州市档案局之间的亲密合作以及取得的成效。随后,肖局长与马敏校长、出版社段维总编等在学校行政楼三楼会议室就加强合作进行会谈。三方在《苏州商会档案丛编》的编辑、学术研究与对外交流等方面取得共识,并就"丛编"(第三至六辑)的编辑出版程序、时间、质量等达成一致意见。大家还商定,在2011年5月前对"丛编"第一辑和第二辑进行修订。具体内容为,苏州市档案局与中国近代史研究所加快书稿的编撰、整理进度,确保按时完成任务并提交出版社,出版社则加快"丛编"出版进度,确保按时完成出版任务,所有工作由马敏校长负责督促进行。此外,三方还约定整套书出齐后,商会档案丛编(全六辑)的底稿,由出版社交苏州市档案局(馆)归档。会议还形成了《华中师范大学与苏州市档案局商谈加强合作备忘录》,此备忘录一式四份,由马敏校长、苏州市档案局、华中师范大学出版社及中国近代史研究所各留存一份,以相互督促。

按照备忘录的要求,出版社于2009年一次性推出了"丛编"第三辑(1919—1927年)和第四辑(1928—1936年),2011年又同时出版了第五辑(1937—1945年)和第六辑(1945—1949年)。至此,《苏州商会档案丛编》一至六辑全部出齐(共10大册)。其中,后三辑皆由马敏、肖芃担纲主编,担任编委的则有:朱英、郑成林、刘凤伟、谈隽、彭宓蕾、聂良亭、熊云腾。这套大型档案丛编的全部刊行,产生了良好的社会反响。其中,第二辑于2005年荣获江苏省档案编研优秀成果一等奖,第三辑和第四辑于2009年江苏省档案文化精品评选中获一等奖。

为了确保修订后的"丛编"的第一辑、第二辑的按时推出,2011年底,肖芃局长一行再次来到华中师范大学,受到了时任党委书记的马敏教授、近代史所的老师和出版社领导的热情接待。大家就第一辑、第二辑的再版时间，套书的整体包装，以及套书出版发布会的时间、出席人员等事宜进行了充分的沟通和交流，并达成了一致的意见。2012年9月推出的第一、二辑的修订版，新增加了作者发掘和整理的约80万字的档案材料，内容包括苏州商会1901—1927年的主要活动资料。这样，"丛编"全六辑总字数升至795.1万字，册数增加到12册。它的整体推出堪称我国商会档案出版上的一件盛事，正如朱英所长所说，这"对学术界来说，也算得上是一件不小的工程，功德无量，很有学术意义"。

《苏州商会档案丛编》（全六辑）出齐后，由苏州档案局（馆）倡议并主持的"《苏州商会档案丛编》出版发布会"于2012年11月4日在苏州举行，著名学者章开沅、马敏、朱英及出版社社长范军等出席了大会。华中师大党委书记马敏教授在大会上作了发言。他首先高度赞扬了章开沅先生作为中国商会史研究的倡导者和中国商会资料编纂整理的开创者，在"丛编"的整理和出版过程中的作用，并指出，正是因为章先生敏锐的学术视野，发现了苏州商会档案资料对研究中国近现代史有着极为重要的意义，才有了苏州商会档案整理工作的开始和出版工作的完善。他还充分肯定了"丛编"的整理和出版的特色和价值。他说，与天津、上海、保定等地商会档案资料的陆续编纂出版相比，"丛编"在时间跨度、内容编纂等方面均有较为显著的特色。首先，"丛编"编纂整理资料的时间自1901年至1949年，较为完整，这点只有天津商会档案可以与之并论，上海、保定等地的商会档案大多局限于20世纪二三十年代或40年代后期。其次，"丛编"的内容十分丰富，关于商会组织机构、经济活动、政治活动、社会公益活动以及商会与政府和社会各界的往来等均有体现，有些甚至是其他资料记载甚少但又具有较为重要学术价值的，如关于中国参与世界博览会与南洋劝业会的情况等。第三，"丛编"还在一定程度上体现了近代苏州城市尤其是苏州工商业发展演变的轨迹和个性特征，可以为今天苏州工商业的转型提供历史的借鉴。这次会议上，还达成了三方进一步合作整理出版"丛编"第七辑的意向。

这里要特别一提的是，章开沅先生当时已是86岁的高龄，不仅亲自参加了苏州档案日的全部重要活动，为整套"丛编"首发揭幕，接受记者采访，还专门来到姑苏郊区，沿着泥泞的山路前往唐文权教授墓地祭奠，那番情景实在令人动容；老人家还专门抽出时间到医院看望为苏州档案事业呕心沥血、为"丛编"作出重要贡献、正在住院的叶万忠先生。这些活动我们陪同前往，大师的风范让人铭记于心、终生难忘。

四

作为出版人，"丛编"的整理刊行是可以载入我校出版史册的，也是我们人生历程中值得珍视的一件大事。我们华中师大出版社始终把社会效益放在第一位。作为档案资料，《苏州商会档案丛编》不仅收集、编选资料困难，工作量大，费用高，整理和点校工作更为繁琐、复杂，且有很多十分棘手的问题难以处理。首先，资料的编选，要在几千卷（苏州商会档案共3326卷）档案中精选出对研究苏州商会有价值的资料，其工作量是十分庞杂的；其次，原档一般无标题，由编者按文件作者、主要内容、受文者、文件性质四个方面标揭；再次，原件一般未标点，由编者重标。此外，档案中还有大量的残缺、脱落和模糊不清之字及错漏字需要处理，凡残缺、脱落模糊不清之字，均以□符号逐字标出，能判断补正者则填入□内，无法计算字数的残件则以"下残"注明。能判明的错漏字由编者注，均以〔〕符号标出。这些工作专业性强、难度大，稍有不慎就可能出错。为此，出版社特指定专业的编审人员、专业的排校队伍负责该套书的编辑和排校工作。为了确保"丛编"的编校质量，出版社在编校人员紧张和转企改制压力加大的情况下，仍然坚持和落实书稿的三审三校制度和必要时的加审加校制度；为了保证出书的时间，分管编务的社领导多次组织召开生产协调会；为了确保出书的学术水准，编审人员多次就书稿的政治性、知识性和科学性等问题与书稿的整理者及苏州档案馆的有关人员进行沟通交流。这些工作是得到了苏州市档案馆、华中师范大学近代史所和学界的高度认可的。

还要说明一点的是，"丛编"第一辑（1901—1911）以1991年的初版本为底本，同时增加该时期苏州商会的组织制度、治理机构、政治活动、经济功能和社会参与情况等内容。这无疑增添了本书的历史文献价值，更能全面反映苏州商会在晚清时期的历史轨迹。而此书的出版，也必将对推动商会研究的进一步深入，产生更大的作用。因此，第一辑（修订版）获得2012年国家古籍整理出版资助项目，获得资助金额为20万元。这一方面显示了国家对这一"丛编"学术价值的认可，另一方面也稍稍缓解了出版社长期承担的经济压力。

当然，"丛编"的整理刊行还没有画上句号。我们期待着，记载苏州商会新旧交替时期的新中国初期档案（1949年10月至1956年12月）早日整理完毕；"丛编"第七辑的出版将为中国商会史乃至整个近现代经济史、政治史、社会史研究的推进发挥更大的作用。章开沅先生曾经说：历史是已经画上句号的过去，史学却是永无止境的远航。苏州商会档案作为直接形成的历史记录，无疑是已然的过去，但对它的研究以及我们能从中获取的启示将是持久的、深远的。

（本文与冯会平合作撰写，载《近代史学刊》2014年第1辑）

岁月书痕

在《章开沅文集》出版座谈会上的发言

尊敬的章先生，各位老师和领导：

大家下午好！

今天这个座谈会对我和出版社同事们来说，是期盼已久的事情了。大约在八九年前我们就想到整理出版章先生的文集，也可以说是"蓄谋已久"吧。在章先生80寿辰不久，我就和近代史所朱英老师协商编辑刊行文集之事，也就此几次向章先生请益，都没有得到应允。但我们一直锲而不舍，终于精诚所至，金石为开。2011年底，在出版社和近代史所诸位老师的"软磨硬泡"、不懈努力之下，章先生终于松口了。12月6日，章先生在回复我的信中这样写道："拙作编辑《文集》，有劳操心。因历年发表以散篇居多，且不免重复，恐怕需要认真精选，不宜规模过大。不求数量，力求质量有所保证。""因此，亦不必以'米寿'为期，从容计议，务必找一个比较合适的责编以总其成。"我们原计划在章先生"米寿"之际（2013年）推出文集，有了章先生的但求精不求多、但求好不求快的嘱咐，文集整理与编辑之事正式提上议事日程，但至于何时能全部出版，则以确保质量为原则。此后我们精心运作，稳步推进，直至今天。

关于文集出版之事，我们向马敏书记、黄永林副校长、彭南生副校长进行了不同形式的汇报与沟通，得到了学校领导的高度关注和大力支持。文集运作之际，又恰逢湖北省学术出版基金设立并启动评审；在首次资助的项目中，这套文集自然榜上有名，这对我们来说是一种喜悦、一个鼓励，也完全在预料之中。出版社将文集出版列入了这两年工作的重中之重，负责质量把关的总编、负责理财管家的书记、负责一线协调的副总编，还有负责文集"总其成"的学术出版中心主任，另有美编、校对、质检、印制、宣传人员等等，大家群策群力，克服困难，终于如期把这套精美大气、形神兼具的大型文集；另有60余万字的纪念文集，呈现在了在座各位的面前。

文集正式出版之时恰逢章先生90寿辰,这也算是近代史所同人、章门弟子及我们华师出版人共同携手献给老人家的一份贺礼吧。章先生的及门弟子、著名出版人马小泉教授撰文说:"章先生的文集,重点不在钩沉辑佚、搜罗巨细,也不在版本汇校、观点订正。因为章先生是一位思想性极强的史学大师,编选文集,固然要对其学术成就进行系统的梳理,而更重要的,是从整体上对其学术人生进行'盘点'(章先生语)。其目的不仅在于让读者全面了解章先生的学术成就,更在于展现一位史学大师的人生历程、学术追求,体现他对史学前景、学术环境乃至社会发展的殷殷关切。"的确,我们出版章先生文集,其用意也不仅仅是在成果的总结、学术的归纳;一代大师的深刻思想、人文情怀和学术精神是更能启迪后人、泽被士林的瑰宝。

章先生及其文集的意义,不仅体现在一个杰出史学家的学术贡献,更体现在作为一个公共知识分子道义良知的示范作用。现今好像比较忌讳提"公共知识分子",其实这个称谓未见得就是专指政治上的持异见者、不合作者。前两年,《南方人物周刊》在推出"影响中国"的"知识分子50人"时,采用了这样的标准:一是具有学术背景和专业素养的知识者;二是对社会进言并参与公共事务的行动者;三是具有批判精神和道义担当的理想者。以此来观照章先生及其文集,我们觉得有一种内在的契合。

在当下中国的教育界、知识界和学术界,确实非常缺乏有学术良知、有道义担当的知识分子。学者教授的"单向度"化越来越严重。这让我们联想到马尔库塞的名著《单向度的人》。马尔库塞认为,当代工业社会是一个新型的极权主义社会,因为它成功地压制了这个社会中的反对派和反对意见,压制了人们内心中的否定性、批判性和超越性的向度,从而使这个社会成为单向度的社会,使生活于其中的人成了"单向度的人"。这种人就是丧失了否定、批判和超越能力的人。他们不仅不再有能力去追求,甚至也不再有能力去想象与现实生活不同的另一种生活。

细读马尔库塞此书,我们发现这些"单向度的人"与其说是被"压制"而成,还不如说是他们自觉自愿的"投诚"与"缴械"。尼尔·波兹曼说,电视及新媒体的普及(今天更有无处不在的网络)让人类进入了文化上的"娱乐至死"时代,娱乐成为了这个时代的文化主角和文化精神。我们的学术界,感觉有点像进入了"功利至死"、"实用至死"的时代。今天无论在学术领域,还是公共领地,批判精神的缺乏、道义担当的丧失,几成普遍现象。当工具理性盛行、工匠思维"任性"、量化考核至上、项目经费为王的时候,压力与诱惑使得不少的学者专家心甘情愿放弃了学术精神、人文理想与道义责任。但当学术研究尤其是人文社会学科的研究,主要是对现行政策的一味地宣传与诠释,对现实社会的直接服务与适应,对广大民众的无条件满足与迎合,而抛弃了学者应有的静观与反思、批判与超越、引领与提升,那些所谓的学术研究成果其价值到底有多大、其传播到底能多久,就大可怀疑了。

沧海横流方显出英雄本色。章先生其言其行其文集,展现了一种"关心社会,参与历史"的高尚情操,一种"追求真理,勇于开拓"的可贵精神,这些也许多少能起到一些补偏救弊、警醒世人的作用。章先生常爱引用楚图南的诗句:"治学不为媚时语,独寻真知启后人。"这也正是章先生自己学术人生的真实写照。高山景行,垂范后世。我们深信,随着章先生文集的出版与传播,其思想力量、人文情怀、学术精神和品格必将产生更加广泛而深远的影响。

最后,我想借用近两天收到的两则短信和一点期待来结束我这有点跑题的发言。一则是周洪宇老师前天发给我的,他说:"范老师,听说《章开沅文集》已经出版了,可否送一套学习?"书还没到,已经有人关注我们,自然十分高兴。另一则是学校党校常务副校长钟德涛还早几天发给我的:"范兄好!你们又做了一件功德无量的必将载入史册的大好事!党校先预订一套《章开沅文集》啊!随时随款,无须打折,以示敬意!"虽然读书人找出版社要书正大光明,作为读书人我也有这个"业余爱好";但作为按企业化经营的出版人,相比而言,钟德涛校长的短信我更喜欢!至于一点期待,那就是有朋友曾提及的对章先生书信、日记能尽早进行搜集整理,作为文集的补卷早日刊行。我们很愿意与近代史所老师们再度携手,锦上添花!

随兴所至,放言无忌,不当之处请章先生和各位老师批评指正。

我就讲这些。再次谢谢各位!

(2015年7月8日)

《章开沅文集》出版人语

一

记得十年前，我们出版社策划推出一套"华大学人研究书系"时，特约请章开沅先生撰写"总序"。章先生序言中开宗明义的一段话至今时常萦绕在我们耳际："华中师范大学是中国真正具有百年以上历史的少数知名大学之一。在其一百多年的发展过程中，有一批又一批筚路蓝缕披荆斩棘的先驱者，他们呕心沥血，殚精竭虑，为现今华师的奠基与成长作出了不可磨灭的贡献。我们应该永远铭记这些先驱者的丰功伟绩。"在章先生看来，老牌的大学注重保护本校的档案文献，特别是努力维护古老的建筑、景观乃至旧有的典籍、设备，用以彰显其悠久而又丰厚的历史文化底蕴，这些都是高校管理者的精明之举。"但更重要的工作恐怕还是要数延续学脉与传承精神。高校不是一般的教育机构，乃是学术文化延续的载体。学脉是学科孳生繁衍的谱系，精神是众多学科群共生互动焕发的校园神韵，而兼任两重载体且流光溢彩于百年岁月之间的则是那一代又一代的杰出学者。"

章先生的这番话道出了我们的心声，也指出了我们努力的方向：传承百年学府文化、弘扬大师学术精神正是我们的出版理想和事业追求。胡锦涛同志曾讲大学在人才培养、科学研究、社会服务之外有第四功能，就是文化传承与创新。美国最早成立大学出版社的约翰·霍普金斯大学把实验室、图书馆和出版社并称为大学的"第三势力"，提出"要普及知识，要普及得既深且广"的口号。我们认为，大学出版社在文化学术成果的积累、传播和创新发展中，在学术精神的传承、弘扬中，确实扮演着极为重要的角色。作为这所百年老校的大学出版人，我们是十分幸运的，因为桂子山有着十分丰厚的文化沃土，弥足珍贵的学术宝藏。华中师范大学及其前身的师生名录中，不乏在海内外享有崇高威望的大师巨匠，他们是群山中的五岳，众星中的北斗。这些大师级的学者包括桂质廷、卞彭、包鹭宾、傅懋勣、黄溥、游国恩、潘梓年、许烺光、王亚南、冯友兰等等。我们一向以这些先生的名字为骄傲，更愿以他们的精神和成果为榜样、为财富，从根本上强化学校的建设，使高等学校稳稳地站在文化和学术的顶峰，名副其实地、当之无愧地成为拥有和输出大师的园地。正是基于这种考虑，我们出版社在上个世纪 90 年代后期便以"桂岳书系"为名，推出了杨东莼、韦卓民、钱基博、张舜徽、詹剑峰五位先生的学术论著选集，当时在校内校外，甚至海外都产生了很好的社会影响。

"桂岳书系"第一辑（俗称"五老丛书"）刊行之后，我们又陆续推出了数种，其中也包括章开沅先生的选集；这个大师书系今后还将进一步丰富完善。在出版单本的个人选集基础上，我们和院系所专家一起，在家属或作者积极配合之下，尝试编辑刊行学术大师的多卷本个人文集甚至是全集。其中有历时 8 年完成的 20 卷本《张舜徽集》，有 2011 年开始陆续推出的 25 卷本《钱基博集》（目前已完成 4 辑 19 卷），有 6 卷本的《杨东莼文集》等等。这些大型文集多次得到国家出版基金和湖北省学术出版基金资助，也得到了学校领导和相关部门的大力支持，《张舜徽集》还荣获了国家级出版大奖。新近正在运作的还有《韦卓民全集》和《黄曼君文集》等。我们戏称自己是"文化啃老族"、"学术啃老族"；知名学者、杰出专家、教育宗师，我们"啃"了一个又一个，"啃"了一年又一年，乐此不疲，无怨无悔。

二

为著名学者编辑文集，堪称古来雅事。为著名学者出版文集，也应该称为雅事，特别是为我们素所敬重的老校长出版文集更是雅事中的雅事。这同时也是出版社乃至华师的一件大事、盛事！章开沅先生是我国著名的历史学家。他在辛亥革命研究、张謇研究、中国商会史和教会大学史研究、南京大屠杀历史文献研究等领域都有开创性的学术贡献。其著述宏富，学高识阔，得到史学界和海内外学者的充分肯定和尊崇。如他所主编的《辛亥革命史》曾经享誉海内外学术界，他对南京大屠杀的研究对维护历史事实、反击日本右翼势力产生过重要影响，他的教会大学史研究开国内同领域之先河。章先生也是广受尊崇的教育大家。他长期任教于中原大学、华中师范大学,并于1984—1990年间担任校长,在任期间,以生为本、求真务实,倡导优良校风与学风。作为一个教育家,章先生对于社会现实特别是教育领域有宏大而深刻的人文关怀,偶尔发为议论,往往切中要害,令人叫绝。他与武大刘道玉校长成为当时全国有名的、武汉很有特点的大学校长。章开沅先生还是难得的思想家。他的演讲和访谈精辟深刻、幽默风趣、朴实率真、发人深思,备受学界和媒体的关注和好评。尤为可贵的是,章开沅先生在耄耋之年,仍然活跃在学术界,且广泛参与各种社会文化活动,关注社会现实,放眼历史与人类社会的长远历程,发表深扣时代精神又令人深思的观点。

《章开沅文集》共分11卷,约500万字,比较全面地汇集了作为著名历史学家、教育家的章开沅先生迄今为止在学术研究、教育管理、社会思考、文明对话等各个方面的成果。根据内容的不同,文集分为辛亥革命研究、张謇研究、南京大屠杀研究、思想文化研究、序跋辑录、随笔及演讲访谈等几大部分。这个集子不仅能全面反映章开沅先生在六十多年的治学历程中的理性思考与学术成就,而且对当代和后继的近代史学研究、教育管理、社会改革等均有重要的借鉴作用。文集精选了章先生的演讲稿近五十篇以及多年来有关章先生的对话访谈录十余篇,按照专题分为史学思索、呼唤人文、维护和平、教书育人、痴迷辛亥、基督宗教、品评人物、历史寻踪以及附录九个部分,大致可以反映章先生的治学育人历程及理念,而先生作为一名历史学家的社会责任感,他对社会的关怀,对正义的追求和匡扶,对世俗弊端的鞭挞及对后辈学人的谆谆教诲和殷切期望等也都寓于其中。华中师范大学近代史研究所和出版社整理、出版《章开沅文集》,实为嘉惠学林的善举,学术价值与社会价值重大。

2012年5月,《章开沅文集》编纂出版工作正式启动。华师出版社领导和编辑一行数人到中国近代史研究所,与章先生本人,还有朱英所长、郑成林教授等召开了关于整理出版《章开沅文集》的第一次会议,成立了《章开沅文集》编纂小组,会议就该文集的收录范围、编撰体例、装帧规格等进行了商议,决定在华师110周年校庆之际推出《章开沅文集》之《辛亥革命与近代社会》(一)、(二)、(三)、(四)。随后,项目负责人多次与文集编纂者就书稿中出现的新情况、新问题进行沟通交流。2013年初,前期4种书稿按时交至出版社,出版社立即着手书稿的编审、排校工作。由于书稿内容涉及辛亥革命,国家新闻出版广电总局在审查出版社的年度出版计划时要求该 4 种选题要进行重大选题备案。2013 年 10 月，出版社把经过三审三校的《辛亥革命与近代社会》（4 卷本）的清样，连同按照总局要求填报的备案材料一并送审。几乎是与此同时，文集编纂组发现，前 4 种书稿的分类不甚合理，导致文集后面的内容无法进行归类，因此需要对文集进行重新分类，即现在分呈的辛亥革命研究、张謇研究、南京大屠杀研究、思想文化研究以及随笔、访谈、序跋等内容，2013 年 11 月，近代史所所长、副所长和出版社部分领导就文集内容的重新细分和整合以及作者的分工及整理要求、双方负责人的职责、交稿期限等进行了商议。2014 年 5 月，重大选题备案的审查终于有了结果，相关上级部门提出了多条修改意见。出版社通过与文集编纂人员充分交换意见，按照总局的要求对部分内容进行了酌改和删节。由于文集是由章先生的专著、论文、随笔、演讲访谈及序跋等组成，内容宏阔、形式多样，引文的著录形式诸多不一。在 2014 年 5 月交来 5 种书稿的注释有相当一部分不合乎现今出版规范，有的是注项不全，有的是形式不统一，有的是信息不准确，等等。出版社只好退改，并且要求作者认真核对引文，并约定修改后的书稿最迟应于 9 月初交出版社。好在近代史所的各位老师不辞劳苦、齐心协力，按时交稿，进而保证了书稿编审工作的顺利进行。

《章开沅文集》的编辑出版虽然经历了一些波折，但并没有影响整体的出版计划，就是在章开沅先生 90 华诞之际隆重推出 11 卷本的纪念文集。特别是在出版社申报的 2014 年湖北省学术著作出版专项资金资助项目中，该文集获得通过，这无疑给我们编辑出版工作以新的鼓励，使我们的后续工作少了一些后顾之忧；而章先生在 2014 年请辞"资深教授"一职，让我们更加敬佩作者的"自我革命"精神，从而愈发觉得编辑出版文集之意义重大。这体现的不仅是章先生"独立的学人品格"，而且也折射出章先生深厚的学术底气，相信章先生不会因为请辞"资深教授"而影响其学术水准。

章开沅先生对文集的编辑出版给予了充分的信任与支持，也在内容的辑选、体例的设计和图书的装帧上提出了自己的想法，使得文集的后期运作有了明确的目标和方向。章先生的夫人黄怀玉老师在选编照片插页时的严谨则更是给我们留下了深刻的印象。在欣然同意我们在书稿的前面适当插入部分精选照片的提议后，从遴选照片开始，到给每张照片配以说明性的文字，再到审定我们的每一处改动，黄老师都亲力亲为，极其认真。特别是章先生和朱所长对我们在编辑出版中所提的意见和建议都是极其慎重地对待,只要是言之有理的,他们都会欣然接受,让我们时时感受到学者的严谨和大家的风范。

《章开沅文集》是出版社的"十二五"出版规划,也是2014年湖北省学术著作出版专项资金资助项目,从选题策划到具体运作、从编辑审稿到排版校对、从封面设计到印刷制作,社领导和相关的部门都是高度重视和积极支持。特别是章开沅先生铜版画的制作,为了能够真正表现章先生的学养深厚、德高望重的学者气质,美术编辑煞费苦心,提出请专家制作一张与照片的风格和表意都不一样的铜版画。最后是由出版社社长出面,请华师美术学院的易阳教授花了近20天的时间精心制作了一幅独具特色、气韵生动的铜版画。正是学校近代史所和出版社、作者和编校人员以及众多华师人的齐心协力,才成就了编辑出版《章开沅文集》这一雅事、盛事。

三

大气精美、形神俱佳的《章开沅文集》已呈现在我们面前。文集正式出版之际恰逢章先生90寿辰,这也算是近代史所同人、章门后学及华师出版人共同携手献给先生最好的贺礼。我们出版章先生的文集,其意也不仅仅是在成果的总结、学术的归纳;一代大师的深刻思想、人文情怀和学术精神是更能启迪后人、沾溉士林的瑰宝。章先生常爱引用楚图南先生的诗句:"治学不为媚时语,独寻真知启后人。"这也正是章先生自己学术人生的真实写照。高山景行,垂范后世。我们深信,随着章先生文集的出版与传播,其思想力量、人文情怀、学术精神和品格必将产生更加广泛而深远的影响。

(本文与冯会平合作撰写,收入华中师范大学中国近代史研究所编《章开沅先生九秩华诞纪念文集》,华中师范大学出版社2015年版,收入此书略有删节)

岁月书痕

在出版社建社三十周年作者座谈会上的讲话

尊敬的章先生、熊老师、王老师，各位专家、各位同事：

大家上午好！年近岁末，适逢冬至，我们在这里举行出版社成立30周年的作者座谈会。首先，我要对莅临今天会议的老师们、领导们表示热烈的欢迎；对为出版社的创立、建设和发展付出心血、作出贡献的老同志和全体员工同志们，表示真诚的感谢！

多出好书是出版工作的永恒主题，而优秀作者是出版机构的衣食父母。在新常态下，我们的纪念活动力求俭朴、务实、低调、有效，便采取召开一个小型座谈会的方法，让作者和出版人齐聚一堂，共同回顾过去，总结经验，盘点收成，同时寻找不足，探求未来发展的路径，迎接即将到来的新年和"十三五"——一个新的五年。我到出版社不久时，赶上15周年纪念活动，后来20周年我们举行了一个大一点的庆典，再就是25周年。一晃到30周年了，真是岁月如梭！我们这次的30周年纪念除了这个座谈会，还编了一本纪念文集，一本本社职工的论文集（全部收录公开发表在C刊上的文章，展示学习型企业、专家型员工的风貌），一个总书目，还有一个橱窗展。合起来就是"五个一"。我们的橱窗展是30年精品图书展（图片配解说文字），没有领导题词，没有什么人视察的图片，甚至没有策划、文案、美编等人的名字，充分体现了出版人为人作嫁、默默奉献的工作性质与职业特点。

我们出版社是沐浴着改革开放的东风，于1985年2月正式成立的，至今已经走过了整整30年的历程。若逐源寻根，华师出版（叫华大出版更好）的历史已有100多年。这回社庆的集于我写了一篇《华大出版的前世今生》，有兴趣的老师和同事可以看一看。文华书院（后改名文华大学）是我们学校的一个重要源头，它在19世纪80年代即创办了名为《中国传教士》的刊物；1906年又创办了《文华学界》；1911年，还刊行有《文华评论》。老出版史家叶再生先生所著《中国近代现代出版通史》（四卷本）中，专门有一段一两百字的文字介绍"文华书院（后为文华大学）出版社"，只是老先生没有注明材料出处，还需要进一步考证。至于后来的华中大学更是将教学、科研、出版融为一体，出版各种报刊近30种（北大王奇生教授有文章专门论及包括华中大学在内的教会大学出版物），我们现在校园网上的一个栏目"华大桂声"就是当年一种月刊的名称。

我校另一个源头是中华大学，其出版活动可圈可点的有两处：一是1920年2月恽代英创办的利群书社，这个我就不多说了；二是上个世纪20年代中期复校以后，拟定的《中华大学组织大纲》（类似我们现在的"大学章程"），在学校的组织构架中，于秘书室下专设出版股（与机要股、文书股、统计股并行），其职能相当于当今的一个部处。可见当时对出版工作是相当重视的。关于中原大学的出版活动也有值得书写的地方，比如在战争的烽火中，还创办了《改造》、《中大生活》等报刊。因中原大学并非正规大学，存在的时间也比较短，出版活动相对简单一些。

与学校的建立和发展一样，我校的出版事业也是由三支脉流汇聚而成，其中华中大学的出版活动无疑内涵更丰富、绵延时间更长久，且在学术性、规范性和影响力等方面，均达到了较高的水平。

正是在这样的基础上，我们出版社成立以后依托百年老校，继承出版传统，坚持立足教育、学术为本、弘扬文化，在教育出版和专业出版两大领域重点发力，无论是经济效益还是社会效益都取得了显著的成绩；到如今，我社已经是一个有员工150多人，年出版新书500多种，发行码洋超过2个亿，销售收入8000多万元的有重要影响力、成长性良好的中等规模出版企业。这中间，离不开学校党委行政特别是主要领导和分管领导的宏观指导及很内行的包容、理解与帮助，离不开学校职能部门、院系尤其是作者们的倾力支持，同时也凝聚了几代出版人的理想追求和辛勤奉献。

在前不久出版社讨论"十三五"规划的职代会上，我把前几年的成绩概括为"五个一"。其实，略作调整，也可以用它来简括我们30年的进步与实绩。

——推出了一批精品出版物。有位美国大学出版社的老社长曾经说过一句有名的话："出版史是优秀的出版社出版优秀图书的历史。"事实确实如此。我们今天说起老商务、老中华，还有三联书店等，主要不是它们的经营方式、企业规模、经济贡献,人们几十上百年后记住它们的是那些优秀的出版物。我曾写过两篇文章,标题分别为《出版本质上是理想主义者的事业》、《理想主义让出版拥有尊严》。作为从事文化积累、创新与传播的出版社,我们既脚踏实地,更仰望星空,希望我们的工作不仅仅是一种职业,而应是"书比人长寿"的不朽事业。关于我社的精品图书,刚才马书记已经列举的比较全面了。我们力求把优秀的出版物做成精品化、品牌化、系列化的产品,这里既有那些可以传之后世的学术文化经典,也还有像《华中学术》这样的学术辑刊,《重难点手册》这样的精品教辅,还有像《少儿学拼音》这样的电子音像产品。这些精品,老图书馆前的橱窗展示了一部分,欢迎大家参观。需要说明的是,我们这些学术精品、大型出版项目是在前人基础上的继承与发展,如"辛亥革命百年纪念文库"是发端于黄弗同、尹均生两位老总编时期的"辛亥人物文集丛书",《张舜徽集》、《钱基博集》、《杨东莼文集》等集成性成果也是在王先霈老总编"五老丛书"基础上的发扬光大。

——申报并获批了一批重要的项目。这一点在马书记的讲话中也已经提及。国家出版基金(与国家自然科学基金、社会科学基金并列为国家三大基金)评选了6届,我们拿到了5届,这不仅在大学出版社、在湖北出版界,即便是在全国也是很好的成绩。我们已完成并接受验收过的几个项目,都得到优秀的成绩,获得国家新闻出版广电总局以及国家出版基金办公室的通报表彰。此外,还有国家科技支撑计划的项目、财政部的文化产业专项资金项目、国家古籍整理项目、经典中国工程项目、湖北省学术出版专项资金资助项目等等。我们这些项目的获得,对于一些大型文化学术工程的启动与完成意义重大。做大项目,才有大影响,同时还不赔钱。这些项目的申报与获批,是院系专家、各位作者协同配合的结果。前不久拿到的"互联网+中外诗歌经典出版与传播",就是在聂珍钊老师的学术团队、何婷婷老师的技术团队与出版社的企业团队通力合作下申报成功的,创意也主要是来自专家们的。

——获得了一些重要的奖项。出版界有所谓的"三大奖",即国家出版政府奖、中宣部"五个一"工程奖、中华优秀出版物奖。其中,"五个一"工程奖图书方面主要是文艺作品、通俗理论读物,以前也包括学术理论著作。每种奖项几年才评一次,数量都很少,难度很大。这些年,我们多次获得"五个一"工程奖、中华优秀出版物奖(原为中国图书奖)、湖北出版政府奖等大奖。我们出版的不少著作，获得了包括教育部人文社会科学优秀成果一等奖、湖北省人文社会科学优秀成果一等奖在内的各种科研成果奖，也是对学术创新和文化繁荣的一种贡献，只是编辑的贡献常常被忽略了。此外，我们许多没有获奖的图书绝对是值得永远放在书架上的精品，读者、学者的高度认同，我们也是十分重视的。我们重视获奖，但更注意出版物的内在品质和在读者中的良好口碑。

——为学校教学科研、学科建设、人才培养作出了一定的贡献。大学出版社背靠大学，依托大学，也必须服务大学，回馈大学。马书记上面讲的，文史方面的图书多一点。其实，在服务本校的教学科研、学科建设和人才培养方面，我们可谓不遗余力。除了文学院、历史文化学院、政治学研究院等传统优势学科以外，我社与教育学院、心理学院、音乐学院、美术学院、体育学院、马克思主义学院、法学院、经济学院、社会学院、外国语学院、新闻传播学院，还有理科的物理学院、数统学院、计算机科学学院等都有长久的、全面的合作。我们每年出资100万的出版基金，对于扶持学科成长，培养中青年学人发挥了十分重要的作用。虽然不少大学出版社都设有由学校出资的出版基金，但真正由出版社自己出资的是少之又少的。这个基金我们已经坚持了21年，还将坚持下去，在条件允许时还可加大力度。

——进行了持续的一系列的体制机制改革。1992年邓小平同志发表了南方谈话，激起了新一轮的改革热潮。我们出版社趁着这股东风，在1993年实行了以编辑室为龙头的双效益目标管理改革。这是在朱峰社长任上。这个内部机制的改革形成的编辑室运行管理模式极大地调动了员工的积极性和创造性，出版社效益实现了跨越式攀升。2001年在这个基础上编辑室自由重组与目标考核，使当时的三编室（现基教中心）脱颖而出，实现了基础教育教材的突破。2010年出版社完成转企改制，更是一种体制性的变革。这个更深刻意义上的改革促进了内部用工制度、干部制度，特别是分配制度的改革深化，激发了活力，释放了红利。这次改革的最大亮点、也是重要突破就是成立了由出版社控股、有独立法人资格、多重混合资本的武汉华大鸿图文化发展有限公司，公司成立后五年来的飞速发展，文教出版品牌的进一步维护与拓展，以及多元化经营的努力，都在创造双效的同时，为出版社未来发展与深化改革积累了经验、提供了示范。

在总结经验、梳理成绩的同时，我们也看到了自己的差距。与一些中央大社名社相比，与一些实力雄厚的地方出版社相比，即使与一些优秀的大学社相比，我们都还有许多需要学习、借鉴的地方。当下，面对新常态，面对媒介融合的挑战，也面对着内部干部队伍建设、数字化转型、人才储备与培养等诸多方面的明显压力，我们必须把握导向、坚守本位、深化改革，促进出版社健康持续发展。具体讲，主要从以下三个方面着手。

首先是要切实把社会效益放在第一位，做到两个效益的统一。最近出台的中办、国办文件，专门讲这个问题，虽然针对的是整个国有文化企业，作为其中一部分的出版企业，它无疑也是我们未来五年乃至更长时间的重要指导思想。这个文件是个管总的文件，我们需要认真学习，深入领会，结合本社实际贯彻落实。社会效益也要考核的，如何抓好主题出版，服务党和国家工作大局；如何在注重文化传承的同时搞好文化传播；如何在作者队伍上继续"啃老"的同时加大"培新"的力度；如何在出成果、出精品的同时也出人才、出经验等等，都需要花大气力去思考，去探索。至于经济效益，作为企业，它是绝对不能放松的，优秀选题的开发，市场运作能力的提升，多元化经营的探求，包括资本运作的学习，都是其中的重要内容。

其次，就是数字化转型问题和融合出版问题。我这里强调一点，就是我们虽然拿到了不少有关数字出版、融合出版的项目，获得了一些资金支持，但这些项目总体上更像是科研项目，而不是产业项目。如何将研究成果转化为企业生产力，如何找到新的盈利模式，对我们还是严峻的挑战。我们的中小学教材、教辅、大学教材、教参，幼教读物，包括学术著作都有数字化的问题，都有立体化、多元化开发的问题。时不我待，如果"十三五"期间，我们的融合出版、数字化转型没有实质性进展，那将是十分危险的。有人说，传统出版、纸质书刊还有十年的好日子，我个人觉得至多只有五年，若我们在"十三五"期间无所作为，也就真正夕阳西下、无可奈何了。

第三，就是要进一步深化改革。我们面临的所有挑战与困难，都只有通过改革才能破解。出版社没有1993年的目标管理，销售收入千万元都难以突破，结果一改革，第二年的增长率就达到了48%。没有2001年的编辑室重组与改革，当时因教辅出版出现的问题就无法化解，中小学教材出版的机会我们就无法抓住。没有2010年华大鸿图公司的组建与贡献，出版社"十二五"规划的经济指标就根本无法完成，更别说超额完成。今天我们又发展到一个新的关口，体制方面的改革我们可以按照鸿图的模式再进行新的板块探索，内部机制方面无论是干部、人事、分配都还需要加大改革力度，尤其是解决干部问题。其实，只要班子坚强有力，谋事不谋人；规划科学合理，蓝图给人以信心；保障的机制、可操作的措施到位，出版社的发展就没有那么难。这中间，有些问题是出版社自己可以解决的，有些则需要校领导重视和下决心。

总起来看，30年成绩可喜，前途光明；未来困难也还不少，出路需要探索。人们常说，困难困难，困在家里就很难；出路出路，走出去了就有路。出版社需要的是全体干部职工，胸怀理想，饱含激情，齐心协力，共谋发展。这里，我们也特别希望在座各位专家、作者老师，多提宝贵意见和建议。值此新年来临之际，提前祝大家元旦快乐，幸福安康！

谢谢大家！

（2015年12月22日）

岁月书痕

在《韦卓民全集》出版座谈会上的发言

大家上午好！今天我们齐聚一堂，以俭朴但不失隆重的方式来纪念我们敬爱的老校长、一代学术大师韦卓民先生逝世四十周年，召开小型的《韦卓民全集》出版座谈会。首先，请允许我代表华师出版社对光临会议的学者、领导、韦先生生前同事、好友、师友、同事、亲属，还有媒体界朋友表示最热烈的欢迎，尤其是远道而来的韦晓晖夫妇、唐有伯教授，还有正在华师访学的来自美国的韦先生的重外孙赵子柳先生。对于过去和现在为韦先生著作整理与出版倾注了大量心血、给予了大力支持又未能出席会议的珠海市委宣传部、华南师大王宏维教授、山东大学刘家峰教授、华师出版社朱峰老社长等单位和个人，表示由衷的敬意和谢意。同时还要感谢作为"全集"编辑委员会主任的马敏书记对"全集"出版的高度重视和具体指导；感谢湖北省新闻出版广电局领导对"全集"的关注，省学术出版基金对"全集"的支持。

章开沅老师在上世纪90年代初期辞去校长职务时曾说过"未了之愿与未竟之事太多太多"。后来，章老师在多个场合重提此话。这十多年来我们在章老师的时常提醒和直接关心下，继20卷的《张舜徽集》之后，又连续组织整理推出了《杨东莼文集》（3卷6册）、《钱基博集》（5辑24卷，下月可以全部出齐）等。而《韦卓民全集》的整理刊行无疑是章老师想"了"的一个"宏愿"，想"竟"的一件"大事"。在为"华大学人研究书系"（袋子里给大家的4本书都是这个书系的著作，三本是关于韦先生的，一本是有关老华大教务长、副校长黄溥的）撰写的"总序"中，章老师说：对于一所大学，一个很"重要的工作恐怕还是要数延续学脉与传承精神。高校不是一般的教育机构，乃是学术文化延续的载体。学脉是学科挛生繁衍的谱系，精神是众多学科群共生互动焕发的校园神韵，而兼任两重载体且流光溢彩于百年岁月之间的则是那一代又一代的杰出学者"。若从中西文化交流史，西方哲学翻译史，哲学、逻辑学、宗教学学术发展史等角度来看，韦卓民先生无疑都是"杰出"的，甚至用"伟大"来形容也不为过。这个词来自韦先生学生兼同事的吴锦琴老部长。她看到全集，高兴地说这是一件伟大的事。昨天晚上，唐有伯教授转述，得知韦先生全集出版，曾与韦先生过从甚密的华师中文系老校友、岭南师范学院劳承万教授高兴得不得了，说全集的出版将是学术界的一次"地震"。

或许正是因为韦先生的"杰出"与"伟大"，章开沅老师在"总序"中说，"全集"的出版是华师出版社的又一"壮举"。而和我们一起完成这一"壮举"的，则是曹方久（今天我们特意请到了曹老师的夫人贺曼华老师）、唐有伯、高新民、王宏维、余子侠、刘家峰等几代学术"壮士"的艰苦卓绝、前赴后继、薪火相传的不懈努力。记得上世纪90年代末期我接替王先霈老师初任出版社总编辑时，"五老丛书"之一的《韦卓民学术论著选》刚刚推出不久，已身患重病的曹方久老师几番上门和我交谈关于韦先生著作的整理与编辑出版，手抄的文稿目录还历历在目。曹老师曾对我们的编辑说，"韦卓民著译系列"不出齐，我不敢去见韦先生的。其念殷殷，其情深深，实在令人感佩！韦先生集子中哲学部分量最大，整理难度也很大，高新民老师不惮繁难，擘画运筹，并带领自己的弟子担当重任，为"全集"出版贡献良多。至于韦先生哲嗣韦宝锷先生、嫡孙韦晓晖先生、重外孙赵子柳先生等后人，更是或直接或间接为《韦卓民全集》的整理出版提出了极大的方便和全力的帮助。赵子柳先生在欧美搜集到的超过2000页的有关韦先生的外文资料，也将成为我们后续出版的重要资源。

各位老师，各位朋友，今天我们在这里座谈韦先生文集的出版发行，不仅在于回顾和总结一代大师的丰功伟业，而且还借此弘扬老辈学人以学术为生命、为追求真理而奋斗不息的崇高精神，学术研究和西学翻译中的"工匠精神"，严肃认真、一丝不苟的治学态度，以促进当代学风的转变和学术的发展。二十年前，唐有伯、曹方久老师在《韦卓民引领我们走向康德》（"韦译康德哲学著译系列"代出版前言）中曾写道：韦先生主张"做学问一定要有一种'主见不可无，成见不可有'的独立与创新精神。这种精神在当今弥漫着浮躁、浮夸气氛的学术界，尤其值得提倡，值得推崇"。

这些话我想至今一点也不过时。

一位美国当代的大学出版社社长、出版家曾说："出版史是优秀出版社出版优秀图书的历史。"我们不敢自诩已经是一家优秀的出版机构，但我们有一支优秀的编辑出版队伍，既仰望星空、充满理想，又求真务实、脚踏实地，我们会一直以出版优秀图书、出版学术文化精品为己任、为使命，做"书比人寿长"的千秋事业。也恳望得到在座各位的继续支持。

(2016年9月27日)

东洋学者著《中国出版文化史》之西行漫记

日本学者井上进教授的《中国出版文化史》2015年2月由笔者供职的华中师范大学出版社正式刊行。这本书的日文原版是2002年由名古屋大学出版会推出,面世以后无论是在中国,还是日韩学术界,抑或是欧美书籍史学界、出版印刷史界都产生了重要的影响。本人从2006年在东瀛初见此书,到协商版权,请人翻译,最后印刷出版,没想到经历了整整十个年头,实在称得上是好事多磨。

一

《中国出版文化史》的版权引进是很偶然的一件事,但偶然中又有某种必然性。记得是在2006年的8月下旬,第十届中日韩三国大学版协研讨会在日本举行。正式的研讨会大约是24、25日在京都大学芝兰会馆召开的,其中一个主题是"过去十年中日韩三国大学出版社的交流回顾与今后展望"。会议开幕式上,日本大学出版社协会理事长三口雅己、韩国大学出版社协会理事长南好贞、中国大学出版社协会常务副理事长彭松建先后致辞,皆热情洋溢,气氛十分友好。在正式的研讨中,中日韩三国各有两位代表进行大会交流。中方演讲者一个是北京大学出版社总编辑张黎明,他介绍了北大出版社的版权贸易情况,阐发了国际版权交流理念。笔者作为中方另一个代表,作了题为《中国大学出版社的基本状况与发展趋势》的报告。演讲后,各位演讲嘉宾还与参会代表进行了现场互动。会议开得很成功,可以说是在十年交流合作后,又开启了面向未来和发展的合作新阶段。在日本期间,中国大学出版社协会代表团还专程访问了东京大学出版社,进行学习、参观与交流,讨论版权贸易与合作事宜。滞留东京间隙,我们有机会探访了著名的神田书店街。在这里,笔者与《中国出版文化史》不期而遇了。

| 岁月书痕

　　神田书店街位于东京都千代田区神保町一带，已有一百多年历史。神田书店街其实包括好几条街道，主要集中在九段、骏河台、水道桥三条大街上。以神保町十字路口为中心，北边从 JR 水道桥站到御茶水站、东边到 JR 神田站的范围内，有多达 170 多家大小书店。其中，中国人耳熟能详的内山书店就开设在这里，主要销售与中国相关的书籍。书店街可以买到日本各式各样的图书，特别是古旧图书，各种版本应有尽有，也有一些汉文图书。无论是到东京参观考察的出版人，还是访学、留学东京的学者和读书人，这里大概是必到、常到之地。2006 年那个夏天的一个午后，我们中国大学版协代表团一行也来到了神往已久的神田书店街。虽然只有短短的半天，各位出版同行还是兴致勃勃地逛了一家又一家书店，驻足欣赏，大饱眼福，以至流连忘返。

　　记不清是在哪家书店，我看到两本关于书名标有"出版文化"字样的书籍。因不识日文，那本书名日文夹着汉字的图书我没法多看，而书名全为汉字的《中国出版文化史》便拿起来仔细翻阅；虽看不懂，但封面、版式、装帧，纲目中的汉字，仍让我有如逢故人之感。这样的人与书相遇当然是一种偶然。在数以百计的书店，数以万计、十万计、百万计的书籍中，偏偏见到了这本《中国出版文化史》，且一眼看中，最后让它漂洋过海，西移中国翻译出版，机缘巧合的因素无疑是很大的。

　　我说偶然中又有某种必然，也非套话。一是本人对日本人的汉学研究早就有所了解。上个世纪 80 年代中期读硕士研究生时，具体专业方向是中国文学批评史。那是一个最好的读书求学的年代。在生吞活剥不少西方哲学、美学、文艺学译著译文的同时，也看过一些日本学者的相关论著，且留下了深刻印象。其中有著名汉学家青木正儿的《中国近世戏曲史》、《中国文学概说》，铃木虎雄的《中国诗论史》等。铃木的《中国诗论史》，作为批评史的开创之作，为日本汉学极度推崇。我当时正做硕士学位论文，题目是《古典美学的落霞——论王夫之的美学思想》；因此研读中国文论史、诗论史方面的著作格外用心，铃木的《中国诗论史》材料之丰富、论证之细密、观点之新颖，让我有耳目一新的感觉。正因此故，我对日本人的汉学研究包括出版文化研究不敢小视。二是当时（2006 年前后）我正在编写《中国出版文化史研究书录》。这本带有专科目录性质的资料汇编，我是从 2003 年开始编纂的；记得 2004 年冬季在国家教育行政学院学习三个月期间，曾许多次冒着呼呼寒风、踏着皑皑白雪，去北京印刷学院康庄校区的中国编辑学会资料中心抄录书目、摘要，其情其景还历历在目。到2006年春夏之季，"书录"的初稿当有三四十万字了。在平时翻阅、查找资料的过程中，井上进的这本《中国出版文化史》似乎见过名字。顺便一提，笔者那本《中国出版文化史研究书录》2008年由河南大学出版社刊行，有70多万字；三年后推出增订版，涉及的资料集及相关著作达五六千种，字数逾百万。因为上述两个原因，我与井上进教授《中国出版文化史》不期而遇且"一见钟情"，就属既在意料之外、又是情理之中了。

二

从书店街回到宾馆，我和代表团团长、也是北京大学出版社的老社长彭松建教授谈起这本《中国出版文化史》，他也觉得很有价值，值得引进到国内。北大社一向重视版权贸易，成果斐然。该社还曾经与东京大学出版社合作出版过《大学出版的日子》，成为两国大学出版社国际合作的一个尝试、一段佳话。代表团的团员中北大社的田秀玲老师精通日语，在日本学习、工作过多年，是我们一行中的"日本通"。回国以后，我便委托田老师联系《中国出版文化史》的出版方——名古屋大学出版会。很快得到回复，该书尚未有中国的出版机构购买版权，同意由我社翻译出版中文简体版。在此期间，我还咨询过时任我校校长（现为党委书记）、也是著名史学专家的马敏教授。他多次出访日本，应邀去日本的多所大学与研究机构讲学和交流。据他说，井上进是一个非常不错的学者，学问扎实，热爱中国历史文化，对中国也十分友好，我们若翻译引进他的著作很值得。

社里具体负责版权贸易的是青年编辑庞丹，接下来的任务就是她在一手张罗了。日方作为A方（许诺方），把"翻译出版契约书"寄来到了2007年的春季；翻检档案，知道我作为B方（被许诺方）签字是在5月24日，而日方签字显示的日期是6月11日。双方本着真诚互信、文化交流为主的目的，在合同条款上都是友好协商的。版税率为6%，印数不少于1500册，定价预定为人民币40.00元；合同签订后我方向日方预付100000日元。出版期限商定为合同签订之日起的18个月内。到此似乎一切顺顺利利，但没想到从翻译到正式出版，却一再延宕，实在是来之不易。我社后来成立了对外合作部，谢琴主任和庞丹编辑一直锲而不舍地关注着这本书，不离不弃，并成为了"催债"高手。

翻译的主笔是我们华中师范大学外国语学院副院长、日语系主任，我称之为俄宪兄的"日本通"李俄宪教授。当时之所以有勇气和底气决定引进这本《中国出版文化史》，在很大程度上是基于对李俄宪教授深厚的功力的信任，还有对我们两人友情的自信。俄宪兄在该书中文版《译后记》中写道："尤其是要感谢范军教授，感谢他独具慧眼地选定了一本国内急需而学术性又极强的标志性著作，感谢他给了我充足的翻译时间，并在百忙中帮我润色汉语译文的部分内容。"老实说，这个"充足的翻译时间"确实有点"充足"，以致"充足"到我们不好意思和日方交代；但用了这么长的翻译时间才正式推出该书，也实属情有可原。俄宪教授是大忙之人，该书汉译当属大难之事，诚如译者所言：

> 以前只是耳闻目睹京都学派的学术建树，这次是我要翻译他们学派当今的代表著作了。于是，诚惶诚恐的感觉和对他们严谨的作风发自内心的敬意，不禁油然而生。尤其是翻译过程中的大量原文之引证、论述之详实、材料图片之珍贵等等都令我佩服之至。当然，学术著作的翻译仅有敬意和佩服是远远不够的，准确无误、流畅通顺的译文才至关重要。特别要说明的是，书中牵扯到的大量中国古代典籍的原始引用被作者译成了日文，我的工作是不但要将引文译回汉语，更要把它们还原成古代典籍中的原始状态。这就要核实将2000多处文献，查找1000多册典籍，更困难的是很多相关的典籍我国国内根本没有被保存，于是只好到日本各大图书馆去复印、去核对。

这样繁难的工作，俄宪教授不仅动员了国内日语教育界的专家朋友、他本人的硕士博士研究生，还有日本一些著名高校的图书管理人员，更动用了他本人在日本就读博士学位时期的导师清田文武先生。需要特别说明的是，如此艰巨的任务李兄俄宪教授及其中外学界朋友在很大程度上是带着奉献的精神来完成的。翻译稿酬之微薄，一直让我们心存愧疚，好在大家都是君子，彼此以"言义不言利"来相互激励。本书的责任编辑何国梅虽然年轻，但研究生期间学的是编辑出版专业，专治中国出版史有年，已属行家；而复审专家沈继成编审和终审（正是笔者）也都有文史的底子，无疑为书稿的高质量提供了力所能及的帮助。

三

在该书翻译期间，大约是2010年前后，南京大学张志强教授和我聊起来，说他准备组织一套海外出版文化与出版史方面的译丛。这本《中国出版文化史》原先也入了他的"法眼"。当他得知我们已经与日方早就签订了合同，并正在着手翻译时，便转而积极支持我们的工作。早些年，志强教授就策划推出了一套"出版人丛书"，由河北教育出版社梓行后很有些影响。近年他张罗的"凤凰出版研究译丛"已面世的有英国学者的《数字时代的图书》（译林出版社出版）；另有美国学者的《谷腾堡在上海：中国印刷资本业的发展（1876—1937）》等。我们这本《中国出版文化史》刊行后很快送他一册，志强兄非常高兴，说这本书这么久才出，证明确实很难，而一旦出版也确实很有意义和价值。

该书 2015 年 2 月刊行，在不到一年、又没有刻意宣传推广的情况下，已经行销近 800 册，在如今人们不怎么买书读书的情况下，这种冷僻的专著应该算是很不错的销售业绩了。2015 年岁末，黄林博士的书评在《现代出版》第 6 期刊出。在题为《新史学观照下日本的中国出版文化史研究》一文中，他高度评价了井上进教授的这本著作。他指出，井上进的论著，"考察了长时段中的中国出版文化史，研究的起点始于春秋时期，止于明朝末年，前后长达二千多年。全书分为'前编'和'本编'两个部分，前者主要讲述 10 世纪之前写本时代的书籍文化，后者主要叙述印刷术发明后印本时代的出版文化，内容涉及著书、藏书、读书、抄书、刻书、买书、卖书、书店、书商、书价、书厄，以及国家文化教育政策与出版、出版与学术等关涉书籍出版文化的方方面面"。他进而认为，这是一本"具有里程碑意义"的中国出版文化史著作，其特点有三：一是学术视野：由版本和技术史转向社会文化史；二是研究方法：传统考据与现代计量统计的结合；三是占有史料：出版实物与文字资料并重。这个概括与评价，确实称得上是行家之言，客观准确，得其精要。

《中国出版文化史》其实是应和了国际书籍史、出版印刷史学界"社会史转向"的潮流。自 20 世纪中期以来，西方书籍史研究经历了比较明显的社会史转向，它以社会文化史和传统目录学为两个基石，在相互借鉴、批评、调整与超越中走向融合。于文博士有多篇文章对此有过梳理和分析，兹不赘述。其间，与中国相关的一些研究成果陆续译介了过来，比如英国剑桥大学学者周绍明的《书籍的社会史：中华帝国晚清的书籍与士人文化》（中译本，北京大学出版社 2009 年出版），前举美国芮哲非著《谷腾堡在上海：中国印刷资本业的发展（1876—1937）》（中译本，商务印书馆 2015 年出版）也属此类。这种注重印刷出版品与社会文化密切关系的研究，在日本当属方兴未艾。大木康的《明末江南的出版文化》（周保雄译，上海古籍出版社 2014 年出版）就是对井上进的很好呼应。大木康的论著对井上进《中国出版文化史》一书就赞赏有加，多处引述和评论，值得参阅。我们有理由相信，随着时间的推移，也随着我国出版史、书籍史领域的"社会史转向"走向纵深，这本《中国出版文化史》必将引起越来越多学者的关注与喜爱。

（［日］井上进著，李俄宪译：《中国出版文化史》，华中师范大学出版社 2015 年版，定价 39.00 元）

（载《出版史料》2016 年第 1 辑）

《陶军学术与人生》组稿方案

在华师百年历史上，有一批又一批筚路蓝缕披荆斩棘的开拓者，有一代又一代德才兼备深孚众望的领导者，有一个又一个学贯中西成就卓著的好学者，陶军教授无疑是其中十分杰出的一个代表。我们拟在2017年陶军教授诞辰100周年、去世30周年之际，编辑出版纪念文集——《陶军学术与人生》。

陶军（1917—1987），原名陈晶然，安徽贵池人。他1938年就读于北平的燕京大学，后加入中共地下党，1941年奔赴晋察冀抗日民主根据地，在八路军部队里从事宣传文化工作。1948年5月南下中原解放区，先后任中原大学辅导员，政治系、俄文系主任。1951年以后，陶军教授在华中师范学院（今华中师范大学）工作直至去世。历任副教务长、科研部主任、统战部长、教务长、副院长、顾问等职。曾于1981年至1983年出任中国驻联合国教科文组织副代表。1985年兼任华中师范大学出版社首任总编辑。社会兼职有湖北省世界语协会会长、湖北省哲学学会会长、湖北省伦理学会顾问等。

作为中国当代大学领导人中少有的、有自己教育思想和办学理念者，陶军教授堪称杰出的教育家。他长期从事教育管理和教学工作，在师资队伍建设与人才培养、教材编写与课程设置、科学研究与办学定位等方面，都形成了自己的教育思想和办学理念。他尤其注意对青年教师的选拔培养，其影响极为深远。作为著名的哲学研究专家和国际问题专家，他长期从事马克思主义哲学、国际政治、国际关系等课程的教学与研究工作，先后出版了《马克思主义的辩证法》、《辩证唯物论简明教程》等，主编了《当代国际政治与国际关系》、《中原大学校史》，与人合译了《东南亚史》、《印度社会》等，留下了数百万字的著述。陶军教授还是一个充满理想并富有才情的演说家、诗人，其演讲水平堪称一流，其旧体诗集《陶军诗词选》亦自成高格。作为一个老党员、老干部，陶军教授品德高尚，襟怀坦白，不计个人恩怨，即便是对"文革"中迫害过自己的人也宽容以待。他关心教师，热爱学生，赢得了广大师生的崇敬。老辈校友每每忆及大学岁月，总是念念不忘这位德高望重的老教务长、老院长，其人格魅力让人感怀。

2017年，恰逢陶军教授诞辰100周年、去世30周年，为了纪念和缅怀陶军教授，我们拟编辑出版《陶军学术与人生》。此书由现任本校学报主编范军教授牵头组稿并担任主编。该书计划在2017年10月正式出版。文集收录研究陶军教授教育思想、学术成就的论文，也汇辑有关陶军教授生平事迹的文章，同时还有众多陶军教授的亲属、师友回忆与其交往的文字。来稿务求言之有物，内容具体，字数不限，体裁题材不限，论文、散记、随感、诗词、对联皆可。截稿日期：2017年7月30日。

（2016年12月18日）

图书评介与广告宣传

한의학그릇빚어내다

一部有价值的出版科学研究论著
——读林穗芳著《中外编辑出版研究》

林穗芳先生是我国出版界的资深编辑，也是在编辑出版学领域卓有建树的专家。上世纪80年代以来，他坚持不懈地在出版科学研究的园地里辛勤耕耘，取得了丰硕的成果。新近出版的《中外编辑出版研究》（华中师范大学出版社1998年版，以下简称《研究》，引本书只注页码），正是这一成果的集中展示。全书近23万字，选收了作者1980年以来撰写的与主题有关的文章22篇。这些文章理论与实践结合，中国与外国比较，广泛深入地探讨了出版学、编辑学中的许多理论问题和实际问题，既有较高的学术价值，又不乏应用价值。

首先，《研究》对编辑学、出版学中的一些基本概念、范畴、命题进行了深入细致的探讨，提出并论证了自己富有建设性的观点。

我们知道，每一门成熟的学科都有自己独特的研究对象、范围，有一套自己的概念、范畴和理论命题。编辑学、出版学要想走向成熟，成为科学，也必须做好理论研究的"奠基"工作，否则就可能将学科体系的大厦建在沙滩之上，难免坍塌的命运。正如作者在《前言》中指出的："明确研究对象是一门新学科建立的必要前提。'编辑'和'出版'的概念不能明确，'编辑'和'出版'的起点和范围就没法界定，编辑学、编辑史、出版学、出版史的研究就会出现过宽、过窄或与其它学科研究对象混淆的问题。"可见，澄清模糊认识，纠正错误观点，提出并阐发较为正确的见解，无疑是编辑学、出版学研究的基础的基础。"奠基"先要"清基"，"破"而后"立"。《研究》的开头一组文章，就是解决一些基本理论问题的，从标题即可见其意旨：《关于图书编辑学的性质和研究对象》、《明确"出版"概念，加强出版学研究》、《"书籍"的词源和概念》、《"杂志"和"期刊"的词源和概念》、《"编辑"和"著作"概念及有关问题》、《试论独立的编辑职业的形成》、《做好编辑学理论研究的奠基工作》。的确,作者为编辑学、出版学的建立和发展,做了很扎实的"奠基工作"。这一点我们从该书对"出版"、"编辑"这两个概念的界定及相关问题的研讨即可见一斑。

关于"出版"的问题,我国有一种传统的看法是有印刷才有出版。这样出版史在我国就得从唐代写起,在欧洲就得从14～15世纪写起,抄本出版被排除在外,西方长达二千多年的出版史被缩短到几百年,难以为世界学者所接受。事实上很少有出版史是这样写的。"出版"的起点实际上涉及对"出版"的概念界定。林穗芳先生联系国内外一些论著关于"出版"的不同说法,用历史的和比较的方法,就"出版"的概念以及与此有关的出版事业的开端等问题作了探讨。经过分析综合、比较研究,作者给出版作了事下界定:"选择文字、图像或音响等方面的作品或资料进行加工,用印刷、电子或其它复制技术制作成为书籍、报纸、杂志、图片、缩微制品、音像制品或机读件等以供出售、传播。现代出版工作包含编辑、制作、发行、管理等环节。"采用概括的说法,作者认为"出版"就是"选择作品复制发行"(第20页)。依据这个界定,"作品的编辑、复制、发行才是出版的三个要素",而"发行是出版的最后一个不可缺少的要素"(《前言》)。以此为标准,作者把西汉末期书肆的出现定为中国出版业的开端,而西方出版业的萌芽则以公元前5世纪雅典出现标志。经过探本求源、中外比照之后,作者以对"出版"概念给予了新的阐释,对"出版业"的起点提出了新的看法,无疑是较为严谨科学、符合实际的。这一问题的探寻,对出版学的理论建构、出版史的正确勾勒,具有十分重要的意义。

"编辑"概念的界定是编辑学研究不能回避的一个基本问题。对"编辑"的含义,国内外存在着一些不同的看法。《研究》中作者列举了包括中国、日本、朝鲜、苏联、南斯拉夫、民主德国、美国、英国等国的12种辞典中对"编辑"界定有代表性的释义(第5～6页)。这些释义都没有涉及编辑的起点,但大都以加工整理为编辑的终点。参照各家说法并有所发展,作者提出了自己的"编辑"释义方案:"收集和研究有关出版的信息,按照一定的方针制定并组织著译力量实现选题计划,审读、评价、选择、加工、整理稿件或其它材料,增添必要的辅文,同著译者和其它有关人员一起通力协作,从内容、形式和技术各方面使其适于出版,并在出版前后向读者宣传介绍。"（第7页）这个阐释不能说是精练、完善的，但它有创新，有发展。作者在释义中反映编辑的起点和终点（这个终点与传统的看法又有不同），使读者获得一个比较完整的概念，同时也有助于明确编辑学的研究对象。后来作者又对上述界定作了修正，在《试论独立的编辑职业的形成》一文中，将现代各种传播机构的编辑工作的基本内容概括为："依照一定的方针开发选题，选择和加工稿件以供复制向公众传播。"（第63页）这一界定更为清晰简洁，其用意在于把编辑工作同著作活动及其它精神劳动区分开来，它较好地概括了编辑的本质特征及基本要素。

围绕"编辑"、"出版"等概念，作者对编辑学、出版学中的许多理论问题和实际问题进行了广泛深入的探讨，澄清了一些似是而非的认识，提出并论证了一些新的理论命题。

关于编辑学的学科性质，作者将其作为出版学的一个分支，认为它是一门综合性、边缘性和应用性学科，主要从属于社会科学。关于编辑工作的中心环节，作者认为是审稿，而不是加工。编辑工作的实质是编辑对稿件和其它工作对象的评价，"选择"是古今编辑工作共同的基本特征。

在探讨编辑概念时，《研究》注意区分"作品编辑者"（编辑作品的作者）和"出版社编辑"，将作为著作方式之一的编辑与作为出版工作的一部分或作为一种专业工作的编辑严格区别开，认为第二种编辑才是编辑学的研究对象。如果把前一种编辑也包括在内，模糊了著作活动与编辑工作的界限，编辑学就失去了独立存在的基础。基于此，作者反映出孔子的"述而不作"不是一种编辑方式，而是一种著述方式；编著合一属著述活动的一种方式，而不属于编辑活动，它也不是古代编辑的基本特征。

编辑工作在国内外何时形成一种独立的社会职业是编辑史研究的一个重要课题，《研究》在比较了中外图书与报刊出版史之后论定：编辑工作在我国是鸦片战争以后和五四运动以前逐渐形成和独立的社会职业，19世纪末至20世纪初是古代编辑工作向现代编辑工作转变的关键时期。在西欧，报刊编辑比图书编辑大约早二百年形成独立的社会职业；在我国这一过程是在同一时期内实现的，这与西方的新闻业和出版业的组织形式同时被引进和推广有关系。

关于出版，作者则提出了"手抄出版业"与"印刷出版业"的概念，并指出手抄出版业先于印刷出版业的产生，出版史的研究当以前者为起点。关于出版工作的编辑和发行两个环节,作者认为"以编辑工作为中心,以发行工作为桥梁"的提法比较符合实际情况。对于"图书"与"出版物"两个概念,作者进行了认真辨析,指出:出版物的概念与出版业相联系。出版业产生之前在社会上流传的图书还不能视为出版物。图书被制作出来,必须向公众发行才成为出版物。因此,出版学是研究读者、出版物、出版业及其相互关系以提示出版的规律和社会作用的综合性社会科学。

在编辑学、出版学的许多问题上,作者都能为囿于成见,而大胆创新,提出自己不乏真知灼见的看法,并作了较为严谨细致的论证,言之成理,持之有故,有力地促进了出版科学理论研究的深入,为建立科学形态的编辑学、出版学理论体系开辟了道路。

其次,《研究》对编辑出版工作中的一些实际问题进行了认真探讨,总结出具有可操作性的、带规律性的经验,于实际工作有重要的指导作用。

编辑学、出版学是直接为编辑出版工作服务的,属于应用科学。应用科学既要建立在一定的理论基础之上,又要始终关注实际工作,解决实际问题。在致力于奠定编辑学、出版学理论基础的同时,《研究》也对编辑出版实践中的一些带共性问题进行了深入探讨,以期克服实践中出现的矛盾,促进工作的健康开展。该书中,作者对责任编辑的责任、选题策划与审读加工的关系、书报编校质量、编辑培训与提高编辑语文修养、译稿中倍数的处理、西方发达国家出版的情况、编辑手段的现代化等等问题,都作出了一丝不苟的探究,总结了不少有益的经验,提出了许多建设性的思想。这些经验的总结,既是对实践工作的概括,直接反作用于实践,又可提炼升华,形成规律和理论,有助于编辑学、出版学的理论建构。

新时期责任编辑的主要职责问题是当前编辑工作研究的一个热点,在现代出版社,特别是在市场经济条件下,选题开发应当是责任编辑的主要职责。对选题开发的一些模糊甚至错误的认识,作者予以了澄清和纠正。《研究》指出,选题开发概念,不仅指选题策划、组稿,还包含审稿、选稿和内容加工。编辑协助作者修改、增删书稿内容,使其更符合选题设计的要求,或看了书稿内容之后改变原来的选题设计,这些都属于选题开发范围以内的事情。选题内容开发后,责任编辑如果自己不进行文字加工,这项工作可以委托他人来做,但责任编辑仍要对文字加工的质量负责。针对目前编辑工作中重选题策划、轻审读加工，致使图书质量下降的问题，作者明确指出，为适应市场竞争的需要加强选题策划是必要的，但不能因此而忽视审读加工（第99页）。作者还以有力的证据纠正了一种错误看法：西方的编辑只是把主要时间和精力用于跑市场，抓选题，不重案头工作。《研究》对这一问题的分析有如一副清醒剂，有着补偏救弊的功用。

校对是编辑出版工作中一项非常繁琐也十分重要的工作。针对近些年"无错不成书（报、刊）"的状况，该书对校对方面存在的带普遍性的问题进行了分析研讨。作者多次参加全国性的书报刊质量的检查，从中概括出典型性的问题：国家颁布的一些有关语言文字与新闻出版的规范化文件没有被认真遵守。例如，国家语委1986年重新发表的《简化字总表》对某些字作了调整，而有些编校人员还是"翻老皇历"，"像""象"不分之类的现象普遍存在；标点符号的使用上，随心所欲，不讲规范，单引号和双引号位置颠倒、一字线和二字线不加区分，顿号和逗号混用之类的现象比比皆是；绝大多数出版社和绝大多数书刊没有依据国家标准给中文书刊名加注汉语拼音，等等。《研究》中收了几篇评述书报编校质量和关于编辑培训与提高编辑语文修养的文章，以期引起人们对存在问题的重视，这些文章源于实践，针对性强，操作性强，对提高编校质量很有帮助。

现代的编辑出版工作，既涉及到组稿、审读、加工、校对、发行等传统的内容，又面临着高新技术给出版业带来的新变化。国际计算机互联网络Internet是近年世人最关注、讨论最多的传播系统。它拥有数以千万计的用户，瞬间可以把用户所需的声图文信息传送到全球各地的网点。这个世界最大的信息资源网的存在和日益扩大，为出版业的大发展提供了前所未有的机遇。《研究》的作者敏锐地抓住这个问题予以探讨，主张我们应"早参与，早得益"（第235页）。在《互联网络与出版业的新发展》一文中，作者从三个方面由浅入深、由远及近地探讨了有关问题，一是互联网络的由来、发展规模和服务方式；二是出版发行的新工具：环球网；三是促进我国联机出版的发展，加强出版发行信息的服务。文章介绍国外的有关情况，找出我们的差距，提出相应的对策。这对于提高人们对出版现代化的认识、加快出版手段现代化步伐无疑是有积极作用的。

美国是资本主义世界第一出版大国，仅在版书，即出版商和书商可以供应的图书品种就有一百几十万种，比俄文在版书多十倍以上。在电子出版和新媒介的开发等方面美国也处于领先地位。他山之石，可以攻玉。研究美国出版无疑有着极为重要的意义。该书中的《美国出版业概况》一文，以翔实的材料介绍和分析了美国出版业的方方面面。其主要内容有：从数字看美国出版业的成长，各种类型的出版机构，出版社的结构和管理，图书类型和结构，各类图书销售额，各种销售渠道及所占有市场份额，图书发行折扣，连锁书店和超级书店的大发展，新技术的应用与新媒介的生产和销售退货问题。文章涉及面广，资料丰富，这些对我们的出版工作具有多方面的参考与借鉴价值。

《比较·鉴别·探讨》一文是作者写的"1979年夏参加中国出版代表团访英观感"。20年前即改革开放之初，作者走出国门后的观察所得，今天看来仍不乏启迪。文中谈了对英国出版业的印象：在编辑出版工作中普遍使用电子计算机；重视职工的培训，重视知识的学习，业务水平提高较快；编辑分工明确，以选题、组稿、审稿为重点，千方百计开辟稿源；广泛地利用社会力量，严格执行合同制度。这些方面的问题都很现实的，有不少我们至今未能解决好。因此，学习、研究和借鉴西方发达国家的编辑出版工作经验，今天仍是十分必要的。

总起来看，《研究》对编辑学、出版学的一些理论问题和编辑出版工作的一些实际问题都进行了卓有成效的探讨。作者注重理论与实践结合，逻辑方法与历史方法结合，综合研究与个案解剖结合，中外比较，材料翔实，新论迭出，论证有力。这部既有学术理论价值又有实际功用的出版科学论著，无论是出版科学的理论研究者还是编辑出版的实际工作者，都可以从中得到有益的启示。

（载《出版科学》1999年第3期）

本 社 书 讯

《孙中山题词遗墨汇编》出版

最近，华中师范大学出版社推出了内容充实、装帧考究、印制精美的《孙中山题词遗墨汇编》。这是孙中山先生研究的一项重要成果，也是献给辛亥革命90周年的一份厚礼。

孙中山题词是孙中山思想的重要组成部分，是孙中山遗留给后人的宝贵精神财富。华中师范大学历史研究所已故原所长、广东省社会科学院孙中山研究所研究员刘望龄教授以四年时间，从大量资料中爬梳发掘孙中山题词469件、遗墨299件，其中有半数以上属于首次公布。本书集题词、遗墨和注释于一体，力图能较全面地再现孙中山题词的历史原貌，展现它在历史文献、词字联对、遗墨文物方面所独具的史料价值、艺术价值和历史价值。

本书按照"有文必录"的原则，力求齐全。凡有受主的题词，不管内容相同与否，一概照录。本书汇集了中国大陆、台湾以及日本等地所能收集到的馆藏原件、影印件和散处于各图籍报刊的零散件，成为当前汇集件数最多和较为完整的孙中山题词辑本。不仅如此，作者还耗费大量的时间和精力，逐件核查，考订题词的写作时间及其来源，写出详尽的注释，这对于读者和研究工作者都会有很大的帮助。

这本题赠面广、时间跨度长，内容丰富、广博精深的著作出版以后，很快得到了海内外学术界的好评。我们相信，"汇编"还将在社会各界产生广泛而深远的影响。

(2000年2月)

岁月书痕

在希望的田野上耕耘
——《中国农村村级治理》简介

最近，华中师范大学出版社出版了由张厚安、徐勇、项继权等撰写的《中国农村村级治理——22个村的调查与比较》一书。作者通过对从全国东部、中部、西部分别选择的6个"典型村"和16个"对照村"进行长时期的深入调查、研究、比较，完成了这个具有实证色彩的研究课题。本书跳出了注经式、经院式、教条式的研究怪圈，"背靠政府"，"面向社会"，在希望的田野上进行播种、耕耘。《中国农村村级治理》在"导论"部分，论述了研究的缘起，核心概念与分析框架，方法与局限。主体分三篇：上篇是总体分析与比较，中篇是重点调查村，下篇为一般调查村。全书理论与实际相结合，综合分析与个案研究相结合，取得了可喜的成绩。我们相信，这一散发着泥土芳香的政治学田野调查成果必将引起人们的极大兴趣。

(载《新闻出版报》2000年12月11日)

校庆书讯

百年校庆，百年一遇。在我校百年华诞到来之际，由校出版社隆重推出的"华中师范大学百年校庆书系"正式出版，其中包括《百年校史》、《百年老照片》、《华中大学》、《中华大学》、《中原大学校史》、《发展中的华中师范大学》等。特别适合个人及单位珍藏，也适合作同学及校友聚会的礼品。出版社从即日起，在老图书馆前和利群书店优惠销售，欢迎校内广大师生员工、校内各单位和校友前往购买和订购。

(2003年9月14日)

马敏教授《官商之间：社会剧变中的近代绅商》再版

马敏教授的《官商之间：社会剧变中的近代绅商》1995年出版。该书出版后引起了海内外学术界的关注，称其为绅商和商会研究的重要著作，屡见著述征引。2003年，华中师范大学出版社在百年校庆之际，将此书列入"桂苑书丛"再版。新版除订正了原先排校中的明显错误外，还将作者与其他两位学者讨论绅商词义的三篇文章收录于书中,此外还编制了一个《参考文献目录》。应该说,新版内容更丰富,也更符合学术规范。

著名历史学家章开沅教授这样评价此书:"本书时空跨度很大,从古代'士'阶层的兴起、传统绅士阶层的形成和演变、绅商合流的萌发,一直延伸到近代绅商阶层的形成及其角色和作用;同时又通过绅商阶层的类型区分、社会属性、社会功能、政治参与的探讨,与西方的早期资产阶级作众多层面的比较,然后再附带陈述自己对于'市民社会'与'公众领域'的见解。书中对于绅商数量的估计,把绅商区分为士人型、买办型、官僚型并分别作个案论析,有关绅商过渡特征与中介角色的理论探讨,从'公'的领域到近代城市公益的扩展,新式商人社团的整合及其活动轨迹等部分,都有很多深具功力的新见。本书的出版不仅有助于推进近代中国绅商研究,而且可以深化人们对近代中国社会转型及其结构、体制变化的整体认识。"

本书精装印制,全书460页,定价35.00元。

(2003年12月)

《国学典籍精读》值得一读

所谓"国学",也称为"国故",指的是本国的学术文化。如果面窄一点,主要是指传统的文史哲。有一些年人们不怎么提"国学"了。近几年,这个名词又开始热起来。大学里有专门的国学班(有的叫文史基地班),课程中有国学课,出版界出版国学丛书和专门的国学杂志。可见,不管时代怎样发展,社会如何进步,民族固有的传统、固有的学术文化,是要薪火相传、代代赓续的。

华中师范大学出版社近些年来,也十分重视依托百年老校的人文传统和学术底蕴,陆续推出一些具有国学特点的著作。如出版的钱基博、詹剑锋、包鹭宾等人的学术选集,如正在陆续推出的国学大师张舜徽的文集,皆属功力深厚的学术精品。这里值得特别推荐的是一本大学通用教材——《国学典籍精读》。

《国学典籍精读》由余斯大主编,2002年出版。该书在正式出版前曾在内部使用多年;在出版后仅一年就再版了。目前已印行8000册。对于这样比较专门、并不热门的领域来说,这业绩已是不错的了。这本不足

30 万字的简明教材，分上下两编。上编是从我国国学典籍中精选出最为重要的几部加以介绍，重点在该典籍的基本知识、思想内涵以及在我国传统文化中的地位和影响。本编涉及的著作有《周易》、《论语》、《孟子》、《老子》、《庄子》、《史记》、《世说新语》。下编是与上编配套的作品选，以便教师引导学生阅读，也利于学生在自学的基础上对上编的内容加深理解。两相结合，使用起来很方便、很实用。

这本《国学典籍精读》出版后，得到了教师和学生的认可，也为社会上喜欢国学的读书人所欢迎。其实，它既是高校选修课教材，也是可以作为国学知识入门书来读的。

《精读》全书 373 页，简精装，定价 20.00 元。

（2004 年 1 月 28 日）

"文艺学教材系列"又添新丁

由王先霈教授任总主编的"文艺学系列教材"陆续出版后获得良好的社会反响。最先推出的"面向 21 世纪课程教材"《文学理论》、《文学批评原理》、《文学文本解读》获得教育部优秀教材一等奖。此后出版的《美学教程》、《西方文论》、《中国古代文论》也深受高校师生欢迎。最近，该系列教材又添新丁，胡亚敏教授主编的《比较文学教程》于 2004 年 6 月上市。

（华中师范大学出版社"官网"，2004 年 7 月）

《现代出版：理论与实务》第一辑出版

由华中师范大学编辑学研究中心组编、华中师范大学出版社出版的《现代出版：理论与实务》第一辑与读者见面了。本辑收录文章 33 篇，约 18 万字。内容涉及出版业宏观研究、编辑业务研究、市场营销研究及著作权研究、出版社内部管理研究等方方面面，理论结合实际，重视问题探讨。这本印制精美、设计雅致、有 226 个页码的集子，定价 12.00 元。论集的组编是出版社（编辑学研究中心挂靠出版社）打造学习型企业、培养专家型员工的举措之一。该丛刊的第二辑已在组稿之中。

（载《出版科学》2004 年第 4 期）

"辛亥人物文集丛书"再添新著《张难先文集》出版

《张难先文集》最近由我社公开出版。张难先（1874—1965）是湖北仙桃人，曾参加辛亥革命，是民国时期的湖北"三怪"之一。其实他的所谓"怪"就是不合时俗，敢于与邪恶抗争，敢于与权势较劲。这本文集是一位辛亥老人完整的人生记录，书中收录了他的《湖北革命知之录》、《湖北丙午党狱汇记》等著作，以及"自述"和新中国成立后的"杂稿"，有着重要的文献史料价值。

到2005年5月，"辛亥人物文集丛书"已经出版了11种。

（华中师范大学出版社"官网"，2005年5月）

从政治史的角度研究辛亥革命

近些年来，学界注重从经济史、文化史乃至社会史与现代化的视角来探讨辛亥革命，取得了多方面的进展与突破，提升了辛亥革命研究的水平。但由于过去相当长一段时间，我们往往只是把辛亥革命看作短暂的政治事件，而且在研究中更加缩小为简单的革命事件。经过"文革"十年后的反思，我们又曾经因此而厌倦政治史的研究。"然而忽略从政治史的角度加强辛亥革命研究毕竟是不应有的疏忽，因为作为历史主体的辛亥革命毕竟还是一次政治大运动。"从辛亥革命学术发展史的演进来看，由突出政治史的研究，再回到政治史的研究，正是一种历史的"扬弃"，是"否定之否定"。

正是基于此，章开沅、严昌洪教授组织集体攻关，通过"对辛亥革命做通盘性的政治史研究"，推出了这部《辛亥革命与中国政治发展》的力作，作为教育部高校人文社会科学百所重点研究基地重大项目的中期成果。作者自谦称此"政治史研究学步的起点"，并非"成熟的学术精品"。而我们更有理由相信，章先生和他的团队将在不远的将来，从政治史角度推出新的更丰硕的辛亥革命研究成果。

（载《现代教育报·教材周刊》2005年11月11日）

《张舜徽集》第二辑出版

继2004年3月份我社推出国学大师、著名历史学家、历史文献学家张舜徽先生的著作《张舜徽集》第一辑,《张舜徽集》第二辑也于近日面世。第二辑7部5册,内容涉及面更广。其中,《郑学丛著》是张舜徽先生研究经学的代表作。对郑玄的文献学成就和经注体例,张舜徽先生认真梳理,尤其是对郑玄经注中的训诂名物部分,他用《尔雅》类例,撰成《郑雅》19篇,为郑学研究开出一片新天地。《周秦道论发微》是诸子学研究中的力作,张舜徽先生将思想史与文献学结合起来,考论周秦道论为人君南面术,见解独到,发人所未发。《史学三书平议》将《史通》、《通志》、《文史通义》中有关史学思想、史家素养、史书体裁、撰写方法等方面的见解,择其要者加以疏证,对会通思想阐发尤其深刻。《清儒学记》、《清代扬州学记》、《顾亭林学记》是以学记形式,分别以整体、学派、个案为对象写出的清代学术史,突出了若干有代表性的学者、学派的重要贡献。《爱晚庐随笔》是一部文史、哲艺、学术知识方面的随笔集,或评古人之成败得失,或论旧籍之高下良窳;或析文字,或谈训诂;或及周秦诸子,或涉历代儒林;或言养生之道,或语为文之方。内容广泛,阐述精到。著名作家孙犁曾说这部随笔"内容广泛,经史文艺,无所不包,于近代史料为详。所记充实有据,为晚清以来,笔记所少有"。

总的来说,《张舜徽集》第二辑内容丰富,思想精粹,创见甚多,是一辑高质量的学术文集。

(华中师范大学出版社"官网",2006年2月)

《中华人民通史》再版

最近,我社出版了张舜徽先生的《中华人民通史》(上、下)。这部卷帙宏大的上百万言的巨著1988年、1989年由湖北人民出版社初版。曾经获得中国图书奖。此次再版列入《张舜徽集》第三辑。《通史》是张先生晚年精心构撰的,成书于他76岁高龄之时。该书自创新体,一改过去史书的王朝体系。张先生认为人民是历史的主人,本书就是围绕人民来进行叙述,以事物为记载中心的,全书分地理、社会、创造、制度、学艺、人物六编进行编撰。20年后再版此书,是我们对一代国学大师最好的纪念。

(华中师范大学出版社"官网",2008年5月7日)

纪念余家菊诞辰 110 周年《教育哲学论稿》出版

近日,为纪念著名教育家余家菊先生诞辰 110 周年,其在重庆中华大学讲授的"教育哲学"课程讲义由我校出版社出版发行,这也是在大陆首次公开面世。

余家菊先生是我校早期著名校友,他不仅是我校前身中华大学的优秀毕业生,而且还断断续续在中华大学任教多年。《教育哲学》是余家菊先生 1942 年在重庆中华大学授课的讲义,全稿共 5 章,分别为"教育之向上性"、"思索"、"知止"、"人格之发育"、"人性论"。讲义主要内容涵盖了教育之特质、教育之方法、教育之事业、教育之思想、教育之心理、教育之人格论、教育之人性论等层面。讲义以孔孟四书等经典为理论依据,融合西方实证主义的学术精义,在教育哲学领域足可称一家之言,对当今的中国教育仍具有启迪意义。讲义用文言文写成,文字典雅优美。除"教育哲学"课程的讲义稿外,《教育哲学论稿》还收录了余家菊先生早年在大陆时期先后公开发表的几篇有关教育哲学方面的学术论文和迁台后因眼疾不能执笔而口述由他人记录并公开发表过的论作 20 余篇。全书文字结合近代以来中国社会变迁和教育变革之实际,从哲学的高度针对中国社会及教育的现实进行了颇为深邃且见解独到的论析。

章开沅教授为本书作序说,1942 年正是抗战进入最为艰苦的时期,重庆虽属后方,但已是物质匮乏,物价高涨,人民生活极为困苦。中华大学与其他西迁高校一样,房舍简陋,图书设备欠缺,虽教授亦未能免于贫寒。但是,即令在这样艰难的岁月,家菊先生依然殚精竭虑,刻苦经营,字斟句酌,一笔不苟地撰写出这部言简意赅的高水平讲义。虽然已是 56 年以后,作者辞世亦已 32 年,作为后辈的我们,目睹这部毛笔正楷写成的严整手稿,仍然可以想见当年前辈学者安贫乐道的高风亮节。

余家菊先生的儿子、台湾清诚文教基金会主席、台湾中央大学前校长余传韬教授在本书后记中说,《教育哲学》系先父于 1942 年在重庆中华大学授课之讲义。正值抗战后期,大后方物资极为缺乏,物价飞涨,人民生活困苦,大学教授也沦为低收入户。自沦陷区迁移到西部之学校,图书设备均极为简陋。教授只有亲撰讲义,学校请人用蜡纸刻钢板、油印讲义,分发学生使用。《教育哲学》手稿第一章第一页前侧写:"请油印四十份下周四上午需用。"作者是中华大学的教授,也是中华大学的第一届毕业生。

武昌中华大学为华中师范大学前身之一,今由华中师范大学出版社出版《教育哲学》以纪念作者余家菊 110 岁诞辰,岂非在学校校史上添一佳话?

据悉,余家菊先生的《教育哲学》讲义此前由台北慧炬出版社出版。

(华中师范大学出版社"官网",2008 年 11 月 18 日)

《平凡嫁衣》出版

首届中国出版政府奖优秀出版人物奖获得者唐瑾的论文集《平凡嫁衣》2008 年 4 月由华中师范大学出版社出版发行。文集收录了作者从事出版工作 20 年来有关编辑出版方面的论文、书评、审读报告、随笔等 70 余篇,按照"出版与文化"、"翻译与出版"、"译文与杂谈"、"参政与议政"分辑编排。作者在翻译出版领域成就突出,其策划编辑的翻译类图书获得多项大奖,文集中有关翻译学及翻译出版理论方面的文章尤其有参考价值。许嘉璐、伍杰分别作序。

(载《出版参考》2008 年第 25 期)

"求索"语言文学研究书系陆续推出

由我社和三峡大学文学院联合策划的"求索"语言文学研究书系于近期出版了《中国古代文化语词类谭》等 3 种,设计典雅,装帧朴素大方,印制精美。这是我社服务高等教育、弘扬学术文化的一个具体举措,也是社、院联合的一个新模式。据悉,"求索"书系第一辑包括 10 种著作,将在年内陆续公开出版。

(华中师范大学出版社"官网",2009 年 4 月 12 日)

"道家道教文化研究书系"再添新作

由华中师范大学道家道教研究中心、茅山道教文化研究中心主办,华中师范大学出版社策划出版的"道家道教文化研究书系"自 2006 年开始推出,已经陆续出版了 10 多种,受到了海内外学术界的广泛关注和好评。最近,该书系再添新丁。著名民间文艺学专家刘守华主编的《张天师传说汇考》、青年学者刘固盛的《道教老学史》于近期公开出版。这两种图书都学术质量上乘,各有特点。

(华中师范大学出版社"官网",2009 年 7 月 8 日)

《校园突发事件应急管理》出版

丁烈云、杨新起主编的《校园突发事件应急管理》一书最近由华中师大出版社出版。本书是我校党委书记丁烈云教授担任首席专家的教育部重大课题委托项目"新时期维护高校稳定工作体系及机制研究"、"高校突发公共事件应急演练科目设计及评估方案研究"的研究成果之一。本书从理论与实际的结合上对当前高校突发事件应急管理进行了深入研究,对于教育行政部门的决策和基层学校的管理都有很重要的现实意义。该书装帧设计大方,印制精美,内容形式有机统一。教育部思政司杨振斌司长作序。

(载"中国高校教材图书网",2009 年 10 月 9 日)

华中师大社推出大型商会档案资料丛书

中国近现代史特别是经济史研究在华中师范大学历史悠久,成果丰硕。华中师大出版社多年来强力支持近现代史的学科建设和学术发展。由章开沅、刘望龄、马敏等主编的《苏州商会档案丛编》(已出 4 辑,约 500 万字),便是其中的重要成果之一。从 1991 年出版《苏州商会档案丛编》第一辑,到 2009 年刊行第四辑,一套大型史料丛编渐成规模,在学术界产生了良好的社会反响。该"丛编"的第五辑也正在编辑之中。

本书是对苏州商会档案的发掘整理,它为商会史研究提供了第一手原始资料。"丛编"通过对商会组织沿革、对外交往、参与政治生活情况等档案的记录,为研究近代中国社会的经济、政治、文化、教育、外交提供了大量原始资料。"丛编"中有关工商业兴衰存废的记载,对研究近代民族工商业的发展具有重要参考价值。因商会主要设于城镇,"丛编"中的相关资料对研究中国近代城市生活变迁和社会转型也具有很高的史料价值。"丛编"的发掘整理和公开出版是中国商会史研究真正发端的标志。

(载"中国高校教材图书网",2009 年 10 月 26 日)

"出版学建设丛书"将陆续刊行

我社长期重视出版理论与实务的研究,同时注重刊行编辑出版研究的相关成果,产生了一定的社会影响。最近,我社新策划的"出版学建设丛书"的第一本《品牌书业原理导引》正式刊行。该书是《中国图书商报》常务副总编辑伍旭升先生的新作,内容丰富,多富新见。本丛书还将在近期推出《中国出版文化史》、《商务印书馆百年经营史(1897—2007)》等著作。

(载"中国高校教材图书网",2010年5月7日)

《商务印书馆百年经营史(1897—2007)》出版

王学哲、方鹏程著《商务印书馆百年经营史(1897—2007)》最近由华中师范大学出版社出版简体字本。此书2007年由台湾商务印书馆在台北刊行。作者分别为台湾商务印书馆董事长、总编辑。书前除了王学哲先生的自序外,另有北京商务印书馆总经理杨德炎、联合出版(集团)有限公司总裁兼商务印书馆(香港)有限公司董事长陈万雄的序言。大陆、台湾和香港的"商务"老总均为一书作序,堪称合璧。该书的出版,对于推进中国现代出版史研究和今天的出版体制改革、机制创新,都有着重要的价值。

(《商务印书馆百年经营史(1897—2007)》,王学哲、方鹏程著,华中师范大学出版社2010年版,定价20.00元)

(华中师范大学出版社"官网",2010年12月28日)

《钱基博集》由我社出版

近日,国内收录最为齐备的钱基博先生文集——《钱基博集》(第一辑)由华中师范大学出版社正式出版。此举无疑是学术界、出版界的一件盛事,对于研究钱基博生平及其学术思想均具有重要价值。

钱基博(1887—1957),字子泉,别号潜庐,江苏无锡人,现代著名学者、文史专家和教育家。历任上海圣约翰大学、北京清华大学、上海光华大学、无锡国学专修学校、浙江大学、湖南蓝田国立师范学院等高校国文系教授，或兼系主任、文学院长等职；抗日战争胜利后，出任武汉华中大学（今华中师范大学）教授，直至寿终。

钱先生在长达五十余年的教书和治学生涯中，博学精思，著作等身，于经、史、子、集四部之学均有专门论著，数量之众多，门类之齐全，学理之精深，文字之典雅，罕有其伦；平生尤以擅长章学诚文史校雠之学著名。自谓诘经谭史，旁涉百家；集部之学，海内罕对；子部钩稽，亦多匡发。因此被钱仲联先生誉为中国现代学术史上真正全面精通经史的一代硕学通儒、文章巨擘。

可惜的是，由于诸多的历史原因，长期以来，我们都缺少一部汇总钱基博先生各类著述的文集，这与他的学术地位极不相称，也不利于民国学术史的研究和展开。

文集主编傅宏星先生积十年之功，在海内外广为搜求，编成了这部千万字的《钱基博集》，并被纳入华中师范大学出版社"十一五"期间的重点出版选题。出版社组织专业编辑力量，成立专门的工作小组，经过三年多的努力，终于将《钱基博集》（第一辑）出版，其它各辑亦将陆续推出。

《钱基博集》（第一辑）收录了《中国文学史》、《现代中国文学史》（上下册）、《经学论稿》和《孙子章句训义》四部著作。与之前单行出版的钱基博作品相比，此次出版的《钱基博集》具有三个新特点：首先，其中有一大批珍贵的钱氏散篇文章和自印本、稿本首次刊布，如原先分别收藏于北京、上海、无锡和湖南等地的文献资料，从未整理出版，此次收入文集中，得以与读者见面。其次，通过系统全面地梳理钱氏论著的版本异同及分布情况，澄清了既往整理出版中的一些错讹、混淆之处。此外，在辑录钱氏著述时精心选择版本并进行细致校勘，从而保证了文集中所录文稿更为完善，更能反映钱基博学术的全貌。

（华中师范大学出版社"官网"，2011年5月18日）

《黄曼君学术与人生》出版

"华大学人研究书系"再添新作，日前，《黄曼君学术与人生》由我社出版。

为了纪念黄曼君先生逝世一周年，我校文学院与出版社共同策划出版了《黄曼君学术与人生》这部纪念文集。文集中的作者有黄曼君的同辈学者，如北京大学中文系教授、曾任中国现代文学研究会会长的严家炎，就是上世纪60年代与他一起参加中宣部组织编写的《中国现代文学史》教材的同事。那个年代严家炎先生与曼君先生都不到30岁。这部由唐弢、严家炎主编的教材是20世纪七八十年代大学中文系最权威的专业教科书。文集中的大多数作者是他的学生，有50年代他留校时教过的，像曾祖荫。每一篇文章都深情地记录着曼君先生学术与人生的生动影像。

文集包括学术风范、师生情缘、性情风采、新闻报道、纪念诗文、挽联唁电、生平年表七部分。"学术风范"主要收集的是有关回忆与评述曼君先生的学术研究和教学成就的文章；"师生情缘"汇集的是他的博士、硕士研究生回忆追随曼君先生求学问道时的心得体会；"性情风采"是学者们与曼君先生交往的生活记录与印象扫描；"新闻报道"收录的是曼君先生70寿辰与去世后新闻媒体的有关报道；"纪念诗文"采集的是写给曼君先生70寿辰与去世后的诗歌，也选载了他生前的四首有代表性的诗作；"挽联唁电"是曼君先生去世后追悼活动期间有关学术机构与学界友人发来的挽联与唁电。

2011年11月20日，华师文学院在桂苑宾馆举行了黄曼君逝世一周年追思会。副校长黄永林、李向农、黄晓玫与黄曼君教授的家属、来自省内主要高校的同行、来自全国各地的黄曼君教授的学生以及文学院领导、教师、学生代表共80多人参加了追思会，共同追忆黄曼君的为师、为学、为人，缅怀黄曼君留给华师、留给文学院的宝贵精神财富。

"华大学人研究书系"是我社服务学校教学科研、推动学校整体发展、促进学术文化建设的一个重要举措，也是我社重点打造的一个学术出版品牌。自2007年初推出第一本《钱基博年谱》，目前该书系已推出十几种，包括《韦卓民纪念文集》、《韦卓民年谱》、《钱基博学术研究》、《恽代英年谱》、《张舜徽与清代学术史研究》、《张舜徽的汉代学术研究》、《陈时教育思想与实践》、《黄溥教育思想与实践研究》、《章开沅学术与人生》、《张舜徽百年诞辰纪念文集》等。

（华中师范大学出版社"官网"，2012年1月6日）

本社新闻报道

"新时期文艺学建设丛书"在京首发

改革开放以来的二十年,我国文艺学建设取得了丰硕的成果。外国,尤其是西方文艺思想的大量引进,中国古代文论传统的重新"链接",在吸收中外古今文化基础上的现论创新与体系建构,使我们的文艺学研究既绚丽斑斓,又沉实厚重。世纪交替之际,文艺学家们尝试用不同方式,从各种角度对中国文学现论的百年曲折历程,尤其是最近二十年的发展进行总结。在这样的背景下,华中师范大学出版社推出了"新时期文艺学建设丛书"(第一辑,六册)。

这套丛书由钱中文、童庆炳教授主编,六本专著为《新理性精神文学论》、《文学审美特征论》、《文艺美学论》、《文艺学的民族传统》、《理解与对话》、《审美价值结构与情感逻辑》。作者是北京大学、复旦大学、中国社科院等学校的知名学者。这些学术论著从不同侧面,留下了新时期文艺学家探索的足迹,也为新世纪的理论创新提出了宝贵的思想资料。

2000年6月10日,华中师范大学出版社在北京举行了"新时期文艺学建设丛书"首发式。北大、清华、人大、北师大、中国社科院等单位的二十余名专家学者,人民日报社、光明日报社、文艺报社等六家新闻单位的记者参加了会议。北大著名教授、学界泰斗季羡林先生派人与会,并作书面发言,他说,丛书的出版,"是中国文艺学发展中很有历史意义的事情","要感谢华中师范大学出版社出了这样一套很有学术价值的著作,在商品经济的大潮中,能做到这一点是很不容易的。希望以后能更多地出这样的好书"。北师大九十八高龄的学界宗师钟敬文先生自始至终参加会议,并作了长篇发言。钟先生对华中师大出版社能推出这样的学术精品表示祝贺,对中青年文艺学家提出了恳切的希望。与会的中青年学人的发言,评价"丛书"在文艺学建设中继往开来的作用,并提出了许多建设性意见。

首发式由华中师大博士生导师王先霈主持,总编范军向与会代表报告了"丛书"运作及出版社在为教学科研服务、推出学术精品方面的有关情况。

(2000年6月15日)

华师社迎战"高考改革"
推出"3+X"考试系列教程

"3+X"高考的改革,是我国培养跨世纪人才,落实全国教育工作会议精神,推进素质教育的重要环节和全新课题。目前,"3+X"成为广大中学教师、学生及其家长关注的热点和焦点:教师如何教,学生如何学,考试如何考,成了教育界、出版界及其他有关人士共同关心的现实课题。

1999年,地处沿海的广东开风气之先,率先在广东省试行高考"3+X"模式。2000年除广东外,又有江苏、浙江、吉林三省加盟到"3+X"考试模式的行列之中。而到2001年,全国大部分省市将全面推行这一新的考试模式。湖北的师生也将迎接"3+X"的挑战。

眼下,市面上"3+X"、"3+2"之类的教辅图书已很不少,但真正实用、体现改革精神的还极少。有研究者将此类书归结为三类:第一类是封面上赫然印着"3+X"之类的字样,内容全是旧的,名实不符;第二类是把综合考试科目作为其中一项专门介绍的;第三类是专门针对综合科目考试设计的测试题。

华中师大出版社推出的《"3+X"高考综合科目考试教程》"文科综合"、"理科综合"系列丛书,大大超越了上述几类真假"3+X"书籍。在短短三个月之内,"理科综合"热销6万册,"文科综合"也突破4万册,且走势正旺。

华中师大版"3+X"丛书实属同类中的精品图书。丛书的主编王后雄是全国劳模、著名特级教师。作者为湖北黄冈"3+X"综合能力测试课题组,广东、江苏、浙江"3+X"题型研究组。他们以课堂教学、考试命题为试验基础,认真研究"3+X"高考综合科目学科内综合及跨学科渗透、交叉、综合的功能及构造,探索测试学生素质和创新能力的命题特点,吸收国内外学者专家研究的成果;在编写体例上做了大胆的革新和尝试，既考虑到教学的可操作性，又兼顾了江苏、浙江、吉林、山西模式，广东模式，保送生综合能力测试模式。

"文科综合"包括政治、历史、地理等学科内容及文理大综合的内容，"理科综合"包括物理、化学、生物等学科内容及文理大综合的内容。

华中师大版的"3＋X"教程在内容版块上分为：（1）学科内容综合能力测试；（2）跨学科综合能力测试；（3）文理跨学科综合能力测试；（4）"3＋X"综合科目测试设计模式。在每一版块中，又按"功能与导向"、"综合例释"、"综合测试"、"参考答案及提示"等体例编写。例题、习题的编选又突出以下特点：一是测试目标明确，充分体现"3＋X"，综合能力测试目标要求。二是题型新颖灵活，重点难点突出。三是强调学科渗透，突出应用创新。四是关注热点、焦点，模拟现实。

今年4月26日《中华读书报》头版文章，对华中师大版"3＋X"教程作了高度评价，认为它"创意新颖"，"难易度适当"，由"知识立意"向"能力立意"转变。4月7日Internet的新浪网也对华中师大版"3＋X"丛书作了高度评价。目前，单科考试也要体现综合性，注意能力测试。华师出版社的单科"3＋X"考试教程（9种）也将在今年6月一次推出。

[《"3＋X"高考综合科目考试教程（理科综合）》（13.00元）、《"3＋X"高考综合科目考试教程（文科综合）》（18.00元），华中师大出版社2000年版]

（2000年8月）

校出版社获全国优秀科普作品奖

由中国科协、国家新闻出版总署、国家自然科学基金委员会、中国作家协会联合主办的第四届"全国优秀科普作品奖"评奖结果揭晓，全国160种图书榜上有名，其中湖北地区出版单位推荐的作品5种入选，我校出版社出版并组织申报的《儿童牙齿保健》荣获奖励。颁奖大会5月20日在北京人民大会堂举行。这是我校出版社近年继《少儿学拼音》（获国家首届电子出版物奖）、《千秋基业——中国近代义务教育研究》（获全国优秀教育图书奖）之后，又一次获得的高级别的国家奖励。

（2001年5月）

出版社实现国家级图书大奖零的突破

9月20至21日,中共中央宣传部在北京召开精神文明建设第八届"五个一工程"工作暨表彰大会。其中有65种图书入选"一本好书奖"。由华中师范大学出版社出版、李会滨教授主编的《社会主义:20世纪的回顾与前瞻》作为湖北唯一入围的图书荣获了此项大奖。这是我校出版社成立16年来首次获得国家级图书大奖,是各级领导以及广大作者大力支持的结果,也是出版社几代人共同努力的结果。

国家图书奖、"五个一工程"奖、中国图书奖是出版界公认的最高级别的图书大奖。"三大奖"是出版社的形象和窗口,是展示实力和水平的标志,是出好书、出精品的集中体现。"五个一工程"优秀图书又是精神文明精品工程,是出版业代表先进文化前进方向的具体体现。近几年来,我校出版社坚持两个效益一起抓,始终把社会效益放在首位,服务教学科研,支持学科建设,狠抓质量,多出精品,不断取得新的进步。继今年一种图书获全国优秀科普作品三等奖、两种图书获全国优秀教育图书奖二等奖之后,现在又再上新台阶,终于实现了国家级大奖零的突破。

(2001年9月24日)

我校出版社今年获国家级图书奖居湖北地区高校社第一

据湖北省新闻出版局《湖北图书通讯》统计,2001年我省新闻出版单位(含音像出版社和电视台)共有44种图书和音像作品获得国家级奖励。我校出版社4种图书榜上有名,它们是:《社会主义:20世纪的回顾与前瞻》获第八届全国"五个一工程"奖;《筹资兴教——教育投资体制改革的理论与实践问题研究》、《百川归海——教育分流研究与国民教育分流意向调查》获第二届全国教育图书二等奖;《儿童牙齿保健》获第四届全国优秀科普作品三等奖。据悉,湖北地区的大学出版社今年有7项作品得奖,而我校出版社无论获奖的总数还是级别,在大学社中都是名列第一,在湖北地区的所有出版社中也是位居前列。最近,湖北首届政府图书奖——"湖北图书奖"已评选(即将在报上公示),我校出版社也取得了骄人的战绩。

(2001年12月17日)

高中《信息技术》教材通过教育部审定

对于出版业来说，教材尤其是中小学教材具有经济命脉的意义。中国最大的图书市场是在教育。过去，由于种种原因，我们未能进入基础教育的教材出版领域。在新一轮的基础教育课程改革中，我校出版社抓住机遇，积极工作，终于实现了在中小学教材出版上的零的突破。2001年，出版了从小学到高中的全套《信息技术》教材，并通过了湖北省中小学教材审定委员会的审定；在湖北省内发行，受到了广大师生的好评和欢迎。高中《信息技术》作为国家规定课程，按要求必须报教育部审定，通过后方可使用。我校出版社今年将高中《信息技术》报送北京，被教育部中小学教材审定委员会审定通过，不仅可以在湖北而且可以面向全国发行。据悉，在前两次申报的21种信息技术教材中，只有5种获准通过，此次评审也很严格，淘汰率极高。此外，我校出版社另有几种中小学教材也在紧锣密鼓运作之中。

(2002年12月)

《中国民间文艺学年鉴》（2001年）获得好评

《中国民间文艺学年鉴》（2001年）辑刊由中国民间文艺学协会主席冯骥才任名誉主编，刘守华、白庚胜任主编，现已由华中师范大学出版社正式出版了。辑刊出版后，受到了海内外民间文艺学界的关注和好评。中国民协主席团专门给主编致函祝贺，并给辑刊以高度的评价，希望辑刊2002年本早日出版。

《中国民间文艺学年鉴》具体编务工作由华中师范大学文学院民间文学研究室承担，华中师范大学出版社分年度出版。辑刊有分类的学术概述，有论文选粹，还有动态与信息（包括年度相关的著作及论文索引），具有学术性、资料性、动态性的特点。一册在手，中国民间文艺学研究状貌就可大致了然于胸。它是从事和爱好民间文艺学教学与研究的必备资料。辑刊以后每年出版一辑。

(2003年)

岁月书痕

我社"辛亥革命与中国近现代社会研究"图书形成特色

中国近现代史学科是华中师范大学国家重点学科和国家人文社会科学研究基地。该学科有章开沅教授这样的知名史学家，有马敏、朱英教授等富有实力的中年学人，还有一批已在学术界崭露头角的青年新秀。他们在中国近现代思想史、文化史、经济史，特别是在辛亥革命史的研究方面取得了显著成就。

我社充分依托学校的这一优势学科，从建社以来就注重为学科建设服务，在服务中促进学科的发展。经过十多年的努力，我社"辛亥革命与中国近现代社会研究"的图书已出版二十多种，初步形成了规模和特色，在海内外学术界和出版界产生了较大影响。

从1986年开始，我社陆续推出"辛亥人物文集丛书"，至今已出版10种，包括《雷铁厓集》、《经元善集》、《吴禄贞集》、《居正文集》、《戴季陶集》、《刘揆一集》、《卢作孚集》、《马君武集》、《周学熙集》、《宗仰上人集》。这批近代人物文集的整理出版填补了学术空白，同时为进一步的研究提供了宝贵的资料。90年代出版的《苏州商会档案》，也为中国近现代经济史研究开辟了新的路径。

章开沅教授在辛亥革命研究方面成就卓著，著述甚丰。近些年来，我社先后推出了章先生的《辛亥前后史事论丛》、《辛亥前后史事论丛续编》、《章开沅学术论著选》、《中国近代民族资产阶级研究》（主编之一）。这些学术著作在学术界获得了良好的反响，有的还得到了国家级科研成果奖励。

在中青年学者的著作出版方面，我社也倾注了心力，先后出版了《章太炎思想研究》、《晚清经济政策与改革措施》、《湖北地方政府与社会经济建设》、《转型时期的社会与国家》、《中国近代政体发展史》、《千秋基业——中国近代义务教育研究》等。

2001年是辛亥革命90周年，我社出版的《孙中山题词遗墨汇编》在海峡两岸获得好评。"辛亥革命与近代中国社会书系"（6种，已出5种），更是从不同角度、不同侧面展示了我校在该领域的新进展、新贡献，这6种图书是：《张謇与近代社会》、《癸卯年万岁——1903年的革命思潮与革命运动》、《辛亥革命与近代中国社会变迁》、《辛亥时期的精英文化研究》、《商人精神的嬗变——近代中国商人观念研究》、《辛亥革命前后的佛教文化变迁》。为配合学科建设,连续出版物《近代史学报》(第1辑)也将在年内出版。

中国近现代史学科是我校的一个学术品牌,其研究成果也是我们出版社的一个图书品牌。以后,我们仍将一如既往地依托这一学科的研究力量,推出更多更好的研究成果,促进学科的建设和发展。

(2001年11月13日)

《体育与健康》教材通过教育部审定

2004年4月,由我校基础教育课程研究中心送审的,我校出版社出版的义务教育课程标准实验教材《体育与健康》(7—9年级)通过了国家教材评审委员会的审查,将在全国实验地区试用。

这套教材在审查过程中得到了教育部聘请的专家们的一致好评,他们认为:"教材对课程标准精神的理解比较准确,对教材改革的基本分析深入透彻,较好地体现了课程标准的要求和精神,在呈现方式上有创新。教材设置有'小知识'、'想想议议'、'试一试'等五个小栏目,注重了与初中生生活贴切,形式生动活泼;技术内容的呈现克服了传统运动技术教学的写法,同时评价方法有所创新,操作性较强;理论知识的可读性、科学性较好;在每章后提供相关网站,有利学生自主探究。另外,教材注重对中国传统体育——武术的介绍,对学生了解和继承中国文化宝贵财富起到了促进作用。"

(2004年4月)

华中师大社打造考试学图书品牌

考试是中国人的发明,这在国际上是得到公认的。在漫长的中国考试历史中,无论是考试制度,还是考试实践,抑或是考试思想,都留下了极其丰富的遗产。其间有精华也有糟粕,值得研究和总结。对于中国古代的考试,特别是科举考试,历来是毁誉参半,近些年往往是否定居多。对于现在的中考、高考,乃至人事考试、职称考试、出国考试,也一直是人们关注的热点问题、焦点问题。无论古代还是现代,也无论中国还是西方,也不管是理论还是实践,考试都有许许多多的问题需要探讨。

华中师范大学的廖平胜教授是国内较早关注考试问题的教育专家。他首先提出"考试学"这个命题，并在上个世纪90年代初由华中师范大学出版社出版了考试学的专著。在新世纪之初，他又积极倡导，集中国内许多理论专家与考试工作者，共同编写"新世纪考试科学丛书"。现在这套凝聚着众多考试理论研究者和实际工作者心血和智慧、代表当代中国考试科学研究水平的大型丛书已由华中师范大学出版社正式出版。这套丛书包括：《考试学原理》（廖平胜）、《考试社会学问题研究》（杨学为）、《考试统计学》（凌云）、《中国考试发展史》（刘海峰等）、《中外考试制度比较研究》（康乃美等）、《考试管理的理论与技术》（梁其健等）、《职业资格考试概论》（陈宇等）、《现代测量理论在考试中的应用》（漆书青）。著名考试研究专家杨学为以《中国需要"考试学"》为题写了丛书的总序。

这套新世纪考试科学丛书出版后，引起了海内外学术界的重视。2003年10月武汉召开的全国考试科学学术研讨会上，来自台湾、香港、澳门等地的学者给予丛书很高的评价。丛书出版后，销路看好。最近，又传来好消息。《中国考试发展史》获得了由国家新闻出版总署颁发的全国优秀教育图书奖。

考试在现代社会中仍扮演着十分重要的角色。加强对考试的理论研究与实践探讨，无疑是有现实意义的。华中师范大学出版社本着服务教育事业，推动学科建设的宗旨，近些年来依托学校考试研究中心，同时整合学术界相关专家的研究成果，还陆续出版了《考试是一门科学》、《考试的实践与探索》、《中小学素质教育考试的理论和方法》等著作。"十五"期间，还将推出"科举学"系列图书。华中师范大学出版社以特色立社，以品牌兴社，"考试学"图书正在成长为华中师大社出版的一个新的品牌。若您要了解中外考试，请读华中师大版考试专著；您要研究考试，也请留意华中师大版图书。考试与您相伴，华师与您同行。

(载《出版参考》2004年第19期)

华中师大社"三个一"打造中国民间文学出版品牌

华中师范大学自20世纪50年代就开始在中文系开设民间文学课程，60年代初即自编《民间文学》教材。1980年获得民间文学硕士点，2000年成立华中师范大学民间文化研究中心，2003年被批准建立中国民间文学博士点。经过半个多世纪的建设和发展，该学科在学术带头人、著名民间文学家刘守华教授带领下，在中国民间文学和中国民俗学研究方面取得的丰硕的成果，培养了大批民间文学人才，成为我国民间文学研究和民俗文化人才培养和科学研究的重要基地，在海内外学术界产生了广泛的良好的影响。

华中师范大学出版社本着为学校教学科研服务、为学科建设服务、为繁荣学术事业服务的宗旨，依托本校民间文化研究中心，促进和推动了民间文学的研究和发展。现在，出版社已经初步形成了"三个一"的民间文学出版品牌格局，即：一套教材，一个书系，一部年鉴。刘守华、陈建宪教授主编的《民间文学教程》2002年出版以来，以其富有创新、内容丰富、体例新颖、简洁实用，深受广大读者好评，现已被20多所大学作为教材使用，再版3次，行销不衰。出版社还将推出《民俗学教程》、《神话学教程》、《比较民间文学》等系列大学文科教材。

"中国民间文化研究书系"2004年推出第一本《灵性高原——西藏民间信仰源流》。该书以作者林继富博士8年的西藏田野调查为基础，系统描述了西藏民间信仰的历史形态和现实状貌；运用多学科方法，从宏观和微观双重视角，全面阐述了西藏民间信仰的宗教功能和社会意义，深刻剖析了西藏民间信仰对社会制度和民族精神产生的重大影响，绵密细致地考察了西藏民间信仰与民间风俗互动共融的关系。继该书之后，出版社2005年又推出了《中西叙事文学比较研究》、《民间文化与荆楚民间文学》、《民间叙事文学研究》。加上以前出版的《中国民间故事类型研究》、《故事学纲要》等等，已经渐成规模。

至于《中国民间文艺学年鉴》（简称《年鉴》），影响则更大。《中国民间文艺学年鉴·2001年卷》由中国民间文艺学协会主席冯骥才任名誉主编，刘守华、白庚胜任主编，由华中师范大学出版社2003年正式出版。《年鉴》第一本出版后，受到了海内外民间文艺学界的关注和好评。中国民协主席团专门给主编致函祝贺，并给予高度的赞赏。在北京召开的纪念民间文学界泰斗钟敬文先生的学术研讨会上，与会代表也给予了《年鉴》非常高的评价。《中国民间文艺学年鉴》具体编务工作由华中师范大学文学院民间文学研究室承担，华中师范大学出版社分年度出版。辑刊有分类的学术概述，有论文选粹，还有动态与信息（包括年度相关的著作及论文索引），具有学术性、资料性、动态性的特点。一册在手，中国民间文艺学研究状貌就大致了然于胸。它是从事和爱好民间文艺学教学与研究的必备资料。辑刊以后每年出版一辑。现在，民间文学研究固定刊物缺乏，《年鉴》的出版无疑具有极为重要的价值。《中国民间文艺学年鉴·2002年卷》（华中师范大学出版社2004年12月版）是中国民间文艺学划时代历史转折的一个见证。这一卷《年鉴》的第一编"钟敬文先生与中国民间文艺学"，收录了有关钟老生平及学术成就研究的资料和论文、回忆文章10篇，具体包括钟敬文先生的生平、著作年表，钟敬文的民间文艺学思想、民间叙事文学研究、神话学研究、民间故事类型研究、歌谣学建设，以及钟老与民间文学集成、与中国民间文艺家协会等等。总结一代大师的学术遗产，有利于启迪未来的民间文艺学健康持续发展，并有所超越。《年鉴·2002年卷》用5编（第2编至第6编）的篇幅分别载录了中国民间文艺学所取得的可喜成就。第2编"中国民间文艺学综论"收录论文4篇，论文摘要5篇。第3编"神话研究"，则先有一篇《2002年中国神话研究概述》统领全面，然后全文选登论文6篇，论文摘要9篇。第4编"史诗研究"，体例与上一编相同，分为概述、论文选载（4篇）和论文摘要（8篇）三个部分，点面结合，较全面反映了年度诗史研究的状况。第5编"民间传说与民间故事研究"、第6编"民间诗歌和民间艺术研究"，除了各自的年度研究"概述"外，分别选载论文7篇、6篇，论文摘要6篇、5篇。最后的第7编为"资料信息"，内容包括：《中国民间文艺家协会2002年大事记》、《全国高校民俗学（含民间文学）历年博士、硕士学位论文索引》、《2002年中国民间文艺学论文索引》。这7编中，关于钟老的研究专栏，关于相关的学位论文索引，都是本卷新增加的，其价值是显而易见的。2003年卷《年鉴》也将在不久的将来呈现在读者面前。

（载《现代教育报·教材周刊》2005年11月25日）

我社上半年学术精品走势良好

据对2006年前6个月的统计，我社学术专著销售比去年同期增长91%，呈现出良好的发展态势。其中《张舜徽集》中的5卷销量都接近或超过1000册。我社近年来注重学术著作的品牌建设，先后推出《张舜徽集》（第一、二辑）、"新世纪考试科学丛书"、"科举学研究丛书"、"教育学博士文库"、"道家道教文化研究书系"、"中国民间文化研究书系"等等，引起学术界和出版界的关注与好评。不少学术著作再版、重印率显著提高。而从2005年开始打造的"华大博雅"这一高端出版品牌已先后被《中国新闻出版报》、《中华读书报》、《文汇读书周报》、《出版商务周报》、《出版参考》、中国高校教材网等多家媒体宣传报道，华中师范大学出版社的学术出版形象正在形成，影响日渐扩大。

（华中师范大学出版社"官网"，2006年7月）

《别和青春期的孩子较劲》登上北京图书大厦畅销书排行榜

根据北京图书大厦2006年8月5日公布的畅销书排行榜显示，《别和青春期的孩子较劲》名列第七。在前20名中，其他上榜图书主要集中在工具书、文艺书和少儿读物。同时，新浪读书频道和搜狐读书频道分别对该书给予了特别的关照，两大门户网站均提供了该书的连载，搜狐还开辟了专栏，读者可向作者直接咨询有关孩子教育的问题。

《别和青春期的孩子较劲》是一本指导教师和家长如何帮助、教育青春期的孩子顺利成长的普及性读物。作者成功地运用了自己三十多年的教学经验，以母亲般的爱心、耐心及责任心为学生及学生家长填平了两代人之间道道沟壑，为"青春期"和"更年期"架起了心灵互动的桥梁。

作者关承华，海淀区育英中学（分校）高级教师。作者从教30年，担任班主任25年，海淀区优秀班主任，师德标兵，海淀区班主任学科带头人；2003年荣获"北京市紫禁杯优秀班主任一等奖"；多年致力于家庭教育、学校教育、青春期教育等方面的实践与研究，形成了受学生欢迎，被家长认可的一系列有特色的教育理论和教育方法。关老师从青少年的心理特点出发，结合了自己工作实践中的大量案例，剖析孩子们的烦恼，解答家长们的困惑，为孩子与家长的沟通、理解架起了一座"心"的桥梁。翻开这本书，你能感受到一个"爱"字从开篇写到了结尾。作者每天面对着一群生龙活虎的孩子，他们在这个年龄正体验着心灵与身体的发展变化，世界观、人生观、价值观这时正逐步形成。他们不得不在一边尽情挥霍着来自家庭之爱的同时，也要以稚嫩的肩膀去承受家长"成龙成凤"的希望和社会越来越激烈的竞争压力。这些青春期的孩子头脑敏捷，思维活跃，知识面宽，逆反心理强，极易与"更年期"的家长发生碰撞。根据关老师多年细心的观察，得出的定论是"不都是孩子的错"。书中以大量的实例举证"孩子的身上有家长的影子或家长教育痕迹",阐述了家长是孩子第一位老师的重要性。如何做个成功的家长,作者支招的方式是从了解孩子入手,以理解孩子作为前提,真正走进孩子的内心世界,成为孩子的朋友。

(华中师范大学出版社"官网",2006年10月20日)

"华大博雅"品牌伞下启动几个系列图书的运作

2005年底至2006年初,我们华中师范大学出版社出版的几种大学教材和学术专著,都盖有厚重大气的徽章——"华大博雅",其中有属于"文学史系列教材"的《中国文学史简明教程》(王齐洲主编),有属于"社会学系列教材"的《政治社会学教程》(夏玉珍、江立华主编),有属于"政治学系列教材"的《国际政治学基础》(胡宗山著),有属于"教育科学教材系列"的《教育哲学——一种哲学价值论视角的研究》(王坤庆著),还有属于"道家道教文化研究书系"的《论道崇真集》(唐明邦著)。这5种书分属于5个专门的系列,装帧大方,风格统一,颇有气势。从大的方面看,这些书籍包括高校文科教材和学术专著。可以看出,这是一个宏大的品牌伞的设计,是一个长远的出版蓝图。我们计划,经过几年的努力,"华大博雅"旗帜下的华中师范大学出版社若干成系列的高校教材和学术著作,将会以系列化、精品化、品牌化的形象被市场接受,被读者认可,受学界欢迎。

我们为什么将自己整体性的图书品牌取名"华大博雅"?熟悉百年华中师大悠久历史的人对这一点不难理解。"博雅"取自华师精神"忠诚博雅,朴实刚毅"。2003年是华中师范大学的百年校庆。校庆活动很成功,在海内外都有良好的反响。"忠诚博雅,朴实刚毅"正是百年华师人经过一代代的沉淀积累和发展创新形成的优良传统。它体现了华师人的气质、修养和精神境界。"博雅"两字更是深刻体现了我们这所融会了西方外来文化(华中大学)、中国传统文化(私立中华大学)和现代革命文化(中原大学)的百年深厚底蕴。"博"者,大也,"博大"是也;"博"者,广也,"博敞"是也;"博"者,深也,"渊博"是也。"雅"则有"高尚"之义,有"美好"之义,有"合乎规范"之义。博与雅连用,含义深刻,读起来也好上口,易于记忆。因此,用"华大博雅"作我们这所百年老校出版社的人文社会科学教材和学术文化著作的品牌名称应是比较恰当的。

现在，复旦大学出版社在着力打造一个高校教材学术著作的品牌，叫"复旦博学"；湖北的崇文书局（原湖北辞书出版社）也在重点宣传一个自己的学术品牌，即"崇文学术文库"；长江文艺出版社已经放飞"九头鸟"好几年了，这个品牌的长篇小说渐成气候。显然，出版社、出版家的品牌意识都比过去强了。我们打出"华大博雅"的旗帜，不仅仅是出几本学术著作或几套学术丛书，也不仅仅是把大学教材做一个简单的整合，或者贴一个标签，我们的目的是要塑造华师学术出版、专业出版的形象，在文化整合、学术创新、服务教育中形成我们的特色，显示我们的定位，作出我们的贡献，同时也为我们学校向综合性、研究型大学迈进尽绵薄之力。

2005年，我们华中师范大学终于迈进了"211工程"的大门，华中师范大学出版社也成功举行了20周年的社庆。在以后的工作中，我们将以教育出版为中心，以结构调整为主线，以品牌建设为重点，把华中师大出版社建设成一个文化底蕴深厚、出版特色鲜明、富有开拓与创新精神、深受广大读者欢迎的品牌出版社。"华大博雅"正是我们高举的一面迎风猎猎飘扬的旗帜。

（华中师范大学出版社"官网"，2006年）

由"三个一"变为"五个一"，我社进一步拓展民间文学出版品牌

"三个一"打造华师民间文学出版品牌，是我社近年工作的一个亮点。"三个一"即有组织、有计划地推出以刘守华教授为带头人的民间文学学科的一套研究丛书（已出5册）、一套大学教材（《民间文学教程》等），另加一部年鉴（《中国民间文艺学年鉴》）。随着"三个一"工程的落实，华中师大民间文学在国内的中心和重镇地位得以奠定。《中国文化报》、《文艺报》、中国高校教材网等多次报道了我校的民间文学与民俗文化研究和出版成果。

现在，抓住国家高度重视非物质文化遗产保护的机会，我们策划在民间文学与民俗文化板块中引进数字化手段，构筑网络平台，同时筹备刊出"海外中国民间文化研究译丛"。这样，由"三个一"变为"五个一"，由平面出版到立体开发，我社民间文学出版品牌将得到进一步拓展，而我校

中国民间文学、民俗文化教学与研究辐射力、影响力也将大大加强。

(华中师范大学出版社"官网",2008年5月6日)

我社"道家道教文化研究书系"受到学界和市场关注

"道家道教文化研究书系"是华中师范大学道家道教研究中心、茅山道教文化研究中心联合主办,华中师范大学出版社陆续推出的。2006年2月,"道家道教文化研究书系"的第一本《论道崇真集》(武汉大学唐明邦教授著)正式出版。2008年4月,同时有胡军的博士论文《当代正一与全真道乐研究》、徐华的博士后出站报告《道家思潮与晚周秦汉文学形态》加盟书系。在两年多一点的时间里,这套高档次、精印装、有特色的学术精品丛书就推出了10本。

"道家道教文化研究书系"陆续推出后已经产生了很好的社会影响。在2006年8月日本京都的中日韩三国大学出版社学术交流期间,日韩学者就对我们带去的书系中的前几种表现出浓厚的兴趣。2008年4月在武汉召开的全真道与老庄学国际研讨会上,与会的海内外专家和道教界人士给予这个书系高度的评价。书系在市场上也有不俗的反响,有的首印3000册,已经售罄,如《老子其人其书及其道论》;有的列入政府采购书目,如《道论》,已经几次加印。我们有理由对书系的未来发展寄予更大的期望。熊铁基教授等目前正在进行国家宗教事务管理局项目"老子集成"、中国近现代史研究基地重大项目"近代老庄学"以及湖北道教协会重大项目"湖北道教史"等多项课题的研究。香港青松观全真道研究中心、武当山道教协会等也对"道家道教文化研究书系"表现出浓厚的兴趣。可以预期,学术界、宗教界和出版界共同努力,道家道教文化研究和丛书的刊行都将会有新的可喜收获。

(华中师范大学出版社"官网",2008年7月16日)

华师社一书荣获中国大学"最美图书奖"

最近,在上海举办了第三届中国大学"最美图书奖"的评选活动。"十本最美的书"亮相上海滩。由华中师范大学出版社出版的《康德〈纯粹理性批判〉解义》(封面设计:甘英)榜上有名。该书是"韦译康德哲学著译系列丛书"的一种，其封面设计端庄朴素，得到了评委的高度评价。本届"最美图书奖"评选的特点是尊重科学、尊重艺术，公开、透明。评委由装帧艺术专家、知名学者、出版社负责人、新闻出版行业代表、版协代表、发行营销人员、读者代表等共同组成。本着学术性、广泛性、透明性的三大特点，从各个方面进行评判，最后从全国百家大专院校近千种参评作品中反复挑选，评出了第三届大学出版社十本最美的书。

(2008年7月30日)

华中师大社重视为湖北经济文化建设服务

最近，华中师范大学出版社推出了四卷本《湖北新民主革命史》（李良明、田子渝、曾成贵主编）。这套具有学术性、史料性和原创性的大型学术论著，由湖北地区党史学界知名教授、专家共同担纲编纂，出版后很快引起了学术界和党政领导的关注和好评。

多年来，华中师大出版社一直致力于服务湖北的经济文化建设，先后出版了章开沅先生主编的"辛亥人物文集丛书"、"辛亥革命与近代社会丛书"；刊行了章开沅、张正明、罗福惠共同主编的八卷本《湖北通史》；还策划了马敏主编的湖北省地方中小学教材《湖北文化》。其中《湖北通史》荣获湖北图书奖和湖北省社会科学优秀成果一等奖。近几年来，华师社进一步关注湖北地区现实问题研究，通过学术成果来支持湖北省的建设和发展，先后出版了《解读新农村建设——以监利县政为个案的研究》、《乡镇街坊：结构与关系——武汉市郊兰乡街坊的个案研究》、《民间文化与荆楚民间文学》等著作。

目前，华师出版社又在积极与有关机构和专家协作，开发大型数字媒体纪录片《三峡考古》，同时策划构筑"文化湖北"的立体化数字资源平台，力争为文化湖北、和谐湖北的建立多作贡献。

(2008年9月11日)

我社《中国古典文献学》被教育部评为 2008年度普通高等教育精品教材

接教育部《关于公布2008年度普通高等教育精品教材书目的通知》（教高司函〔2008〕194号），教育部高教司对已出版的普通高等教育"十一五"规划教材进行了评审。经有关出版社申报、专家评审，确定了289种教材为2008年度高等教育精品教材，其中有我社出版、华中师大文学院张三夕教授主编的《中国古典文献学》。

本书是"十一五"国家级规划教材，主要介绍了古典文献的基础知识以及如何对古典文献进行整理与研究，包括古典文献的载体与类型、古典文献的目录、版本、校勘、辨伪、辑佚、标点、注译、检索、出土文献的整理等等。教材体例得当，内容明了，同时突出实践性与时代性，适合教学，受到师生的广泛欢迎，多次重印。

（华中师范大学出版社"官网"，2008年10月10日）

我社研究生喜获"未来编辑杯"奖

由中国编辑学会举办的主题为"编辑与文化"的第六届"未来编辑杯"征文竞赛最近揭晓，54篇论文获得奖励，其中，一等奖5篇，二等奖15篇，三等奖30篇，优秀奖4篇。全国有南开大学、武汉大学、四川大学、北京师范大学等100多所高校的300多名编辑出版专业研究生、本科生参加了此项征文活动。我社传播学专业编辑出版方向的硕士研究生吴娟、刘晓嘉、龚琼芳的论文分别获得二等奖；张晓艳的论文获得三等奖。获奖数在全国高校名列前茅。

（华中师范大学出版社"官网"，2009年4月10日）

华中师大出版社与文学院联手推出"教授文库"

最近，华中师大出版社与本校文学院合作推出"华中师范大学文学院教授文库"。第一辑4种已于近期出版，包括王先霈、王忠祥、黄曼君、刘守华四位知名教授的自选集。这个项目纳入了学校"211工程"建设，得到了老师们的欢迎和好评。第二辑的相关著作将在2010年刊行。两家联合推出的学术辑刊《华中学术》第一辑也已面世。

（载"中国高校教材图书网"，2010年2月25日）

出版科学研究中心两研究生获"未来编辑杯"征文奖

由中国编辑学会主办的第七届"未来编辑杯"征文竞赛近期揭晓。此次活动从全国高等院校编辑出版、新闻传播相关专业本科生、研究生参评的 200 多篇论文中，评选出 50 篇优秀论文，2 篇网络人气奖论文。主要依托我社的出版科学研究中心硕士研究生参评的 2 篇论文获奖，分别是何国梅的《坚守、创新、增殖、安全——大媒体时代下编辑主体的文化责任意识探析》、邓静的《书展对我国文化传播的重要影响》。据悉，出版科学研究中心学生在前几届的征文活动中也有多人获奖。

（华中师范大学出版社"官网"，2011 年 4 月 29 日）

出版社有限责任公司在北京成立出版中心

2012 年 2 月 22 日，华中师范大学出版社有限责任公司北京出版中心在北京丰台区总部基地挂牌成立。华中师范大学副校长黄永林，华中师范大学出版社社长范军、副社长曾巍，北京画中画印刷集团董事长甘书梅、段仁国和总经理秦光武，以及北京快乐共享文化发展有限公司总经理叶鸣等参加了挂牌仪式。出席这次仪式的嘉宾还有新华文轩商业连锁有限公司董事长江华荣、解放军画报社副社长李培义、华中师范大学图书馆馆长佐斌等。

自 2010 年 1 月以来，华中师范大学出版社有限责任公司与画中画印刷集团开展深度合作，双方本着"资源整合、优势互补、合作共赢"的原则，共同策划出版了社科、历史、家庭教育类图书一百多种，合作成果显著，获得了较好的社会效益和经济效益。为了进一步深化合作，双方决定在原有合作基础上组建华中师范大学出版社有限责任公司北京出版中心，希望进一步挖掘首都北京的文化资源，整合出版、印刷、营销渠道产业链条，在大众出版领域大胆试水，丰富优化产品结构，探索产业发展的新路径。

黄永林副校长和甘书梅董事长共同为华中师范大学出版社有限责任公司北京出版中心揭牌。挂牌仪式上，黄永林副校长、范军社长及段仁国董事长分别发表了热情洋溢的讲话，庆祝北京出版中心成立，并表示将全力支持该中心的发展，联手做强做大。

（华中师范大学出版社"官网"，2012 年 3 月 5 日）

岁月书痕

一代大师韦卓民

韦卓民（1888—1976）是我国现代饮誉海内外的著名哲学家、教育家、翻译家和宗教学家。这位通晓古今、学贯中西的一代大师仅外语就精通英、德、法、俄、拉丁等七八种。他一生潜心学术，笔耕不辍，为后人留下了近百种遗著，约八百万字。

气象博大、境界开阔的韦先生对西方哲学史情有独钟，用力最勤。而对西方哲学史韦先生又着重研究四个人，即亚里斯多德、培根、康德和黑格尔。关于这几位哲人，他均有遗著留下；但花时间最长、耗精力最多的是康德。他推崇康德是马克思以前西方哲学思想发展中一个承前启后的最关键人物。研究西方近代哲学史无论谈什么人与什么问题，都必须追踪到康德。因此，韦先生把大量精力用于康德哲学的翻译和研究，他关于康德哲学的遗著数量之多在国内首屈一指，质量也堪称上乘。他关于康德哲学的研究成果早就受到海内外学术界的高度重视和广泛赞誉。可惜的是韦先生这方面的著译成果以前有不少都没能公开出版。

令人欣慰的是，近些年来华中师范大学出版社以弘扬学术、传承文明为己任，把整理出版韦先生的遗著提上了议事日程。1995 年，出版了《跨越中西文化的巨人——韦卓民学术思想国际研讨会论文集》；1997 年，出版了《韦卓民学术论著选》。会议的召开，论著的出版，在学术界引起了强烈的反响。现在，华中师大出版社又以更大的气魄，陆续系统地推出"韦卓民：康德哲学著译系列"。2000 年，此套丛书的第一辑四本正式出版发行。这四本是：康德的《纯粹理性批判》，[英] 康蒲·斯密的《康德〈纯粹理性批判〉解义》，[加拿大] 约翰·华特生的《康德哲学讲解》和《康德哲学原著选读》。其中，《纯粹理性批判》是译者 1962 年应商务印书馆之约翻译的（后因"文革"未能出版）。此书国内虽先后有两个译本，但均非以现代汉语翻译，且有遗漏、误译和不够贴切等不足。韦先生积数年心血，参照数种德文本和英译本，尽量用现代汉语重新译出，并新增英译注释和译者注释，从而在很大程度上弥补了以往译本的不足。对康德哲学的一些基本概念和原理有其独到的见解和译法，可谓韦译的一大特色。另外几本西方学者讲解和研究康德哲学的论著，代表了西方哲学界对康德的不同认识，在旧中国的哲学界曾经有一定的影响，对于今天的学界也不无启发。

韦卓民对康德的翻译和研究是一份珍贵的文化遗产。我们相信，"韦卓民：康德哲学著译系列"的陆续出版，会引起学术界和广大读者的极大兴趣。哲学的圣殿奥妙无穷，在世俗化越来越盛的今日，让人们沉下心来，随韦先生走近康德、走进哲学王国，未尝不是一件有益的事。

（"韦卓民：康德哲学著译系列"4种，定价160.00元，华中师大出版社2000年版）

（载《长江日报》2001年3月25日）

反思中展望
——评《社会主义：20世纪的回顾与前瞻》

站在世纪桥头，对社会主义的百年沧桑进行历史的反思，对社会主义的未来发展予以科学展望，这可说是摆在理论研究者和实际工作者面前不可回避的一个重要问题。著名的科社专家李会滨教授带领课题组积数年之功，终于在新世纪到来之际完成了国家"九五"重点科研课题，由华中师范大学出版社推出了《社会主义：20世纪的回顾与前瞻》这部专著。

这部55万字的著作分为总论、上篇、中篇和下篇几个部分。作者对社会主义在20世纪由兴起到遭遇挫折再到重新焕发生机与活力的错综复杂的发展历程进行了深入的反思；以马列主义、毛泽东思想、邓小平理论为指导，立足现实，回首过去，面向未来，从社会主义理论、运动、制度与模式的结合上，总结社会主义胜利与挫折的经验教训，进而展望21世纪社会主义的发展前景。该书视野开阔，史论结合，新见迭出。关于社会主义的基本经验，作者总结为：一是各国革命和建设都必须把马克思主义基本原理同本国实际和时代特征相结合，走自己的道路；二是要以经济建设为中心，以改革为动力，推动社会主义社会的全面发展；三是要正确认识和处理社会主义与资本主义的关系，实行对外开放，吸收和借鉴人类社会创造的一切文明成果；四是要把共产党建设成为领导社会主义事业的坚强核心。关于社会主义发展中的失误，作者也从四个方面进行了分析，指出主要表现在政治、经济、文化各方面的指导思想上的"左"的失误；高度集中和集权的体制失误；造成国民经济比例失调的发展战略上的失误；再就是由于苏联领导人推行大国沙文主义而在社会主义国家关系中造成的失误。关于21世纪社会主义的前景，该书从新科技革命与社会主义未来的视角，从当代资本主义的新变化与社会主义未来的视角，预见了社会主义的前景。它指出，社会主义必将通过各国人民自愿选择适合本国特点的道路、模式，逐步取得胜利。对于21世纪的社会主义的特点，作者提出了六个"结合"，即社会主义与各国实际相结合，社会主义与市场经济相结合，社会主义与新科技革命相结合，社会主义与民主法制相结合，社会主义与人类文明成果相结合，社会主义与时代相结合。这六个"结合"体现了对社会主义新趋势、新特点的新认识。

有学者预言，21世纪将是社会主义复兴的世纪，也是社会主义再创辉煌的世纪。但社会主义的健康发展既需要实际工作者的艰辛探索，也需要理论研究者的不懈努力。相信这本回顾与展望社会主义发展历程的力作，对于建设有中国特色的社会主义将起到积极的推动作用。

(《社会主义：20世纪的回顾与前瞻》，李会滨主编，华中师范大学出版社1999年版，定价45.00元)

(载《湖北日报》2001年3月7日)

《第三届全国出版科学研究
优秀论文获奖论文集》评介

出版实际工作的推进、出版事业的发展离不开理论研究的支撑。在新世纪到来的时候，我们的出版业面临着许多新情况、新问题，急需进行新的理论探索和理论创新。也正是在这个时候，第三届全国出版科学研究优秀论文由华中师范大学出版社结集出版了。这是我国出版文化的又一次弥足珍贵的积累，也是对出版事业发展的重要的理论支持。

《第三届全国出版科学研究优秀论文获奖论文集》收录获奖论文60篇，约45万字；论域宽广，内容厚实，富有特点。首先，本书对社会主义市场经济条件下，特别是在目前改革开放进一步深入、中国加入世贸组织的情况下，出版事业所面临的一系列重大理论与现实问题进行了较为深入的研究。比如，关于我国出版业发展的总体战略目标，魏玉山的文章就从"世界出版业发展的基本情况"、"我国出版业发展的基本情况"出发，把我国出版业的未来发展战略置于全球背景之下，探索出版业的发展规律，提出中国新世纪前十年的战略目标及其依据。该文理论结合实际，视野开阔，言之成理，对宏观管理部门的决策和从事出版实际工作的同志均具有参考价值。而朱晓峰、刘拥军的《中国出版业量化分析》则以出版物的印张为参考指标，描绘了近20年出版物的升降曲线，总结特征，寻找规律，探究图书、期刊、报纸在出版业发展中的不同地位和作用。文章的角度新颖，论析切实，给人启发。关于出版集团，更是近年出版业的一个热门话题。本书的好几篇论文都涉及这一论题。如胡守文的《潮头断想——中国出版业集团化问题初探》非常理性、冷静地对我国现阶段出版集团成立与运作中以"行政力"代替"经济力"的弊端作了剖析，并以国外特别是日本出版集团为参照，提出了中国出版集团化的路径。胡国祥的论文《认识基本问题，寻求根本对策——中国出版的基本问题与出路》看似空泛的论题里却有十分实在的内容和独到的见解。作者认为，我国出版业目前最基本的问题应该是确立现代出版观的问题，而这一问题的核心和实质，就是"什么是出版，怎样建设中国出版"的问题。文章以现代世界出版业发展为背景，把出版业置于现代传媒业之中，对"什么是出版"得出了全新的结论，相应，怎样建设中国出版也就有了新的观点和思路。该论文集对于出版体制改革、出版资源整合、出版社内部改革深化、图书结构调整、图书质量控制问题、出版品牌问题、重复出版问题、发行改革问题等，都进行了全面分析与研究，提出了有价值的方案与对策。文章的作者大多是来自出版一线的工作者，也有从事出版管理和出版科研的专家，有实践经验，也不乏理论底蕴。

　　出版理论上的创新是本论文集的又一特点。理论上没有创新就不会有发展，理论上没有创新也就不会被实践需要。出版科研也不例外。本论文集所收论文的论题均来自实践，但又不囿于实践。蔡学俭的《图书编辑工作基本规程》是在编辑出版界获得广泛好评的。文章指出，工作规程是人们从事实践经验的总结和客观规律的反映，又是用以规范工作的共同遵守的标准。本规程主要讲述图书编辑工作的性质、方针和任务，要经过哪些过程，有哪些工作要做和怎样做，它们之间有什么联系；既总结实践证明行之有效的经验，又注意新形势下出现的新情况、新问题，使基本规程与积极创新相结合。规程的实践品格显而易见，而它内在的理论系统性、创新性也是不容忽视的。王建辉的《编辑策划的哲学内涵》从哲学思辨的高度，来探究编辑策划的内涵与意义。作者从哲学的本体论、认识论和方法论相统一的角度，对编辑策划进行理性观照后指出："编辑策划既是客观事物存在的方式，也是我们按照客观事物的本性认识事物的科学方法和重要途径。"以此为基点，作者对编辑策划的内容设定、层次、目的，策划主体与编辑主体等进行了新的探讨。黄理彪的《试论图书出版美学》一文，则从宏观上论述了什么是图书出版美学、图书出版美学的研究对象、图书出版美学的特点及逻辑构架、图书出版美学的研究方法等问题。这是出版学与美学联姻后的一个新的学科领域，对于它的研究无论是对出版科学，还是现代美学，都是有积极意义的。论文集中，还有关于出版史研究的重要内容。《二十世纪中国出版史研究鸟瞰》、《中共中央在西柏坡时期的出版工作》等，史的梳理中有论的火花，历史的观照提供现实的启迪。此外，关于著作权中一些理论问题的研究，关于编辑本位意识与出版物的创意的研究,关于文化的整体功能与编辑的创造性价值的研究,关于出版校对心理学的研究等等,都不乏理论的创新。这些问题的探讨,植根于编辑出版实践的深厚土壤,又带着浓厚的理论思辨的色彩。

60篇优秀论文有如60颗熠熠发光的珍珠,论文集将它们串了起来。我们这里只是从中随意挑了几颗与读者诸君共同欣赏。若要想领略珍珠项链的全貌,要细品每一颗珍珠,还得您一览全书。

(《第三届全国出版科学研究优秀论文获奖论文集》,中国出版科学研究所、湖北省新闻出版局编,华中师范大学出版社2002年版,定价28.00元)

(载《出版科学》2003年第1期)

| 图书评介与广告宣传 |

精心打磨民间故事的"多棱宝石"
——《中国民间故事类型研究》简评

中国以拥有丰富优美的民间故事著称于世，口头讲说民间故事不仅是民众最喜爱的一种文化娱乐，在旧时代甚至是人终生难离的伴侣。就其内容之广博而言，它是民众生活的百科全书；就其思想感情的深厚程度而言，它又是一个国家或民族乃至全人类共同的心灵窗口。著名神话学家袁珂先生把神话比作"从不同的角度可以看出不同的光彩"的"多棱宝石"，其实，中国传统的民间故事也正是熠熠生辉的"多棱宝石"。著名的故事学家刘守华教授和他的同道一起，多年致力于民间故事研究，在民间故事这片丰饶的学术土地上辛勤耕耘，现在又将收集的一块块"多棱宝石"精心打磨，推出了《中国民间故事类型研究》这部近六十万字的煌煌大作（华中师范大学出版社 2002 年版）。这一力作是民间故事研究的新创获，其主要特点是宏观研究与微观研究结合，学术性与普及性结合，运用现代视野和科学方法探讨中国民间故事类型的文化内涵及美学价值，展示出中国民间故事的神奇魅力。

该书由两大板块构成，主体部分是故事类型解析，对 60 个常见故事类型进行评说；卷首的《导论》除评述故事学中的母题、类型研究方法之外，着重从类型构成上勾勒中国民间故事艺术世界的总体特征。这样，就将微观研究与宏观研究有机地结合起来，使中国民间故事的整体风貌得到较为全面的展现。而宏观研究如果说是在学术性与普及性结合中更重学术性的话，那么，具体的故事类型解读则是在二者的结合上更重普及性。本书既是严谨的学术专著，又是可以作为有趣的故事书来品读的。

《导论》的第一部分为"故事类型泛说"。"类型"和"母题"已经成为故事学领域中为国际学人所公认的通行概念。中国学者对它也日渐熟悉并用于民间故事等的宏观研究之中。民间故事因出自集体口头创作，并以口耳相传方式进行承传，本是同一故事，在不同时间空间背景上的人群中间口耳相传时，既保持着它的基本形态，又发生局部变异，便构成大同小异的若干不同文本了。故事学家通过比较其异同，将这些文本归并在一起，称之为"类型"。可见，类型是就其相互类同或近似而又定型化的主干情节而言，至于那些在枝叶、细节和语言上有所差别的不同文本则称之为"异文"。在民间叙事作品中，还有一种情节要素，或是难以再分割的最小叙事单元，由鲜明独特的人物行为或事件来体现，叫作"母题"。它可以反复出现在许多作品中，具有很强的稳定性；这种稳定性来自它不同寻常的特征、深厚的内涵以及它所具有的组织连接故事的功能。《中国民间故事类型研究》的作者从"类型"以及与之相关的"母题"为切入点，展开综合性的研究，就和一般的文学研究有了显著的区别。在通常情况下，文学研究的对象是那些各自独立成篇的书面文本。而本书的类型研究，则把同一故事的多种异文集合起来进行比较、分析、综合，既可以从"大同"之中看出它们共有的母题、思想文化内涵及艺术情趣等等，展现出故事的原型；也可以从"小异"之处看出不同文本的民族地域色彩以及讲述人的个性风格等等。这里的重点是解析贯穿于某一类型众多异文中的母题，由母题及其组合情节来考察故事的文化内蕴和叙事美学特色。此外，这种将同类型的众多故事异文集合起来进行研究还有利于追寻故事的来龙去脉，具有比较文学的意义。同时，它还有助于故事生活史的探索。应该说，本书达到了作者的构想和要求，成为中国民间故事类型研究成果的最集中体现之一。

从微观研究的角度看，本书的成果就体现在对所选取的60个故事类型的分析、解剖。作者参照了几种《中国民间故事类型索引》，将现有类型按其体裁、内容归纳成几个大的板块和系列，从而由点到线再到面，揭示出中国民间故事所构建的优美艺术世界的主要特征。在《导论》部分的"中国民间故事的艺术世界"一节中，作者从三个方面作了宏观扫描，即"动物故事的特殊魅力"，"幻想故事的构成及其演进"，"生活故事、笑话的艺术情趣"。在总论了中国民间故事的多姿多彩后，本书便将60个故事类型分为5大系列予以解析，分别是"动物世界"、"神幻奇境"、"神奇婚姻"、"英雄传奇"、"人间百态"。这中间选取的一些故事类型，如"老鼠嫁女"、"小鸡崽报仇"、"狼外婆"、"求好运"、"人鬼夫妻"、"螺女"、"蛇郎"、"百鸟衣"等等，都是既有典型性又具艺术性、可读性的。这样的研究成果是学术殿堂里的财富,同时也是群众喜闻乐见的。作者关于故事类型解析的单篇文章已有20多篇在各种学术刊物上发表了,这也表明了这种类型研究是受到学者和一般读者欢迎的。

将民间故事划分为若干类型进行研究只是一种手段和方法,真正的目的还在于对源远流长、枝繁叶茂的中国各族民间故事的文化特质及其珍贵价值,它的精美之作和整体风貌,求得一个切实的认识。应该说,《中国民间故事类型研究》在这方面的探索是卓有成效的。我们知道,在新旧文化交替和中外文化会通更趋频繁的今天,保护和开发这份宝贵的精神文化财富,使之为促进现代精神文明建设服务,有着不可估量的重要价值。本书的价值也正在于此。

最后,我们还说一点不算多余的题外话。本书的主编刘守华教授四十多年来专心致志于中国民间故事研究,已出版的相关著作有《中国民间童话概说》、《略谈故事创作》、《故事学纲要》、《道教与中国民间文学》、《比较故事学》、《中国民间故事史》。中国民间故事是一个富矿,刘守华教授专心于此,深入采掘,成果颇丰,其研究得到海内外的关注。我们有理由期待着本书主编和他的同人百尺竿头,更进一步,在中国民间故事的研究上再写华章。

(《中国民间故事类型研究》,刘守华主编,定价45.00元,华中师范大学出版社2002年版)

(载《中国图书评论》2003年第3期)

岁月书痕

《桂苑书情》卷首语

总第1期（2004年第1期）卷首语

　　黄鹤，白云；东湖，长江。在美丽的江城武汉，有一座美丽的桂子山。每当金秋时节，清风送爽，山上数万株桂花树一起绽放。那浓浓的馨香在空中弥漫，在风中吟唱，沁人心脾，让人陶醉。花香伴着书香，岁岁年年；树木更为树人，世世代代。这里就是我们的百年学府——华中师范大学。

　　作为百年学府的出版人，一年又一年，一代又一代，我们默默耕耘，默默奉献，用我们的工作，我们的劳绩，营造着绵绵不绝的书香世界。我们的口号是，竭诚服务教育事业，奉献一流文化精品。

　　书业内容为王，信息为先。内容需要介绍，信息贵在交流。我们推出《桂苑书情》，就是要——搭建一个平台，展示出版人的理念与追求；开一个窗口，显现书业企业的形象与风采；建立一根纽带，连接企业与市场，沟通编者、作者与读者。

　　桂苑是花香之苑，更是书香之苑。书情，是书之情，更是人之情。愿在这个学习型社会的营造、终身教育的构建中，有我们桂苑出版人浓浓的、绵绵的心香与书香。

　　（《桂苑书情》2004年第1期，2004年4月，此期系创刊号）

总第2期（2004年第2期）卷首语

　　又是一年芳草绿。

　　在莺飞草长、燕舞风斜的阳春时节，我们新一期的《桂苑书情》又与读者朋友见面了。

百年的华师，经历了百年的风雨和沧桑，更有百年的底蕴与辉煌。积累文化，繁荣学术，传承学脉，是我们华师出版人的神圣职责。在这一期中，我们介绍了以百年校庆为契机推出的"博雅学术文库"，还有一代国学大师张舜徽先生的文集，一代语言学家邢福义先生的选集，以及学贯中西的韦卓民先生的学术成就。所谓大学，非大楼之谓也。大师乃大学之魂。而学术文化乃出版之魂。

百年华师重新确立了自己的战略定位，就是建设教师教育特色鲜明的研究型、综合型大学。为配合学校的战略转型，我们出版社坚持为教学科研服务，为学科建设服务。此期推荐的"新世纪考试科学研究丛书"、"英语专业系列教材"、"21世纪高职高专教材"、《民间文学教程》、《中国文化教程》、《官商之间》等等，正体现了我们竭诚服务教育事业、努力打造文化精品的一片至诚。

作为师范大学出版社，我们始终把为基础教育服务、奉献一流教材教辅当作出版宗旨之一。近年来，我们先后推出了《信息技术》（中小学版）、《体育与健康》、《心理健康教育》（中学生版）、《综合实践活动》等国家或地方教材，受到各方好评。在教学辅导用书方面，中小学各科《重难点手册》历经十年考验，发行上千万册，已成为真正的教辅王牌。今年"重难点"又添新丁，作为老品牌延伸的"重难点手册高考总复习丛书"即将面世。此期刊发的编者、作者、读者谈"重难点"，让我们更坚信品质优良、长盛不衰的图书品牌是大家共同的心血结晶。

亲爱的读者朋友，春去春又来，花落花又开，惟有书香不败，惟有友情常在。我们真诚欢迎读者朋友关注华师、关心华师出版。

（《桂苑书情》2004年第2期，2004年7月）

总第3期（2004年第3期）卷首语

渺渺楚天阔，秋水去无穷。

又是难忘金秋十月，又是丹桂飘香时节。

伴着书香与花香，我们桂子山出版人播种着明天，播种着希望。这一期的《桂苑书情》，给读者朋友献上一份特殊的礼物——"基础教育教材"专号。

我们首先推荐给大家的是——《信息技术》（高中）。这是湖北省唯一获得全国中小学教材审定委员会审定通过的新课标国家教材，面世四年，行销数省，发行上百万套，已获得了广大高中师生的厚爱。

《体育与健康》（7—9年级）是我社最新通过全国中小学教材审定委员会审定的新课标教材。新理念，新标准，新教材——它将带给您全新的感受和意外的惊喜。

服务地方基础教育，推出地方特色教材，是我们义不容辞的责任。您将在我们的书目中看到我社成龙配套的湖北地方教材系列，其中包括：《信息技术》（小学、初中）、《心理素质教育》（初中、高中）、《生存教育》、《湖北文化》、《综合实践活动》等等。

在重点建设国家教材、地方教材的同时，我们也尝试着进行校本课程教材的探索。荆门市沙洋中学编写的《中学生礼仪》是一个可喜的开端。以后，我们将和一些重点中学、小学一道，联袂拓展出系列化、特色化的湖北品牌中学、品牌小学校本教材群。

古人云：惟楚有才，于斯为盛。我们作为荆楚之地的国家重点师范大学出版社，有责任、有义务为楚地优秀人才的培养乃至全国基础教育的改革与发展贡献绵薄之力。

我们也真诚欢迎从事基础教育管理的领导，第一线的老师，还有亲爱的同学们，提出宝贵的意见和建议。

（基础教育教材专号，2004年10月）

总第4期（2005年第1期）卷首语

按照国际通行的分类，现代出版业的基本框架结构包括三个部分，即大众出版、教育出版和专业出版。这三类出版也基本对应着现代出版的三大功能：提供文化娱乐、知识和信息服务。而大学出版的使命是和高等教育的性质与基本职能紧密相连的。从本质上讲，高等教育是培养高级专门人才的一种社会实践活动，其基本职能是培养专门人才、发展科技文化和开展社会服务。大学出版社作为大学的一个有机组成部分，以自己独特的内容和方式履行其服务教育事业、培养专门人才、弘扬学术文化的重要使命。

我们华中师范大学出版社成立20年来，一直依托有深厚学术底蕴的百年老校，秉承"忠诚博雅，朴实刚毅"的华师精神，倡导"竭诚服务教育事业，奉献一流文化精品"，始终把学术建设放在突出地位，陆续推出了"桂岳书系"、"博雅学术文库"、"华中语学论库"、"村治书系"、"新世纪考试科学研究丛书"、"教育学博士文丛"、"心理学研究丛书"、《湖北通史》、《张舜徽集》、"韦卓民：康德哲学著译系列"、"面向21世纪物理学丛书"等等，对于学校的学术研究、学科发展，乃至湖北地区和全国的学术文化建设都发挥了积极的作用。此期的《桂苑书情》对于我社的学术精品选取一二，略作介绍。

大学教材建设是我们的工作重心之一。这些年，我们陆续推出了获得国家优秀教材一等奖的"面向21世纪文艺学系列教材"；畅销多年、深受广大师生欢迎的教育部优秀教材《中国当代文学》及其多卷本作品选；渐成规模、体现我校教育学科特色和优势的"新世纪教育学系列教材"；富有师范大学艺术气息的"21世纪高校音乐系列教材"等等。最近，我们又进一步拓展高校教材领域，在大学生思想素质教育、高等职业技术教育、教师职业培训等方面有了新的突破，出版了一系列高水平、有特色、重实用的优质教材。在这一期的"书情"中，我们对各级各类教材或评点，或摘编，或综述，以便读者有个大致的了解。

依托大学，服务大学，始终是我们不变的追求。我们一直在努力，我们还将更加努力！

（大中专教材专号，2005年5月）

总第5期（2005年第2期）卷首语

当这期高职高专《桂苑书情》专号与读者朋友见面时，恰逢我们华中师范大学出版社成立20周年。筚路蓝缕，春秋代序，几代出版人耕耘沃野；创业维艰，风雨兼程，廿载桂苑情谱写华章。多少人，多少事，宛然历历在目。岁月如歌，岁月如梭，让人不禁想起孔老夫子，"子在川上曰，逝者如斯夫！"

但无论时光怎样流淌，世事如何沧桑，华师出版人始终秉承"忠诚博雅，朴实刚毅"的华师精神，坚持"竭诚服务教育事业，奉献一流文化精品"的出版理念，举师范旗帜，铸教育品牌；始终以教育出版为中心，为基础教育服务，为师范教育服务，为学校的教学科研服务。20年来，我们出版了以《信息技术》、《体育与健康》为代表的基础教育优质课程教材,以"新课程标准教师培训教程"为代表的教师职后教育教材,以《中国当代文学》、《文学理论》等为代表的高水平大学本科教材。

伴随着中国高等教育大众化的脚步,我们与时俱进,不断开拓,将在高职教育出版领域一试身手。国家教育部的《2003—2007年教育振兴行动计划》提出了重点建设的六大"工程",其中位列第二的是"职业教育与培训创新工程"。当前和今后一段时期,是职业教育一个新的重要发展机遇期,社会主义现代化建设对职业教育的发展提出了强劲的需求。作为职业教育的重要组成部分,同时也是高等教育体系重要组成部分的高等职业教育,近年来得到快速发展,改革不断深入,质量不断提高,一个充满活力、基本适应我国社会主义现代化建设需要的高等职业教育新体系初步形成。教育部将在全国建设100所示范性高职院校,1000个左右精品专业和一批精品课程,充分发挥这些优质教育资源的示范作用,并以此带动全国高职院校的教育教学改革和建设。

华中师大作为百年老校,也积极拓展办学空间,介入高等职业技术教育。我校高等职业技术学院是全国100所示范性高职学院之一,我们出版社也把服务高职教育、出版精品教材教参、搭建高职教育资源平台作为近年的一个重要发展战略。现在,我们已经推出和即将推出的高职教材有十多个系列,上百个品种。其中,"计算机公共课系列"渐成规模,"生物学系列"特色鲜明,"数学系列"反响良好,"物业管理系列"老树新花,"电子商务专业核心课程教材"成龙配套;此外,高职语文、高职体育、高职生心理健康教育等方面的特色教材百花齐放,绿树成荫,共同构造出高职出版园地的姹紫嫣红。

大家知道,历史的发展提出了新的教育要求,那就是全面建成小康社会,构筑现代国民教育体系和终身教育体系,形成学习型社会,促进人的全面发展。在小康社会与和谐社会的建设中,在社会主义现代化的进程中,高等职业教育可谓任重而道远。我们深信,肩负重要使命的高等职业教育有着美好的未来,我们的高等职业教育出版之航也将渐行渐远,驶向远方。

(高职高专教材专号,2005年12月)

总第6期（2006年第1期）卷首语

正当一年一度的高考、中考之际，我们推出了这一期《桂苑书情》的助学读物专号。20年来，我们华中师范大学出版社的优质教学辅导用书就像铺路的石子，构筑了众多莘莘学子通向成功的道路；也如同架起神奇的天梯，让一代又一代中小学生展开理想的翅膀高高飞翔。

所谓助学读物，俗称教辅，是教育出版的一个重要门类。在教辅市场竞争激烈的今天，整个教辅图书泥沙俱下，总体质量堪忧。而我们始终坚持以质量为本，不断创新，打造品牌，致力于为广大中小学教师、学生提供一流的精品和一流的服务，得到了广大读者朋友的认可和赞誉。

"内容为王"的出版业，质量是生命线。对于教辅图书来说，质量更具有特别重要的意义。我们一直选择最好的作者，开发最好的产品，并且随着形势的发展不断与时俱进，丰富创新。作者中的王后雄、汪江松、张立稳、刘汉文等基础教育界的杰出专家是我们图书质量的根本保证；而我们所依托的华中师范大学更是把教师教育特色作为学校的发展战略，其教育理论研究、基础教育研究的成果与人才，同样是我们取之不尽、用之不竭的源泉。

对于图书质量来说，一流的编辑与精心的策划和运作也是非常重要的。在连续两次全国和湖北省的教辅编校质量抽检中，我们华中师大社的图书全部合格，质量优良。而这两次的抽查，反映出的全国、全省整个教辅图书质量却是十分令人担忧的，产品不合格率之高几乎让人难以置信。细节见证品质，质量缘于认真。我们的教辅图书之所以长期保持高质量、高品位，是与认真负责的态度、精益求精的精神、严谨规范的操作分不开的。比如，我们的高考、中考用书，我们的《重难点手册》，所有的习题、例题都请中学有经验的老师审核把关，都请中学生和大学一年级的学生逐一做几遍，确保无知识性、科学性错误，确保答案的准确无误。我们深信：梅花香自苦寒来。

现在，人们对教辅图书非议很多。实际上是那些劣质的教辅败坏了教辅的声誉，搞乱了文化市场。华师出版人仍将一如既往地坚持举师范旗帜，铸教育品牌，为广大中小学教师、学生提供优质的教学辅导图书。我们还将进一步开拓新的教辅选题，构筑教学资源平台，努力打造和维护教育出版品牌。我们也恳望能得到广大中小学老师、同学以及学生家长的关心与支持,希望得到广大经销商朋友的关注与帮助。

(助学读物专号,2006年6月)

总第7期卷首语

2010年即将过去,新年的钟声就要敲响。

2010年是我们华中师范大学成立25周年。这是一个充满朝气又走向成熟的年龄。在这25年间,我们出版了约5000种图书,形成了自己的特色和品牌。无论在基础教育还是高等教育领域,我们的出版物影响都是良好的。品质、品位、品牌,一直是我们长期不懈的追求。

2010年,对于我们来说又是收获的年份。在经济效益稳步上升的同时,我们的学术文化建设、大学教材出版捷报频传:《张舜徽集》喜获国家级大奖,"辛亥革命百年纪念文库"入选国家出版基金项目,《辛亥革命与中国政治发展》入围全国纪念建党90周年、辛亥革命100周年百种重点出版物,另有多种学术专著和高校教材获得各种奖励。

2010年,又是我们出版社的改革元年。乘着文化体制改革的东风,我们华中师大出版社完成了转企改制工作,11月公司正式挂牌。公司内部三项制度改革大力推进,企业自身机制转换步入轨道。高等教育分社的成立就是众多改革举措之一。积极开拓进取,整合内部资源,形成特色板块,迎接数字化挑战,新生的高教分社朝气蓬勃,发展势头良好。

我们这一期的《桂苑书情》就是为高教分社的产品量身定做的。经过七八年的努力,我们的大学教材在系列化、精品化、品牌化方面取得了可喜的进步。"华大博雅"的大学本科教材、"华大精致"的高职教材,已经成为两片茂密的森林,郁郁葱葱,枝繁叶茂。

我们相信,有广大高校老师和学生的关心,有广大经销商朋友的支持,华中师范大学出版社有限责任公司的高教出版事业会更加蒸蒸日上!

(学术著作专号,2010年12月)

推荐"北美素质教育丛书"

我国新一轮的基础教育改革立足点是"素质"与"创新"。新教材的编写,新教改的推进,都力图体现出新的教材观、课程观、教学观和学习观,以培养学生的创新精神和实践能力为重点,以提高学生的综合素质为目标,适应现阶段教师和学生的需要,并有利于促进教师专业能力和水平的提高,有利于促进学生主动地、生动活泼地学习,促进学生的全面发展。如果说我们过去几十年的基础教育以计划经济为背景,以苏联模式为范本,那么新时期的素质教育和创新教育的倡导,则是更多地学习和借鉴欧美的教育理念和经验。因此,出版界引进西方关于基础教育的优秀读物就显得特别重要。华中师范大学出版社从加拿大引进版权、新近出版的"北美素质教育丛书"(4册)正适应了这一需要。

《信息转换——研究性学习》的作者是一位有近三十年教学、写作以及使用多媒体经验的女教育专家。她认为没有快乐就没有一切。信息的真正价值就在于将它转换成知识。这是一个在学习中建构快乐的过程。本书提供了简明的跨学科课程的计划,包含了数百种有效管理信息的方案,从研究计划、信息搜寻和信息转换几方面展开讨论,以提高学生的研究技能。

《班级活动——自主性学习》的作者认为,通过创建班集体和培育一个授权学生自己作出选择的安全环境,将为自信、自立和成功的学生的蓬勃成长提供肥沃的土壤。这本新颖的著作向教师展示了如何利用班会形成一种相互尊重的班级风气,使学生参与决策,提供机会让学生行使领导权,形成有效解决问题的策略,以及减少行为问题的发生。从本书我们可以了解西方国家的教师关于班主任工作的理念与实践。

《信息处理课业——成功性学习》的两位女作者一直致力于把学生培养成为更好的阅读者、写作者和研究者。本书提供了大量活动来培养学生的学习技能，它可以指导学生从低级的、重复性的机械学习方式过渡到有意义的、富于联想的、令人振奋的学习方式。每一项课业都着重培养一种具体的技能，因此，每一项课业都可以作为一节规范的小课来学习。

《少年演说家——演讲技能与口才培养》将演说家的培养分为两个大的部分。上篇集中阐述口头演讲中的展开想象、记忆策略、关注听众、运用体态语、妙用声音、沉着镇定、即兴创作与表情达意等问题。下篇主要针对表演，特别是如何选择内容、指导学生表演以及对他们的演讲进行评价。本书还有丰富的逸闻趣事和演讲妙方，有趣味横生的课堂测验、游戏和练习。

"北美素质教育丛书"，华中师范大学出版社2003年6月出版。

（载《中国教育报》2003年10月16日，标题为《"北美素质教育丛书"让你了解——北美素质教育什么样》，发表时有删节）

废名：不会被废的名字
——荐《废名年谱》

在我国现代文坛上，有一位具有独立精神人格的作家和学者。他生前身后都不免"寂寞"，连名字似乎也快被人遗忘了。但有价值的东西总是要闪光的，总是会有人珍惜的。我们说的这位作家兼学者就是湖北黄梅籍的废名。陈建军先生的《废名年谱》（华中师范大学出版社 2003 年 12 月出版）让一个不应该被废的名字深深地铭刻在了文学史家和文学爱好者的记忆中。

废名（1901—1967）本名冯文炳，可谓是楚地的一个奇才。文学史家易竹贤先生在为《废名年谱》作的序言中说："在中国现代文学史上，他的创作不算多，却极具自己独特的艺术个性，常有珍奇的精品，耐人咀嚼寻味。"早在 20 世纪 30 年代，著名评论家李健吾就曾说过："在现存的中国文艺作家里面……有的是比他通俗的，伟大的，生动的，新颖而且时髦的，然而很少一位像他更是他自己的……他真正在创造。"当代著名学者杨义认为，废名虽然算不上"大家"，但"我们应该说：废名的名字是不应该废的"。青年理论家格非则认为："研究中国现代的抒情小说，废名是不可或缺的。"老作家汪曾祺 1996 年曾断言："废名的价值的被认识，他在中国现代文学史上的地位真正被肯定，恐怕还得再过二十年。"废名在文体、叙事方式等方面所进行的探索，构成了中国现代小说史上的重要资源之一。废名文学创作的探索性、实验性、前卫意识及个性化色彩，在文学史上无疑具有其特殊的意义和价值。

作为学者的废名，建国前和建国初都曾在北京大学任教，50 年代高校院系调整时调到东北人民大学（后更名吉林大学）工作。他的佛学研究、诗学研究等都是很有特点的。大学教授废名又是一个诗人气质很重的性情中人。比如他和湖北同乡熊十力的关系就很能见其为学为人的卓尔不群。他们是好朋友，学术上又是论敌。周作人在《怀废名》中谈过一则趣事："有余君与熊翁（指熊十力）同住在二道桥，曾告诉我说，一日废名与熊翁论僧肇，大声争论，忽而静止，则二人已扭打在一处，旋见废名气哄哄的走出，但至次日，乃见废名又来，与熊翁在讨论别的问题矣。"类似的记载在别的学者笔下也还出现过。废名对熊十力的佛学研究专著《新唯识论》不以为然，在抗战时期于黄梅老家写了《阿赖耶识论》，此书前几年才得以出版。说到废名的个性，北大教授也是废名学生的汤一介有这样一段回忆："废名先生教我们大一国文。第一堂课讲鲁迅的《狂人日记》，废名先生一开头就说：'我对鲁迅的《狂人日记》的理解比鲁迅自己深刻得多。'这话使我大吃一惊，于是不得不仔细听他讲了。"废名的"独立特行"还有不少的逸事，《废名年谱》中多有引录。

陈建军先生积多年的劳作和心血，写就废名的年谱长编，搜集资料之齐全，征引之广博，考证之精审，都是深具功力的。附录的《废名研究综述》和《废名研究资料目录索引》更是为废名研究者和爱好者提供了莫大的方便。

（载《文汇读书周报》2004年3月5日）

一部具有史料价值的重要著作
——荐柯约翰《华中大学》

著名历史学家章开沅教授在为"中国教会大学史研究"丛书写作的总序中曾经指出:"教会大学曾经是中国新式高等教育的先驱。"它"诚然是与西方殖民主义相伴而来,并且其初始阶段又主要是为基督教的传播服务,但到20世纪20年代,在中国民族主义浪潮的猛烈冲击下,中国教会大学不能不作相应的自我调适,经过本土化、人间化、学术化的艰苦历程,逐渐成为中国高等教育的一个重要组成部分。20世纪30年代至40年代,中国教会大学曾经具有较高的成就与国际地位"。到建国前夕,我国的教会大学达到14所,另加2所学院,分布在华北、华中、华南、华东、华西、东北等地,辐射力基本上覆盖全中国。华中大学就是当时具有较高水平和较大影响的一所教会大学。

2003年是华中师范大学诞生一百周年。而华中大学正是华中师范大学的前身之一。作为百年校庆书系之一,华中师范大学出版社出版了由美国柯约翰先生著,中国学者马敏、叶桦译的《华中大学》。这部著作的英文本早在上个世纪的50年代,就作为亚洲基督教高等教育联合董事会主持的中国基督教教会大学史丛书中的一种而公开问世。《华中大学》一书回归她诞生和成长的地方,以中文版再次出版,无论是对于与华中大学有血脉关系的华中师范大学来说,还是对于整个中国教会大学史乃至中国高等教育发展史的研究来说,都是一件很有意义的事。

本书作者柯约翰(John L. Coe)先生1902年出生于美国密歇根州青草湖,1923年至1951年任美国圣公会在华传教士。在近30年的传教生涯中,他主要致力于基督教的教育工作,且一直同华中大学同风雨,共始终。其具体经历是:武昌文华中学(后发展为文华大学,包括大学部和中学部,与华中大学有着非同一般的关系)教员(1923—1932年),华中大学财务助理（1924—1931年），华中大学财务主管（1931—1951年），华中大学数学系主任（1929—1951年）。可以说，他是华中大学从始至终的见证人和直接参与者。作为财务主管，柯约翰曾有机会参与华中大学的决策过程，因此本书在了解华中大学的基本历史线索方面，具有无可替代的史料价值，系研究华中大学校史和华中地区教会史的必读书之一。在书中，作者按时代先后顺序，勾勒了华中大学从筹办到成立以及艰难发展的历史过程。在前言部分，作者简要介绍了在中国教会大学发展史上有重要意义的"伯顿报告"的内容，从而揭示了华中大学创办的缘起。在第一章中，作者又从较为开阔的视野描述了20世纪初期华中地区的传教活动和教会学校概况，具体介绍了博文书院、博学书院、湖滨书院、雅礼大学、文华大学的有关情况。从第二章到第十一章，则用了整整十章的篇幅来分阶段叙述华中大学的发展过程，其具体纲目分别是：华中大学的筹备（1922—1924年），早期的华中大学（1924—1927年），华中大学的第二期的筹备（1927—1929年），重建的华中大学（1929—1933年），华中大学的发展（1933—1937年），在抗日战争的第一年（1937—1938年），西迁（1938—1939年），在喜洲的七年（1939—1946年），返回武昌复校（1946—1949年），在共产党领导下（1949—1951年）。最后，还以附录的形式加列了七份不同时期的"华中大学机构人员一览表"。作者用可靠的史料、简要的文笔叙述了华中大学近30年的发展轨迹，内容涉及创办的历史背景，学校的筹备、成立、短暂停办与复办、发展、抗战时期的流亡西迁、返回武昌复校、改制合并等。

作为历史见证人和亲历者笔下的教会大学史堪称信史，作者所叙述的史实大多与实际的历史相符或相近。但正如本书译者所说，"或又正因为作者曾是参与者之一，在叙述历史时难免以个人的价值判断和主观感情因素搀入其间，影响到对一些史实和问题的评判，不可能绝对公允"。最后还要补充说明的是，本书的翻译还得到了尚在世的华中大学老校友的支持，解决了不少疑难问题，也纠正了过去台港译本中错译和译得不准确的地方。而书前增加的16帧历史老照片更增添了该书的美观与价值。

（《华中大学》，[美]柯约翰著，马敏、叶桦译，华中师范大学出版社2003年版，定价16.00元）

（载《中国新闻出版报》2005年1月13日）

关注高职高专生心理健康
——荐华中师大版《走进阳光地带 ——大学生心理健康导航》

近年来,数百万在校大学生的心理健康问题已经成为全社会关注的热点问题之一,尤其是在2004年震惊全国的马加爵杀人案之后,这种关注更为突出。如何加强大学生的心理健康教育,让大学生成材的同时要成人,已经成为家庭、学校、社会必须认真对待的一个课题。由汪海燕主编的《走进阳光地带——大学生心理健康导航》(华中师范大学出版社2004年版),正是适应社会需要和教学需求而编写出版的这样一部面向高职高专大学生的全新教材。

我们知道,大学生中所反映出的心理健康问题是有其深刻社会原因和特定时代背景的。首先是价值观念的变迁。近些年来,中国社会变得越来越崇尚物质和金钱,越来越重视个人价值和个人需要的实现。其次是高等教育的迅猛发展。大学教育迅速由精英教育转化为大众教育,大学扩招,就业竞争日趋激烈,同学间的竞争也随之激烈。再次是社会分层加剧,两极分化严重。这些也波及在校大学生,来自不同社会阶层的大学生亚群体在个人经历、经济条件、家庭社会地位以及生活方式等诸多方面存在着相当大的区别,同时又不可回避地要"贴身对比"和互动,因而也形成许多矛盾和冲突。此外,随着独生子女群进入大学,一些过去不存在或不突出的问题如合作意识差、极端个人主义等凸现出来。如此等等的众多因素,使得当前大学生的心理健康问题显得突出而复杂。而在校的大学生群体中,高职高专学生比起那些普通高校、重点高校的学生来,又面临着更多的困难与困惑,需要给予特别的关注与关心。

正是为了适应大学生心理健康教育工作的需要,中共湖北省高校工委、湖北省教育厅组织部分长期从事大学生心理健康教育与咨询的专家,以及富有教学和学生工作经验的教师,在调查了高职高专大学生对心理健康教育需求的基础上，编写了这本《走进阳光地带——大学生心理健康导航》，供高职高专院校开设大学生心理健康教育的课程使用。该教材力求与高职高专大学生的学习和生活实际结合，具有较强的针对性、实践性和可操作性，以帮助大学生解决心理困惑，充实、完善和发展自我，促进大学生的健康成长。全书共设有14讲，具体内容包括：和大学生谈心理健康；适应环境与学会生存；自我认识与自我接纳；大学生健全人格的培养；情绪认识与情绪管理；压力及其应对方略；人际关系与人际交往；网络成瘾分析与治疗；女大学生心理保健；性心理健康；爱情、婚姻、家庭与心理健康；学习心理的改善与调适；生涯规划与求职择业；心理咨询与心理治疗。为增强可读性和教学的实际效果，教材中除正文外，还安排了一些小故事、心理测验、心理活动、推荐阅读材料等内容。

（《走进阳光地带——大学生心理健康导航》，汪海燕主编，华中师范大学出版社2004年版，定价12.50元）

（载《现代教育报·教材周刊》2005年1月14日）

文化传统与文化类型研究的新成果
——华中师大版《世界主要文化传统概论》

文化传统是文化学中的一个重要概念。人们在认识传统的时候，往往用"传统文化"和"文化传统"来加以表述。二者是两个关系非常密切因而常常被交替使用的概念。其实，传统文化与文化传统就其内涵而言既有关联又有明显差异。我们赞成这样的概括：传统文化与文化传统所指对象都是时代累积、具有传统意义的人类文化，它们的区别只是就同一现象的不同侧面而言。传统文化相对于现代文化而言，指历史上创造完成遗留下来的文化财富、文化事相。而文化传统则是指文化累积中影响深远、贯通古今，其影响及于现在以至未来的那些具有根本性的内隐与外显的要素。传统文化是已经完成的固定的东西，属于文化史考察研究的对象。文化传统贯通古今，便获得了随时代发展而变异转化的机制，从而为研究社会现状与未来趋势的学人所十分关注。但在理论与实践上这两者又很难截然分开。文化传统是从对于传统文化的研究中概括而来的。文化传统对于现代社会的重大影响，决不能脱离传统文化事相而发生效用。

事实上，对各国不同文化传统与类型进行跨文化的研究，在美国、日本等发达国家已经成为一门重要的人文学科。目前，我国学者也越来越关注文化传统与类型的研究，新近由华中师范大学出版社推出的《世界主要文化传统概论》（姚伟钧、彭长征主编）正是这方面的代表性论著之一。作者在本书的"前言"中谈及研究文化传统的意义以及写作的原由，主要是基于以下认识：首先，现代化过程是一个从传统的农业文化过渡到现代工业文化的过程，同时，这个过程也是从封建专制文化升华到现代民主文化的过程。文化研究及跨文化研究借助其对世界各主要文化传统与类型所作的全面而深入的考察与研究，帮助我们把握住中国的现代化过程及其面临的各种复杂问题，促进中国从传统的农业文化向现代的工业民主文化顺利过渡。其次，随着中国改革开放的不断加深，来华和前往海外从事经济、贸易、科技和教育工作的人越来越多。跨文化研究可以在深入了解不同文化背景的前提下，运用适合不同文化环境的贸易方式、管理方式和营销方式，从而对巩固中国现有的国际市场和开发新的市场，将起到重要的指导作用。

  正是基于以上考虑，作者选取了世界范围内八种重要的、有代表性的文化传统分章进行论述。这八种文化传统依次是：基督教文化传统、伊斯兰文化传统、犹太教文化传统、儒家文化传统、佛教文化传统、道教文化传统、印度教文化传统、日本神道文化传统。这些文化传统，也是广泛意义上的文化类型。本书对这些文化传统与类型所蕴涵的哲学立场、经济思想、伦理道德以及对社会、家庭、个人的影响，以及各个文化传统与类型之间的相互影响及其发展趋势，都进行了较为深入细致的探讨。作为概论性著作，本书既有理论的系统性、逻辑性，又具备教材的简明性、实用性，因此它既是一本有一定研究水准的学术论著，同时也是一本适合高等学校选用的文科教材。

（《世界主要文化传统概论》，姚伟钧、彭长征主编，华中师范大学出版社2004年版，定价29.80元）

（2005年2月2日）

图书评介与广告宣传

《文化学教程》展示文化魅力

上世纪 80 年代到 90 年代曾兴起过文化热。随之而来的有对中国传统文化的反思，对西方现代文化的探索，还有就是对文化学理论研究的持续讨论。近几年来，针对现代教育中仍然存在的重技术轻人文的倾向，国家领导人和社会贤达在各种场合大声疾呼：加强大学生的人文知识教育刻不容缓。1998 年，教育部在普通高校本科教学计划的修订意见中，特别提出了加强"文化素质教育课程"的基本原则。正是在这样的背景下，华中师范大学出版社于 2004 年 12 月推出了一本自成体系、独具特色，又简明实用的大学通选课教材——《文化学教程》。

本书的构架是三大板块，即上编"文化"，中编"文化学"，下编"文化学简史"。从文化到文化学，再到文化学史，由浅入深，纵横结合，内容完整而丰富。这样的结构对于课堂教学来说是很适用的，也非常适合自学者阅读。我们知道，文化学是一门以人类文化现象及其发展规律为研究对象的学问。它是一门综合性的人文科学，牵涉人类文化的各个方面，但并不包揽各个领域的专门研究，而是着重考察体现在人类文化各个层面或子系统之间的相互联系和关系，以及文化现象和自然现象之间的相互联系和关系；从这种综合考察中，揭示人类文化的整体结构、特征及其发展演变规律，展现这些文化现象背后的共同本质与普遍规律。本书作者抓住文化学体系最本质、最核心的东西，采用提纲挈领、化繁为简的方式，把我们引领进文化学的殿堂。

在上编"文化"中，首先讨论了"人与文化"的问题，进而介绍文化学的兴起。在"何谓'文化'"一章中，则分别对文化的定义、特征和结构进行了论述。接下来，按照"物质文化"、"制度文化"、"精神文化"和"信息文化"分章讨论。这里，"信息文化"的探讨尤其富有新意。中编"文化学"有五章，具体纲目为：文化的起源、文化类型、文化模式、文化传统、文化变迁。而在下编"文化学简史"中，作者用三章的篇幅介绍了中国古代、近现代和当代的文化学说和文化研究；另外用四章勾勒了西方文化学的发展历程，梳理了西方文化学的各种学派与流派及最新进展，涉及古典进化学派、古典传播学派、心理分析学派、社会学派、功能学派、结构主义、社会文化批判理论、亚文化与边缘文化研究等等。在每一章的后面，都有一到两篇相关的阅读材料。另附"本章要点"、"思考题"和"参考书目"。还值得一提的是本书的文风。作为一部高校教材，该书内容充实，层次清晰，重视理论与实例的有机结合，表述通俗明快，绝无学术八股的气息。

本书作者都是多年从事文化学教学与研究的专家、学者。他们在多年教学讲义的基础上修订完善而成的这本文化学教材，为高校教师和文化学爱好者提供了一个新的选择。

（《文化学教程》，陈建宪主编，华中师范大学出版社2004年12月出版，定价22.00元）

（载《现代教育报·教材周刊》2005年3月11日）

中国民间文艺学划时代转折的见证
——荐《中国民间文艺学年鉴·2002年卷》

2002年是中国民间文艺学发展史上具有特殊意义的一个年份。年初，一代民间文艺学大师、百岁老人钟敬文教授走完了"吾侪肩负千秋业，无愧前人庇后人"的辉煌人生历程。有研究者用两句话来对比2002年与2001年民间文艺学界的变化与转折，即：如果说2001年的中国民间文艺学界的总体特征是"在困境中寻求突破，迅猛前行中潜伏着危机"的话，那么2002年则可以概括为"巨人逝去为一个时代画上句号，新人辈出学科在反思中悄然成长"。

刘守华、白庚胜主编的《中国民间文艺学年鉴·2002年卷》（以下简称《年鉴》）（华中师范大学出版社2004年版）正是中国民间文艺学划时代历史转折的一个见证。这一卷《年鉴》的第一编"钟敬文先生与中国民间文艺学"，收录了有关钟老生平及学术成就研究的资料和论文、回忆文章10篇，具体包括钟敬文先生的生平、著作年表，钟敬文的民间文艺学思想、民间叙事文学研究、神话学研究、民间故事类型研究、歌谣学建设，以及钟老与民间文学集成、与中国民间文艺家协会等等。总结一代大师的学术遗产，有利于启迪未来的民间文艺学健康持续发展，并有所超越。

在2002年所发表的成果中，出现了一些新的气象，新人新论新发现如天边滚动的春雷，预示着民间文艺学新春的来到。这种新气象，首先表现为对中国民间文学学术史的严峻反省，展现出更加历史的、辩证的学术思维，更加自觉的学科意识和更加开放成熟的学术胸怀。其次，在民间文艺学的破中有立、理论建设方面有所进步。比如，提出了关于中国史诗学研究转型的深层问题，引进了国外"口头程式"理论这一民间文学专业方法；歌谣学研究在沉寂多年后出现一些亮点，特别是对当代时政歌谣的关注与研究，显示出民间文艺学也是"当代之学"的学科魅力；而在民间叙事文学研究领域，传统的考据方法仍受到青睐，向更加扎实深入的方向发展，特别是一些论文涉及帛书、纬书、波斯文等过去较少利用的文献资料。此外，从多侧面多角度研究民间文学仍然是2002年的主旋律。运用民俗学田野调查方法，一些研究者发现新资料，提出了新问题；民间故事类型研究、民间艺术研究、台湾民间文艺学研究等，亦有佳作面世；还有不少学者从考古学、民族学、比较文学等不同角度对民间文学作品的阐释与解读，对歌手、故事家的传承研究，对民间诗歌、民间音乐、民间美术的艺术分析等，均有不俗的表现。与此同时，2002年的民间文化遗产抢救工程也取得了新的进展。

《年鉴》2002年卷用5编（第2编至第6编）的篇幅分别载录了中国民间文艺学所取得的可喜成就。第2编"中国民间文艺学综论"收录论文4篇，论文摘要5篇。第3编"神话研究"，则先有一篇《2002年中国神话研究概述》统领全面，然后全文选登论文6篇，论文摘要9篇。第4编"史诗研究"，体例与上一编相同，分为概述、论文选载（4篇）和论文摘要（8篇）三个部分，点面结合，较全面反映了年度诗史研究的状况。第5编"民间传说与民间故事研究"、第6编"民间诗歌与民间艺术研究"，除了各自的年度研究"概述"外，分别选载论文7篇、6篇，论文摘要6篇、5篇。最后的第7编为"资料信息"，内容包括：《中国民间文艺家协会2002年大事记》、《全国高校民俗学（含民间文学）历年博士、硕士学位论文索引》、《2002年中国民间文艺学论文索引》。这7编中，关于钟老的研究专栏，关于相关的学位论文索引，都是本卷新增加的，其学术价值是显而易见的。

诚如编者陈建宪教授所言，回首2002年的中国民间文艺学，虽然不能说是百花盛开的春天，但种子已经播下。《年鉴》记载播种，也将记载新的收获。相信新的2002年卷《年鉴》会与第一本（2001年卷）一样，引起中国民间文艺学界乃至整个学术界的更广泛关注。2003年卷也将在不久的将来呈现在读者面前。

（《中国民间文艺学年鉴·2002年卷》，刘守华、白庚胜主编，华中师范大学出版社2004年版，定价52.80元）

（载《文艺报》2005年9月22日）

中国文献学的标志性著作
——荐张舜徽著《中国文献学》

已故国学大师张舜徽先生在上个世纪80年代初推出了《中国文献学》这部著作（中州书画社1982年版），在教育界和学术界产生了很大的影响。20多年后，张先生执教过数十年的华中师范大学所属的出版社从2004年开始，陆续推出近千万字的《张舜徽集》。《中国文献学》作为"文集"第一辑中的一种，重新出版以后，也很快受到了学术界的关注和广大读者的欢迎。

我们完全可以说，这部《中国文献学》是一部国学研究的经典性著作，也是中国文献学这门学科成立的标志性著作。北京大学王余光教授在《张舜徽先生的文献学成就》一文（见《历史文献学论集》，崇文书局2003年版）中，从三个方面概括了《中国文献学》对文献学教育、研究和文献整理工作的意义与价值。首先，在文献学教育方面，这部书作为教材，在很多大专院校被广泛采用。在这部书出版的同时，张先生还选编并出版了《文献学论著辑要》一书，选择中国历代学者关于文献学的论著120篇。一为教材，一为教学参考书，相互补充，相得益彰。其次，20世纪80年代，文献整理工作有较快的发展，大批古籍被整理出版。当时，人才断层明显，古籍整理方面的人才尤其缺乏。张先生的著作成为当时中青年古籍整理工作者的重要参考读物，对于他们的成长起到了很好的作用。复次，在文献学研究上，《中国文献学》的出版起到了标志性的作用，它标志着中国文献学的最后确立，其文献学理论、文献本体、文献整理方法及文献学史四个方面的构成，对今后文献学的发展起到了规范性的作用。在此后的时间里，国内文献学著作、教材陆续出版了若干种，这些书或多或少受到了《中国文献学》的影响。正是鉴于张先生在中国文献学研究方面的突出贡献，早在1981年11月，国务院学位委员会就核定华中师范大学历史文献学专业为硕士、博士授予单位。这一文献学博士点,也是全国高校中的第一家。

《中国文献学》2004年3月由华中师范大学出版社重新推出。它的再版,很快引起了学术界的关注,销路看好。不少高校将其指定为研究生的必读书,还有一些学校将其选作教材。这里还有一个出版上的小插曲。该书印出以后,发现一些地方有明显错讹。原来是排版的电脑系统和出胶片的电脑系统衔接方面有问题,致使经过严格三审三校的书稿出现了不应有的错误。出版社发现这一问题后,立即封存了所印的5000册图书,并全部销毁。出版社又重新印刷了5000册书,虽然经济上有不小的损失,但面对神圣的学术著作,出版社维护学术与学术出版的尊严毫不含糊。

经过艰苦的工作,《张舜徽集》第二辑将在不久的将来与读者见面。一代国学大师的精神遗产将泽被后人,光耀千秋。

(2005年11月17日)

介绍《包鹭宾学术论著选》

包鹭宾（1899—1944），字渔庄，江西省南城县人。这位已经故世60年的学者，已经少有人知了。最近，华中师范大学出版社出版的《包鹭宾学术论著选》让人们对这位有成就的杰出学人的生平、事迹、学术贡献有所了解。这也是华中师范大学对自己老校友的最好纪念。

包鹭宾先生出生于一个封建知识分子家庭，先世曾举晚清进士，家学渊源深厚。包先生于1920年考入北京大学哲学系攻读6年，深植国学根底，为日后从事教学与科学研究工作打下了坚实的基础。大学毕业后，他曾经担任江西心远大学教授。1931年9月，应聘到武昌，担任华中大学（华中师范大学的前身之一）国学教授兼中国文学系主任。华中大学是当时国内一所有影响的教会大学，校长是著名学者韦卓民博士。包先生在华中大学工作了11年，在教学、研究以及学科建设方面作出了突出的贡献，并与美国哈佛燕京学社进行了卓有成效的学术合作。长期在华中大学任职的美国专家柯约翰在其所著《华中大学》（1962年美国出版）一书中指出："1931年夏……中文系的周先生走后，韦博士聘请包鹭宾先生接替他的工作，包先生为中文系的发展作出了很多贡献。中文系不仅发展为华中大学主要的系，而且在武汉地区高校中有着很大影响。1944年8月，中文系主任包先生猝逝于喜洲，从而结束了他对中文系长时间的正确领导。"至于包先生的学术造诣，主要是在中国传统的经学及文学方面。他著有《经学通义（初稿）》、《〈文心雕龙〉讲疏》、《韩退之先生年谱长编》等；在抗战期间华中大学西迁云南喜洲，包先生在极其艰苦的条件下，结合避处西南边陲的实际，开展了对西南边疆少数民族历史和文化的研究，写作了《民家非白国后裔考》、《蒙氏灭南诏说》、《说"白人"坟》等有较高学术价值的论文。包先生的英年早逝世，确实是华中大学乃至中国学术界的一大损失。他不幸病逝后，著名学者游国恩、郑天挺以及先生的弟子徐琳、王玉哲、胡人龙等纷纷作诗撰文，缅怀包先生的崇高人品和不朽的学术业绩。

在包鹭宾先生去世60年后，华中师范大学校长、知名学者马敏教授和他的弟子付海晏、文廷海博士在包先生后人的大力支持下，历时数年，终于编辑了这部比较全面反映包先生一生学术成就与人生追求的论著选。论著选较为完整地收录了包先生尚存的能够收集到的主要学术著作和论文，同时还在"附录"中选录了《包鹭宾先生生平事略（附〈包鹭宾先生著述目录〉）》，以及包先生的朋友、弟子、亲人怀念他的诗文等。书的最前面，有包先生的照片和手迹数帧，都是很珍贵的资料。著作设计典雅大方，印制精美，倘若包先生九泉有知，想必也会感到很高兴的。

（《包鹭宾学术论著选》，华中师范大学出版社2005年8月出版，定价28.00元）

（2005年10月23日）

图书评介与广告宣传

"科举学丛书"

至 2005 年 9 月，我国废除科举正好一百年。百年之后再来重新反思曾经对中国历史、文化和社会产生过巨大而深远影响的科举制度，学界有了许多新的认识，研究有了许多新的拓展。华中师范大学出版社继"新世纪考试科学研究丛书"（9 种）之后，又推出了刘海峰教授主编的"科举学丛书"（已出 3 种）。

"丛书"的第一种是刘海峰著《科举学导论》。这部近 50 万字的著作，体大思精，重在"学"的建设。作者将古、今、中、外、文、史、政、教等各个方面的科举研究成果熔于一炉，系统地论述了科举学的含义、内容、结构等等，重在科举学学理的阐发和学术史的梳理，并为科举学建构出一个基本的理论框架和发展平台。书后还附录有《新印科举古籍目录》、《科举学著作目录》、《科举研究学位论文目录》，对于科举学研究有重要的参考价值，本书定价 58.00 元。

张亚群的《科举革废与近代中国高等教育的转型》是作者在博士学位论文基础上修改而成的。本书以高等教育基本理论为指导，从科举制改革与废止的视角，系统考察和深入分析了近代中国高等教育转型的动力、原因、过程、特征与影响，揭示了近代中国高等教育的发展规律，全面总结了科举制度改革的经验和教训，并揭示了大规模选拔性教育考试的一般规律，为当今高校招生考试提供了有益的借鉴。本书定价 38.00 元。

李兵著《书院与科举关系研究》也是其博士学位论文的修改本。书院与科举在中国古代教育大舞台上共存了一千多年。在中国古代文化史和教育史上，书院与科举是两个相当独特的方面，二者互相联系又互有区别。本书从书院与科举关系的角度立论，按照历史发展的顺序，论述了从唐代到清代书院与科举的密切关系，澄清了过去一些似是而非的观点。作者详细考察了很多史料，特别是地方志，把历代书院教育出来的人参加科举考试的情形用统计学的方法呈现出来，让读者了解科举与书院教育的关系。它也可以说是一部研究书院社会功能及其发展的专著，考据、义理、辞章三者兼具。本书定价40.00元。

这套丛书为16开本，用特种纸软精装印刷，印制精美，设计典雅大方，是内容形式俱佳的好书。丛书可供参考从事高等教育理论研究和中国教育史、文化史研究方面的学者参考。

（载《中国新闻出版报》2005年11月2日）

教育孩子并不难
——荐《别和青春期的孩子较劲》

望子成龙、望女成凤几乎是每个中国家长的共同心愿。但现实往往并不尽如人意。良苦的用心并不一定换来理想的结果。如何有效地、成功地教育孩子成为全社会关注的一个重要社会问题。家庭教育越来越受到人们的关注,因为孩子的健康成长中学校教育固然重要,家庭影响也绝不可小视。家庭教育是奠定学生全面发展的重要基础,作为家长,不管是否刻意,都自觉不自觉地对孩子施以最深刻、最久远的影响。在家庭教育中,特别是孩子到了青春期,父母人到中年,更会出现一些新的教育难题。当"青春期遇上更年期",显示出的不仅是两个生理时期的碰撞,更包含着两代人之间的矛盾与冲突,困惑与无奈。但解决这些矛盾与问题也并非束手无策,新近面世的《别和青春期的孩子较劲》(关承华著,华中师范大学出版社2005年版)就是一位成功的老师同时也是成功的母亲献给读者朋友"支招"之作。

其实,家庭教育的方法、技巧固然重要,但更重要的还是教育的理念。前者是庄子讲的"技",后者才是"道"。只有明白了这个"道",才会有各种各样"技"的巧妙运用。我们从《别和青春期的孩子较劲》中,从书名到章节的标题都无不感受到一种新的教育理念。这里可以列举出一些带警句性的话来:是父母,不一定是好家长;孩子身上一定有家长的影子或家庭教育的痕迹;管坏的孩子比惯坏的孩子好管;了解孩子是教育成功的首要条件;非智力因素是孩子成功的重要条件;行为习惯是非智力因素的重要组成部分;理解必须有了解作前提;高明的家长会倾听,倾听才能走进孩子的内心深处;把握人生,从习惯入手;培养即将进入青春期孩子"诚信、读书、守时"的三大习惯;家校合作是教育的重要环节,学校教育是家庭教育的引申、补充和完善,家庭教育是调整学校教育、净化社会影响的枢纽，是学校教育的必要助手；提高自身素质，取得教育孩子的资格；不要把自己的意志强加给孩子；赏识教育有奇效。

　　老话说，思想决定行动。有了科学的、先进的，同时也是符合教育实际的家庭教育理念，家长们便会因材施教，采取各种有效的措施和办法。在《别和青春期的孩子较劲》中，作者也并不是坐而论道，空谈理念。这位从事教育工作30年，担任初中高中班主任26年的优秀人民教师，接触了大量的学生、家长，积累了丰富的教育经验，其中不乏成功的案例。在本书中，作者就以通俗易懂的道理、生动鲜活的实例、贴近生活的语言，来帮助家长们解答在教育孩子过程中的困惑与疑问，用"心理帮助的教育方式"使孩子的成长之路更加畅达。因此，捧读此书，你会觉得有一位慈爱的成功母亲、一位富有经验的循循善诱的老师在对你娓娓而谈。也许你会有一种"与君一席话，胜读十年书"的感觉。其实，教育孩子原来并不难。

　　（《别和青春期的孩子较劲》，关承华著，华中师范大学出版社2005年版，定价22.00元）

（载《中国新闻出版报》2005年10月26日）

一门引人入胜的专学
——荐刘海峰著《科举学导论》

2005年9月2日，是中国科举制百年祭日。科举虽早已成为历史，但它又不只是被人淡忘的历史陈迹。它不仅在中国古代的政治、文化、教育、社会等各个方面打下了深深的烙印，而且对当今中国社会的文化教育、社会习俗和心理思维都有着深刻而久远的影响。因此，长期以来，学术界非常重视科举制的研究，成果迭出，人才荟萃。厦门大学刘海峰教授从上个世纪90年代初发表《科举学刍议》后，便一直专注于作为一门专门之学的科举学的研究，在十年间发表相关论文30多篇，出版专著10部（含合著）。2005年8月，他关于科举学研究的集大成之作——《科举学导论》，由华中师范大学正式推出。

有如研究"文选"之有"选学"，研究《红楼梦》之有"红学"，研究朱熹之有"朱子学"，对科举的研究形成了一门涵蕴丰富、内容广博的专门学问——科举学。作者认为，只有作为"学"的科举研究，才能囊括科举研究的各个方面，才能统合概括各学科独立或分散的科举研究成果，才能深入发掘科举研究的底蕴，也才能将边沿地带和交叉地带的科举研究予以整合。立足于"专学"的建立，作者从特殊的研究对象、完整的理论体系、公认的专门术语、科学的研究方法、代表性著作以及代表性人物等诸条件对科举学研究的学科性质进行了深入细致的论证。也正是基于此，作者认为，"科举学不仅是一个知识体系，而且是一个理论体系"（《自序》）。因此，本书也就与一般的科举研究著作不同，主要不是面面俱到地介绍科举知识，或研究科举制度，而是在探讨科举学中的一些基本问题，或者说带有普遍性和根本性的问题。全书的重点在"科举学学理的阐发和学术史的梳理"（《自序》）。这样的研究思路和策略，我们从该书18章的纲目中可以窥见一斑。第一章"科举学引论"重点讨论科举学的涵义、性质和特点，第二章"科举学综论"则分别探讨科举学的范畴、内容和旨趣。接下来的 16 章，其标题如下：科举学史论、科举起源论、科举时代论、科举存废论、科举人物论、科举政治论、科举教育论、科举文学论、科举社会论、科举文化论、科场法规论、科举地理论、科举术语论、科举文献论、科举东渐论、科举西传论。从这个纲目即可见出该书的视野开阔，体大思精。在宏观的构思中，作者又特别重视史料的爬梳与考辨，可谓考辨缜密，论析精微，立论坚实可靠。有了这部《导论》，科举学作为一门专学的地位便可得以确立。

顺便值得一提的是，本书后面的三个"附录"，也是资料性、学术性兼具，很有价值。《新印科举古籍目录》、《科举学著作目录》、《科举研究学位论文目录》皆广搜博采，网罗宏富，是研究科举学的重要文献。

科举研究的内涵和价值极为丰厚，而科举学的产生与发展则源于学术研究的内在需要和考试改革需寻求制度资源的外在环境。也正因为如此，未来科举研究还会引起更多的兴趣和关注。作者在本书的结尾处乐观地预言："作为一门专学，科举学具有远大的前程，必将成为 21 世纪一门烁然可观的显学。"我们有理由相信，《导论》将为这一新的"显学"的发展导引先路。

(载《中国新闻出版报》2006 年 2 月 10 日)

一本常销不衰的教育哲学著作
——荐王坤庆著《教育哲学》

说到哲学，人们总以为是深奥的、难懂的，甚至是枯燥乏味的。对于教育哲学，也大抵作如是观。王坤庆教授的教育哲学著作，也许会让我们对此有一个全新的认识。最近，华中师范大学出版社出版了他的《教育哲学——一种哲学价值论视角的研究》（2006年版）；这部著作是作者上个世纪90年代中期出版的《现代教育哲学》的修订本。《现代教育哲学》在近10年的时间里，曲高并不和寡，再版多次，销售达数万册，成为名副其实的常销书。

我们有理由寄厚望于新版的《教育哲学》。在国内外众多的教育哲学类著作中，王著无疑是有自己的突出特色，同时具有较高学术水准的。它的特色在书的副标题中已经显示出来了，那就是从哲学价值论的角度来探讨教育哲学的理论与实际问题，进而构筑自己的现代教育哲学体系。作者在《再版后记》中说："原先的《现代教育哲学》作为专著和教材，在多年的使用过程中，受到相关学者、读者和学生的好评，先后8次印刷，发行量逐步攀升，这从一个侧面反映了作者当年试图以教育价值论为主线来构建现代教育哲学体系的努力并没有白废，并且，作者认为，坚持并完善这种教育哲学构架更是自己的责任。"

基于此，作者在保持原著特色的基础上，又进一步从理论与材料方面作了补充与完善，篇幅也比原先有了较大幅度的增加。全书仍旧分为上编"教育哲学概论"和下编"教育价值论"。在上编中除了对部分资料进行充实和调整外，主要增加了教育哲学的基本范畴和对中国教育哲学的展望等内容；由于对教育哲学基本问题这一章部分内容进行了更新与调整，因而使整个上编内容更加充实和完整。而对于下编，作者则完善了教育价值的基本理论部分，并新增了审美教育价值观和后现代教育价值观两部分内容。与此同时,作者注重将马克思主义教育哲学思想渗透其中,将马克思主义教育哲学所体现的教育价值观与现代教育价值观相联结,形成了一个较全面的研究教育价值观的思想脉络。

显然,自成体系,理论扎实,特色鲜明,富有创新精神,能够与时俱进,形成了《教育哲学》的特点和优势。这样一部既是学术专著,又可作为大学本科生和研究生专业教材的教育哲学,一定会继续受到读者的欢迎和市场的认可。

(《教育哲学——一种哲学价值论视角的研究》,王坤庆著,华中师范大学出版社 2006 年版,定价 40.00 元)

(2006 年 2 月)

在图文世界中阅读日本
——荐陈平原著《日本印象》

日本这个国家、大和这个民族，无论你是喜欢还是讨厌，也无论是过去、还是现在，抑或是将来，都与我们中国、中华民族有着千丝万缕的联系，实实在在是"剪不断，理还乱"。与其情绪主义地瞎发议论甚至发泄，于事无补地冲动行事，还不如在踏实前行、聚敛内功的同时，也冷静地、客观地多了解一点别人，取其长而补己短。原东京女子大学教授伊藤虎丸先生说过：中日之间，"友谊"容易，"理解"很难。意思是说，没有"理解之同情"或"同情之理解"，只是因应政治局势的需要，那样的"友谊"不可靠。在不断的"干杯"背后，潜伏着国家利益、文化差异，以及历史记忆等，所有这些，都不应该被忽视或刻意抹煞。

去年冬天，有机会在国家教育行政学院脱产学习三个月，在听讲座、做作业之余，还有一点闲心和闲余时间随心所欲读自己喜欢的书籍，因此偶然买来一本陈平原先生访学日本期间写作的随笔集《阅读日本》（辽宁教育出版社1996年出版），阅后深为其中浓厚的"中国情结"所感动。作者说自己是在"阅读日本"，又好像在借日本"阅读中国"，立足点始终是"中国的"而不是"日本的"问题。事实确实是，作者的"前理解"决定了他的阅读策略和方向。就像鲁迅先生《〈出了象牙之塔〉后记》所说，"并非想揭邻人的缺失，来聊博国人的快意"；相反，是时时处处在用日本这面镜子来观照中国。作者认为，每个国家的知识者，都应该首先关注并鞭策本国政治生活及精神文化的发展；学有余力，方才"负有刺探别国弱点的使命"。正是基于这样的忧国之思与爱国情怀，在《阅读日本》中，我们更多感到的是中国的不足与差距。读完此书后，我有感而发，写了一篇简短的书评，重点谈日本的教育及出版方面对我们的启示。这篇短文后来发表在《中国图书评论》2005年的第3期。

也正是在阅读陈著期间，我所供职的华中师范大学出版社开始推出"文化名人看世界"的印象系列丛书，陆续出版了季羡林的《德国印象》、朱自清的《欧洲印象》、柳鸣九的《法国印象》等。我当时觉得应该有一本《日本印象》，而陈平原先生的作品是比较合适选择，正可谓"踏破铁鞋无觅处，得来全不费工夫"。而陈先生原著的版权也即将到期。于是，我便托京城的朋友与作者联系，很快得到陈平原先生的支持。于是，在一年之后，便有了这一本陈平原先生的图文本《日本印象》。作者在本书《小引》中说："作为业余爱好者，我之谈论日本，确实只是'印象'而已。此类文章，不同于专家之学，只求生动、真切，而不可能全面、深刻。于是，文字之外，借助图像，力图做到'图文并茂'。当初连载于《东方》杂志，确实配了好些精心搜集的插图，效果很不错。可结集成书时，为了丛书体例的统一，只好忍痛将图像删去。这回的'改头换面'，主要是做了两方面的工作：一是截取自认比较有心得的前两辑'东游小记'和'阅读日本'，舍弃关系较为疏远的'东京读书记'和'结缘小集'；二是配上大量相关图片。"翻阅新出版的《日本印象》，虽说是老书新出，但确实又是翻新出奇，推陈出新，而绝不是简单的重复或炒冷饭。作者说"新版之兼及图文，接近我原先的设想"。这里，我要说明的是，从文学艺术的角度来说，作者的文字也是十分优美的，堪称美文，意境悠远。

今天，我们经常从报章上看到日本方面一些令人不快的消息。中日关系面临着严峻的挑战。陈平原先生说："原书写成于中日关系良好的年代，不免更多地看到现代日本光明的一面。十年后的今天，对明治以降日本的历史与文化有了较为深入的了解，我仍不改初衷。就像初版'后记'所说的，作为一个对异文化有浓厚兴趣的读书人（而非专家），我更多关注如何向对方学习，而不是疗救人家的疾病。"斯言是矣！作为出版者，我们和作者的想法实在是很一致的，我们考虑的不仅仅是市场，是商务，而更多的是一种深层次的国家需求。

（载《文汇读书周报》2006年3月3日）

中国故事体裁与文体研究的代表性著作
——荐刘守华著《故事学纲要》（修订本）

著名民间文艺学家刘守华教授多年来致力于中国民间故事的研究，先后出版了《中国民间童话概论》、《比较故事学》、《中国民间故事史》和《中国民间故事类型研究》等论著，在海内外学术界有着广泛的影响。最近，华中师范大学出版社又将刘守华先生近20年前推出的《故事学纲要》修订再版，纳入"华大博雅"品牌伞下"民间文化学系列教材"之中，也必将产生良好的社会反响。

《故事学纲要》1988年12月出版后，学术界就有过很好的评介。旅居澳洲的著名中国民间文艺学家谭达先博士在香港《文汇报》（1994年4月10日）撰文指出该书的三大特点：一是紧密联系中国和湖北民间文学及事业发展的生动实际，直接引进了大批优秀故事和众多的故事家活动资料。二是相当广泛地吸收了国内外学术前辈和同辈的研究成果。三是紧密地联系中国民间故事发展史。另一位对该书给予高度评价的是在北京师范大学攻读民俗学硕士学位的日本女研究生西村真志叶。她在2004年5月完成的硕士学位论文《中国民间幻想故事的文体特征研究》中，肯定《故事学纲要》一书"代表了目前中国故事体裁和文体研究的最高水平"。这些评价都是行家之言，十分准确。

正是缘于此书的学术价值和深广影响，原出版单位华中师范大学出版社和作者协商，在精益求精、推陈出新的基础上于2006年9月出版修订本。全书的主体部分有12章，比较全面系统地论述了民间故事的范围与界限，民间故事的几种常见体裁及其代表作，民间故事的传承特点，民间故事在人民生活中的多种功能，故事体裁的叙事艺术、历史演变以及民间故事的采写与研究等。在内容上，力求讲清有关故事文学的基本理论，并注意吸收国内外故事学的最新成果。同时，紧密结合正在大规模开展的我国民间文学工作,介绍有关故事采写和研究的科学方法。在文字表达上,则尽可能以丰富生动的事实材料作依据,并进行简明扼要的理论概括,做到理论性、知识性、趣味性并重。它虽是大学选修课的教材,但因其提高与普及兼顾,理论与实际结合,也适合普通读者的阅读。

《纲要》新版有两个附录,一是《中国民间故事概述》,此系刘守华教授为主要执笔者撰写的《中国民间故事集成》的总序;二是刘守华教授写作的《世纪之交的中国民间故事学》,原载于贾芝主编的《中国民间文学五十年》(大众文艺出版社2004年版)。作者在"后记"中说,这附录的两篇重要论文,"除对本书内容予以充实之外,也寄托着著者对有志于开拓故事学新境界的热切期待"。

(《故事学纲要》,刘守华著,华中师范大学出版社2006年版,定价23.00元)

(2006年9月)

《张舜徽集》：一代国学大师的传世之作

张舜徽先生（1911—1992）是一代国学大师。新版《辞海》"张舜徽"条如是介绍："中国学者。湖南沅江人。崇尚乾嘉朴学，治学以文字、音韵、训诂为根柢，长于版本目录、校勘、考据，在经学、小学、史学诸领域均有成就。曾任兰州大学教授、中文系主任。建国后，历任华中大学教授，华中师范大学教授、历史文献研究所所长，中国历史文献研究学会第一至第三届会长。著有《广校雠略》、《中国文献学》、《郑学丛著》、《清人文集别录》、《中国古代史籍校读法》、《说文解字约注》、《中华人民通史》等。"

学识精深、著作等身的张舜徽先生一生出版著述二十余种，含遗著近千万字。他在《八十自叙》中自我总结说："余之治学，始慕乾嘉诸儒之所为，潜研于文字、声韵、训诂之学者有年。后乃进而治经，于郑氏一家之义，深入而不欲出。即以此小学、经学为基石，推而广之，以理群书，由是博治子、史，积二十载。中年以后，各有所述。"张先生自学成材，在治学上走博通之路，赞赏通人之学。他一生勤奋治学，博涉四部，在传统学术的诸多领域造诣精深，留下了大量论著。这位全国第一位历史文献学博士研究生导师，首批享受国务院政府特殊津贴的知名专家，其研究涉及文献学、文字学、经学、学术史、哲学、史学等诸多方面。

著名学者蔡尚思称张舜徽先生为有学问的通人，是建国后在世的极少数几个国学大师（另有钱穆、柳诒徵等）之一。香港曹聚仁认为张舜徽经史之学成就实在如雷贯耳的钱穆之上。北京大学王余光则认为，在古典文献学领域，张先生的著作构建了学科思想、方法与研究规模，并成了古典文献学的基本范式。北京师范大学的徐梓把张舜徽先生作为20世纪中国史学中，与陈垣并列为现代总结性史学（与批判性史学、建设性史学并列）最为典型的代表人物。王宁则称张先生"一生勤奋治学，创获极多，诲人不倦，堪称楷模"。陕西师范大学赵吉惠盛赞张舜徽先生清代学术史研究成就，指出他的此类著作博大精深，富于原创性新见解，自立门户，自成一派，堪称清代学术史研究领域中的一大家；其深度和广度，都足以与梁启超、钱穆的清学史研究形成鼎足互补之势，值得我们做认真的比较研究。而华中师大刘筱红博士则以《张舜徽与清代学术史研究》为题完成博士学业，其论文获省级优秀论文奖，得到学界好评。原国家教委古籍委称张先生为"海内大家"。清华大学思想文化研究所说张先生去世是"巨星陨落"。张先生的学术影响及于日本、台港及东南亚地区，仅在台湾一地翻印出版他的学术著作就有十多种。

华中师范大学出版社经过多年酝酿、筹划，在张先生生前同事和学生——历史文献研究所诸位老师配合下，终于在2003年启动《张舜徽集》的编辑出版计划。2004年3月，文集第一辑五卷七种以整体形象、崭新面貌亮相。它们包括：《中国文献学》、《中国古代史籍举要》、《中国古代史籍校读法》、《广校雠略》、《汉书艺文志通释》、《清人文集别录》、《清人笔记条辨》。文集每卷后均附有张先生已出版的著作目录。张先生的这七种著作可以说都是中国历史文献研究的精品，堪称传世之作。《张舜徽集》第二辑五卷（包括《周秦道论发微》、《郑学丛著》、《清代扬州学记》、《顾亭林学记》、《清儒学记》、《爱晚庐随笔》）则于2005年12月面世。这里仅以《中国文献学》和《清人文集别录》为例略加说明。

《中国文献学》是作者在上个世纪80年代初出版的。在文献学研究上，"这部书的出版起到了标志性的作用，它标志着中国文献学的最后确立"（北京大学王余光语）。该书将文献学的理论进行了一次系统总结，构建了中国文献学学科的基本框架，包括文献学理论探讨、文献研究、文献整理研究和文献学史的总结。在此书问世后，作为配套用书，作者还编选出版了《文献学论著辑要》。作者在这里所建构的文献学理论体系，对以后文献学的发展起到了规范性的作用。今天我们所能见到的各种各样的中国文献学著作、教材，无不受到了《中国文献学》的影响。

《清人文集别录》自上个世纪60年代由中华书局出版后，就受到学术界的高度评价，一版再版。著名文学史家刘永济曾说："不意吾家中垒（指刘向）遗风，复见今日，为之狂喜。"又说："非有渊博之学，弘通之识，不足以成此书。观其评骘学术，论而能断，即足见其有学有识矣。况其文笔雅健，又非常人所能逮；今人具此根柢者甚罕，能读此书者已不多矣。"而史学家顾颉刚在给作者的信中也称赞说:"先生所作诸书,示学者以途径。启牖之功,实在张香涛(即张之洞)《輶轩语》、《书目答问》之上。然彼二书,对我辈之效用已极巨。先生别白是非,指明优劣,上绍向、歆之业,下则藐视纪昀之书,其发生影响之大,固不待言也。"张先生除了《清人文集别录》外,另有《清人笔记条辨》、《清儒学记》等有关清代学术史的著作多种,其学术水准、内在价值当在梁启超、钱穆的清代学术史研究之上。但就像刘永济、李学勤等专家所言,现在"能读此书者已不多矣",因此一代学术大师的成果并未得到更多的、应有的关注与研究。我们相信,随着近千万字《张舜徽集》的陆续问世,一代国学大师将会在学术的殿堂里得到他应享的尊荣。

这里我们不妨借用几位学者的挽张先生联来结束这篇短文:"著作等身,学术成就享誉海内外;文献宗师,弘扬民族文化领路人。"(杭州大学　仓修良)"万世文献方家,英灵永寂;一代国学大师,宝典长存。"(山东大学　冯浩菲)"学贵博通,冶经史子集于一炉,初月上书台,海内皋比堪屈指;心游费隐,越古今汉宋而独造,幽兰托毫素,黉门薪火有传人。"(武汉大学　唐明邦等)

(载《出版人》2006年第21期)

岁月书痕

一代国学大师钱基博

人文荟萃的江苏无锡向有"三钱"之说。所谓"三钱"是指国学大师钱穆和钱基博、钱钟书父子。钱穆的著作在港台一再印行，影响甚广；在大陆则有学术出版重镇的三联书店、商务印书馆系统推出其论著，《国学概论》等长销不衰。至于钱钟书学术著作、文学作品刊行之广，研究之热，早成罕与其匹的"显学"。相形之下，钱基博先生显得格外"门庭冷落"。不仅著作刊行甚少，研究者更是寥寥无几。无锡的钱钟书纪念馆里，仅有几张钱基博的照片（可能还是沾了儿子的光），其学术成就基本没有介绍。

其实，钱基博先生在国学领域并非等闲之辈，其著述之富，学问之博，见识之深，在过去影响之大，是并不逊于他的早年同事和朋友钱穆及长子钱钟书先生的。"大江以北，未见其伦。"这是当年那位以文章经济为全国士流所归重的状元实业家张謇，对比他晚生三十四年的青年钱基博的评价。历史学家章开沅先生于上世纪60年代到无锡、常熟一带，仍深切地感受到江北江南对一代大师钱基博先生的敬重和关切。

钱基博到底是怎样一个人？到底有些什么成就和贡献？钱基博（1887—1957），字子泉，号潜庐，江苏无锡人，现代著名教育家和国学大师。给他这样的评价是有事实根据的。

作为教育家的钱基博可谓当之无愧。他从1913年起，曾经教过小学（无锡县立高小）、中学（无锡丽则女中）、中等师范（江苏省立三师）。从1923年起，他开始在大学任教，先后在（上海）圣约翰大学、（北京）清华大学、（上海）光华大学（同时在无锡国专兼课）、浙江大学、（湖南）蓝田国立师范学院担任教授。1946年，他来到华中师范大学的前身之一的华中大学（后并入华中师范学院，今华中师范大学）任职，直到1957年去世。钱老不仅一生献身教育，有着丰富的教学实践经验，而且在师范教育、通识教育、教育理念与教学方法等方面都有自己独到的见解。其教育思想至今仍有借鉴的价值。

关于治学，钱老在《自传》中说："基博论学，务为浩博无涯，诂经谭史，旁涉百家，抉摘利病，发其阃奥。"其《国学文选类纂》将国学分为六个部分，即小学、经学、子学、史学、文学、校雠学。钱老经经纬史，广涉六部，且又与时俱进，中西融通，勤奋笔耕，著作等身。据不完全统计，钱老生前就在商务印书馆、中华书局、世界书局等著名出版机构刊行专著29部，编撰各类教材11部，杂著14部，未公开出版的手稿本、油印本还有7部，以及大量学术论文、散文、小说、方志、序跋、碑传等。估计著述总字数约1500万字。钱老气象博大，学问精深，治学尤以集部见长，其《中国文学史》、《现代中国文学史》近几年还被不同出版社先后再版。

虽说钱基博先生有几种著作被重印，也有如《无锡时期的钱基博与钱钟书》等个别论著对钱老进行了初步探讨。但作为一代巨匠、一代通人，对其研究的成果、对其著述的刊行显然不成比例。学术界至今对钱老存有不少误解，更有众多研究的空白，这其中一个很重要的原因就是人们对他的生平、思想、著述和教学活动知之不多，因而给准确评价这一历史人物和研究他的学术成果带来了相当大的困难。有鉴于此，傅宏星先生不惮艰辛，在查阅大量第一手资料并予以实地考察的基础上，花数年之功，撰写了《钱基博年谱》一书。这部著作的刊行，不仅填补了钱基博先生研究的一个空白，也为有志于钱基博研究的学人提供了重要的资料基础。

关于"年谱"的编纂，傅宏星先生在其《题识》中作了这样的阐述："故是谱之辑，举凡先生所作所言，及朋侪之书牍赠诗，不择长篇短语，但可资先生学术之阐发，存先生行谊交游者，往往连类而录，惟期拾吉光之残羽，汇为一编，裨学术界对此声华销歇之国学大师，略能仿佛于尘封蠹蚀之中而接其謦欬；体例略仿蒋天枢《陈寅恪先生编年事辑》之例，凡在清光绪十三年丁亥钱先生出生前，有关其家世、祖、父事迹之记述，亦题曰'前记'。先生著述中年月，多著'中华人民造国之某年某月'，盖申明'民国不能轻易成功，人民尚须努力'之意也。故钱老先生虽趋旧，但亦不避新知明矣。今所记述，以用公元纪年为主，便检索意也。"细阅"年谱"，其体例之完备，材料之丰富，论述之清晰，取舍之恰当，皆显示出作者扎实的功力和严谨的治学态度。而依据事实补偏纠谬者亦不在少数。为方便读者,"年谱"还在"附录"部分收录了《钱基博先生著作编年》(傅宏星)、《潜庐自传》(钱基博)、《自我检讨书》(钱基博)、《吾师钱基博先生传略》(吴忠匡)。而在"年谱"正文前,还收录有钱老的照片、手迹若干幅,另有纪念性的题诗数首。这些都使得"年谱"内容更加丰富,形式更加精美。

今年是钱基博先生诞辰 120 周年、逝世 50 周年。"年谱"的出版无疑是对这位国学大师很有意义的纪念。据悉,钱老生前所供职的华中师范大学正积极筹备由学校出版社整理刊行钱老的所有论著。我们相信,随着"年谱"及相关研究著作的问世,特别是《钱基博集》的陆续刊行,钱老的学问和精神将得到发扬光大,真正的国学也将得到重视和弘扬。

(《钱基博年谱》,傅宏星著,华中师范大学出版社 2007 年版,定价 20.00 元)

(载《出版人·图书馆与阅读》2007 年第 4 期)

用文化的眼光观察和解释古代语词
——《中国古代文化语词类谭》评介

从文化的视角来研究语言文字，特别是中国古代的语言文字，一直是王作新先生研究工作的一个特点，一种追求。其系列论文是这样，专著《语言民俗》也是这样，在博士学位论文基础上修订刊行的《汉字结构系统与传统思维方式》更是如此。最近他又推出了《中国古代文化语词类谭》（华中师范大学出版社2007年版，列入"求索语言文学学术文库"，以下简称《类谭》），一如既往地贯穿了用文化的眼光观察和解释古代语言文字的理路，是一部学术性、知识性和趣味性兼具的优秀论著。

人们知道，语词是语言的基本组织单位；中国古代文化语词则是指见于古代文献、关联文化事象的语词。语词通常分为形式与内容两面。形式是其语音表现，它所承载的内容反映着人们在实践中所接触和认识到的主客观世界中的事物。如果根据语词的内容采取二分的原则，语词约可划归为自然类和人文类。前者是对自然界里的事物或自然现象的描写与表述，后者是对人类创造物，包括物质、制度以及精神诸层面事象的反映。《类谭》所探讨的文化语词，就是指后者，也就是内容反映人所创造事物的语词。

作者在《类谭》"前言"中比较系统地论述了有效地认识和掌握古代文化语词要遵循的五个原则，即选词常用性，组织系统性，内容综合性，材料、方法多样性和诠释充分性。在"后记"中，作者又归纳了本书的四个特点：一是不止于个别语词的训诂，而是对古代文化语词的类聚辨释，体现有组织的系统性；二是不止于单纯的字词考辨，而是语词解释与文化史的考辨相结合，体现有内容的综合性；三是不止于文献资料的疏证，而是联系民俗与考古资料，体现有材料与方法使用的交互性；四是不止于学术理论的思辨，而是注重规律的认识与实际应用相结合，体现有适用的广泛性。

正是基于以上的原则和追求，《类谭》选择了十类古代文化语词来"以类相聚"，深入讨论，终至集腋成裘，汇涓为川。这十个类别是：服装穿戴、食品饮料、房屋建筑、行路交通、起居交谊、人际称谓、文字书籍、时间年岁、死丧葬埋、荐享祭祀。对于这些来自中国古代文献的各类常用语词，其聚合采用类义聚合的方式，使之系统而不零散；其解释，则是将个体的形音义解说与同类的语义辨析结合起来，将语词的诠释与文化历史的叙说结合起来，使之内容充实，血肉丰满。这样的研究，重点是文化语词，但作用和价值又有所超越。比如，在"文字书籍"类，作者大类中又进行了细分，分别从"文字"名称史述、书籍材料及其名称、书籍的材料加工与写印、书籍的装帧及相关名称、书籍的内部构成及相关名称等几个方面进行细致的辨析，先后相续，形成内在系统。这种具有系统性的类聚辨释又不仅仅局限于语词本身的训诂，而是与文化史的阐发有机结合，它的功用和价值及于中国图书史和出版文化史。其他各类，如关于服装、关于饮食，也都在一定程度上具有服饰文化史和饮食文化史的意义。至于书中对一些具体语词的探本溯源，征引诠释，则新见甚多。而作者提供给读者相关的历史、民俗、考古等多方面的古代文化知识，使非专家型的一般爱好者也能获得丰富的教益。加之作者行文和语言的表达简洁平实，明白晓畅，读来更觉亲切有味。

近些年来，有关语言文化学和汉字文化学方面的著作刊行了不少，其中不乏有价值的成果。《类谭》的出版，无疑丰富和充实了中国古代汉语的文化研究。该书鲜明的学术特点，使其比起那些浮光掠影似的《汉字文化大观》一类的著作，更具学理和思辨色彩，更有系统性和科学性；比起《汉字文化学》一类侧重宏大体系构建、相对比较玄虚的论著，《类谭》又显得更为切实有用，富有实践性的品格。我们有理由相信，《类谭》的作者将在常见性和系统性的基础上，把古代文化语词的类聚诠释和文化观照扩展开去，深入下去，取得更新更好的丰硕成果；我们也期待，作者能在长期积累的基础上在语言文化学和汉字文化学的理论创新与体系建构方面取得新的突破。

（《中国古代文化语词类谭》，王作新著，华中师范大学出版社2007年版，定价18.00元）

（华中师范大学出版社"官网"，2007年7月11日）

一部严谨、权威的黑格尔哲学译本

想为韦卓民（1888—1976）翻译的黑格尔的《精神哲学》写点文字，迟迟没有动笔。作为一代杰出哲学家、教育家、翻译家和宗教学家的韦卓民先生，从读书到从教，从幼年至去世，把自己毕生的精力都贡献给了华中师范大学（包括其前身的华中大学）。作为他生前工作过的大学的一个出版人，从出版的角度来谈谈他的译作《精神哲学》，也还是有必要的。

《精神哲学》是构成黑格尔整个哲学体系《哲学科学百科全书纲要》（即《哲学全书》）的三大部分（《逻辑学》、《自然哲学》、《精神哲学》）中的最后一部分，也是其整个体系的最终完成。其内容涵盖了从人的心理意识到社会生活的人类精神世界的各个层面，集中反映了黑格尔的社会历史观。作为黑格尔哲学体系中"最具体、最高级"的组成部分，其地位之重要不言自明。邓晓芒说该书是黑格尔哲学中内容最丰富、人文气息最浓厚的部分，因为它直接探讨的是人的世界和人的精神生活。内容的艰深、行文的晦涩，使得众多翻译家在《精神哲学》面前望而却步。

韦卓民敢于知难而进，研究和翻译黑格尔的哲学论著，这与他的良好的教育背景、深厚的中西学养以及严谨的治学精神都有着密切的关系。韦卓民早年留学欧美，先后获得硕士学位和博士学位，并任教于美国哈佛大学，精通英、法、德等多种语言，在哲学、逻辑学、宗教学等方面著译甚丰，建树卓著，特别是对德国古典哲学，更是造诣精深，具有自己一整套独特的见解与观点。他在花大气力翻译康德著作的同时，很早就开始了对黑格尔论著的研究与翻译。著名学者王元化先生曾经在《记韦卓民先生》

(见《文学沉思录》,上海文艺出版社 1983 年版)一文中,回忆了 20 世纪 60 年代初到 70 年代前期二人以通信的方式讨论黑格尔哲学的一些情况,令人感动。王先生说:"卓民先生素重康德。解放后,他的近三百万字的译著,其中有关康德的研究占据了绝大部分。""卓民先生也精于黑格尔哲学,晚年撰《黑格尔〈小逻辑〉评注》,此书包括部分重译、注释、评论,约七十五万言。"可惜这部大著没能完成,韦卓民就去世了。也就是在 1960 年,他译完并仔细校订了《精神哲学》这部黑格尔的重要著作。但由于众所周知的原因,书稿一直藏于柜箧之中,未能与世人见面。1988 年,华中师范大学成立了"韦卓民遗著整理小组",全面整理其遗著,《精神哲学》的刊行才得以提上议事日程。

在《精神哲学》的"译后记"中,韦卓民交代说:"本译本是从华雷斯(William Wallace)的英译本重译出来的。我本想找到德文原本作为参考,可惜一直没有找到,所以在翻译过程中常常感到英译有些不够明了之处,可是没有德文原本参考,只得按前后文和黑格尔的哲学体系予以揣测而力求公允,然而总觉得有点不惬意。"在那个特殊的年代翻译这种不入时的本子,其困难可想而知。

王元化先生回忆与韦卓民关于黑格尔《小逻辑》的通信时写道:"卓民先生在答复我的信时,为了一段话,甚或一个术语,往往要查阅各种版本。倘手边无书,没有查到,即在信中言明,而不肯含糊敷衍过去。他对黑格尔的用语大多几经推敲,决不望文生解,真可说是'一名之立,旬日踟蹰'。"韦卓民在翻译上的专业精神也很具体地体现在《精神哲学》的译文中。译者在"译后记"中有这样一段话:"译文务求忠实和通俗。关于心理学部分,尽量采用科学出版社 1958 年出版的《英汉心理学名词》中的译词。关于逻辑学部分,则大都采用贺麟译黑格尔《小逻辑》中所用的译词,但有时也不能苟同。如英语的 being 未译为'有'。虽然'有'这译词是用'有生于无'的意思,极其确切,可是对一般读者来说,似嫌有些生硬,故译为'存在'。但'存在'又和英语的 existence 与德语的 das Dasein 的一般译词重合,故有时译后者为'实存',以别于'存在'。"在韦译《精神哲学》中,这样异于通常译法而又有独立见解的概念、术语的翻译,还有不少。于细微处见精神,也于细微处见功力。

  韦译黑格尔《精神哲学》是对学术界的一个重要贡献。它的刊行受到了广大读者特别是研究德国古典哲学专家的高度重视,是金子总会闪光。韦卓民有关黑格尔的其他著译成果,不久也将公开出版发行。这也是后人对先辈学者最好的纪念。

(《韦卓民黑格尔哲学著译系列·精神哲学》,[德]黑格尔著,韦卓民译,华中师范大学出版社2006年版,15.00元)

(载《中华读书报》2007年10月31日)

岁月书痕

一流作者打造精品教材
——荐张三夕主编《中国古典文献学》

随着我国高等教育的超常规发展、高等学校的持续扩招，大学教材成为了众多出版社纷纷角逐的利好市场。一时间，狼烟四起，争战不休。因为教材的编写者往往就是教材的使用者，合作编撰、自编自销成为了常见的教材出版模式。这样编写出版的教材有一些水平比较高的，但作者的参差不齐、鱼龙混珠和急功近利，导致了大量低水平教材的重复出版。在大学教材的编写上，作者的水平和层次成为了问题的关键。没有优秀的作者，就谈不上优秀的教材。事实也一再证明，精品教材源于一流作者。华中师范大学出版社出版的《中国古典文献学》正是一流作者打造精品教材的一个成功范例。

《中国古典文献学》2003 年 3 月推出第一版。当年销售 1826 册，此后每年发行量稳定上升，2004 年 4770 册，2005 年 5583 册，2006 年 6719 册，4 年累计近 20000 册。这个数字并不惊人，但在大学中文系，中国古典文献学并不是必修的主干课，华中师范大学出版社也非大学教材出版重镇，因此能有这样的市场业绩和社会反响已经是很了不起的了。据不完全统计，使用该教材的高校已经有好几十所，南到海南大学、海南师范大学，北到黑龙江大学，覆盖全国大部分地区。有的高校将它列入古典文献学专业研究生入学考试的指定参考书，如西北大学、华南师范大学、中南民族大学、华中师范大学等。2006 年，该教材被教育部审核批准为"十一五"国家规划教材。经过修订和完善以后的新版《中国古典文献学》2007 年初推出后，更加受到广大师生的欢迎；2007 年上半年的销售业绩再创新高。

优秀教材的特色与质量是要靠作者的专业知识和学术水平来保证的。

专业人做专业事已是包括教材编写和出版在内的市场铁律。这个专业既包括大的学科领域，也包括具体的学术方向。《中国古典文献学》的主编张三夕教授，硕士研究生师从南京大学著名文史专家程千帆先生，博士则是我国当代国学大师、著名文献学家、国内第一个历史文献学专业博士点的开创者张舜徽先生的开门弟子。张舜徽先生生前刊行过《广校雠略》、《中国文献学》、《文献学论著辑要》等一大批文献整理与研究方面的著作。他还发起创立了中国历史文献学研究会，长期担任会长，主编《中国历史文献研究》辑刊，为推动我国历史文献的整理与研究、为历史文献学的学科建设与发展作出了杰出的贡献。张三夕教授得其师传，渊源有自，守正出新，在古典文献学教材的编撰中，邀约群贤，殚精竭虑，为我们奉献了一部非常优秀的教材。入门既正，立意且高，这本书的成功的确不是偶然的。

除了主编张三夕教授，其他作者也都是"术业有专攻"的专家，几乎全部的作者都是博士生导师，在文献学相关领域有着精深的造诣。南京大学徐有富教授除了与老师程千帆合作出版了《校雠广义》（含目录编、版本编、校勘编、典藏编四巨册，曾获得过国家图书奖），还刊行过《中国古典文学史料学》等专著。武汉大学王兆鹏教授是一代宋词大家唐圭璋先生的高足，他用定量分析的方法研究文学史别具一格，近年还出版了唐宋词史料学方面的论著。东北师范大学的曹书杰教授长期致力于辑佚学的教学和研究，1998年就有《中国古籍辑佚学论稿》问世。湖北大学何新文教授长期给本科生和研究生开设目录学的选修课，2001年出版了《中国文学目录学通论》。本教材的其他几位作者如王齐洲、高华平、王问靖，也都在古典文学、历史文献研究的相关领域有自己独特的建树，同时也在高校教学一线从事古典文献学的教学工作。正是这样的"豪华"作者阵容，保证了《中国古典文献学》的后来居上，长销不衰。它既是大学的通用教材，其实也可以作为了解国学的入门指导书。我们有理由相信，经过修订完善后的这本精品教材，将会在社会影响和经济效益方面都有更加不俗的表现。

最后，还想再说几句不算题外的话。大学教材一定要有精品意识，要精心运作。由《中国古典文献学》我们不禁想到上个世纪60年代推出、常销几十年的许国璋《英语》。该套书销售了四十多年，印数达到数百万套。它成功的一个重要原因也是一流作者的精心编写。套书的主编人们早已耳熟能详,它的其他作者如张道真、马元曦、罗长炎等也都是学贯中西的一流专家。担任教材主审的著名翻译家王佐良教授成就斐然。更值得称道的是,这些主编、作者、主审,都不是只挂名的,而是切切实实地履行了自己职责的。我们当今的大学教材编辑与出版迫切需要这种专业精神。

(《中国古典文献学》第2版,国家"十一五"规划教材,张三夕主编,华中师范大学出版社2007年版,定价29.00元)

(2007年)

《中国民间文艺学年鉴》的出版价值

所谓年鉴，就其根本属性说是一种资料性的工具书。完整地说，年鉴是系统汇集上一年度重要的文献信息，逐年连续出版的资料性的工具书。它既是标示历史发展的里程碑的实录，又具有纵横参照的可比性。因此，人们描述年鉴是"昨天的实录，今天的镜子，明天的见证"。它集万卷于一卷，缩一年为一瞬，是知识密集、信息密集、时间密集和人才密集的权威性、资料性工具书。

能为一门学科编纂年鉴，往往是一门学科走向成熟、走向稳定和繁荣的标志。学科方面的年鉴除了具有一般年鉴的资料性和工具性外，更具有学术性的特点。《中国民间文艺学年鉴》（以下简称《年鉴》）正是这样一种学术性、资料性兼具的学科年鉴。《年鉴》是由中国民间文艺家协会、中国社会科学院民间文学研究室同华中师范大学文学院、华中师范大学出版社合办的一份连续出版物，具体编辑工作由华中师范大学文学院民间文学研究室承担，华中师范大学出版社分年度出版。《年鉴》2001卷、2002卷推出以后，在民间文艺学界和出版界都产生了很好的反响。

2006年1月，《年鉴》的2003年卷又面世了。编纂者指出，在中国民间文艺学发展史上，2003年是向前大步迈进的一年。其主要标志是，由中国民间文艺家协会发起的中国民族民间文化抢救与保护工程由政府和有关方面的大力支持而正式启动。由于这一文化工程的广泛包容性及工作性质的科学性，它无疑将有力地推进中国民间文艺学学科的坚实进展，成为继20世纪八九十年代在改革开放热潮中编纂民间文学三套集成之后的又一个黄金季节。《年鉴》与时俱进，在2003年卷中特辟一编"中国民间文化保护工程"，分"论文选载"和"论文摘要"两部分，较为全面、系统地反映了文化保护工程的进展与成果。所收录的领导讲话、专家论文，立足于急剧转型的现代社会，闪耀着关于民间文化发展的新思想光芒，无疑是对中国民间文艺学宝库的发展充实。

《年鉴》的另外四编为：神话、史诗研究；传说、故事研究；民间艺术研究及其他；资料信息。几个主体部分，都有研究概述，论文选载和论文摘要。总分结合，点面相宜，信息全面而完整。而资料信息部分则有《2003年中国民间文艺家协会大事记》、《网络时代的学术对话：中国现代学术史上的民间文化》、《民间文艺学：学科独立与发展的忧思——"海峡两岸民间文艺学研讨会"会议纪要》、《2003年中国民间文艺学论文索引》。一册在手，2003年中国民间文艺学的研究成果、学科进展、发展大势便了然于胸。这样一份年鉴无论是对于民间文艺学专业研究者，还是民间文艺爱好者都是案头必备之书。

华中师范大学出版社将中国民间文艺学作为一个出版品牌在进行建设。除了《年鉴》陆续出版（2004年卷不久也将面世），出版社还推出了"中国民间文化研究书系"，目前已经出版4种；而系列化的民间文艺学教材也在陆续出版，其中刘守华、陈建宪主编的《民间文学教程》已被列入国家教育部"十一五"规划教材，新教材《解释民俗学》也将在不久的将来与读者见面。出版社还打算依托华中师范大学民间文艺学学科，团结海内外学界朋友，推出海外中国民间文化研究译丛。我们相信，这样一些工作，对于弘扬中华优秀传统文化，维护国家的文化安全，促进民间文艺学的学科建设都会具有积极的、长远的影响。

（载华中师范大学出版社"官网"，2008年7月11日）

《出版简报》教辅专辑刊首语

秋风送爽，丹桂飘香！今年是出版社改革的元年，在过去的三个季度里，我们社在各个方面已经取得了全方位的进步，可以自豪地讲这是一个收获满满的季节。但是，永远不满足于现有成绩的华师出版人并没有片刻驻足。未雨绸缪，我们又瞄准了新的目标，踏上了新的征程。

华大鸿图文化发展有限责任公司是出版社进一步深化改革的产物。虽然，公司正式挂牌要等到2011年1月1日，但在社领导高瞻远瞩的指导下，在以张必东总经理为首的领导班子的正确领导下，公司未来组成的骨干——基础教育第一事业部和发行三科的成员们已经积极地行动起来，为未来的公司打下一个坚实的基础。华中师范大学出版社2010年教辅图书发展战略研讨会正是在这样一个大环境下召开的。深化改革的核心在于按市场规律办事。因此，尊重市场，了解市场就是我们必做的功课，也只有这样我们才能够真正驾驭这个竞争激烈的教辅市场。此次大会，我们共邀请了全国各地与我们联系紧密的80多位代理商，在短短两天的时间里，大家济济一堂，畅所欲言，献计献策，开诚布公地探讨未来共同的发展大计。通过交流，我们明确了自身的优势，找到了自身的不足。同时，我们更收获了满满的理解、信任、支持与信心。

"凡事预则立，不预则废。"相信转企改制后，在华大鸿图公司提供的这一广阔的平台上，大家集思广益，群策群力，我们必将在深化改革的道路上取得一个又一个更大的胜利。

（载《出版简报》2010年第4期，即教辅图书发展战略研讨会专辑）

文化地理学的开创之作
——评王会昌著《中国文化地理》

文化地理学是一门古老的学科,中国文化地理学的思想历史悠久、源远流长。近些年的研究内容起初侧重于讨论地理环境与文化形成之间的相互关系,后来逐步形成了中国文化地理的学科体系,研究日渐向纵深发展。有关文化地理学基础理论或概论类著作,20世纪80年代以来刊行的有陈正祥著《中国文化地理》(香港三联书店,1983年)、王星等著《人类文化的空间组合》(上海人民出版社,1990年)、王恩涌著《文化地理学导论》(高等教育出版社,1991年)、赵世瑜等著《中国文化地理概说》(山西教育出版社,1991年)、胡兆量著《中国文化地理概述》(北京大学出版社,2001年)、王恩涌等著《中国文化地理》 (科学出版社,2008年)等。

王会昌的《中国文化地理》(华中师范大学出版社,1992年初版,2010年第2版),对中国文化地理学作了新的开拓,是国内较早系统全面研究中国文化地理的具有历史代表性的论著。全书约30万字,分8章,分别为:绪论;在中国文明的故乡;中国本土文化的形成;中原农业文化与北方游牧文化之间的碰撞—融合;中国国内文化中心的转移;中国地理环境的特征与中国古代文化的风貌;中国文化的地理区域分异;汉文化圈的形成。作者将中国文化作为一个有机的整体,全面把握和综合研究它在中国这个特殊地理环境中形成、发展、运动和区域分异(即文化区域的形成)的过程及其规律性,并探讨何以在太平洋西岸形成和铸造了以中国文化为特色的东方文明。

在绪论中,作者首先对文化的内涵予以分析、界定,文化与地理的关系进行梳理、探讨,进而概要阐述文化地理学的研究领域以及中国文化地理学的宗旨。第二至五章,从时间演替(动态)的角度研究中国文明的起源、本土文化的铸造和扩展；研究本土文化与北方草原文化和外域文化的冲突、碰撞、融合、同化与吸收的过程及其规律性。第六、七两章，从空间组合（静态）的角度对中国地理环境结构特征与中国文化特征的对应分析，站在历史唯物主义的立场上，探讨中国文化形成的地理背景；通过对中国文化地理区域分异过程的详细分析，从更深层的区域文化特征形成过程的研究方面，找出中国各地文化发展不平衡的内在原因。最后一章，作者进一步研究了中国本土文化向东亚（日本、朝鲜）和东南亚地区传播、扩散，并最终形成文化圈的历史发展与文化运动过程及其规律性。作者从时间与空间、宏观与微观、理论与实证的多维视野及其结合上，构筑了一个新颖而又较为切合实际的中国文化地理学体系。新版还将作者1994年发表过的一篇论文《东亚经济发展的文化地理学分析》作为附录，很有参考价值。

《中国文化地理》在研究方法上有两个方面尤其值得一提。一是自然科学方法与人文科学方法的结合；二是比较方法的运用。作者始终注重追踪自然地理学、地质学、古气候学和考古学等有关自然科学的研究新成果，掌握碳14年代测定、孢粉分析等新技术、新手段的应用，并把它们与文化地理学的研究有机地结合起来，从而对诸如中国文明为什么在4000年前起源于黄河中下游地区，某些古典文明悲壮衰落的原因和背景等问题，都作出了令人耳目一新的解答。作者将中国文化地理置于整个人类历史发展的广远时空中，从比较中阐释中国文化史上的诸多疑案，探索出中国文化地理发生发展的内在规律。作者将中国的黄河流域文明同尼罗河流域文明、两河流域文明、印度河流域文明以及地中海东部爱琴文明、迈锡尼文明和希腊、罗马文明进行比较，从而探寻中国文化传统的绵延不绝，而世界其他古老文明中断的深层原因。正是在对世界范围内几千年古老文明兴衰演替的宏观俯瞰之中，作者总结出：铸成中国文化顽强的再生力和横亘千古的延续性的条件，既有中国文化本身所具备的很强的内聚力，也有中国文化得以诞生的地理环境所提供的"保护性反应机制"。

《中国文化地理》在体系、方法，观点诸多方面都有成功的建树。倘若从更高的标准要求，《中国文化地理》亦非完璧。作为摸索中建构的中国文化地理学体系，其内在的逻辑结构还未充分揭示；一些章节，如"地理环境影响下的中国古代文化风貌"，"汉文化向东亚的播扬"等显得薄弱，向纵深开掘不足。关于中国文化地理区的划分应说是较为大胆和成功的尝试，但对每一地理亚区、副区特征的描述却流于一般。

作者王会昌教授英年早逝（2000年），去世已经10年。而这本《中国文化地理》也已经过了十七八年的考验，被时间检验了它的价值。北京大学王恩涌先生在为该书新版写的"序言"中给予王会昌教授的遗著很高的评价："这本书在宏观大尺度的时空背景下，对中国文化的发展、演变、融合与区域分类作了全面的、系统的、科学的分析和概括。"其中的思想、观点仍然具有先进性，因此，它"是有开创性的、历史标志性的著作"。遗憾的是作者没有机会来修订和完善这部重要著作，许多宏伟的研究和著述计划也永远被带入了天国。但王会昌先生九泉之下若能看到自己著作的再版，一定会欣然含笑的。

（载"中国高校教材图书网"，2010年5月7日）

品牌书业理性思辨的探路之作

伍君旭升是国内资深媒介专家，多年来一直关注我国新闻出版业的发展，特别用心探讨书业理论与现实课题。早在20世纪90年代初期，他就推出了国内第一本论述畅销书的理论专著《大轰动——中外畅销书解密》。后来，又策划主编了《出版策划理论与实践》，引起学界和业界关注与好评。而在改革开放30周年之际，旭升君的《30年中国畅销书史》问世，首次勾勒了改革开放30年中国大陆畅销书的产生、发展和演进历程，解剖典型案例，总结书业规律，深受广大读者欢迎。

2010年，作者的另一新作《品牌书业原理导引》（以下简称《导引》）由华中师范大学出版社刊行。该书的价值与意义，正如阎晓宏副署长在"序言"中所说的，作者"从中国出版理论研究与学科建设上，为出版业品牌建设提供了一个开篇之作"。编者将其列为"出版学建设丛书"的第一部，看来也不纯属巧合。出版有学，但出版科学重在建设。

随着出版业的不断深入改革，如今我们正进入一个前所未有的发展时期。但即便是在这样一个转折时期，中国书业的品牌意识仍然是薄弱的。书业的品牌建设之路才刚刚起步，因此，《导引》梳理和引入"品牌"的相关知识，既是为书业品牌的深入探究奠定基础，更可站在出版行业的角度对品牌基本理论予以补充和完善。在《导引》中，作者还将品牌的一般原理与中国出版业的品牌认知、品牌规划、品牌传播、品牌管理与品牌营销的相关论题有机结合，既精要地解析品牌理论的基本范式，又紧密结合中国书业的实际问题就书业品牌原理进行理论建构，提出可操作性的路径，同时还具体解剖一些有代表性的书业品牌案例，使致力于学科建设的"宏大叙事"和着眼于出版实务的"微观描摹"和谐一致，相映生辉。

在理论创新上，作者是做了不少努力且卓有成效的。《导引》提出的

"品牌置换原理"就富有新意。这一理论认为,在企业价值(产品/服务/企业文化)与消费者价值和忠诚度之间,有一个"置换器";通过这个"置换器",企业价值与消费者价值连成一个价值共同体,而品牌就是这个具有传导、认知、身份置换和价值一体化功能等强大功能的置换器,是品牌将企业——产品——消费者联系起来,构建起了企业与消费者感情互信的通道,并实现了消费者与企业在产品认同上的身份关系置换。作者认为这一原理的发现,解开了品牌内部工作机制之谜,缺少品牌置换环节,品牌塑造将是不可能的。这一原理也是适合书业领域的。由于书业的特殊性,即图书自身具有文化产品和物质产品的双重属性,出版物负载着特殊的文化和精神意义。基于此,作者认为书业品牌置换有其特殊性。他提出,与工商企业的品牌相比,由于出版社、作者、读者是书业品牌文化价值共同体的三极,书业在品牌认知上呈现一个三向互动模式,"品牌置换器"及置换功能也呈现出三种运行状态,即"出版社+作者/作品——品牌置换器——读者"、"出版社——品牌置换器——作者"和"作者——品牌置换器——读者"。这一原理的提出,厘清了书业品牌建构所关涉的利益体,为书业品牌的建构提供了科学的思维方向。在《导引》中,作者对书业品牌规划、传播与营销策略等问题的研究,都不乏新颖独到的见解。

我们知道,远离现实的理论总是苍白的。要使理论之树常青,就必须植根于现实的土壤。《导引》强调理论的系统性、思辨性,但更关注理论与实践的结合、品牌理论对出版实务的具体指导。作者指出中国书业的宣传误区并提出应对措施时就是如此。他认为,在中国的书业发展中,图书宣传存在着广告营销意识淡薄、对待媒体传播营销的态度错位、混淆产品广告营销和品牌广告营销、以渠道营销代替媒体广告营销、广告策划制作水平落后等误区,要规避这些误区,就要在清醒认识书业品牌传播营销属性的基础上,积极运用有效的书业品牌营销和管理策略,树立良好的品牌形象。作者摆事实,讲道理,深入浅出,举一反三,很有针对性和说服力。而该书的最后一章《中国出版业品牌塑造样本示例》,更是品牌理论运用于实证分析的典型。作者选取人民文学出版社、商务印书馆、中华书局、外研社、世界图书出版公司、21世纪出版社,探寻其出版品牌特色及成长之路,对于具体出版机构尤其有借鉴意义。

目前,中国出版业正进入一个新时代。出版能否成为中华文化崛起、文化产业发展的重要推动力，出版物能否在国内和国际上被规模复制并广泛传播，诚如专家所言，关键在于中国书业有无一批具有国际影响力和竞争力的强势品牌。书业品牌的打造，需要理论的建构和行动的自觉。从这个意义上，或许我们可以说《导引》是中国书业进入品牌时代一只报春的燕子。

（本文与何国梅合作撰写，载《中国图书商报》2010年6月29日）

| 岁月书痕

道德文章　演讲艺术
——读《章开沅演讲访谈录》

我在上个世纪80年代读大学和研究生的七年间，一多半时间是章开沅先生任校长。留校工作的头两年，章先生还在国内。因此，有机会许多次聆听他精彩的讲演。近些年因工作的关系，更多地阅读了章先生的一些论著，也有机会在大小会议或私下里感受其人格的魅力、讲演和谈话的艺术。先生人生的历练、深厚的学养、智者的敏锐、仁人的情怀，让人感佩。当我提议编辑出版一本《章开沅演讲访谈录》时，先生欣然应允。

2009年岁末，章先生的演讲访谈录面世。稿件编辑时，我粗略看过；正式刊行后，又抽时间断断续续通读一遍，咀嚼回味，受益良多。这本书所呈现出的章先生的道德文章、演讲艺术让人折服。

古人治学为文，尤重道德。王充讲，"德弥彰者人弥明"，"德高而文积"。在史家，则体现为史德，体现为历史使命感和社会责任感。章先生极力倡导史学家"关心社会，参与历史"。他认为，所谓关心社会，是指历史学家必须根据社会的发展和现实的需要来设计史学研究的内容和方向，并在此基础上积极投身社会实践，把学术研究融入社会实践中去。而参与历史，亦即走进历史，理解历史，把自己重新体验并赋予生命的真正历史奉献给社会。

《章开沅演讲访谈录》淋漓尽致地反映了章先生"参与历史"的风貌和精神。作者将自己的这些演讲访谈编为"史学思索"、"呼唤人文"、"维护和平"、"教书育人"、"历史寻踪"等栏目，其社会责任感已有所昭示。孔子讲"有德者必有言"，章先生正属于德充之于内而言行之于外者。他曾说："面对当代人类文明的严重缺陷和当今社会的腐败等丑恶现象，历史学家不应该保持沉默，更不应该无所作为。"细品全书，的确让人处处感受到充溢于字里行间的是章先生对社会的关怀，对正义的追求和匡扶，对世俗弊端的鞭挞,对后辈学人的谆谆教诲和殷切期望。周承昭教授阅读章著后,写来长信,称该书是"一位老年学者满怀爱国之心与忧世之念,对许多人许多事和许多问题独抒己见,皆切中时弊,为贤者所欲言,事势所当言,掷地有声,发人深省,实在难能可贵";"书中不少地方,似在呐喊呼号,又似在为匡时而雄辩,鞭辟入里,痛快淋漓,有一种很有力的动人力量。这种力量我在《孟子》、韩文中感到过,在孙中山和列宁的某些论著中感到过,读之令人十分振奋";"看了大部分篇章,眼前出现了几十年来章开沅多方面成就的历史丰碑,又仿佛看到一位有作为、敢担当的健者,如孟子说的大丈夫的身影在健步前行"。诚如孟子所言,其"义与道者"积聚而成一股"浩然之气"。这就是作为公共知识分子崇高道德的力量与感召,也是一个杰出历史学家史德史识的难能可贵。

章先生是文章高手。学问与文章有联系,但并不是一回事。张舜徽教授曾经说:"大抵学问与词章不同,学问可由日积累功而成,词章必有几分天赋。颜之推所云'钝学累功,不妨精熟;拙文研思,终归蚩鄙'者,不诬也。"读章开沅先生著作,我们觉得他学问与词章皆好,背后则是勤奋与天赋兼备。山东大学李平生采写的《章开沅教授与中国近现代史写作》是篇专访,他这样谈及章先生:"中国史学'文革'以后,在20世纪70年代末,尤其是80年代初,曾经出现过一段时期的繁荣景象。具体到中国近现代史研究而言,这种繁荣景象的出现,和当初你们那一代正当盛年的学者奉献出一批高质量的学术文章是分不开的。当年在读大学和研究生的时候,我们曾经私下讨论说,撇开学术观点不论,单就论文写作而言,中国近现代史研究方面有三个写作大师,或曰写作高手,这就是陈旭麓先生、李时岳先生、章开沅先生。"

的确,读章先生的文章,听章先生的演讲,我们会感受到逻辑的力量、语法的严谨,还有修辞的美丽。章先生有很好的文章写作意识,他说自己学生时代就很爱文学,也很爱写作(包括写过一些诗),"当年的文章比现在活泼,略有文采而无矫揉造作痕迹"。对于翦伯赞先生关于内蒙访古的精彩文章、吴于廑先生晚年有关世界史的宏观论析、海外唐德刚先生的史学著述,章先生都从写作艺术的角度给予了高度评价。他痛心于新中国成立后学苏联受洋八股影响,后来又"左"倾思潮泛滥,大批判之风盛行,政治对学术的干预无所不在,思想驰骋的空间愈益逼窄,文章也越写越呆板。他认为"这是一个沉重的教训,也是我国学术界的很大损失"。

有感于此，章先生在思想解放的同时，也自觉解放文风，写出了一篇篇思想深刻又挥洒自如的精彩文章。且他出口成章，许多演讲经记录整理就是优美的文章。

由章先生的写作艺术我们想到清代桐城派文论的最重要代表人物姚鼐的义理、考据、辞章论。他指出，学问之事有三个基本方面：义理、考据、辞章，三者统一才是最高最美的境界。而学者往往各有偏至，不能兼通；即使有兼长之美，又往往因为"自喜之太过"，"智昧于所当择"，而"不善用之"，反而使三者相害。为此他特别强调要"善用"三者而使之"皆足以相济"，既有精深而不芜杂的义理，又有翔实而不烦琐的考证，并能用鲜明、生动、准确的语言来表达，这样才是最理想的完美文章。章开沅先生正是属于善用三者而兼美的一类学问大家，在当今八股文风仍盛行的时代具有重要的参照价值。

章先生的演讲艺术堪称一流，其演讲访谈录即为明证。而演讲首先还是"内容为王"。章先生是中国近现代史研究的学界大家，在辛亥革命史、资产阶级研究、中国商会史、教会大学史、南京大屠杀等领域都有开拓性的贡献，其深刻独到的思想影响了几代学人。章先生的演讲与访谈不少就是围绕专业的学术领域展开的。他曾经多次应邀赴国内外讲学和参加重要学术会议，其演讲精辟深刻，发人深省。"治学不为媚时语，独寻真知启后人"是章先生学术研究的目标，也是他演讲的追求。作为有影响的公共知识分子，章先生并非只限于一隅，而是广泛关注社会现实，一些演讲和访谈往往就社会热点、焦点问题畅所欲言，独抒己见。一个耄耋老者，章先生依然与时俱进，其思想之活跃，观点之新颖，见解之独到，往往令听者折服。但他的话语表达又总是恰到好处，正所谓"从心所欲而不逾矩"。

有学者说，一篇堪称精品的好文章，需要有文学家的文采、史学家的功力，还需要哲学家的思辨。这类似于姚鼐的观点。其实，动人的演讲也应该是理性与激情交融，思辨、功力和文采兼备的。听过章先生演讲的人，对其思辨之美，学问之大印象深刻；而听众感觉更深的则是他的朴实率真和风趣幽默。且看章先生2004年11月在暨南大学"史学沙龙"的演讲片段："刚才这位年轻同学前来献花，我非常感动。因为我经常讲，史学是一种寂寞的事业，没有鲜花，没有掌声。可是来到贵校，却有这么漂亮的鲜花送来。（掌声、笑声……）也许是谁听我说过上面的话，想推翻我的论断啊！抑或是想给我一点安慰吧！（笑声……）""我曾经在武汉海军工程大学做过一次演讲,该校为部队院校,又是工科大学。当时我强调史学家要甘于寂寞,不要追求表面的虚荣。但没有想到,最后大家提问时,一名女研究生递来张纸条,上面写道,她不想提问,而是献上一首小诗:'真正的史学家也有鲜花,你的鲜花就是我们脸上灿烂的笑容;(掌声……)真正的史学家也有掌声,这掌声就是我们内心由衷的一阵又一阵的热烈喝彩。'这首小诗可以伴我终生,对史学家真是莫大的鼓励。"这种文情并茂、生动诙谐的演讲谁不喜欢呢!

清人沈德潜说:"有第一等襟抱,第一等学识,斯有第一等真诗。"我们可以把"真诗"广义地理解为优美的诗篇、精彩的文章、动人心弦的演讲与访谈等等。章先生正是把三者有机融合在一起的一代大家。

行文到此,笔者忽然记起前两天(国庆节期间)看到章先生和老伴黄老师漫步金秋校园的情景。秋高气爽,清风拂面,又是一年桂花香了。喜好文学特别是诗歌的章先生夫妇,徜徉于沁人心脾的桂树林中,想必老人家内心一定洋溢着满满的诗情画意。我们这篇"读后感"就以章先生常引的清人张维屏诗句作结吧:"沧桑易使乾坤老,风月难消今古愁。多情惟有是春草,年年新绿满芳洲。"芳草有情,桂花含意。春秋代序,岁月不居,但一代学人的道德文章与演讲艺术是会永远芬芳四溢的。

(载于"人民网读书频道"2010年10月19日,后略删节刊发在《中国图书商报》2010年10月28日)

读《爱晚庐随笔》

花了差不多一年的时间，断断续续读完《爱晚庐随笔》（以下简称《随笔》）。

《随笔》是国学大师张舜徽先生生前刊行的最后一部著作。先生自谓："大抵频年论学论艺之语，多萃集于是编。"其自序曰："或评古人之成败得失，或品旧籍之高下良窳；或析文字，或谈训诂；或及周秦诸子，或涉历代儒林；或言养生之道，或语为文之方。"

著名作家孙犁曾经说，此《随笔》"内容广泛，经史文艺，无所不包，尤于近代史料为详。所记充实有据，为晚清以来，笔记所少有"。

北京大学王余光教授将此书列为自己最喜欢读的十本书之一。

哈尔滨师范大学傅道彬教授也说："在先生的诸多著作中，我最喜读《爱晚庐随笔》。这不仅因这部书广涉四部，在历史、文学、哲学、艺术等多方面给人诸多的启示，更在于这部书名曰随笔，行文更自由更灵活更畅达，也更具先生人格风采，让人体悟到一位文化大师敦行励学的良苦用心。""读先生的书禁不住使我想起了顾炎武先生的《日知录》，而"随笔"视之为中国当代的《日知录》可也。"

先生谈学术的文章，一些重要论著，笔者略窥数册，其通人之学、博大之书，让人叹为观止！而《随笔》博古通今，识见卓绝，雅人深致，有几点读后印象尤深。

集子中相当一部分篇什，涉及为人处世之道。先生娓娓道来，语重心长，多独到深刻之见。老话讲，经师易求，人师难得。张老实乃一代大师，其大不仅在为学，亦在其为人。惜乎当年未多向其讨教也！

文集中《艺苑丛话》部分，有品书画、评工艺、论图书、谈武术四部分。先生艺术知识之博，品鉴之精，吾今方知之矣。以前学古代文艺批评史，于历代书论、画论、诗论、曲论等略有观览，先生灼见实超迈前贤。

文笔雅健,言约意丰,为《随笔》又一特色。细品其文,可知增一字为多,减一字为少。如今能为此等雅驯之古文者,稀矣。有学者称其"雅正畅达平白自然的文笔,更是罕有人匹"。遥望大师背影,惟有感叹而已!

(2010年11月29日,此文为未刊稿)

岁月书痕

编辑的林子
——读《平凡嫁衣》有感

一

唐瑾君的《平凡嫁衣》不久前由我所供职的出版社刊行。这位首届中国出版政府奖优秀出版人物奖的获得者,将她20年来的书前书后文字、编前编后心血结集,取名为《平凡嫁衣》。她在"后记"中说:"近20年的编辑工作中,我个人策划编辑了几百种图书几千万字,而自己所写的只有薄薄的一小册,是惭愧,不值,还是荣耀?这是我写后记时想得最多的。近20年出版工作,是为他人做嫁衣。作嫁平凡,付出最多,但只要嫁衣美丽,绚丽多彩,就如同撒一把珍珠于人间,亮一道彩虹在天空,执火炬在手中,燃烧自己照亮别人,这便是自己为人作嫁的平凡之心。以自己的智慧,自己的劳作,自己的辛劳,成就他人,少顾自我,是做编辑需要的心态与境界。"

作者这里不仅对自己集子的名称,同时也是对编辑职业作了很好的诠释。负责审稿的一位老编审审毕该书稿,敬佩与感慨之余写下《〈平凡嫁衣〉不平凡》的编辑感言(见"出版学术网")。他还写道:"人知作嫁之平凡,而不知其艰辛。"我倒想到两句古诗:看似寻常最奇崛,成如容易却艰辛。

唐瑾君把自己比作做嫁衣的人,许嘉璐先生则在为该书所作序言中把唐瑾和她的同事们比作"构筑人类心灵之桥"的建桥者。我更多的想到的是树木、林子、植树之类,便将心中积淀已久的一个题目用在这里了。

二

人们常有书山、书海、书城等等比喻。从编书人的角度,我则更喜欢书林一词。与其说编辑是为人作嫁者，还不如说是植树造林人。唐瑾君是学英语的，她编辑的书也主要是翻译论著类的。作为"一本书主义"的崇奉者，她希望自己为读者、为社会，奉献一本或几本值得人们记忆留存、立得上书架的书。她花了整整七年时间，策划、编辑了具有开创性的《中国翻译词典》。1998年这本书获得了中国图书奖。但唐瑾君并不满足于此，正如伍杰先生在序言中所说的："她不断扩大了视野，决心从一本做起进而策划和编辑一套'中华翻译研究丛书'。难度是可想而知的，如选题、作者、质量等等。她并不畏难，她忘我地工作，做成了，做得十分出色，受到各界好评。这也得到了回报，这套书中有几种获得了大奖。唐瑾还想在这一领域再上一层楼。紧接着她又把出'一套'，扩张为出'多套'，做成'一类'。从'一本'到'一套'，从'一套'到'一类'，这是飞跃。这一类书，搬在一起，就形成了有思想、有体系、有规模、有开拓、有创新的宏大的译学学科著作之林。"从点到线，再到面，就如同企业车间里的产品线。如果我们把一本书看作一棵树，那么唐瑾君所策划、编辑的几百本图书，成行成列，不就是一片茂密的树林吗！南京大学许钧教授评价唐瑾君"将出版选题与计划放在学科建设与人才培养的高度加以衡量与论证"。她立意高远，运作又十分精细，其功在当代，而荫庇后世也是可以预期的。

三

每一个从事编辑出版工作多年的优秀编辑都有自己的一片林子。各自的林子应该是有规划、有特色、成系统的。佛教讲"舍得舍得，有舍才有得"。真正优秀编辑的选题运作也是有取舍、善规划的。就像种树，或桃林，或柳林，或专植银杏，或主营香樟，这样才有自己的特质，也才更有价值。唐瑾君策划编辑的书数以百计，但她的那片林子是有自己的骨干林木的，那就是翻译类书籍。先精心栽种下《中国翻译词典》这棵良木后，她便认准"中华翻译研究丛书"这个目标。一棵又一棵树苗，悉心育苗，悉心栽种，松土、施肥、浇水，一排两排、三排四排，树苗茁壮成长，渐成风景。接下来，唐瑾君构思、扩展出"外国翻译理论研究丛书"、"大学翻译系列教材"、"巴别塔文丛"、"中国古典诗歌英汉对照配画选读"、"世界名著插图本"、"英美著名少儿诗选"等多套丛书。着眼于翻译理论与实践，从中国而外国，由学理而实务，自提高而普及，就像一片有主旨的树林，有焦点和核心，也有陪衬与烘托，高矮搭配，疏密相间，同中有异，整体有序，和谐有致。

  由编辑人唐瑾君的翻译之林，我们很自然联想到一代编辑大家巴金先生的文学之林。新中国成立前后，巴金担任文化生活出版社总编辑达14年之久。他除了主编过多种文学期刊外，还策划、编辑和出版了大量文学作品，其中有"新时代小说丛刊"、"现代长篇小说丛书"、"文季丛书"、"文学小丛刊"、"烽火小丛书"、"烽火文丛"、"水星丛书"、"现代日本文学丛刊"、"民主德国文艺译丛"、"翻译小文库"、"新艺术丛刊"、"剧作家选集丛书"等等。而最能体现其编辑理念和文学出版贡献的要数前后跨度长达14年的"文学丛刊"。这套注重选拔新人新作、发掘无名后进、彰显平民色彩的大型文学丛书共出版了10辑160种。香港文学史家司马长风认为，巴金在对新文学的贡献其出版事业方面实际上超过了他的个人创作。当漫步巴金曾经种植的那片郁郁葱葱的文学之林时，我们不禁肃然起敬。

四

  一片林子，并非每棵树都一样高，一样大，一样巍峨，具有一样的价值和生命周期。一个编辑策划编辑的图书之林也是如此。一片林子若有一棵或几棵能成为参天大树，成为百年乃至千年古木，那这片林子价值自然更大了。编辑的书林里若有那么一本或几本书，能如唐瑾君说的立得上书架，且传之久远，则这片书林也就价值不菲了。唐瑾君的翻译书林里，不乏嘉禾良木，如先后获得中国图书奖的《中国翻译词典》、《中国近代翻译文学概论》，先后获得全国优秀外国文学优秀图书奖一等奖的《文学翻译比较美学》、"巴别塔文丛"等等。我则更看重她策划出版的《中国翻译通史》。这部皇皇巨著五大册四百多万字，作者编者共同努力，历时八年始成，可谓中国翻译界的"圆梦"之作。这些成绩的取得并非撞大运，而是唐瑾君"一本书主义"编辑理念的结晶，是她谙熟翻译学科发展的眼光以及献身翻译出版事业的恒心使然。

  我赞成编辑要有自己"编辑代表作"的说法。你编辑、策划了几十上百甚至上千种图书，哪些或哪一两种图书是代表你的编辑思想、选题创意和职业水平的呢？优秀的编辑或编辑家都是用代表作来说话的。"一位成功的出版家之所以威望超众，既对得起作家又符合出版业的要求，他的声誉就在于提高出版业的地位，出得一部好书流芳百世。"（冯亦代、郑之岱编译《出版人的故事》第14页，书海出版社1988年版）这一部"流芳百世"的"好书"无疑是代表之作。

书因人成，人以书立。作家是这样，编辑家也是这样。说到赵家璧，不能不提及《中国新文学大系》；说到黄伊，谁能绕开《红日》、《红岩》、《红旗谱》呢；至于钟叔河，他所策划主编的"内容并不新奇的当代'奇书'"——"走向世界丛书"，随着岁月的流失将愈显其光辉；论及王仰晨，就不能不提他策划编辑的《巴金全集》、《茅盾全集》等等大型文集。这些都是编辑林子里的代表性树木，是我们国家的文化栋梁之材、不朽之材。做编辑就应该做这样的编辑。唐瑾君正是有这种理想与追求的优秀编辑。她的翻译类图书已经成林。好书如林，才有秀于林的突出者。我们愿意更多的编辑种植出自己的林子，有计划，有目标，有特色，还要细心，有耐心，有恒心。有了众多优秀编辑的特色之林、精品之林，才有出版社的特色之林、精品之林，也才会有出版业的优良生态。

（《平凡嫁衣》，唐瑾著，华中师范大学出版社2008年版，定价23.00元）

（载《中国图书评论》2011年第1期）

| 岁月书痕

辛亥革命的政治史研究力作

由著名历史学家章开沅教授和严昌洪教授主编的《辛亥革命与中国政治发展》最近将由华中师范大学出版社出版。这部洋洋67万多言的学术专著，从政治史的角度切入，比较全面系统地研究了辛亥革命与中国政治发展的关系，进一步拓展和深化了辛亥革命的研究领域。

多年来，章开沅教授就一直倡导，在辛亥革命研究中要加强理论研讨，提高通识素养，并且特别强调上下延伸和横向贯通，以及综合研究与专题研究相结合。章先生和他所领导的学术团队在实际的研究中，也特别侧重社会环境、社会群体、社会心态等方面，形成了自己的特色，取得了不俗的成就，引起了海内外学术界的关注。在本书的《序言》中，章先生指出："以日本硕果仅存的东京辛亥革命研究会而言，其所以能够历经30余年而长盛不衰，用他们自己的话来说，就是注意广义的多学科交汇的'辛亥革命研究'，而没有拘执于狭义的仅仅作为政治事件的'辛亥革命史研究'。这与我经常提倡的辛亥革命时期社会环境、社会群体、社会心态研究，寓意大体相通。"近些年来，学界注重从经济史、文化史乃至社会史与现代化的视角来探讨辛亥革命，取得了多方面的进展与突破，提升了辛亥革命研究的水平。但也如章先生所言，由于过去相当长一段时间，我们往往只是把辛亥革命看作短暂的政治事件，而且在研究中又更加缩小为简单的革命事件。经过"文革"十年后的反思，我们又曾经因此而厌倦政治史的研究，"然而忽略从政治史的角度加强辛亥革命研究毕竟是不应有的疏忽，因为作为历史主体的辛亥革命毕竟还是一次政治大运动"。从辛亥革命学术发展史的演进来看，由突出政治史的研究，到忽视甚至否定政治史的研究，再回到政治史的研究，正是一种历史的"扬弃"，是"否定之否定"。

正是基于此，章开沅、严昌洪教授组织集体攻关，通过"对辛亥革命作通盘性的政治史研究"，推出了这部《辛亥革命与中国政治发展》的力作，作为教育部高校人文社会科学百所重点研究基地重大项目的中期成果。全书分9章，具体内容包括：辛亥革命与中国政治思想的演变；辛亥革命与清末民初的民族国家认同；辛亥革命与民初议会政治；北京临时政府的制度建设；辛亥革命与民国政权建设；训政与宪政——从孙中山到蒋介石；辛亥革命与中国政党政治；辛亥革命对中国外交的影响；辛亥革命与祖国统一大业。从这一纲目即不难见出其研究的广度和深度。作者谦称这"是一项政治史研究学步的起点"，并非"成熟的学术精品"。而我们更有理由相信，章先生和他的团队将在不远的将来，从政治史角度推出新的更丰硕的辛亥革命研究成果。

（《辛亥革命与中国政治发展》，章开沅、严昌洪主编，华中师范大学出版社2005年版，定价45.00元）

（载《中国图书商报》2011年11月22日）

岁月书痕

出版史研究的返璞归真
——胡国祥著《近代传教士出版研究》评介

近现代以来的西方在华教会和外国人的出版传播活动，近些年来已经日益受到海内外学术界的重视。美国学者何凯立编著有《基督教在华出版事业（1912—1949）》（陈建明、王再兴译，四川大学出版社，2004年），我国香港学者梁元生出版有《林乐知在华事业与〈万国公报〉》（香港中文大学出版社，1978年），台湾学者苏精刊行有《马礼逊与中文印刷出版》（台湾学生书局，2000年）；大陆地区则有陈林的《近代福建基督教图书出版考略》（海洋出版社，2006年）、赵晓兰和吴潮的《传教士中文报刊史》（复旦大学出版社，2011年）等论著面世。而在中国出版通史类著作中，也多设有专门章节讨论教会或传教士的出版文化活动。新近付梓的胡国祥博士著《近代传教士出版研究》（以下简称《研究》或"胡著"，华中师范大学出版社2013年12月版）无疑是这一领域新的开拓、新的收获。这里所谓的"新"，我们可以从以下三个方面来略作分析。

首先是从厘清出版概念入手。

什么是出版，似乎是一个不是问题的问题。《研究》的"叙论"专门就出版概念和出版史研究现状进行了深入细致的梳理。作者开宗明义指出："以往的出版史研究有一个突出的问题，就是没有对'出版'这一概念作一个明确的界定，没有对出版史研究的主题作一个明确的认定。'出版'往往被当作一个不言自明的概念，论者往往以自己的理解为基础来使用，这样就造成了'出版'一词的空洞或过于宽泛，也造成了出版史研究的过于宽泛及出版史研究主体的缺失。"（《研究》，第1页。以下引该书只标注页码）作者所言不虚，现今一些出版史论著有的就是从文字的产生写起，举凡文字的起源、编辑概念的出现、甲骨文及青铜铭文的内容构成，皆成了中国出版史的重要篇章。我们注意到，大型的中国出版通史著作，其古代部分的某些分卷，看上去更像书籍（图书）史、文献史，甚至在某种程度上与哲学史、思想史重合，而没有出版史的独特对象与内容。这不是一个写作技巧或研究策略的问题，而是涉及出版的概念、出版的内涵、出版的外延这些最基本的问题。

有鉴于此，《研究》开篇第一章第一节就是"'出版'概念辨析"，从"出版"一词的来源、义涵入手作了深入探究。作者分析后得出如下结论："由于不同的语言环境，以及在语言环境之后的不同历史文化背景，'出版'一词在中国和欧美有不同义涵。在中国，'出版'一词有两层意思：一是指把书籍印制出来；二是指把书籍印制出来并使之流通，它分别强调的整个'出版'过程的不同环节，涵盖的是不同的两种'出版'形式。"（第10页）而"在欧美，一般情形下'出版'一词只有一层意思，它强调的是'公于众'，强调的是发行"（第11页）。

这个看似无关紧要或不甚重要的概念辨析，其实对出版史研究包括我国近代传教士出版来说事关重大。出版概念到底包括两要素（复制、发行），还是三要素（编辑、复制、发行），在出版学术界是有争议的。出版始于印刷术发明，还是始于纸张的发明及纸张与印刷的结合，抑或是图书的产生，学界早已见人见智[①]。刘光裕曾经指出："20世纪90年代，出版史还是刚刚出现的新事物，多数人头脑里认为有书籍就有出版。"但从出版学的观点来看，这种认识并不正确。"这装订成册的书籍，只有经过复制（抄写或印刷等），再经过发行（出售、赠送等）以后，才算已经出版，才是出版的书籍。"若从有书籍就有出版，或者说有编辑就有出版这个观念看，那书籍中出版与未出版或不出版就不存在区别了，未经复制与发行的书籍也归入出版范畴，出版史的起点就大大向前延伸了。"这样一来，出版过程的两个基本环节——复制与发行就变成可有可无了，变成无关紧要了；在此同时，书籍本身变得异乎寻常地重要起来。其结果，必然造成出版史以书籍为中心，不以出版为中心；最后以书籍史取代出版史，出版仅仅是可有可无的陪衬，无关紧要的点缀。"[②] 也正是因为这个原因，同时还因为古代出版主要是书籍出版，以致现有的某些冠以"中国出版史"

---

① 林穗芳：《中外编辑出版研究》，华中师范大学出版社1998年版，第20~22页。

② 刘光裕：《关于出版史料学》，载《出版史料》2011年第1期。

之名的著作，其实是"中国书籍史"的翻版，至少古代部分有此嫌疑。这种由出版概念理解不同带来的影响，也波及到近现代出版史的研究与撰述之中。

有感于出版史研究包括传教士出版研究中的"范围过于宽泛"、"主体对象缺失"，胡著力求紧紧围绕"出版物的印刷、发行"这一主题而展开，实现研究"主题"的回归；同时确立"传教士出版"的研究"主体"地位，尝试进行比较专门的、集中的传教士出版研究。应该说，作者从出版概念出发所做的正本清源的工作，无疑对准确锁定研究对象，严格限定研究范围，科学定位传教士出版的作用及历史地位等，是有积极意义的。

二是从专门史角度切入。

出版史应该属于专门史的范畴。所谓专门史，研究的往往是某一特定问题、现象、学科在历史上的发展状况，是对一门学科或领域的历史演变发展过程进行研究。经济史、文化史、科技史、军事史、社会史等等都可以纳入此列。而随着社会分工的日益细密，各行各业的专门史研究也越来越受到重视，这种专门史其实也包含行业史，如农业史、手工业史、商业史、水利史、矿业史、教育史等等皆是。《近代传教士出版研究》是有着明确的专业史研究的史学意识的。作者说："弄清了什么是出版，什么是出版史这个问题也就很明确了：出版史就是图书、期刊、报纸等出版物的印刷、发行历史。"（第19页）那么，研究中国近代的传教士出版，也就离不开相关的书、报、刊的复制与发行。

无论在欧洲还是中国，图书的印制和流通都形成了一个行业，这个行业就是出版业，或称书业。"书业在中国又更多地被称为刻书业，在欧洲更多地被称为印书业。出版史研究其实就是刻书业、印书业史研究。"（第20页）作者还对一种流行的观点阐发了自己的看法，指出：有些人认为，把出版史理解为书业史，就是把出版史等同于行业史，这样就降低了出版史的地位，局限了出版史研究的视野，压缩了出版史研究的空间。胡著对这个观点持明确的否定和批评态度，强调出版史研究应该回到自身的"主题"上来，需要确立出版史研究应有的价值，树立出版史研究应有的自信。作者认为，在近代传教士出版研究中，"范围过于宽泛、主体对象缺失"的问题更加突出，以至"近代传教士出版研究还没有成为一个独立的研究主题"。"目前还没有以'传教士出版'为主题的相关专门著述，传教士出版研究是以'传教士'、'传教士（教会）机构'及'传教士出版物'

等相关专题研究的形态存在，而且这些'专题研究'也不是严格意义上的出版专题研究，而是作为中西文化交流史、思想文化史、教育史、文学史中的专题而存在的。"（第22页）

　　基于对出版史研究及近代传教士出版研究的分析与反省，作者在对中国近代出版发展之基础——传统印刷与传统出版作了简要探讨之后，便聚焦于传教士出版这个主题。《研究》将"传教士出版"严格限定在传教士出版活动本身：作为出版者的传教士、传教士的印刷出版机构及出版物。作者试图从专业出版史、行业史的视角来分析传教士出版，对传教士出版尽可能有一个比较完整准确的描述。胡著主体部分的第三、四、五章内容分别涉及传教士与近代活字印刷的引入，近代早期的传教士出版，以及近代中晚期的传教士出版。其间既有宏观的、总体的扫描，也不乏代表性的典型人物、机构及出版物的个案解剖，以期点面结合地呈现传教士出版的基本风貌与发展脉络。

　　应该说明的是，在中国出版史研究特别是区域出版史研究方面，从专门史或者行业史角度进行探索者并不乏先例。如李致忠著《历代刻书考述》（巴蜀书社，1990年），江澄波等编著《江苏刻书》（江苏人民出版社，1993年），谢水顺、李珽著《福建古代刻书》（福建人民出版社，1997年），方彦寿著《建阳刻书史》（中国社会出版社，2003年），林应麟著《福建书业史——建本发展轨迹考》（鹭江出版社，2004年），徐学林著《徽州刻书》（安徽人民出版社，2005年），寻霖、刘志盛著《湖南刻书史略》（岳麓书社，2013年）等，都可以说是立足于书业史或出版行业史的研究成果。另外还有《哈尔滨书业志》、《江阴书业百年纪实（1864—2004）》等以"书业"为名实际侧重于发行的史著。应该说，胡著是从一个新的断面——中国近代传教士出版作了进一步的开拓和较为深入的探索，给近代书业史研究注入了新的血液。

　　三是从特点与贡献上定位。

　　历史研究需要有实事求是的精神，讲求有几分史料说几分话。而研究中最容易犯的错误则是"卖瓜的说瓜甜"，尤其容易对不很甜甚至是不甜的瓜一再说好，夸大其词，大加夸赞。出版史研究中也常见夸大出版对象的作用、价值和贡献的现象。胡著在对近代传教士出版的研究中，则力求避免落入这种史学的窠臼。作者在书中第六章"传教士出版的特点和贡献"中，以史料为基础，以事实为依据，首先对近代传教士出版的特点从四个方面进行了归纳：一是传教士个人在印刷出版活动中的主体地位突出；二是印刷在传教士印刷出版活动中占有重要地位；三是期刊出版在传教士印刷出版活动中占有重要地位；四是传教士出版与中国传统出版具有相似性，即出版形式多样和出版的"事业"性质。

在阐发了传教士出版特点之后，作者进而从"贡献"的角度给予其出版史的历史定位，结论是："传教士出版对中国近代出版的影响是多方面的，但最主要、最关键的影响在印刷方面。传教士出版通过对于中国近代印刷的影响从而对中国近代出版的发展产生了极大的推动作用。对于传教士出版在中国近代出版史的地位，我们应实际地、具体地分析，不可夸大，不可高估。"（第158～159页）这与该书前几章特别注重印刷问题也是一种呼应，相形之下似乎对于传教士出版物的"发行"论述稍显不足。作者的这个评价或定位，与新闻史学界及出版史学界的方汉奇、宋原放、史春风等人对近代传教士出版传播活动的判断显然是有明显不同的（第156～157页）。比如有研究者提出戊戌维新运动之前，外国传教士在中国出版业占据"主导"地位，"外国传教士的出版业几乎垄断我国出版界40年之久"，对此胡著就有理有据地提出了截然相反的看法。这些都是实事求是的创新之见，成一家之言。

以上我们从互相联系的三个方面总结了《研究》一书的特点、创新点及其理论价值。但出版史研究包括近代传教士出版研究，如何合理确定"出版"概念的内涵，同时也明确它的外延边界，并进而有效地明确出版史研究边界，仍然很值得探讨。

迄今为止，有关中国印刷史、图书（或书刊）发行史的研究已不乏鸿篇巨制，如果出版史仅仅限于"印刷（复制）＋流通（发行）"，似乎将现有印刷史、发行史进行必要的整合融会就行了。但事实是，就像文学史研究是不是只能研究文学"文本"，严格局限于所谓"内部研究"，而可以不管不顾文学与政治、经济、社会的关系，可以不管不顾文学的市场消费与读者接受，甚至可以抛开对作家诗人的"知人论世"这种"外部研究"，还是大可商榷的。出版活动无疑是一种文化活动，出版与文化有着千丝万缕的联系；出版产业是属于经济活动范畴，出版与经济的关系变得越来越紧密；历朝历代、中国外国都注重对出版业的管理，出版与管理从来就须臾不可分离；至于科学技术的发展对出版业的推进，更足以引起人们的特殊而持久的兴趣。出版文化史、出版经济史、出版管理史、出版技术发展史是否可以成立,又是否应该纳入出版史研究范畴,恐怕皆不可妄下断语。刘杲在《编辑史、出版史研究需要支持》[①]一文中,就特别强调了编辑史、出版史与文化史、经济史、技术发展史、政治史的关系问题,启人思智。此外,一些职业的或兼职的出版家如《研究》中提及的马礼逊、范约翰、傅兰雅、林乐知,还有我们熟知的张元济、陆费逵、邹韬奋、鲁迅、叶圣陶等人,他们以价值观为核心的出版思想是不是也可以列入出版史研究范畴都还值得深入思考。至于中国出版史料的搜集、整理和刊行,若严格按今天的"出版"概念来画地为牢,以今套古,不仅可能有遗珠之憾,而且压根儿就没法开展此项工作。

  我们也注意到,皇皇九卷本的《中国出版通史》涵盖的内容包括了十个方面[②]。从这套大型史书的编纂看,确实在实际操作中有的部分(特别是唐宋以前)存在内容过泛、主题消弭、专史欠专之嫌。可见如何合理确定出版史研究范围至今还是一个两难的悖论。太泛太宽固然有弊病,但限制太严,以今衡往,出版史的研究会不会变得苍白干瘪,缺乏深度、广度和历史与理论的厚重?会不会从另一个方面消解出版史存在的历史价值与现实意义?这些,是由《近代传教士出版研究》引发的几点困惑与思考,希望能引起作者及同仁进一步的研究兴趣。

(载《出版史料》2014 年第 3 辑)

---

① 刘杲:《出版笔记》,河北教育出版社 2006 年版,第 324~325 页。
② 肖东发等:《中国出版通史》(前秦两汉卷)"前言",中国书籍出版社 2008 年版。

岁月书痕

《现代出版论丛》卷首语

　　2003年，我社编辑学研究中心（后更名为出版科学研究中心）组编了第一辑《现代出版：理论与实务》。最初的设想，是把这样一个学术性辑刊办成"打造学习型企业，培养专家型员工"的平台。这个辑刊此后保持每年推出一辑的频度，每辑聚焦于一两个主题；主要刊发本社员工研究出版理论、探讨出版实务的相关成果，其中也适当吸收了少部分外稿和在读研究生的论文。到2010年出版社成立25周年时，连续不断刊行了8辑，在出版业界和出版学界都产生了一些影响，也对形成企业学习氛围、提升员工业务水平发挥了积极的作用。但后来三四年，由于种种原因，这个辑刊没有再坚持出版。

　　今年是我们华中师范大学出版社成立30周年，决定借此机会恢复出版这个学术辑刊。这次我们将辑刊名称改为《现代出版论丛》以求简洁，新一辑重新编序，开本也由过去的32开本改为16开本，希望从内容到形式，都在原有的基础上有所改进。而新的第一辑我们编选了社内职工近些年公开发表在CSSCI期刊上的优秀论文，其中有些是获得包括中华出版物优秀论文奖在内的各种奖项的，另有一些被《新华文摘》、人大报刊复印资料转载，产生过较好的社会反响。而以后各辑，还是坚持原创、首发，力求从问题出发，始终着眼学理，力求言之有物，注重学术规范。

　　现在，出版事业的发展，出版产业的推进，都面临着新的环境、新的问题和挑战，当然也有新的机遇。但无论世事如何变迁，技术怎样更新，出版作为内容产业的本质不会改变，出版以文化为目的、经济为手段的原则不会改变。与此同时，出版业从生产到流通，再到消费，出版物从载体，到具体内容，再到呈现形式，确实又都正在或者已经发生了革命性的变革。当下，在更加强调出版物社会效益、突出文化本位，更加强调出版业"互联网＋"、强调媒介融合的背景下，我们唯有学习再学习，努力再努力！毫无疑问，学习能力、研究能力也是十分重要的企业竞争力。

愿这本论丛伴着我们的员工和企业一起进步，共同成长。

（《现代出版论丛》第一辑，华中师范大学出版社2015年12月出版）

（2015年11月）

岁月书痕

作者就是出版社

很高兴回来参加出版社举行的"高考改革研究丛书"出版座谈会。借用章先生的话说,我"站台"或"坐台"都还不够资格,所以只能算是"啦啦队",为出版社适逢其时出版这套大书、好书鼓与呼。

感谢丛书主编刘海峰教授对我们学校和出版社的长期的、一以贯之的关心与支持。记得海峰教授在我们出版社推出的第一本书是《中国考试发展史》,是廖平胜教授在世时主编的"考试学研究丛书"中的一种,那是上世纪80年代后期的事了。后来,海峰教授为我们主编了一套十多册的高水平研究专著系列"科举学研究丛书",其中由他本人撰写的代表性著作《科举学导论》获得了教育部人文社科优秀成果一等奖。那届评奖我们学校自己的教师没有获得一等奖。这个奖项规格很高,难度很大,也证明了这本书、这套书的价值。海峰教授还欠我们一个"书债",就是修订再版《科举学导论》;几年前我们已经商定出修订本,因为他太忙至今还未最后交稿。这本书我们觉得是有希望冲击国家出版大奖的。国家出版三大奖,中华优秀出版物奖(原来叫中国图书奖)、中宣部"五个一"工程一本好书奖,我们都得过多次;但中国出版政府奖至今没有突破。这本科举学的代表性论著,还有今天大家谈到的这套"高考改革研究丛书"都是有实力、有希望冲击国家出版政府奖的。后面我们还要加大宣传、推广力度,争取让新出版的高考改革丛书有更大影响和更好效益。应该说,海峰教授这些年把他最好的成果(至少是相当重要的一部分)交给了我们出版社。这里,我们两位美女编辑室主任发挥了很重要的作用。起初是张红梅主任在选题策划运作方面,与海峰教授有着良好的沟通。后来是冯会平主任,兢兢业业,综合协调,保质保量地顺利完成了这些书的编辑出版任务。海峰教授还在我们社出版了一本演讲访谈录。当年是我约的稿,这套名家演讲访谈录的作者有在座的章开沅先生、王先霈老师,还有武汉大学老校长刘道玉教授等,都是一时之选。海峰教授名列其中,我认为完全是恰当的。他在科举学、教育史、高考改革等方面成就卓著，影响巨大。那本演讲访谈的集子出来后，反响也非常好。

海峰教授主编的这套"高考改革研究丛书"，还有董泽芳老师列入了最新国家出版基金项目的"高等教育与社会发展论丛"，无疑都是属于具有重要创新性的学术成果，也是我们"举师范旗帜，铸教育品牌"的具体措施。它们很好地体现了大学出版的一个重要功能——创新性（或革命性）。中国现代老辈出版家张元济、陆费逵、舒新城、叶圣陶这些人都是把出版作为教育工作的一部分来看待的，高度重视出版与教育的内在联系。在我看来，大学出版与大学教育关系之密切是难解难分。北京大学钱理群教授认为大学有两个功能：革命性功能和保守性功能。革命性功能就是对社会发展的既定形态和已有的知识文化体系以至于人类自身，不断地进行反省、质疑和批判，并且进行思想、文化、学术的新的创造，不仅要回答现实生活中提出的各种思想理论问题，更要回答未来以及人类发展的根本问题，要思考一些看似与现实无关却又更加关注原创性的纯理论的问题，为民族、国家、人类社会和人自身发展的变革，为思想文化和学术的变革提供精神资源，提供新思维、新的想象力和创造力。这是大学的革命性功能。其次，大学还有保守性的功能。保守性后面再谈。这两个职能也是大学出版的重要职能。这套"高考改革研究丛书"聚焦学科前沿，关注社会热点，进行深入的、系统的学术理论研究，具有很强的创新色彩。海峰教授及其团队所做的工作其实具有教育部智库、国家智库的作用。但他们这个智库的研究是既注重现实问题，有问题导向，又有很深厚的理论积淀，注重基础研究；既关注当下，又探究历史；既扎根中国本土，又放眼域外。这样的研究就能为国家的教育改革、高考改革提供强有力的智力支持和思想武库。现在是智库热，有些所谓智库，一味迎合和揣摩上意，没有扎实的理论基础，没有深入的调查研究，没有真知灼见，而是高度急功近利，趋炎附势，其积极作用将十分有限，搞不好会起反作用。海峰教授领衔的厦门大学高等教育研究院，其成果体现了良好的学风、扎实的功力、开阔的眼光，已经还将继续在为教育改革、高考改革资政鉴镜、出谋划策方面发挥更大的作用。智库的要"有为"，也有"不为"，有直接效用，也有间接效用。刚才章先生讲的智库问题，我也有同感。最近我为《出版科学》杂志写的一篇"卷首语"就是谈的智库的"为"与"不为"。周洪宇教授的长江教育研究院也是办得很好的民间教育智库，也推出了很多很有价值的成果，值得借鉴。

再说说大学及大学出版的保守性功能。钱理群认为，大学应该承担民族文化和人类文明的积淀和传承的任务。首先是将思想文化转化为知识，传承下去。其次是精神的传承，大学在民族、国家的体系中是一个整体文化的象征，是一个坚守文化精神的堡垒。我们大学出版人在学术文化的积累、传承方面肩负着重要使命。如果说大学出版的创新性功能侧重传播的话，保守性功能则重在传承。二者同样重要。华师出版社这些年在老社长朱峰老师、老总编王先霈教授"五老丛书"（即"桂岳书系"）基础上，花了十多年陆续推出了张舜徽、钱基博、杨东莼、韦卓民，还有章开沅等先生的文集或全集，当然还有其他一些文史丛书、教授文库、史料丛编，产生了很好的效果。现在邢福义教授的文集又开始运作了。这些都是积累学术成果、传承百年学脉、弘扬学术精神的重要举措。前不久，和武汉大学、湖北大学搞哲学的教授谈起来，他们还在说詹剑峰教授的论著应该结集整理，想办法整体刊行。我相信，在张小新书记、周挥辉社长带领下，出版社无论在学术文化传播，还是在传承方面都会有更大的进步。我注意到，有些大社名社像三联书店开始成系统地推出六十多岁、七十岁上下的学人文集，如清华大学陈来教授的。武汉大学出版社也曾推出多个仍旧活跃在学术一线、教学一线的名家名师的个人作品系列。我们华师出版社将来还可以在六七十岁、七八十岁的一些优秀学者的成果推出方面更加大胆、更加系统一些，让薪火相传，学脉绵延。

海峰教授，还有我刚才说的这些大家名家，都是我们的优秀作者。我们为能够整理刊行他们的丛书、文集乃至全集而自豪。北京大学林建华校长最近有个讲话，报纸上刊登了，微信上也很流行，其中关于"学者就是大学"的提法我觉得很有意思，也很认同。林校长说，大学校长最重要的任务有两个：一是聘任最具潜力的学者，营造环境，使他们成长为最好的学者，成为学高身正的老师；二是吸引最具潜力的学生，营造环境，使他们成为社会的栋梁，成为对社会有益的人。他进一步指出："办大学要靠学者。学者的水准就是大学的水准；学者的精神就是大学的精神。"这里，我想套用林建华校长的话，"作者就是出版社。办大学出版要靠作者。作者的水准就是大学出版社的水准；作者的层次和境界就是大学出版社的层次和境界。"社靠书传，书因人立。我们华师出版社已经拥有一批一流的作者，还将发现和培养更多高层次的优秀作者，也必将成就书比人长寿的出版业绩。

（本文是2017年5月16日在"高考改革研究丛书"出版暨纪念恢复高考40周年座谈会上的即兴发言）

出版教研及其他

推动编辑学科建设　促进理论创新
——中国编辑学会第三次全国代表大会综述

2001年4月3日至4日，中国编辑学会第三次全国代表大会在北京召开。这次大会的主要议程是：审议中国编辑学会第二届常务理事会的工作报告，审议中国编辑学会章程的修改草案，选举中国编辑学会第三届理事会、常务理事会、会长、副会长和秘书长。中共中央宣传部、国家民政部、新闻出版署的领导同志到会并讲话。来自全国各地的二百余位代表参加了大会。

中国编辑学会会长刘杲致开幕词。他强调，这次大会要以马克思列宁主义、毛泽东思想和邓小平理论为指导，贯彻江泽民同志提出的"三个代表"重要思想，结合实际，认真落实党的十五大和十五届五中全会的指示精神。要继续发扬民主和团结的优良传统，群策群力，集思广益，总结学会的实践经验，选举学会的领导班子，安排学会的今后工作。他指出："从新世纪起，我国将进入全面建设小康社会、加快推进社会主义现代化建设的新的发展阶段，开始实施第三步战略部署。中华民族发展史上的这个新跨越，给了我们极大的鼓舞。我们要努力争取学会工作的新进展，跟上伟大的时代。我们要进一步推动对编辑活动中理论问题和实践问题的深入研究，以便更好地为建设有中国特色社会主义出版事业服务。"

中国编辑学会常务副会长邵益文代表第二届常务理事会作了工作报告。他的报告主要内容分三部分，即组织建设情况、学会活动情况，以及对今后学会工作的建议。对编辑理论与实践研究的回顾与展望是报告的中心。在过去的四年中，中国编辑学会遵照自己的章程，根据编辑出版工作的实际，召开了两次年会，两次专题研讨会，三次编辑学理论研讨会，两次全国性的编辑史、出版史研究座谈会。学会各专业委员会和其他机构也先后召开过十余次规模不等的研讨会、座谈会和工作研究会。学会还和中国出版工作者协会、中国出版科学研究所一起，联合召开了两次全国出版理论研讨会。这些活动都是围绕着新形势下编辑出版工作的实际和编辑学研究的需要展开的，对于总结经验，探讨理论，交流思想，提高认识，深化出版改革，促进出版繁荣，起到了积极作用。对于学会今后的工作，报告从七个方面提出了建议。(1)切实推进学科建设，促进编辑学的进一步发展。(2)加强编辑实践的研究。(3)加强编辑史、出版史的研究、著述和出版工作。(4)继续努力，力争把"编辑出版学"列入国务院学位办编制的《授予博士、硕士学位和培养研究生的学科、专业目录》。(5)加强团体会员和个人会员的工作。(6)加强研究队伍的建设，尤其是要努力吸引中青年编辑人员参加研究活动。(7)加强对国外和港台的学术交流。

　　大会讨论期间，代表们分组就常务理事会工作报告、关于修改学会章程的报告，以及其他共同关心的问题进行了充分讨论。大家认为，中国编辑学会是一个求真务实、办实事、讲实效的学会。学会成立八年来，特别是在二届常务理事会任期内，开展学术研究，促进学科发展，注重组织建设，推动国际交流，组织评优评先，扶持培养新人，做了大量卓有成效的工作。大会的工作报告实事求是，内容充实。学会工作扎实，报告也实实在在。二十年来，编辑学从无到有，从小到大，逐步得到了社会的认可，编辑学会的工作功不可没。学会的生命在于学术活动。编辑学会搞了许多有益的活动，团结了会员，推进了理论建设，对出版编辑实践也是有力的促进。一项真正的事业没有理论思维总是不成熟的；没有理论思维的实践难免盲目。在计划经济时代，编辑实践是有相当的盲目性的。近些年来，编辑学理论研究发展迅速，这对促进出版编辑事业的持续、健康、快速发展起到了很好的作用。这其中，编辑学会功莫大焉。

　　对今后学会的工作，代表们提出了不少建设性的意见和建议。大家认为，编辑学会的工作还是要以研究为本，进一步深化编辑学的理论研究。这包括编辑学基本理论研究、编辑史研究、编辑实践研究。理论研究书出了不少，数以百计，文章更多，数以千计，发展和成就有目共睹。但有影响的著作、有分量的论文总体上看还不多，理论创新还有所欠缺。今后学会要整合各方面的研究力量，共同攻坚，力求在研究的深度和广度上有所推进，尤其是在理论框架的构建、基本原理的探求、编辑规律的总结、概念范畴的辨析等方面取得突破性进展，为建立较成熟的、科学的编辑学再作努力。关于编辑史、出版史的研究，代表们认为这方面成绩不小，潜力也还很大。研究历史，有利于现实的实践，也有利于理论的创新。关于编辑实践的研究，与会者讨论比较充分。社会主义市场经济体制的初步建立、改革开放进入到新阶段、我国加入世贸组织临近、出版市场进入到买方阶段、教育改革尤其是基础教育改革的深化、出版体制改革的推进、新的科技革命的到来等等，都对出版业提出了新的问题和挑战。编辑学研究一定要关注现实，联系实际，通过理论研究来指导编辑出版实践。对于诸如三审制问题、图书品位问题、编辑职业道德问题、学会与政府的沟通问题等，大家也发表了见仁见智的意见。编辑实践、编辑历史和编辑理论三个方面的研究是有内在联系的系统工程。只有这些研究都达到相对成熟的程度，创建科学的编辑学的任务才有可能实现。代表建议，学会可在研究的计划性、组织性和系统性上有所作为，集中优势力量，稳步推进编辑学的理论研究和学科建设。可以筹集经费，设置课题或项目，组织攻关。

学术研究一个重要问题是人才，是队伍。讨论中，不少代表都提到编辑学研究后继乏人的问题。从事编辑学研究，有"三多三少"的现象，即：老同志多，年轻同志少；退居二线的同志多，一线的同志少；中青年编辑从事研究者有功利目的的多，真正把编辑学作为事业来做的少。要把编辑学研究作为事业延续并发展下去，关键在人才。学会要特别注重关心、支持和培养中青年编辑学人，采取切实有效的措施，促进人才成长，使他们觉得编辑学会不仅是自己的行业组织，更是自己的学术园地、成长摇篮。只有长江后浪推前浪，编辑学研究和编辑出版事业才会持续健康发展。

大会的闭幕式上，连任会长刘杲发表了既富理论色彩又充满激情的讲话。他演讲的主旨是学科建设和理论创新。他指出：编辑学会要努力推进编辑学的学科建设和理论创新，这是出版事业更加繁荣昌盛的需要，是提高编辑队伍和培养人才的需要，也是编辑学自身向前发展的需要。学科建设和理论创新两者不可分离，理论创新是学科建设的灵魂。如果没有理论创新，学科建设势必停滞，甚至萎缩。人类文明的不断前进，就是人类在思想、理论、科学、文化上不断创新的结果。编辑学的诞生和发展，也是编辑学理论创新的结果。编辑学从无到有，从低到高，从幼稚到成熟，一刻也离不开编辑学的理论创新。刘杲同志说，我们的目标是使编辑学成为一门成熟的学科。它不仅要得到出版界、教育界的承认，而且要得到广大学术界的承认；不仅要得到中国人的承认，而且要得到外国有识之士的承认。为了实现这个远大目标，需要在编辑学领域努力推进理论创新，使之普遍深入，蔚然成风。编辑学的理论创新要进一步解放思想，要有一个宽松的环境，要始终注意联系实际。编辑学理论创新需要各行各业人士的关心和支持，更需要仁人志士的艰苦奋斗。刘杲同志热情洋溢的讲话激起了与会代表的强烈反响。

短短的两天会议，团结和谐，务实高效。这次大会在新世纪的第一年、也是"十五"规划的第一年召开，承上启下，继往开来，意义重大。大家相信，中国编辑学会的明天会更加美好，编辑出版事业也将更加辉煌。

（载《出版科学》2001年第3期）

对出版科学研究中心的十年回顾与展望

时光荏苒，岁月更替。在这辞旧迎新的时刻，我们共聚一堂，纪念华中师范大学出版科学研究中心成立十周年，并进行有关出版政策的学术研讨。首先，请允许我代表出版科学研究中心向莅临会议的朋友们表示热烈的欢迎，向多年来支持和关心我校出版科学研究的领导和专家表示诚挚的谢意。

十年前，由时任华中师范大学出版社总编辑的王先霈教授倡议并担任主任的华中师范大学编辑学研究中心正式成立。五年后，根据出版业形势的发展和研究领域拓展的需要，中心更名为华中师范大学出版科学研究中心。十年来，研究中心在推出学术成果、培养专业人才、促进学科建设、开展对外交流、营造企业文化等方面取得了积极进展，在出版学术界和业界都产生了一定的影响。

学术成果方面。研究中心的生命是学术。十年来，出版科学研究中心积极组织学术活动，不断推出研究成果。据不完全统计，仅出版社的中心成员就承担了包括国家社科基金课题在内的10余项研究课题，公开出版相关论著20多部，在核心期刊（CSSCI）发表论文100余篇（年均15篇左右），40多篇次论文被《新华文摘》、《中国编辑研究》辑刊、人大报刊复印资料《出版业》等转载。多项成果获得湖北省政府、武汉市政府、中国出版工作者协会、中国编辑学会的优秀成果奖励。中心定期推出的学术辑刊《现代出版：理论与实务》已出版6辑，受到业界和学界的关注与好评，南京大学出版专业还将其列入博士、硕士生教学参考用书。

培养人才方面。研究中心在学校和文学院的大力支持下，从1999年开始招收编辑出版方向硕士研究生。至今已有近30名毕业生活跃在长江出版传媒集团、知音传媒集团、凤凰卫视等各种媒体和全国各地高等学校的新闻传播教学科研一线。他们中有多人获得"未来编辑杯"的奖励，有的已经成为出版企业的金牌策划人、高等院校的骨干教师。目前中心在读的还有近30名研究生。他们在产学研的良好环境中接受教育，成长迅速。人才成长的另一方面，是我们出版企业在产学研的结合中，人才队伍水平得到提高，影响得到扩大。中心成员有8人次，或入围国家级、省级人才工程，或获得全国百佳出版工作者称号，或荣获省政府、省级新闻出版管理部门重要奖励。

学科建设方面。截至2008年底，我国设置编辑出版学本科专业和开设编辑出版学课程的高校有216所，涵盖国内大部分省（区、市）。在研究生教育方面，一些高校利用国家规定在一级学科授予权下可以自主设置博士、硕士研究生学科专业的政策，利用自己一级学科的优势，自行设置了编辑出版学专业，或设置了与这一学科相关的专业。目前我国共有7所高校在8个办学点招收编辑出版学或类似专业博士研究生，47所高校在54个办学点招收编辑出版学或类似专业硕士研究生。我们研究中心作为专业方向之一，配合文学院，于2006年申报并获批了传播学硕士点。2008年，同样作为专业方向之一，配合历史文化学院和国家文化产业基地，申报并成功增列了"历史遗产与文化产业"博士点。这既为学校的学科建设和综合发展作出了一份贡献，也为研究中心的进一步发展建立了更好的平台。

对外交流方面。中心在多次邀请国内业界学界名家，如罗紫初、周百义、彭松建、钱文霖、张志强、方卿等来访和演讲的同时，注重加强与境外、海外的出版学术交流。中心成员提交论文参加在武汉举办的国际出版学术讨论会，出席在日本的中日韩大学出版论坛并作为中方两名代表之一发表主题演讲，在美国纽约大学与该校出版研究中心成员进行交流，本中心的顾问之一韩国出版学会会长、惠泉大学教授李钟国先生应邀来访并作学术报告。中心目前正在策划的"出版学建设丛书"就把境外、海外优秀著作的引进和推出作为重点，首批即将出版的就有台湾商务董事长王学哲（王云五之子）的《商务印书馆百年经营史》、日本学者的《中国出版文化史》。

营造企业文化方面。研究中心主要依托出版社。中心在出版社"培养专家型员工，打造学习型企业"的过程中发挥了重要作用。定期出版的学术辑刊，既为大家提供了一个交流经验、自我提升的园地，同时也切实地解决了一些员工在职称评审、职员晋级的等方面问题。中心先后主持召开或承办的"出版品牌战略研讨会"、"出版职业精神与职业道德研讨会"、"新形势下编辑工作创新研讨会"等,活跃了学术氛围,培育了文化精神。出版的本质是文化,出版的贡献在产业之外。培育一种出版企业的文化精神的确是十分重要的。

这里,我要特别说明的是,出版科学研究中心的成员不限于出版社。学校的各个杂志社、校内新闻媒体的编辑记者,新闻传播学系、信息管理学系的教师都还有一些相关成果,也有不少的学术活动。我们没能一并总结。研究中心从主任到普通成员都是兼职的,没有领取任何报酬的。大家在繁忙的出版管理、经营、编辑工作之余来做学术研究和相关事情。没有轰轰烈烈,只求细水长流,十年来也有了一些积累,有了一些收获。

我们知道,出版属于文化产业的核心层。随着出版业改革的深入,值得研究的问题是很多的。我们研究中心虽然取得了一些成绩,有了一点影响,但仍然有很多不足。以后,中心将抓住国家文化事业和文化产业大发展、大繁荣的机会,在学校的统筹规划和大力支持下,进一步在充分依托出版社成员的基础上加强校内各方面研究力量的整合,在继续发挥个体优势的基础上加强团队协同研究,在继续保持出版文化研究特色的基础上加强出版产业研究,在继续保持出版史研究特色基础上加强出版现实问题研究,在继续保持以编辑出版为重心的基础上加强整个文化产业的多角度、多层面研究,凝练学术方向,形成学术品牌,力争使中心在推动学校出版事业发展、出版产业壮大、文化产业研究繁荣和新兴学科建设等方面发挥更大的作用。我们也期待省新闻出版局、长江出版传媒集团和兄弟出版单位一如既往的关心与支持!

各位专家,各位朋友,很快就是元旦佳节了。借此机会给各位送上新年的祝福。南宋有一首诗这样写道:"春有百花秋望月,夏有凉风冬听雪,心中若无烦恼事,便是人生好时节。"祝愿大家天天好心情,岁岁好时节!

(此文是2009年12月30日在华中师范大学出版科学研究中心成立十周年纪念暨出版政策学术研讨会上的讲话)

岁月书痕

让知识、智慧和道义永远与你相伴

今天是6月16日，一个庄严而隆重的日子。我们新闻传播学院2014届的全体毕业生聚集在一起，举行新学院成立后的首届毕业生学位授予仪式。这一天，注定将在你们的人生履历上留下浓重的一笔，也注定必将载入新闻传播学院的史册。在同学们顺利完成学业，即将踏上新的征途之际，我谨代表学院全体老师向大家献上最诚挚的祝福，表达最热烈的祝贺！

毕业的季节是一个既高兴又伤感的季节：同学们高兴地完成了学业，顺利地或去就业，或再升造，但又要告别桂子花香，南湖朗月，怎么能不伤感？毕业的季节是一个既兴奋又惆怅的季节：大家兴奋地期待着新的生活，新的工作，但又不得不告别亲爱的同窗和可敬的师长，又怎么能不惆怅？回首华师，回首新闻传播学院，我们最值得回味，最值得珍惜的是什么？我们得到的最宝贵的财富又是什么？也许不同的人会有不同的答案。临别之际，我想送给同学们一句话，师生共勉，那就是：让知识、智慧和道义永远与你相伴！

著名经济学家、北京大学教授陈岱孙先生曾经说过，一个大学生应该在大学学会"三长"，即"长知识、长智慧、长道义"。知识是基础，但并不是最重要的。夸美纽斯曾说："书籍只是培植智慧的工具。"显然，智慧高于知识，而道义更处在知识与智慧之上的更高层次和境界。

先说知识。大学本科和研究生期间同学们打下了较为坚实的专业知识基础，在读书、思考与探求中成长和进步。但在一个知识激增、信息爆炸的时代，拥有良好的学习习惯远胜于怀揣丰富的百科知识。不断学习，不断更新，不断超越，让学习成为一种习惯，让阅读成为一种人生方式，才会有更加持久的竞争能力和更加美好的未来。生存环境异常恶劣的以色列是世界上人均阅读量最高的国度，这也可以从某种程度上诠释它为何如此先进与强大。今天,"知识就是力量"已非铁律,过时的、僵死的知识能有多大力量?"学习就是力量,阅读就是力量"才是我们这个时代新的"硬道理"。我们这里讲学习、阅读,既包括"有字之书",也包括"无字之书"。我校已故历史学家、国学大师张舜徽先生不厌其烦地告诉同学们,要读"无字书"。世间所有不是以文字、书本为载体的知识,张老都称之为"无字书"。知识不尽在书中,司马迁撰写《史记》、李时珍编著《本草纲目》,得益于无字之书甚多。我们将来为学、工作、生活,当多读"无字书",善读"无字书"。

再说智慧。读书需要智慧,工作也需要智慧,处世为人更需要智慧。人们常说:性格决定命运。其实性格就是一种人生智慧的反映。步入社会,走上工作岗位,处理好人际关系尤为重要。不亚于文化知识、专业知识,人际知识在我们未来事业的发展以及自我心灵的成长方面,作用至关重要。无论我们是就职于新闻传媒机构,还是进入公务员序列,抑或从商、治学,只要与他人存在合作,就要时刻学习这种人际知识。学习人际知识是让我们学习与周围的世界保持一种良好的和谐。工作、生活皆需要良好的外部环境。要知道,他人是你的外部环境,而你也是他人的环境。常讲要学会感恩,懂得感恩;学会敬畏,心存敬畏,这些都是人生智慧,而非专业知识。

最后说说道义。常讲新闻传媒人要"铁肩担道义,妙手著文章"。实际上,"铁肩"重于"妙手","道义"也胜过"文章"。大学教育最重要的不是知识灌输与技能培训。人格的陶冶才是大学教育的第一要义。我赞成这样的说法:大学时代最重要的知识是人格知识。在我们人生的一些重要时刻,决定我们成功的,往往不是那些专业知识,而是我们自身的人格力量,那是来自于心灵的力量,而不是来自于头脑的力量。韩愈讲,师者,传道、授业、解惑也。传递道义,比起知识的传授、疑难的解答无疑更加重要。人们这样定义师范:学高为师,身正为范。卓越的学识与高贵的人格完美结合,才是我们景仰的典范,我们素所敬重的章开沅老校长正是这种既有卓越学识又有卓越人格的一代大师。这里,我把章老 2009 年写的《20 后寄语 90 后:一定要珍惜自己的大学时代》一文中的一段话转赠大家:

> 要学会理性的独立判断,千万不要人云亦云、随波逐流。时尚的占主流地位的东西,不一定都是好的,至少不一定都是最好的。人间

自有真、善、美，伪善与邪恶可能得逞于一时，毕竟不会得意于永久。诚然没有完美无缺的社会，更没有止于至善的社会，旧的黑暗消灭了，又会产生新的黑暗，但社会不断进步，仍然是总趋势。我们"20后"这一代经过的社会变迁与各种事件太多了，历经千辛万苦终于有了最后的人生感悟：做人要固守自己的道德底线，清清白白度过每一天，反对黑暗，追求光明。……沧海横流方显英雄本色，逆境更能淬砺英才。像海燕一样勇敢地向暴风雨搏击吧！

同学们，大学本科和研究生毕业，是学习生涯的一个逗号，而不是句号。只要与时俱进，努力不懈，未来的你们，知识将不断更新，智慧将日臻丰富，人格也将渐趋至善。六月的桂子山，夹竹桃默默地绽放，花儿在为大家祝福，送大家远行！当桂子山秋风再起，桂花再度飘香的时节，你们一定会忆起曾经的花香与书香岁月！我们在这里祝福每一位同学，在未来的日子里都能收获幸福与成功，华师、华师新闻传播学院也随时敞开大门，欢迎每一位桂子山之子"常回家看看"。

今天，同学们要远行了，最后给各位送上五个字：且行且珍惜！

（本文是 2014 年 6 月 16 日在新闻传播学院 2014 届本科生、硕士生毕业典礼上的讲话）

德业双修　学思并重

在这橙黄橘绿的中秋时节，大家从四面八方来到江城武汉，来到绿树成荫、桂花满园的桂子山，开始了在具有111年历史的百年学府——华中师大两到三年的研究生学习历程。这里，我代表全体老师，向各位表示衷心的祝贺和热烈的欢迎！

此时此刻，我想和同学们一起探讨一下两个看似简单的现实问题——我们为什么读研？我们怎样读研？

关于读研的目的，大多数同学早已胸中有数，那就是为了好好学习知识、切实提高能力、努力开阔视野，以利于将来更好地报效国家、服务社会，实现自己的人生价值。这个答案肯定是不错的。不过，我想告诉大家的是，读研还应该有一个更重要的目标，那就是完善道德、提升境界。所以我们首先送给大家的四个字叫"德业双修"。古人讲"大学之道，在明明德，在亲民，在止于至善"。美国哈佛大学一位赞助人曾说："大学是为公共利益而建立的，发展道德和智力是大学的主旋律。"可见，大学要承担发展知识和提升道德的双重使命，既要帮助学生发展知识和能力，更要帮助学生提升素质和境界。就像老总理朱镕基回忆清华岁月时所说："清华就是教我们为学，又教我们为人的地方。"因此，道德的修炼与专业的学习不可偏废，不然我们就会成为北大教授钱理群所批评的"精致的利己主义者"。在今天这样一个以物欲主义、功利主义为潜在主流价值的时代，我觉得大学更应该倡导的是人文教育、人本教育、人格教育，而不是把研究生教育降格为职业教育、技能培训和就业指导。尽管谋职与就业很重要。

至于研究生阶段该如何学习，我觉得除了学会自主学习、探究性学习的方式方法外，关键是要对学术、学问有一种敬畏之心。这里学术理想和学术精神至关重要。学术理想，是一种对学术目标的向往和追求。有理想才会勇于追求，才会敢于批判、敢于创新，才会恪守学术道德和严守学术规范，才会有热情、有兴趣，才会有坚持不懈的努力和无私无畏的奉献。所以，我们这里再送给大家四个字——学思并重。我们的老校长韦卓民教授先后在美国和英国获得硕士、博士学位，在世界众多名校担任客座教授，他主持华中大学校政二十余年，是国内研究康德、黑格尔的权威，这位学贯中西的大师以学术为生命，一部《纯粹理性批判》上半部注释就写了一百万字，看似无功利中却有大效用。以真理本身为价值、以学术本身为目的，正是西方发达国家学术文化真正繁荣、科学理论富有创新的内在原因。这些也是我们需要认真反思和积极学习借鉴的。我校已故国学大师张舜徽先生"文革"时白天挨批、劳动改造，夜晚加班加点治学，写秃了几十支毛笔，成两百多万字的巨著《说文解字约注》。这是一个真学者、真大师为学术一生的人生写照。我们另一位在世的老校长章开沅教授最喜欢引用楚图南先生的两句诗：治学不为媚时语，独寻真知启后人。我希望大家继承老辈学人的高尚道德与学术精神，潜心修炼，磨砺自我，使学业得以进步，人格得以完善，境界得以升华！

同学们，再过不久，桂子山就会桂花绽放，馨香馥郁。我想更沁人心脾、持久芬芳的是高尚的道德和不朽的精神。望大家真正做到德业双修、学思并重，伴着书香和花香天天进步、快乐成长！

（本文是2014年9月9日在2014级新闻传播学院研究生开学典礼上的讲话）

体系化的案例教学：
编辑出版学教学改革的重要途径

引　言

当前，出版业正快速步入以媒介融合为基本特征的数字时代。新兴的网络媒介和数字技术在出版业内广泛的渗透和应用，直接推动了传统出版业态的转型、出版机制的转变、出版理念的更新和出版产业的集聚。面对这种状况，出版业遇到了前所未有的全面挑战，出版高等教育也未能置身事外，如何培养适应数字时代的出版人才被提上了议事日程。从目前来看，本应是在数字化出版浪潮中如鱼得水弄潮儿的编辑出版专业学生，却在现实中屡遭就业尴尬。一项由北京大学开展的调查发现，被调查的164家出版单位中，明确表示需要编辑出版专业毕业生的只有15%[1]。这凸显了一个长期困扰我国编辑出版教育的问题。一方面，出版业为迎接文化大发展、大繁荣急需大量人才，另一方面我们许多高等院校编辑出版专业的毕业生，却难以找到专业对口的工作。并且，这种矛盾在编辑出版学本科教育、学术硕士培养中存在，在现今出版专业硕士的培养中也同样突出[2]。可以说，在编辑出版人才培养方面，结构性短缺与结构性过剩同时存在。这种现实，让出版教育界不得不沉下心来，反思编辑出版学专业教育存在的问题。笔者认为，造成这种局面的原因，除去社会、市场等外部因素，对编辑出版学教育来说最根本还是课程设计、教学环节等出了问题。课堂教学是专业的基础，是学生获得专业知识和专业能力的源泉。所

---

[1] 滕跃民：《编辑出版人才培养的新模式》，载《编辑学刊》2006年第5期。
[2] 蔡翔、赵树旺：《出版专业硕士教育：问题、症结与制度设计》，载《现代出版》2013年第2期。

谓纲举目张，教学就是教育体系中的"纲"，抓好教学，是解决其他相关问题的关键。

现在，编辑出版学教育的学位层次正面临着深刻的调整。在数字时代，出版人才的需求呈现出复合化、高层次的趋势，以培养本科生为主的出版教育模式在今天已明显不适应数字技术环境下出版产业发展的需要。业界对学历的要求是愈来愈高，硕士学位成为行业求职的重要前提。因此，从学界到业界，都强调要研究生学历的高层次专业人才培养工作，主张研究生教育应该是我国出版学教育的重点①。由此可以预测，未来出版学教育主导是研究生层次的教学，培养目标是兼具理论学术素养和专业实践能力的高级专门人才。

基于以上认知，本文将教学改革作为我国编辑出版学教育与教学创新的突破口，论述范围包括编辑出版学本科教育、出版学学术硕士培养以及出版专业硕士培养，但以硕士教学为重点研究对象，引进滥觞于哈佛大学并成功走向世界的案例教学法，简述自己初步的认知和思考，以期为我国当下的编辑出版学教育提供一些新想法、新思路。

一、编辑出版学教育实行教学改革的必要性

我国著名经济学家张维迎谈及高等教育时曾指出："现代大学的理念可以归结为：首先是创造知识；第二是传授知识，培养人才，并服务社会。"② 这说明人才培养的最终目的是服务于社会，具体到出版教育来说就是出版专业的学生不仅能够适应出版行业的现实，而且要对这个行业的未来发展起推动作用。作为高层次的出版硕士教育更应如此，培养的学生不仅仅是在出版行业找到一份对口的工作，而是将目标定在出版业的骨干和精英。要做到这一点，对刚毕业走出校门的毕业生并不容易。特别是在媒体融合时代，中国出版业正向数字化、产业化、多元化、国际化发展，

---

① 吴启迪的《积极推动编辑出版学专业教育持续健康地发展》、阎晓宏的《促进出版学学科建设　加快出版业人才培养》、萧东发的《出版产业变革呼唤编辑出版专业研究生教育的发展》、张志强的《关于将编辑出版学列入研究生专业目录的几点思考》、黄先蓉的《关于我国出版学研究生教育的几个问题》、仝冠军的《论编辑出版专业高层次教育的必要性》等都提出了类似的观点或建议。

② 张维迎：《大学的逻辑》，北京大学出版社2004年版，第2页。

努力实现由文化事业向文化企业、由图书生产向多种媒体出版物生产、由单一国内市场向国际市场发展的三个转变,这对出版人提出了更高的要求,即不仅要具有传统出版流程的策划选题、编辑校对、营销管理的能力,还要有熟练的数字化能力和国际化视野,如信息检索、网络应用、新媒体营销、跨国版权贸易等。这种对人才的高层次要求,也对出版教育界提出了新的挑战,旧有的教学模式和培养方式必须进行改变,才能紧跟数字化时代出版业发展的新动向。

纵观我国的出版学硕士教育,虽然取得了较大的进步,不乏亮点,但依然存在着不少问题。最突出的就是理论与实践脱节,学生缺乏基本编辑实务和出版技能方面的职业训练;理论知识传授比例偏重,实践能力锻炼不足,知识型和能力型课程的结构不平衡。在课堂教学上表现为老师授课,学生记笔记,间或会有一些课堂讨论。老师的讲授普遍都重于基础知识和专业理论,对技能、方法很少涉及,较少运用案例分析指导学生分析问题、解决问题,更没有能够把案例教学形成固定的教学模式、教学体系。

众所周知,出版学不同于数学、物理、哲学、文学、史学等基础理论专业,它是一门专业性、实践性很强的应用型学科,其最大特征是应用性和实践性,培养的人才主要不是在专业研究领域,而是在应用领域发挥才能。出版学无论本科生还是研究生重在实践能力的培养。在教学过程中,应着眼于实践能力提高的环节。美国著名出版家小赫伯特·贝利就认为出版学不是数学、政治、经典著作研究那样的理论性学科,而是一种活动和加工处理过程的学问[1]。这种观点虽有失偏颇,但确实道出了出版教育的实质。出版教育更多的应该是一种实务教育,以教授可操作性的实用知识为主。目前国外如美国的出版研究生教育的教学密切与实践相结合,非常注重直观教学、模拟教学和实习等[2]。而我国现有的教学模式不论是课程设置还是教学方法,基本还停留在传统的理论型模式上,知识传授居于主导地位。这让出版专业等同于其他纯理论的基础学科,淡化了出版的专业特色,培养出来的学生不具有出版行业的职业能力,不仅达不到解决出版

---

[1] 张志强、张瑶:《国外出版研究生教育概述》,载《中国出版》2006年第2期。
[2] 转引自张美娟、张婷、徐新:《英美出版高等教育现状述评》,载《出版发行研究》2011年第12期。

业高层次人才匮乏的专业设置目的,加剧了出版业人才的"结构性短缺与结构性过剩",也妨碍出版业的进一步发展,并最终导致出版学科的"空心化"。

二、编辑出版学教育实施案例教学的可行性

案例教学最初是哈佛大学法学院以法院判例为教学内容,让学生参与讨论的一种课堂教学模式。后来被哈佛医学院引入,采用临床实践和临床病理学会议两种案例教学的形式实行教学。法学院和医学院的成功实践推动了哈佛商学院的介入,在1921年正式启动了案例教学。经过完善推广,不仅在本校获得巨大成功,而且在世界范围内产生了广泛的影响。

所谓案例教学是指以案例为基本教学内容,以师生互动为基础,以全面提升学生的管理能力为目标,是不同于课堂讲授的新型教学方法[1]。教学流程分三个环节:案例阅读、小组讨论和最后的案例课堂讨论。前两步是由学生自己完成,关键的课堂讨论由教师作为主持人和点评人,学生成为课堂主角,通过置身于特定的案例情境中,体现自己独立思考、合作沟通、分析判断和解决问题的能力。因为在教学、考核方式上有高度的自由性,所以案例教学从一开始就定位于研究生教育,并不涉足本科学生,而且在偏应用型学科的教学效果良好。案例教学是培养高层次专业人才的重要方法。自案例教学创建以来,先后在美国、欧洲等地高校受到广泛应用,在高层次人才培养中起着不可替代的作用。由于贴近专业实践,能够激发学生的学习兴趣,对学生融汇理论知识、掌握专业技能、提高职业能力具有重要的作用,案例教学在应用型学科教育中越来越受到欢迎和关注。

从案例教学的内涵和优点可以发现,我国出版学硕士教育完全具备了实施的可行性条件,主要体现在两方面。第一,我国出版学科理论力量相对薄弱,与业界实务的快速发展相对滞后,长期存在"术先学后"的现象。出版实践的发展往往要大幅领先于出版学科的发展。一方面造成出版行业的人才需求与出版学科出现错位,导致出版学毕业生就业难。这种现状为学科研究者甚至学生敲响了警钟,产生了改变的动力。从教师到学生

---

[1] 刘刚:《哈佛商学院案例教学作用机制及其启示》,载《中国高教研究》2008年第5期。

都有改变现有教学模式的愿望，为全新的案例教学模式的引入提供良好的舆论环境。另一方面，领先的出版业实践经验为出版学科提供了大量的实践案例，这为出版教育实施案例教学提供了宝贵的素材库。在整理、完善案例实施教学的同时，又给出版业界提供了难得的"回头看"的反思沉淀机会，学界和业界缩短距离，实现双赢。第二，案例教学与出版学硕士教育存在深度而广泛的契合性。案例教学突出实践性，有利于克服了我国出版研究生教育的"重理论，轻实践"的倾向。在课堂上重要的不是告诉学生"是什么"，而是"如何做"，培养和锻炼了学生的分析和决策技能。在这一过程中，学生学习如何应对和解决错综复杂的、矛盾纠葛的现实问题。这种学习经验无疑是学生在日后的现实工作情境中最需要的一种经验。案例作为沟通学校世界与现实世界的桥梁，无疑可以促使学习者更快地适应现实工作世界的挑战，这一点是传统教学远不能及的[①]，也是对我国目前的出版学硕士教育最为重要的。其次，相对而言，教学方法的改变是最为容易的，也是产生效果最快的。没有好的教学方法，再好的课程体系也不能实现预期的人才培养效果。案例教学使学习方式发生了变化，由传统的被动听课变为主动的参与，围绕案例进行讨论是课堂教学的主要形式，是否能够真正的讨论起来是关键所在。我国研究生教育相对来说还属于较为"精英化"阶段，每个班级的人数较少，属于"小班上课"，有利于减少群体压力和羞涩心理，辅之于老师的精心引导和调控，还是可以形成较好的课堂讨论氛围的。在这种学习状态下，学生的学习主动性就被激发出来了，他们会自觉地承担更重的学习任务和更大的学习责任。无论是课前准备、课堂讨论、课后总结都具有明确的目的性，学生需要阅读大量的资料，做精心准备，并且连接了课堂教学和自我学习，课堂时间和业余时间都得到了充分的利用。这正是研究生教育阶段所追求的带有较强"探索"与"研究"色彩的学习模式。

三、编辑出版学教育实施案例教学的策略性

以上分析了出版学教育实施案例教学的必要性和可行性，接下来一个不可避免的问题就是如何实施，怎么样才能取得良好的教学效果。这就涉

[①] 夏正江、梅珍兰：《案例教学纵览：分析与评论》，载《外国中小学教育》2004年第10期。

及一个实施策略的问题了。必须指出，案例教学在编辑出版学教育特别是研究生硕士教育阶段的实施并不是专门针对某一门具体的课程，如常见的"媒介经营与管理"、"书业营销"等，而是将案例教学的这种理念贯穿于整个教学活动中，覆盖于所有的专业课程，用案例教学来统率整个的硕士阶段的培养过程。从这点来说，主要涉及的是案例教学实施的宏观策略。

（1）教学案例的选择、设计及案例库的建设、充实是案例教学顺利实施的前提。没有案例，案例教学就成了无源之水。实施案例教学，首当其冲的问题就是案例教学资源的不足。特别是在出版教育这块，案例教学是一个新生事物，各类出版案例虽然很多，但很多是不典型、不综合、不新鲜，必须要经过改造、完善才能应用于教学。所以，任课教师首先要通过国内外教材、自身实践经验、出版业界人士经历等多种渠道搜集案例。同时教学管理部门还应利用寒暑假时间组织教师深入到编辑部、印刷车间、实体书店、广告营销部、储书仓库等出版一线，经历调研、采访、撰写、修改、授权等过程得到拥有自主版权的高质量案例。另外，应及时建立案例库，在教师间实现资源的共享，学生也能方便的阅读和下载使用。努力实现校际学院间、不同高校间的紧密合作，在一定范围内实现资源开放。

（2）搞好教材建设是实施案例教学的必备条件。这一点与上述案例库建设紧密相关。我们知道，大学的基础是学科，学科的基础是专业，专业的基础是课程，而课程的基础是教材。出版学进行系统的、持久的、体系化的案例教学，没有精心编撰的教材是难以开展下去的。在当下，这种教材既包括传统的纸质版本，也包括数字化、立体化的教材及相关教学资源；教材中的案例既要强调经典，有典范性、代表性、相对稳定性，同时又要与时俱进，不断吐故纳新，补充新的案例、新的资料，实现动态发展，处理好常与变、旧与新、传统与现代的种种关系。

（3）教师队伍的培训及优化是实施案例教学的关键力量。出版学教育培养的是理论水平和实践能力兼具的复合型人才，需要一支学历高、理论素养深厚且具备丰富业界经验的教师队伍。但现实却并不尽如人意。有的教师有理论知识但缺少业界经验，有的教师从业界进入高校，有多年的从业经历，但存在一些知识上的欠缺，教育理念跟不上，教学能力相对薄弱。案例教学如果要顺利的实施，就必须通过请进来、走出去等方式参加各种形式的案例教学培训，鼓励教师到出版单位兼职，实地了解掌握出版现状。还可以在校内更多地组织案例教学交流会，让案例教学的先行者和优秀者传经送宝，推动共同进步。

（4）制度保障是搞好案例教学的持久动力。为鼓励教师编写案例推动案例教学实施，应该改革现有的一些考评办法，探索建立对案例教学的保障制度，这样才能将这一新鲜实用的教学模式持续的推行下去。编写一个优秀的案例所花费的精力和时间不亚于写一篇科研论文，但按照目前"一刀切"的科研考核方法，案例并不属于科研成果，对评奖评优和职称评定并无用处，这就会对案例教学的推广产生消极影响。所以出版学教育要全面实施案例教学，需要在很多制度方面做出创新，如相应提高案例教学的课酬、在教室配备、设施添加、网络平台等硬件方面政策上有所倾斜等。

结 语

哈佛商学院的案例教学是一个舶来品，较早运用在中国大学中的经济、管理类的研究生教育中，已经取得了初步的成果。但应用于中国出版学本科生硕士生教育还是零星的、不成系统的，缺乏成功的经验借鉴，这决定了出版学教育应用案例教学必然会产生一些疑问，不可能是一帆风顺，它需要一段引入、实验、运用的适应期。但除了质疑，我们需要的更多的应该是可供借鉴的先进的教学理念和宝贵的教学经验。在中国出版大变化、大发展、大繁荣的今天，以国际化视野和创新的勇气去推进案例教学，努力改进、提高出版学教育的质量，这种精神无疑是值得鼓励的。而如何在出版学教育案例教学中体现中国出版特色、数字化时代特色、专业学科特色，这些都是中国出版教育界值得继续探讨的问题。

（本文与曾建辉合作撰写，载《现代出版》2016年第1期）

岁月书痕

对出版评论教学的若干思考

进入 21 世纪以来，数字传媒技术的产生及广泛应用引发了出版业从生产到发行整个产业链的革命，媒介融合快速整合出版载体与传播途径，出版规模急剧扩张，复合态、立体化的出版体系显露端倪。可以说，出版业已经进入"大出版"时代。正是在这种语境下，出版评论得到前所未有的重视，评论实践从内容、形态、文体等多方面都获得了长足的发展。在出版大繁荣、大变革的时代里，出版评论成为普通读者、专家学者及从业人员发表看法、交换意见、提出建议、交流业务、展示成果的重要平台和方式。

在出版评论运用渐趋广泛、作用日渐重要的今天，出版业对出版评论人才的需求也日益迫切，优秀的出版评论人才成为出版就业市场上的"抢手货"。作为出版人才培养的主要阵地，高校编辑出版教育如何才能培养合格乃至优秀的出版评论人才，这是大出版时代的出版业对出版评论课程教学提出的新要求，出版评论教学面临着压力和挑战。纵观国内高校出版评论课程的教学现状，在许多方面存在着一些局限性，有些问题还很迫切，亟待解决。这些问题如果不予以重视，任其发展，出版评论教学的效果将大打折扣，培养优秀评论人才的教育目标也将无从谈起。

一、出版评论课程的现存问题

在考察了国内多所高校的编辑出版专业的评论课程后，笔者发现出版评论教学在课程性质、教材建设、教学设计、课时安排等诸多方面都存在着不足。具体而言，有下列三个方面：

1. 课程重视度不够，定位存在偏差

国内高校出版学专业的课程多是按照出版产业的编辑、印刷、营销、发行等工作流程来设置，片面重视"编、印、发"环节，如编辑学、印刷技术学、书刊装帧学、图书发行学等课程，而有意无意地忽视了属于"读、评"环节的课程。很多院校根本就没有开设出版评论的课程，据笔者所知，在出版本科教育阶段，目前只有中国人民大学、北京印刷学院等极少数高校的出版专业开设了出版评论课程，对比全国二百多所开设编辑出版专业和设置编辑出版学课程的高校的现实，出版评论教学可算是"被遗忘的角落"。在出版硕士教育阶段情况也差不多，目前仅有安徽大学、复旦大学、南京大学、四川大学、河南大学、湖南师范大学、吉林师范大学七所高校开设了出版评论的专业选修课程。此外，一些院校虽然开设了与出版评论有所关联的课程，如图书评论、编辑写作、编辑出版写作、编辑应用文体写作等，但也多属于点缀性的非主干课程或选修课程，学时在32～54课时之间，一个学期完成。而且，很多高校对出版评论课程的定位存在着偏差，出版评论课程的着力点被放在了"写作能力的培养"上面，定位为一门学生掌握出版评论写作技能的实用写作课程，普通写作中的"选材"、"论证"、"立意"、"谋篇"等成为教授的重点。这些固然重要，但出版评论并不是一门简单的实用写作课程，更重要的是要培养学生关注出版界、关注出版问题，自觉用所学理论和知识去分析、评判各种出版现象的能力，具有综合把握、分析、评价、判断出版行为的素质，简单说就是具有出版现象的发现力、分析力、传播力。

出版评论课程之所以不受重视与它并不是出版业务的重要环节相关，它处于出版活动的末端，而且并不直接产生市场利润和经济价值。这点和新闻评论有明显的区别。在新闻界，向来有所谓"采、写、编、评是新闻业务的四大支柱"之说，而且在信息泛滥的现代社会，新闻评论作为媒体表达意见的主要形式在传达信息、反映问题、引导舆论方面有着极其重要的作用。因此，新闻评论课程成为全国绝大多数高校新闻学专业的专业必修课之一，它是作为一门重要的业务课而不是写作课而存在。出版评论课程的地位和作用更加接近于中文系课程体系中的文学评论（文学批评），但其目前的成熟程度、受重视程度皆远逊于文学评论。

2. 教法比较单一，教学内容陈旧

目前的出版评论课程，多数还是因袭着传统的教学模式，以教师为中心，以传授系统的专业知识和理论为目标。课堂依然是老师的"演讲厅"和"独角戏"舞台，教学内容以基本写作原理加上少量的案例解析为主。学生在课堂上缺乏积极性，被动接受。长此以往，必然产生厌学情绪。这种传统的教学方法和教学模式严重脱离了课程特点，扼杀了出版评论作为及时回应出版现实"轻骑兵"的鲜活个性，切断了课堂与社会环境和行业实践的互动联系。这种单一的教学方法，适应于强调知识概念和逻辑推理的理论课程，但对联系现实紧密、强调实际操作的课程则不尽合拍。尽管不少学校都意识到了这种缺陷，邀请不少职业出版评论人或书评家以短期讲学、系列讲座的形式走进课堂，分享写作经验与体会，但也多是权宜之计，容易流于表面，缺乏深入性和持续性。

在教法单一的同时，出版评论的教学内容也远远跟不上大出版时代的出版实践，学界和业界的鸿沟逐渐加深。现有的出版评论仍然以评论特征、体裁划分、各种评论体裁的写作技法为内容重点，偏重于书籍、报纸、杂志等传统传播渠道的写作训练。殊不知现在的出版实践在数字化风潮的推动下，从内容到形式、从生产到营销、从接受到消费都发生了革命性的变化，微博、微信等社交媒体都已成为评论传播的重要平台，媒介融合和信息整合的趋势凸显。熟稔传统纸质媒体出版评论的理论和写作技法而对新媒体不够了解的学生，在迈出校门后就会无所适从，无以应对。

3. 教材匮乏，教学内容游移不定

出版评论作为一门应用型课程，其价值就体现在教学内容能否为出版行业发展服务。在这方面，教材起着相当重要的作用。目前，编辑出版专业教材建设日渐完善，但传统型的编辑出版理论课程在教材数量上占据绝对优势，而出版应用型教材则相对缺乏，尤其是出版评论课程，教材可谓是极其匮乏。到现在为止，唯一的教材只有 2008 年中国人民大学出版社出版的孙利军教授所著的《出版评论教程》。

与教材匮乏相对应的则是教学内容的游移不定。许多高校设置了相当数量的涉及出版评论相关内容的课程，如图书评论、出版与写作、编辑写作、出版应用写作、编辑实用语文写作、编辑应用文体写作、传播文稿写作等。还有更多的高校没有开设专业写作的课程，而用通识性的写作课程来代替。有学者在调查了全国 23 所开设编辑出版专业的课程设置后，发现开设最广的课程就是写作，共有 18 所院校开设[①]。这些五花八门、极不统一的课程名称统领的则是繁杂琐细、重点不一的教学内容，有的教授

[①] 王彦祥、张序：《不同学科背景下编辑出版学课程设置研究》，见刘益、陈丹、刘俊敏主编：《出版教育与研究：开拓与创新》，印刷工业出版社 2010 年版，第 18 页。

专业书评，有的专教文学创作，有的专注于图书策划，有的侧重于合同文案。虽然高校依据自身特色、教师情况可以对课程内容做相应的调整，但过度"因校制宜"、"因师设课"，各自为阵，就无法确定课程的主干内容，形成不了核心的知识体系，这会严重影响课程的规范性和科学性。

二、出版评论教学亟待全面革新

中国编辑学会会长郝振省曾指出一个出版人应具有四力：知识力、理论力、创新力和文字力[①]。这四个方面恰好契合出版评论课程的教学目标，出版评论课程不但要传授知识和理论，还要培养学生观察问题、发现问题、分析问题的创新性眼光和文字写作能力。但是，在以媒介融合为主要特征的大出版时代，出版评论课程已经表现出了相当多的不足，难以应对出版业实践和发展的要求与挑战，出版评论人才的培养遭遇挑战，出版评论教学亟待全面革新。针对前文所述问题，结合自己的思考与实际教学体会，笔者拟在课程理念、课程定位、课程内容、教学方法和教材建设五方面提出一些解决方案或应对策略。

1. 更新课程理念

出版评论不是纯理论教学，而是一门实践性很强的应用课程，必须致力于学生实践能力的提高，这是当前出版学界和专业教师都达成的共识。不少高校都在积极地开展课程的实践性教学探索，包括增加实践课时、走访出版单位、请职业出版人现身说法等，这些都是可喜的进展。因为强化这种出版职业技能型训练，能极大地激发学习兴趣，提高学习主动性，提升动手能力，增强学生的就业竞争力，对缓解近年来编辑出版专业学生就业难有着相对直接的作用。

但秉持这种课程理念还是不够的，结合出版环境和出版教育的现状，我们对出版评论课程的本质和特点还要有更深层的认识。首先，出版评论课程是一门综合性很强的专业写作学科。它要求评论者具备完善的知识结构，包括深厚的出版理论素养和宽广的知识面，这决定了在进行写作技法训练的同时，不能忽略理性和知识性教学，要做到"术理结合"。其次，出版评论课程是一门时代性很强的人文学科。出版评论的对象是鲜活的出

[①] 辰目（郝振省）：《一个出版人应有的"四力"》，载《出版发行研究》2012 第 6 期。

版实践，必须紧跟时代的脉搏，与时俱进，密切关注现代出版业的动向，能敏锐发现出版中的问题，迅捷地做出反应，发挥其"晓谕、呼告、兴奋、引导"的功能。但又必须超越简单的初级评论，强调价值判断和真理建构，重视对出版现象内在蕴含的价值和意义的追寻。因此，出版评论应具有强烈的人文精神，文学、历史学、艺术学等人文学科是出版评论课程的底蕴。

2. 调整课程定位

目前我国出版评论教学的现状是不容乐观的，不仅开课的高校少，而且被认为是工具性课程，多定位为专业选修课，不在主干课程之列。这不能不说是课程定位的一个极大失误，对出版评论课程的重要性认识不够。有学者就认为出版评论应该是出版学的重要范畴，作为学科层面的出版学研究也应该是由出版理论、出版史和出版评论组成，就像历史悠久、学科成熟度很高的文艺学一样，由文学理论、文学史、文学批评三个主要部分组成[1]。这种观点不无道理，因为出版评论是架设在出版理论和出版实践之间的桥梁，是学界和业界的重要联系纽带，对它们都产生极大的影响。出版学既然是兼具理论和应用的学科，必然是理论指导实践，实践验证理论，两者紧密互动，相辅相成。根据出版评论既有理论品格，又有实践品格的特点，应该把它准确地定位为应用理论课程，强化其理论和实践结合的特点，强化其教学的理论运用的实践性品格，强化其人才培养的素质能力的训练。这方面与文学评论有异曲同工之妙。要做到这一点，出版评论就起到了关键作用。所以无论从出版现实出发还是学科层次考虑，出版评论课程都是极其重要的，必须改变现在"边缘化"的现状。

另外，出版评论课程的性质因为媒介技术的发展而发生了变化。在现在出版不仅只是一种"技术活"，也是一种社会现象。在大出版视角下，出版则是一种正在与其他传播活动进行相互融合的社会现象[2]。所以出版评论的对象不仅仅局限于出版领域，而且包括了一切与出版相关的媒介活动和社会现象。这样的话，出版评论的范围就大为扩充了，不仅包括现在常见的以书评为形态的文艺式评论和以推销为目标的广告式评论，还应该

---

[1] 范军：《试论出版评论》，载《出版科学》2008年第2期。

[2] 肖东发、李武：《基于"大出版"视角培养出版人才》，载《中国出版》2009年第9期。

涵盖产业评论、教育评论、文化评论、社会评论等重要内容。这样的话，出版评论教学的目标不单单是要培养实际的评论写作能力，更要培养学生的解读出版事件、评估出版价值的批判性能力，并积淀成利用各种出版信息为工作、学习、生活服务的传播素养。简单地说，出版评论课程定位不能只是"文体"的实用写作课，更应该成为鼓励民众参与媒介、培养社会公民的思考意识、评论意识、批判意识的基础素质教育课程。基于这两点，所以出版评论课程的定位应该是出版专业主干课和信息传播素养基础课。

3. 扩充课程内容

当前的出版已进入大出版时代，所谓大出版，是运用所有传播手段和媒介平台构建的复合型出版体系，较之于传统出版，它已完全超越了编、印、发、供等传统出版的一般流程，无论是出版的内涵还是外延，都发生了根本性的变化①。因而，出版评论的课程内容也要随之发生变化，需要改变原来倚重传统的图书评论，忽视其他的评论类型的教学状况。第一，增加数字出版物评论写作的内容。数字出版物是出版业采用数字技术的出版产品，是不同于纸质出版的新型出版形态。传统出版评论的理论、标准、套路面对数字出版物也应发生相应的变化，所以必须在课堂上向学生传授数字出版物评论的内容特点、写作方法、评价标准等。第二，增加网络、微博、微信等新媒体评论的教学内容。教师需要特别关注新媒体平台上出现的出版评论的新类型、新发展，如微博荐书、虚拟书评、接龙书评、豆瓣读书等，还要将论坛评论、网络跟帖等网络言论纳入到出版评论的教学内容中来。这里的出版评论从内容到形式有传统与现代、专业与非专业的区分，如何既有主次又能有机融合值得探讨。我们主张出版评论的研究与教学，应以专业的出版评论为主要对象。第三，适当的增加外国出版评论的内容。像美国、德国、日本等欧美出版大国的出版评论都是历史悠久、颇具特色的。一些出版评论报刊如《出版商周刊》（Publishers Weekly）、《纽约时报书评》（The New York Times Book Review）、《纽约图书评论》（The New York Review of Books）、《非洲出版评论简讯》（The African Publishing Review）等都可以为课程教学提供大量的国外出版评论发展的现实参照。此外，国外一些电视台有一种类似于出版评论的

---

① 齐峰：《时代呼唤"大出版观"》，载《编辑之友》2010年第8期。

读书类节目,如奥普拉读书俱乐部、英国的"理查德与茱迪俱乐部"等,这些经过教师有目的性的挑选,都可以丰富充实出版评论的教学内容。

4. 加强教材建设

我们知道,大学的基础是学科,学科的基础是专业,专业的基础是课程,而课程的基础是教材①。没有高质量、高水准、前沿性的教材,课程教学是难以开展下去的。出版评论教学面临的一个最大困难就是教材的短缺。全国冠以"出版评论"名称的教材目前只有一本《出版评论教程》,到目前已经有八年之久。这不仅比新闻评论学的教材少得多,也远少于文学评论(文学批评)类教材的数量②。涉及出版评论内容名称不一的写作教材则陆续出版了不少,包括辽海出版社、中国人民大学出版社、河南大学出版社出版的编辑出版系列教材中都有部分相关书籍。鉴于出版评论多为选修课的教学现实,一些学校使用的是自编教材或干脆没有教材,而自编的教材质量和水准难以保障,更多的是应付教学所需的"剪刀+糨糊"式低水平重复编写,根本没有起到教材应有的指导课堂教学、推进课程建设、引领专业发展的作用。

有鉴于此,我们必须加强出版评论的教材建设。具体措施可以为:(1)由全国编辑出版专业教学委员会牵头,在调查、了解、厘清出版评论的教材使用情况之后,邀请一批长期从事编辑出版教学、具有丰富的一线教学经验的教师和学术骨干着手编写教材。在教材编写过程中,注意吸取出版业内行家的意见或建议,因为他们从事出版行业多年,密切关注现

---

① 范军、曾建辉:《体系化的案例教学:编辑出版学教学改革的重要途径》,载《现代出版》2016年第1期。

② 新闻评论类的教材多达数十种;文学批评(文学评论)类教材从上世纪80年代以来,也有了多个版本,其中包括王先霈、范明华著《文学评论教程》(华中工学院出版社1986年版),潘凯雄等著《文学批评学》(人民文学出版社1991年版)王先霈主编《文学批评原理》(华中师范大学出版社1999年版),李国华著《文学批评学》(河北大学出版社1999年版),王先霈、胡亚敏主编《文学批评导引》(高等教育出版社2005年版),王一川主编《批评理论与实践教程》(高等教育出版社2005年版),邱运华主编《文学批评方法与案例》(北京大学出版社2005年版),周志雄主编《文学评论写作实用教程》(北京交通大学出版社2010年版),赵炎秋主编《文学批评实践教程》(中南大学出版社2011年版),何懿主编《文学理论与批评实践》(安徽大学出版社2012年版)。

实,对出版评论的影响和效果有切身体会。有了他们的参与,教材内容与业界实践才能更加贴近。而且应该积极争取建立专项的出版评论教材建设基金,促进教材的尽快编写与出版。(2)由于多年来教材缺乏,唯一的教材《出版评论教程》使用较为广泛,在新教材编写与出版尚需时日的情况下,可以考虑对这本教材进行修订,吐故纳新,补充出版评论的最新动态和前沿知识,删除部分不合时宜的落伍内容,使教材与时代变化、出版实践保持一致。(3)可以考虑引进国外的优秀教材,这一点尤为重要。中国出版与国外的联系日趋紧密,国外的一些优秀的出版教材也陆续进入中国高校的课堂,但尚未见到出版评论的教材。在目前出版评论优秀教材缺乏的情况下,可以采取引进或改编国外教材的方法予以缓解。笔者收集、了解了美国佩斯大学、纽约大学,英国斯特灵大学、牛津布鲁克斯大学国际出版研究中心等国外高校出版专业的课程设置和教材使用情况,发现它们并没有直接冠名出版评论的教材。但国外有不少涉及出版评论的图书,如具体书评类(Book review)、图书出版与审查政策研究类(Publication review)、出版营销与出版产业研究类(Review of publishing)等等。根据这种现实,我们可以采取国内学者、海外学者联合编写的方式,定位在案例教材,在广泛吸收各类出版评论书籍的基础上,在保持原版图书原汁原味的前提下,重点抽取典型案例进行翻译、影印、改编,使之能更加适应中国国情和学情,实现洋为中用,交流互补。

5. 改进教学方法

出版评论课程的教学目标是和编辑出版学培养目标是一致的,即培养"宽口径、复合型"的人才,既要夯实学生的理论基础,又要注重学生的评论专业技能的训练。这种应用型课程就必须理论和实践的教学相结合,强调发挥学生的主动性,锻炼学生的思维和能力,在内容上按专题进行版块式安排,可按媒介进行划分,如分为报纸、杂志、网络等;也可按出版主题分类,分为出版物评论、出版事件评论、出版人物评论等。每个内容模块结束后安排实践活动和实践成果展示,以评估学生对教学内容的掌握情况,改进下一模块的教学。在具体教学方法上可采取讲授、研讨、品读、竞赛、辩论等多种形式,以互动式教学为主,提高实践课的比例,把课堂交给学生,让学生不断地进行练习。老师及时地点拨、指引、启发,让学生在实践中发现自己的不足,提高自己的思考能力和动手能力。教师在课堂上要善于运用案例教学法,精选典型案例,让学生进行阅读和小组讨论，教师引导学生对出版评论经典作品开展"解剖"，对其主题构思、结构程序、写作技法、语言风格等都做细至毫微的分析，在主动性的个案研究中把握出版评论的特征、写作方法和发展趋势。

另外，在数字融合的大出版环境下，教师在教学上可以尝试"融合"式的课堂设计。比如在布置学生写作训练时按照报纸、杂志、网络、微博、微信等媒介形式进行分组，对同一个出版现象进行评论写作。完成后各小组进行反馈互动，讨论不同媒介形式下出版评论在内容上、形态上呈现的异同，加深学生对不同媒介的认知，适应未来融媒平台的工作环境。与此同时，在师资队伍建设上尤其要注意专兼结合，聘请当代活跃的出版评论家、编辑家担任兼职授课教师，让他们现身说法，帮助学生开阔视野，观察出版现象，分析现实问题，以提高学生的评论素养和评论写作水平。

作为一门从理论到实践远未成熟的出版学科，出版评论的课程教学存在着诸多薄弱环节。发现出版评论教学的问题是找到答案的起点，也是使其跨入健康发展轨道的开始。我们可以抓住课程、教材、教法这三个主要方面，重点突破，逐步解决，努力培养出符合时代要求和产业需要的优秀评论人才。我国高等学校的编辑出版学专业，就人才培养目标来说主要不是培养高精尖的理论型、研究型、基础型人才，而是立足于培养应用型、综合型、复合型人才。与此定位相对应，出版评论的教学改革也当切实将其纳入应用理论型范畴。从课程来说，我们期待更多高校尽快更新课程设置，将出版评论列入重要的专业基础选修课；从教材来说，我们期待着不同风格、不同体系的更加多样化、差异化教材问世；从教法来说，我们则期待着符合现代出版实际、满足大数据及互联网＋时代新需求的不断开拓与创新。

（本文与曾建辉合作撰写，载《河南大学学报：社会科学版》2017年第2期）

离任审计述职报告

今天,我作为一位已经卸任的出版社社长在这里作离任审计述职报告。按照作为有限责任公司的出版社的特殊情况来看,虽然说学校党委在今年10月末已经对社长一职做了任免,但迄今为止公司的董事会还没有来得及改选,相关职务也还没有免去,因此从法理上说我还一直承担着出版社的法人代表责任。在此期间,我也会积极配合周社长、张书记等在过渡期履行好自己的职责。

对于干部的离任审计制度我非常拥护,这既是对干部的考核、监督和教育,也有利于正气和正义的伸张,遏制歪风邪气。我1999年5月任出版社总编辑,三年后的2002年5月转任社长,到今年10月离任担任社长是14年6个月,差不多包括了整个"十五"、"十一五"、"十二五"期间。最近一段时间,我把这些年来重要一点的工作报告、会议讲话,还有规章制度捋了捋,应该说这三个五年规划的目标和任务基本都达到了,并且形成了比较严格的企业管理制度特别是财务管理规范,内心还是有几分欣慰和自豪。

上次的卸任发言,我主要讲了"感谢"、"感受"和"祝愿"。更加全面一点的总结在去年年末出版社建社三十周年作者座谈会上的讲话中,对出版社的工作主要是最近这几年的工作总结为"五个一",即:推出了一批精品出版物;申报并获批了一批重要的项目;获得了一些重要的奖项;为学校的教学科研、人才培养和学科建设作出了一定的贡献;进行了持续的一系列的体制机制改革。这里面的每个"一"都有比较丰富的内容。在三十周年座谈会上,校党委马敏书记给予了出版社工作充分肯定,特别是对出版社在弘扬学术、打造精品、发掘本校学术资源、积累和传承学术文化方面的作为与成绩作了高度评价。众多作者也对我们的工作和贡献也多有鼓励,尤其是章开沅老校长讲的"出版社三十而立是立起来了,而且是有高度、有影响、有活力地立起来了",更是对我们莫大的鼓舞和鞭策。下面,我根据学校要求的"任期经济责任审计述职报告提纲"的要求,侧重从任职期间出版社两个效益、经营状况、个人依法履职等方面的情况简要报告,疏漏和不当之处请批评指正。

一、个人任职期间出版社两个效益基本情况

作为社长,任职期间我主持出版社的全面工作,主持负责出版社日常经营管理工作的社务委员会。2010年底,出版社转制为出版社有限责任公司以后,我同时担任公司董事长,主持公司董事会的召开。作为企业"一支笔",负责出版社财务把关,但具体工作主要由协管的张小新书记处理。需要说明的是,张书记政治素质好,业务精良,为人正派,工作认真专业,勤勉敬业,为出版社财务规范化管理贡献良多;也使我有更多时间和精力进行较为宏观的思考与重大项目的策划运作。

2015年9月,中共中央办公厅、国务院办公厅印发了《关于推动国有文化企业把社会效益放在首位、实现社会效益和经济效益相统一的指导意见》,文件明确提出了对国有文化企业(包括出版社)的考核评价,社会效益的权重要占到50%以上,要建立健全两个效益相统一的考核评价机制。因此我这里也就两个方面作简要叙述。只是社会效益方面我们更侧重近些年的情况。

最近这些年都是我社发展史上的重要时期,特别是"十一五"后期到"十二五"。面对出版业集团化、股份化、数字化的挑战,在复杂的经济形势与激烈的市场竞争中,我们注重强化政治意识、大局意识和责任意识,齐心协力,团结奋斗,基本完成了"十一五""十二五"规划的预定目标,取得了社会效益和经济效益的双丰收。

1. 企业改革与社会效益方面

——全面完成转企改制,进行体制机制创新。出版社2010年底正式挂牌为有限责任公司后,在组织机构和多项制度方面进行了改革。首先,完善治理结构,成立了董事会、监事会,明确了党委会、社委会、职代会、工会的职能,规范和理顺了各机构的工作关系。其次,进行内部制度改革。召开董事会,通过了《董事会议事规则》、《经营班子薪酬分配办法》等。2014年召开职代会,表决通过了《华中师范大学出版社有限责任公司在岗职工薪酬分配办法》(修订版)。第三,大胆创新,进行"产权

多元化"探索，以教辅板块为基础成立了华大鸿图文化发展有限责任公司，以机制创新大大激发了组织活力，实现了教辅板块的跨越式增长。

——社会效益显著提升。转企改制后，出版社坚持履行文化企业职责，取得了不俗的成绩。(1)重大图书奖项。《张舜徽集》、"辛亥革命百年纪念文库"分获第三届中华优秀出版物奖、第四届中华优秀出版物提名奖。《湖北新民主革命史》获得2011年"湖北出版政府奖"。(2)基金资助项目。纸质图书出版方面，《张舜徽集》、"辛亥革命百年纪念文库"、《钱基博集》、《高考改革研究丛书》等入选国家出版基金资助项目，《苏州商会档案丛编　第一辑》获2012年度国家古籍整理出版资助。《汉语读写入门》（越南语）和《汉语听说入门》（越南语）获2014年国家新闻出版广电总局"经典中国国际出版工程"项目资助。数字出版方面，2011年，"中国民间文化经典数字化及可视化出版"项目得到国家财政部资助。2012年，"全媒体在线编辑与适配推送数字出版技术研究及应用示范"项目列入国家科技支撑计划，目前已验收结项。除国家级项目外，另有《章开沅文集》、《杨东莼文集》、《黄曼君文集》、"出版文化与产业系列研究丛书"、《韦卓民全集》、"湖北方言研究丛书"《民国出版时评史料辑编》、《湖北英烈文存》、"湖北文学理论与批评丛书"、"中国民间文化经典丛书"、《湖北方言有声数据库》、《湖北通史数据库》、"卡乐互动学堂数字化教材"等入选各年度湖北省学术著作出版专项资金项目或公益出版基金奖励（资助）项目。

——秉承宗旨，立足本校，以精品服务教学科研。"十二五"期间，为校内作者出书比例占出版社出书总数的65%。"文学院教授文库"、"华大学人研究书系"、《华中学术》、《近代史学刊》、《新文学评论》、《外国语言文化研究丛书》、《华中传播研究》、《中国民间文学年鉴》、"教师教育系列教材"、"高校示范性实验系列教材"等系列图书对支持教研、促进学科建设起到了积极的推进作用。其中学术辑刊《华中学术》、《近代史学刊》双双进入C刊行列。

——坚持文化走出去，版权输出见成效。最近这些年，完成版权输出20余项，输出到美国、日本、越南、韩国等国家与台湾、香港等地区。特别是突破了过去若干年版权输出仅限于港台的局限。

总编室给我提供了一个数据，2002—2016年的15年间，出版社获得各类图书奖励有248项。图书出版总计4870种，年均325种，其中为本校出书 1533 种。获得国家或省级基金项目总计 51 种，资助总额 1460 万元。这个应不包括数字出版项目。

我认为，当出版社社长需要有一点职业理想和人文情怀，要有对书籍、对学术、对文化的热爱，作为大学出版人，还要有大学的使命意识和担当精神，有对所在大学的情结。我一直认为，出版是理想主义者的事业，出版人的首要职责是多出好书，多卖好书。社以书传，人靠书立。将来的人们如何评价我和我的同事们十多年的工作，主要还是看我们能有多少好书、精品流传下来。理想主义让出版人拥有尊严，"书比人长寿"是有理想的出版人的不懈追求。

2. 企业经营与经济效益方面

2016 年出版社的绩效报告还要稍迟一点才能出来。依据 2015 年的数据，全社（含鸿图公司）码洋达到 2.1 亿元，销售实洋 9300 万元，回款突破 8000 万元，超额实现了"十二五"规划确定的各项经济指标。2015 年与 2002 年相比，发行码洋增长了 165%，国有资产保值增值 127%。

出版社自主经营、自负盈亏，照章纳税，同时上缴学校利润，全额担负学校出版基金。最近 15 年，截至 2016 年 12 月，出版社累计上缴 5200 万元，其中上缴利润 3670 万元，出版基金费用 1280 万元，捐赠 250 万元。在学校若干企业中，真正能面向市场，自负盈亏，不要学校一分钱，也最少占用学校各种资源，还能为学校有所贡献的，出版社是最为突出的。其他能上缴学校一定收益的单位无一不是依靠学校办学、办班。需要补充说明的一点是，在确保国家、学校利益的大前提下，我们也切实提高广大职工的待遇，绩效优先，兼顾公平，通过改革打通不同类型的劳动用工，做到了同工同酬。这一点至今在不少大学出版社还没有得到很好的解决。

至于资产、负债及所有者权益情况，收入、成本费用及利润的详细情况，依据历年报表来看，应该是良好的。具体的情况以财务部门出具的材料为准。

3. 任期单位及个人考评情况

出版社在 2002 年至 2015 年的 14 年间，年度考核获得综合优秀 8 次，二级精神文明单位 2 次。我本人和班子主要领导达成共识，班子正职一律不在社内与普通干部争先进、争优秀，诸如三育人先进个人、优秀党员、年度优秀。我本人作为主要负责人的年度考评一律由学校评定，这14年间，我有12次获得年度个人优秀，另外2次合格。学校党委组织部这几年每年的处级干部考评，包括单位职工评价和服务对象评价，我连续几年在学校直属、行政干部的近80人中，大体保持在前五的位次。顺便提及，外界特别是各级出版行政管理部门给予了我个人诸多荣誉，既是对我个人工作的肯定，也是对华师出版社的认可。这些荣誉包括：湖北省新闻出版系统先进工作者、首届湖北出版学人奖获得者、湖北省宣传文化系统首届"五个一批"人才入选者、湖北省首届出版政府奖（人物奖）获得者、首届高等学校优秀出版人、第五届全国百佳出版工作者、首届全国新闻出版行业领军人才入选者等等。

二、制度建设及经营管理情况

出版社是一个企业，是一个经营管理实体，如何进行科学决策、民主决策，企业制度建设是保障。我和班子成员坚持依法治社、依规管理、照章运行。出版社举凡图书选题、市场营销、设备采购、房屋修缮、人员招聘、干部任免、资金运作、对外合作等等，均坚持按照规章制度办事，按流程操作，公开透明，力求科学化、民主化、有效化。十余年来，出版社制定或修改完善的各种规章制度上百种，专门装订印行，2013版的《华中师范大学出版社规章制度汇编（新增版）》收录34种规章制度，《华中师范大学出版社规章制度汇编（2014—2015）》则新增了16项规章制度，成龙配套，日趋完善。其中最重要的制度有：《董事会议事规则》、《财务及重大经济行为管理办法》、《"三重一大"决策制度实施细则》、《控股子公司管理办法》、《在岗职工薪酬分配办法》、《人事代理人员管理及考核办法》、《廉政风险预警与防范管理实施方案》、《商务接待管理规定》等等。这些制度在制定过程中，充分依据国家有关法律法规，依据上级文件精神，结合本社发展和变化的实际，多方征求意见，充分发扬民主，集思广益。制度一旦形成，领导带头执行，小到吃一次饭、用一次车，还有上班签到这类具体规章都是如此。作为一把手，我严格遵守法律法规，遵守社内规章制度，不搞特殊化。

日常经营管理和财务运行严格照章办事。出版社财务实行的是学校委派制，最初若干年几乎所有财务人员都是学校委派，近几年改为只派财务科长和副科长，这对出版社经营工作是一种支持，也是有效的监督，我们积极配合、支持学校财务委派工作。管财务的吴晓红科长等人专业敬业、认真负责,起到了当家理财和把关审核的重要作用。我们对于需要签字的票据在张书记或我签字前,还增加了一个审核环节,以前是具有丰富财会经验的办公室刘玉祯主任,后来则是具有注册会计师资质的沈东山老师审核。日常经营及财务管理非常感谢张小新书记,他受我委托担负了大量繁重琐碎的细致工作,可称得上是出版社的红管家。

至于员工招聘、干部任免、职称评审、项目招标、书号使用、对外项目合作、设备采购、房屋修缮等,均程序规范,公开公平,从来不搞暗箱操作,从来不干扰或干预具体执行部门及分管领导的工作,无人投诉。工会主席一直参加社委会,不只是列席,重要事项通过职代会,重大决策通过董事会,并报请学校主管领导,由学校会议讨论通过。

三、关于重大经济决策情况

我 2002 年接手时出版社财务的账面资金只有 100 多万元,到了揭不开锅的边沿。我们现在账面资金(含鸿图公司)有 1 个亿。前任社长离任审计时反映出两个问题:一是华中师范大学印刷厂的官司,一是借给吕茂洲的钱。现在前者经过前后三任社分党委书记,还有社办及王兴平等同志的艰苦努力,终于了结,但学校、出版社付出了惨痛的代价。至于借出的 300 万元现金,至今有 40 万元本金没有回来,利息加起来也超过 200 万元。前车之鉴,这些都是历史的教训。我想,一个主要领导是否称职,重要标志之一是有没有烂摊子、烂尾巴留给下任。我们这一届党政班子力求不让后继者收拾烂摊子,不让别人帮忙割尾巴。

在我的任期内,重大或比较重要的经营决策有三项:一是与长江传媒集团的战略合作。二是成立华大鸿图公司。三是参股华大天童公司。第一和第三比较简单,先说说,后面重点介绍鸿图的情况。

关于与长江传媒集团的战略合作是由学校主导、出版社经过严格程序的,后来因教育部不同意未能最后实施。应该说教育部领导从全局的高度出发,这个把关还是有道理的。虽然后来学校主要领导与长江集团新领导再次提出推进合作,我们也专程找教育部有关司长咨询,得到的回答是明确否定。

关于出版社在武汉华大天童教育科技有限公司投资及股权转让的情况也不复杂。根据学校经资委的决定,经出版社社委会、董事会研究同意,出版社于2013年9月25日，向天童公司投资80万元，占股16%。2016年7月27日，按照学校经资委会议的决定，经出版社社委会和董事会研究同意，出版社将持有天童公司11%的股份，即55万元，转让给武汉颂大投资有限公司，转让价格为原价的3倍，即165万元。此转让事项现已完成。转让完成后，出版社在天童公司还持股25万元。本资转让，出版社实现了200%的投资效益。

关于鸿图公司的情况。鸿图公司的成立是大胆改革，积极尝试，但成立又是十分审慎的，请示了学校主管领导，社委会先后讨论了8次（当时出版社还没有改制，没有成立董事会）。2010年7月30日上午的座谈会，出席人员为部分职代会代表，他们是周文利、晏永霞、冯会平、章光琼、陈兰枝、刘晓嘉、张忠、李宋强、周柏青、赵宏、沈辉宇、程继松，共12人。与会代表总体意见是同意进行尝试，但应规避公司的经营风险，充分保障进入公司职工的利益，保障出版社的投资收益，保住出版社的教辅品牌。我总结说"做公司的问题会很多"，但是"现在的市场竞争，不仅是产品的竞争，而是商业模式的竞争，体制机制不与外面接轨，就难以参与市场竞争""改革的目的是与市场接轨、与社会接轨，顶着压力来进行改革。有风险，应该不会出大问题"，编辑和发行"成整建制的进去了，近几年应该没有问题"。

现在的武汉华大鸿图文化发展有限公司，实质是由华师出版社投资并控股70%的子公司，其余30%股份由公司4位高管（总经理和3个副总经理）持股，注册资金是500万元。公司全面负责我社教辅图书的编辑出版和发行业务。原定的目标是码洋3年过亿，确保出版社的利益，确保出版物质量和品牌。鸿图公司应该是超额完成了出版社规定的目标任务。

根据鸿图公司2013—2015年的财务报表，近三年的收支、利润及分红情况统计如下。

1. 收支及利润情况

2013—2015年公司经营成果统计表　　　　　　　单位：元

项目	行次	2013年	2014年	2015年
一、主营业务收入	1	36,327,449.15	61,379,900.13	48,541,446.12
其他业务收入	2		197,410.00	46,800.00
减：主营业务成本	3	24,692,837.76	44,921,241.18	33,241,856.19

续表

项目	行次	2013年	2014年	2015年
其他业务支出	4		21,140.00	2,746.81
营业税金及附加	5	163,600.89	26,827.58	—
营业费用	6	5,042,428.76	11,337,441.52	5,642,566.16
管理费用	7	4,759,812.05	4,745,546.89	9,001,255.18
财务费用	8	−11,389.64	−885,299.55	−792,152.96
资产减值损失	9			
加：投资收益 （损失以"−"号添列）	10			
二、营业利润 （亏损以"−"号添列）	11	80,159.33	1,410,412.51	1,491,974.74
加：营业外收入	12		45,963.45	167,219.84
减：营业外支出	13	50,000.00	80,492.96	5,788.25
其中：非流动资产处置损失	14			
三、利润总额 （亏损以"−"号添列）	15	1,630,159.33	1,375,883.0	1,653,406.33
减：所得税费用	16	0	822,096.97	246,678.16
四、净利润 （净亏损以"−"号添列）		1,630,159.33	553,786.03	1,406,728.17

2. 近三年的分红情况

为了合理进行税务筹措，实现出版社和公司的利益最大化，公司经董事会批准，近三年上缴出版社的收益时，主要以书号使用费、行政管理费分摊、房租和税后利润分红四种途径来实现的。下表为2013—2015年三年上缴出版社的收益汇总统计结果。

2013—2015年三年公司上缴出版社收益汇总统计表　　　单位：元

序号	上缴项目	2013年	2014年	2015年	合计
1	书号使用费	1,668,245.00	3,022,000.00	3,197,000.00	7,887,245.00

续表

序号	上缴项目	2013年	2014年	2015年	合计
2	行政管理费分摊	1,011,309.90	969,000.00	991,680.00	2,971,989.90
3	房租	276,000.00	276,000.00	276,000.00	828,000.00
4	税后利润分红	0	0	1,400,000.00	1,400,000.00
	合计上缴	2,955,554.90	4,267,000.00	5,864,680.00	13,087,234.90

从上表可以看出，出版社作为公司的控股投资人，经济利益上获得稳定的回报。

鸿图公司五年来经营业绩良好，其成长性也是很好的。从最初的注册资金500万元，还需要找出版社借款运行，到现在不欠任何外债的情况下，有账面资金4000多万元。为出版社这个母公司、也为学校作出了重要贡献。对于鸿图公司的管理我们严格按照出版社《控股子公司管理办法》进行规范管理，董事会5人，出版社本部有3名，另派监事1人，财务主管由出版社委派。所有在鸿图公司兼职的董事、监事一律不占股份，更不要说干股什么的，不拿任何报酬。

四、本人遵守有关廉政从政规定情况

这个问题前面其实已经多有涉及。我主管财务，书记协管，我们形成了严格的制度和规范。财务有审核把关，关口前移；出版合同签订，事先有总编、副总编审核把关；行政后勤事宜的签字，有分管社领导、办公室把关；市场营销方面的签字审批，事先有分管社领导和市场总监把关。鸿图公司有需要签字的，重要一点的都事先请张书记等帮忙把一次关。做到严格执行制度，流程规范，程序到位。凡有特殊情况处理，一律三个主要领导先行商议，再经社委会集体讨论。

2002年以来，我出国出境一律按照有关文件精神办理，该报批的、审核的，严格按照要求办。相关费用有两次作为出版行业领军人才出国培训，国家外专局承担了部分费用。

个人家里婚丧嫁娶之类的私事未动用出版社一个人、一台车、一分钱。去年老母亲病故，完全是我们子女独立办理，没有惊动直系亲属以外任何其他人。本人在社里出了3本个人著作，均按规定用科研项目经费等支付，还主动开展营销宣传，这几本书为出版社带来的两个效益都还有一些，如最近出版的《中国现代书业广告二十家》已经卖出了 500 多本。

在出版社 18 年，担任社长、法人代表近 15 年，每年出版社进出资金过亿，不能说责任不大、任务不重，也不能说没有诱惑。但我始终坚持"君子爱财，取之有道"。一个文化人、出版人，还应有比金钱和物质利益更重要的追求。权力必须自觉关进笼子里。我觉得，衡量一个主要领导，还有一个重要标准，就是看他说的话，办的事，是不是让合作者、副职，还有办公室、编辑室，特别是财务室的同志感到为难。大家从来没有或很少有为难的时候，这就是好领导；若大家经常觉得很为难，可能就有问题。有老同志说，社长是个君子。我一向鄙视小人做派，崇尚君子人格，自己努力做一个君子，做一个群众信任的好干部。路遥知马力，日久见人心。相信组织和群众，公道自在人心。

最后我要再次感谢出版社的所有同事们。感谢出版社的老同志，感谢和我并肩走过的同辈，还有出版社的未来——年轻的一代。也要感谢学校领导的信任与长期支持。18 载春去秋来，6000 多个日夜交替，我和大家一起收获了光荣与梦想，也共同经历过挫折与坎坷。感激永存心中。我衷心祝愿也相信出版社会越办越好！

（2016 年 12 月）

附：

记者访谈类文章存目

1. 东方为民：《一主两翼 应时而变——华中师大社社长范军谈出版结构调整》，载《中国新闻出版报》，2004年11月24日。

2. 徐畅：《华中师大社启动"华大博雅"计划》，载《出版商务周报》，2005年5月14日。

3. 校报记者：《竭诚服务教育事业 奉献一流文化精品——范军社长答校报记者》，载《华中师大报》，2005年1月18日。

4. 段向民：《服务教育 奉献精品——访华中师范大学出版社社长》，载《现代教育报·教材周刊》，2005年6月17日。

5. 刘超：《范军：出版业也需要生态平衡》，载《出版商务周报》，2006年7月3日。

6. 曹巍：《文化乃出版之本 学术是出版命脉——访华中师范大学出版社社长范军》，载《大学出版》2007年第2期。

7. 白炜：《秉承专业出版使命 助力学校学科建设》（访谈），载华中师范大学出版社《出版简报》2007年第2期。

8. 熊慧敏：《从地震灾害中学习 普及预警应急教育——就〈公众防灾应急手册〉的出版访范军社长》，华中师范大学出版社"官网"，2008年6月26日。

9. 白玫：《华中师大社：但求精品不求金》，载《出版商务周报》，2011年4月6日。

10. 陈菁霞：《范军：重点是出版有积累有流传价值的东西》，载《中华读书报》，2012年1月4日。

11. 白炜：《范军：在改革中不断前行》，载《中华读书报》，2012年

5月30日。

12. 陈菁霞：《范军：数字化是未来工作的重点》，载《中华读书报》，2013年1月9日。

13. 陈菁霞：《学术出版是我们的根基》，载《中华读书报》，2014年1月8日。

后　记

　　江南，又是莺飞草长、杂树生花时节。春风拂柳，清风和煦，屋外新柳吐蕊，绿意渐浓，窗台上美丽的风信子悄然绽放。静静地坐下来捋一捋纷繁的思绪，为这本早已编好即将付梓的杂著——《岁月书痕》撰写后记。

　　往事并不如烟。十八年前的春暮夏初，组织上把我从学报编辑部调到校出版社主持编务，三年后执掌社政，一晃差不多又是整整十五年。寒来暑往，春花秋月，书香伴着花香的日子一页页翻过。当我今天重新回到年轻时工作过多年的学报，行将完全告别出版企业管理岗位之际，盘点过往岁月，回望留下的串串足迹，还是有不少的感慨和感想。编就这本集子，算是为自己人生履历上这段不算短暂的历程留一点资料，做一个小结。

　　我所理解的出版人应该是一个理想主义者。出版，本质上是理想主义者的事业；理想，让出版人拥有尊严。集子中无论是专谈出版理念、文化理想、文化自觉、人文情怀的文章，还是一些关涉具体工作的文字，无不贯穿了我对出版的理想化理解与执着追求。

　　我所理解的出版人还应该是"从商仍向儒"的学者型专家。在当下，出版人想成为某一学科领域的一流学者实在是很难的。但从事出版事业，经营出版企业，必须有学术的情结，有对文化的敬畏与尊崇，自身也当努力在某些方面有所建树。集子中一些探讨文化传播理论、勾勒出版演进历史、研究企业实际问题的篇什，无不是自己不断思考和探索的反映。

　　我所理解的出版人更应该是脚踏实地的实干家。出版具有文化和经济的双重价值与属性，出版企业管理与经营又是实实在在的工作岗位。无论是宏观导向的把握、重要选题的运作、企业内部的改革，还是图书评介、营销策划、宣传广告等等，理当带头动脑动手，亲力亲为。集子中某些长短文字，大抵属于实务一类。

叶圣陶先生曾说，他一辈子若谈个人的职业，一是编辑，二是教师。就其境界和成就而言，我们自然不敢望叶老之项背。但细想一想，我这大半辈子也就是在做两件事——出版与教育。这近二十年来，出版工作之余也一直坚持教书育人，主要是研究生培养。集子便有意识地收录了几篇相关讲话和文章。

时光易老，岁月沧桑。不知不觉中人生已渐入秋境，而未来仍不可懈怠，当砥砺前行。告别出版社，并不意味着告别出版事业。学术期刊也是学术出版的一个重要方面；同时，对于学术传播理论的孜孜探寻、对出版历史的深入研究、对出版文化的不懈追求，于我可说是剪不断，理还乱，难割舍。有位老学者曾语重心长告诫后辈：抬头是山，路在脚下。的确，文化的山、学术的山、人生的山一座座都在眼前、在远处，唯有一步一个脚印走下去，一步一个台阶攀上去，才有更新更美好的风景。

是为跋。

2017 年 3 月 3 日于武昌桂子山南麓